Paul Nolte
Transatlantische Ambivalenzen

Paul Nolte

Transatlantische Ambivalenzen

Studien zur Sozial- und Ideengeschichte
des 18. bis 20. Jahrhunderts

DE GRUYTER
OLDENBOURG

ISBN 978-3-11-055475-5
e-ISBN 978-3-11-035979-4

Library of Congress Cataloging-in-Publication Data
A CIP catalogue record for this book has been applied for at the Library of Congress.

Bibliografische Information der Deutschen Nationalbibliothek
Die Deutsche Nationalbibliothek verzeichnet diese Publikation in der Deutschen Nationalbibliografie; detaillierte bibliografische Daten sind im Internet über http://dnb.dnb.de abrufbar.

© 2017 Oldenbourg Wissenschaftsverlag GmbH, München
Dieser Band ist text- und seitenidentisch mit der 2014 erschienenen gebundenen Ausgabe.
Ein Unternehmen von Walter De Gruyter GmbH, Berlin/Boston
Umschlagabbildung: Karte des Atlantik, aus: Justus Perthes' See-Atlas, 1906 (Ausschnitt).
Druck und Bindung: CPI books GmbH, Leck
Gedruckt auf säurefreiem Papier
Printed in Germany

www.degruyter.com

für Hans-Ulrich Wehler

Inhalt

Einleitung —— IX

Teil I: Epochen der Moderne

1 Gibt es noch eine Einheit der Neueren Geschichte? —— 3
2 Abschied vom 19. Jahrhundert oder Auf der Suche nach einer anderen Moderne —— 27
3 1900: Das Ende des 19. und der Beginn des 20. Jahrhunderts in sozialgeschichtlicher Perspektive —— 59
4 Die Machbarkeit der Welt. Technik, Gesellschaft und Politik im utopischen 20. Jahrhundert —— 87

Teil II: Marktgesellschaft, Republik, Revolution: Vom 18. zum 19. Jahrhundert

5 Marktgesellschaft und Republik. Deutschland seit dem 17. Jahrhundert im internationalen Vergleich —— 115
6 Die Amerikanische Revolution als Bruch des gesellschaftlichen Bewusstseins. Politischer, ökonomischer und soziokultureller Mentalitätswandel von 1750 bis 1800 —— 127
7 Der Markt und seine Kultur – ein neues Paradigma der amerikanischen Geschichte? —— 167
8 Republicanism, Liberalism, and Market Society: Party Formation and Party Ideology in Germany and the United States, c. 1825–1850 —— 195
9 Bürgerideal, Gemeinde und Republik. „Klassischer Republikanismus" im frühen deutschen Liberalismus —— 233
10 Verkürzte Erinnerung? 1849 und die vergessene Hälfte der deutschen Revolution —— 275
11 Die Beobachtung des Marktes. Überlegungen zur „moralischen Ökonomie" im 19. Jahrhundert —— 291

Teil III: Transatlantische Ambivalenzen im 20. Jahrhundert

12 Suche nach Gemeinschaft. Amerikanische Intellektuelle und die Krise des Liberalismus in den 1920er und 1930er Jahren —— 313
13 Wildnis und Zähmung. Über amerikanische und europäische Landschaften —— 335
14 Gemeinsame Muster und nationale Pfade. Europäisch-atlantische Gesellschaften diesseits und jenseits der „Goldenen Jahre" —— 355
15 Transatlantic Ambivalences: Germany and the United States Since the 1980s —— 369

Teil IV: Sozialgeschichte und Ideengeschichte

16 Sozialgeschichte und Ideengeschichte. Plädoyer für eine deutsche „Intellectual History" —— 391

Verzeichnis der ursprünglichen Druckorte —— 415

Abkürzungsverzeichnis —— 417

Einleitung

Transatlantische Ambivalenzen – dieser Titel lässt am Anfang des 21. Jahrhunderts unweigerlich nicht zuerst an die Geschichte, sondern an die Gegenwart des Verhältnisses zwischen Nordamerika und Europa, zwischen den USA und Deutschland denken. Am Ende des Kalten Krieges sagte Präsident George Bush beiden Nationen eine Zukunft als „partners in leadership" voraus; nach den Anschlägen vom 11. September versicherte Bundeskanzler Gerhard Schröder dessen Sohn und dem amerikanischen Volk die uneingeschränkte – „ich betone: die uneingeschränkte" – Solidarität Deutschlands. Im Rückblick gesehen, haben beide Ereignisse den Abstand über den Nordatlantik nicht verringert, sondern größer werden lassen. Aber die großen Ereignisse, die politischen Zäsuren wie 1989/90 und 2001 spielen dafür vielleicht nicht einmal die entscheidende Rolle. Wenn die bundesdeutsche Gesellschaft nach Nationalsozialismus und Zweitem Weltkrieg ihre Zukunft in der Annäherung an westliche, vor allem US-amerikanische Denkmuster und Verhaltensformen suchte, hat sich diese konvergente Entwicklung, schon vor 1989 beginnend, abgebremst und vielleicht sogar in ihr Gegenteil verkehrt.

In der gemeinsamen Hülle einer westlichen Kultur und ihrer Institutionen haben sich Denkmuster und Lebensweisen auf beiden Seiten des Atlantiks seit mehreren Jahrzehnten eher auseinander entwickelt. Europäische Pazifizierung steht gegen amerikanische Militarisierung, Säkularisierung gegen religiöse Erweckung, eine kernstädtische Lebensweise gegen eine dezentral-suburbane. Einer scharfen politisch-kulturellen Polarisierung in den USA steht eine zunehmend zentristische, konsensuelle politische Kultur im wiedervereinigten Deutschland gegenüber. Gewiss lässt sich auch eine Gegenrechnung aufmachen, in der, auch jenseits einer Beschwörung der „westlichen Wertegemeinschaft", die soziale und kulturelle Nähe Europas – und nicht zuletzt Deutschlands – zu den USA einen prominenten Platz einnimmt. Die USA sind Motor und Schicksalsmacht des globalen Kapitalismus geworden (oder: unter den neuen Vorzeichen des finanzialisierten Kapitalismus geblieben); ihre kulturelle Innovationskraft prägt auch weiterhin, wie schon in den 1960er Jahren, politische Protestbewegungen, Lebensstile und Sozialformen in Europa und zunehmend darüber hinaus. Auch das ist eine der vielen transatlantischen Ambivalenzen: In der Globalisierung des von Amerika geprägten Westens verblassen die Gemeinsamkeiten, die den Nordatlantik zuvor von der übrigen Welt, zumal von der „Zweiten" (dem sowjetisch dominierten Ostblock) und der „Dritten" Welt, also dem globalen Süden, unterschieden.[1]

Auch die Homogenisierungswirkung des europäischen Einigungsprozesses ist in ihren Auswirkungen auf das transatlantische Verhältnis noch viel zu wenig bedacht worden. Seit den frühen 1990er Jahren hat sich dieser Effekt verstärkt und beschleunigt. Nicht zuletzt alltagsweltlich konstituiert sich eine europäische Gesellschaft und unterscheidet sich von derjenigen der USA: mit dem Schengenraum, mit der gemeinsamen Währung oder der von „Bologna" und „Erasmus" geprägten Bildungsintegration. Als ich im Jahre 2001 an die damals neugegründete International University Bremen, die heutige Jacobs University, kam, stand dieses Projekt unter einem deutsch-amerikanischen Vorzeichen, mit der Rice University in Houston, Texas als potentem und ambitioniertem Partner und Paten. Doch bald musste man sich entscheiden, ob man ein amerikanisches Collegestudium anbieten oder den europäischen Bologna-Regeln entsprechen wollte, und die Entscheidung fiel für das zweite. In der Summe solcher Optionen drängt sich der Eindruck auf, dass sich die Gesellschaften Europas und der USA in den letzten drei, vier Jahrzehnten weiter voneinander entfernt haben und möglicherweise unterschiedliche Typen, unterschiedliche Ausprägungsformen der Moderne – einer „westlichen" Moderne? – repräsentieren.

Viele der damit angerissenen Trends haben auch auf das akademische Feld, einschließlich der Geschichtswissenschaften, durchgeschlagen. Zwar haben die USA ihre Führungsrolle im globalen Wissenschaftssystem keineswegs verloren und bleiben auch für viele deutsche Wissenschaftler und Wissenschaftlerinnen der jüngeren Generation ein „gelobtes Land". Aber für Studierende, Doktoranden oder *Post-Docs* ist es weniger selbstverständlich als in den 1950er bis 1980er Jahren, sich ihre internationale Erfahrung in Amerika abzuholen. Aus der Perspektive der NS-geschädigten Nachkriegsbundesrepublik tankten die jungen Politikwissenschaftler, Soziologen oder Historiker damals zugleich die Luft von Demokratie und Freiheit gegen die Reste des obrigkeitsstaatlichen und konformistischen deutschen Sondergeistes. Für die meisten, die sich nicht nur mit deutscher Politik, Gesellschaft, Geschichte beschäftigten, waren die Vereinigten Staaten die Referenznation auch in ihrer wissenschaftlichen Arbeit.

Das hat sich seit etwa 1990 erheblich verändert. Die Europäische Integration – einschließlich ihrer eigenen Krisen und Ambivalenzen – führt zu Rückfragen an eine europäische Geschichte, zur Suche nach europäischer Identität. Professuren für Europäische Geschichte werden besetzt und Bücher geschrie-

---

[1] Die Einheit des Westens und seiner Geschichte rekonstruiert dagegen eindrucksvoll: Heinrich August Winkler, Geschichte des Westens, 3 Bde., München 2009–2014.

ben mit der Wirkung, dass in den so konstruierten neuen „Meistererzählungen" (West-) Europas die USA manchmal kaum noch vorkommen oder jedenfalls eine Außenposition einnehmen. Ähnliches gilt für eine andere große Bewegung der Geschichtswissenschaft, die ebenfalls ganz unverkennbar Gegenwartserfahrungen spiegelt: nämlich die Erweiterung zur Globalgeschichte als Reaktion auf den Globalisierungsschub seit dem späten 20. Jahrhundert. Auch in den neuen globalgeschichtlichen Narrativen muss die trans- (nord-) atlantische Geschichte ihren Platz erst noch finden. Raumbezüge und Perspektiven verändern sich. Der Blick wendet sich dem lange vernachlässigten Osten zu, oder nach Südosten;[2] das Mittelmeer wird als soziokultureller Verflechtungsraum der europäischen Geschichte gegenüber dem Nordatlantik wieder wichtiger.

Auch wenn aus dem transatlantischen, zumal dem deutsch-amerikanischen „Wettlauf um die Moderne"[3] zunehmend ein Wettbewerb und Nebeneinander unterschiedlicher Muster der Moderne geworden ist, geht die Bedeutung des Nordatlantiks als globaler Verflechtungszone damit nicht verloren.[4] Und aus historischer Sicht wird es umso wichtiger, daran zu erinnern, dass diese Verflechtung nicht ein Produkt des „Kalten Krieges" und der Blockkonfrontation seit 1945 ist, sondern zeitlich und sachlich in viel tiefere Schichten zurückreicht. Einige solcher Schichten sind erst in jüngerer Zeit von der Forschung freigelegt worden: zum Beispiel in den sozialpolitischen Reformbestrebungen um 1900, nicht zuletzt im Kontext der rapiden Urbanisierung des deutschen Kaiserreichs und der Vereinigten Staaten;[5] oder in den intellektuellen Diskursen, deren transatlantischer Zusammenhang durch die Emigration jüdischer Wissenschaft-

---

2 Vgl. hier nur Karl Schlögel, Die Mitte liegt ostwärts. Europa im Übergang, München 2002; Mark Mazower, The Dark Continent. Europe's Twentieth Century, New York 1998.
3 Vgl. Christoph Mauch u. Kiran Patel (Hg.), Wettlauf um die Moderne. Die USA und Deutschland 1890 bis heute, München 2008; darin: Heinz-Gerhard Haupt u. Paul Nolte, Markt: Konsum und Kommerz, 187–223. – Engl. Ausgabe: Mauch u. Patel (Hg.), The United States and Germany during the Twentieth Century, New York 2010.
4 Und es gibt eindrucksvolle neuere Studien dazu, v.a. für das 20. Jahrhundert. Siehe bes. Victoria de Grazia, Irresistible Empire: America's Advance through 20th-Century Europe, Cambridge, Mass. 2005; Mary Nolan, The Transatlantic Century. Europe and America, 1890–2010, Cambridge 2012.
5 Vgl. Daniel T. Rodgers, Atlantic Crossings: Social Politics in a Progressive Age, Cambridge, Mass. 1998; Paul Nolte, Effizienz oder „self-government"? Amerikanische Wahrnehmungen deutscher Städte und das Problem der Demokratie 1900–1930, in: Die Alte Stadt 15, 1988, 261–288 (nicht in diesem Band).

ler und Künstler seit 1933 verstärkt wurde und sich deshalb auch in transatlantischen Biographien des 20. Jahrhunderts spiegelt.[6]

Die besonders in der deutschen Geschichtswissenschaft der letzten fünfzehn Jahre spürbare Konzentration auf das gerade vergangene, das 20. Jahrhundert droht zudem frühere Phasen von Transfer und Verflechtung in den Schatten zu stellen, die in diesem Band eine wichtige Rolle spielen. Auf beiden Seiten des Atlantiks rangen die Menschen mit den Herausforderungen der ökonomischen, politischen und sozialen Dynamisierung seit dem 18. Jahrhundert, also in der formativen, revolutionären Epoche des Westens, mit den Chancen und Risiken der Marktgesellschaft und mit der Frage nach einer politischen Ordnung der Freiheit, wie auch immer diese Freiheit aus der zeitgenössischen Lebens- und Erfahrungswelt interpretiert wurde: nämlich aus heutiger Sicht radikal und doch höchst selektiv; jedenfalls: im Versuch, die neuen Kräfte und Ideen mit den überlieferten sozialen Ordnungen und Lebenswelten in Übereinstimmung zu bringen. Die Beiträge in diesem Band heben diesen transatlantischen, deutsch-amerikanischen Zusammenhang des „Zeitalters der Revolutionen"[7] hervor, was gerade aus deutscher Sicht nicht selbstverständlich ist. Denn zum einen tun sich die Deutschen mit der Anerkennung ihrer eigenen Revolution von 1848/49 schwer, auch mit ihrer Radikalität und ihrer Verflechtung jenseits des kontinentalen Europas (besonders Frankreichs), also mit dem angelsächsischen Radikalismus und Republikanismus des 18. und 19. Jahrhunderts. Und zum anderen wird die Amerikanische Revolution hierzulande immer noch gern auf einen „Unabhängigkeitskrieg" reduziert, statt sie in ihrer globalen und revolutionären Bedeutung gleichwertig neben der Französischen Revolution zu sehen.

Trotz des geläufigen, für die deutsche Geschichte von Hans-Ulrich Wehler aufgegriffenen Konzepts der ökonomischen und politischen „Doppelrevolution"[8] hat die amerikanische Forschung ein wesentlich schlüssigeres Bild des Nexus von wirtschaftlicher und politischer Transformation seit dem 18. Jahrhundert entwickelt. In der deutschen Sichtweise wirkt die Konzentration auf die klassische „Industrielle Revolution", auf den Durchbruch von Montanindustrie und Fabriksystem, noch immer nach, während sich in den USA (ebenso wie in

---

[6] Vgl. Fritz Stern, Fünf Deutschland und ein Leben. Erinnerungen, München 2007; Jeffrey Adelman, Wordly Philosopher: The Odyssey of Albert O. Hirschman, Princeton 2013.
[7] Vgl. Eric J. Hobsbawm, The Age of Revolution: Europe 1789–1848, London 1962; Robert R. Palmer, The Age of Democratic Revolution: A Political History of Europe and America, 1760–1800, Princeton 1959.
[8] Vgl. Hans-Ulrich Wehler, Deutsche Gesellschaftsgeschichte, Bd. 2: Von der Reformära bis zur industriellen und politischen „Deutschen Doppelrevolution" 1815–1845/49, München 1987.

England) eine breitere Perspektive auf die zunehmende Durchdringung der traditionalen Gesellschaft mit marktförmigen Institutionen und Handlungsweisen durchgesetzt hat. Diese „Kommerzialisierung" erfasste auch die ländliche Gesellschaft und die agrarische Wirtschaft; sie erfasste die Menschen nicht nur als Produzenten – sei es als Unternehmer oder als Arbeiter(innen) –, sondern in vielfältigen ökonomischen und sozialen Rollen, auch als Händler und nicht zuletzt als Konsumenten. In solcher Perspektive einer „Marktrevolution" sehen auch die politischen und sozialen Spannungslinien anders aus. Die Veränderungen politischen Verhaltens der Eliten ebenso wie des einfachen Volkes, die Ausformung politischer Ideologien des Liberalismus oder Republikanismus, die Entstehung von Parteisystemen lassen sich dann auf die Herausforderung der Marktrevolution beziehen, ohne einem ökonomischen Determinismus das Wort zu reden.

Ohne die offensichtlichen Unterschiede zwischen dem spätmittelalterlich-frühneuzeitlichen Mitteleuropa einerseits, den britischen Kolonien auf dem Festland Nordamerikas bzw. den jungen Vereinigten Staaten andererseits zu verwischen, treten die Verflechtungen und Gemeinsamkeiten dann zunächst einmal klarer hervor: ähnliche Herausforderungen traditioneller Erfahrungs- und Lebenswelten durch Marktkräfte und radikale politische Ideen; ähnliche Verhaltensformen etwa in den politischen Kulturen des Protestes, in der Aushandlung von Macht zwischen Eliten- und Volkskultur, in den Mechanismen von politischen Wahlen und Parteibildung; ähnliche politische „Sprachen", in denen das Spannungsfeld von alter und neuer Gesellschaft, von Marktfreiheit und politischer Freiheit, von Gemeinwohl und Individualismus ausgedrückt werden konnte; und das mindestens bis zur Mitte des 19. Jahrhunderts.[9]

Damit ist ein weiterer Brückenschlag angedeutet, der sich als ein Grundmotiv durch die Kapitel dieses Buches zieht. Soziale Praxis und soziale Ideen, Verhaltensweisen und Institutionen einerseits, Ideologien und Mentalitäten andererseits, Materialitäten und Diskurse, oder auch, in der marxistischen Sprache, Basis und Überbau: Das sind zwei Seiten derselben Medaille. In Westdeutschland hat sich der Aufstieg der Sozialgeschichte seit den 1960er Jahren in besonders pointierter Abgrenzung von älteren idealistischen Traditionen der Geisteswissenschaften und des Historismus vollzogen. Dafür gab es gute Gründe;

---

9 Vgl. dazu auch: Paul Nolte, Parteien und Propaganda im Vormärz. Die schwierigen Anfänge staatlicher Meinungslenkung in einer politisierten Gesellschaft, in: Ute Daniel und Wolfram Siemann (Hg.), Propaganda. Meinungskampf, Verführung und politische Sinnstiftung (1789– 1989), Frankfurt 1994, 83–100 (nicht in diesem Band); sowie: Alan Taylor, „The Art of Hook and Snivey": Political Culture in Upstate New York during the 1790s, in: JAH 79, 1993, 1371– 1396.

jedenfalls lässt es sich im Rückblick plausibel erklären. Aber diese Konstellation hat dem Fach nicht nur genutzt, und vor allem: Sie hat den facettenreichen Zugang zu konkreten historischen Phänomenen wie der Durchsetzung der Marktgesellschaft oder dem politischen Radikalismus nicht gerade erleichtert. Es ist auf den ersten Blick geradezu paradox, dass die englische und die französische Sozialgeschichte (den Begriff jetzt im weiteren Sinne verstanden) trotz ihrer viel prononcierteren marxistischen Prägung den Zusammenhang von Ideen und Interessen auch in den 1960er und 1970er Jahren nicht aus dem Auge verloren haben. Dafür sind Christopher Hill und E.P. Thompson in England wichtige Beispiele. Erst recht gilt es für die französische Schule der *Annales*, in der Materialitäten (wie die physische Landschaft des Mittelmeerraums bei Fernand Braudel) und Mentalitäten unbedingt zusammengehörten. Wenn die westdeutsche Geschichtswissenschaft diesen Weg frühzeitiger mitgegangen wäre, hätte sie später, seit den 1990er Jahren und teils bis heute, manche Debatte über den vermeintlichen Gegensatz zwischen Sozialgeschichte einerseits, Kultur- und Diskursgeschichte andererseits nicht so verkrampft führen müssen, und die Neuheit einer „Kulturgeschichte der Politik" würde sich ein Stück relativieren.

Die Studien in diesem Band schließen oftmals an eine Richtung der Ideengeschichte an, die seit den 1960er Jahren in Deutschland unter der Flagge der Begriffsgeschichte und Historischen Semantik gesegelt ist und besonders von Reinhart Koselleck geprägt wurde, und die sich im angelsächsischen Raum vor allem mit den Namen von J.G.A. Pocock und Quentin Skinner verbindet und häufig als „Cambridge School" bezeichnet wird. Beide Traditionen haben viel geleistet: einerseits methodisch, mit einer Sensibilisierung für die Verwendung von Sprache im sozialen Kontext und für die Tradierungsfähigkeit komplexer semantischer Sinnsysteme, die Pocock als „languages" bezeichnen würde, zum Beispiel als „Sprache" des klassischen Republikanismus oder des Marktindividualismus.[10] Zum anderen auch sachlich, indem sie unser Verständnis einer entscheidenden Transformationsperiode der Neuzeit ganz erheblich erweitert haben, denn die „Sattelzeit" Reinhart Kosellecks und der „Machiavellian Moment" Pococks bezeichnen nicht nur heuristische Vorgriffe, sondern auch komplexe Narrative des Übergangs in die Moderne jenseits einer einfachen „Whig History" des Fortschritts.

In mindestens zwei Punkten bleiben diese Ansätze jedoch sozialgeschichtlich unbefriedigend. Erstens neigen sie immer noch dazu, damit auch der klassischen deutschen Tradition folgend, „Ideen" mit „politischen Ideen" gleichzu-

---

10 Vgl. J.G.A. Pocock, Politics, Language, and Time. Essays on Political Thought and History, Chicago 1971.

setzen. Zum Teil gilt das für die amerikanische *Intellectual History* und ihre besten jüngeren Vertreter bis heute; sie tun sich mit der Anbindung an die Sozialgeschichte schwer.[11] Theoriekonzepte, Vorstellungswelten, Mentalitäten handelten aber nicht nur von der politischen Ordnung, sondern genauso von wirtschaftlichen Zusammenhängen, von ökonomischen Utopien und Dystopien, Erwartungen und Ängsten; und sie drückten Vorstellungen von der sozialen Ordnung, von Zusammenhalt und Zerklüftung, Exklusion und Inklusion einer „Gesellschaft" aus, die als solche zu denken selber eine ideen- und sozialgeschichtliche Innovation darstellte.[12] Zweitens haben sich die Begriffsgeschichte und die „Cambridge School", haben sich Koselleck, Pocock und Skinner trotz mancher erweiternder Absichten immer auf den sogenannten „Höhenkamm" von politisch-sozialen Ideen, Sprachen und Diskursen beschränkt, also auf die gebildeten Autoren, die „Meisterdenker", die oft theorieförmig ausgearbeiteten Texte, durchaus auch im klassischen Sinne eines Kanons. Demgegenüber käme es darauf an, Höhenkamm und Gebrauchsliteratur, Elitendiskurse und Volkssprachen, wenn man so will: „Ideen" und „Mentalitäten" in ihrem Zusammenhang zu verstehen. Dieser Zusammenhang wird greifbar, wenn man der Rezeption und den Wirkungen der „großen" Ideen in der Gesellschaft, zum Beispiel in kleinräumigen, lokalen Kontexten nachspürt, oder nach den Affinitäten komplexer Theorien von Freiheit und Republik zu den Vorstellungsweisen und Handlungsmustern der Mittel- und Unterschichten fragt.

In den letzten Jahren erfährt das Werk Reinhart Kosellecks so etwas wie eine zweite (vermutlich nicht letzte) Welle der Würdigung, und die erste Welle einer deutschen Rezeption der „Cambridge School" vor zwei bis drei Jahrzehnten[13] ist offenbar von vielen unbemerkt geblieben, so dass jetzt ein neuer Anlauf

---

11 Zum Beispiel Warren Breckman oder Peter E. Gordon. – Vgl. Warren Breckman, Peter E. Gordon u. a. (Hg.), The Modernist Imagination: Intellectual History and Critical Theory, New York 2009; Darrin McMahon u. Samuel Moyn (Hg.), Rethinking Modern European Intellectual History, New York 2014.
12 Vgl. Paul Nolte, Die Ordnung der deutschen Gesellschaft. Selbstentwurf und Selbstbeschreibung im 20. Jahrhundert, München 2000.
13 Zum Beispiel in den Arbeiten von Melvin Richter, der sich früh um den Anschluss der Koselleckschen Begriffsgeschichte an die „Cambridge School" bemüht hat; siehe v.a.: The History of Political and Social Concepts: A Critical Introduction, New York 1995. Einige Arbeiten Pococks erschienen auch damals bereits in deutscher Übersetzung, z. B.: J.G.A. Pocock, Die andere Bürgergesellschaft. Zur Dialektik von Tugend und Korruption, Frankfurt 1993; vgl. meine Rezension in: HZ 261, 1995, 565–567. – Zur neueren Koselleck-Rezeption u. a. Carsten Dutt u. Reinhard Laube (Hg.), Zwischen Sprache und Geschichte. Zum Werk Reinhart Kosellecks, Göttingen 2013; Hans Joas u. Peter Vogt (Hg.), Begriffene Geschichte. Beiträge zum Werk Reinhart Kosellecks, Berlin 2011.

folgt.[14] Der am Schluss dieses Bandes stehende Text über „Sozialgeschichte und Ideengeschichte", der 1995 unveröffentlicht geblieben ist, hat das damit angesprochene Programm bereits zu umreißen versucht. Wenig später legte die Deutsche Forschungsgemeinschaft ein Schwerpunktprogramm unter dem Titel „Ideen als gesellschaftliche Gestaltungskraft im Europa der Neuzeit" auf; und die Buchreihe „Ordnungssysteme" versuchte, an das große angelsächsische Vorbild der „Ideas in Context" anzuschließen.[15]

Schließlich verbindet ein viertes Grundmotiv die bisher genannten drei Stränge, nämlich die räumliche Dimension des Transatlantischen, die inhaltliche Frage nach Marktgesellschaft und Republik und die methodische nach einer Verbindung von Sozial- und Ideengeschichte. Sie lassen sich nur sinnvoll in längerer zeitlicher Perspektive verfolgen, das heißt in einer chronologischen Tiefe, die mindestens bis in das 18. Jahrhundert reicht und auch gegenwärtige Erfahrungen bzw. zeithistorische Problemfelder in diesem Licht erhellt. Die vier Beiträge in der ersten Sektion dieses Bandes schlagen in diesem Sinne einen Bogen von der Frühen Neuzeit bis in die jüngste Zeitgeschichte und versuchen dabei, herkömmliche Zäsuren zu verflüssigen und ein Bewusstsein für die langen Kontinuitäten einer tiefgestaffelten Moderne wachzuhalten. Bis in die 1990er Jahre hinein bildete das 19. Jahrhundert, vor allem die Zeit seit 1848 und des Kaiserreichs, so etwas wie einen archimedischen Punkt in der Interpretation der deutschen Geschichte, nicht zuletzt im Hinblick auf die Ursachen des Nationalsozialismus.

Die Sorge richtete sich also zunächst auf eine übertriebene Abschottung der „modernen" Geschichte von derjenigen der Frühen Neuzeit, mithin auf die Zäsur von 1800. Deren Betonung entsprach der dichotomischen Vorstellung einer prinzipiellen Differenz zwischen traditionalen und modernen Gesellschaften, die nicht nur von sozialwissenschaftlichen Modernisierungstheorien amerikanischer Provenienz forciert wurde, sondern zur selben Zeit, in den 1950er und 60er Jahren, auch in der europäischen und deutschen Tradition behauptet wurde, etwa bei Otto Brunner und Werner Conze. Im Anschluss daran blieb auch

---

14 Vgl. Martin Mulsow u. Andreas Mahler (Hg.), Die Cambridge School der politischen Ideengeschichte, Berlin 2010. – Siehe auch: Barbara Stollberg-Rilinger (Hg.), Ideengeschichte, Stuttgart 2010.
15 „Ideas in Context": herausgegeben von Richard Rorty, Jerome B. Schneewind und Quentin Skinner bei Cambridge University Press. – „Ordnungssysteme. Studien zur Ideengeschichte der Neuzeit", hg. v. Dietrich Beyrau, Anselm Doering-Manteuffel und Lutz Raphael, seit 1998; als Bilanz des von 1997 bis 2003 laufenden DFG-Programms: Lutz Raphael u. Heinz-Elmar Tenorth (Hg.), Ideen als gesellschaftliche Gestaltungskraft im Europa der Neuzeit. Beiträge für eine erneuerte Geistesgeschichte, München 2006.

die von Reinhart Koselleck theorieförmig ausgearbeitete „Sattelzeit" ambivalent: Mit ihrem Blick auf den Übergangszeitraum 1750–1850 verflüssigte sie einerseits die scharfe Zäsur von 1800, untermauerte andererseits aber die Vorstellung einer Metamorphose, eines radikalen Wandels im Aggregatzustand europäischer Gesellschaften zwischen ihrer „traditionalen" und ihrer „modernen" Verfasstheit. So gerieten längere Kontinuitäten aus dem Blick; etwa soziokulturelle Mischformen, die sich nicht sinnvoll als traditionale „Überhänge" bezeichnen lassen wie die schon genannten politischen Konfliktkulturen des frühen 19. Jahrhunderts.[16]

Die Überwindung des nationalgeschichtlichen Horizonts in transatlantischer Perspektive ist dabei nicht nur wegen der engen sachlichen, also realhistorischen Verknüpfungen hilfreich, sondern auch historiographisch, weil die amerikanische Geschichtswissenschaft sich weniger als die deutsche an einer Wasserscheide von 1800 orientiert hat. Wenn man überhaupt modernisierungstheoretisch dachte, dann lag der Umbruch deutlich früher, nämlich mit der Amerikanischen Revolution im 18. Jahrhundert. Und diese Revolution setzte sich im 19. Jahrhundert in eher evolutionärer Transformation fort, in den stärkeren Egalitarismus und die Kommerzialisierung der frühen Republik. Außerdem übernahm die amerikanische Frühneuzeitforschung (wenn man das Interesse für Kolonial- und Revolutionszeit einmal so nennen will) früher und dezidierter als in Deutschland eine methodische Innovationsfunktion für das gesamte Fach, insbesondere auch für die Geschichte des 19. und 20. Jahrhunderts – vergleichbar den Anregungen aus England und besonders aus Frankreich, doch hierzulande viel weniger rezipiert als die europäischen Nachbarn.[17]

In den letzten zehn bis fünfzehn Jahren hat sich die Konstellation besonders in der deutschen Geschichtswissenschaft deutlich geändert; das Grundproblem einer langen Perspektive auf neuzeitliche Dynamiken tritt damit freilich eher noch schärfer hervor. Denn die Geschichte des 20. Jahrhunderts ist zum neuen „archimedischen Punkt" der Moderne geworden, und zwar so sehr, dass nun vermehrt über Vernachlässigung und Verlust des 19. Jahrhunderts

---

16 Innovative Überlegungen dazu hat in den letzten Jahren immer wieder Christof Dipper angestellt; vgl. zuletzt: Die historische Schwelle um 1800. Eine Skizze, in: GWU 64, 2013, 602–611. – Vgl. außer den Beiträgen in diesem Band: Paul Nolte, Gemeindebürgertum und Liberalismus in Baden 1800–1850. Tradition – Radikalismus – Republik, Göttingen 1994; ders., Der südwestdeutsche Frühliberalismus in der Kontinuität der Frühen Neuzeit, in: GWU 43, 1992, 743–756.
17 Vgl. z. B. Jack P. Greene u. J.R. Pole (Hg.), Colonial British America: Essays in the New History of the Early Modern Era, Baltimore 1984; Ronald Hoffman u. a. (Hg.), Through A Glass Darkly: Reflections on Personal Identity in Early America, Chapel Hill 1997.

geklagt wird. In der jüngeren Generation wird es immer mehr zum Normalfall, sich in der wissenschaftlichen Qualifikation nur noch mit dem 20. Jahrhundert zu beschäftigen, ohne jemals mit der Geschichte vor 1914 (oder sogar 1945) in vertiefte Berührung zu kommen. In mancher Hinsicht hat die Geschichte des 19. Jahrhunderts davon (zunächst) sogar profitieren können, zum Beispiel im Sinne einer Befreiung von Teleologien, ob diese nun „negativ" auf 1933 in der deutschen Geschichte oder „positiv" auf Fortschritte zur Modernität verwiesen. Insofern ist die Geschichte des 19. Jahrhunderts derjenigen der Frühen Neuzeit näher gerückt, auch in konzeptioneller und methodischer Hinsicht.[18]

Auf der anderen Seite muss die Zeitgeschichte und überhaupt die Geschichte des 20. Jahrhunderts seit dem Übergang in die „Hochmoderne" achtgeben, den Anschluss an die längeren Linien, an die Kontinuitäten und Pfadabhängigkeiten seit der Frühen Neuzeit nicht aus dem Blick zu verlieren. Vielleicht treten diese Kontinuitäten im beginnenden 21. Jahrhundert sogar wieder schärfer zutage, auch in den westlichen Gesellschaften. Die nachklassische, die entstrukturierte Moderne kehrt nicht in den Schoß der Frühmoderne zurück. Aber es ist auch kein Zufall, wenn in der gegenwärtigen politischen Kultur, zum Beispiel in den globalen Protestbewegungen der letzten Jahre, Denk- und Handlungsmuster des 17. bis 19. Jahrhunderts wieder aktualisiert werden: Spontaneität statt Organisation; aufmüpfiges Volk gegen störrische Obrigkeit; Guy Fawkes – die symbolische Maske von „Anonymous" und „Occupy" – statt Karl Marx.[19] Ob auch darin transatlantische Verflechtungen wirksam bleiben, ob die Gemeinsamkeit des Westens sich in globaler und postkolonialer Perspektive zunehmend verflüssigt, oder ob Amerika und Europa je eigene Wege in der nachklassischen Moderne beschreiben, ist offen. Es wird wohl von allem etwas sein – und Historikerinnen und Historiker werden versuchen, die Mischungsverhältnisse und Ambivalenzen zu beschreiben.

Wie das bei einem solchen Band kaum anders möglich ist, sind die einzelnen Texte, zumal die bereits veröffentlichten Stücke, weitgehend in ihrer ursprünglichen Fassung geblieben, von einer redaktionellen Bearbeitung und einzelnen Änderungen oder Ergänzungen abgesehen. Jeder Versuch einer Aktualisierung hätte ein Neuschreiben bedeutet. Auch auf eine Kommentierung –

---

18 Jürgen Osterhammel, Die Verwandlung der Welt. Eine Geschichte des 19. Jahrhunderts, München 2009; ders., In Search of a Nineteenth Century, in: Bulletin of the German Historical Institute Washington, D.C., Nr. 32, 2003, 9–28.
19 Vgl. Paul Nolte, Formen des Protests, Muster der Moderne: Vom 18. zum 21. Jahrhundert, in: GWU 64, 2013, 584–599. – Das neuere Interesse an einer „Ritualforschung", die den Erkenntnissen aus der Frühneuzeitgeschichte viel verdankt, fügt sich hier nahtlos ein. Vgl. Barbara Stollberg-Rilinger, Rituale, Frankfurt 2013.

sei es im Blick auf den ursprünglichen Entstehungszusammenhang, sei es hinsichtlich eines Fortgangs der Forschung – wurde verzichtet. Dass etliche Texte, knapp die Hälfte der Beiträge, in diesem Band zum ersten Mal veröffentlicht werden, hat unterschiedliche Gründe – nicht nur Bücher, sondern auch kleinere wissenschaftliche Formen „haben ihre Schicksale". Ich bin dankbar dafür, dass Martin Rethmeier bei De Gruyter Oldenbourg spontan großes Interesse an diesem Projekt bekundet hat und bei der Planung ein wichtiger und freundschaftlicher Gesprächspartner war. Die Umsetzung bis zur Drucklegung hat im Verlag souverän und professionell Rabea Rittgerodt begleitet. Ein besonderer Dank geht an Kathrin Kliss, die sich mit viel Sorgfalt und großer sprachlicher Kompetenz der redaktionellen Bearbeitung der Texte gewidmet hat, zumal einige von ihnen erst dem vordigitalen Zeitalter entrissen werden mussten.

Ohne den Aufenthalt als Fellow am Historischen Kolleg in München im akademischen Jahr 2012/13 wäre dieses Buch nicht entstanden. Für diesen Freiraum danke ich dem Kuratoriumsvorsitzenden, Andreas Wirsching, und seinem Vorgänger, Lothar Gall, dem ich ohnehin wegen seines frühen Interesses an meinen Arbeiten dankbar verpflichtet bleibe. Das Münchner Ambiente hat überhaupt befruchtend gewirkt, zum Beispiel durch meine Beschäftigung mit Leben und Werk Thomas Nipperdeys während dieser Zeit, und durch den Kontakt mit Wolfgang Hardtwig, der wie wenige andere in Deutschland den Verbindungen zwischen Sozialgeschichte und Ideengeschichte über viele Jahrzehnte innovativ nachgespürt hat. Dank gebührt auch den Personen und Institutionen, die meine längeren Aufenthalte in den USA ermöglicht haben, an der Johns Hopkins University, wo ich die amerikanische Geschichte gründlich kennenlernen konnte, in Harvard und in Chapel Hill; stellvertretend seien hier Konrad und Hannelore Jarausch besonders genannt. Schließlich aber führt am meisten wohl doch auf die Anregungen zurück, die ich an der Universität Bielefeld erhalten habe, bei akademischen Lehrern wie Reinhart Koselleck, dessen Spuren sich unverkennbar durch diesen Band ziehen, und Jürgen Kocka. Und natürlich bei Hans-Ulrich Wehler, mehr als Worte sagen können. Deshalb ist ihm dieser Band gewidmet.

Teil I: **Epochen der Moderne**

1 Gibt es noch eine Einheit der Neueren Geschichte?

für Reinhart Koselleck

I

Gibt es noch eine Einheit der Neueren Geschichte? Jedenfalls gibt es Indizien für zweierlei: Nimmt man verschiedene Hinweise der letzten Jahre ernst, ist, erstens, die Diskussion dieser Frage nicht obsolet, sondern drängt sich geradezu auf, weil, zweitens, die historiographische Einheit der neuzeitlichen Geschichte, zumal in Deutschland, durchaus gefährdet, wenn nicht gar schon verloren ist. In welchem Sinne können wir die Zeit seit dem 16. Jahrhundert bis in unsere Gegenwart – um die „Neuere Geschichte" in diesem, „klassischen" Sinne des Begriffes geht es im Folgenden – in der Forschung noch als einen zusammenhängenden Raum historischer Ereignisse und Erfahrungen begreifen und diese mögliche Einheit in universitärer Lehre und schulischem Unterricht vermitteln? Die Trennung in eine Geschichte der Frühen Neuzeit und eine „neueste" oder „moderne" Geschichte des 19. und 20. Jahrhunderts hat sich so fest etabliert, dass zumal viele Frühneuzeitler inzwischen Bedenken äußern, ob sie nicht zu einer „Zäsurideologie"[1] übersteigert worden sei und fragen, wie die Geschichte ihrer Epoche wieder stärker an die Erfahrungen der jetzt lebenden Zeitgenossen heranzuführen sei. Winfried Schulze hat mehrfach beklagt, die deutsche Geschichte der Neuzeit stehe unter dem „unauslöschlichen Verdikt des 19. und 20. Jahrhunderts", und die Dominanz dieser beiden jüngsten Säkula habe „zu einem bemerkenswerten Bruch zwischen der deutschen Geschichte der Frühen Neuzeit und der des 19. und 20. Jahrhunderts geführt."[2]

---

[1] So Christof Dipper, Otto Brunner aus der Sicht der frühneuzeitlichen Historiographie, in: Jahrbuch des deutsch-italienischen Historischen Instituts Trient 13, 1987, 73–96, hier bes. 90; ders., Die Bauern als Gegenstand der Sozialgeschichte, in: Wolfgang Schieder u. Volker Sellin (Hg.), Sozialgeschichte in Deutschland, Bd. IV, Göttingen 1987, 9–33, hier 18. Den Begriff der „Zäsurideologie" hatte in kritischer Absicht schon Eberhard Schmitt für die französische Revolutionshistoriographie verwendet: Zur Zäsurideologie der französischen Revolution von 1789, in: Karl Bosl (Hg.), Der moderne Parlamentarismus und seine Grundlagen in der ständischen Repräsentation, Berlin 1977, 195–240.
[2] Winfried Schulze, Deutsche Geschichte im 16. Jahrhundert 1500–1618, Frankfurt 1987, 17f.; vgl. auch die Überlegungen in: ders., Einführung in die Neuere Geschichte, Stuttgart 1987, 18–26.

Und Heinz Schilling hat seine zweibändige Darstellung deutscher Geschichte zwischen Reformation und Siebenjährigem Krieg als den Versuch angelegt, die „Ferne der Frühneuzeit im öffentlichen Bewusstsein Deutschlands" zu überwinden, „nicht nur der neuen wissenschaftlichen Erkenntnisse wegen, sondern auch um ihrer Aktualität für die Ortsbestimmung der Gegenwart willen." Im Gegensatz zu anderen westeuropäischen Ländern spiele die Frühe Neuzeit nämlich in Deutschland, so Schilling, eine viel geringere Rolle im historisch-politischen Bewusstsein, das durch die Geschichte des 19. und 20. Jahrhunderts dominiert sei.[3] Aber auch deren Vertreter verspüren in letzter Zeit manchmal ein Unbehagen angesichts einer Geschichte der „Moderne", welche die Zeit vor dem späten 18. Jahrhundert aus ihrem Horizont ausblendet und beklagen den „in der Bundesrepublik offensichtlich besonders weitreichenden Zerfall der Geschichtswissenschaft in Teilbereiche, deren Experten sich nicht mehr zur Kenntnis nehmen".[4]

Solche Diagnosen sind nicht selbstverständlich und man mag sie sogar überraschend finden angesichts der Tatsache, dass erst vor wenigen Jahrzehnten in der historiographischen Debatte viel Energie darauf verwendet worden ist, die epochale Eigenständigkeit der „Frühen Neuzeit", sowohl in wissenschaftsorganisatorischer wie in intellektuell-inhaltlicher Hinsicht, zu begründen und der Zäsur von „1800", deren Rigidität jetzt öfters beklagt wird, besonderes Gewicht zu verleihen. Wenn man auf die damalige Periodisierungsdiskussion zurückblickt, sollte man mindestens zwei Etappen und Grundargumente unterscheiden, die sich natürlich auch überlappen konnten. *Erstens* wurde, vor allem seit den 1950er Jahren, der Versuch vorangetrieben, die „Frühe Neuzeit" als eigenständige Epoche aus der älteren Einheit der „Neueren Geschichte" auszudifferenzieren. Während Wilhelm Kamlah in einem der frühen Beiträge noch dafür plädierte, das 16. Jahrhundert als das Zeitalter von „Renaissance und Humanismus" als Frühneuzeit zu bezeichnen und um 1600 die „eigentliche Neuzeit", die dann bis in die Gegenwart reiche, beginnen zu lassen,[5] setzte sich schnell, auch internationalen Gepflogenheiten folgend, die bis heute unbestrittene Verwendung des Begriffes für die Zeit des 16. bis

---

3 Heinz Schilling, Aufbruch und Krise. Deutschland 1517–1648, Berlin 1988, 10f. (Vorwort).
4 So Dieter Langewiesche, Rez. Jürgen Kocka (Hg.), Sozialgeschichte im internationalen Überblick, Darmstadt 1989, in: HZ 253, 1991, 388f.
5 Wilhelm Kamlah, „Zeitalter" überhaupt, „Neuzeit" und „Frühneuzeit", in: Saeculum 8, 1957, 313–332. – Siehe zum Folgenden auch: Winfried Schulze, „Von den großen Anfängen des neuen Welttheaters". Entwicklung, neuere Ansätze und Aufgaben der Frühneuzeitforschung, in: GWU 44, 1993, 3–18.

18. Jahrhunderts durch.⁶ Das Ziel, das unbestritten auch erreicht wurde, war eine stärkere Profilierung dieses Zeitraums gegenüber der gegenwartsnäheren Geschichte des 19. und 20. Jahrhunderts, die sich zumal nach dem Zweiten Weltkrieg, also letztlich aufgrund spezifischer Zeiterfahrungen der Mitte des 20. Jahrhunderts, immer stärker in den Vordergrund des Historiker-, aber auch des allgemeinen öffentlichen Bewusstseins schob. Weniger dagegen ging es um eine Relativierung, geschweige denn Auflösung der konventionellen Zäsur von „1500", also der Grenze zum Mittelalter;⁷ die Frühe Neuzeit sollte Teil der Neuzeit bleiben, auch wenn seinerzeit kaum deutlich zu machen versucht wurde, worin die dann notwendige Verklammerung beider Phasen der Neuzeit eigentlich bestünde.

Eine *zweite*, zeitlich sich hiermit überschneidende Bewegung ging einen entscheidenden Schritt weiter, auch wenn sie sich im Grunde aus ähnlichen Motiven und Erfahrungen unserer Jahrhundertmitte speiste: Die Geschichte selber (nicht die „Historie"!) schien im Übergang zum 19. Jahrhundert, so Johan Huizinga, ihre „Form" verändert und gegenüber der mittelalterlichen und übrigen neuzeitlichen Geschichte an „Epik" und „Dramatik" verloren zu haben.⁸ Werner Conze griff diese teilweise eher feuilletonistischen Gedanken in seinem Plädoyer für eine moderne „Strukturgeschichte" im Jahre 1957 auf und gab ihnen die Gestalt eines sozialgeschichtlichen Arguments, das rasch eine große Wirkung entfaltete.⁹ Das „technisch-industrielle Zeitalter", mit dem Conze übrigens nur ein prominentes Schlagwort der Intellektuellendebatte der 1950er Jahre aufnahm, schien ihm eine solche Prägekraft zu besitzen, dass es die herkömmliche historische Periodisierung vollkommen sprengte. „Die Unterteilung

---

6 Vgl. z. B. Horst Rabe, Periodisierung (Neuzeit), in: Waldemar Besson (Hg.), Fischer-Lexikon Geschichte, Frankfurt 1961, 257–264; Johannes Kunisch, Über den Epochencharakter der Frühen Neuzeit, in: Fs. Karl Dietrich Erdmann, Stuttgart 1975, 150–161.
7 Siehe z. B., mit einer ausdrücklichen Rechtfertigung dieser Zäsur, Ilja Mieck, Periodisierung und Terminologie der Frühen Neuzeit. Zur Diskussion der letzten beiden Jahrzehnte, in: GWU 19, 1968, 357–373. – Eine gewisse Ausnahme stellte der Ansatz von Erich Hassinger dar, die Entstehung des „neuzeitlichen", nicht mehr mittelalterlichen Europas bis in das späte 13. Jahrhundert zurückzuverfolgen. Vgl. Erich Hassinger, Das Werden des neuzeitlichen Europa 1300–1600, Braunschweig 1964².
8 Johan Huizinga, Über eine Formveränderung der Geschichte seit der Mitte des 19. Jahrhunderts, in: ders., Im Banne der Geschichte, Zürich 1943², 107–128. Huizingas Diagnose ist heute leicht als perspektivischer Irrtum zu entlarven, von dem man sich wundert, wie er mitten im Zweiten Weltkrieg möglich war. Aber auch die Weltkriege waren eben in dieser Sicht ein Indiz dafür, dass die Welt „aus der Form" geraten war.
9 Werner Conze, Die Strukturgeschichte des technisch-industriellen Zeitalters als Herausforderung für Forschung und Unterricht, Köln 1957.

in Mittelalter und Neuzeit" – dieser Satz Conzes sei zitiert, weil wir auf das in ihm enthaltene Argument gleich noch zurückkommen – „wird überflüssig werden, da sie sowohl in der Begriffsbildung wie in der Abgrenzung fragwürdig ist und da vor allem das Zeitalter der Industrialisierung und der Revolution als primäre weltgeschichtliche Epoche nicht mehr unter einem Oberbegriff ‚Neuzeit' (Europas) gefasst werden kann".[10]

Gleichzeitig und gewissermaßen komplementär zu Conze, der mit positiver Emphase von der industriellen Welt seit dem späten 18. Jahrhundert sprach, begründeten Otto Brunner und Dietrich Gerhard dieselbe Zäsur von der vorausgegangenen Epoche her, die sie mit dem Begriff „Alteuropa", wiederum sehr einflussreich, kennzeichneten und die für sie, im Unterschied zu den Befürwortern des „Frühneuzeit"-Konzepts, eine Einheit seit dem Hoch- oder Spätmittelalter – namentlich für Gerhard dezidiert seit dem 11. Jahrhundert – darstellte, in welcher die Zäsur von „1500" keine Rolle mehr spielte.[11] Eine weitere Variante dieser Sichtweise entwickelte etwas später Reinhart Koselleck, dessen These von der Geburt der Neuzeit in einer „Sattelzeit" zwischen 1750 und 1850 die Zäsur von 1800 flexibilisierte und den sozialgeschichtlichen Befund begriffsgeschichtlich zu untermauern versuchte; das Lexikon „Geschichtliche Grundbegriffe" stellte eindrucksvoll das empirische Material hierfür zur Verfügung.[12] Etwa gleichzeitig, in der ersten Hälfte der 1970er Jahre, schienen neue Zeitschriftenprojekte auch in organisatorischer Hinsicht zu bestätigen, dass die neue Epocheneinteilung – die Unterscheidung einer „modernen" Geschichte des 19. und 20. Jahrhunderts von einer „vormodernen" des (späten) Mittelalters und der Frühen Neuzeit – zur insgesamt überzeugenden und dominierenden Konvention geworden war.[13]

---

10 Ebd., 13.
11 Otto Brunner, Land und Herrschaft. Grundfragen der territorialen Verfassungsgeschichte Österreichs im Mittelalter, Darmstadt 1959⁴; einflussreich auch: ders., Neue Wege der Verfassungs- und Sozialgeschichte, Göttingen 1968²; Dietrich Gerhard, Zum Problem der Periodisierung der europäischen Geschichte, in: ders., Alte und neue Welt in vergleichender Geschichtsbetrachtung, Göttingen 1962, 40–56; ders., Old Europe: A Study of Continuity, 1000–1800, New York 1981. – Vgl. dazu neben Dipper, Otto Brunner, auch: Reinhart Blänkner, Spät-Alteuropa oder Früh-Neuzeit? Anmerkungen zur Otto-Brunner-Tagung in Trient, in: GG 13, 1987, 559–564.
12 Vgl. hier nur Reinhart Koselleck, Einleitung, in: Otto Brunner u. a. (Hg.), Geschichtliche Grundbegriffe, Bd. 1, Stuttgart 1972, XIII–XXVII; ders., Das 18. Jahrhundert als Beginn der Neuzeit, in: Reinhart Herzog u. ders. (Hg.), Epochenschwelle und Epochenbewußtsein, München 1987, 269–282.
13 Nämlich die Gründung der „Zeitschrift für Historische Forschung" als „Vierteljahresschrift zur Erforschung des Spätmittelalters und der Frühen Neuzeit" im Jahre 1974 und von „Geschichte und Gesellschaft. Zeitschrift für Historische Sozialwissenschaft" im Jahre 1975, kon-

Auf der anderen Seite aber schleppt die Geschichtswissenschaft seither für die ehemalige „Neuere Geschichte" eine erhebliche terminologische Unsicherheit mit sich herum. An den meisten Universitäten besteht die curriculare Einheit einer um 1500 beginnenden Neuzeit fort – und wenn das so ist, müsste man doch mindestens den Studierenden gegenüber sachlich mit guten Gründen rechtfertigen können, inwiefern etwa ein Proseminar über den Dreißigjährigen Krieg geeignet ist, in die gesamte, bis an die Gegenwart heranführende Neuere Geschichte einzuführen. In die andere Richtung weist jedoch eine semantische Verschiebung, welche die „Frühe Neuzeit" aus der „Neueren Geschichte" ganz ausklammert, indem diese nur noch den Zeitraum seit etwa 1800 meint.[14] An der Fern-Universität in Hagen steht dann, semantisch jedenfalls konsequent, der „Neueren Geschichte" seit 1800 eine „Ältere Geschichte" gegenüber, die den gesamten Zeitraum (seit der Spätantike) vor dieser Zäsur umfasst.

Schwerer als diese widersprüchliche Vielfalt von Epochenbegriffen wiegen jedoch die sachlichen Zweifel, die gegenüber einer Zurechnung der Frühen Neuzeit zu einer langdauernden vormodernen, „alteuropäischen" Epoche und der daraus resultierenden Trennung von der Geschichte des 19. und 20. Jahrhunderts vorgebracht worden sind. So ist in letzter Zeit versucht worden – in mancher Hinsicht anknüpfend an den vorn erwähnten ersten Diskussionsstrang –, den Begriff der „Frühen Neuzeit" stärker als bisher zu einem inhaltlich gefüllten Konzept weiterzuentwickeln, das auf Prozesse „strukturellen Wandels" in Wirtschaft und Gesellschaft, Politik und Kultur zielt.[15] In der Tat liegt ein Kern des gegenwärtigen Unbehagens darin begründet, dass die drei Jahrhunderte der Frühen Neuzeit in allen Varianten der neuen Periodisierung als zu statisch, zu

---

zentriert auf „die Probleme seit den industriellen und politischen Revolutionen des ausgehenden 18. Jahrhunderts" (Vorwort der Herausgeber zum 1. Jahrgang, 5).
14 So etwa in der Neuauflage des Fischer-Lexikons Geschichte; s. Dieter Langewiesche, Art. Neuzeit, Neuere Geschichte, in: Richard van Dülmen (Hg.), Fischer-Lexikon Geschichte, Frankfurt 1990, 386–406. „Neuere" Geschichte ist hier also (ohne dass dies reflektiert würde) genau das, was in der klassischen Terminologie „Neueste" Geschichte hieß; die „Neuheit" des 19. und 20. Jahrhunderts rutscht damit also gewissermaßen vom Superlativ zum Komparativ ab. Der Begriff „Neueste" Geschichte meint dann nur noch das 20. Jahrhundert, womit er tendenziell synonym zu „Zeitgeschichte" wird (vgl. Rainer Hudemann, Art. Neueste Geschichte, in: ebd., 406–426).
15 Vgl. Hans Erich Bödeker u. Ernst Hinrichs, Alteuropa – Frühe Neuzeit – Moderne Welt? Perspektiven der Forschung, in: dies. (Hg.), Alteuropa, Ancien Régime, Frühe Neuzeit, Stuttgart-Bad Cannstatt 1991, 11–50; Rudolf Vierhaus, Vom Nutzen und Nachteil des Begriffs „Frühe Neuzeit". Fragen und Thesen, in: ders. (Hg.), Frühe Neuzeit – frühe Moderne?, Göttingen 1992, 13–25, bes. 24f.

sehr dominiert von Kräften der Beharrung, eben als zu „traditional" und „vormodern" erscheinen als es nach neueren Forschungsinteressen und -ergebnissen gerechtfertigt wäre. Zu Recht ist, brillant herausgearbeitet etwa von Christof Dipper, auf die tiefe Ideologisierung der Geschichtsdeutung Otto Brunners in seinem Alteuropa-Konzept hingewiesen worden.[16] Dieser Umstand spricht freilich alleine noch nicht gegen die heuristische Nützlichkeit, noch nicht einmal gegen die sachliche Angemessenheit von Brunners Entwurf, denn ganz unbestreitbar hat die veränderte Periodisierung, hat das Zusammenrücken von spätem Mittelalter und Früher Neuzeit seit den 1970er Jahren eine außerordentlich fruchtbare Wirkung in der Einzelforschung entfaltet, hinter die es kein Zurück mehr gibt.

Aber die Forschungsinteressen in der deutschen Frühneuzeitgeschichte haben sich, ganz klar seit Beginn der 1980er Jahre, buchstäblich gedreht: Statt „zurück" ins Mittelalter blickt die Frühe Neuzeit wieder „nach vorne" zur Welt der Moderne; sie begreift ihren Gegenstand nicht mehr als Ende oder Ausläufer, sondern als Beginn von etwas; sie betont das Neue, das Dynamische, den Aufbruch mehr als die Kontinuität von im Mittelalter geprägten Strukturen. Paul Münch hat zu Recht darauf aufmerksam gemacht, dass alle „Interpretamente" und Prozesskonzepte, die gegenwärtig in der Untersuchung der Frühen Neuzeit eine große Rolle spielen, die „nach vorne weisenden, modernisierenden Tendenzen der Epoche" betonen: sei es das Konzept der „Rationalisierung" im Anschluss an Weber; sei es der „Prozeß der Zivilisation" im Anschluss an Norbert Elias' Theorie des Verhaltenswandels; oder sei es Gerhard Oestreich folgend, die Vorstellung von einem Prozess der „Sozialdisziplinierung".[17] Das ist nicht zuletzt das Ergebnis einer Umakzentuierung, die der Politik-, Ideen- und Kulturgeschichte gegenüber sozialökonomischen Faktoren wieder einen größeren Stellenwert und eine größere historische Autonomie und Wirkmächtigkeit zuerkennt[18] – nicht zufällig hat das Werk von Gerhard Oestreich in letzter Zeit eine bedeutende Renaissance erfahren, so dass man, mit einem Körnchen Salz, von einer Verschiebung „von Brunner zu Oestreich" sprechen könnte, was die Fixsterne der Frühneuzeitforschung betrifft.

In einem „Zurück zu Politik und Ideen" geht der Perspektivenwechsel jedoch nicht auf. Gerade auch aus einer „gesellschaftsgeschichtlichen" Perspektive ist versucht worden, die neue Dynamik von Wirtschaft, Gesellschaft und

---

16 Dipper, Otto Brunner.
17 Paul Münch, Lebensformen in der Frühen Neuzeit, Berlin 1992, 15f. Auf diese Konzepte, namentlich auf die „Sozialdisziplinierung", komme ich unter II.3. noch einmal zurück.
18 Vgl. schon Dipper, Otto Brunner, 75.

Herrschaft seit dem 16. Jahrhundert plausibel zu machen;[19] und die Sozialstruktur frühneuzeitlicher Gesellschaften gehört durchaus zu jenen Bereichen, deren dynamische Tendenzen in letzter Zeit stärker herausgearbeitet worden sind.[20] Die klassische Zäsur von 1500 kann in universalgeschichtlicher Sicht, aber auch wiederum von sozialgeschichtlicher Warte, etwa im Hinblick auf die kulturelle und gesellschaftliche Dynamisierung des Reiches im Gefolge der Reformation, eine neue Rechtfertigung erfahren.[21] Im Prozess der Konfessionalisierung, so ein von Winfried Schulze häufiger vorgetragenes Argument, sei nicht nur in Politik und Verfassungsstruktur, sondern auch in soziokultureller Hinsicht ein neuartiger Pluralismus institutionalisiert und eingeübt worden, der zur Anerkennung von Differenz auch über das Ende der Frühen Neuzeit hinaus beigetragen habe.[22]

Die Vorstellung, „Modernisierung" beginne im frühen 19. Jahrhundert oder allenfalls in den Anfängen der Sattelzeit und gehöre darum zum Terrain der Historiker des 19. und 20. Jahrhunderts, ist deshalb, wie man an vielen Beispielen zeigen könnte, nicht länger haltbar. Selbst die scheinbar unerschütterlichen Conzeschen Fixpunkte einer Epochenschwelle um 1800: „Industrialisierung" und „Revolution", sind inzwischen, nicht nur in Deutschland, so weit chronologisch verflüssigt worden, dass sie als Periodisierungskriterien nicht mehr taugen: So ist die Vorstellung von einer ruckartigen ökonomischen Umwälzung durch, plakativ gesagt, Kohle, Stahl und Dampfmaschine der Einsicht gewichen, dass längst vorher – in England vor allem seit dem 17. Jahrhundert – ein durchgreifender Prozess der „Kommerzialisierung" wirtschaftliches Denken und Verhalten verändert, Warenmärkte konstituiert und eine „Konsumentengesellschaft" vorbereitet habe.[23] Man kann auch an die „Protoindustrialisie-

---

[19] Siehe Richard van Dülmen, Formierung der europäischen Gesellschaft in der Frühen Neuzeit. Ein Versuch, in: GG 7, 1981, 5–41.
[20] Vgl. z. B. Winfried Schulze (Hg.), Ständische Gesellschaft und soziale Mobilität, München 1988.
[21] Richard van Dülmen, Reformation und Neuzeit. Ein Versuch, in: ZHF 14, 1987, 1–25.
[22] Vgl. Winfried Schulze, Concordia, Discordia, Tolerantia. Deutsche Politik im konfessionellen Zeitalter, in: Johannes Kunisch (Hg.), Neue Studien zur frühneuzeitlichen Reichsgeschichte, Berlin 1987 (= ZHF, Beiheft 3), 43–79.
[23] Vgl. Neil McKendrick, John Brewer u. J.H. Plumb, The Birth of a Consumer Society. The Commercialization of Eighteenth-Century England, London 1982; Carole Shammas, The Pre-Industrial Consumer in England and America, Oxford 1990; William Reddy, The Rise of Market Culture. The Textile Trade and French Society, 1750–1900, Cambridge 1984. – Siehe zu diesen Ansätzen insges. auch, am Beispiel der amerikanischen Forschung: Paul Nolte, Der Markt und seine Kultur – ein neues Paradigma der amerikanischen Geschichte?, in: HZ 264, 1997, 329–360 (in diesem Band: Nr. 7). – Man kann auch an den „institutionalistischen" Ansatz in der

rungsdebatte" denken, die das Augenmerk auf eine Verdichtung der Warenproduktion und eine „Vergewerblichung" agrarischer Landschaften im 18. Jahrhundert, längst vor der „Industriellen Revolution", gerichtet hat; gleichviel, ob man in der „Protoindustrie" eine unmittelbare Vorphase der Industrialisierung sieht oder nicht.[24]– Der Blick auf die politische Revolution hat seine übermäßige Fixierung auf Frankreich 1789 abgestreift; die Revolutionen des 17. Jahrhunderts in England und der Aufstand der Niederlande erscheinen jetzt in einem gemeinsamen Kontext mit der europäisch-atlantischen Revolutionswelle vom späten 18. bis zur Mitte des 19. Jahrhunderts; und an dieser sind schon seit einiger Zeit immer stärker die „defensiven", korporativen oder klassisch-republikanischen Ursprünge und Elemente herausgearbeitet worden. Die ehemals scharf gezogene Grenze zwischen „moderner" Revolution und „traditionaler" Revolte ist mittlerweile ein ganzes Stück weit eingeebnet.[25] Und das Argument, erst seit dem 19. Jahrhundert wandle sich die Geschichte vorher unverbundener Kulturkreise zur „Weltgeschichte" und erreiche damit eine ganz neue Qualität,[26] ist durch eine Fülle neuer Forschungen über interkulturelle Wahrnehmung und Begegnung in der Frühen Neuzeit als eine perspektivische Illusion entlarvt worden.

Unbestreitbar spielen auch hier wieder außerwissenschaftliche Motive und Erfahrungen eine wichtige Rolle: Das wachsende Unbehagen an der „Zäsurideologie" von 1800 rührt nicht zuletzt aus einem generationsspezifischen Erfahrungswechsel des späten 20. Jahrhunderts, der es immer weniger plausibel erscheinen lässt, die Zeit der Frühindustrialisierung und der politischen Revolutionen noch unmittelbar als Teil unserer Gegenwart zu begreifen, wie die Generation Conzes das ganz selbstverständlich tat.[27] Dieser Erfahrungswechsel ist

---

Wirtschaftsgeschichte denken, der den Blick wieder stärker in die Formationsperiode des Frühkapitalismus gelenkt hat. Siehe z. B. Douglass C. North u. Robert P. Thomas, The Rise of the Western World. A New Economic History, Cambridge 1973.
24 Vgl. Peter Kriedte, Hans Medick u. Jürgen Schlumbohm, Industrialisierung vor der Industrialisierung. Gewerbliche Warenproduktion auf dem Land in der Formationsperiode des Kapitalismus, Göttingen 1977; dies., Sozialgeschichte in der Erweiterung – Proto-Industrialisierung in der Verengung?, in: GG 21, 1995, 70–87, 231–255.
25 Vgl. z. B. Robert Forster u. Jack P. Greene (Hg.), Preconditions of Revolution in Early Modern Europe, Baltimore/London 1970; Helmut G. Koenigsberger, Estates and Revolutions. Essays in Early Modern European History, Ithaca 1971; J.G.A. Pocock (Hg.), Three British Revolutions: 1641, 1688, 1776, Princeton 1980.
26 Conze, Strukturgeschichte, bes. 10.
27 Das wird hier nicht weiter ausgeführt. Vgl. dazu Paul Nolte, 1900: Das Ende des 19. und der Beginn des 20. Jahrhunderts in sozialgeschichtlicher Perspektive, in: GWU 47, 1996, 281–300 (in diesem Band: Nr. 3). Siehe auch Schulze, Einführung in die Neuere Geschichte, 26:

durch den Bruch des allgemeinen Fortschrittsbewusstseins seit Beginn der 1970er Jahre zusätzlich beschleunigt worden, durch das Gefühl, unsere Gegenwart sei nicht unbedingt „besser", sondern höchstens anders als vormoderne Zeiten – vielleicht aber auch diesen überraschend ähnlich. Darauf wird später noch zurückgekommen.

II

Worin aber könnte eine Einheit der Neueren Geschichte auch heute, am Ende des 20. Jahrhunderts, noch begründet sein? Schon angesichts der vielfältigen Bedeutungsebenen des Begriffes „Geschichte" empfiehlt es sich, bei einem Versuch der Beantwortung dieser Frage verschiedene Dimensionen zu unterscheiden. Ich frage im Folgenden erstens nach der empirisch-historiographischen Einheit, also nach Gemeinsamkeiten hinsichtlich des Gegenstandes oder der Themen historischer Forschung, besonders solcher Themen, die auf längerfristige Kontinuitäten der Zeit vor und nach 1800 verweisen. Dabei wird auch auf die Problematik der sogenannten „Sattelzeit" einzugehen sein. Zweitens geht es, knapper, um mögliche Gemeinsamkeiten in methodischer Hinsicht: Finden Historiker der Frühen und der Späten Neuzeit noch eine verbindende Grundlage, eine Möglichkeit der Kommunikation in Methode und „Ansatz" ihrer Arbeit, und welche neueren Entwicklungen könnten in diese Richtung wirken? Drittens könnten entsprechende Verbindungslinien, auf einer etwas konkreteren, gegenstandsnäheren Ebene historischer Forschung und Darstellung, durch übergreifende Konzepte und Interpretamente geknüpft werden, die es erlauben, langlebige Strukturen und langfristige Prozesse beiderseits des „Sattels" in einer einheitlichen Perspektive zu sehen – dabei ist etwa an das Konzept der „Sozialdisziplinierung" zu denken. Und viertens, schließlich, müsste man die Einheit der Neuzeit, in der Abwägung gegen ihr jeweils Neuartiges, in bestimmten „Erfahrungsschichten" (Reinhart Koselleck) suchen, im vielfältig abgestuften Rhythmus geschichtlicher Strukturen, zu denen auch solche gehören, die als Sedimente der Frühen Neuzeit noch unsere jüngere Geschichte oder Gegenwart mitbestimmen. Darin liegt nicht nur ein geschichtstheoretisches Problem, sondern vor allem eine enorme historiographische Herausforderung, eine Herausforderung an die Darstellungsform einer möglichen Geschichte der Neuzeit, die

---

„Ereignisse wie die Seeschlacht von Tsushima (1905) ... sind für uns beinahe so weit entfernt wie die Seeschlacht von Lepanto im Jahre 1571".

das Spannungsverhältnis von Dauer und Wandel seit dem 16. Jahrhundert bis in die Gegenwart selber zu ihrem zentralen Thema machen müsste.

1   Einheit in den Themen: Die Kontinuität historischer Prozesse

Trotz der eingangs zitierten Befürchtungen gibt es eine ganze Reihe Indizien dafür, dass die Geschichte der Frühen Neuzeit und des 19. und 20. Jahrhunderts sich in letzter Zeit wieder stärker einander zugewandt haben, was die Aufmerksamkeit für bestimmte Themen und für in ihnen deutlich werdende längerfristige Kontinuitätslinien betrifft. Ein fast schon klassisches Beispiel für einen solchen Berührungspunkt ist die Geschichte ständischer und parlamentarischer Repräsentation in der Neuzeit: Hier ist bereits seit zwei Jahrzehnten intensiv erforscht worden, wie die Landstände der Frühen Neuzeit nicht nur in institutioneller Hinsicht vielfach zum Vorbild der frühkonstitutionellen parlamentarischen Verfassungen geworden sind, sondern auch im Bewusstsein der Bevölkerung die Kontinuität einer Vertretung von „Landes"-Interessen gegenüber dem fürstlichen Hof und der Bürokratie verkörperten; im Süden und Westen Deutschlands ebenso wie in Teilen des ostelbischen Preußen.[28]

Unter dem vor allem von Peter Blickle in die Diskussion eingebrachten Begriff des „Kommunalismus" ist diese Debatte in den letzten Jahren weitergeführt und um den Aspekt kommunaler Verfassungen erweitert worden.[29] So ist für die Historiker des 19. Jahrhunderts der hohe Stellenwert von Gemeindeautonomie und Gemeindepolitik in Deutschland auf ganz andere und tiefere Weise verständlich geworden, als es den älteren Theorien einer „Erfindung" der kommu-

---

28 Vgl. aus einer überaus reichhaltigen Literatur hier nur Bosl (Hg.), Der moderne Parlamentarismus; Volker Press, Landtage im Alten Reich und im Deutschen Bund. Voraussetzungen ständischer und konstitutioneller Entwicklungen 1750–1830, in: ZWLG 39, 1980, 100–140. Zu Preußen, dem in dieser Hinsicht lange Zeit weniger Beachtung geschenkt wurde: Wolfgang Neugebauer, Politischer Wandel im Osten. Ost- und Westpreußen von den alten Ständen zum Konstitutionalismus, Stuttgart 1992.

29 Siehe, aus vielen Arbeiten, hier nur: Peter Blickle, Kommunalismus, Parlamentarismus, Republikanismus, in: HZ 242, 1986, 529–556. Die jüngste Kontroverse zwischen Blickle und Robert v. Friedeburg ändert daran nichts, sondern bestätigt im Grunde nur die Produktivität dieses Konzeptes. (Vgl. Robert v. Friedeburg, „Kommunalismus" und „Republikanismus" in der frühen Neuzeit?, in: ZHF 21, 1994, 65–91; Peter Blickle, Begriffsverfremdung. Über den Umgang mit dem wissenschaftlichen Ordnungsbegriff Kommunalismus, in: ZHF 22, 1995, 246–253.)

nalen Selbstverwaltung durch den Freiherrn vom Stein entsprochen hatte.³⁰ Gelegentlich sind die wechselseitigen Einflüsse auch sehr subtil und nur schwer konkret zu belegen, aber mir scheint, dass zum Beispiel die Neuakzentuierung der frühneuzeitlichen Reichsgeschichte – die Würdigung der Institutionen und Konfliktregelungsmechanismen des Alten Reiches und des Erfolges seiner „föderalen" Struktur im Ausgleich von Interessen und Machtansprüchen – dazu beigetragen hat, die teleologische Verengung in der Historiographie zur Nations- und Nationalstaatsbildung im 19. Jahrhundert aufzubrechen und damit Kontingenz und Alternative auf dem Weg zur Reichsgründung von 1870/71 stärker zu betonen.³¹

Ein zweites, wichtiges Beispiel für die thematische Konvergenz von Früher Neuzeit und 19./20. Jahrhundert ist die Geschichte des Bürgertums, vor allem des städtischen Bürgertums, wie sie seit der Mitte der 1980er Jahre neu betrieben worden ist. In einer auch für andere Themen charakteristischen Weise haben dabei beide Teilepochen aufgrund intensivierter empirischer Forschung Neubewertungen vorgenommen, die sich zueinander unmittelbar komplementär verhalten: Auf der einen Seite sind, gegen das ältere Bild der fast totalen Erstarrung und Einkapselung, politisches Konfliktpotential – zumal in den Reichsstädten – und soziale Dynamisierung – etwa hinsichtlich der Formierung eines selbstbewussten und einflussreichen Handelsbürgertums – vor 1800 stärker hervorgetreten.³² Auf der anderen Seite hat die frühere Sichtweise einer

---

30 Vgl. Peter Blickle (Hg.), Landgemeinde und Stadtgemeinde in Mitteleuropa. Ein struktureller Vergleich, München 1991 (= HZ, Beiheft 13); darin bes. ders., Kommunalismus – Begriffsbildung in heuristischer Absicht, S. 5–38; zum Brückenschlag in das 19. und 20. Jahrhundert: Wolfgang Kaschuba, Kommunalismus als sozialer „common sense". Zur Konzeption von Lebenswelt und Alltagskultur im neuzeitlichen Gemeindegedanken, in: ebd., 65–91; ferner Dieter Langewiesche, „Staat" und „Kommune". Zum Wandel der Staatsaufgaben in Deutschland im 19. Jahrhundert, in: HZ 248, 1989, 621–635; Paul Nolte, Bürgerideal, Gemeinde und Republik. „Klassischer Republikanismus" im frühen deutschen Liberalismus, in: HZ 254, 1992, 609–656 (in diesem Band: Nr. 9).
31 Siehe z. B. James J. Sheehan, What is German History? Reflections on the Role of the Nation in German History and Historiography, in: JMH 53, 1981, 1–23; ders., German History 1770–1866, New York/Oxford 1989; u. bes. Dieter Langewiesche, Deutschland und Österreich: Nationswerdung und Staatsbildung in Mitteleuropa im 19. Jahrhundert, in: GWU 42, 1991, 754–766; ders., Reich, Nation und Staat in der jüngeren deutschen Geschichte, in: HZ 254, 1992, 341–381. Zur damit zusammenhängenden Neubewertung des Deutschen Bundes s. zusammenfassend, mit weiterer Lit., Elisabeth Fehrenbach, Verfassungsstaat und Nationsbildung 1815–1871, München 1992, 113f.
32 Vgl. u. a. Klaus Gerteis, Die deutschen Städte in der frühen Neuzeit. Zur Vorgeschichte der „bürgerlichen Welt", Darmstadt 1986; aus vielen Arbeiten von Heinz Schilling zuletzt und pointiert zusammenfassend: Die Stadt in der frühen Neuzeit, München 1993; vgl. ferner Hans-

ruckartig die Bühne des frühen und mittleren 19. Jahrhunderts betretenden bürgerlichen, vor allem industriebürgerlichen, Schicht der Einsicht Platz gemacht, dass stadtbürgerliche Kontinuität bis weit in die Zeit des Kaiserreichs hinein das kulturelle Selbstverständnis und das politische Handeln einer erst sehr langsam sich herausbildenden bürgerlichen „Klasse" maßgeblich bestimmten, und zwar nicht nur „als absterbende Relikte einer vergangenen Zeit",[33] sondern in sehr ambivalenter Weise, die häufig die Beschleunigung von Modernisierung und Wandel durch „Tradition", durch ältere Strukturen, Ideologien oder Verhaltensweisen mit einschloss.[34] In Städtemonographien wie denen von Rainer Koch über Frankfurt am Main oder von Hans-Werner Hahn über Wetzlar ist die scharfe Zäsur der Jahre um 1800 forschungspraktisch immer häufiger überschritten worden.

Solche Einzelbeispiele fügen sich in eine allgemeine Tendenz ein, in der Geschichtswissenschaft nach langlebigen Kontinuitäten zu suchen, wo bestimmte Ereignisse auf den ersten Blick einen vollständigen Bruch suggerieren würden. Man könnte dies den „Tocqueville-Impuls" einer zunehmend sich für komplexe Strukturen interessierenden Historie nennen, und nicht zufällig war es zuerst die Französische Revolution, die deutsche Frühneuzeithistoriker in solcher Weise zu verflüssigen und in ihrem Zäsurcharakter zu relativieren suchten.[35] Richtete sich dieser Impuls jedoch zunächst stärker auf die „Streckung" der Zäsur von 1800 zu einer transformatorischen „Sattelzeit" zwischen etwa 1750 und 1850, scheint das aus der Begriffsgeschichte übernommene Sattelzeit-Konzept in letzter Zeit eher als unbefriedigend und selber als zu stark einengend empfunden zu werden. Man kann in der Tat den Eindruck gewinnen – und die historiographische Herkunft dieses Konzepts aus dem Umkreis der vorn diskutierten Überlegungen Conzes und Brunners bestätigt dies –, dass die Vorstellung von der Sattelzeit manchmal geradezu als Variante der klassischen „Zäsurideologie" gewirkt und bei Historikern des 19. und 20. Jahrhunderts das

---

Werner Hahn, Altständisches Bürgertum zwischen Beharrung und Wandel. Wetzlar 1689–1870, München 1991; speziell zum Handelsbürgertum: Lothar Gall, Bürgertum in Deutschland, Berlin 1989; ders. (Hg.), Vom alten zum neuen Bürgertum. Die mitteleuropäische Stadt im Umbruch (1780–1820), München 1991.
33 Hahn, Altständisches Bürgertum, 7.
34 Vgl. außer der in Anm. 30 und 31 genannten Lit.: Rainer Koch, Grundlagen bürgerlicher Herrschaft. Verfassungs- und sozialgeschichtliche Studien zur bürgerlichen Gesellschaft in Frankfurt am Main (1612–1866), Wiesbaden 1983; Beispiele auch bei: Manfred Hettling u. Paul Nolte (Hg.), Bürgerliche Feste. Symbolische Formen politischen Handelns im 19. Jahrhundert, Göttingen 1993.
35 Vgl. Schmitt, Zäsurideologie; Rolf Reichardt u. ders., Die Französische Revolution – Umbruch oder Kontinuität?, in: ZHF 7, 1980, 257–320.

Bild einer relativ statischen Frühen Neuzeit *vor* 1800 eher noch verfestigt hat.[36] In diesem Sinne hat sich zum Beispiel Horst Möller dezidiert dafür ausgesprochen, die deutsche Aufklärung als kulturelles und soziales Phänomen weit vor die Mitte des 18. Jahrhunderts zurückzuverfolgen, um den Engführungen des Sattelzeit-Konzeptes zu entgehen;[37] und ähnlich, mit einem Rückgriff bis weit in das 17. Jahrhundert, verfahren auch die meisten der soeben erwähnten Studien über das städtische Bürgertum.

Man wird also generell sagen können – die Beispiele aus der Bürgertumsforschung wiesen schon in diese Richtung –, dass unter Historikern des 19. und 20. Jahrhunderts die Sensibilität für das Gewicht frühneuzeitlicher Strukturen, die in „ihre" Epoche hineinragen, seit den 1980er Jahren vielfach gewachsen ist. Das gelegentlich etwas grobschlächtige Argument von den „vorindustriellen Traditionen", die nur als störende Relikte, als Belastung eines „normalen" Modernisierungsprozesses vorstellbar waren, hat einer differenzierteren Betrachtungsweise Platz gemacht. In internationalen Vergleichen und durch die Rezeption der englischen, französischen oder amerikanischen Forschung ist deutlich geworden, dass vormoderne „Überhänge" in Sozialstruktur, Politik oder Kultur keineswegs ein (negatives) Spezifikum eines „deutschen Sonderweges" gewesen sind, sondern gerade in den westlichen Nationen den Weg in die Moderne maßgeblich, und zwar im positiven, dynamisierenden Sinne, mitbestimmt haben. Das gilt zum Beispiel, und in besonderem Maße, für die Geschichte der Arbeiterbewegung des 19. Jahrhunderts, die aus der Fortführung und Umformung „traditionellen" Handwerkerprotestes und korporativer Ideologien, zünftischer Organisation und frühneuzeitlicher Aktionsformen der Volkskultur entstand und erst dadurch so rasch soziale Breitenwirkung und politische Durchschlagskraft erzielen konnte.[38]

---

36 Siehe dazu auch den selbstkritischen Hinweis bei Hans-Ulrich Wehler, Sozialgeschichte und Gesellschaftsgeschichte, in: Wolfgang Schieder u. Volker Sellin (Hg.), Sozialgeschichte in Deutschland, Bd. I, Göttingen 1986, 33–52, hier 41.
37 Horst Möller, Vernunft und Kritik. Deutsche Aufklärung im 17. und 18. Jahrhundert, Frankfurt 1986, 7f.: „Die diskursive, Einheit der Aufklärung umfaßt das 17., in Grenzen noch das späte 16. und das 18. Jahrhundert. Die begriffsgeschichtliche Periodisierung einer ‚Sattelzeit' von der Mitte des 18. bis zur Mitte des 19. Jahrhunderts kappt die konstitutive Phase des aufgeklärten Diskurses und ist deshalb für diese Fragestellung inakzeptabel."
38 Vgl. zusammenfassend Jürgen Kocka, Traditionsbindung und Klassenbildung. Zum sozialhistorischen Ort der frühen deutschen Arbeiterbewegung, in: HZ 243, 1986, 333–376; bes. einflussreich war: Andreas Grießinger, Das symbolische Kapital der Ehre. Streikbewegungen und kollektives Bewußtsein deutscher Handwerksgesellen im 18. Jahrhundert, Frankfurt 1981.

Analoges gilt in mancher Hinsicht für die Ursprünge der „bürgerlichen" politisch-sozialen Ideologien und Bewegungen.[39]

Schließlich ist – während die letzten Beispiele eher eine Umakzentuierung innerhalb älterer, seit langem diskutierter Themenfelder betonten – auf die Erschließung neuer Themenbereiche hinzuweisen, die sich vorzugsweise zeitlich übergreifend darstellen lassen bzw. von vornherein wenig Rücksicht auf konventionelle Zäsuren nehmen. Dazu gehört die Geschichte der europäischen Expansion seit dem 16./17. Jahrhundert, als Geschichte der Begegnung und des Zusammenpralls von Kulturen, als Geschichte der kulturellen Selbst- und Fremdwahrnehmungen der Europäer und der indigenen Völker. Wenn man die vergleichsweise engen Grenzen Mittel- oder Westeuropas überschreitet, spielt die Zäsur um 1800 ohnehin eine geringere, oder jedenfalls anders und neu zu definierende, Rolle. Aber in diesem Fall geht es, wie bei der neueren kulturgeschichtlichen Forschung insgesamt, bereits um mehr als nur um neue Themen: Welche Rolle spielen „Ansatz" und Methoden bei der Frage nach integrierenden Perspektiven auf die Geschichte der Neuzeit?

2 Einheit in der Methode: Der Innovationsvorsprung der Frühen Neuzeit

Historiker finden Gemeinsamkeit nicht nur in den Gegenständen ihrer Arbeit, sondern auch in Methoden und Zugangsweisen zu diesen – von der Art der bevorzugten Quellen über die Methodik im engeren Sinne bis hin zu übergreifenden Forschungsansätzen, der Orientierung an bestimmten Nachbardisziplinen usw. So hat – um ein negatives Beispiel zu nennen – die Orientierung der Wirtschaftsgeschichte auf die Methoden einer historischen Wirtschaftswissenschaft zu ihrer Ablösung vom Diskurs der „Allgemeinhistoriker", zu einem Verlust an Kommunikation mit anderen historischen Teildisziplinen beigetragen, was heute vielfach beklagt wird. In den 1960er und 1970er Jahren wurden – in Deutschland vielleicht sogar stärker als anderswo – die großen Debatten über methodische Innovation vor allem im Bereich der Geschichte des 19. und 20. Jahrhunderts geführt: Hier ging es um eine stärkere Orientierung an den systematischen Nachbarwissenschaften, vor allem der Soziologie,[40] um die Erprobung quantifizierend-statistischer Methoden, oder um den Nutzen ideal-

---

39 Vgl. z. B. Paul Nolte, Der südwestdeutsche Frühliberalismus in der Kontinuität der Frühen Neuzeit, in: GWU 43, 1992, 743–756.
40 Vgl. nur Hans-Ulrich Wehler, Geschichte als Historische Sozialwissenschaft, Frankfurt 1973.

typischer Modelle in der Geschichtswissenschaft.⁴¹ Die Frühneuzeitler haben sich, aus unterschiedlichen Gründen, an dieser Diskussion wenig beteiligt⁴² und waren, sieht man es einmal im Ganzen, zögerlicher bei der empirischen Erprobung solcher neuen Methoden und Zugangsweisen.

Seit den 1980er Jahren hat sich diese Konstellation, nicht zuletzt im internationalen Zusammenhang und durch Impulse von außen, grundlegend geändert. Das Innovationspotential auch in der deutschen Geschichtswissenschaft hat sich seinem Schwerpunkt nach vom 19. und 20. Jahrhundert in die Frühe Neuzeit – teilweise auch in die Mediävistik – verlagert, also dorthin, wo es vor allem in der britischen und französischen Historiographie schon zuvor stärker gelegen hatte. Man kann dabei an schon etwas ältere Richtungen der Ideen-, Sprach- oder Diskursgeschichte etwa bei Quentin Skinner oder J.G.A. Pocock denken, deren empirische Forschungsschwerpunkte und Fallstudien durchweg im Bereich der Frühen Neuzeit liegen;⁴³ oder an jüngere Vertreter zum Beispiel des *New Historicism* wie Stephen Greenblatt, dessen Arbeiten sich vor allem mit dem englischen 16. Jahrhundert beschäftigen.⁴⁴ Einflussreicher nicht nur in Deutschland ist jedoch der Durchbruch der historischen Kulturforschung im Gefolge der Rezeption sozial- und kulturanthropologischer Methoden geworden, der sich in konzeptioneller wie in empirischer Hinsicht ebenfalls schwerpunktmäßig in der Frühneuzeitforschung etabliert hat.⁴⁵ Der anthropologische Blick auf das „Fremde" und das „Andere" ließ sich auf die heutiger Erfahrung entfernteren Gesellschaften der Frühen Neuzeit leichter und gewinnversprechender richten als auf die gegenwartsnähere Geschichte; und unstreitig konnte die Frühneuzeitgeschichte damit auch die lange gesuchte Chance nutzen, im öffentlichen Be-

---

41 Vgl. Wolfgang J. Mommsen, „Verstehen" und „Idealtypus". Zur Methodologie einer historischen Sozialwissenschaft, in: ders., Max Weber. Gesellschaft, Politik und Geschichte, Frankfurt 1974, 208–232; Jürgen Kocka, Klassengesellschaft im Krieg. Deutsche Sozialgeschichte 1914–1918, Göttingen 1973/1978².
42 Eine wichtige Ausnahme ist: Winfried Schulze, Soziologie und Geschichtswissenschaft. Einführung in die Probleme der Kooperation beider Wissenschaften, München 1974.
43 Siehe nur J.G.A. Pocock, The Machiavellian Moment. Florentine Political Thought and the Atlantic Republican Tradition, Princeton 1975; Quentin Skinner, The Foundations of Modern Political Thought, 2 Bde., Cambridge 1978.
44 Vgl. etwa Stephen Greenblatt, Verhandlungen mit Shakespeare. Innenansichten der englischen Renaissance, Frankfurt 1993; Moritz Baßler (Hg.), New Historicism. Literaturgeschichte als Poetik der Kultur, Frankfurt 1995.
45 Vgl. z. B. die Überblicke bei Richard van Dülmen, Historische Anthropologie in der deutschen Sozialgeschichtsschreibung. Ein Bericht, in: GWU 42, 1991, 692–709; ders., Historische Kulturforschung zur Frühen Neuzeit. Entwicklung – Probleme – Aufgaben, in: GG 21, 1995, 403–429.

wusstsein und auf dem Buchmarkt Terrain zurückzugewinnen und Bedeutung jenseits des rein Wissenschaftlichen für ihr Fach zu reklamieren.

Aber entscheidend ist in unserem Zusammenhang, dass die kulturgeschichtlich-anthropologische Wende nicht auf die Frühe Neuzeit, oder überhaupt die vormodernen Epochen, beschränkt geblieben ist, sondern in einer Weise auf die Geschichte des 19. und 20. Jahrhunderts ausgestrahlt hat, die deren Vertreter wieder auf die Frühe Neuzeit blicken und frühneuzeitliche Forschungsansätze und -ergebnisse rezipieren lässt. Die neue Kulturgeschichte hat die Bedeutung der alten Zäsuren ein ganzes Stück weit relativiert. Sie hat die Langlebigkeit von Strukturen insbesondere im Bereich der populären Erfahrungen, Weltdeutungen und Handlungsmuster unterstrichen und „moderne" Erscheinungen der Volkskultur als Umformung von Traditionen zu sehen gelehrt.[46] In „mikrohistorischen" Arbeiten – auch dies ja eine methodische Innovation, die nicht von der modernen Geschichte ausgegangen ist – ist die Kontinuität kleinräumiger, besonders dörflicher Sozialstruktur und Kultur weit in das 19. Jahrhundert hinein, ja bis an die Schwelle des 20. Jahrhunderts, hervorgetreten.[47] Die anthropologische oder erfahrungsgeschichtliche Blickrichtung unterstützt aber auch per se den Eindruck der Dauer, der Kontinuität und des Wiedererkennens der Moderne in der ferneren Vergangenheit: Elementare Erfahrungen des Handelns und Leidens der Menschen gehören einer nur langsam sich wandelnden *longue durée* an – so werden etwa Angsterfahrungen des Mittelalters und des 20. Jahrhunderts vergleichbar.[48] Darin liegt eine historiographische Chance, aber auch die stete Gefahr mangelnder historischer Differenzierung. Ich greife diese Überlegung im vierten Punkt noch einmal auf.

3 Einheit in Konzepten und Interpretamenten: Die „Prozessualisierung" der Neuzeit

Ein dritter Aspekt, unter dem die Neuzeit als eine Einheit begriffen werden könnte, betrifft die mögliche Gemeinsamkeit forschungspraktischer und inter-

---

[46] Vgl. u.a. Richard van Dülmen (Hg.), Dynamik der Tradition, Frankfurt 1992; ders. u. Norbert Schindler (Hg.), Volkskultur. Zur Wiederentdeckung des vergessenen Alltags (16.–20. Jahrhundert), Frankfurt 1984.
[47] Siehe z.B. David W. Sabean, Property, Production, and Family in Neckarhausen, 1700–1870, Cambridge 1990; Hans Medick, Weben und Überleben in Laichingen, 1650–1900. Lokalgeschichte als allgemeine Geschichte, Göttingen 1996.
[48] Vgl. Georges Duby, Unseren Ängsten auf der Spur. Vom Mittelalter zum Jahr 2000, Köln 1996.

pretatorischer Leitkonzepte, deren sich die Historiker beider „Teilepochen" bei ihrer Arbeit bedienen. Hier scheinen sich die Chancen für eine (Wieder-) Annäherung insofern verbessert zu haben, als *zum einen* von beiden Seiten solche Begriffe und Konzepte bevorzugt werden, die nicht an spezifische „Ereignisse" (wenn auch sehr komplexer Art) gebunden sind, sondern einen etwas abstrakteren und allgemeineren Charakter haben, der sie geeignet macht, auch längere Zeiträume interpretatorisch zu strukturieren. Wenn man ökonomische Modernisierung nicht mehr vorrangig mit dem Konzept der „Industriellen Revolution" erfasst, mit dem ein „Ausbruch" aus dem 19. Jahrhundert nur schwer möglich ist, sondern als Formierung von Marktgesellschaft und Kapitalismus versteht, können auch Frühneuzeitler Wesentliches zu dieser Debatte beitragen. Oder umgekehrt: Wenn in der Frühneuzeitforschung das Begriffspaar „Reformation und Gegenreformation" durch das Konzept der „Konfessionalisierung" abgelöst worden ist,[49] könnte dies auch Anknüpfungspunkte für eine Religions- und Sozialgeschichte des 19. Jahrhunderts bieten, also einer Epoche, in der Konfession noch einmal stark auf Staatsbildung in Mitteleuropa einwirkte und in der Religionspolitik und Frömmigkeit zu so maßgeblichen Einflussfaktoren auf Gesellschaft und Politik wurden wie zuvor nur im 16. und frühen 17. Jahrhundert.[50]

Zum anderen haben – bisher allerdings stärker für die Frühe Neuzeit als für das 19. und 20. Jahrhundert – solche Konzepte und Interpretamente an Bedeutung gewonnen, die langfristige Prozesse stärker betonen als „punktuelle" Einschnitte und Zäsuren. Hier ist das vorn schon erwähnte Konzept der „Sozialdisziplinierung", das vor allem seit Mitte der 1980er Jahre auf sehr vielfältige Weise Eingang in die Frühneuzeitforschung gefunden hat, als das wohl wichtigste Beispiel zu nennen. Es geht an dieser Stelle nicht darum, die Varianten dieses zum Teil schillernden Begriffes – von der Staatsbildung im konfessionellen und absolutistischen Zeitalter[51] bis zum Verhaltenswandel städtischer Unterschich-

---

49 Vgl. Wolfgang Reinhard, Gegenreformation als Modernisierung? Prolegomena zu einer Theorie des konfessionellen Zeitalters, in: ARG 68, 1977, 226–252 (noch ohne den Prozessbegriff „Konfessionalisierung"); Heinz Schilling, Die Konfessionalisierung im Reich. Religiöser und gesellschaftlicher Wandel in Deutschland von 1555 bis 1620, in: HZ 246, 1988, 1–45; Heinrich Richard Schmidt, Konfessionalisierung im 16. Jahrhundert, München 1992.
50 Diese Anknüpfungspunkte, die ich hier andeute, sind freilich m.W. bisher noch nicht systematisch ausgearbeitet worden.
51 Darauf liegt der Schwerpunkt des Konzeptes bei Oestreich. Vgl. Gerhard Oestreich, Strukturprobleme des europäischen Absolutismus, in ders., Geist und Gestalt des frühmodernen Staates, Berlin 1969, 179–197; Winfried Schulze, Gerhard Oestreichs Konzept „Sozialdisziplinierung in der Frühen Neuzeit", in: ZHF 14, 1987, 265–302.

ten gegenüber obrigkeitlich-magistratlicher Regulierung[52] – darzulegen, zu kritisieren[53] oder auf ihren inneren Zusammenhang hin zu prüfen. Unbestreitbar rührt seine Attraktivität auch aus der Fähigkeit, Verfassungs- und Sozialgeschichte, Strukturwandel und Erfahrungswandel in großen historischen Zeiträumen miteinander zu verknüpfen und dennoch einen relativ engen Bezug zur empirischen Forschung und zur Quellensprache zu wahren.

Vor solchem Hintergrund hat Winfried Schulze dafür plädiert, Prozesskategorien wie diese gewissermaßen geschichtstheoretisch ernst zu nehmen und statt der ohnehin stets problematischen Periodisierung eine „Prozessualisierung" der Neueren Geschichte ins Auge zu fassen.[54] Wenn es zutrifft, dass es etwa bei der Sozialdisziplinierungsdiskussion – und für andere Prozesskategorien wie eine an Elias angelehnte Theorie des Zivilisationsprozesses und zivilisatorischen Verhaltenswandels würde ähnliches gelten[55] – „auch um den historischen Ort der europäischen frühen Neuzeit in der Entwicklungsgeschichte der westlichen Welt geht",[56] dann gibt es jedenfalls keinen sachlichen Grund dafür, warum dieser Prozess und seine weitreichende Bedeutung im Zeitalter der Französischen Revolution zum Stillstand oder gar zum Abschluss gekommen sein sollte. Im Gegenteil: Nahmen nicht im Übergang zum 19. Jahrhundert und in seinem weiteren Verlauf Staatstätigkeit und bürokratische Regulierung des Alltagsverhaltens noch einmal stark zu?[57] Und richtete sich nicht der „disziplinierende" Zugriff der Obrigkeiten auch noch im Übergang zum 20. Jahrhundert auf die Erziehung und

---

52 Diese Variante ist von ihren Ursprüngen her stärker den Anregungen Michel Foucaults verpflichtet. – Siehe z. B. Robert Jütte, Disziplinierungsmechanismen in der städtischen Armenfürsorge der Frühneuzeit, in: Christoph Sachße u. Florian Tennstedt (Hg.), Soziale Sicherheit und soziale Disziplinierung, Frankfurt 1986, 101–118.
53 Siehe nur, mit weiterer Lit.: Martin Dinges, Frühneuzeitliche Armenfürsorge als Sozialdisziplinierung? Probleme mit einem Konzept, in: GG 17, 1991, 5–29; Günther Lottes, Disziplin und Emanzipation. Das Sozialdisziplinierungskonzept und die Interpretation der frühneuzeitlichen Geschichte, in: WF 42, 1992, 63–74.
54 Siehe bes. Schulze, Einführung in die Neuere Geschichte, 22. – Vgl. auch Koselleck, Das 18. Jahrhundert als Beginn der Neuzeit, 281, mit der Unterscheidung „punktueller", „struktualer" und „prozessualer" Elemente im Neuzeit-Begriff.
55 Dazu siehe zuletzt: Richard van Dülmen, Norbert Elias und der Prozeß der Zivilisation. Die Zivilisationstheorie im Lichte der historischen Forschung, in: Karl-Siegbert Rehberg (Hg.), Norbert Elias und die Menschenwissenschaften, Frankfurt 1996, 264–274; Wolfgang Jäger, „Menschenwissenschaft" und historische Sozialwissenschaft. Möglichkeiten und Grenzen der Rezeption von Norbert Elias in der Geschichtswissenschaft, in: AKG 77, 1995, 85–116.
56 Lottes, Disziplin und Emanzipation, 63.
57 Vgl. z. B. Joachim Eibach, Der Staat vor Ort. Amtmänner und Bürger im 19. Jahrhundert am Beispiel Badens, Frankfurt 1994.

Kontrolle marginalisierter Gruppen in einer Weise, die sich von der Frühen Neuzeit vielleicht gar nicht so grundlegend unterschied?[58]

Mit anderen Worten: Wenn Historiker des 19. und 20. Jahrhunderts diese Prozessbegriffe, wie sie von der Frühen Neuzeit gegenwärtig angeboten werden, vorerst noch zögernd rezipieren, liegt das in erster Linie an herkömmlichen, epochenspezifisch verengten Kommunikations- und Rezeptionsmustern in der deutschen Geschichtswissenschaft, nicht an der Struktur und Dauer der historischen Prozesse selber oder an der Angemessenheit der sie beschreibenden Konzepte. Hier scheint mir in der Tat der Nachholbedarf eher auf der Seite der Historiker der „Moderne" zu liegen, die, etwas zugespitzt gesagt, ihre Epoche noch immer sehr häufig als Zeitalter der „Reform" oder der „Restauration", der „Reichsgründung" oder des „Nationalstaates" auf den Begriff bringen, was der unbeirrten Rede über „Reformation und Gegenreformation" bei den Frühneuzeitlern entspräche. Hier wäre also die „Prozessualisierung" der Neuzeit zeitlich weiterzutreiben, über die Schwelle von 1800 hinaus, um ihre Einheit in der Kontinuität bestimmter Strukturwandlungen und Erfahrungen, die vom 16./17. Jahrhundert bis in die gegenwartsnahe Geschichte maßgebend blieben, noch klarer herausarbeiten zu können.

4   Einheit und Vielfalt, Dauer und Wandel neuzeitlicher Erfahrung

Die bisherigen Überlegungen laufen in einem Punkt zusammen: Die Einheit der Neuzeit in langlebigen Strukturen, Prozessen und Erfahrungen ist seit einiger Zeit wieder stärker, aber auf eine durchaus neuartige Weise ins Bewusstsein gerückt – in empirischer wie in konzeptioneller Hinsicht; auf einer engeren fachlichen Ebene wie im weiteren Überlappungsbereich von Geschichte und Öffentlichkeit bzw. historisch interessiertem Publikum.[59] Ansatzpunkte sind erkennbar, diese Perspektive in Zukunft weiter zu vertiefen und auszubauen; und damit ist zugleich die nicht nur forschungspraktische, sondern auch historiographische Aufgabe gestellt, neuzeitliche Geschichte so zu betreiben und zu schreiben, dass diese übergreifenden Strukturen sichtbar werden können.

---

58 Vgl. z. B., den Begriff der Sozialdisziplinierung ausdrücklich aufnehmend, Detlev J.K. Peukert, Grenzen der Sozialdisziplinierung. Aufstieg und Krise der deutschen Jugendfürsorge 1878–1932, Köln 1986.
59 Der Hinweis auf diese weitere Ebene scheint mir wichtig, weil hier bestimmte Mechanismen des Buchmarktes und Bedürfnisse der Öffentlichkeit eine Rolle spielen, welche die Frühe Neuzeit als Paradigma einer zugleich fremden und vertrauten Welt für uns attraktiv werden lassen.

Wenn man an dieser Stelle der Gefahr einer naiven Simplifizierung, eines anachronistischen Blickes auf die Frühe Neuzeit oder einer zu statischen, das Beharren überschätzenden Sichtweise entgehen will, kann man an Überlegungen zur Geschichtlichkeit der Neuzeit anknüpfen, die Reinhart Koselleck entwickelt hat. Danach müsste man verschiedene „Schichten" geschichtlicher Erfahrung unterscheiden, die sich mit den drei Begriffen „Dauer", „Wandel" und „Neuheit" beschreiben lassen.[60] Die Fortdauer geschichtlich älterer Strukturen; ihr Wandel, ihre allmähliche Transformation; und die Entstehung von Neuem bestimmen demnach jede konkrete historische Konstellation, und Aufgabe der Geschichtswissenschaft ist es, die jeweiligen Anteile dieser drei „Schichten", ihr jeweiliges Mischungsverhältnis möglichst genau zu bestimmen. Dabei hat die professionelle Historie lange Zeit die Kategorien des „Wandels" und der „Neuheit" bevorzugt – zumal in der Neueren Geschichte, die sich ja, wie Koselleck so überzeugend gezeigt hat, gerade in der Erfahrung von Neuheit und Neuartigkeit überhaupt erst konstituiert und von anderen Epochen abgegrenzt hat.[61] Demgegenüber müsste man – so argumentiert Koselleck, und das träfe sich mit unserem Anliegen – der Kategorie der „Dauer" mehr Aufmerksamkeit schenken, um festzustellen, „wieviel Schichten der überkommenen Geschichte auch in unserer Gegenwart enthalten sind. Vielleicht mehr, als wir direkt wahrnehmen können."[62] Dabei wäre, wiederum Koselleck folgend, dieser Aspekt noch einmal zu differenzieren: „Dauer" kann eine ungebrochene Linie der Kontinuität älterer Strukturen meinen, schließt aber auch „Rekurrenzphänomene" ein, also Situationen „struktureller Wiederholbarkeit" älterer Geschichte, in denen die historische „Einmaligkeit" in Frage gestellt wird.[63]

Beide Teilaspekte: das „Hineinragen" älterer Geschichte in die Gegenwart wie auch die „Wiederholung" der Erfahrung älterer Geschichte, spielen in neueren Darstellungen zur frühneuzeitlichen Geschichte eine auffällige – teils implizit mitschwingende, teils aber auch ausgesprochene und bewusst reflektierte Rolle. In jedem Fall liegt dabei, wie vorn schon kurz angedeutet, ein fundamentaler Erfahrungswandel außerhalb der Wissenschaften zugrunde. Die ältere

---

60 Vgl. dazu und zum Folgenden v.a. Koselleck, Begriffsgeschichte und Sozialgeschichte, in: ders., Vergangene Zukunft. Zur Semantik geschichtlicher Zeiten, 107–129, hier bes. 117f.; ders., Wie neu ist die Neuzeit?, in: HZ 251, 1990, 539–553.
61 Vgl. Reinhart Koselleck, „Neuzeit". Zur Semantik moderner Bewegungsbegriffe, in: ders., Vergangene Zukunft, 300–348.
62 Koselleck, Wie neu ist die Neuzeit?, 552.
63 Dazu prägnant: Reinhart Koselleck, Begriffsgeschichtliche Anmerkungen zur Zeitgeschichte, in: Victor Conzemius u. a. (Hg.), Die Zeit nach 1945 als Thema kirchlicher Zeitgeschichte, Göttingen 1988, 17–31, hier 29f.

„Zäsurideologie" stützte sich in allen Varianten – positiv gewertet bei Conze, negativ „umgestülpt" in Brunners Alteuropa-Konzept – auf ein allgemeines, in der Mitte des 20. Jahrhunderts noch nicht angefochtenes Fortschrittsbewusstsein, in dem die Neuartigkeit des Einschnitts von 1800 betont und die stete Beschleunigung und Progression der Geschichte seitdem als selbstverständlich unterstellt wurden – emphatisch begrüßt von den einen, skeptisch zurückgewiesen von anderen. Der Zusammenbruch dieses Fortschrittsbewusstseins am Ende unseres Jahrhunderts lässt „die Annahme einer generellen Überlegenheit der Gegenwart" oder überhaupt ihrer grundsätzlichen Andersartigkeit, so wäre diese Feststellung von Paul Münch zu ergänzen – dann rasch als geradezu „naiv" erscheinen,[64] und der Blick für strukturelle Ähnlichkeiten hinter der Fassade unterschiedlicher Ereignisse öffnet sich.

In seinem synthetischen Versuch über die „Lebensformen in der Frühen Neuzeit" hat Münch selber die erste Dimension neuzeitlicher „Dauer" (im Koselleckschen Sinne) hervorgehoben: das Fortleben von Verhaltensformen und Mentalitäten, die sich in der Frühen Neuzeit herausgebildet haben, in das 19. und 20. Jahrhundert und in die Gegenwart des Lesers hinein, dem die Lektüre so zu einer Entdeckungsreise zu den Ursprüngen der eigenen alltäglichen Lebensformen wird.[65] Das zweite Muster, also der Verweis auf die Wiederholbarkeit frühneuzeitlicher Geschichte, lässt sich in verschiedenen neueren Darstellungen zur Geschichte des Dreißigjährigen Krieges auffinden – nicht zufällig geschieht das zu einer Zeit, in der in der Historiographie zum 20. Jahrhundert immer öfter von der Zeitspanne zwischen 1914 und 1945 mit ihrer Verdichtung von Krieg, Gewalt und deren sozialen Folgeprozessen als einem zweiten Dreißigjährigen Krieg die Rede ist. Johannes Burkhardt zieht solche Parallelen teilweise ausdrücklich;[66] in Bernd Roecks „Studie über Augsburg im Dreißigjährigen Krieg" treten sie zurück, sind aber für den aufmerksamen Leser dennoch spürbar.[67] Um kein Missverständnis aufkommen zu lassen: Es geht hier nicht darum, diesen oder anderen Büchern billigen Anachronismus vorzuwerfen. Sie demonstrieren im Gegenteil, dass sich die Beachtung der „langen Dauer" neuzeitlicher Geschichte auch bei der Darstellung konkreter Einzelprobleme sehr wohl mit der Prämisse historistischer Annäherung an die Eigenart und Unverwechselbarkeit von Epochenstrukturen vereinbaren lässt.

---

64 Münch, Lebensformen, 18.
65 Ebd., hier bes. 11f.
66 Vgl. Johannes Burkhardt. Der Dreißigjährige Krieg, Frankfurt 1992 (siehe z. B. 225–232 zum Krieg als „Medienereignis").
67 Vgl. Bernd Roeck, Als wollt die Welt schier brechen. Eine Stadt im Zeitalter des Dreißigjährigen Krieges, München 1991.

Die Beispiele für solche „Wiederholungsstrukturen", die für uns allmählich erkennbar werden, ließen sich vermehren. Wie verhält es sich mit dem vermeintlichen Fortschritt „von der Bürgerstadt zur Einwohnergemeinde", wenn heute einem großen Teil städtischer Einwohner die vollen partizipatorischen Bürgerrechte fehlen, sie also faktisch „Beisassen" sind? – Ist die moderne „Massenkultur" des 20. Jahrhunderts ein ganz neuartiges Phänomen, oder wiederholt sie nicht, auch in ihrem Gegensatz zu einer „Elitenkultur", viel stärker das Grundmuster und die Funktionen „traditioneller" Volkskultur in der Frühen Neuzeit?[68] – Ein letztes Beispiel: Erinnern die Kommunikationsrevolutionen des 19. und besonders des 20. Jahrhunderts nicht an die Innovation, die das 16. Jahrhundert mit der Erfindung und Verbreitung des Buchdrucks erlebte?[69] Wo man früher die Einzigartigkeit der „modernen" Innovationen betont hätte, treten heute die Analogien stärker hervor, und zwar nicht zuletzt deshalb, weil die *immer neuen* Erfahrungen des Wandels in immer kürzeren zeitlichen Abständen den Blick immer stärker auf das Grundmuster der Erfahrung solchen Wandels überhaupt richten – und damit haben uns die Erfahrungen der Menschen, die die Innovation des Buchdrucks verarbeiten mussten, auf einmal wieder mehr zu sagen. Hier trägt also paradoxerweise gerade die fortgesetzte Beschleunigung der neuzeitlichen Geschichte zu der Erfahrung von ihrer Einheit bei.[70]

Wenn die Geschichte der Neuzeit – der ganzen Neuzeit – zunehmend unter solchen Gesichtspunkten betrachtet werden kann, dann muss sie schließlich auch so geschrieben werden. Darin liegt die vermutlich schwierigste Aufgabe, die größte Herausforderung, die sich aus den hier umrissenen Überlegungen ergibt. Sie verlangt, die Kategorien von Kontinuität und Wiederholung, von Wandel und Neuheit zugleich systematisch und an einer Vielzahl einzelner Themen und Gegenstände zu überprüfen und darzustellen. Dabei könnte man sich an historiographischen Modellen orientieren, wie sie im Umkreis der französischen Annales-Schule und ihrer Untersuchungen zur *longue durée* der Vor-

---

[68] Sehr anregend dazu: Lawrence W. Levine, The Folklore of Industrial Society: Popular Culture and Its Audiences, in: AHR 97, 1992, 1369–1399.
[69] Zu diesem Beispiel siehe jetzt bes.: Michael North (Hg.), Kommunikationsrevolutionen. Die neuen Medien des 16. und 19. Jahrhunderts, Köln 1995.
[70] Wenn diese Hypothese richtig ist, hätte sich am Ende des 20. Jahrhunderts ein gravierender Wandel in dem Verhältnis von Beschleunigungserfahrung und Zäsurbewusstsein vollzogen, wie es Koselleck für die Zeit seit dem 18. Jahrhundert mehrfach beschrieben hat: Beides wäre dann voneinander entkoppelt, und „Beschleunigung" verknüpfte sich stattdessen mit der Erfahrung von struktureller Dauer und Wiederholbarkeit.

moderne zur Verfügung stehen.⁷¹ Das Ziel wäre also eine Geschichte neuzeitlicher Grundstrukturen, in der die Geschichte der Ereignisse zurücktritt, ohne die Geschichtlichkeit – und das heißt auch: die Kontingenz dieser Strukturen – auszublenden; eine Strukturgeschichte, die herkömmliche narrative Linearität aufbricht, ohne die Chronologie zu missachten. Das Ziel wäre eine Geschichte struktureller Dauer und strukturellen Wandels, die sich nicht auf die falsche Alternative zwischen „Strukturgeschichte" und „Erfahrungsgeschichte" einlässt, sondern, neben anderem, spezifische Erfahrungen der Neuzeit gerade als prägende Strukturen dieser Epoche rekonstruiert. Damit verließe man auch eine lineare und eindimensionale, letztlich teleologisch fixierte Evolutions- und Fortschrittskonzeption und betonte die Heterogenität neuzeitlicher Prozesse und ihrer historischen „Schichten". Aber das ist ein Programm, dessen Ausfüllung im Moment nur als ein idealer Fluchtpunkt weiteren Nachdenkens erscheinen kann.

III

Ist der Zusammenhang der neuzeitlichen Geschichte in Deutschland unwiderruflich verloren gegangen? Nach dem Gesagten erscheint es nicht unbedingt so, als ob die skeptischen Diagnosen Recht behalten müssten, im Gegenteil. Aber es war nicht die Absicht dieser Überlegungen – um möglichen Missverständnissen gleich zuvorzukommen –, „die Neuzeit" im Sinne eines älteren Epochenverständnisses gewissermaßen als eine geschlossene Schachtel festen Inhalts zu präsentieren, die sich von anderen Perioden auf eine in jeder Hinsicht eindeutige Weise unterscheidet. Mit anderen Worten: Einer Verdinglichung der Neuzeit sollte hier nicht das Wort geredet werden – „Neuzeit" ist *eine* analytische Perspektive auf Geschichte neben anderen, sich mit ihr überlappenden wie „Alteuropa". Sie ist allerdings eine nach wie vor wichtige, ja unentbehrliche Perspektive. Das schließt in einem solchen Verständnis keineswegs aus, dass die Jahrzehnte um 1800 einen in vieler Hinsicht tiefen Einschnitt markierten und durch eine Bündelung von Transformationsprozessen gekennzeichnet waren. Es bedeutet ebensowenig, dass um und nach 1500 überall Neues begann – die Kontinuität in der agrarischen Gesellschaft mit ihren ökonomischen Grundlagen, die Kontinuitäten der adligen Führungsschicht, aber auch des städtischen

---

71 Auch diese berühren sich ja in vielem eng mit den Überlegungen Kosellecks zu den historischen Zeitstrukturen. Vgl. nur Fernand Braudel, Schriften zur Geschichte, Bd. 1: Gesellschaften und Zeitstrukturen, Stuttgart 1992.

Bürgertums bleiben neben vielem anderen gewichtige Argumente für einen Zusammenhang der spätmittelalterlichen und frühneuzeitlichen Geschichte Alteuropas vor der „Moderne". Die jüngste Betonung, die Dynamik und „Neuheit" der Frühen Neuzeit in der Forschung erfahren haben, fordert zu einer präziseren Bestimmung dieser Kontinuitäten, ihrer Wirkmächtigkeit wie freilich auch ihrer Grenzen, geradezu heraus.

Und schließlich mag man die Frage stellen, ob eine solche Debatte überhaupt notwendig ist. Sie erscheint in mancher Hinsicht sehr spezifisch deutsch, und man könnte argumentieren, dass sie sich mit der wachsenden Internationalisierung historischer Forschung überlebt hat. Aber abgesehen von der Bedeutung, die eine innerfachliche Selbstverständigung über solche Probleme nach wie vor haben kann, lassen sich bei näherem Hinsehen doch analoge historische Debatten in anderen europäischen Ländern erkennen – das gilt sogar für England, dessen nationalhistorisches Selbstverständnis sich ungleich stärker als das Deutschlands aus der frühmodernen Epoche nährt und wo ein realhistorischer Einschnitt in der Schwellenzeit um 1800 in vielem kaum erkennbar ist.[72] Auf der anderen Seite sind es spezifische historische Bedingungen in Deutschland, die die Diskussion dieser Fragen immer wieder anfachen: die deutsche Geschichte im 20. Jahrhundert mit der Frage nach den Ursachen des Nationalsozialismus; aber auch das weitere, wenn auch schon deutlich abgeschwächte Fortwirken historiographischer Paradigmen des 19. Jahrhunderts. Schon deshalb werden beide Seiten, die Frühneuzeitgeschichte ebenso wie das 19. und 20. Jahrhundert, davon profitieren, wenn sie sich dieser Diskussion stellen und dabei in einen intensiveren Dialog eintreten, als er bisher oft üblich ist.

---

72 Erinnert sei nur an die durch Jonathan Clark neu ausgelöste Kontroverse über die Fortdauer eines englischen Ancien Régime: J.C.D. Clark, English Society, 1688–1832. Ideology, Social Structure, and Political Practice During the Ancien Regime, Cambridge 1985.

2 Abschied vom 19. Jahrhundert oder Auf der Suche nach einer anderen Moderne

I

Als die Sozialgeschichte in den sechziger und siebziger Jahren zur Herausforderung der traditionellen Geschichtswissenschaft antrat, hätten Prognosen für die nächsten Jahrzehnte der disziplinären Entwicklung vielleicht so ausgesehen: Nach einer langen und kontroversen Auseinandersetzung, einem heftigen Streit um die „Paradigmen" und ihre Kristallisationsfunktion für die Organisation neuen Wissens beruhigen sich die Fronten allmählich wieder.[1] Auf die Zeit des Konflikts im Paradigmenwechsel folgt eine längere Zeit der „Normalwissenschaft", in der die Sozialgeschichte für mindestens eine Generation in Forschung und Lehre ihr unaufgeregtes Geschäft betreiben kann: in der allmählichen Einlösung der selbstgestellten programmatischen Forderungen, in der Anwendung der neuen theoretischen und methodischen Prinzipien auf eine Vielzahl empirischer Probleme – von der Klassenbildung bis zu Familie und Demographie, von der ländlichen bis zur städtischen Gesellschaft, von der Ökonomie der modernen Markt- und Industriegesellschaft bis zu ihrer politischen Organisation in Vereinen, Verbänden, Parteien.

Auch die neuen Theorien selber, deren Diskussion und Rezeption – von Max Weber bis zur amerikanischen Modernisierungstheorie, von Konjunktur- und Wachstumstheorien bis zu Theorien sozialer Ungleichheit – ja gerade erst begonnen hatten, benötigten noch eine längere Debattenzeit. Wenn das Paradigma des Historismus, das seinerseits den Rahmen der Aufklärungshistorie gesprengt hatte, für mehrere Generationen verbindlich geblieben war, konnte man ähnliches für den Übergang in die Historische Sozialwissenschaft erwarten. Dabei würde ein Teil der klassischen politischen Geschichtsschreibung wohl integriert oder „aufgehoben" werden können, so wie auch die Newtonsche Mechanik in der Einstein-Welt unter bestimmten Bedingungen ihre Gültigkeit behält. Das Fach würde sich interdisziplinär neu ausrichten und dabei vor allem an die systematischen Sozialwissenschaften andocken, denen ihrerseits eine lange Zeit des intellektuellen Primats auch in der öffentlichen Geltung bevorzustehen schien – allen voran die Soziologie. Dabei bliebe die Geschichtswissenschaft jedoch durchaus eine eigene Disziplin, im institutionellen ebenso wie im

---

1 Vgl. Thomas S. Kuhn, Die Struktur wissenschaftlicher Revolutionen, Frankfurt 1967.

epistemischen Sinne; eine eigene Profession ebenso wie eine Erkenntnisweise eigener Art. Ob irgendwelche Urenkel dieses neue Paradigma in ferner Zukunft ihrerseits wieder in Frage stellen würden, daran brauchte man einstweilen nicht den mindesten Gedanken zu verschwenden.[2]

Ganz offensichtlich sind diese Erwartungen nicht eingetroffen; das Fach Geschichte hat sich in den vergangenen drei bis vier Jahrzehnten mit manchmal atemberaubender Geschwindigkeit weiterentwickelt, gleich mehrfach neu erfunden, und Innovationen in bemerkenswerter Dichte produziert und zu verarbeiten versucht. Man mag diskutieren, ob dabei für die Konsolidierung neuer Fragestellungen, Methoden und Themen immer genügend Zeit geblieben ist, ob die empirische Einlösung des in Deutschland häufig mit besonders markantem theoretischen Geleitzug daherkommenden Neuen unter der raschen Folge der Innovationen nicht manchmal gelitten hat. Manche Richtungen der Sozialgeschichte, etwa in der quantifizierenden Forschung, konnten ihr Potential kaum unter Beweis stellen, bevor der Siegeszug der Hermeneutik begann; eine vergleichsweise unpolitische Kultur- und Alltagsgeschichte war von den Vertretern einer „politischen Sozialgeschichte" kaum in Ansätzen kritisiert worden, da wurde schon die „neue Politikgeschichte" verkündet. Die Sozialgeschichte hatte gerade – vor allem in den achtziger Jahren – den nationalen Bezugsrahmen historischer Forschung dezidiert durch die Analyse regionaler und lokaler Vergesellschaftungsprozesse durchbrochen und traf sich darin sogar mit Strömungen der kulturwissenschaftlichen Mikrogeschichte, als die Global- und Transfergeschichte schon auf den Plan trat und mit implizitem Vorwurf fragte, wie man sich denn auf die Untersuchung der Provinz Brandenburg, oder eines schwäbischen Dorfes, oder einer einzelnen Industriestadt beschränken könne.

Den damit stichwortartig bezeichneten Verschiebungen des fachhistorischen Interesses könnte man leicht weitere Beispiele hinzufügen: etwa die vehemente „Anthropologisierung" der Disziplin, den Aufstieg neuer Leitfiguren der Theoriebildung wie zumal Michel Foucaults, oder die Transformation von Geschichte in Erinnerungs- und Gedächtnisgeschichte, die weniger interessiert, wie es gewesen ist, sondern was wir heute aus der Vergangenheit erinnern und wissen.[3] Der Traum der Sozialgeschichte von der langen und unumschränkten Herrschaft ihres Paradigmas war zu Ende, kaum dass er begonnen hatte. Aber

---

[2] Vgl. für den so zusammengefassten Erwartungshorizont v.a. Hans-Ulrich Wehler, Geschichte als Historische Sozialwissenschaft, Frankfurt 1973; Jürgen Kocka, Sozialgeschichte. Begriff, Entwicklung, Probleme, Göttingen 1977.
[3] Vgl. dazu kritisch Paul Nolte, Die Macht der Abbilder. Geschichte zwischen Repräsentation, Realität und Präsenz, in: Karl Heinz Bohrer u. Kurt Scheel (Hg.) Wirklichkeit! Wege in die Realität, Stuttgart 2005, 889–898.

ein alternatives, halbwegs scharf umrissenes Paradigma hat sich gleichfalls nicht etablieren können, und wer seinen Sinn für Perspektive und Selbstkritik nicht ganz verloren hat, darf schon jetzt fragen, wie lange die Hochkonjunktur der neuen Globalgeschichte andauern wird und was wohl nach ihr kommt. Auf der anderen Seite fällt es gerade deshalb nicht mehr so leicht wie vielleicht noch vor zehn Jahren, heimlich über ein historiographisches Projekt von „langer Dauer" wie das der „Deutschen Gesellschaftsgeschichte" Hans-Ulrich Wehlers zu spotten, das sich selbstbewusst zu einmal gewählten Prämissen bekennt und sein Konzept von Geschichtsschreibung über Jahrzehnte durchhält.[4]

Angesichts der oft fundamentalen und mit hohem theoretischen Anspruch versehenen Transformationen und Innovationen seit den späten sechziger Jahren fällt eine Verschiebung zunächst kaum ins Gewicht, die dieser Beitrag dennoch in den Mittelpunkt rücken möchte. Es geht um die Verschiebung der epochalen Aufmerksamkeitsachse der Geschichtswissenschaft, um die Verschiebung des überwiegenden Interesses, jedenfalls in der Neueren und Neuesten Geschichte vom 19. Jahrhundert in das 20. Jahrhundert. Mit dem „überwiegenden" Interesse ist dabei nicht unbedingt eine quantifizierbare Größe gemeint wie der relative Anteil von Dissertationen oder Zeitschriftenaufsätzen in bestimmten Epochensegmenten. Doch in der Tat lässt sich auch auf dieser Ebene spätestens seit Beginn der neunziger Jahre eine sehr markante, sich beschleunigt vollziehende Neuorientierung von Forschungsschwerpunkten, auch von damit verbundenen Karrierestrategien, feststellen. In seiner Untersuchung der ersten 25 Jahrgänge von „Geschichte und Gesellschaft" hat Lutz Raphael diesen Wandel der chronologischen Schwerpunkte bereits deutlich nachgewiesen: Der Anteil der Beiträge zum „langen 19. Jahrhundert" ist zwischen 1975 und 1999 deutlich zurückgegangen; während die Zeit des Kaiserreichs sich dabei noch gut behauptet hat, trat die erste Hälfte des 19. Jahrhunderts besonders rasch in den Hintergrund.[5] Eine ähnliche Tendenz lässt sich bei anderen Publikationsreihen feststellen, etwa bei den „Kritischen Studien zur Geschichtswissenschaft". Sie verweist wiederum auf veränderte Qualifikationsmuster im Fach. Die Bereitschaft, nach einer Dissertation im 19. Jahrhundert auch noch die Habilitationsschrift im selben Zeitraum, etwa mit der Verlagerung vom Vormärz in die Zeit des Kaiserreichs, zu schreiben, hat seit den 1990er Jahren ganz erheblich nachgelassen. Überhaupt hat das Interesse an der Phase zwischen Französischer

---

4 Vgl. Hans-Ulrich Wehler, Deutsche Gesellschaftsgeschichte, 5 Bände, München 1987–2008.
5 Lutz Raphael, Nationalzentrierte Geschichte in programmatischer Absicht. Die Zeitschrift „Geschichte und Gesellschaft. Zeitschrift für Historische Sozialwissenschaft" in den ersten 25 Jahren ihres Bestehens, in: GG 26, 2000, 5–37, hier bes. 26f.

Revolution und den 1870er Jahren seitdem spürbar nachgelassen – umso auffälliger, weil diese Phase der deutschen und europäischen Geschichte von der Mitte der achtziger bis in die Mitte der neunziger Jahre einen erstaunlichen Boom, nicht zuletzt im Zeichen der neuen Bürgertumsforschung, erlebt hatte.

Solche Verschiebungen wären vielleicht eine Randnotiz wert, wenn es dabei tatsächlich nur um die Abfolge kleinerer Forschungskonjunkturen ginge: Das fachliche Interesse bündelt sich eine Zeitlang in zuvor relativ vernachlässigten Bereichen, zu neuen empirischen Erkenntnissen kommen neue Begriffe und Kontroversen hinzu, bis irgendwann der „Grenznutzen" neuer Forschung unter einer bestimmten Fragestellung nachlässt; das „Licht der großen Kulturprobleme" (Max Weber) fällt auf eine andere Epoche. Doch hinter dem Bedeutungsverlust, den das 19. Jahrhundert in den letzten zwei Jahrzehnten erfahren hat, scheint mehr zu stehen. Erstens hat das 19. Jahrhundert zwischen den sechziger und den neunziger Jahren eben nicht nur in zählbar-empirischer Weise, sondern in konzeptioneller Hinsicht im Mittelpunkt der Geschichtswissenschaft gestanden. Das 19. Jahrhundert wurde in dieser Zeit zum Dreh- und Angelpunkt größerer Interpretationen der Geschichte, zum Anker von *narratives*, von Meistererzählungen der Moderne – nicht nur im engeren disziplinären Kontext, sondern teils auch in weiteren öffentlichen Diskursen, in der allgemeinen Repräsentation von Geschichte.

Das ist, zweitens, zwar in mancher Hinsicht ein internationales Phänomen gewesen, aber doch mit einer erkennbaren deutschen, zumal bundesrepublikanischen, Zuspitzung. Einen wirksamen Ausdruck fand sie nicht zuletzt in den großen epochalen Synthesen: neben Hans-Ulrich Wehlers „Gesellschaftsgeschichte" vor allem in Thomas Nipperdeys dreibändiger „Deutscher Geschichte" zwischen 1800 und 1918.[6] Drittens, und diese Beobachtung ist hier besonders wichtig, erfüllte die Geschichte des 19. Jahrhunderts seit den späten sechziger Jahren für die damals neue Sozialgeschichte und Historische Sozialwissenschaft eine wichtige metahistorische Funktion. Die westdeutsche Sozialgeschichte entwarf sich „ihr" 19. Jahrhundert in einer sehr spezifischen Art und Weise. Anders gesagt: Ihr begriffliches Raster, ihre theoretischen Konzepte, ihre metahistorischen Annahmen sind in besonderer Weise in der Geschichte des 19. Jahrhunderts verankert gewesen. Sie sollten sich an diesem Stoff erproben und erfüllen. Der Entwurf des 19. Jahrhunderts in der westdeutschen Sozialgeschich-

---

6 Vgl. Thomas Nipperdey, Deutsche Geschichte 1800–1866. Bürgerwelt und starker Staat, München 1983; ders., Deutsche Geschichte 1866–1918, Bd. 1: Arbeitswelt und Bürgergeist, München 1990; Bd. 2: Machtstaat vor der Demokratie, München 1992.

te stellte einen spezifischen Entwurf der Moderne dar – einen Entwurf der westlichen Moderne ebenso wie einen der deutschen Moderne.

Was ist aus diesem Entwurf der Moderne geworden, wenn die ihn tragende Epoche in den Schatten der Aufmerksamkeit getreten ist? Und warum richtet sich das Interesse zumal vieler jüngerer Historiker und Historikerinnen jetzt stattdessen auf das 20. Jahrhundert? Ganz offensichtlich spielen bei dieser Verschiebung die historischen Ereignisse am Ende des letzten Jahrhunderts, in die Deutschland in besonderer Weise einbezogen war, eine zentrale Rolle: der Fall der Mauer und der Zerfall des Kommunismus, die deutsche Wiedervereinigung und die Geburt einer neuen Weltordnung. Eine Ära war auch formell und institutionell zu Ende, die damit zur „Historisierung" bereitstand: die Geschichte der DDR ebenso wie die der nunmehr „alten" Bundesrepublik. In der deutschen Geschichtswissenschaft war man denn auch nach 1989/90 besonders schnell bereit, das 20. Jahrhundert als ein „kurzes" Jahrhundert für beendet zu erklären und damit der Bearbeitung durch spezifisch historische Kategorien zu öffnen.[7] Doch reicht das als Erklärung nicht aus. Es stand mehr zur Debatte als die gelegentlich schubweise vorankommende Ausweitung der „Zeitgeschichte" auf einige jüngere Jahrzehnte. Jenseits der endgültigen Historisierung der Nachkriegszeit hat die Geschichte des 20. Jahrhunderts diejenige Leitfunktion übernommen, die bis vor kurzem noch das 19. Jahrhundert innegehabt hat. Das 20. Jahrhundert ist demnach zur paradigmatischen Moderne geworden. Das kann nicht ohne Konsequenzen für den anders verankerten sozialgeschichtlichen Entwurf der Moderne bleiben.

Den damit angerissenen Fragen und Problemen soll in den folgenden beiden Teilen etwas genauer nachgegangen werden. Zuerst (II.) geht es um das 19. Jahrhundert: Wie ist es in das Zentrum der historischen Aufmerksamkeit gerückt, welche Annahmen, Konzepte, Theorien spielten dabei eine Rolle, und welches Bild (oder „Meta-Bild") des 19. Jahrhunderts hat die westdeutsche Sozialgeschichte entworfen, welcher Entwurf einer „modernen" Gesellschaft steckte dahinter? Dann (III.) steht die jüngere Verschiebung in das 20. Jahrhundert zur Debatte: Wo bündelt sich, mehr konzeptionell als empirisch gesehen, das neue Interesse an der Geschichte des 20. Jahrhunderts, und welcher alternative Entwurf der Moderne kommt darin zum Ausdruck? Verweist diese neue Moderne möglicherweise auf Kategorien, die der Sozialgeschichte als „Historischer Sozialwissenschaft" Bielefelder Provenienz nicht zur Verfügung stehen? Daraus

---

[7] Vgl. Klaus Tenfelde, 1914 bis 1990 – Die Einheit der Epoche, in: Manfred Hettling u. a. (Hg.), Was ist Gesellschaftsgeschichte?, München 1991, 70–80; und natürlich auch Eric Hobsbawm, The Age of Extremes: A History of the World, 1914–1991, New York 1995.

(IV.) ergeben sich Rückfragen an die zukünftige Geschichte des 19. Jahrhunderts[8] ebenso wie an Konzepte und Geschichten von Modernität und Modernisierung, die zum Schluss angedeutet werden.

II

In der Anfangszeit der westdeutschen Sozialgeschichte wurde die Rede von einer „modernen deutschen Sozialgeschichte" zu einer programmatischen Formel. Die Bedeutung des „deutschen", also der nationalen Eingrenzung in diesem Programm, ist in letzter Zeit viel diskutiert worden, seit man die implizite oder eben (wie hier) auch explizite Nationalgeschichtsschreibung im Zeichen einer internationalen Geschichte zunehmend kritisch beurteilt.[9] Aber was verband sich mit der „modernen" Geschichte? Dem Verfasser sei hier das anekdotische (und wahrscheinlich keineswegs repräsentative) Bekenntnis gestattet, dass er den Begriff bei seinen ersten Kontakten mit diesem Programm, etwa bei der Lektüre der von Hans-Ulrich Wehler herausgegebenen, weit verbreiteten und einflussreichen Textsammlung „Moderne deutsche Sozialgeschichte"[10] keineswegs als einen Epochenbegriff verstanden hat, sondern als ein Synonym für zeitgemäß, frisch und neuartig: Es gab möglicherweise eine antiquierte, methodisch und inhaltlich überholte Sozialgeschichte; jetzt aber wurde Sozialgeschichte „modern" betrieben, so wie damals ja auch das „moderne Deutschland" geschaffen werden sollte.

Man mag darüber spekulieren, ob diese Art der Semantik der Moderne in der Hochzeit der alten Bundesrepublik zwischen 1966 und 1974 zusätzlich auf die Wehlersche Begriffsbildung abgefärbt hat, doch stellte sich der Begriff des Modernen bei näherem Hinsehen unzweifelhaft als ein Epochenbegriff heraus. In demselben Sinne legt Wehler bald auch seine „Vorüberlegungen zu einer modernen deutschen Gesellschaftsgeschichte" vor, mit denen wiederum nicht eine Geschichtsschreibung auf der Höhe der Zeit, sondern eine Gesellschafts-

---

8 Vgl. dazu, überhaupt zum Folgenden, auch die Überlegungen von Jürgen Kocka, Das lange 19. Jahrhundert, Stuttgart 2001, 23–44; Jürgen Osterhammel, In Search of a Nineteenth Century, in: Bulletin of the German Historical Institute Washington, 32, 2003, 9–28.
9 Vgl. etwa (als sehr sachkundigen Überblick wie als Kritik an der nationalgeschichtlichen Engführung) Lutz Raphael, Geschichtswissenschaft im Zeitalter der Extreme. Theorien, Methoden, Tendenzen von 1900 bis zur Gegenwart, München 2003.
10 Hans-Ulrich Wehler (Hg.), Moderne deutsche Sozialgeschichte, Köln 1966.

geschichte Deutschlands in seiner modernen Epoche gemeint war.[11] Diese „moderne Geschichte" war weitgehend deckungsgleich mit dem, was in der herkömmlichen Terminologie und Lehrstuhlbezeichnung als die „Neueste Geschichte" firmierte, die sich damals zunehmend aus der allgemeinen Geschichte der Neuzeit auszudifferenzieren und von der „Frühen Neuzeit" zu unterscheiden begann. Gemeint war also die Geschichte „der letzten zweihundert Jahre", wie es bei Wehler öfters hieß,[12] die Geschichte seit dem ausgehenden 18. Jahrhundert, oder auch, pragmatisch verkürzt, die Zeit zwischen 1800 und 1945, denn für die Nachkriegszeit war damals noch die Politikwissenschaft zuständig oder eine Zeitgeschichte, die man sich offenbar auch nicht recht als Bestandteil der „modernen Sozialgeschichte" denken konnte. Deren Bogen endete spätestens mit dem Ende des „Dritten Reiches".

Der 1966 zuerst erschienene Sammelband „Moderne deutsche Sozialgeschichte" thematisierte sogar ausschließlich das 19. Jahrhundert zwischen Reformzeit und Erstem Weltkrieg. Die Abgrenzung richtete sich, auf etwas diffuse Weise, gegen die „mittelalterliche Sozialgeschichte". Ihr wurde ein Forschungsvorsprung zugebilligt, den es nun für die „moderne" Sozialgeschichte als derjenigen „des 19. Jahrhunderts" aufzuholen gelte.[13] Unter der gleichen Formel, unter der gleichen Begriffsverwendung firmierte bereits seit 1957 der von Werner Conze begründete „Arbeitskreis für moderne Sozialgeschichte". Insofern kann man wohl vermuten, dass Wehlers Programmschriften seit den späten sechziger Jahren den Conzeschen Begriff unmittelbar übernommen haben. Doch anders als bei Conze, oder über Conze hinaus, verband sich damit bei Wehler ein neuartiges Programm der theoretischen und systematischen Explikation der „modernen" Gesellschaft: zunächst nur in Ansätzen, dann zunehmend elaboriert durch die Rezeption vor allem der angelsächsischen politikwissenschaftlich-soziologischen Modernisierungstheorien.[14]

Doch es war nicht zuletzt die praktizierte Forschung, die das 19. Jahrhundert immer mehr in den Mittelpunkt rückte; es waren die konkreten Arbeitsvorhaben: von den Synthesen und Gesamtdarstellungen bis zu den Qualifikationsarbeiten der Schülerinnen und Schüler, in denen diese Epoche als Schlüssel

---

11 Hans-Ulrich Wehler, Vorüberlegungen zu einer modernen deutschen Gesellschaftsgeschichte, in: ders., Historische Sozialwissenschaft und Geschichtsschreibung, Göttingen 1980, 161–180; siehe auch weitere Beiträge in diesem Band.
12 Vgl. z.B. im Vorwort zum ersten Band der „Deutschen Gesellschaftsgeschichte": Vom Feudalismus des Alten Reiches bis zur Defensiven Modernisierung der Reformära 1700–1815, München 1987, 1.
13 Wehler, Einleitung, in: ders. (Hg.), Moderne deutsche Sozialgeschichte, 9–16, hier 13.
14 Vgl. Hans-Ulrich Wehler, Modernisierungstheorie und Geschichte, Göttingen 1975.

zum Verständnis der neueren deutschen Geschichte ebenso wie allgemeiner Probleme einer modernen bzw. sich modernisierenden Gesellschaft diente. Das trifft gewiss nicht ausschließlich, aber doch in besonders pointierter Weise für die Bielefelder Geschichtswissenschaft zu und fand in den achtziger Jahren auch einen institutionellen Ausdruck in den Projekten zur Bürgertumsgeschichte. Die von Jürgen Kocka 1986/87 geführte Forschungsgruppe am Zentrum für interdisziplinäre Forschung (ZiF) hieß „Bürgertum, Bürgerlichkeit und bürgerliche Gesellschaft. Das 19. Jahrhundert im europäischen Vergleich".[15] Der 1986 seine Arbeit aufnehmende DFG-Sonderforschungsbereich zur „Sozialgeschichte des neuzeitlichen Bürgertums" bezog das späte Mittelalter und die Frühe Neuzeit ausdrücklich und teilweise sehr breit mit ein, aber der intellektuelle Kern, das fundamentale Erklärungsproblem dieses Projekts leitete sich unzweifelhaft aus der Geschichte des 19. Jahrhunderts her: aus den ein bis zwei Jahrzehnte älteren Annahmen über den „deutschen Sonderweg", über die obrigkeitliche Orientierung des deutschen Bürgertums, über seine „Feudalisierung" im Zeitalter von Industrieller Revolution und politischer Modernisierung.

Eine ähnliche Fokussierung der Sozialgeschichte fand jedoch gleichzeitig auch in anderen institutionellen Kontexten statt, etwa in Frankfurt mit dem von Lothar Gall initiierten und geführten Projekt zur Geschichte des Stadtbürgertums seit dem späten 18. Jahrhundert.[16] Das „Handbuch der Geschichte des deutschen Parlamentarismus" interessierte sich, jedenfalls in der ursprünglichen Konzeption, für die Zeit von 1815 bis 1933.[17] Ganz ähnlich wurde etwas später die von der Friedrich-Ebert-Stiftung geförderte „Geschichte der Arbeiter und der Arbeiterbewegung in Deutschland seit dem späten 18. Jahrhundert" konzipiert, dessen erste Pflöcke zwar mit Heinrich August Winklers Bänden über die Weimarer Republik eingeschlagen wurden, dessen Schwerpunkt aber die Geschichte der Industrialisierungszeit sein sollte – und das, bezeichnenderweise, erst nachträglich über den ursprünglichen Endpunkt „1933" hinausgeführt wurde.[18] Es spielte sich geradezu eine Art Arbeitsteilung ein: Das

---

15 Vgl. Jürgen Kocka (Hg.), Bürgertum im 19. Jahrhundert. Deutschland im europäischen Vergleich, 3 Bde., München 1988.
16 Vgl. Lothar Gall (Hg.), Stadt und Bürgertum im 19. Jahrhundert, München 1990; ders. (Hg.), Vom alten zum neuen Bürgertum. Die mitteleuropäische Stadt im Umbruch 1780–1820, München 1991 (mit Skizzen zu den später monographisch publizierten Stadtstudien).
17 Vgl. hier nur: Gerhard A. Ritter (Hg.), Gesellschaft, Parlament und Regierung. Zur Geschichte des Parlamentarismus in Deutschland, Düsseldorf 1974.
18 Vgl. die einschlägigen Bände von Jürgen Kocka, Gerhard A. Ritter, Klaus Tenfelde und Heinrich August Winkler; sowie dann: Michael Schneider, Unterm Hakenkreuz. Arbeiter und Arbeiterbewegung 1933–1939, Bonn 1999, mit dem neuen Vorwort von Gerhard A. Ritter, V–VIII.

20. Jahrhundert schien vor allem der Politikgeschichte zu gehören, sei es, weil hinter der Wucht der politischen Ereignisse und Umbrüche (zwischen 1914 und 1945) die gesellschaftlichen Grundlagen verblassten, oder sei es (nach 1945), weil es als unmittelbare Gegenwart ohnehin eher in der politischen Zeitgeschichte ressortierte. Die These ist nicht allzu gewagt, dass in den siebziger und achtziger Jahren auch im Fach insgesamt, in der deutschen Historiker-„Zunft", die Vertreter des 19. Jahrhunderts eine besonders herausgehobene Rolle spielten so wie kaum irgendwann vorher oder nachher. Die Sozialgeschichte konzentrierte diese Grundströmung jedoch, mit ihrem Akzent auf den Umwälzungen des industriellen Zeitalters, zusätzlich.

Damit sind bereits einige Gründe für die Etablierung des 19. Jahrhunderts als der „paradigmatischen Moderne" der Sozialgeschichte angesprochen worden und einige Merkmale des Konstrukts, man möchte fast sagen, der Marke „19. Jahrhundert" genannt. In etwas vollständigerer und systematischerer Form lassen sich mindestens die folgenden Gesichtspunkte aufführen.

Erstens spielte die Vorstellung vom 19. Jahrhundert als einem „Zeitalter der Revolutionen" eine besonders wichtige Rolle auch in Deutschland, dem gerade damals viel apostrophierten Land der ausgebliebenen oder gescheiterten Revolution.[19] Aus der angelsächsischen Forschung wurde das Konzept eines „Zeitalters der Revolutionen" in der westlichen Geschichte der Neuzeit übernommen, namentlich von Robert Palmer[20] und Eric Hobsbawm.[21] Eine einflussreiche französisch-deutsche Koproduktion war der entsprechende Band der „Fischer Weltgeschichte" aus der Feder von Louis Bergeron, François Furet und Reinhart Koselleck.[22] Mindestens aus heutiger Sicht muss man feststellen, dass ein so konstruiertes „Zeitalter" eine lange Geschichte von neuzeitlichen Revolutionen sowohl vor dem späten 18. Jahrhundert – England, die Niederlande – als auch im 20. Jahrhundert auf elegante Weise abgeschnitten hat: Russland, Mexiko, China; von den Revolutionen des späten 20. Jahrhunderts wie im Iran, die damals noch nicht absehbar waren, zu schweigen. Das Konzept oder „Narrativ" des revolutionären Zeitalters eignete sich in besonderer Weise, die sozialgeschichtliche Prominenz des 19. Jahrhunderts zu begründen: Hier verdichtete

---

19 Dieses negative Motiv der Revolutionsgeschichte spiegelt sich noch in dem ersten Satz von Wehlers Gesellschaftsgeschichte: „Im Anfang steht keine Revolution" (Bd. 1, 35), wird dann aber positiv umgedeutet in das Konzept der industriell-politischen „Doppelrevolution" in der Mitte des 19. Jahrhunderts.
20 Vgl. Robert R. Palmer, The Age of the Democratic Revolution: A Political History of Europe and America, 1760–1800, Princeton, N.J. 1959.
21 Vgl. Eric Hobsbawm, The Age of Revolution: Europe 1789–1848, London 1962.
22 Louis Bergeron u. a., Das Zeitalter der europäischen Revolution 1780–1848, Frankfurt 1969.

sich gesellschaftlicher Wandel auf exemplarische Weise. Hier blieb zugleich jene Verbindung von „großer" Politik und Gesellschaft greifbar, an der die westdeutsche „politische Sozialgeschichte" jener Jahre interessiert war. Trotz des deutschen Revolutionsdefizits im Vergleich mit den westlichen Vorbildern war die Revolution bald das Paradigma der deutschen Geschichte im 19. Jahrhundert: von der Reformzeit als einer kompensierten Revolution oder „Revolution von oben" bis zur Reichsgründung, die auf ähnliche Weise als ein Revolutionssubstitut gedeutet werden konnte. In dieser Sicht waren sich übrigens die west- und die ostdeutsche Geschichtswissenschaft erstaunlich einig. Der Bogen spannte sich von dem „weißen Revolutionär" Bismarck bis zu den marxistisch-leninistischen Versuchen, die bürgerliche Revolution im Deutschland des 19. Jahrhunderts nachzuweisen.[23] Zwischen der Mitte der achtziger Jahre und dem 150-jährigen Jubiläum 1998 fand dann auch eine Aufwertung der Revolution von 1848/49 zumal aus sozialhistorischer Perspektive statt.[24]

Zweitens stellte das „Zeitalter der Revolution" in der Perspektive der Sozialgeschichte der siebziger Jahre einen welthistorischen Einschnitt von kaum mehr zu überbietender Tiefe dar. Die Hobsbawmsche *dual revolution*, von Wehler als „Doppelrevolution" adaptiert, enthielt mit der Industriellen Revolution einen Umbruch, dessen Bedeutung weit über die herkömmlichen Epochenscheiden hinausging. Sie markierte eine ruckartige Umstellung der elementarsten Prinzipien wirtschaftlicher, gesellschaftlicher, auch technologischer Organisation, der in der gesamten Menschheitsgeschichte überhaupt nur mit dem Übergang zur Sesshaftwerdung in der Jungsteinzeit, mit der sogenannten „Neolithischen Revolution" vergleichbar sei – also mit dem Übergang von Jäger- und Sammlergesellschaften zu Gesellschaften des Ackerbaus und der Viehzucht. Das unterstützte die Vorstellung von einer relativ statischen, bewegungsarmen Zeit der Agrargesellschaft, die in teilweise vieltausendjähriger Kontinuität bis an die Schwelle des 19. Jahrhunderts reichte, und verlieh der dann einsetzenden Transformation in die „Industrielle Welt"[25] eine geradezu übergeschichtliche Bedeutung. Diese realhistorische Transformation wurde wie ein Paradigmenwechsel Thomas S. Kuhns vorgestellt: als ein revolutionärer Vorgang, der in eine wiederum relativ stabile Plateauphase der „industriellen Gesellschaft"

---

23 Vgl. Lothar Gall, Bismarck. Der weiße Revolutionär, Frankfurt 1980; für die damalige ostdeutsche Debatte z. B.: Ernst Engelberg, Über die Revolution von oben. Wirklichkeit und Begriff, in: ZfG 22, 1974, 1183–1212.

24 Beispielhaft und signalgebend: Wolfram Siemann, Die deutsche Revolution von 1848/49, Frankfurt 1985.

25 So bekanntlich der Titel der Veröffentlichungsreihe des „Arbeitskreises für moderne Sozialgeschichte".

übergeleitet habe. Eine damit eng verknüpfte, etwas bescheidenere Variante postulierte den Bruch des 19. Jahrhunderts mit den Prinzipien der europäischen Feudalgesellschaft seit dem Hochmittelalter: Dafür steht vor allem Werner Conzes Vorstellung vom revolutionären Umbruch in das technisch-industrielle Zeitalter im Anschluss an Otto Brunners Alteuropa-Konzept.[26] Wer sich mit der modernen Gesellschaft beschäftigen wollte, musste seine Forschungen geradezu im 19. Jahrhundert – Conze hätte vielleicht noch pointierter gesagt: im Vormärz[27] – ansiedeln.

Drittens hängt damit unmittelbar zusammen, und muss deshalb nur kurz erwähnt werden, die im Zusammenhang des Lexikons „Geschichtliche Grundbegriffe" seit den sechziger Jahren entwickelte, vor allem von Reinhart Koselleck theorieförmig ausgearbeitete Vorstellung von der „Sattelzeit" des späten 18. und frühen 19. Jahrhunderts. Die „Sattelzeit" meinte nicht nur eine Phase verdichteten begrifflichen Wandels bzw. der Neuerfindung der modernen politisch-sozialen Begriffswelt. Sie beschrieb im Wandel der Begriffe auch eine fundamentale Transformation der Gesellschaft und ihres Selbstverständnisses. Der „heuristische Vorgriff" des Lexikons zielte auf begriffliche und soziale Veränderungen, die sich seit etwa 1750/1770 verdichteten und um 1850 zu einem relativen Abschluss gekommen seien. Koselleck hielt schon in der Einleitung ausdrücklich als Aufgabe und Ergebnis der „Geschichtlichen Grundbegriffe" fest, den „Umwandlungsprozess zur Moderne" zu thematisieren.[28] Erneut begegnen wir also der Hypothese, dass der Wandel zur Moderne sich, nach einer Verdichtungsphase des revolutionären Zeitalters, gleichsam auf einem Plateau verstetigt habe. Die spätere Geschichte, so könnte man zugespitzt sagen, bot prinzipiell nichts Neues mehr. In ihr hatte die moderne Dynamik wieder spürbar nachgelassen. Dieser „Vorgriff" auf die Moderne ist in den letzten zwei Jahrzehnten mehr als erschüttert worden. Wir können das späte 19. und das 20. Jahrhundert nicht mehr als bloße Fortschreibung der „Sattelzeit" (oder der Conzeschen Vormärz-Wendezeit) begreifen.

---

26 Vgl. hier nur: Werner Conze, Die Strukturgeschichte des technisch-industriellen Zeitalters als Herausforderung für Forschung und Unterricht, Köln 1957. Zum Topos der „industriellen Gesellschaft" in der Sozialwissenschaft und Kulturkritik der fünfziger Jahre vgl. Paul Nolte, Die Ordnung der deutschen Gesellschaft. Selbstentwurf und Selbstbeschreibung im 20. Jahrhundert, München 2000, 273–278.
27 Vgl. Werner Conze (Hg.), Staat und Gesellschaft im deutschen Vormärz 1815–1848, Stuttgart 1962.
28 Reinhart Koselleck, Einleitung, in: Otto Brunner u. a. (Hg.), Geschichtliche Grundbegriffe. Historisches Lexikon zur politisch-sozialen Sprache in Deutschland, Bd. 1, Stuttgart 1972, XIII–XXVII, hier XIX.

Viertens, und das ist ein für jede Sozialgeschichte schlechthin zentraler Punkt, erschien das 19. Jahrhundert auch in spezifischer Weise als ein Zeitalter der Gesellschaft. Erst an der Wende zum 19. Jahrhundert sei die Gesellschaft im modernen Sinne überhaupt erfunden worden. Erst in dieser Zeit also habe sich der Untersuchungsgegenstand der Sozial- und Gesellschaftsgeschichte recht eigentlich konstituiert. Auch diese Vorstellung ist maßgeblich von Werner Conze entwickelt und vertreten worden. Die Gesellschaft habe sich aus der alten *societas civilis* nicht nur begrifflich, sondern auch realhistorisch ausdifferenziert und zugleich aus der Pluralität einer herrschaftsständischen Ordnung, in der Bauern und Stadtbürger nicht eine „Gesellschaft" bilden konnten, integriert.[29] Freilich ist sofort hinzuzufügen, dass Hans-Ulrich Wehler seiner Gesellschaftsgeschichte einen anderen, weiteren und abstrakteren Gesellschaftsbegriff zugrunde gelegt hat: Gesellschaft als tendenziell universeller, jedenfalls im Weberschen Sinne „okzidentaler" Zusammenhang von Wirtschaft, Herrschaft und Kultur. Von dem Conzeschen Späthegelianismus, von dem Gesellschaftsbegriff in der Tradition von Hegel, Lorenz von Stein und Marx distanziert Wehler sich sogar explizit und scharf.[30] Prinzipiell ist für Wehler eine Gesellschaftsgeschichte der römischen Kaiserzeit genauso gut denkbar wie eine Deutschlands im 19. Jahrhundert – dennoch scheint es untergründige, nicht ausgesprochene Argumente für eine Verbindung gerade dieses Theorieapparats und dieser Epoche zu geben.

Fünftens ist „Theorieapparat" das Stichwort für einen weiteren Grund, warum die Sozialgeschichte ihr Zentrum so auffällig im 19. Jahrhundert fand. Sie rüstete sich überwiegend mit Theorien oder begrifflichen Strategien, die auf die Analyse der Moderne des 19. Jahrhunderts besonders vorteilhaft zugeschnitten waren, wenn sie nicht sogar – wie das für den Gesellschaftsbegriff gerade diskutiert worden ist; für den Klassenbegriff, die Klassenanalyse könnte man ähnliches sagen – selbst ein Produkt dieser Zeit und ihrer Selbstreflexion gewesen sind. Auch hier ist sofort zu konzedieren, dass der Blick schon sehr früh epochal weiter reichte. Das Sonderheft 3 von „Geschichte und Gesellschaft", das 1977 „Theorien in der Praxis des Historikers" gewidmet war, widmete sich sogar dezidiert dem Mittelalter und der Frühen Neuzeit einerseits (Michael Mitterauer; Winfried Schulze), der Zeit des Nationalsozialismus andererseits (Horst Matzerath und Heinrich Volkmann; Peter Hüttenberger).[31] Und Jürgen Kocka warf in

---

29 Vgl. z. B. Werner Conze, Nation und Gesellschaft. Zwei Grundbegriffe der revolutionären Epoche, in: HZ 198, 1964, 1–16.
30 Vgl. Wehler, Gesellschaftsgeschichte, Bd. 1, 7f. (aber ohne ausdrückliche Nennung Conzes).
31 Jürgen Kocka (Hg.), Theorien in der Praxis des Historikers, Göttingen 1977.

seiner Einleitung die Frage auf, wie es „mit der Anwendbarkeit von modernen Theorien, deren reales Substrat die Wirklichkeit des 19. und 20. Jahrhunderts ist, auf weiter zurückreichende [...] Wirklichkeitsbereiche" stehe.[32]

Doch die Mehrzahl der damals viel diskutierten „großen" Theorieangebote ebenso wie der „Theorien mittlerer Reichweite" schlug ihren Anker in der Geschichte des 19. Jahrhunderts. Für Weber gilt das noch am wenigsten, aber sicher für Marx; dezidiert traf es, trotz deren prinzipieller Abstraktion, auf die Modernisierungstheorien zu, wie sie Wehler in seiner 1975 veröffentlichten Schrift diskutierte. Der Übergang von der „traditionalen" in die „moderne" Gesellschaft wurde ausbuchstabiert als Alphabetisierung, Industrialisierung, Urbanisierung, Klassenbildung, Säkularisierung, Bürokratisierung – Prozesse, deren „reales Substrat" zumal in der mitteleuropäisch-deutschen Geschichte überwiegend im 19. Jahrhundert zu verorten war (jedenfalls damals verortet wurde). Erst recht gilt das für speziellere Angebote wie die ökonomischen Konjunkturtheorien, die den Übergang von einem vorindustriellen Krisenregiment zu industriell-kapitalistischen Wachstumsprozessen und Zyklen voraussetzten, oder das Gerschenkronsche Argument von der „relativen Rückständigkeit" und ihrer Kompensation durch staatliche Intervention im Industrialisierungsprozess des 19. Jahrhunderts.[33] Mehr auf das Mittelalter und die Frühe Neuzeit zugeschnittene Theorien wie die Zivilisationstheorie von Norbert Elias oder Gerhard Oestreichs Konzept der Sozialdisziplinierung wurden dagegen, wenn überhaupt, eher zögerlich rezipiert.[34] Das 20. Jahrhundert hingegen schien kaum „theoriefähig" zu sein, wenn man einmal von dem Sonderfall der Faschismus- und Totalitarismustheorien absieht.

Sechstens fällt gerade hinsichtlich der Diktaturen des 20. Jahrhunderts, zumal des „Dritten Reiches", die Neigung der Sozialgeschichte zwischen den sechziger und den achtziger Jahren ins Auge, deren Theoretisierung und empirische Bearbeitung in die Vorgeschichte des 19. Jahrhunderts zurückzuziehen. Es gab in den sechziger Jahren bereits Beispiele für eine Sozialgeschichte der NS-Diktatur, die auch viel beachtet worden sind – David Schoenbaum und Ralf Dahrendorf sind an erster Stelle zu nennen.[35] Aber die eigentliche Frage nach der Sozialgeschichte des „Dritten Reiches" war die Frage nach den „Ursachen des

---

32 Jürgen Kocka, Einleitende Fragestellungen, in: ebd., 9–12, hier 11.
33 Vgl. dazu bes.: Hans-Ulrich Wehler (Hg.), Geschichte und Ökonomie, Köln 1973.
34 Vgl. Norbert Elias, Über den Prozess der Zivilisation, 2 Bde., Frankfurt 1976; Winfried Schulze, Gerhard Oestreichs Begriff der „Sozialdisziplinierung in der frühen Neuzeit", in: ZHF 14, 1987, 265–302.
35 Vgl. David Schoenbaum, Die braune Revolution. Eine Sozialgeschichte des Dritten Reiches, Köln 1968; Ralf Dahrendorf, Gesellschaft und Demokratie in Deutschland, München 1965.

Nationalsozialismus",[36] die in gesellschaftliche Strukturen des 19. Jahrhunderts zurückführte, vor allem in das Kaiserreich, aber auch in die Revolution von 1848/49 oder in die Strukturen der ländlichen Gesellschaft Preußens seit der Reformzeit. Die Frage nach dem „Dritten Reich" war ohnehin noch kaum die Frage nach dem Holocaust.[37] Sie war aber in der Sozialgeschichte auch nicht zuerst die Frage nach der Weimarer Republik – die Bedingungen der Machtergreifung oder der Schwäche der Weimarer Demokratie gehörten primär in das Ressort zeitgeschichtlicher Politologen wie Karl Dietrich Bracher. Hier bestätigt sich, worauf wir schon früher gestoßen sind: Das 20. Jahrhundert war das „politische" Jahrhundert, das Jahrhundert von Diktatur und Demokratie; das 19. Jahrhundert fragte dann nach den sozialen Ursprüngen dieser politischen Regimebildung. Barrington Moores Studie über die Modernisierungswege westlicher und ostasiatischer Gesellschaften – oder genauer: ihre Rezeption in der westdeutschen Sozialgeschichte der siebziger und achtziger Jahre – brachte das auf den Punkt. Zu erklären war der deutsche Faschismus. Die Erklärung fand sich in Modernisierungsproblemen des 19. Jahrhunderts und in der autoritären, halbparlamentarischem Herrschaft, die in Deutschland die Periode von den Stein-Hardenbergschen Reformen bis zum Ende des Ersten Weltkriegs umfasste.[38]

Siebtens schließlich ist ein historiographiegeschichtlicher Grund zu nennen, der in der deutschen Geschichtswissenschaft, aufgrund ihrer spezifischen Traditionen, vermutlich dezidierter zum Ausdruck gekommen ist als anderswo. Der moderne Typus der wissenschaftlichen Geschichtsschreibung konstituiert sich im 19. Jahrhundert, im Übergang von der Aufklärung zum Historismus und dann in dessen Überformung durch das einflussreiche Paradigma der borussisch-protestantischen Historiographie. Zumal in dieser zweiten Phase, nach der Jahrhundertmitte, findet dieser Typus zugleich einen bevorzugten Gegenstand in der eigenen Zeitgeschichte, in der preußisch-deutschen Nationalstaatsbildung und der auf sie hin geordneten Vorgeschichte vor allem seit der napoleonischen Ära. Die Geschichte des 19. Jahrhunderts hat sich damit als ein bevorzugtes Feld der Nationalgeschichtsschreibung etabliert, das nach 1945 mit teilweise neuem – kritischem, sozialwissenschaftlichem, sozialgeschichtlichen – Gerät bestellt, aber keineswegs aufgegeben wurde. Die Sozialgeschichte der sechziger und siebziger Jahre hielt die Orientierung an der National- und Nationalstaatsgeschichte aufrecht und schrieb insofern, trotz veränderter wis-

---

36 Vgl. Jürgen Kocka, Ursachen des Nationalsozialismus, in APuZ B 25/1980, 3–15.
37 Vgl. dazu Nicolas Berg, Der Holocaust und die westdeutschen Historiker. Erforschung und Erinnerung, Göttingen 2003.
38 Barrington Moore, Soziale Ursprünge von Diktatur und Demokratie. Die Rolle der Bauern und Grundbesitzer bei der Entstehung der modernen Welt, Frankfurt 1969.

senschaftlicher und politischer Prämissen, die Geschichte ihrer Lehrer und Großväter, von Johann Gustav Droysen, Heinrich von Sybel und Heinrich von Treitschke, fort. Ganz besonders auffällig ist das im Werk der Schüler Theodor Schieders wie Wolfgang J. Mommsen und Lothar Gall, Thomas Nipperdey und nicht zuletzt auch Hans-Ulrich Wehler. Das von Wehler in den neunziger Jahren betriebene Nationalismus-Projekt legt von dieser Kontinuität zum Werk des akademischen Lehrers besonders deutliches Zeugnis ab.[39] Vor allem jedoch sind es die großen Gesamtdarstellungen deutscher Geschichte, die in den achtziger und neunziger Jahren den sozialgeschichtlichen Forschungsertrag, überhaupt die „neue Geschichtswissenschaft" zu synthetisieren versuchten und sich dabei doch in eine historiographische Tradition der Exemplarität des 19. Jahrhunderts stellten: Nipperdeys Deutsche Geschichte ebenso wie Wehlers Gesellschaftsgeschichte, die im Vorwort ausdrücklich auf eine bei Treitschke beginnende Linie zurückweist.[40]

Gerade dieser letzte Aspekt weist noch einmal auf die komplizierte Verschachtelung allgemeiner und besonderer Faktoren hin in dem Prozess, der hier als die Konstruktion einer „paradigmatischen Modernität" des 19. Jahrhunderts skizziert wurde. Die westdeutsche Sozialgeschichte hat an diesem Entwurf mit großem Nachdruck gearbeitet, doch unterscheiden sich bei näherem Hinsehen die Begründungsmuster; man könnte eine Conze-Variante (ständisch-industrieller Übergang, Sattelzeit), eine Schieder-Variante (Nationalstaat und bürgerliche Bewegung), vielleicht noch eine Ritter-Variante (Industrialisierung, Klassenbildung, Verbandsorganisation) benennen. Zugleich reichte das Bedürfnis, sich der eigenen modernen Identität im 19. Jahrhundert zu versichern, weit über die Sozialgeschichte hinaus. Sie entsprach den kulturellen Bedürfnissen einer sich stabilisierenden Bundesrepublik, deren eigene industrielle, demokratische und sozialstaatliche Gegenwart auf den Füßen dieses 19. Jahrhunderts stand. Diese Korrelation wiederum spielte zwischen den sechziger und den achtziger Jahren nicht nur in der Bundesrepublik, sondern ebenso in der DDR wie auch in anderen westlichen Gesellschaften und ihrer Historiographie eine wichtige Rolle. Dennoch war das Bild von Modernität und Modernisierung des 19. Jahrhunderts

---

39 Vgl. Theodor Schieder, Das Deutsche Kaiserreich von 1871 als Nationalstaat, hg. u. eingeleitet von Hans-Ulrich Wehler, Göttingen 1992²; Hans-Ulrich Wehler, Nationalismus. Geschichte – Formen – Folgen, München 2001.
40 Wehler, Gesellschaftsgeschichte, Bd. 1, 2. Vgl. dazu auch: Paul Nolte, Darstellungsweisen deutscher Geschichte. Erzählstruktur und master narratives bei Nipperdey und Wehler, in: Sebastian Conrad u. Christoph Conrad (Hg.), Die Nation schreiben. Geschichtswissenschaft im internationalen Vergleich, Göttingen 2002, 236–268.

in der deutschen Sozialgeschichte spezifisch und hochgradig ambivalent.[41] Gegen die Fortschrittsgeschichte standen die „Schattenlinien" (Thomas Nipperdey). Der Richtungspfeil zeigte nach oben und nach unten zugleich. Auch das, und gerade das, gehörte zu dem Entwurf „paradigmatischer Modernität" dazu.

III

Inzwischen sind die großen Schlachten in der Geschichte des 19. Jahrhunderts geschlagen. Das Licht der Kulturprobleme ist weiter gezogen, die Karawane der Wissenschaft rüstet sich weiterzuziehen – aber, so vergisst Max Weber nicht hinzuzufügen: Auch der Begriffsapparat wechselt unterdessen.[42] Die Begriffe und Kategorien, die für die Analyse einer Epoche konstitutiv gewesen sind, taugen nicht unbedingt für die Fortschreibung dieser Geschichte in spätere Zeiten, in diesem Fall: für die Geschichte des 20. Jahrhunderts, deren Bedeutung in den letzten zehn bis fünfzehn Jahren rasant zugenommen hat. Innerhalb der Neueren und Neuesten Geschichte hat sich in schnellem Tempo eine Schwerpunktverlagerung vollzogen, die an fachinternen Kriterien – der Ausschreibung und Besetzung von Lehrstühlen, den Themen von Dissertationen und Habilitationsschriften – ebenso ablesbar ist wie am öffentlichen Interesse an der Geschichte. Diese Verschiebung des magnetischen Pols der Geschichtswissenschaft vom 19. in das 20. Jahrhundert ist natürlich Teil des „normalen" Entwicklungsprozesses, dem ein Fach unterliegt, dem sonst buchstäblich „die Zeit davonläuft", weil die Neuzeit nicht aufhört, immer neuer zu werden.[43] Zwei Aspekte fallen dabei zunächst ins Auge. Der erste ist der Generationenübergang im Fach: Die Generation derer, die Schwerpunkte ihrer Forschung im 19. Jahrhundert hatten und das neue Bild dieser Epoche maßgeblich geprägt haben – vor allem die Generation der „45er" in der westdeutschen Geschichtswissenschaft –, tritt allmählich in den Hintergrund.[44] Jüngere Generationen, darunter auffällig stark die Jahrgänge 1950–1955, profilieren sich mit neuen Themen und haben Gravitationszentren der Forschung dezidiert in das 20. Jahrhundert hin-

---

41 Vgl. dazu und zu anderen Aspekten des historiographischen Entwurfs von Nationalgeschichte auch Sebastian Conrad, Auf der Suche nach der verlorenen Nation. Geschichtsschreibung in Deutschland und Japan 1945–1960, Göttingen 1999.
42 Max Weber, Die „Objektivität" sozialwissenschaftlicher und sozialpolitischer Erkenntnis, in: ders., Gesammelte Aufsätze zur Wissenschaftslehre, Tübingen 1988[7], 146–214, hier 214.
43 Vgl. Reinhart Koselleck, Wie neu ist die Neuzeit?, in: HZ 251, 1990, 539–553.
44 Vgl. Paul Nolte, Die Historiker der Bundesrepublik. Rückblick auf eine „lange Generation", in: Merkur 53, 1999, 413–432.

ein verlagert.⁴⁵ Zweitens fiel das umso leichter, als die Zäsur von 1989/90 die historische Verfügbarkeit der damit „abgeschlossenen" Zeit ruckartig gesteigert hat. Geradezu begierig wurde das 20. Jahrhundert nach dem Zusammenbruch des Sowjetimperiums für beendet und damit geschichtsfähig erklärt. Im Falle der DDR lag in exzeptioneller Weise eine nach gängigen Kriterien abgeschlossene Geschichte vor.

Doch reichen diese und ähnliche Hinweise zur Erklärung nicht aus – schon deshalb nicht, weil einige Wurzeln des neuen Interesses an dem, was man früher in ein separates Fach „Zeitgeschichte" gesteckt hätte, vor 1989 zurückreichen. Auch deshalb nicht, weil das Tempo des Umschwungs die Schwierigkeiten, auch die Konflikte kaschiert, die ihn begleiteten. Gerade die „Bielefelder" Sozialgeschichte – den Begriff durchaus in etwas weiterem Sinne verstanden – hat sich mit einer sozialhistorischen Eroberung des 20. Jahrhunderts keineswegs leicht getan, vielmehr sind entscheidende Anstöße und Innovationen häufig aus dem etwas weiteren Umfeld gekommen. In das spezifische Bild des 19. Jahrhunderts und seiner Modernisierung, in das Bild dieser Epoche als der Scharnierzeit schlechthin wollte die Geschichte des 20. Jahrhunderts nicht recht hineinpassen: entweder weil sie zu schwierig, zu sperrig schien wie manche Aspekte der Geschichte des „Dritten Reiches", oder weil sie umgekehrt als geradezu trivial erschien, weil sich in entscheidenden Parametern vermeintlich nichts Wesentliches mehr änderte, weil die *Great Transformation* mit dem Vorabend des Ersten Weltkrieges im Wesentlichen als vollendet galt – Deutschland hatte die Plateauphase einer verstädterten und hochgradig organisierten Industriegesellschaft erreicht. Das 20. Jahrhundert musste also unter anderen Fragestellungen seine historische ebenso wie gegenwärtige Bedeutung gewinnen. Es bedurfte, mit anderen Worten, des Entwurfs einer „anderen Moderne", des Entwurfs einer neuen „paradigmatischen Modernität", und es ist dieser Entwurf, der unser Verständnis des letzten Jahrhunderts inzwischen maßgeblich prägt. Wie sieht dieses Bild des 20. Jahrhunderts in seinen Grundzügen aus, welches Verständnis von Modernität und Modernisierung liegt ihm zugrunde, welche Rolle spielt darin die Sozialgeschichte? Und ist die „nationale" Prägung des Geschichtsbildes, die dem Syndrom des 19. Jahrhunderts zugrunde lag, dabei überwunden worden? Wiederum sollen einige Gesichtspunkte knapp skizziert werden.

Erstens ist daran zu erinnern, dass die klassischen sozialwissenschaftlichen Modernisierungstheorien, kaum waren sie in die fachhistorische Diskussion

---

45 Zu denken ist etwa an: Lutz Raphael, Ulrich Herbert, Norbert Frei, Axel Schildt, Martin Sabrow.

eingespeist, seit den achtziger Jahren bereits wieder an Überzeugungskraft verloren.[46] Die durchaus vielfältigen Aspekte, die dabei eine Rolle spielten, sind schon öfters diskutiert worden. Die Orientierung an den großen Theorien, an den „Strukturen und Prozessen", die den Handelnden (und ihrer *agency*, wie man etwas später sagte) vermeintlich „kalt" gegenübertraten, verschob sich zugunsten von „Mikro"-Perspektiven, von Binnenperspektiven des „Eigensinns" und der „eingeborenen" Theorie.[47] Von dieser Kritik waren nicht zuletzt die großen sozialökonomischen und soziopolitischen „Scharnierprozesse" des 19. Jahrhunderts betroffen: Industrialisierung und Klassenbildung, Nationalstaatsbildung und (wie auch immer verzögerte) Liberalisierung. Zudem verlor der „Richtungspfeil" der gesellschaftlichen Entwicklung seine Plausibilität, und zwar in doppelter Hinsicht: zum einen als Fortschritt, als Aufstieg, als normativer aufgeladener „Besserungsprozess", zum anderen – vielleicht etwas später, dafür noch grundsätzlicher – als Linearität des historischen Prozesses; dieser Aspekt führte dann in die Kritik an den *master narratives* hinein. Wenn man überhaupt noch von Modernisierung sprechen mochte, so erschien sie als ein hochgradig ambivalenter Vorgang, als ein unauflösliches Geflecht von Fortschritten und Beschädigungen.

Was waren das für „Beschädigungen"? Man kann wiederum zwei Aspekte unterscheiden. In einer ersten Phase, die in der Bundesrepublik u.a durch die Kontroversen um die „Alltagsgeschichte" Anfang der achtziger Jahre markiert war, standen die Kosten des Verlustes traditionaler Lebenswelten im Vordergrund: Welche lokale Identität, welche besondere Kultur ging verloren im gleichmacherischen Zugriff des bürokratischen Staates oder der zunehmend großverbandsmäßigen Organisierung der Gesellschaft?[48] In einer zweiten Phase, um 1990 beginnend, erhielt die Modernisierung selber ihr seitdem vielzitiertes „Janusgesicht".[49] Man hatte also, um es plastisch zu sagen, nicht mehr nur die Vorteile der Eisenbahn gegen den Verlust dörflicher Kommunikation abzu-

---

46 Vgl. dazu und zum Folgenden auch: Thomas Mergel, Geht es weiterhin voran? Die Modernisierungstheorie auf dem Weg zu einer Theorie der Moderne, in: ders. u. Thomas Welskopp (Hg.), Geschichte zwischen Kultur und Gesellschaft. Beiträge zur Theoriedebatte, München 1996, 203–232; Paul Nolte, Art. Modernity, Modernization in History, in: International Encyclopedia for the Social and Behavioral Sciences, Bd. 15, Amsterdam 2001, Sp. 9954–9961.
47 Vgl. hier nur Hans Medick, „Missionare im Ruderboot"? Ethnologische Erkenntnisweisen als Herausforderung an die Sozialgeschichte, in: GG 10, 1984, 295–319.
48 Siehe z. B. Alf Lüdtke (Hg.), Alltagsgeschichte, Zur Rekonstruktion historischer Erfahrungen und Lebensweisen, Göttingen 1989; vgl. als frühe Kritik aus sozialgeschichtlicher Perspektive Klaus Tenfelde, Schwierigkeiten mit dem Alltag, in: GG 10, 1984, 376–394.
49 Signifikant dafür: Frank Bajohr u. a. (Hg.), Zivilisation und Barbarei. Die widersprüchlichen Potentiale der Moderne. Detlev Peukert zum Gedenken, Hamburg 1991.

wägen, sondern auch die inhärenten Nachteile und Kosten der Eisenbahn zu gewärtigen. Man könnte sogar noch eine dritte Phase oder Stufe hinzufügen: Während diese Ambivalenz zunächst primär als ein Problem innerhalb der modernen und industrialisierten Nationalgesellschaften, innerhalb des Okzidents gedacht wurde, verschob sie sich, wiederum etwa ein Jahrzehnt später, vehement in die Richtung einer globalen Asymmetrie, also in die Perspektive einer Externalisierung der Kosten westlicher Modernisierung in die außereuropäischen Kolonien.

Obwohl die Modernisierung und ihre Theorien auf diese Weise mindestens ihren „intellektuellen Sex-Appeal" (Hans-Ulrich Wehler) einbüßten, stellte sich doch – und das ist bemerkenswert – sehr bald heraus: Der Kern eines „Moderne"-Begriffes, eines makrosoziologischen und gesellschafts-theoretischen Konzepts der historisch vermittelten Gegenwartserfahrung, blieb unter den neuen Vorzeichen unaufgebbar, ja er rückte, trotz der Kritik an der Modernisierung, erst recht in den Mittelpunkt. Aber es war nicht mehr die „Modernisierung" als der Übergangs*prozess* des 19. Jahrhunderts, die nun vor allem interessierte, sondern die „Moderne" oder die „Modernität" als eine *Zustands*beschreibung, als ein Struktursyndrom des mittleren und späten 20. Jahrhunderts. Die Historiker verstanden sich damit nicht mehr als Enkel der Modernisierung, die deren Erbe verwalteten – westdeutsch gesprochen: die schließliche, verspätete Ankunft im demokratischen Sozialstaat der Bundesrepublik. Sondern sie begriffen sich als Kinder der Moderne, als unmittelbar Betroffene eines komplizierten Zustandes der Modernität, von dem niemand so recht wusste, wohin er noch führen würde. Diese begriffliche Wendung gewann gelegentlich auch eine normative Codierung, so unverkennbar bei Jürgen Habermas, der 1980 eben nicht die „Modernisierung", sondern die „Moderne" als ein „unvollendetes Projekt" charakterisierte.[50] „Gesellschaftliche Modernisierung" war nach dieser Lesart gekennzeichnet durch die Übermacht der großen Systeme, durch die „Imperative von Wirtschaftswachstum und staatlichen Organisationsleistungen", die tendenziell zerstörerisch in kommunikative Binnenstrukturen, gewachsene Lebens-Welten und die (kognitive, ästhetische, moralische) Autonomie einer „kulturellen Moderne" eindringen.[51]

Aus solchen Begriffen schälte sich bereits sehr deutlich das Bild einer neuen „paradigmatischen Moderne" des 20. Jahrhunderts heraus. Es ist jedoch

---

50 Jürgen Habermas, Die Moderne – ein unvollendetes Projekt (Rede zur Verleihung des Adorno-Preises der Stadt Frankfurt), in: ders., Kleine Politische Schriften I–IV, Frankfurt 1981, 444–464.
51 Ebd., 451; systematisch entwickelt dann in: Jürgen Habermas, Theorie des kommunikativen Handelns, 2 Bde., Frankfurt 1981.

nicht verstehbar ohne – zweitens – den fundamentalen Wandel der Perspektiven auf den Nationalsozialismus in der deutschen und europäischen Geschichte. Die frühe Sozialgeschichte hatte das „Dritte Reich", wie beschrieben, im Hinblick auf die Bedingungen von „1933" in der Geschichte des 19. Jahrhunderts fokussiert. So kritisierte Wehler in seinem „Kaiserreich" die „Kurzatmigkeit", mit der Historiker und Sozialwissenschaftler „die Hauptursachen für den Nationalsozialismus überwiegend in der Zeit nach 1918 gesucht" hätten.[52] Seit der Mitte der achtziger Jahre, vollends ein knappes Jahrzehnt später, verlagerte sich dieser Brennpunkt unübersehbar in das 20. Jahrhundert zurück; in der Zeitrechnung der großen öffentlichen Geschichtskontroversen der Bundesrepublik könnte man sagen: zwischen „Historikerstreit" und „Goldhagen-Debatte".

Erneut muss man mehrere Aspekte unterscheiden. Zum einen verschob sich der Schwerpunkt auch der empirischen Forschungsarbeiten von der Aufstiegs- und Machtergreifungsphase in die Phase des Zweiten Weltkrieges, von der Regimestruktur und ihren sozialen Bedingungen zur Rassen- und Vernichtungspolitik, zum Holocaust. Zum anderen schwang das Pendel der Ursachenforschung in das 20. Jahrhundert, zu den mittelfristigen Faktoren zurück. Dabei spielte die neue Forschung zum Ersten Weltkrieg eine ganz wichtige Rolle – nicht unter Stichworten wie „Ideen von 1914" oder „Versailles", sondern mit dem Krieg als europäischem Ereignis der gesellschaftlichen und kulturellen Traumatisierung. Die Sozialgeschichte selber hatte ja in der achtziger Jahren zunehmend konzedieren müssen, dass bürgerliche Gesellschaft und bürgerliche Kultur in Deutschland während des 19. Jahrhunderts keinen markant abgegrenzten „Sonderweg" eingeschlagen hatten. Die Verbindung zwischen der Reichsgründung von 1870/71, erst recht der Revolution von 1848/49, und dem Nationalsozialismus wurde auf diese Weise nahezu gekappt; pointiert gesagt: für das „Dritte Reich" brauchte man das 19. Jahrhundert nicht mehr. Zusätzlich öffnete sich ein ganz neuer Zeithorizont des Nationalsozialismus: der seiner Nachgeschichte, nicht Vorgeschichte; in den Forschungen und Debatten über die „Vergangenheitspolitik" der Bundesrepublik[53] oder in den Bemühungen um eine „Erinnerungsgeschichte" von Nationalsozialismus und Holocaust. Wie bei den Ursachen gewannen europäische und internationale Verflechtungen auch in der Nach- und Erinnerungsgeschichte gegenüber einem deutschen „Sonderweg" an Bedeutung: Der Holocaust wurde als europäisches Ereignis verstehbar,

---

52 Hans-Ulrich Wehler, Das deutsche Kaiserreich 1871–1918, Göttingen 1973, 15.
53 Vgl. Norbert Frei, Vergangenheitspolitik. Die Anfänge der Bundesrepublik und die NS-Vergangenheit, München 1996; Ulrich Herbert, Best. Biographische Studien über Radikalismus, Weltanschauung und Vernunft, 1903–1989, Bonn 1996.

und seine Erinnerungsgeschichte schloss eine vehemente „Amerikanisierung" mit ein.[54]

Unterdessen entdeckte, *drittens*, die Sozialgeschichte seit den achtziger Jahren, wenn auch zunächst zögerlich, dass der Geschichte des 20. Jahrhunderts eine eigene sozialgeschichtliche Dynamik nicht abzusprechen war, sie mithin nicht im Abschluss oder Auslaufen der klassischen Modernisierungen des 19. Jahrhunderts aufging. Diese Problematik wurde zuerst als „Kontinuitätsproblem" aufgeworfen, und nicht zufällig spielte dabei der „Arbeitskreis für moderne Sozialgeschichte" eine wichtige Rolle.[55] Wie schrieben sich die großen gesellschaftlichen, auch politisch-kulturellen Prägungen des 19. Jahrhunderts, in der Geschichte der Nachkriegszeit seit 1945 fort? Bewahrten die Parteien ihren Milieucharakter, der Sozialstaat seine Bismarcksche Prägung, die sozialen Klassen wie etwa die Angestellten ihre ständisch-organisatorische Überformung? Die politischen Zäsuren des 20. Jahrhunderts, die eine Zeitlang geradezu als Sperrriegel gegen eine sozialgeschichtliche Sichtweise gedient hatten, wurden nunmehr verflüssigt.[56] Einem 19. Jahrhundert der Gesellschaft stand nicht mehr ein 20. der Politik gegenüber. Es bedurfte häufig nicht einmal neuer Kriterien oder Grundbegriffe, um die gesellschaftsgeschichtlichen Prozesse des 20. Jahrhunderts zu analysieren. Die Klassenbildung war mit dem Auslaufen der Hochindustrialisierungsphase am Vorabend des Ersten Weltkrieges keineswegs abgeschlossen, sondern setzte sich, teils in anderen Formen, fort, oder sie schlug in „Devolutionsprozesse", in eine „Entklassung" zum Beispiel des Proletariats um.[57]

Ein Teil dieser Forschungen verblieb sogar, dem wachsenden Unbehagen an dem „Modernisierungs"-Begriff zum Trotz, unter diesem theoretischen Dach. Das gilt für das Verhältnis von „Nationalsozialismus und Modernisierung", und mehr noch für eine Sichtweise auf die langen fünfziger Jahre der Bundesrepublik, die in der Nachkriegszeit eine Epoche stürmischer gesellschaftlicher Moder-

---

54 Vgl. z. B. Peter Novick, The Holocaust in American Life, Boston 1999.
55 Vgl. Werner Conze u. M. Rainer Lepsius, Sozialgeschichte der Bundesrepublik Deutschland. Beiträge zum Kontinuitätsproblem, Stuttgart 1983.
56 Wichtig dazu u. a.: Martin Broszat u. a. (Hg.), Von Stalingrad zur Währungsreform. Zur Sozialgeschichte des Umbruchs in Deutschland, München 1988; in Erweiterung solcher Perspektiven auch: Matthias Frese u. Michael Prinz (Hg.), Politische Zäsuren und gesellschaftlicher Wandel im 20. Jahrhundert. Regionale und vergleichende Perspektiven, Paderborn 1996.
57 Hier sind die Arbeiten von Josef Mooser empirisch, aber auch in einem weiteren konzeptionellen Sinne wegweisend gewesen. Vgl. v. a. Josef Mooser, Arbeiterleben in Deutschland 1900–1970. Klassenlagen, Kultur und Politik, Frankfurt 1984.

nisierung erkannt hat.[58] Dabei wurde jedoch immer deutlicher, dass die Kontinuitätsperspektive auf das 20. Jahrhundert nicht ausreichte. Die klassische „Sattelzeit" bedeutete nicht das Umlegen eines großen Schalters auf „industrielle Welt", nicht den Übergang von einem relativ statischen Aggregatzustand der Gesellschaft in einen anderen, mindestens ebenso stabilen, der nun als Fortschreibung der großen Transformation untersucht werden konnte. Die Industriegesellschaft gerann nicht zu einer stabilen „Daseinsform" als Spiegelbild der durch sie abgelösten Agrargesellschaft, sondern wurde ihrerseits überraschend schnell wieder in Frage gestellt, oder erfand sich neu unter Bedingungen, die mehr als bloß eine Variante der „Industriellen Revolution" des frühen und mittleren 19. Jahrhunderts waren.[59] Das „Zeitalter der Revolutionen", allgemeiner gesagt, hat offenbar nicht einfach eine Blaupause der Moderne geschaffen, sondern war entweder selber eine relativ kurzlebige Übergangszeit, oder hat eine gesellschaftliche Dynamisierung in Gang gesetzt, die auch seine eigenen Grundlagen in Frage stellt.

Viertens aber wurde die Kontinuitätsperspektive auf noch fundamentalere Weise in Frage gestellt im Entwurf einer ganz anderen Moderne, deren paradigmatische Ausformung in der Geschichte des 20. Jahrhunderts zu studieren war. Musste man nicht, so könnte man das Ausgangsproblem formulieren, die „politische" Prägung des 20. Jahrhunderts ernst nehmen, die Tatsache also, dass seine Geschichte mindestens zwischen 1914 und 1945 nicht in erster Linie auf Klassenbildung oder Entklassung, auf Industriegesellschaft oder Deindustrialisierung verweist, sondern auf Diktatur, extreme Gewalt, Krieg und Völkermord? Ist es deshalb überhaupt möglich oder legitim, etwa das Wehlersche Projekt der „Gesellschaftsgeschichte" einfach mit den Kategorien des 19. Jahrhunderts fortzuschreiben?[60] Doch steht hinter dieser Frage natürlich viel mehr als die nach dem Primat von Gesellschaft oder Politik, oder nach dem Verhältnis langlebiger, vergleichsweise „rationaler" Strukturen und Prozesse zu „irrationalen" oder akzidentiellen Faktoren der Geschichte. Diktatur, Gewalt und Völkermord werden in dieser Perspektive nicht als bedauernswerte, letztlich immer wieder korrigierte Abweichungen vom Pfad der ansonsten stetigen Modernisie-

---

58 Vgl. Michael Prinz u. Rainer Zitelmann (Hg.), Nationalsozialismus und Modernisierung, Darmstadt 1994²; Axel Schildt u. Arnold Sywottek (Hg.), Modernisierung im Wiederaufbau. Die westdeutsche Gesellschaft der 50er Jahre, Bonn 1993.
59 Vgl. dazu Werner Abelshauser, Von der Industriellen Revolution zur Neuen Wirtschaft. Der Paradigmenwechsel im wirtschaftlichen Weltbild der Gegenwart, in: Jürgen Osterhammel u. a. (Hg.), Wege der Gesellschaftsgeschichte, Göttingen 2006, 201–218.
60 Vgl. dazu Bernd Weisbrod, Sozialgeschichte und Gewalterfahrung im 20. Jahrhundert, in: Paul Nolte u. a. (Hg.), Perspektiven der Gesellschaftsgeschichte, München 2000, 112–123.

rung begriffen, als Atavismen oder „vormoderne Relikte". In den neueren Sichtweisen auf das 20. Jahrhundert sind sie nicht einmal „pathologische Störungen" der Moderne, etwa im vorhin schon erwähnten Habermasschen Sinne: Das hieße ja, dass sie als Ergebnis der Modernisierung begriffen werden müssten, aber eben doch als eine Krankheit, die im weiteren Verlauf heilbar sein müsste. Extreme Gewalt erscheint vielmehr als ein genuines Signum der Geschichte des 20. Jahrhunderts, und der Holocaust geradezu als ein – hier wird die Formulierung von Jürgen Habermas notwendig zynisch „Projekt" der Moderne, sogar möglicherweise als das paradigmatische Projekt der Moderne überhaupt.[61]

Dieses Projekt der Moderne weist sich nicht durch den Anspruch auf Liberalisierung und Partizipation aus, nicht durch sozialökonomische oder politische Umbrüche im Zeichen von Industrialisierung, bürgerlicher Gesellschaft und politischer Demokratisierung. Es gibt sich auch nicht mit den Ambivalenzen dieser Prozesse zufrieden, sondern entwirft die Moderne sehr prinzipiell als ein Projekt der Ein- und Ausgrenzung, der Disziplinierung, des zunehmend institutionalisierten Zwanges, der auf die Menschen nicht nur metaphorisch, sondern unmittelbar und körperlich, und insofern mit einem eingebauten *telos* der Vernichtung ausgeübt wird. Es ist offensichtlich, dass diese Moderne ihre „Achsenzeit" nicht in dem vergleichsweise harmlosen 19. Jahrhundert haben kann, in einer vergleichsweise unstrukturierten Gesellschaft. Sie definiert sich weder aus dem Übergang von der Agrargesellschaft in die „industrielle Welt" noch aus der Transformation der Stände- in die Klassengesellschaft. Vielmehr richtet sich der Blick auf jene Phase, die Detlev Peukert schon 1987 als die „Krisenjahre der Klassischen Moderne" bezeichnet hat.[62] Über die Spezifika der deutschen Geschichte zwischen 1918 und 1933 hinaus war damit ein Syndrom der modernen Gesellschaft gemeint, das sich gegen Ende des 19. Jahrhunderts ausformte, in den zwanziger und dreißiger Jahren international einen diskursiven Höhepunkt erreichte, auf den in den dreißiger und vierziger Jahren eine Kulmination der praktizierten Radikalisierung folgte. Die Zeit bis zu den sechziger und siebziger Jahren des 20. Jahrhunderts kann als seine Nachlauf- und Abschwungphase verstanden werden.

Es handelt sich dabei, auf einen knappen Begriff gebracht, um das Syndrom der Ordnung aus Verunsicherung. Die Entfaltung der industriellen und massen-

---

61 Vgl. zu dieser Perspektive v.a.: Zygmunt Bauman, Modernity and the Holocaust, Oxford 1989.
62 Detlev J. K. Peukert, Die Weimarer Republik. Krisenjahre der Klassischen Moderne, Frankfurt 1987.

gesellschaftlichen Moderne führte in eine doppelte kulturelle Paradoxie hinein: in die Paradoxie von Verflüssigung und Erstarrung zugleich; und in die Paradoxie eines tiefen Pessimismus, der sich dennoch mit radikalem Optimismus verband. Die Gesellschaft war aus den Fugen geraten, aber man verfügte über die Mittel, sie wieder rational beherrschbar zu machen und „in Ordnung" zu bringen. Die Gesellschaft war zugleich erstarrt, aber man verfügte über die Mittel, notfalls radikale Mittel, um diese Erstarrung aufzubrechen. Das „stahlharte Gehäuse" des bürokratischen Anstaltsstaates und die scheinbar kraftlos werdende liberale Demokratie sollte auf revolutionärem Wege in eine neue Ordnung transformiert werden, während gleichzeitig eine ungeordnete, anarchische Gesellschaft durch die Klassifikation nach einem Freund-Feind-Schema stabilisiert werden sollte. Dabei spielten die modernen Wissenschaften eine entscheidende Rolle; sie stellten die vermeintlich rationalen Grundlagen dieser Klassifikation zur Verfügung, bevorzugt in jener spezifischen Schnittmenge zwischen Naturwissenschaften und Sozialwissenschaften, die im ersten Drittel des 20. Jahrhunderts zu Popularität und politischem Einfluss gelangte; Rassenbiologie und Bevölkerungswissenschaft sind Beispiele dafür. Das Syndrom der Moderne besteht in dieser Sichtweise in dem Versuch, die Welt durch Systematisierung und Disziplinierung zu ordnen, und in der Überzeugung, dieses Projekt mit Hilfe der modernen Wissenschaften durchführen zu können, ja zu müssen, auch mit Mitteln des physischen Zwangs, „notfalls" auch der physischen Vernichtung von Menschen. Hinter diesem Projekt scheint dann, auch das gehört zum Kernbestand jenes Syndroms, die Utopie einer rationalen, geplanten, sich szientisch selbst kontrollierenden Gesellschaft auf. Der Holocaust war der klarste und radikalste Ausdruck dieser Modernität, aber sie wirkte danach noch mindestens drei Jahrzehnte nach: in dem teilweise obsessiven Bemühen um eine rationale Planung auch der demokratischen Gesellschaften, in der Fortschrittsutopie einer perfekt „herstellbaren" Welt, wie sie nicht zuletzt für die Bundesrepublik bis in die Mitte der siebziger Jahren charakteristisch war.

Die klassischen sozialwissenschaftlichen Theorien, die der Sozialgeschichte des 19. Jahrhunderts ihr Unterfutter geliefert haben, kommen als Zulieferer für das neue Bild der Moderne nur noch begrenzt in Frage. Am ehesten noch lassen sich im Werk Max Webers Spuren einer solchen modernen Disziplinierungsgeschichte finden, um deren Rekonstruktion sich wiederum Detlev Peukert sehr bemüht hat.[63] Andere Klassiker erweisen sich als zu eng in ihrem Gegenstandsbereich, aber auch als gewissermaßen normativ falsch codiert; sie gehen von

---

63 Vgl. Detlev J. K. Peukert, Die „letzten Menschen". Beobachtungen zur Kulturkritik im Werk Max Webers, in: GG 12, 1986, 425–442; ders., Max Webers Diagnose der Moderne, Göttingen 1989.

einer Aufstiegs-, Fortschritts- und Erfolgsgeschichte der Moderne aus, während das neue Bild der Modernisierung mindestens die Ambivalenzen und Paradoxien unterstreicht, vielleicht sogar das überwiegend skeptische, negative Bild einer Verlust-, Zwangs- und Vernichtungsgeschichte zeichnet. Das Narrativ einer Anti-Emanzipationsgeschichte hat sich in den Vordergrund geschoben.[64] Zwei neue Leitfiguren einer solchen Konzeptualisierung der Moderne müsste man hervorheben. Das ist zum einen Michel Foucault, in dessen Werk immer wieder das Leitmotiv einer körperlichen Disziplinierung als Grundzug der Modernisierung entfaltet wird, einer Disziplinierung, die durch einen staatlich-wissenschaftlichen Komplex institutionell getragen und politisch implementiert wird.[65] Der Einfluss Foucaults und seines Entwurfs der Moderne auf jüngere Historikerinnen und Historiker in Deutschland stellt inzwischen die Wirkung, die Max Weber eine knappe Generation früher gehabt hat, wohl in den Schatten. Zum anderen ist der polnisch-britische Soziologe Zygmunt Bauman zu nennen: nicht, weil sein Werk an Umfang, Tiefe und interdisziplinärer Reichweite an das Foucaults heranreicht, aber doch insofern, als seine Vorstellung von der Moderne als einer „Dialektik der Ordnung", die im Holocaust ihren „Normalfall" findet, die klarste und am schärfsten zugespitzte theoretische Formulierung des „neuen" 20. Jahrhunderts bietet.[66]

Während Foucault die moderne Disziplinierung als ein stetiges Projekt der Neuzeit beschreibt – eher auf der Linie der Weberschen oder Elias'schen Chronologie der Moderne also –, steht Bauman eher für jene Variante, die den Umbruch der Moderne in den Ordnungswahn als ein Projekt des letzten Jahrhunderts beschreibt. Von Bauman stammt die einflussreiche Metapher des „Gärtners", der im Garten der Moderne seiner scheinbar pflegenden Tätigkeit nachgeht, die jedoch vor allem in der Unterscheidung von Nutzpflanze und Unkraut besteht, im Ausjäten und Vernichten von nicht mehr Brauchbarem. In dieser Sichtweise setzt sich die Zwangsmoderne bis in die Gegenwart fort und spitzt sich in den neuen Verteilungs- und Migrationskonflikten sogar noch zu; der Grundzug der Moderne bleibt, so könnte man pointiert formulieren, die

---

64 Welche gesellschaftlichen und kulturellen Bewegungen, nicht zuletzt auch: welche generationellen Verschiebungen am Ende des 20. Jahrhunderts dahinter stehen, liegt auf der Hand und kann hier nicht diskutiert werden. Man mag darüber spekulieren, warum gerade eine jüngere Generation, die man als die ersten Nachgeborenen dieser „Zwangs- und Planungsmoderne" bezeichnen kann, sich diesem zutiefst skeptischen Bild der modernen Gesellschaft besonders dezidiert verschrieben hat.
65 Vgl. z. B. Michel Foucault, Geschichte der Gouvernementalität, 2 Bde., Frankfurt 2004.
66 Vgl. v. a. Bauman, Modernity and the Holocaust (dt.: Dialektik der Ordnung. Die Moderne und der Holocaust, Hamburg 1992); siehe auch ders., Flüchtige Moderne, Frankfurt 2003.

Produktion von Menschenschrott.⁶⁷ Die Kluft zu dem Bild der Modernisierung, von dem die Sozialgeschichte in den späten sechziger und frühen siebziger Jahren ausgegangen ist, könnte kaum größer sein.

Dennoch ist es dieser Entwurf einer paradigmatischen Moderne, auf den sich ein wichtiger Teil der Geschichtsschreibung, zumal im Feld der Sozial- und Kulturgeschichte in der Bundesrepublik, inzwischen zuordnet. Anders gesagt: Es ist dieser Entwurf der Moderne, der gerade den heute Jüngeren attraktiv erscheint und ihre intellektuelle Aufmerksamkeit auf die Zeit seit den 1880er und 1890er Jahren – also auch auf Kosten des 19. Jahrhunderts – lenkt. Dabei spielt die neue Wissenschaftsgeschichte ebenso eine Rolle wie die Geschichte des Rassismus bis zur Vernichtungspolitik des „Dritten Reiches", die Körpergeschichte ebenso wie die Geschichte sozialer und technologischer Utopien, die Geschichte des Sozialstaates ebenso wie die Geschichte von „Planung" und Technokratie in der frühen Bundesrepublik.⁶⁸ Zwar hat es bisher noch keinen Versuch gegeben, diesen Entwurf der Moderne in einer (deutschen, oder auch weiter ausgreifenden) Geschichte des 20. Jahrhunderts zu synthetisieren, doch wäre das prinzipiell durchaus vorstellbar – und wahrscheinlich sogar reizvoll, auch weil es die Verfechter dieses häufig eher impliziten Paradigmas zu einer Klärung ihrer Prämissen zwingen würde. Dazu gehört auch die Frage, was es mit der oft proklamierten Dialektik der Moderne auf sich hat, und welchen Stellenwert Emanzipation und Zivilisation in einer überwiegend dunkel getönten Meistererzählung tatsächlich haben. Sind sie nur ein Abfallprodukt der Disziplinierung, oder gar ein besonders hinterlistiger Teil ihrer Ideologie und Praxis?

Diese Frage drängt sich umso mehr auf, wenn man, *fünftens*, an eine konkurrierende Perspektive auf die Modernität des 20. Jahrhunderts denkt, die sich gleichfalls in den letzten zwei Jahrzehnten historiographisch formiert hat. Wiederum spielt dabei die Verschiebung von einer primär sozial-ökonomischen zu einer primär soziokulturellen Geschichte eine Rolle, und wiederum gewinnt die Umbruchzeit der vorletzten Jahrhundertwende eine herausgehobene Bedeutung. In dieser Zeit liegen nämlich die Ursprünge einer „alltäglichen", massen-

---

67 Vgl. ders., Verworfenes Leben. Die Ausgegrenzten der Moderne, Hamburg 2005.
68 Zu technologischen Großutopien vgl. Dirk van Laak, Weiße Elefanten. Anspruch und Scheitern technischer Großprojekte im 20. Jahrhundert, Stuttgart 1999; zur Körpergeschichte z. B. Philipp Sarasin, Reizbare Maschinen. Eine Geschichte des Körpers 1765–1914, Frankfurt 2001; zu wissenschaftlicher Planung und Ordnung Lutz Raphael, Radikales Ordnungsdenken und die Organisation totalitärer Herrschaft. Weltanschauungseliten und Humanwissenschaftler im NS-Regime, in: GG 27, 2001, 5–40; zur Planungsgeschichte der Bundesrepublik zuletzt Gabriele Metzler, Konzeptionen politischen Handelns von Adenauer bis Brandt. Politische Planung in der pluralistischen Gesellschaft, Paderborn 2005.

kulturellen Moderne, die im Laufe der nächsten Jahrzehnte, von den großen Metropolen ausgehend, zur flächendeckenden, ja globalen Kultur der Moderne geworden ist. Urbanisierung und technologischer Wandel, Wohlstandsentwicklung und Kommerzialisierung, Mobilität und kulturelle Dynamik entwickelten sich um 1900 sprunghaft weiter und „zündeten" gemeinsam zu jenem Konglomerat der Massenkultur, das auch hundert Jahre später noch das Leben in den westlichen Gesellschaften grundlegend prägt und seinen Siegeszug in anderen Teilen der Welt fortsetzt.

Gegenüber einer Gesellschaft, die durch Telefon und Kühlschrank, U-Bahnen und Warenhäuser, Werbung und Mode geprägt ist, aber auch: durch das eigentümliche Spannungsverhältnis von demokratisierender und konformisierender Massenkultur zu der permanenten Produktion von kultureller Avantgarde, erscheint die Modernisierung des 19. Jahrhunderts inzwischen als geradezu rückständig: mit ihren ersten Fabriken, mit ihren Bürgern, die gerade aus der Kutsche in die Eisenbahn umstiegen, mit ihren patriarchalisch-traditionellen Kultur- und Verhaltensformen. Der Übergang ins 20. Jahrhundert markiert insofern einen „Aufbruch in die Moderne",[69] der auf die spezifischen Lebensformen der Gegenwart verweist, was man offensichtlich von der „Sattelzeit" um die Wende zum 19. Jahrhundert immer weniger zu sagen bereit ist. Für diesen Entwurf einer massenkulturellen Moderne kann man sich, was die Theorien und „Meisterdenker" betrifft, vielleicht eher auf Georg Simmel als auf Max Weber berufen.[70] In der (west-) deutschen Geschichtswissenschaft hat erneut Detlev Peukert mit seiner Analyse der Massenkultur der Weimarer Republik sehr anregend gewirkt, aber man kann auch dem sozial- und kulturgeschichtlichen Band Thomas Nipperdeys über das Kaiserreich eine Vielzahl von Hinweisen auf den Umbruch zu einer modernen Massenkultur entnehmen, aus denen man geradezu eine ungeschriebene Geschichte dieser Moderne des 20. Jahrhunderts rekonstruieren könnte: von der Herausbildung eines modernen Lebensstils im Alltag bis zur kulturellen Avantgarde.[71]

Amerikanische Historikerinnen und Historiker der Weimarer Republik haben besonders wichtige Beiträge zur massenkulturellen Modernität Deutschlands im frühen 20. Jahrhundert geleistet, erwähnt seien nur Peter Jelavich,

---

69 Vgl. August Nitschke u.a. (Hg.), Jahrhundertwende. Der Aufbruch in die Moderne 1880–1930, 2 Bde., Reinbek 1990. Vgl. dazu auch: Paul Nolte, 1900. Das Ende des 19. und der Beginn des 20. Jahrhunderts in sozialgeschichtlicher Perspektive, in: GWU 47, 1996, 281–300 (in diesem Band: Nr. 3).
70 Vgl. Paul Nolte, Georg Simmels Historische Anthropologie der Moderne. Rekonstruktion eines Forschungsprogramms, in: GG 24, 1998, 225–247.
71 Peukert, Weimarer Republik; Nipperdey, Arbeitswelt und Bürgergeist.

Mary Nolan und Peter Fritzsche.[72] Möglicherweise hing das auch damit zusammen, dass die Vereinigten Staaten ein Pionier – wenn nicht *der* Pionier im globalen Maßstab – dieser Moderne waren und die dortige Kulturgeschichte gleichfalls ein schnell wachsendes Interesse an der *modernity* des frühen 20. Jahrhunderts entwickelte.[73] Das Spektrum der Themen, die zugleich als Indikatoren der Modernität verstanden werden können, ist dabei weit; im Vergleich zu Deutschland wird der ästhetisch-expressiven Kultur wohl größere Aufmerksamkeit geschenkt, vor allem in dem Spannungsfeld von *highbrow* und *lowbrow*,[74] von Avantgardekultur und Populärkultur, unter den Zugkräften der Kommerzialisierung. Die moderne Gesellschaft ist hier weniger die „industrielle Gesellschaft" der Produktion, sondern die kommerzielle Gesellschaft der marktförmig organisierten Aneignung von Dingen und Deutungen – mit einem Wort, ist die Konsumgesellschaft.[75] Sie ist inzwischen nicht nur in der Geschichtswissenschaft der USA zu einem Paradigma der neuen Moderne des 20. Jahrhunderts geworden. Sie setzt Strukturen voraus, die sich vor dem späten 19. Jahrhundert nicht ausbildeten, in Deutschland eher noch später: vom relativen Massenwohlstand bis zu Technologien des Verkehrs und der Energie (v. a. Elektrizität), von national integrierten Märkten bis zur Kommodifizierung von Kultur und Alltag in einem ganz weiten Sinne. Dabei ist diese Konsummoderne, trotz der kontinuierlichen Präsenz einer zeitgenössischen Konsumkritik linker wie rechter, elitärer wie populärer Provenienz eher das Metier der „kul-

---

72 Vgl. z. B. Peter Jelavich, Munich and Theatrical Modernism: Politics, Playwriting, and Performance, 1890–1914, Cambridge, Mass. 1985; ders., Berlin Cabaret, Cambridge, Mass. 1993; Mary Nolan, Visions of Modernity: American Business and the Modernization of Germany, New York 1994; Peter Fritzsche, Reading Berlin 1900, Cambridge, Mass. 1996.
73 Als besonders einflussreich könnte man Arbeiten von Lawrence W. Levine hervorheben, z. B.: The Unpredictable Past: Explorations in American Cultural History, New York 1993. Wichtig auch: Lynn Dumenil, The Modern Temper: American Culture and Society in the 1920s, New York 1995; Christine Stansell, American Moderns: Bohemian New York and the Creation of a New Century, New York 2000. Zu Transferaspekten dieser Modernität siehe z. B. Alexander Schmidt, Reisen in die Moderne. Der Amerika-Diskurs des deutschen Bürgertums vor dem Ersten Weltkrieg im europäischen Vergleich, Berlin 1997.
74 Vgl. Lawrence W. Levine, Highbrow / Lowbrow: The Emergence of Cultural Hierarchy in America, Cambridge, Mass. 1988.
75 Die Literatur ist inzwischen uferlos. Siehe z. B. Richard W. Fox u. T. J. Jackson Lears (Hg.), The Power of Culture: Critical Essays in American History, Chicago 1993; Heinz-Gerhard Haupt u. Paul Nolte, Markt: Konsum und Kommerz, in: Christof Mauch u. Kiran Klaus Patel (Hg.), Wettlauf um die Moderne. Die USA und Deutschland 1890 bis heute, München 2008, 187–223.

turellen Optimisten" geblieben,[76] also einer Sichtweise, welche die Freiheiten und Chancen der Moderne mehr betont als ihren Zwangscharakter.

IV

Auf diese Weise stehen sich, so müsste man bilanzierend festhalten, sogar zwei neue Geschichten einer überwiegend im 20. Jahrhundert verankerten Moderne und Modernisierung gegenüber: eine „optimistische" Geschichte der massenkulturellen Moderne, die von Wohlstand und differenzierten Lebensstilen, von historisch beispielloser Individualität, von kulturell verankerten Freiheiten erzählt – und eine „pessimistische" Geschichte der disziplinierenden und segmentierenden Moderne, deren „Projekt" Exklusion statt Inklusion ist, die Lebenschancen beschneidet bis zum Extrempunkt der physischen Vernichtung, die Freiheiten in Zwänge transformiert. Diese beiden neuen *master narratives* der Moderne stehen in einem noch keineswegs vollständig geklärten Verhältnis zueinander. In Detlev Peukerts Skizze der Weimarer Moderne war die gemeinsame Wurzel erkennbar, seitdem haben sie sich eher weiter auseinander entwickelt. Doch die „alte" Geschichte der Modernisierung mit ihrer Wendezeit im industrialisierenden 19. Jahrhundert oder im „Zeitalter der Revolutionen" haben sie beide hinter sich gelassen.

Das bedeutet jedoch keineswegs, dass an die Stelle einer inzwischen als ideologisch und teleologisch „entlarvten" Meistererzählung der klassischen Sozialgeschichte, an die Stelle eines normativen *bias* inzwischen eine größere Neutralität getreten wäre, oder die postmoderne Fragmentierung als Verzicht auf jegliche Normativität, oder sogar Linearität (und damit Kausalität) der modernen Geschichte. An die Stelle der einen Meistererzählung sind vielmehr andere getreten, auch wenn sie teilweise eher implizit, weniger theorieförmig daherkommen. Bei genauerem Hinsehen hat sich aber oft eher der Stil des Theoriegebrauchs und der Narrativierung geändert, als dass ein Verzicht auf Theorie eingetreten wäre. Das könnte man vermutlich an der Foucault-Rezeption, oder auch an der Rezeption „postkolonialer" Theorien, in der Geschichtswissenschaft (zumal der deutschen) sehr gut zeigen. Auf eine Kritik an der Sozial- und Gesellschaftsgeschichte, überhaupt eine normativ konnotierte Meistererzählung entwickelt zu haben, und eine „hegemoniale" noch dazu, kann man deshalb gelassen reagieren und auch zu nüchterner Selbstkritik raten. Auch der Illusion, die Frage der Normativität ausklammern zu können, sollte man sich gar nicht

---

[76] Vgl. dazu John Clarke, Pessimism versus Populism: The Problematic Politics of Popular Culture, in: Richard Butsch (Hg.), For Fun and Profit: The Transformation of Leisure into Consumption, Philadelphia 1990, 28–44.

erst hingeben. Modernisierung und Modernität bleiben offensichtlich eine Herausforderung der Gegenwart, ein auch politisch höchst umstrittenes Terrain. Das Auf- und Umschreiben ihrer Geschichte wird sich auch in Zukunft nicht in einem normativ sterilen Raum bewegen.

Was aus den hier diagnostizierten Verschiebungen folgt, kann nur noch in der Form von Fragen ganz knapp angerissen werden. Die in den sechziger und siebziger Jahren entwickelte bzw. in der Sozialgeschichte rezipierte Vorstellung von Modernisierung und von der „modernen" Geschichte ist in den letzten zwei bis drei Jahrzehnten von Grund auf erschüttert worden. Das gilt nicht nur für ihren chronologischen „Ankerplatz" im frühen und mittleren 19. Jahrhundert, sondern auch für theoretische Kategorien, Themenschwerpunkte und normative Absichten. Die neue „paradigmatische Moderne" ist erstens im 20. Jahrhundert verankert, zielt zweitens eher auf das Struktursyndrom von Modernität als auf den Prozess der Modernisierung. Sie ist drittens im weiten Sinne kulturell geprägt, nicht durch Ökonomie oder soziale Ungleichheit, und sie hat viertens, jedenfalls in vielen und typischen Richtungen, die positive Normativität der Moderne nicht nur aufgelöst, sondern tendenziell umgekehrt, also in eine Modernekritik gewendet.

Das 19. Jahrhundert hat seinen ehemals zentralen Platz in der Historiographie eingebüßt, mit Wirkungen bis weit in die universitäre Lehre und das öffentliche Geschichtsbewusstsein hinein. Unter welchen Fragestellungen kann die Geschichte des Vormärz oder der Reichsgründungszeit, oder der frühen Industrialisierung, in Zukunft noch betrieben werden? Man könnte die Krise der relativen Bedeutungslosigkeit als eine Chance begreifen, die Geschichte des 19. Jahrhunderts von der Überfrachtung durch die Modernisierungsgeschichte und ihre theoretisch-konzeptionelle Erklärungslast ein Stück weit zu befreien. Sie rückt in weitere Ferne und wird dadurch der Geschichte der Frühen Neuzeit ähnlicher. Auf ähnliche Weise wie diese könnte sie deshalb von der Aufwertung strukturgeschichtlicher, systematischer, anthropologischer Betrachtungsweisen profitieren. Die Geschichte des 19. Jahrhunderts würde weniger unter der Prämisse einer totalen Revolutionierung aller Lebensverhältnisse, weniger als Geschichte der radikalen Diskontinuität geschrieben; die Langsamkeit und Begrenztheit vieler Veränderungsprozesse käme ebenso in den Blick wie die vielfältigen Muster der Kontinuität und Konstanz: von Formen der Lebens- und Kontingenzbewältigung bis hin zur verblüffenden Stabilität von Schichtungs- und Ungleichheitsstrukturen in der industriellen und urbanen Modernisierung.[77]

---

[77] Darauf hat Klaus Tenfelde öfters hingewiesen; z. B.: Soziale Schichtung, Klassenbildung und Konfliktlagen im Ruhrgebiet, in: Das Ruhrgebiet im Industriezeitalter. Geschichte und Entwicklung, Bd. 2, Düsseldorf 1990, 122–217, hier bes. 124f.

Diese Tendenz sollte man freilich, so wichtig und intellektuell reizvoll sie ist, nicht überdehnen – manches spricht sogar dafür, dass das Pendel zurückschwingt und die Geschichte des „langen 19. Jahrhunderts" als eine fundamentale Umbruchperiode rehabilitiert wird. Anstöße dafür kommen zur Zeit aus einer neuen globalen Geschichte; die viel diskutierte weltgeschichtliche Gesamtdarstellung C.A. Baylys trägt nicht zufällig den Titel „The Birth of the Modern World".[78] Die Geburts- und Entwicklungsmetaphorik bestätigt übrigens die These, dass die Erosion der Meistererzählungen in der historiographischen Praxis längst nicht so weit geht wie in der Theorie teilweise behauptet oder gefordert. Und ohne eine, wie auch immer definierte, Vorstellung von Moderne, Modernität und Modernisierung scheint die Geschichtsschreibung in aller absehbaren Zeit nicht auskommen zu können. Wenn man sich nicht auf eine binnenwestliche Geschichte beschränkt, gilt das erst recht, weil das Aufeinandertreffen von Gesellschaften und Kulturen, das Verhältnis von „Metropole" und „Provinz", die weltweite Diffusion des Westens an Kriterien gemessen werden muss; ob es sich dabei um die Leitdifferenz von „traditional" und „modern" oder um den Vergleich verschiedener „Modernitäten" handelt.[79] Gerade in den postkolonialen Studien ist das Konzept der Moderne deshalb nicht als ein imperialistisch-normatives getilgt worden, sondern spielt im Gegenteil eine besonders wichtige Rolle.[80] Seine normative Codierung geht in einer prinzipiellen Kritik an der westlichen Moderne keineswegs auf und ist insofern differenzierter als manche radikal-foucaultianische Perspektive auf das „Gefängnis Moderne" im Westen selber.

Noch zwei weitere Vorzüge und Anregungen kann man einer solchen Globalgeschichte der Moderne entnehmen: Sie lenkt den Blick zurück von einer manchmal seltsam statisch anmutenden „Modernität" auf den Prozesscharakter der Modernisierung und verweigert sich dabei einer vollständigen Kulturalisierung. Die Geschichte globaler Modernisierung ist die Geschichte von Kapitalismus, von Märkten, von sozialer Ungleichheit. Sie muss also immer auch als eine sozialökonomische Geschichte betrieben werden.[81] Das heißt im Umkehrschluss

---

78 C.A. Bayly, The Birth of the Modern World, 1780–1914: Global Connections and Comparisons, Oxford 2004.
79 Vgl. S.N. Eisenstadt, Multiple Modernities, in: Daedalus 129, 2000, 1–29; ders., Die Vielfalt der Moderne, Weilerswist 2000.
80 Vgl. z. B. Dipesh Chakrabarty, Habitations of Modernity: Essays in the Wake of Subaltern Studies, Chicago 2002; auch Homi K. Bhabha, The Location of Culture, London 1994.
81 Auch das zeigt das Buch von Bayly; im deutschen Sprachraum die Arbeiten von Jürgen Osterhammel, z. B.: China und die Weltgesellschaft. Vom 18. Jahrhundert bis in unsere Zeit, München 1989; vgl. auch Sven Beckert, Von Tuskegee nach Togo. Das Problem der Freiheit im Reich der Baumwolle, in: GG 31, 2004, 505–545; Cornelius Torp, Die Herausforderung der Globalisierung. Wirtschaft und Politik in Deutschland 1860–1914, Göttingen 2005.

nicht, dass alle Geschichte in Zukunft Globalgeschichte sein müsste. Eine Gesellschaftsgeschichte der Moderne bleibt in verschiedenen territorial-politisch-kulturellen *frames* möglich; als eine Mikro- oder Regionalgeschichte ebenso wie im nationalen oder im europäischen Rahmen. Ob als deutsche oder globale Gesellschaftsgeschichte – sie wird auf der Suche bleiben nach einem Entwurf der Moderne, in dem sich, eingestanden oder nicht, Umbruch- und Krisenerfahrungen der eigenen Gegenwart spiegeln.

3 1900: Das Ende des 19. und der Beginn des 20. Jahrhunderts in sozialgeschichtlicher Perspektive

I

Die Geschichtswissenschaft hat sich gemeinhin mit wichtigeren Dingen zu beschäftigen als mit Periodisierungsfragen. Aber das Setzen von Zäsuren und die Unterscheidung von Epochen spiegeln in der Regel, ausgesprochen oder nicht, Grundannahmen und fundamentale Interpretationen über bestimmte historische Zeiträume, die damit als Einheit begriffen werden, wider, wie umgekehrt eingeschliffene, konventionell gewordene Periodisierungen unserem Verständnis bestimmter Epochen den Rahmen setzen und gewissermaßen Seitenhalt bieten. Als vor nunmehr einigen Jahrzehnten von verschiedenen Seiten der Versuch unternommen wurde, die Grenzen der „Neuzeit" neu zu bestimmen, sie von der Wende zum 16. auf die Wende zum 19. Jahrhundert zu verlagern oder doch zumindest den Einschnitt von 1800 als gleichgewichtig neben den herkömmlichen von 1500 zu setzen, stand dahinter nicht zuletzt das Gefühl, dass der eigene von der Gegenwart ausgehende Erfahrungsraum der Neuzeit sich nicht mehr mit dem Reformationszeitalter oder dem Dreißigjährigen Krieg zur Deckung bringen lasse, sondern dass erst mit den modernen Revolutionen – der politischen in Frankreich und dann der von England ausgehenden Industriellen – eine Ordnung begonnen habe, die man auch im 20. Jahrhundert noch als die eigene ansehen konnte. Werner Conze prägte 1957 in seinem einflussreichen Plädoyer für eine solche neue Periodisierung den Begriff des „technisch-industriellen Zeitalters", dessen „Strukturgeschichte" zu verfolgen er als Hauptaufgabe einer neuen Geschichtswissenschaft bezeichnete.[1] Das drückte zugleich

---

[1] Werner Conze, Die Strukturgeschichte des technisch-industriellen Zeitalters als Aufgabe für Forschung und Unterricht, Köln 1957; komplementär dazu stand dann das „Alteuropa"-Konzept, wie es von Otto Brunner, Dietrich Gerhard u. a. verfochten wurde. – Vgl. allg. hierzu auch Reinhart Koselleck, „Neuzeit". Zur Semantik moderner Bewegungsbegriffe, in: ders., Vergangene Zukunft, Frankfurt 1979, 300–348; ders., Das 18. Jahrhundert als Beginn der Neuzeit, in: Reinhart Herzog u. ders. (Hg.), Epochenschwelle und Epochenbewußtsein; München 1987, 269–282; ders., Wie neu ist die Neuzeit?, in: HZ 251, 1990, 539–553. – Die folgenden Überlegungen haben wesentlich von einem Seminar zur Sozialgeschichte Deutschlands im 20. Jahrhundert profitiert, das ich im Sommersemester 1995 an der Universität Bielefeld zusammen mit Heike Franz abgehalten habe. Ihr und den Teilnehmern und Teilnehmerinnen der Veranstaltung bin ich für Diskussion und Anregungen zu Dank verpflichtet. Für Anregung und Kritik danke ich außerdem Klaus Tenfelde.

aus, dass gesellschaftliche Strukturen und Prozesse, und nicht mehr einzelne politische (oder religiöse) Ereignisse, das Epochenverständnis der Geschichtswissenschaft überhaupt bestimmen sollten. Bald waren auch die wissenschaftsorganisatorischen Konsequenzen evident: Die Abgrenzung eines eigenen Bereiches der „Frühen Neuzeit" beschleunigte sich;[2] Zeitschriftenneugründungen bestätigten in der Mitte der 1970er Jahre, dass die Geschichte der Frühen Neuzeit mit der des (späten) Mittelalters einen Zusammenhang knüpfte, während sich das 19. und 20. Jahrhundert als Epoche der Moderne konstituierte und abgrenzte.[3] An der Zäsur der „industriellen Welt" wurde auf diese Weise exemplarisch deutlich, wie die Gegenwartserfahrung das Vergangenheitsverständnis auch im Hinblick auf das Epochenbewusstsein prägte.

Seit 1989 kann man, durch die Unmittelbarkeit des Erlebens der dramatischen politischen Ereignisse sogar noch verstärkt, einen in vieler Hinsicht ähnlichen Vorgang beobachten: Die revolutionäre Transformation in Mittel- und Osteuropa ist schon in ihrem Vollzug sofort als eine historische Zäsur begriffen worden, die Rückwirkungen auf unsere Sicht der Vorgeschichte hat. Das 20. Jahrhundert, und zumal die Zeit der („alten") Bundesrepublik und der DDR, wurden ruckartig „historisiert" und damit als Geschichte greifbar; und zugleich machte der Topos vom „Ende des 20. Jahrhunderts" schnell Karriere – nicht zuletzt unter Sozialhistorikern – , eines „kurzen" 20. Jahrhunderts (nach dem „langen 19."), dessen „Einheit der Epoche" sich vom Ersten Weltkrieg bis eben zur Wende von 1989/90 erstrecke.[4] Worin diese Einheit bestünde, ist allerdings noch nicht hinreichend klar gemacht worden – auffällig ist indes, dass sie zumeist, und oft auch

---

2 Vgl. u.a. Wilhelm Kamlah, „Zeitalter" überhaupt, „Neuzeit" und „Frühneuzeit", in: Saeculum 8, 1957, 313–332; Ilja Mieck, Periodisierung und Terminologie der Frühen Neuzeit. Zur Diskussion der letzten beiden Jahrzehnte, in: GWU 19, 1968, 357–373; Johannes Kunisch, Über den Epochencharakter der frühen Neuzeit, in: Fs. Karl-Dietrich Erdmann, Stuttgart 1975, 150–161; Hans Erich Bödeker u. Ernst Hinrichs (Hg.), Alteuropa – Ancien Régime – Frühe Neuzeit. Probleme und Methoden der Forschung, Stuttgart-Bad Cannstatt 1991; Rudolf Vierhaus, Vom Nutzen und Nachteil des Begriffs „Frühe Neuzeit". Fragen und Thesen, in: ders. u.a. (Hg.), Frühe Neuzeit – Frühe Moderne? Forschungen zur Vielschichtigkeit von Übergangsprozessen, Göttingen 1992, 13–25.
3 Nämlich die Gründung der „Zeitschrift für Historische Forschung" 1974 und von „Geschichte und Gesellschaft" im Jahr darauf; vgl. bes. die programmatischen Vorworte zum jeweiligen ersten Jahrgang beider Zeitschriften.
4 Vgl. Klaus Tenfelde, 1914 bis 1990: Die Einheit der Epoche, in: Manfred Hettling u.a. (Hg.), Was ist Gesellschaftsgeschichte?, München 1991, 70–80 (auch in: APuZ B 40/1991, 3–11); und jetzt insbes.: Eric Hobsbawm, Das Zeitalter der Extreme, München 1995. Vgl. dagegen aber: Jürgen Kocka, Strukturgeschichte, historische Erklärung und Sozialgeschichte nach 1989, in: ders., Vereinigungskrise. Zur Geschichte der Gegenwart, Göttingen 1995, 56–63, hier 62.

von der Sozialgeschichte, im Rückgriff auf die großen *politischen* Ereignisse des 20. Jahrhunderts begründet wird – die Weltkriege, die totalitären Diktaturen, den politisch-ideologischen Systemgegensatz von Ost und West –, gerade so, als ob man zugeben wolle, dass dem primär von sozialen Konflikten geprägten 19. Jahrhundert als der klassischen Domäne der Sozialhistorie ein 20. Jahrhundert gefolgt sei, das eher ein politisches Jahrhundert gewesen wäre; ein Jahrhundert jedenfalls, das sozialgeschichtlich diffus und nur schwer auf einen Nenner zu bringen ist. Aber das ist, wie einfache methodische Überlegungen und der Vergleich zeigen, doch wohl eher ein Problem der Perspektive und auch bestimmter etablierter Forschungstraditionen: Die politischen Ereignisse drängen sich dem zeitgenössischen Bewusstsein, in dessen Bezügen auch Historiker stehen, meist unmittelbarer auf als soziale, wirtschaftliche, kulturelle Strukturen und Prozesse; die „Zeitgeschichte" hat sich, zumal in Deutschland, seit den 1950er Jahren vor allem als politische Zeitgeschichte (teils auch in enger Verbindung mit der Politikwissenschaft) herausgebildet und beginnt erst jetzt allmählich, die Sozialgeschichte für sich zu entdecken[5] und ist nicht gerade das 19. Jahrhundert historiographisch lange Zeit die klassische Epoche der Staaten und Nationen, der Diplomatie und der internationalen Beziehungen gewesen?

Die Zäsur der Jahre um 1990 historisch einigermaßen sicher und über den unleugbaren politischen Einschnitt hinaus zu bewerten ist es noch zu früh; aber worauf gründet die Konvention, das 19. Jahrhundert 1914 oder 1917/18 enden und das 20. Jahrhundert eben dann beginnen zu lassen – was ja nicht dasselbe sein muss, denn historische Jahrhunderte können sich, im Gegensatz zu chronologischen, sehr wohl auch überlappen? Das Kaiserreich als politische Verfassungsform dauerte bis 1918 an, und es sprach lange Zeit wenig dafür, in ihm nach Diskontinuität zu suchen; der Beginn des Ersten Weltkriegs signalisierte, das kann gar nicht bestritten werden, einen welthistorischen politischen Einschnitt und auch einen Erfahrungswandel; und hinzu kam das Jahr 1917 als Ausgangspunkt einer Zeitgeschichte, für die der Kriegseintritt der USA und die Russische Revolution die Eckereignisse wurden.[6] Insgesamt überwog, so wird man wohl sagen können, der Eindruck der politisch-militärischen Zäsur in Verbindung mit der historiographisch bequemen Konvention, den verfassungsge-

---

5 Vielfach ist es, genau genommen, eher umgekehrt: Die Sozialgeschichte entdeckt die Zeitgeschichte und greift damit verstärkt auf neue Zeitbereiche aus. Vgl. insgesamt Paul Erker, Zeitgeschichte als Sozialgeschichte. Forschungsstand und Forschungsdefizite, in: GG 19, 1993, 202–238; sowie auch Hans Günter Hockerts, Zeitgeschichte in Deutschland. Begriff, Methoden, Themenfelder, in: APuZ B 29–30/1991, 3–19.
6 So klassisch und einflussreich begründet bei Hans Rothfels, Zeitgeschichte als Aufgabe, in: VfZ 1, 1953, 1–8.

schichtlichen Einschnitt als eine allgemeine Zäsur und damit auch als den entscheidenden Einschnitt in der Sozialgeschichte vorauszusetzen. Gerade für das Schreiben von Gesamtdarstellungen erweist sich dieses Schema offenbar nach wie vor als sehr attraktiv.[7]

Seit etwa zehn Jahren sind jedoch die Tendenzen unübersehbar, in der Zeit der Jahrhundertwende um 1900 eine markante Epochenscheide zu sehen – nicht nur für Deutschland, sondern für alle Gesellschaften des „Westens", also Mittel- und Westeuropas und des nördlichen Amerika. In diese Zeit falle der „Aufbruch in die Moderne", so der Untertitel eines für die Entwicklung dieses Konzepts wichtigen Sammelbandes über die Jahrzehnte zwischen 1880 und 1930;[8] die Jahrhundertwende sei die Zeit des gesellschaftlichen und kulturellen Durchbruchs dessen, was Detlev Peukert, der diese These sehr vehement und intellektuell anregend vertreten hatte, die „klassische Moderne" genannt hat.[9] Weil es sich hier um einen breiten sozial- und kulturgeschichtlichen Prozess handelt, lässt sich diese Zäsur nicht auf ein bestimmtes Stichjahr – schon gar nicht das Jahr 1900 – festlegen, aber es ist durch eine Vielzahl von Einzelforschungen unübersehbar geworden, dass sich in den beiden Jahrzehnten vor dem Ersten Weltkrieg ein fundamentaler Formwandel der „Moderne" vollzog, durch den in vieler Hinsicht die Grundlagen dessen, was wir auch heute noch als die wesentlichen Muster unserer Lebenswelt, unseres sozialen Verhaltens, unserer Wahrnehmung anerkennen, gelegt worden sind. „Die Zeit seit der Jahrhundertwende", schreibt Thomas Nipperdey, von dem gleichfalls zahlreiche, in vieler Hinsicht noch nicht genügend ausgeschöpfte Anregungen zu dieser Sichtweise ausgegangen sind, „ist – intellektuell, kulturell, ästhetisch – die Zeit des Auf- und Durchbruchs zur Moderne – mit einer merkwürdig revolutionären Abkehr vom Beschränkten und Gegebenen",[10] aber auch die Zeit der Skepsis

---

[7] Vgl. Thomas Nipperdey, Deutsche Geschichte 1866–1918, Bd. 1: Arbeitswelt und Bürgergeist, München 1990; Bd. 2: Machtstaat vor der Demokratie, München 1992; Hans-Ulrich Wehler, Deutsche Gesellschaftsgeschichte, Bd. 3: Von der „Deutschen Doppelrevolution" bis zum Beginn des Ersten Weltkriegs 1849–1914, München 1995; Volker R. Berghahn, Imperial Germany, 1871–1914, Oxford 1994.
[8] August Nitschke, Gerhard A. Ritter, Detlev J.K. Peukert, Rüdiger vom Bruch (Hg.), Jahrhundertwende. Der Aufbruch in die Moderne 1880–1930, 2 Bde., Reinbek 1990.
[9] Vgl. v.a. Detlev J.K. Peukert, Die Weimarer Republik. Krisenjahre der klassischen Moderne, Frankfurt 1987.
[10] Thomas Nipperdey, War die wilhelminische Gesellschaft eine Untertanengesellschaft?, in: ders., Nachdenken über die deutsche Geschichte, München 1990, 208–225; das Zitat 216; dieser grundlegende Aufsatz ist nicht so sehr als Polemik gegen das historiographische Konzept der „Untertanengesellschaft", sondern vor allem als konstruktiver Beitrag zur Diskussion um die Zäsur der Jahrhundertwende bedeutsam.

gegenüber eben dieser Gestalt der Moderne, die Zeit des Selbstzweifels und der Selbstkritik der Moderne, wie sie auf klassische Weise in Max Webers persönlichem und intellektuellem Ringen zwischen der Anerkennung der Rationalisierung und dem Leiden unter „mechanisierter Versteinerung" und „stahlhartem Gehäuse" zum Ausdruck kam.[11]

Die Charakterisierung Nipperdeys deutet ebenso wie der aus der Kunstgeschichte entlehnte Begriff Peukerts von der „klassischen Moderne"[12] darauf hin, dass die Zäsur der Jahrhundertwende bisher vor allem in kulturgeschichtlicher Hinsicht ausgemacht und historiographisch profiliert worden ist – wobei „Kultur" durchaus zunächst die „Hochkultur" der bildenden Künste, namentlich der Malerei und der Architektur, meint, die in der Geschichtswissenschaft, lange vernachlässigt, seit einiger Zeit zu Recht verstärkte Aufmerksamkeit findet; dann aber auch Kultur im Sinne der neuen geistigen und sozialen Strömungen und eines neuen „Zeitgeistes" überhaupt, wie sie zum Beispiel die verschiedenen Strömungen der Lebensreformbewegung verkörperte; schließlich, drittens, Kultur als materielle Kultur – nicht zuletzt vor dem Hintergrund der technischen Revolution seit der Jahrhundertwende – und als durch sie maßgeblich geformte „Massenkultur" in Lebensstil, Freizeit und Medienkonsum des 20. Jahrhunderts. Unbestreitbar hat das Konzept einer Epochenwende um 1900 wichtige Anregungen aus der Kunst- und Kulturgeschichte *außerhalb* der Geschichtswissenschaft bezogen, wie es zugleich in den letzten Jahren Impulse aus der Interessenverschiebung zu einer neuen Kulturgeschichte *innerhalb* der Geschichtswissenschaft empfangen hat. Beides hat solchen Bereichen der historischen Wirklichkeit mehr Beachtung zukommen lassen, die zuvor als eher peripher galten und denen in den sechziger und siebziger Jahren auch von der Sozialgeschichte gar keine „Geschichtsmächtigkeit" – und das heißt gewissermaßen auch: das Recht, Epochen und Zäsuren der Historie mitzubestimmen – zuerkannt worden war.

Bei genauerem Hinsehen stellt man aber fest, dass im letzten Jahrzehnt des 19. und im ersten des 20. Jahrhunderts Umbrüche sich auch in vielen (und zen-

---

11 Max Weber, Die protestantische Ethik und der Geist des Kapitalismus (1904), in: ders., Gesammelte Aufsätze zur Religionssoziologie, Bd. I, Tübingen 1988⁹, 17–206, hier 203f.; aus den einschlägigen neueren Interpretationen vgl. hier nur Detlev J.K. Peukert, Max Webers Diagnose der Moderne, Göttingen 1989.
12 Vgl., mit einem Plädoyer für diesen Begriff und allgemein als Überblick über die gesellschaftlichen und kulturellen Wandlungen um 1900, auch Hans-Ulrich Thamer, Der Januskopf der Moderne, in: Klaus-Jürgen Sembach u. a., 1910 – Halbzeit der Moderne. Van de Velde, Behrens, Hoffmann und die anderen, Stuttgart 1992, 169–183.

tralen) Bereichen der Sozialgeschichte,[13] und daneben auch der Wirtschafts- und der Politikgeschichte, vollzogen und auf eine Weise bündelten, die es gerechtfertigt erscheinen lässt, die Zeit um 1900 als eine fundamentale gesellschaftsgeschichtliche Zäsur ernst zu nehmen – und in ihr das Ende des 19. und den Beginn des 20. Jahrhunderts eher zu sehen als in dem konventionellen Einschnitt von 1914/18. Implizit ist eine solche Sichtweise in vielen Facetten der Einzelforschung schon enthalten, so dass im Folgenden ein erster, ganz skizzenartiger Versuch gemacht werden kann, diese Facetten in eine verbindende Perspektive zu rücken, die Jahrhundertwende als Zeit eines tiefen historischen Umbruchs zu kennzeichnen und nach einigen Konsequenzen zu fragen; die sich daraus für unser Bild sowohl des 19. als auch des 20. Jahrhunderts ergeben.

II

Das 19. Jahrhundert war sozialgeschichtlich die Zeit des Übergangs „vom Stand zur Klasse" und der Herausbildung einer Klassengesellschaft, deren zwei immer deutlicher sich herauskristallisierende Hauptgruppen – das Bürgertum und die industrielle Arbeiterschaft – nicht nur für Marxisten die Erwartung oder Befürchtung ständig wachsen ließen, die deutsche Gesellschaft werde sich unaufhaltsam in eine vermögende Minderheit und eine besitzlose, verelendete Mehrheit, der nach und nach alle Mittel- und Zwischengruppen zufallen würden, spalten. Seit den 1830er Jahren ist die Tendenz zur Klassenbildung in diesem Sinne, nach den gängigen Kriterien der Sozialgeschichte also: zur schärferen Ausprägung äußerer Grenzen wie zur Binnenhomogenisierung innerhalb des sozialen Klassenverbandes,[14] vielleicht *das* dominierende Merkmal in der Entwicklung der Sozialstruktur gewesen, zumal und unbestritten für die Formierung der Arbeiterklasse – wie weit sich das Bürgertum als Einheit besitz- und bildungsbürgerlicher Gruppen, von Unternehmern und Managern, hohen Beamten und Freiberuflern, überhaupt zu einer Klasse vergemeinschaftete oder eher lockerer durch Gemeinsamkeiten von Kultur und Habitus zusammengehal-

---

13 Was die Sozialgeschichte im engeren Sinne betrifft, sind zahlreiche Anregungen zu einer solchen Sichtweise, jedoch noch ohne eine Zusammenfassung und Systematisierung, insbesondere in verschiedenen Arbeiten von Klaus Tenfelde zu finden.
14 Siehe z. B. Jürgen Kocka, Lohnarbeit und Klassenbildung. Arbeiter und Arbeiterbewegung in Deutschland 1800–1875, Berlin 1983. – Zum Folgenden vgl. insgesamt auch Gerhard A. Ritter, Zum Wandel der deutschen Gesellschaft seit dem Kaiserreich, in: Karl Dietrich Bracher u. a. (Hg.), Staat und Parteien. Fs. Rudolf Morsey, Berlin 1992, 453–488.

ten wurde,[15] ist heute in der Forschung umstrittener denn je. Für die Klassenbildung der Arbeiterschaft aber markierte die Zeit der Jahrhundertwende bereits wieder eine Zäsur: Vermutlich im ersten Jahrzehnt des 20. Jahrhunderts, sicherlich aber vor 1914 war hier nach dem Urteil der besten Sachkenner der Kulminationspunkt erreicht; die Tendenzen zur Klassenbildung brachen nicht abrupt ab, aber gegenläufige Trends der „Entklassung" begannen nun den säkularen Trend zu bestimmen. Die soziale Distanz zwischen den Klassen wuchs nicht mehr unbedingt; Teile der gelernten Industriearbeiterschaft begannen einen Annäherungsprozess an die Mittelschichten[16] (die selber gleichfalls heterogener wurden), und diese langfristige Tendenz konnte auch durch eine kurze, kriegsbedingte Rückkehr zur sozialen Polarisierung, wie sie von Jürgen Kocka nachgewiesen wurde, nicht mehr in Frage gestellt werden.[17]

So war es auch kein Zufall, dass die Zeitgenossen um 1900 sehr deutlich das Gefühl entwickelten, die vorher scheinbar unaufhaltsame Tendenz zu einer antagonistischen Gesellschaft – und politisch zum „großen Kladderadatsch" von Revolution und Klassenkampf – sei nun zum Stillstand gekommen; Man setzte sich vielmehr, wie Gustav Schmoller das 1897 tat, zurück, dachte und rechnete nach, mit den neuesten Zahlen der Berufszählung von 1895 – und siehe da, der alte, selbständige Mittelstand war keinesfalls ins Proletariat gesunken und würde das auch in Zukunft nicht tun; unter den „Mittelstand" ließ sich weiterhin gut die Hälfte der reichsdeutschen Bevölkerung zählen; und es gab Hinweise für einen Aufstieg bestimmter Arbeitergruppen in die vorher gefährdet geglaubte Mitte.[18] Der „Revisionismusstreit", den die Sozialdemokratie um die Jahrhundertwende austrug, war insofern eine Konsequenz der gesellschaftsstrukturellen Wandlungen, die nun nicht mehr den bisherigen Erwartungen des Marxismus entsprachen. Keine Gesellschaft, gab Eduard Bernstein 1907 zu bedenken, kannte „soviel Zwischenelemente zwischen oben und unten, als die heutige Gesellschaft." Das bedeutete keine Nivellierung der Vermögensverteilung: „Die Leiter dehnt sich immer weiter aus, in immer schwindelhaftere

---

15 Vgl. M. Rainer Lepsius, Zur Soziologie des Bürgertums und der Bürgerlichkeit, in: Jürgen Kocka (Hg.), Bürger und Bürgerlichkeit im 19. Jahrhundert, Göttingen 1987, 79–100.
16 Siehe Gerhard A. Ritter u. Klaus Tenfelde, Arbeiter im Deutschen Kaiserreich 1871–1914, Bonn 1992, 152ff. u. pass.
17 Vgl. Jürgen Kocka, Klassengesellschaft im Krieg. Deutsche Sozialgeschichte 1914–1918, Göttingen 1978².
18 Gustav Schmoller, was verstehen wir unter dem Mittelstande? Hat er im 19. Jahrhundert zu- oder abgenommen? Vortrag auf dem 8. Evangelisch-sozialen Kongress in Leipzig am 11. Juni 1897, Göttingen 1897. Vgl. auch Ritter u. Tenfelde, Arbeiter, 117ff., sowie Hartmut Harnisch, Gustav von Schmoller und der gesellschaftliche Wandel seiner Zeit, in: Jürgen Kocka u. a. (Hg.), Von der Arbeiterbewegung zum modernen Sozialstaat. Fs. G.A. Ritter, München 1994, 560–581.

Höhe ragen ihre obersten Sprossen. Aber die Zwischensprossen fallen nicht heraus, sondern bleiben auch noch da."[19]

Die von Roscher noch 1892 formulierte Befürchtung, dass „auf den höchsten Kulturstufen eine Spaltung des Volkes in wenige Überreiche und zahlreiche Proletarier kaum vermeidlich wäre",[20] wurde zehn oder fünfzehn Jahre später nicht mehr ernsthaft vertreten, denn im Jahrzehnt vor dem Ersten Weltkrieg machte die rasche Expansion der privaten Angestelltenschaft tiefen Eindruck auf alle Beobachter der sozialen Entwicklung: Nicht nur blieb der „alte" Mittelstand erhalten; es trat auch noch ein „neuer" hinzu, dessen Erscheinen schon damals – und erst recht wird man das heute im Rückblick sozialhistorisch bestätigen können – einen tiefen qualitativen Einschnitt in der Entwicklung der Gesellschaftsstruktur markierte.[21] Erstens erschienen die Angestellten als Träger einer neuen, spezifisch großstädtischen und modernen Kultur und Lebensweise – Georg Simmel, Emil Lederer und andere Sozialwissenschaftler brachten das auf etwas diffuse Art und Weise schon zum Ausdruck, längst bevor Siegfried Kracauer diese Lebensform in seinem klassisch gewordenen Essay eindringlich beschrieb.[22] Zweitens machte das offenkundige und ja auch vieldiskutierte Spannungsverhältnis zwischen proletarischer „Klassenlage" und mittelständischem „Klassenbewusstsein" der Angestellten deutlich, dass der im Laufe des 19. Jahrhunderts selbstverständlich gewordene Nexus von Klassenlage – ob abhängig oder selbständig beschäftigt –, Einkommen bzw. Vermögen und Selbstbewusstsein (und Prestigegeltung für Dritte) bröckelte und nur für die relativ spezifische Situation der Industriearbeiterschaft voll gegolten hatte. Das zu erkennen hatten die Zeitgenossen noch Schwierigkeiten, wenn sie erwarteten, über kurz oder lang werde das Bewusstsein der objektiven Lage schon folgen. Die Formierung einer „Gesellschaft der Unselbständigen" um 1900[23] stellte weniger deshalb eine sozialhistori-

---

19 Eduard Bernstein, Wo steht die Sozialdemokratie? in: Die Neue Rundschau 18, 1907, 625–628 (Zitat 627f.); geschrieben anlässlich der für die SPD enttäuschend verlaufenen Reichstagswahlen vom 25. Januar 1907.
20 Zit. bei Schmoller, Mittelstand, 6.
21 Vgl. allg. hier nur Jürgen Kocka, Unternehmensverwaltung und Angestelltenschaft am Beispiel Siemens 1847–1914, Stuttgart 1969; ders., Die Angestellten in der deutschen Geschichte. Vom Privatbeamten zum angestellten Arbeitnehmer, Göttingen 1981.
22 Siegfried Kracauer, Die Angestellten. Aus dem neuesten Deutschland (1930), Frankfurt 1971. Zu diesen Aspekten der Angestelltengeschichte fehlen gute Untersuchungen unbedingt; die reichhaltige Angestelltenliteratur hat sich vor allem mit betrieblichen, rechtlichen und politischen Aspekten der Sozialgeschichte dieser Gruppe beschäftigt.
23 Vgl. Emil Lederer, Die Gesellschaft der Unselbständigen. Zum sozialpsychischen Habitus der Gegenwart (1913/19), in: ders., Kapitalismus, Klassenstruktur und Probleme der Demokra-

sche Zäsur dar, weil die neue Gruppe der Angestellten die „Klasse" der abhängig Beschäftigten entscheidend vergrößerte (und dabei in sich differenzierte), sondern vor allem deshalb, weil die Klassenlage in ihr zum, überspitzt gesagt, bloß noch formalen Kriterium wurde, das soziale Gruppen zu konstituieren und abzugrenzen, wie noch im 19. Jahrhundert, nicht mehr in der Lage war. Kultur, Lebensstil, das soziale „Sichgeben" bestimmten im 20. Jahrhundert maßgeblich die soziale Differenzierung, und nicht zuletzt durch die Angestellten seit der Jahrhundertwende ist dieses Muster geprägt worden.

Aber noch in anderer Hinsicht verloren traditionelle – sozialökonomische, klassenmäßige – Differenzierungslinien in den beiden Jahrzehnten um 1900 an Bedeutung und wurden von neuen Trennungen überlagert, deren Wirksamkeit zum Teil bis heute anhält. Dabei ist in erster Linie die „Entdeckung der Jugend" zu nennen, die wiederum Teil eines Prozesses war, in dem sich die Gesellschaft nach generationellen, altersmäßigen Kriterien zu strukturieren und zu schichten begann.[24] Die Lebenserwartung nahm jetzt rasch zu; das Alter wurde als Lebensphase erkannt, aber auch als Lebensrisiko, auf das man nicht mehr mit traditioneller Armenpolitik, sondern mit einer neuen Form der Sozialpolitik reagieren konnte: Das bezeichnet die Anfänge der Rentenversicherung im Jahre 1889. Viel stärker noch kristallisierte sich „Jugend" als Lebensphase und Erfahrungsraum, der sich bewusst von der Erwachsenenwelt abgrenzte, um 1900 heraus, und zwar klassenübergreifend in Bürgertum und Arbeiterschaft, auch verwandt in vielen Formen und Motiven, wenn auch bürgerliche Jugendbewegung – die Gründung des „Wandervogels" fiel ins erste Jahr des 20. Jahrhunderts – und sozialistische Arbeiterjugend in Organisation und Vergemeinschaftung bis 1933 strikt, den Grenzen der sozialen „Milieus" entsprechend, getrennt blieben. Der scharfe Affekt der Jugendbewegung gegen die Erwachsenenwelt signalisierte, dass nun in einer Weise, die dem 19. Jahrhundert ganz unverständlich gewesen wäre, Generationenkonflikte über den privaten Raum der Familie und der Familienökonomie (wo es sie selbstverständlich, gerade in

---

tie in Deutschland 1910–1940, hg. v. Jürgen Kocka, Göttingen 1979, 14–32; s. auch ders., Die Privatangestellten in der modernen Wirtschaftsentwicklung, Tübingen 1912.
24 Vgl. dazu und zum Folgenden sehr gut Klaus Tenfelde. Großstadtjugend in Deutschland vor 1914. Eine historisch-demographische Annäherung, in: VSWG 69, 1982, 182–218; ders., Demographische Aspekte des Generationenkonflikts seit dem Ende des 19. Jahrhunderts: Deutschland, England und Frankreich, in: Dieter Dowe (Hg.), Jugendprotest und Generationenkonflikt in Europa im 20. Jahrhundert, Bonn 1986, 15–27; enorm wichtig die Arbeiten von Detlev J.K. Peukert, Grenzen der Sozialdisziplinierung. Aufstieg und Krise der deutschen Jugendfürsorge von 1878–1932. Köln 1986; knapp ders., „Mit uns zieht die neue Zeit ...". Jugend zwischen Disziplinierung und Revolte, in: Nitschke u. a. (Hg.), Jahrhundertwende, 176.

der ländlichen Gesellschaft, immer gegeben hatte) hinausdrängten und das kollektive Verhalten, den Bereich der Öffentlichkeit und – wie das zumal im Hinblick auf den Aufstieg des Nationalsozialismus gezeigt worden ist – die Politik maßgeblich strukturierten.[25] „Generation" und „peer-group" bildeten sich um die Jahrhundertwende als spezifische und einflussreiche Typen sozialer Formation des 20. Jahrhunderts heraus.[26] In der Soziologie wird neuerdings verstärkt herausgearbeitet, wie sich soziale Ungleichheit seitdem – und heute gewiss noch mehr als vor hundert Jahren – zunehmend im Lebenslauf konstituiert und strukturiert.[27]

Ein letzter Aspekt jener sozialen Transformationsprozesse, die sich um 1900 bündelten, sei noch genannt: Die Urbanisierung, das quantitative Städtewachstum, das in Deutschland seit 1870 in seine dynamischste Phase getreten war, und die damit verbundenen qualitativen Veränderungen, erreichte in dieser Zeit ein neues Plateau. In der, so Klaus Tenfelde, „entscheidenden Urbanisierungsphase zwischen 1890 und 1910" setzte sich die Stadt in quantitativer wie in qualitativer Hinsicht als das dominante kulturelle und soziale Muster gegen die ländliche Gesellschaft durch.[28] Nach 1900 lebte mehr als die Hälfte der deutschen Bevölkerung nach dem statistischen Kriterium in Städten und etwa ein

---

25 Vgl. hier nur Michael H. Kater, Generationskonflikt als Entwicklungsfaktor in der NS-Bewegung vor 1933, in: GG 11, 1985, 217–243; Peukert, Weimarer Republik, 25–31.
26 Vgl. als klassischen Beitrag und fast noch zeitgenössischen sozialwissenschaftlichen Reflex dieses Phänomens Karl Mannheim, Das Problem der Generationen, in: KVfS 7, 1928/29, 157–185, 329–330; ferner u. a. Hans Jaeger, Generationen in der Geschichte, in: GG 3, 1977, 429–452; Dowe (Hg.), Jugendprotest.
27 Das ist ein wesentlicher Aspekt der neueren soziologischen Diskussion über die soziale Ungleichheit, die seit den 1980er Jahren über Ungleichheitsmuster nach der Klassengesellschaft geführt wird und von der vermutlich, mit der üblichen Verspätung im Transfer, noch wichtige Impulse für die Kategorien und Interpretamente der Sozialgeschichte des 20. Jahrhunderts ausgehen werden. Vgl. hier nur Ulrich Beck, Risikogesellschaft. Auf dem Weg in eine andere Moderne, Frankfurt 1986; Stefan Hradil, Sozialstrukturanalyse in einer fortgeschrittenen Gesellschaft. Von Klassen und Schichten zu Lagen und Milieus, Opladen 1987; Hans-Peter Müller, Sozialstruktur und Lebensstile. Der neuere theoretische Diskurs über soziale Ungleichheit, Frankfurt 1992; Reinhart Kreckel (Hg.), Soziale Ungleichheiten, Göttingen 1983; Peter A. Berger u. Stefan Hradil (Hg.), Lebenslagen, Lebensläufe, Lebensstile, Göttingen 1990; darin bes.: Karl Ulrich Mayer u. Hans-Peter Blossfeld, Die gesellschaftliche Konstruktion sozialer Ungleichheit im Lebensverlauf, 297–318.
28 Tenfelde, Großstadtjugend, 210; vgl. allg. dazu und zum Folgenden Wolfgang Köllmann, Der Prozess der Verstädterung in Deutschland in der Hochindustrialisierungsperiode, in: ders., Bevölkerung in der Industriellen Revolution, Göttingen 1974, 125–139; Jürgen Reulecke, Geschichte der Urbanisierung in Deutschland, Frankfurt 1985; Horst Matzerath, Urbanisierung in Preußen 1815–1914, Stuttgart 1985.

Drittel in Mittel- und Großstädten ab 20.000 Einwohnern.[29] Dabei ist in der Forschung ganz unumstritten, dass die Dynamik der Verstädterung bereits vor 1914 abflachte; jedenfalls nicht erst als Ergebnis oder Begleiterscheinung des Ersten Weltkriegs. Zugleich waren die beiden Dekaden seit 1890 die Zeit der intensivsten „Vergroßstädterung" im Deutschen Reich; zu den 48 Großstädten, die es 1910 (gegenüber 1871 nur acht) gab, kamen in den folgenden Jahrzehnten nur noch wenige (und dann meist „künstlich" durch Eingemeindungen) hinzu; das Phänomen der „Agglomeration", des dicht verstädterten Ballungsraumes, entwickelte sich; und die Großstädte differenzierten sich in funktionaler und sozialräumlicher Hinsicht aus – die „Citybildung" ist ein Stichwort hierfür.[30] Die „Bürgerstadt" des 19. Jahrhunderts wurde in fast jeder Hinsicht seit den 1890er Jahren endgültig gesprengt – nur ihre politische Verfassung überlebte noch bis 1918. Die großstädtische Lebensform – für die Zeitgenossen meist paradigmatisch in der Metropole Berlin verkörpert – bildete sich in ihren Grundelementen heraus und übte eine eigenartige und ambivalente Faszination aus, die Georg Simmels bekannter Essay im Jahre 1903 als Spannungsverhältnis zwischen Fremdheit und Vermassung einerseits, Freiheit und Individualismus andererseits beschrieb.[31] Diese doppelte Erfahrung von Individualität und Masse, die Herauslösung des Einzelnen wie seine zunehmende Einbindung in Organisationen und Gesellungsformen, die in sozialökonomischer Hinsicht immer unspezifischer wurden, prägte überhaupt die Jahrhundertwende, und prägte seitdem das 20. Jahrhundert in vieler Hinsicht stärker als die Klassenfrage und die Klassenerfahrung, die zuvor dominant gewesen waren.

Man könnte noch anderes verfolgen: die demographische Entwicklung und den Abschluss des „demographischen Übergangs"; das Verhältnis von Industrie und Landwirtschaft, in dem sich die realen Proportionen endgültig zugunsten der ersteren verschoben, während die Zeitgenossen erregt über das Für und Wider von „Industriestaat" und „Agrarstaat" debattierten;[32] den Übergang zum

---

29 Vgl. z. B. Gerd Hohorst u. a., Sozialgeschichtliches Arbeitsbuch II. Materialien zur Statistik des Kaiserreichs 1870–1914, München 1978², 42f., 45; und die Tabellen bei Reulecke, Urbanisierung, 202–204.
30 Vgl. Sigmund Schott, Das Wachstum der deutschen Großstädte seit 1871, in: Statistisches Jahrbuch deutscher Städte 11, 1903, 129–149; 12, 1904, 18–40; ders., Die großstädtischen Agglomerationen des Deutschen Reiches, 1870–1910, Breslau 1912.
31 Vgl. Georg Simmel, Die Großstädte und das Geistesleben (1903), in: ders., Das Individuum und die Freiheit. Essais, Frankfurt 1993, 192–204; siehe später in der Nachfolge Simmels auch Louis Wirth, Urbanism as a Way of Life, in: AJS 44, 1938, 1–24.
32 Vgl. Kenneth D. Barkin, The Controversy over German Industrialization, 1890–1902, Chicago 1970.

„Organisierten Kapitalismus" seit den 1890er Jahren[33] und die Herausbildung des „Manager-Kapitalismus" (und damit auch neuer unternehmerischer Führungseliten) etwa zur selben Zeit;[34] die „Verberuflichung" der Gesellschaft seit dem frühen 20. Jahrhundert, die den Beruf (statt der sozialen Klasse) bei der sozialen Zuordnung immer mehr in den Vordergrund treten ließ – aber wir brechen hier zunächst ab. Dass die beiden Jahrzehnte um 1900 eine tiefgreifende sozialgeschichtliche Zäsur bildeten, und vielleicht in vieler Hinsicht einen tieferen sozialhistorischen Einschnitt als der Erste Weltkrieg oder das Ende des Kaiserreichs, dürfte soweit schon deutlich geworden sein.

III

Was die Politikgeschichte des deutschen Kaiserreiches betrifft, scheint es auf den ersten Blick wenig einleuchtend, sie nicht als eine bis zu dessen Ende im Jahre 1918 reichende Einheit zu begreifen. Dieser Einschnitt, mit dem Übergang von der obrigkeitsstaatlichen konstitutionellen Monarchie zur maßgeblich sozialdemokratisch mitgeprägten Republik, war schlechterdings fundamental. Und dennoch war die Politik des Kaiserreichs – das politische System jenseits der institutionellen und der Verfassungsordnung – 1914 eine andere als 1870: In den gesellschaftlichen Grundlagen der Politik, aber auch in ihren Techniken und Organisationsformen hatten sich seit den 1890er Jahren bedeutsame Strukturveränderungen vollzogen, die in vielen Einzelheiten inzwischen der Forschung sehr genau bekannt sind, ohne dass jedoch bisher das Gesamtbild, das sich daraus ergibt, gezeichnet und in seinen Konsequenzen – etwa für eine Gesamtdarstellung von Politik und Gesellschaft des Kaiserreichs – bedacht worden wäre. Vielmehr überwiegt immer noch, teils auch in der Sozialgeschichte, eine oft personalistisch gefärbte Sichtweise auf die innere Periodisierung der Politikgeschichte zwischen 1870 und 1914/18, die eine durch Bismarck geprägte

---

33 Wie umstritten (und heute beinahe vergessen) auch immer das in den 1970er Jahren heftig diskutierte theoretische Konzept sein mag, sind die mit ihm zu synthetisieren versuchten Strukturveränderungen der Wirtschaft und des Verhältnisses von Staat und Wirtschaft seit den 1890er Jahren doch unbestreitbar. Vgl. Heinrich August Winkler (Hg.), Organisierter Kapitalismus. Voraussetzungen und Anfänge, Göttingen 1973.
34 Vgl. Jürgen Kocka, Großunternehmen und der Aufstieg des Manager-Kapitalismus im späten 19. und frühen 20. Jahrhundert. Deutschland im internationalen Vergleich, in: HZ 232, 1981, 39–60; ders., Unternehmer in der deutschen Industrialisierung, Göttingen 1975; vgl. jetzt auch Alfred D. Chandler, Jr., Scale and Scope: The Dynamics of Industrial Capitalism Cambridge, Mass. 1990, 393–592 (zu Deutschland).

Phase von der Zeit Wilhelms II. und ihrer „Polykratie" unterscheidet.³⁵ Wichtiger und langfristig folgenreicher als solche, durch bestimmte leitende Personen – auf der Ebene des Reiches und allenfalls noch Preußens – charakterisierte Regimeformen waren sozial und kulturell geformte Wandlungen in der Politik und der „politischen Gesellschaft" des Kaiserreichs, die sich um 1900 verdichteten und in unmittelbarem Zusammenhang mit den eben skizzierten Veränderungen der Gesellschaft standen. Sie bedeuteten einen entscheidenden Schritt in die Politik des 20. Jahrhunderts – und die nächste Zäsur in der Sozialgeschichte der Politik lag dann jedenfalls nicht im Jahre 1914, sondern in den Anfangsjahren der Weimarer Republik.³⁶

Was aber machte den säkular folgenreichen politischen Wandel seit den 1890er Jahren aus? Einige knappe Stichworte müssen hier genügen. Grundlegend im eigentlichen Sinne des Wortes war zunächst die Tatsache, dass sich, mit einiger Verzögerung gegenüber dem verfassungsrechtlichen Akt der Reichsgründung, erst jetzt eine reichsdeutsche Nationalgesellschaft formierte, die über die bürgerliche Ober- und Mittelklasse hinaus alle Schichten der Bevölkerung umgriff und in der das Reich und „Deutschland" – nicht mehr die regionale oder einzelstaatliche Bindung – zum primären Bezugspunkt von politischer Loyalität und Identität wurden. Diese Verschiebung wurde durch einen popularisierten Reichsnationalismus unterstrichen, geht aber in der Ideologie des „Nationalismus" nicht auf, sondern bezeichnet in erster Linie eine bestimmte Ebene der Formierung von politischer Gesellschaft, die über den Wechsel aller Regime hinweg für das 20. Jahrhundert charakteristisch war (und im Übergang zum 21. Jahrhundert vielleicht von „Europa" abgelöst wird).

In enger Verknüpfung mit diesem Prozess begannen sich in den 1890er Jahren die sozialen Mechanismen, Techniken und Organisationsformen von Politik fundamental zu wandeln – das ist ja hinreichend bekannt, wenn es auch gelegentlich noch zu wenig, gewissermaßen in evolutionstheoretischer Perspektive, als *säkularer* Umbruch, und nicht nur als zweite Phase innerhalb der Politik des *Kaiserreiches* ernstgenommen wird. Mit der SPD beginnend, veränderten sich die Parteien von den alten Honoratiorengemeinschaften zu modernen Massenparteien. Noch wichtiger wurde der um die Jahrhundertwende dramatisch und,

---

35 Vgl., nahezu klassisch geworden, Hans-Ulrich Wehler, Das deutsche Kaiserreich 1871–1918, Göttingen 1973; und jetzt ders., Deutsche Gesellschaftsgeschichte, Bd. 3, 1849–1914, München 1995, 848–1168; personalistische Sichtweise sogar im Titel bei Wolfgang J. Mommsen, Das Ringen um den nationalen Staat. Die Gründung und der innere Ausbau des Deutschen Reiches unter Otto von Bismarck 1850–1890, Berlin 1993.
36 U. a. markiert durch die volle politische Partizipation der Frauen und die Grundlegung des Weimarer Sozialstaates.

aus der historischen Vogelperspektive gesehen, sehr ruckartig sich vollziehende Aufstieg der wirtschaftlichen Interessenverbände einerseits, der nationalen Agitationsverbände andererseits, die hier nicht im Einzelnen genannt werden müssen:[37] Er signalisierte nicht nur eine neue Form der Organisierung und Partizipation von (Erwerbs-) Bevölkerung und (Wirtschafts-) Gesellschaft, sondern schuf sehr dauerhaft wirksame neue Techniken der gesellschaftlichen Einflussnahme auf Parlament und Bürokratie, deren Funktionsweise ohne den „Lobbyismus" der Verbände 1914 schon kaum mehr vorstellbar war.

Es ist nach einer heftigen Kontroverse weiterhin umstritten, inwiefern darin, wie vor allem von englischen Historikern argumentiert worden ist, zugleich ein Machtverlust der alten aristokratischen Herrschaftseliten durch den selbstbewussten Aufstieg eines spezifisch modernen „Populismus" neuer Mittelschichten gesehen werden kann[38] oder ob jene die bestimmende Kraft blieben, die mit einer neuen „Sammlungspolitik" ihre Machtstellung verteidigen und ihre Gefolgschaft erweitern konnten. Aber unabhängig davon dürfte unbestreitbar sein, dass um die Jahrhundertwende neue Kräfte und Mechanismen die klassische, sich in sehr engen Zirkeln abspielende Politik der konstitutionellen Monarchie aufbrachen, wie sie sich als Ergebnis von Reformpolitik und Frühkonstitutionalismus ein knappes Jahrhundert zuvor etabliert hatte – Politik, Wirtschaft und Gesellschaft verflochten sich jetzt, wo sie zuvor eher getrennte Sphären dargestellt hatten[39] –; und dass dabei solche Schichten und sozialen Gruppen in den politischen Prozess einbezogen wurden, die vorher nur an seinem Rande gestanden hatten.

---

37 Vgl. hier nur, als Zwischenbilanz der in den 60er und 70er Jahren besonders intensiven historischen Verbandsforschung (die geradezu ein „Königsweg" der damals bevorzugten Form der „politischen Sozialgeschichte" gewesen ist), Hans-Peter Ullmann, Interessenverbände in Deutschland, Frankfurt 1988, bes. 114–123; nach Ullmann entstanden von 522 im Jahre 1907 bestehenden wirtschaftlichen Interessenverbänden 27 bis 1869, 99 in den folgenden 20 Jahren, aber allein 200 in den 1890er Jahren und weitere 196 zwischen 100 und 1907 (116); ferner Hans-Ulrich Wehler, Historische Verbandsforschung: Zur Funktion und Struktur nationaler Kampfverbände in Deutschland, in: ders., Historische Sozialwissenschaft und Geschichtsschreibung, Göttingen 1980, 151–160.
38 Vgl. hier nur Geoff Eley, Reshaping the German Right: Radical Nationalism and Political Change after Bismarck, London 1980; zu der Kontroverse z. B. Wolfgang Mock, „Manipulation von oben" oder Selbstorganisation an der Basis? Einige neuere Ansätze in der englischen Historiographie zur Geschichte des deutschen Kaiserreichs, in: HZ 232, 1981, 358–375.
39 Vgl. dazu auch schon die Überlegungen bei Thomas Nipperdey, Interessenverbände und Parteien in Deutschland vor dem Ersten Weltkrieg, in: Hans-Ulrich Wehler, Moderne deutsche Sozialgeschichte, Königstein 1981⁶, 369–388; der These Nipperdeys, der Aufstieg der Verbände habe „das Verhältnis von Staat und Gesellschaft tiefgehend gestört" wird man allerdings, zumal in längerfristiger Perspektive, nicht beipflichten können.

Der Aufstieg der Interessenverbände war zugleich Teil eines umfassenden Wandels von Staatsaufgaben und Staatsverständnis, der sich im wilhelminischen Deutschland vollzog. Die moderne Sozialpolitik war in den 1880er Jahren auf den Weg gebracht worden und wurde nun so erweitert und umgebaut, dass sie immer mehr einen Kernbereich staatlichen Handelns überhaupt bezeichnete. Staatliche Intervention und staatliche Sicherung stiegen zu Leitprinzipien auch in anderen Politikbereichen auf. „In den Jahrzehnten vor 1914", so hat Thomas Nipperdey zusammengefasst, „wird aus dem liberalen Staat des 19. Jahrhunderts, dem Staat der Nichtintervention, dem Staat der Sicherheit und des Rechtes und der Kultur, der moderne Staat des 20. Jahrhunderts, der Interventionsstaat, der Staat der Daseinsvorsorge, der Wirtschafts- und Sozialstaat."[40] Auch dies war wiederum ein Aspekt jenes schnell fortschreitenden Überlappens, jenes Zusammenwachsens von Staat, Gesellschaft und Wirtschaft, das sich in dieser Zeit als ein Grundfaktor der Gesellschaftsgeschichte des 20. Jahrhunderts herausbildete. Nicht nur auf der Reichsebene, sondern zumal auch in den Städten – und damit für die einzelnen Bürger häufig unmittelbarer spürbar und bedeutsam – wuchsen Bürokratie und Leistungsverwaltung sprunghaft an und widmeten sich solchen Infrastruktur-, Versorgungs- und Vorsorgemaßnahmen, die früher unter dem Stichwort „Munizipalsozialismus" diskutiert worden sind.[41] Durch die dabei vollbrachten technischen Innovationen in Verkehr, Gas- und Elektrizitätsversorgung, Wasserversorgung und Kanalisation bildete sich, nebenbei bemerkt, zugleich ein entscheidender Teil des kulturellen Grundmusters modernen Lebens heraus und erreichte bis etwa 1900/1910 auch schon die Mittelstädte.

Eine ganz deutliche Zäsur markierten die beiden Jahrzehnte um 1900, wie in letzter Zeit deutlicher hervortritt, auch für die Frauen; genauer: für das Verhältnis von Frauen und Politik und für die Eroberung der öffentlichen Sphäre

---

40 Thomas Nipperdey, Deutsche Geschichte 1866–1918, Bd. II: Machtstaat vor der Demokratie, München 1990, 471. Vgl. allg. jetzt v.a. Gerhard A. Ritter, Der Sozialstaat. Entstehung und Entwicklung im internationalen Vergleich, München 1991².
41 Vgl. Wolfgang R. Krabbe, Munizipalsozialismus und Interventionsstaat. Die Ausbreitung der städtischen Leistungsverwaltung im Kaiserreich, in: GWU 30, 1979, 265–283; ders., Die Entfaltung der Leistungsverwaltung in den deutschen Städten des späten 19. Jahrhunderts, in: Hans-Jürgen Teuteberg (Hg.), Urbanisierung im 19. und 20. Jahrhundert, Köln 1983, 373–391; als Fallstudie: ders., Kommunalpolitik und Industrialisierung, Stuttgart 1985, über Dortmund und Münster. – Allgemein hat sich eine stärkere Berücksichtigung der Lokal- und Kommunalpolitik für das Gesamtbild der Politikgeschichte des Kaiserreichs in der Forschung und in den Darstellungen immer noch nicht vollständig durchgesetzt. Vgl. allg. zu diesem Problemkomplex noch Dieter Langewiesche, „Staat" und „Kommune". Zum Wandel der Staatsaufgaben in Deutschland im 19. Jahrhundert, in: HZ 248, 1989, 621–635.

durch Frauen. Nach einem ersten Schub im späten Vormärz und während der Revolution von 1848 erfolgte jetzt, ziemlich genau ein halbes Jahrhundert später, der nächste große Durchbruch; vielfach parallel übrigens zu der Entwicklung in anderen Ländern wie den USA.[42] Der allgemeine Trend zur Organisierung gesellschaftlicher Gruppen und Interessen erfasste auch die Frauen; 1894 wurde der „Bund deutscher Frauenvereine" gegründet, wenige Jahre später die großen konfessionellen Frauenverbände, von zahllosen anderen Organisationen zu schweigen; seit 1908 konnten Frauen auch in Vereinen ungehindert tätig werden. Zur gleichen Zeit – in Preußen ebenfalls 1908 – wurde Frauen der reguläre Zugang zu den Universitäten geöffnet, und die Studentinnenzahlen stiegen sofort rapide an;[43] das höhere Mädchenschulwesen wurde der Struktur der höheren Schulen für Jungen allmählich angeglichen.

Die Aktivität und die Sichtbarkeit von Frauen in der deutschen Gesellschaft und ihrer Öffentlichkeit erhöhte sich um die Jahrhundertwende schlagartig; zum Beispiel mit der Rolle von Frauen in der Sozialarbeit, die zunächst das traditionelle Frauenideal auf die öffentliche Sphäre übertrug, aber zugleich Professionalisierungs- und Karrierestrategien eröffnete und den Charakter der Sozialpolitik insgesamt überformte und prägte;[44] und wenn man etwa gesellschafts- und kulturpolitische Zeitschriften der Jahrhundertwende mit solchen der 1870er oder 1880er Jahre vergleicht, wird am Vordringen weiblicher Autoren und frauenspezifischer Themen schlaglichtartig deutlich, wie Frauen jetzt auf eine grundsätzlich neue Weise in den „öffentlichen Diskurs" in Deutschland einbezogen waren und ihn mitgestalteten. Überhaupt, und um diesen sicher wiederum ergänzungsfähigen Überblick zur Sozialgeschichte der Politik abzu-

---

42 Wo die Sozialgeschichte und historische Frauenforschung diesem Durchbruch der Frauen in die Öffentlichkeit, besonders im Rahmen sozialpolitischer Reformbewegungen, schon länger Aufmerksamkeit gewidmet hat; die Anregungen und Konzepte der amerikanischen Forschung machen sich in jüngster Zeit auch in Deutschland stärker bemerkbar. Vgl. etwa Mary P. Ryan, Women in Public. Between Banners and Ballots, 1825–1880, Baltimore 1990; Paula Baker, The Domestication of Politics: Women and American Political Society, 1780–1920, in: AHR 89, 1984, 620–647; dies., The Moral Frameworks of Public Life: Gender, Politics, and the State in Rural New York, 1870–1930, New York 1991; Michael McGerr, Political Style and Womens Power, 1830–1930, in: JAH 77, 1990, 864–885.
43 Dazu zuletzt: Claudia Huerkamp, Bildungsbürgerinnen. Frauen im Studium und in akademischen Berufen 1900–1945, Göttingen 1995.
44 Vgl. Iris Schröder, Wohlfahrt, Frauenfrage und Geschlechterpolitik. Konzeptionen der Frauenbewegung zur kommunalen Sozialpolitik im Deutschen Kaiserreich 1871–1914, in: GG 21, 1995, 368–390; sowie dies., Soziale Frauenarbeit als bürgerliches Projekt. Differenz, Gleichheit und weiblicher Bürgersinn in der Frauenbewegung um 1900, in: Klaus Tenfelde u. Hans-Ulrich Wehler (Hg.), Wege zur Geschichte des Bürgertums, Göttingen 1994, 209–230.

schließen: Öffentlichkeit, Kritik und Debatte hatten im ersten Jahrzehnt des 20. Jahrhunderts nicht nur andere Ausmaße, sondern auch andere Formen als in der Reichsgründungszeit angenommen;[45] die Tendenz zur Parlamentarisierung – ohne sie überschätzen zu wollen – gehört dazu ebenso wie der Aufstieg und die Popularität eines neuen kritischen Journalismus und die Entstehung des politischen „Massenmarktes". Öffentlichkeit wurde kommerzialisiert, und sie wurde – teils in Spannung dazu, teils gerade als Ergebnis des „Marktplatzes der Meinungen" – pluralistischer.[46] So oder so – in beidem zeichnete sich hier deutlich das Grundmuster im Verhältnis von Politik und Gesellschaft für das 20. Jahrhundert ab.

IV

Wohl in keinem anderen Bereich ist die Zäsur der Jahrhundertwende so offensichtlich und dürfte sie so wenig umstritten sein wie in der Kulturgeschichte. Wenn sich das für das allgemeine Geschichtsbild des 19. und 20. Jahrhunderts noch nicht nachdrücklich ausgewirkt hat, so liegt dies einerseits daran, dass – wie vorn schon kurz erwähnt – auch die Sozialgeschichte den kulturellen Entwicklungen (in gleich welchem Sinne) früher wenig historische Prägekraft eingeräumt hatte; andererseits aber auch einfach an der mangelnden Erforschung vieler Aspekte der Kulturgeschichte, die lange Zeit eher Außenseitern überlassen worden ist.[47] Während die Erforschung der bürgerlichen „Hochkultur" des Kaiserreichs und namentlich der innovativen Phase der Jahrhundertwende, von Malerei und Architektur, Theater und Wissenschaft, in den letzten Jahren spürbar in Gang gekommen ist – auffälligerweise weniger in der jungen Generation der kulturhistorischen Programmatiker als durch etablierte Historiker der älteren Generation[48] –, klaffen noch deutlichere Lücken, was den Wandel der popu-

---

45 Vgl. Nipperdey, Untertanengesellschaft, bes. 220f.
46 Vgl. Wehler, Gesellschaftsgeschichte, Bd. III, 1248.
47 Für den Bereich der „Hochkultur" und der bildenden Künste sind dabei in erster Linie die Arbeiten von amerikanischen Historikern (unter ihnen freilich in der älteren Generation wieder viele Emigranten) zu nennen, die in jüngster Zeit in Deutschland verstärkt rezipiert werden; zu denken ist vor allem an die Arbeiten von Peter Gay, Peter Paret, Carl Schorske, Peter Jelavich und jetzt auch James J. Sheehan.
48 Dabei ist, außer den eben genannten amerikanischen Historikern, v.a. an die Arbeiten von Thomas Nipperdey und Wolfgang J. Mommsen zu denken. Vgl., auch zum Folgenden, v.a.: Thomas Nipperdey, Wie das Bürgertum die Moderne fand, Berlin 1988; ders., Deutsche Geschichte 1866–1918, Bd. I, 692–796; Wolfgang J. Mommsen, Bürgerliche Kultur und künstlerische Avantgarde. Kultur und Politik im deutschen Kaiserreich 1871–1918, Berlin 1994; als

lären Kultur, die Entstehung des Phänomens der Massenkultur in dieser Zeit einschließlich der Veränderung von Lebensformen und Lebensstilen, angeht.[49] Ein weiterer Grund für die mangelnde systematische Berücksichtigung der Kulturgeschichte innerhalb einer im weiteren Sinne sozialgeschichtlichen Konzeptualisierung der Epoche liegt sicherlich darin, dass in ihren zahllosen, wie impressionistisch wirkenden Facetten jedenfalls früher offenbar nur schwer ein Zusammenhang, ein übergreifendes Muster der Bedeutung gesehen werden konnte. Das 20. Jahrhundert als das Jahrhundert der soziokulturellen Moderne muss erst noch historiographisch profiliert werden.

Dabei ist nicht zuletzt für die „schönen Künste" ein wesentliches Merkmal ihrer Entwicklung um 1900 ihre Verbindung mit der neuen, technisch-industriellen und kommerziellen Welt – dass sie diese Verbindung suchte, war ja gerade ein Zeichen und ein programmatisches Signal der künstlerischen Moderne. Die Architektur setzte auf neue Baustoffe wie Beton nicht nur als dekorative, sondern als statische Elemente; Peter Behrens wurde hierfür ein Pionier ebenso wie für die Synthese von Kunst, industrieller Massenproduktion und Konsum in den Anfängen von industrieller Formgebung und „Design", vor allem in seiner engen Kooperation mit der AEG seit 1907; im selben Jahr wurde der „Deutsche Werkbund" gegründet. Und nicht zufällig entdeckten die modernen Architekten das Warenhaus als eine bevorzugte Herausforderung des neuen Bauens. In der Herausbildung eines Kunstmarktes, im Boom von Galerien und professionellem Kunsthandel wurden aber um 1900 auch sublimiertere Formen der kulturellen Produktion wie die Malerei dem Sog der Kommerzialisierung unterworfen. Es ist inzwischen unbestritten, dass für beinahe alle Aspekte von Kunst und Kultur die Weimarer Republik höchstens zur vollen Blüte brachte, was bereits fünfzehn oder zwanzig Jahre früher zum Durchbruch ge-

---

diesem Buch zugeordnete Skizzen: ders., Kultur und Politik im deutschen Kaiserreich, in: ders., Der autoritäre Nationalstaat, Frankfurt 1990, 257–286; ders., Die Kultur der Moderne im deutschen Kaiserreich, in: Wolfgang Hardtwig u. Harm-Hinrich Brandt (Hg.), Deutschlands Weg in die Moderne, München 1993, 254–274.

49 Es ist ein im Grunde eigenartiges Phänomen, dass die Erforschung der „Volkskultur" in der „fremden Welt" des späten Mittelalters und der Frühen Neuzeit mit so großer Intensität und nicht ohne Sympathie und Liebe zum Detail betrieben worden ist, während die „Volkskultur der Moderne" für deutsche Historiker weithin ein blinder Fleck zu sein scheint. Dabei könnte man auch im 20. Jahrhundert dem „Eigensinn" der Unterschichten, der sich strukturell oft gar nicht so sehr von den Verhaltensweisen früherer Jahrhunderte unterscheidet, untersuchen. Die amerikanische Forschung ist hier konzeptionell weiter; vgl. hier insbes.: Lawrence W. Levine, The Folklore of Industrial Society: Popular Culture and Its Audiences, in: ders., The Unpredictable Past. Explorations in American Cultural History, New York 1993, 291–319 (zuerst in: AHR 97, 1992).

kommen war: Die entscheidenden Grundlagen der kulturellen Moderne wurden im ersten Jahrzehnt des 20. Jahrhunderts gelegt, die entscheidenden Innovationen in dieser Zeit gedacht und ausgeführt – auch wenn sie, wie könnte es anders sein, noch in scharfer Konkurrenz zu traditionelleren Stilrichtungen standen und zum Gegenstand heftiger politischer Konflikte und Kontroversen wurden. Das gilt wohl nirgendwo so deutlich wie für die Malerei und hier namentlich für den Expressionismus, der zugleich die ganz charakteristische Ambivalenz im Verhältnis von Kunst und Gesellschaft am Beginn des 20. Jahrhunderts (und in seinem weiteren Verlauf) am besten ausdrückte: Auf der einen Seite war er intensive Auseinandersetzung mit und Spiegelung der Moderne: in der Themenwahl der Bilder ebenso wie in den Maltechniken und Darstellungsformen; eine Auseinandersetzung mit der Überwältigung durch Technik und Großstadt und mit der Zerrissenheit des Individuums als vorherrschenden Erfahrungen der Zeitgenossen.

Auf der anderen Seite wurde die Kunst zugleich, wie das in letzter Zeit verstärkt herausgearbeitet worden ist, zu einer „autonomen" Sphäre; in Experiment und Avantgarde löste sie sich von der klassischen „Bürgerlichkeit" ab, stellte aber auch deren neue Verkörperung dar.[50] Und dieser Prozess der Autonomisierung, der sich zur gleichen Zeit auch in anderen Bereichen abspielte, war keineswegs, wie schon die Zeitgenossen bemerkten, nur ein kunstinternes Ereignis, sondern war wiederum Teil eines grundlegenden strukturellen Umbaus der Gesellschaft an der Schwelle zum 20. Jahrhundert: Nicht zufällig wurde die funktionale „Differenzierung", aber auch die Differenzierung von Gruppen und die, moderner gesprochen, Vervielfältigung sozialer Rollen des Einzelnen zu einem Grundthema der entstehenden Soziologie der Jahrhundertwende, bevor sie dann ihre wohl subtilste Behandlung in Webers „Zwischenbetrachtung" zu seinen religionssoziologischen Aufsätzen fand.[51]

Dazu gehörte auch, und zumal in Deutschland, die Ausdifferenzierung und der enorme Bedeutungsgewinn der Wissenschaften um 1900. Die Naturwissenschaften etablierten sich als die hochspezialisierten Forschungswissenschaften,

---

50 Zu diesem Wechselverhältnis vgl. sehr gut Nipperdey, Wie das Bürgertum die Moderne fand; sowie auch Mommsen, Kultur der Moderne; Corona Hepp, Avantgarde. Moderne Kunst, Kulturkritik und Reformbewegungen nach der Jahrhundertwende, München 1987.
51 Vgl. Georg Simmel, Über sociale Differencierung (1890), in: Georg Simmel Gesamtausgabe, Bd. 2, Frankfurt 1989, 109–295; Max Weber, Zwischenbetrachtung: Theorie der Stufen und Richtungen religiöser Weltablehnung, in: ders., Gesammelte Aufsätze zur Religionssoziologie I, Tübingen 1988^9, 536–573; außerhalb Deutschlands entsprechend: Emile Durkheim, De la division du travail social (1893), dt. Über soziale Arbeitsteilung. Studie über die Organisation höherer Gesellschaften, Frankfurt 1988^2.

wie wir sie bis heute kennen; sie prägten in weiten Kreisen des Bürgertums und der Mittelschichten, ja bis in die Arbeiterschaft und Arbeiterbewegung hinein ein naturwissenschaftliches Weltbild, das bis zur Ersatzreligion der Wissenschaftsgläubigkeit reichte; sie organisierten sich, nicht zuletzt mit staatlicher Unterstützung wie in der Kaiser-Wilhelm-Gesellschaft seit 1911, neu; das institutionelle Muster der „Großforschung" wurde geschaffen.[52] Die Entdeckungen und paradigmatischen Neuerungen gerade in der Physik, zwischen Planck und Einstein, revolutionierten innerhalb weniger Jahre das Welt- und auch das Menschenbild. Die Kulturwissenschaften spiegelten ihrerseits das Moderne-Bewusstsein und seine Krisenhaftigkeit;[53] und die „Moderne", über deren „Kulturbedeutung" sie eine große Debatte führten, war nicht mehr die Zeit des Durchbruchs der Industriellen Revolution zwischen den 1840er und den 1870er Jahren, sondern bezeichnete eine nochmals qualitativ ganz andere Erfahrung, an deren Schwelle man seit den 1890er Jahren erst stand, deren Neuheit noch überwältigte und irritierte, deren Wirkungsmacht für die Zukunft aber interessanterweise sofort außer Zweifel stand. Insofern drückte das Gefühl einer „Verhärtung" der Moderne und ihrer Unentrinnbarkeit auch ein Epochen- und Umbruchbewusstsein aus. Vor allem die Soziologie und die Psychologie, die sich um die Jahrhundertwende formierten und konsolidierten, stiegen zu Leitwissenschaften des 20. Jahrhunderts auf, weil sie Antworten auf die Verstörung des Individuums in der modernen Kultur und Gesellschaft boten – die eine mit der Perspektive nach außen, auf die Gemeinschaftsbeziehungen und Gruppenbildungen, die andere mit dem Blick nach innen, in die „Seele" des Individuums und ihre pathologischen Verformungen.

Aber auch in ganz alltäglichen, darum freilich nicht weniger grundlegenden Bereichen der Kultur vollzog sich seit den 1890er Jahren ein säkularer Umbruch: Hier liegen, von der Geschichtswissenschaft noch immer viel zu wenig beachtet,[54] die Ursprünge der modernen Konsumgesellschaft. War das 19. Jahrhundert das Jahrhundert der Produktion, so wurde das 20. das des Konsums,

---

52 Vgl. Gerhard A. Ritter, Großforschung und Staat in Deutschland. Ein historischer Überblick, München 1992; sowie die Monographien und Sammelbände im Umkreis des von Ritter geleiteten Projekts zur Geschichte der Großforschungseinrichtungen in Deutschland seit 1900.
53 Vgl. aus der in letzter Zeit besonders stark expandierenden Forschung zur Geschichte der Kulturwissenschaften um 1900 hier nur: Wolfgang J. Mommsen (Hg.), Max Weber und seine Zeitgenossen, Göttingen 1988; Rüdiger vom Bruch (Hg.), Kultur und Kulturwissenschaften um 1900. Krise der Moderne und Glaube an die Wissenschaft, Stuttgart 1989; exemplarisch-biographisch: Friedrich Lenger, Werner Sombart 1863–1941. Eine Biographie, München 1994.
54 Zumal von der modernen Wirtschaftsgeschichte, die noch immer zu einseitig von der Mitte des 19. Jahrhunderts, vom Paradigma von Produktion und „Industrieller Revolution" aus denkt. Das kann an dieser Stelle nicht weiterverfolgt werden.

der Dominanz wirtschaftlichen Handelns durch privaten Verbrauch und zugleich individualisierte und standardisierte Kaufpräferenzen; und nicht zuletzt auch: der Dominanz der entsprechenden kulturellen Werte und Deutungsmuster.[55] Die Konsumgüterindustrie begann ihren Aufstieg; auch die Herstellung von Nahrungsmitteln wurde industrialisiert – der industriellen Fertigsuppen bediente sich ironischerweise auch die Jugendbewegung bei ihren Wanderungen in die Natur gerne[56] – und die Haushaltsführung sollte sich daran ausrichten: 1895 erschien in Bielefeld das erste Kochbuch von „Dr. Oetker". Zur gleichen Zeit – besonders seit der Mitte des 1880er Jahre – wurde der Markenartikel erfunden und trat seinen Siegeszug an: Seine Bedeutung für die Transformation von Wirtschaft, Gesellschaft und Kultur kann man kaum überschätzen. Er machte Deutschland erst zu einem einheitlichen (Verbraucher-) Markt und war damit ein wesentlicher Faktor der Entlokalisierung und Entregionalisierung, der Formierung einer deutschen Gesellschaft an der Schwelle des 20. Jahrhunderts. Mit ihm ganz eng verknüpft entwickelte sich die Werbung – bis dahin vor allem lokal geschaltete Kleinanzeigen einzelner Kaufleute – als Markenartikelwerbung, als direkter Appell der Produzenten an die Konsumenten, zu einem maßgeblichen Faktor von Konsum und später auch von Kultur.

Die Warenwelt wurde überhaupt in einem neuen Sinne Teil der Kultur; das Symbol dafür waren die Warenhäuser, über deren kulturelle Bedeutung einerseits, ihre ökonomischen Folgen für den Einzelhandel andererseits die Zeitgenossen seit der Jahrhundertwende erregt diskutierten.[57] Häufig bemerkten sie

---

55 Vgl. dazu v.a. Arbeiten von Hans-Jürgen Teuteberg und seinen Schülern; z. B. Hans-Jürgen Teuteberg u. Günter Wiegelmann, Der Wandel der Nahrungsgewohnheiten unter dem Einfluß der Industrialisierung, Göttingen 1972; ders. (Hg.), Durchbruch zum modernen Massenkonsum, Münster 1987; exemplarisch ders., Die Rolle des Fleischextrakts für die Ernährungswissenschaften und den Aufstieg der Suppenindustrie: Kleine Geschichte der Fleischbrühe, Stuttgart 1990; ferner Ursula A.J. Becher, Geschichte des modernen Lebensstils. Essen – Wohnen – Freizeit – Reisen, München 1990. Eine gute Monographie über den Durchbruch der Konsumgesellschaft um 1900, wie sie jetzt Michael Wildt für eine andere wichtige Phase, die 1950er Jahre, vorgelegt hat (Am Beginn der „Konsumgesellschaft". Mangelerfahrung, Lebenshaltung, Wohlstandshoffnung in Westdeutschland in den fünfziger Jahren, Hamburg 1994), ist ein dringendes Desiderat. Wichtig aber: Uwe Spiekermann, Basis der Konsumgesellschaft. Entstehung und Entwicklung des modernen Kleinhandels in Deutschland 1850–1914, München 1999.
56 Vgl. Hepp, Avantgarde, 12.
57 Vgl. aus der zeitgenössischen Diskussion v.a. Gustav Stresemann, Die Warenhäuser. Ihre Entstehung, Entwicklung und volkswirtschaftliche Bedeutung, in: ZGS 56, 1900, 696–733; Paul Göhre, Die Warenhäuser, Frankfurt 1907; aus der neueren Literatur: Klaus Strohmeyer, Warenhäuser. Geschichte, Blüte und Untergang im Warenmeer, Frankfurt 1979; Axel Kuhn, „Verkauf von Waren und Träumen". Die Warenhausgesellschaft, in: Nitschke u. a. (Hg.), Jahrhundertwende, Bd. 2, 61–75; speziell zu den wirtschaftlichen Aspekten der Auseinandersetzung um

auch, dass das „Geld" eine wichtige Rolle in der Gesellschaft spielte wie noch nie zuvor; Naturaltausch und das „bartering" konnten in der Großstadt nicht mehr funktionieren, wenn sie auch auf dem Lande teilweise noch weiterbestanden; und aus demselben Grunde begann der zinspflichtige Ratenkredit für längerlebige Konsumgüter den (oft zinslosen) Buchkredit (das „Anschreibenlassen") für Erwerbungen des täglichen Bedarfs als vorherrschende Form des Konsumentenkredits zu verdrängen.[58] In diesem Prozess der „Kommerzialisierung" waren die USA sicher der Vorreiter – auch deshalb ist die entsprechende Forschung dort schon viel weiter fortgeschritten[59] –, wie sie überhaupt am Ende des 19. Jahrhunderts zum Pionier der modernen Gesellschaft und Kultur wurden und diese Führungsrolle im ganzen 20. Jahrhundert nicht mehr abgaben. Aber wohl kein anderes Land war im Jahrzehnt vor dem Ersten Weltkrieg so nah an den USA dran wie Deutschland; die „innere Affinität" beider Länder wurde von den Zeitgenossen beiderseits des Atlantiks besonders scharf wahrgenommen und häufig beschrieben; und das gegenseitige Interesse, das sich nicht zuletzt aus der Frage ergab, wie die jeweils andere Seite mit den Herausforderungen und Problemen der Moderne umging, stieg enorm an.[60]

---

die Warenhäuser z. B.: Verhandlungen des Vereins für Socialpolitik 1899, Leipzig 1900 (= Schriften des Vereins für Socialpolitik, Bd. 88); gerade hierzu fehlt eine neuere Untersuchung. Siehe zu einem Teilaspekt jetzt aber Heidrun Homburg, Warenhausunternehmen und ihre Gründer in Frankreich und Deutschland oder: eine diskrete Elite und mancherlei Mythen, in: JWG 1992/1, 183–219.
58 Vgl. klassisch Georg Simmel, Die Bedeutung des Geldes für das Tempo des Lebens, in: Neue Rundschau 8, 1897, 111–122; und natürlich ders., Philosophie des Geldes (1901), Frankfurt 1989; siehe auch Lederer, Gesellschaft der Unselbständigen, hier bes. 19f., zum Ratenkredit und einigen seiner kulturellen und psychischen Konsequenzen.
59 Vgl. z. B. William Leach, Land of Desire: Merchants, Power, and the Rise of a New American Culture, New York 1993; Olivier Zunz, Making America Corporate, 1870–1920, Chigago 1990; Susan Strasser, Satisfaction Guaranteed: The Making of the American Mass Market, New York 1989; klassisch: Robert S. u. Helen M. Lynd, Middletown. A Study in Modern American Culture, New York 1929; dazu siehe Richard Wightman Fox, Epitaph for Middletown. Robert S. Lynd and the Analysis of Consumer Culture, in: ders. u. T.J. Jackson Lears (Hg.), The Culture of Consumption, New York 1983, 101–141. – Auf eine frühere Zeit bezogen, aber konzeptionell wegweisend in der deutschen Forschung: Heidrun Homburg, Warenanzeigen und Kundenwerbung in den „Leipziger Zeitungen" 1750–1800. Aspekte der inneren Marktbildung und der Kommerzialisierung des Alltagslebens, in: Dietmar Petzina (Hg.), Zur Geschichte der Ökonomik der Privathaushalte, Berlin 1991, 109–131.
60 Vgl. exemplarisch Paul Nolte, Effizienz oder „self-government"? Amerikanische Wahrnehmungen deutscher Städte und das Problem der Demokratie 1900–1930, in: Die alte Stadt 27, 1988, 261–288.

Hier soll diese knappe Skizze erneut abgebrochen werden, obwohl auch zum Umbruch der Kultur weiteres auszuführen wäre: etwa die neue Dimension von Mobilität und Verkehr, die sich u. a. aus technischen Innovationen ergab und, zuerst in den Mittelschichten, zu einer Veränderung des Lebensstils führte; in diesem Zusammenhang auch das Reisen: Das Grundmuster des jährlichen Erholung-„Urlaubs" in der „Sommerfrische" wurde, wiederum zuerst schichtenspezifisch begrenzt, gelegt; dann die Ausweitung und qualitative Umformung von „Freizeit" und ihre Gestaltung durch Gruppenaktivitäten – namentlich durch Sport,[61] und zunehmend auch durch die eigentlich „passiven" Massenereignisse des „spectator sports", der Sportveranstaltung als Zuschauerereignis. Und in eher mentalitätsgeschichtlicher Hinsicht könnte man den massiven Wahrnehmungs- und Erfahrungsbruch; häufig geradezu: den Schock, verfolgen, der durch die neuen Sinneseindrücke von Technik, Licht, Elektrizität und „Tempo" ausgelöst wurde und die Jahrhundertwende zum Zeitalter der „Nervosität" machte.[62] Hierin bündelt und spiegelt sich noch einmal die kulturgeschichtliche Zäsur der Jahrhundertwende, und es spricht nichts dafür, dass dieser radikale Erfahrungswandel weniger einschneidend, erst recht nicht: weniger langfristig folgenreich, gewesen ist als der von 1914.

V

Am Ende einer ohnehin knappen Skizze wie dieser ist es wenig ergiebig, eine konventionelle Zusammenfassung der einzelnen Aspekte zu versuchen; stattdessen soll im Folgenden noch nach einigen Konsequenzen gefragt werden, die sich aus einer solchen veränderten Sichtweise der Jahrhundertwende als einer sozialgeschichtlichen Zäsur für die Geschichte des 19. und 20. Jahrhunderts insgesamt ergeben. Es dürfte aber deutlich geworden sein, dass die Zeit um 1900 nicht nur, wie vielleicht manchmal noch unterstellt wird, in kulturgeschichtlicher Hinsicht, oder gar bloß in der Kunst- und Technikgeschichte, einen fundamentalen Einschnitt bildete, sondern dass in ihr Entwicklungen in allen gesellschaftlichen

---

61 Vgl. zeitgenössisch etwa: Franz Oppenheimer, Sport, in: Neue Rundschau 12, 1901, 337–361; zum Aufstieg des Fußballspiels in Deutschland um die Jahrhundertwende jetzt Christiane Eisenberg, Fußball in Deutschland 1890–1914. Ein Gesellschaftsspiel für bürgerliche Mittelschichten, in: GG 20, 1994, 181–210.
62 Dazu jetzt innovativ und vorzüglich: Joachim Radkau, Die wilhelminische Ära als nervöses Zeitalter, oder: Die Nerven als Netz zwischen Tempo- und Körpergeschichte, in: GG 20, 1994, 211–241; ders., Das Zeitalter der Nervosität. Deutschland zwischen Bismarck und Hitler, München 1998.

Teilbereichen – einschließlich der Wirtschaft und der Politik, einschließlich der Mentalitäten und auch der Sozialgeschichte im engeren Sinne – konvergierten, und eine gesellschaftsgeschichtliche Zäsur formten, deren Bedeutung kaum einen Vergleich mit anderen wichtigen Epocheneinschnitten der Neueren Geschichte scheuen muss. Diese Zäsur lässt sich freilich nicht bequem auf ein Jahr festlegen, sondern ist selber ein – extrem verdichteter, extrem dynamischer – Prozess,[63] der den Durchbruch der „sozialökonomischen Moderne" im 19. Jahrhundert von der „soziokulturellen Moderne" des 20. Jahrhunderts trennt.[64]

Es spricht nichts dafür, diesen Einschnitt zu verabsolutieren oder Grenzen der damit verbundenen Perspektive zu ignorieren – der Erste Weltkrieg oder der Übergang von der Monarchie zur Republik bleibt in vieler Hinsicht gleichfalls eine wichtige Schwelle. Aber es spricht alles dafür, der sozialgeschichtlichen Zäsur der Jahrhundertwende historiographisch mehr Anerkennung als bisher zu verschaffen, und das insbesondere dann, wenn man von der Überlegenheit einer *strukturgeschichtlichen* Sichtweise einerseits und eines (im weiten Sinne) *sozial- und kulturgeschichtlich* geformten Geschichtsbildes andererseits ausgeht und dies als methodischen Appell ernst nimmt, anstatt sich heimlich wieder der konventionellen politischen Periodisierung anzupassen. Der Erste Weltkrieg ist ja 1880 oder 1885 überhaupt nicht vorstellbar; er gehört, mitsamt der Erfahrung und Verarbeitung des Krieges, schon zum 20. Jahrhundert, weil er erst auf der Grundlage vieler der oben diskutierten Veränderungen möglich wurde; oder weil er, anders gesagt, selber noch Teil des umfassenderen Transformationsprozesses der vorangegangenen zwanzig Jahre, zum Teil auch Reaktion auf ihn, war.

Und in solchen Bereichen, wo über den Einschnitt der Jahrhundertwende hinweg Kontinuität vorherrschend war, erfolgte der Bruch in aller Regel auch nicht 1914 oder 1918, sondern erst durch die Herrschaft des Nationalsozialismus, mehr aber noch durch ihren Zusammenbruch – die Jahre „zwischen Stalingrad und Währungsreform"[65] – und während der 1950er Jahre: Wenn man es etwas abgekürzt ausdrücken will, ist „1945" für Deutschland sicherlich die wichtigste sozialhistorische Zäsur *im* 20. Jahrhundert gewesen.[66] Der agrarische

---

63 Das entspräche vielleicht dem Vorschlag von Winfried Schulze, statt von „Periodisierung" besser von „Prozessualisierung" der Geschichte zu sprechen: Winfried Schulze, Einführung in die Neuere Geschichte, Stuttgart 1987, 22.
64 Vgl. Peukert, Weimarer Republik, 11.
65 Vgl. Martin Broszat u. a. (Hg.), Von Stalingrad zur Währungsreform. Zur Sozialgeschichte des Umbruchs in Deutschland, München 1988.
66 Dazu sind von der allgemeinen Perspektive und in interpretatorischer Hinsicht immer noch die Arbeiten von M. Rainer Lepsius am besten; vgl. jetzt v.a. die Sammlung in: Demokratie in Deutschland. Soziologisch-historische Konstellationsanalysen, Göttingen 1993.

Osten Deutschlands wurde abgetrennt, die alten „sozialmoralischen Milieus" (Lepsius) nicht rekonstituiert; die Klassengesellschaft verflüssigte sich „im Schmelztiegel" (Theodor Geiger); die Landwirtschaft erfuhr, wie es die empirische Forschung erst jüngst in aller Deutlichkeit herauszuarbeiten beginnt, eine säkulare Transformation; die soziokulturelle Modernisierung erreichte ein ganz neues Niveau. Ob die soziale Transformation durch den Einigungsprozess, die ja den größeren Teil Deutschlands in vieler Hinsicht relativ unberührt lässt, einen Einschnitt von ähnlicher Tragweite bildet, wird man erst später entscheiden können.

Eine Akzentverschiebung wie die hier vorgeschlagene verändert, wie unmittelbar einleuchtet, nicht nur die Zäsuren selber, sondern auch die durch sie geschiedenen historischen Zeiträume. Wenn die beiden Jahrzehnte um 1900, wie oben skizziert worden ist, einen fundamentalen Wandel, eine gesellschaftsgeschichtliche Epoche (im alten Sinne des Wortes) markieren, dann verschiebt sich das historiographische Bild des 19. Jahrhunderts gleich in mehrerer Hinsicht. Zum einen wird es schwieriger, die *Einheit* des „19. *und* 20. Jahrhunderts", an die wir uns, auch in wisssenschaftsorganisatorischer Hinsicht, gewöhnt haben, zu bestimmen und zu begründen. Es fällt heute nicht mehr so leicht wie in den fünfziger oder sechziger Jahren, von einem technisch-industriellen Zeitalter „der" Moderne, in dem die Gegenwartserfahrung des Historikers unmittelbar mit einer historischen Zäsur um 1800 verknüpft gewesen ist – so wie in Werner Conzes Entwurf[67] und, ihm folgend, in der sozialgeschichtlichen Forschung seitdem – zu sprechen; oder anders gesagt: Das (natürlich immer auch generationell und lebensgeschichtlich geprägte) Bewusstsein vom historischen Beginn dessen, was wir noch als unsere Gegenwart empfinden können, lässt sich immer weniger auf die Zeit der Frühindustrialisierung oder der Französischen Revolution beziehen. Seit den 1990er Jahren ist denn auch die Tendenz unverkennbar, etwa die Denomination von Lehrstühlen innerhalb der Geschichte des 19. und 20. Jahrhunderts explizit auszudifferenzieren und Schwerpunkte für das 19. Jahrhundert einerseits, das 20. andererseits einzurichten[68] – ein Trend, der stark an den Beginn der Ausdifferenzierung von eigenen Lehrstühlen für die Frühe Neuzeit aus der ehemals einheitlichen „Neueren Geschichte" in den fünfziger und sechziger Jahren erinnert, auch wenn noch unklar ist, ob er zu einem ähnlich eindeutigen

---

67 Vgl. Conze, Die Strukturgeschichte.
68 Besonders deutlich ist dies im Neuaufbau der Berliner Humboldt-Universität vollzogen worden; vgl. Gerhard A. Ritter, Der Neuaufbau der Geschichtswissenschaft an der Humboldt-Universität zu Berlin – ein Erfahrungsbericht, in GWU 44, 1993, 226–238 (Ritter gibt hier allerdings keine Begründung für diese und andere Strukturentscheidungen).

Ergebnis bezüglich der Epochenscheidung führt – und ob dies überhaupt wünschenswert wäre.

Daraus ergibt sich, zweitens, dass das 19. Jahrhundert heute in vieler Hinsicht traditioneller, „unmoderner", stärker noch der Welt des Ancien Régime verhaftet erscheint als vor einer Generation. Zu Recht wird schon seit geraumer Zeit immer öfter die Notwendigkeit betont – nicht nur in Deutschland übrigens, sondern auch z. B. in Frankreich –, die Zäsur von 1800 zu relativieren[69] und nach fortbestehenden Traditionen der Frühen Neuzeit mindestens bis 1830, in vielem auch bis zur Jahrhundertmitte, zu fragen. Das gilt für die Traditionsbindung von politisch-sozialen Weltanschauungen und Ideologien[70] ebenso wie für die Prägkraft der Industriellen Revolution, die lange Zeit auf recht enge, regionale „Inseln" begrenzt blieb. Es gilt für die ganz elementar eine Gesellschaft formenden, von der Geschichtswissenschaft aber lange Zeit unterschätzten Bedingungen der Kommunikation und des Verkehrs, die ihre erste Revolution erst um die Jahrhundertmitte mit der Eisenbahn, etwas später mit dem Telegrafen, und mit der rapiden Expansion von Zeitungswesen und Publizistik erfuhren,[71] ebenso wie für das System sozialer Ungleichheit: Nur langsam formte sich die „Ständegesellschaft" in eine „Klassengesellschaft" um; die wirtschaftsbürgerlichen Eliten blieben in den ersten Jahrzehnten des 19. Jahrhunderts stark von einem „alten" Handelsbürgertum, statt von der „neuen" Industriebourgeoisie, geprägt.[72] Überhaupt ist in den letzten Jahren mehrfach gefragt worden, ob angesichts der ganz anders strukturierten, individualisierten Gesellschaft der zweiten Hälfte des 20. Jahrhunderts, in der die sozialen „Großgruppen" ihre vergemeinschaftende Kraft weithin verloren haben, „Stände-" und „Klassengesellschaft" einander nicht viel ähnlicher waren, als es früher scheinen mochte.[73]

---

69 Winfried Schulze etwa hat öfters auf die erkenntnishemmende Funktion der etablierten Epochenzäsur von 1800 in der deutschen Geschichtswissenschaft hingewiesen; vgl. Einführung in die Neuere Geschichte, 13–22; ders., Deutsche Geschichte im 16. Jahrhundert 1500–1618, Frankfurt 1987, 17f.
70 Vgl. z. B. Paul Nolte, Der südwestdeutsche Frühliberalismus in der Kontinuität der Frühen Neuzeit, in: GWU 43, 1992, 743–756.
71 Wolfram Siemann hat, über Einzelstudien zu diesen Themen hinaus, dem ganzen Komplex jetzt erstmals in einer Gesamtdarstellung deutscher Geschichte des 19. Jahrhunderts den ihm gebührenden Stellenwert zugemessen: Vgl. Wolfram Siemann, Vom Staatenbund zum Nationalstaat. Deutschland 1806–1871, München 1995, bes. 204–249.
72 Das haben die Arbeiten Lothar Galls und seiner Schüler sehr deutlich gezeigt; vgl. v.a. Lothar Gall, Bürgertum in Deutschland, Berlin 1989; ders. (Hg.), Vom alten zum neuen Bürgertum. Die mitteleuropäische Stadt im Umbruch 1780–1820, München 1991.
73 Vgl. Beck, Risikogesellschaft, und die übrige in Anm. 27 genannte Literatur; ferner Richard Münch, Dialektik der Kommunikationsgesellschaft, Frankfurt 1991, 15 u. pass. – Sozialhistoriker

Ohnehin bezog die deutsche Klassengesellschaft des späten 19. Jahrhunderts, das ist ja bekannt und viel diskutiert, ihre besondere Schärfe und Prägekraft erst aus der ständischen Überformung der sozialökonomischen Differenzen.

Man wird Traditionen und Beharrungstendenzen überschätzen, wenn man behauptete, das 19. Jahrhundert falle nun oder in absehbarer Zeit gewissermaßen der Frühen Neuzeit zu – aber die Vorstellung vom 19. Jahrhundert als der klassischen Ausformung von Modernität wird man ebenso fallen lassen müssen, wie die gern zitierte Idee vom „langen 19. Jahrhundert" zwischen Spätaufklärung und Französischer Revolution einerseits, dem Ersten Weltkrieg andererseits fragwürdig geworden ist: Eher erscheint das 19. Jahrhundert (wenn man sich denn auf solche Kategorien einlässt) als ein besonders „kurzes"; als eine relativ kurze, unbestreitbar sehr dynamische Übergangszeit zwischen den 1830er und den 1890er Jahren, die im Umbruch zur soziokulturellen Moderne des 20. Jahrhunderts schon wieder ihr Ende fand.

Auf der anderen Seite dieser Zäsur ergeben sich Konsequenzen für die historische Sichtweise des 20. Jahrhunderts – einige sind oben schon angedeutet worden. Vor allem unterstreicht die gesellschaftsgeschichtliche Wendemarke von „1900" die Notwendigkeit, stärker als bisher ein dezidiert sozialgeschichtliches Bild des 20. Jahrhunderts zu entwickeln; und das heißt nicht nur: Sozialgeschichte des 20. Jahrhunderts intensiv zu betreiben, sondern auch, den Gesamtcharakter der Epoche mehr von den sozialen Strukturen und Prozessen her zu interpretieren, diesen also, ähnlich wie es für das 19. Jahrhundert unter Leitbegriffen wie „Industrialisierung", „Klassenbildung" oder „Verbürgerlichung" schon geschehen ist, paradigmatische Kraft für die historische Konzeptualisierung der Epoche einzuräumen. Die Profilierung der Zäsur von „1900" eröffnet aber gleichzeitig die Möglichkeit und die Voraussetzungen, das zu tun, weil sie zeigt, dass es eine sozial- und kulturgeschichtliche „Einheit des 20. Jahrhunderts" sehr wohl gibt. Von den ohne Zweifel epochalen Ereignissen von 1989/90 – erst recht von den kurzsichtigen Vorwürfen, die Sozialgeschichte sei auf politische Ereignisse wie diese zu wenig eingestellt – sollte man sich jedenfalls nicht dazu verführen lassen, das Signum dieses Jahrhunderts in erster Linie oder gar ausschließlich in politischen Großereignissen wie dem „Weltbürgerkrieg" oder der Auseinandersetzung von „Diktatur und Demokratie" zu erkennen. Das verweist nur wieder auf die methodische Falle der „optischen Täuschung", von der vorn schon die Rede war. In sozialgeschichtlicher Perspektive

---

haben sich mit diesem von Soziologen oft etwas grobschlächtig vorgetragenen, aber dennoch ernstzunehmendem Argument noch wenig auseinandergesetzt; vgl. aber: Jürgen Kocka, Diskussionsbeitrag, in: Kreckel (Hg.), Soziale Ungleichheiten, 93–99.

ist denn das 20. Jahrhundert nicht „1990" zu Ende gegangen. Es dauert noch an, solange die westlichen Gesellschaften auf dem Boden der sozial- und kulturgeschichtlichen Moderne, wie sie in den beiden Jahrzehnten um 1900 entstanden ist, stehen, von dieser Erfahrung geprägt werden und sich zu ihr bekennen – einschließlich der Kritik an ihr, die ebenfalls ein Kind dieser Zeit ist.

4 Die Machbarkeit der Welt.
Technik, Gesellschaft und Politik
im utopischen 20. Jahrhundert

I Der Utopiebedarf des 20. Jahrhunderts

Brauchte das 20. Jahrhundert überhaupt Utopien? Wenn Utopien diejenigen fernen, nie erreichbaren Orte hypothetischer Zukunft sind, die sich Gesellschaften angesichts fehlender realer Entwicklungschancen entwerfen – dann hatte das 20. Jahrhundert Utopien in der Tat nicht mehr nötig. Früher mussten die Menschen geistige Fluchtorte, phantasievoll imaginierte Schauplätze eines besseren oder sogar perfekten Lebens malen, um Trost oder Hoffnung angesichts der Unverrückbarkeit der sie umgebenden Wirklichkeit zu finden. Im 20. Jahrhundert dagegen schien, auf eine zuvor nie gekannte Weise, alles möglich, alles machbar zu werden. Aber gerade deshalb wuchsen auch die Sehnsüchte und Verheißungen ins Unermessliche. Nicht mehr in einzelnen „Inseln" wurde die utopische Gegenwelt beschworen, sondern sie verdichtete sich zu einem Gesamtentwurf von globaler oder, wie man in der Hochphase dieses Denkens eher gesagt hätte, „planetarischer" Dimension.

Deshalb genügt es nicht, von einzelnen, wie auch immer einflussreichen Utopien „im" 20. Jahrhundert zu sprechen. Vielmehr lässt sich, wie das im Titel dieses Beitrags schon angedeutet ist, das 20. Jahrhundert insgesamt als eine utopische Epoche kennzeichnen. Das gilt natürlich nicht im exakten kalendarischen Sinne – historiographische Jahrhunderte wie das „Jahrhundert der Aufklärung" oder das „bürgerliche" oder „lange" 19. Jahrhundert sind immer nur Hilfskonstruktionen des Verstehens, die sich gegenüber den Jahreszahlen verselbständigen. So spricht in diesem Fall viel dafür, die Zeit um 1900, mit einer langen Anlaufphase seit der Mitte des 19. Jahrhunderts, als eine recht markante Zäsur zu verstehen, in der sich das Syndrom des utopischen 20. Jahrhunderts formierte. Sein Ende dagegen liegt um einiges früher als die Jahrtausendwende. Denn schon in den 1970er Jahren erlebten die westlichen Gesellschaften einen kulturellen Bruch, der zu einer raschen Erosion utopischer Horizonte führte und unter dessen Nachwirkungen wir in vieler Hinsicht bis heute stehen.

Das „utopische Syndrom" des 20. Jahrhunderts beruhte auf einem Zusammenwirken vieler einzelner Elemente, die im Folgenden noch etwas näher charakterisiert werden. Kurz gesagt, konstituierte es sich in einem spezifischen Dreieck von Technik, Gesellschaft und Politik: Ohne Visionen technischen Fortschritts, die ihrerseits auf der Erfahrung von Industrialisierung und Verwissenschaftlichung beruhten, wäre es schlechterdings nicht denkbar, auch wenn die radikale Technizität zugleich immer wieder zu romantischen Gegenentwürfen herausforderte. Letztlich war der technische Fortschritt aber kein Selbstzweck, sondern blieb instrumentell: er sollte im Dienst einer Umformung der Gesellschaft stehen, und insbesondere: Visionen des kollektivierten Lebens in der Gemeinschaft ermöglichen. Zentral für das utopische Syndrom war also nicht nur der Bezug auf die Sozialdimension im allgemeinen – Utopien haben immer schon Lebensformen und Lebensvollzug der Menschen zum Gegenstand gemacht und dabei in ganz unterschiedliche Richtungen radikalisiert. Die Radikalisierung der Gemeinschaft war das Spezifikum des frühen und mittleren 20. Jahrhunderts. Dazu bedurfte es, neben der Technik, noch eines weiteren Hebels. Denn diese Utopien sollten weder schöne Träume bleiben noch verwirklichen sie sich auf geheimnisvoll-hegelianische Weise von selber. Es bedurfte vielmehr des bewussten und dezidierten politischen Handelns, um die Realisierbarkeit der Utopien zu demonstrieren, um ihrer möglichst baldigen Verwirklichung näher zu kommen. Deshalb ist der utopische Charakter des 20. Jahrhunderts nicht von einem anderen Merkmal dieser Ära zu trennen: von der Konzentration und Anmaßung politischer Herrschaft in autoritären Regimen, Diktaturen und Totalitarismen bis zum millionenfachen Völkermord, die aber auch eine demokratische Variante starker *governance*, von Gesellschaftssteuerung und -planung, kannte.

Die Wirkung dieses Syndroms beruhte auf zwei weiteren kulturellen Voraussetzungen. Zum einen setzte sie einen fundamentalen Optimismus und Aktivismus in Welthaltung und Menschenbild voraus, der als Erbe der Aufklärung zur Verfügung stand: den Glauben an die Verbesserung der Verhältnisse in der Macht des Menschen. Damit konnten, zweitens, die utopischen Fern- oder Zukunftsorte an die Realität und Gegenwart unmittelbar angedockt werden. Auch insofern wurde die Utopie im 20. Jahrhundert „entinselt": Sie war nicht mehr eine Insel hinter tausenden Kilometern kaum überbrückbarem Ozean, sondern lag schlicht am Ende einer immer genauer vermessenen Wegstrecke, die aus der Gegenwartsrealität, glatt asphaltiert und kurvenfrei, in die Utopie hineinführte. Beide Voraussetzungen erodierten seit den 1970er Jahren. An die Stelle des Optimismus trat Skepsis, wenn nicht sogar tiefer Pessimismus über die Chancen der Zukunft ebenso wie hinsichtlich des menschlichen Steuerungsvermögens überhaupt. Und die Straßen zu den Utopien wurden holprig, kurvenreich, entpuppten sich als Sackgassen, mindestens jedoch als gefährliche Wegstrecken.

So spannt sich ein Bogen über das utopische 20. Jahrhundert, der von seinen Voraussetzungen über Aufstieg und Höhepunkt schließlich in Krise und

Transformation führt. Dieser Bogen soll im Folgenden, natürlich nur in einer ganz kurzen und ausschnitthaften Skizze, abgeschritten werden. Zunächst werfen wir einen etwas genaueren Blick auf Ursprünge und Motive des utopischen Denkens im 20. Jahrhundert (II), dann wird die Formierung des utopischen Syndroms um 1900 an einigen Beispielen dargestellt (III). Hier wie in den späteren Phasen gilt der Entwicklung von Architektur und Städtebau, von Siedlungsutopien also, besondere Aufmerksamkeit. Denn auf anschauliche und aussagekräftige Weise bündeln sich hier die drei Elemente von Technik, Gemeinschaftsvision und politischer Steuerung. In den mittleren Jahrzehnten des 20. Jahrhunderts erlebte das Syndrom seinen Höhepunkt, nicht zuletzt in totalitären Utopien, aber auch in einem demokratischen Utopismus der westlichen Gesellschaften, der von den 30er Jahren bis in die 70er Jahre reichte (IV). Wie und warum sich das utopische Syndrom seitdem auflöste, und wie dieser Einschnitt in historischer Perspektive ebenso wie angesichts aktueller Erfahrungen zu bewerten ist, wird abschließend (V) kurz umrissen.

II Das utopische Syndrom: Voraussetzungen und Motive

Auch wenn sich das utopische Syndrom erst um 1900 herauskristallisierte, beruhte es doch auf den vielfältigen Veränderungen der modernen Welt seit dem ausgehenden 18. Jahrhundert. Man kann zugespitzt sagen: Das utopische 20. Jahrhundert wurzelte in den Konsequenzen, welche die Zeitgenossen seit der Jahrhundertwende aus den Erfahrungen der Moderne zogen. Welche Veränderungen sind damit angesprochen, welche Erfahrungen führten die Menschen seit dem späten 19. Jahrhundert in die Richtung der Utopien, welche Deutungsmuster standen dahinter? Von fünf Entwicklungssträngen und Grundmotiven soll hier kurz die Rede sein.

Fundamental ist zunächst, *erstens*, die Erfahrung von Wandel und Modernisierung selber, die man als die Basiserfahrung des 19. Jahrhunderts überhaupt bezeichnen kann. In nahezu allen Bereichen löste sich die relative Ruhe oder Statik der vergangenen Jahrhunderte auf, auf dem Lande ebenso wie in den Städten, in der technologischen und ökonomischen „Basis" der Gesellschaft ebenso wie in ihrem kulturellen, geistigen und politischen „Überbau". Seit dem späten 18. Jahrhundert begann die Industrielle Revolution, von England aus, ihren Siegeszug, der sich im frühen 19. Jahrhundert in einigen Regionen des kontinentalen Westeuropa und Nordamerikas fortsetzte. Sie beruhte nicht nur auf technischen Innovationen wie der Dampfmaschine und der *Spinning Jenny*, sondern auch auf neuen ökonomischen Mechanismen wie dem Markt und einer durchgreifenden Kommerzialisierung des Lebens. Fast gleichzeitig erschütterte ein neuer Typus von Revolutionen die politischen Ordnungen; an die Stelle der Erbmonarchien traten zeitweise, wie in Frankreich, oder dauerhaft, wie in den USA, Republiken mit einem dynamischen Anspruch auf Demokratisierung. Die Dinge, so unverrückbar und naturwüchsig sie schienen, gerieten in Bewegung, und zwar in eine immer schnellere Bewegung: die Beschleunigung sowohl in den großen „systemischen" Komplexen wie Wirtschaft, Sozialstruktur und Staat als auch in Alltag und konkreten Lebensverhältnissen wurde selber, wie Reinhart Koselleck das auf klassische Weise herausgearbeitet hat, zu einer Erfahrungsstruktur der Moderne.

In der Revolutionierung von Verkehr und Kommunikation blieb diese Beschleunigung nicht nur metaphorisch: Nachrichten, Güter, Menschen bewegten sich seit der Erfindung der Eisenbahn und des Telegraphen mit ungeahntem Tempo; gerade um 1900 verdichteten sich die technischen Innovationen in diesem Bereich noch einmal mit dem Telefon, dem Automobil und dem Flugzeug. Noch früher erreichten Dampfschiffe sicher und schnell beinahe jeden Punkt auf dem Globus. Diese Erfahrung der Erreichbarkeit von Orten, die zuvor praktisch „Un-Orte" gewesen sind, ist für den spezifischen Charakter der Utopie im 20. Jahrhundert gar nicht zu überschätzen. Wenn selbst so ferne, lebensfeindliche und schlechterdings unerreichbare Orte wie der Südpol in der Antarktis dem Menschen zugänglich wurden, wie es 1911 mit dem Wettlauf Amundsens und Scotts geschah, welche Utopie, welcher Nirgend-Ort sollte dann unzugänglich bleiben?

Reinhart Koselleck hat von der Spannung zwischen dem „Erfahrungsraum" und dem „Erwartungshorizont" gesprochen, die aus dieser modernen Beschleunigung resultierte.[1] Die Erfahrungen verdichteten sich und nährten noch weiter ausgreifende Erwartungen an die Zukunft, in denen die schon kaum glaublichen Erfahrungen der jüngsten Vergangenheit noch einmal überboten wurden. Im letzten Drittel des 19. Jahrhunderts erreichten die technologischen und ökonomischen Umwälzungen mit der Hochindustrialisierung und Hochurbanisierung, also der beschleunigten Verstädterung, Großstadt- und Metropolenbildung, einen vorläufigen Höhepunkt. Gegenüber dieser Hochphase der „sozialökonomischen" Moderne hat man die Zeit um 1900 als Schwellenzeit einer „soziokulturellen" Moderne beschrieben. Jetzt begann das Bewusstsein der Zeitgenossen erst umfassend auf die Veränderungen zu reagieren, jetzt empfand man die neuen Lebensverhältnisse – in den Rädern des Kapitalismus,

---

1 Reinhart Koselleck, „Erfahrungsraum" und „Erwartungshorizont" – zwei historische Kategorien, in: ders., Vergangene Zukunft. Zur Semantik geschichtlicher Zeiten, Frankfurt 1979, 349–375; vgl. überhaupt diesen Band zur neuzeitlichen Zeiterfahrung und „Beschleunigung".

in den Menschenmengen der Großstädte – als Verheißung oder auch als eine Zumutung, als einen Leidensdruck.

So lösten die Beschleunigung und der Erfahrungswandel des 19. Jahrhunderts nicht nur zustimmende Reaktionen aus, die auf ein Weitertreiben dieses Prozesses zielten, um noch mehr von den freigesetzten Erwartungen möglichst bald erfüllen, noch mehr Utopien erreichen zu können. Die Beschleunigung provozierte auch, *zweitens*, Gegenreaktionen, die ihrerseits aber nicht die Utopien zum Einsturz brachten, sondern auf besondere Weise erst recht eine Flucht in die Utopie begründen konnten. Wenn Beschleunigung und Veränderung die Menschen überforderten, entstand eine Sehnsucht nach Stabilität. Sie konnte im klassischen Sinne „konservativ" oder „traditionalistisch" gewendet werden: als ein Bemühen um die Rückkehr in die stabilen Verhältnisse der „guten alten Zeit". Aber inmitten des überbordenden Optimismus und Zukunftsdenkens der Jahrzehnte um 1900 konnte diese Sehnsucht nach Stabilität genauso gut dynamisch in die Zukunft projiziert werden: Der Ruhepunkt lag dann voraus. Es war zuallererst der Sozialismus, der diesen Gedanken entwickelte und massenhaft populär machte. In dem wohl einflussreichsten, meistgelesenen Traktat des deutschen Sozialismus in dieser Zeit, in August Bebels „Die Frau und der Sozialismus", war dieses Motiv als Teil der von dem langjährigen SPD-Vorsitzenden beschworenen Vision einer sozialistischen Zukunftsgesellschaft nicht nur theoretisch formuliert, sondern sehr praktisch greifbar. So klagte Bebel am Beispiel der Mode über die Hektik und Unrast seiner Zeit und stellte die zukünftige Stabilität des sozialistischen Lebens dagegen:

„Man wird sich zweifellos zweckmäßiger und gefälliger kleiden als heute (...), aber man wird nicht mehr alle Vierteljahre eine neue Mode einführen. (...) In diesem Hetzen und Jagen von einer Mode zur anderen und von einem Stil zum anderen spiegelt sich die Nervosität des Zeitalters am prägnantesten wider. Niemand wird behaupten wollen, dass in diesem Hasten und Stürmen Sinn und Verstand liegt und es als ein Zeichen der Gesundheit der Gesellschaft anzusehen sei. (...) Der Sozialismus wird erst wieder eine größere Stabilität in die Lebensgewohnheiten der Gesellschaft bringen; er wird Ruhe und Genuss ermöglichen und ein Befreier von der gegenwärtig herrschenden Hast und Aufregung sein. Alsdann wird die Nervosität, diese Geißel unseres Zeitalters, verschwinden."[2]

Man mag eine eigentümliche Spannung darin erkennen, dass diese Sehnsucht nach Stabilität und Ruhe keineswegs mit einer Ablehnung des techni-

---

2 August Bebel, Die Frau und der Sozialismus, Berlin (Ost) 1964, 464f. (Nachdruck der 50. Auflage 1909).

schen und wissenschaftlichen Fortschritts einherging, der vor hundert Jahren wie heute zu den maßgeblichen Beschleunigern und „Unruhestiftern" auch des Alltags gehörte. Nicht nur August Bebel, sondern die sozialistische Bewegung insgesamt, später dann ja auch der Kommunismus sowjetischen Typs, verknüpften ihre politisch-sozialen Zukunftserwartungen auf das engste mit dem technischen Fortschritt, so wie das in Lenins klassischem Diktum, Kommunismus sei „Sowjetmacht plus Elektrifizierung des Landes" zum Ausdruck kam. Aber das besondere Vertrauen in Wissenschaft und Technik war unabhängig von politischen Lagern und Ideologien ein Merkmal der Jahrzehnte um die die vorletzte Jahrhundertwende und bildet insofern ein *drittes* Grundmotiv des utopischen 20. Jahrhunderts.

Wesentlich dafür, gerade im Hinblick auf die Brücke in die Zukunft, war die Verknüpfung von Erfindungen und Entdeckungen mit den Prinzipien der Entwicklung und der menschlichen Planbarkeit. Technisch-wissenschaftliche Innovationen ereigneten sich nicht mehr zufällig, in der Werkstatt des genial-individuellen Erfinders, sondern wurden systematisch betrieben, gezielt angesteuert, als Entwicklungsprozess gestaltet. Thomas Alva Edison stand an der Schwelle dieses Prinzips: Selber noch genialer Individual-Erfinder, betrieb er Innovationslabore und machte den technischen Fortschritt zu einem sich selbst regulierenden Prozess. Das erzeugte einen neuen Modus der Erwartung: Wenn man mit dem Auto fahren konnte, sollte man auch mit dem Flugzeug fliegen können. Oder in einer viel späteren Variante, die zugleich schon den Bruchpunkt dieser Utopien gegen Ende des 20. Jahrhunderts bezeichnet: Wenn Menschen den Mond betreten hatten, konnte an der Erreichbarkeit des Mars kein Zweifel bestehen. Angesichts der Realisierung so vieler, ein oder zwei Generationen zuvor schier unvorstellbarer technisch-wissenschaftlicher Ideen nährte dies zugleich den festen Glauben in die Planbarkeit und Machbarkeit des Fortschritts. Die jeweils nächsten Schritte konnten mit politischen und administrativen Mitteln vorbereitet und dann auch umgesetzt werden; prinzipielle Zweifel an der Möglichkeit der Realisierung verblassten; von normativen Fragen – also Zweifeln an der Wünschbarkeit bestimmter Zukünfte – ganz zu schweigen. Bereits von solcher Skepsis tief gefärbt, bringt ein berühmter Satz Friedrich Dürrenmatts aus seinen „Physikern" (1962) diese Haltung zum Ausdruck: „Was einmal gedacht wurde, kann nicht mehr zurückgenommen werden." Dass das, was gedacht wurde, auch verwirklicht werden konnte, war darin wie selbstverständlich vorausgesetzt.

Für die Utopien des 20. Jahrhunderts spielte die Übertragung dieser Prinzipien aus den instrumentellen Technologien (der Energie, des Verkehrs, der Kommunikation usw.) auf die biologische Entwicklung eine entscheidende Rolle; auf die organische Umwelt, auf die Entwicklung von Lebewesen, schließlich auf den Menschen und die (vermeintlichen) biologischen Voraussetzungen für zukünftige Idealgesellschaften. Die Darwinsche Evolutionslehre verwandelte sich um 1900 in verschiedene Varianten eines Sozialdarwinismus. Und auch hier vollzog sich jener Übergang in die systematische Gestaltung der Zukunft, der gerade skizziert wurde: Aus der „natürlichen Zuchtwahl" einer langsamen, ungesteuerten Evolution durch Zufälle wurde die menschlich gesteuerte Züchtung als eine spezifische Technologie der Moderne, welche die Utopie reiner und harmonischer Gesellschaften in die menschlichen Verfügbarkeit stellte.

In der Rede von solchen zunehmend verfestigten, sich gegen Zweifel immunisierenden Überzeugungen klingt die *vierte* Voraussetzung des utopischen Syndroms bereits an, die sich auf den Begriff der „Ideologisierung" bringen lässt. Die Wurzeln moderner politisch-sozialer Ideologien reichen natürlich viel weiter zurück; Koselleck hat die „Ideologisierbarkeit" als eines von vier Merkmalen der begriffsgeschichtlichen „Sattelzeit" um 1800 hervorgehoben.[3] Aber am Ende des 19. Jahrhunderts erreichte die Ideologisierung (vor allem in Europa, weniger in Nordamerika) eine neue Qualität – in mehrerer Hinsicht. Die Welt- und Gesellschaftsbilder verdichteten sich zu umfassenden, tendenziell zu „totalen" Deutungen, denen kein Bereich der Realität mehr entkommen konnte. Sie beanspruchten ein wissenschaftliches Fundament, eine wissenschaftliche Legitimation und immunisierten sich damit gegen Kritik (was eigentlich gerade nicht der Sinn von Wissenschaft ist!) – Friedrich Engels stilisierte den Sozialismus zu einer Wissenschaft ebenso, wie radikale rechte, z. B. völkische Ideologien sich einer neuen „Rassenkunde" bedienten, um ihre Lehren abzusichern. Politische Programmatik und Handlungsanleitung der Ideologien wurden „verzeitlicht", das heißt, sie entwickelten Perspektiven für die zukünftige Realisierung der Ideologien, die teilweise als sehr genaue „Fahrpläne" der Geschichte ausbuchstabiert wurden.

Die Ausdifferenzierung und Polarisierung von „linken" und „rechten" Ideologien schritt voran, während gleichzeitig beide eine neue Gemeinsamkeit im Kampf gegen die erlittene Gegenwart einer liberal-kapitalistischen Moderne fanden und ihre Utopien gegen diese stellten. Man kann wohl von einem primären Nexus zwischen der Utopie und dem „Fortschritt" im Sinne des „progressiven" Denkens, vereinfacht gesagt also von einer besonders engen Verbindung zwischen utopischem und „linkem" Denken ausgehen. Im klassischen Sinne konnte der Konservatismus gar nicht über Utopien verfügen, weil seine Grund-

---

3 Reinhart Koselleck, Einleitung, in: Otto Brunner u. a. (Hg.), Geschichtliche Grundbegriffe, Bd. 1, Stuttgart 1972, XIII–XXVII (Demokratisierung, Verzeitlichung, Ideologisierbarkeit, Politisierung).

haltung seit seiner Entstehung um 1800 die einer tiefen Machbarkeitsskepsis, einer Skepsis gegenüber menschlicher Selbstermächtigung ebenso wie gegenüber Verzeitlichung und Entwicklungsdenken war. Aber eben das änderte sich um 1900, als neben den klassischen, in die Defensive geratenden Konservatismus Varianten radikal rechter Weltbilder traten, die mit dem Verheißungscharakter linker Ideologien konkurrierten. Das gilt wohl für kein Land mehr als für Deutschland, wo aus solchen Wurzeln schließlich die Gesellschafts-, Rassen- und Menschenutopie des Nationalsozialismus hervorging.

Schließlich verweist die Verdichtung und Überhöhung von Zukunftsbildern zu Ideologien auf ein *fünftes* Grundmotiv des utopischen Syndroms: nämlich seine religiösen oder ersatzreligiösen Qualitäten. Utopien waren damit mehr als Zukunfts- oder Alteritätsentwürfe; sie traten als eine Verheißung auf und versprachen Erlösung. Die Verheißung bewegte sich in einer charakteristischen Übergangszone zwischen Transzendenz und Diesseitigkeit ebenso wie häufig offen blieb, ob die Erlösung von den Leiden der Gegenwart in der konkreten Realität und zeitlichen Naherwartung stattfinden sollte oder die Lebenserfahrung der Zeitgenossen sprengen würde. Darin kommt auch eine spezifische religiöse Konstellation des späten 19. und frühen 20. Jahrhunderts zum Ausdruck, in der eine beschleunigte Säkularisierung und radikale Infragestellung von Religion auf einen großen „Religionsbedarf" stieß. So war das utopische 20. Jahrhundert immer von einer religiösen Ambivalenz bestimmt, die sich noch an den Protest- und Alternativbewegungen der 1960er und 1970er Jahre studieren lässt. Einerseits sollten die wissenschaftlichen Utopien als innerweltliche Heilsversprechen die klassischen religiösen Angebote ablösen, andererseits bedienten diese Utopien selber die Suche nach religiösem Sinn und integrierten, auch praktisch gesehen, religiöse und kultische Elemente in ihr Handlungsarsenal. Der Sozialismus als Utopie trat als Religionsersatz ebenso wie als Religionskonkurrent auf.[4] Und nicht zufällig erlebte das chiliastische Denken am Beginn des 20. Jahrhunderts eine neue Konjunktur, bis hin zur nationalsozialistischen Rede vom „Tausendjährigen Reich". Gerade die Erfahrung der extremen Beschleunigung des Lebens ließ die Erwartung wachsen, dass es so nicht noch lange weitergehen könne; dass die Beschleunigung in einen qualitativen Umschlag, in eine Apokalypse münden müsse, die noch in der eigenen Lebenszeit bevorstehe. Die Verlagerung von Jenseitserwartungen, von paradiesischen Projektionen aus dem Raum der Transzendenz in das diesseitige Leben, in die real-zeitlich einholbare Wirklichkeit aber „ernüchterte" die Utopien oft-

---

4 Vgl. dazu grundlegend: Lucian Hölscher, Weltgericht oder Revolution. Protestantische und sozialistische Zukunftsvorstellungen im deutschen Kaiserreich, Stuttgart 1989.

mals nicht, sondern machte sie – jedenfalls aus heutiger Perspektive gesehen – eher gefährlicher. Denn sie verlagerte die utopische Autorität in die Hände von Menschen, denen die Berufung auf den utopischen Endzustand und Heilszweck zur Heiligung der Mittel dienen konnte.

All diese Voraussetzungen und Grundmotive wirkten aus dem 19. Jahrhundert heraus in das 20. Jahrhundert hinein und prägten Weltdeutungen, Gesellschaftsbilder und Politik bis mindestens in die 1970er Jahre. Sie überlagerten sich, verstärkten sich gegenseitig und verknüpften sich zu dem utopischen Syndrom, dessen Grundzüge noch einmal so zusammengefasst werden können: Die Erfahrung von Wandel und Beschleunigung ließ einen Erwartungshorizont radikaler Alterität entstehen, in dem sich das Wunschbild der Fortschreibung erlebter Veränderung mit dem Schreckbild von zu viel Veränderung mischte. Utopien entstanden also zugleich als Verlängerung der eigenen Erfahrung in die Zukunft und als Fluchtprojektionen; beides lässt sich meist gar nicht trennen, wofür die sozialistische Utopie – wie das Zitat von August Bebel schon gezeigt hat – ein gutes Beispiel ist. Sie verweist auch auf einen weiteren Grundzug der meisten Utopien dieser Zeit: Unter dem Eindruck einer „ersten Welle" der modernen Individualisierung stellten sie Visionen einer neu gefundenen Gemeinschaft in das Zentrum ihres Gesellschaftsbildes. Die Bilder der Zukunft (oder einer radikalen Alterität) nahmen dabei einen umfassenden, einen tendenziell totalen Charakter an: Nichts würde der großen Umwälzung widerstehen können; es ging nicht um einzelne Veränderungen, sondern um einen fundamentalen Gegenentwurf; auch der Mensch selber sollte Gegenstand dieser Umgestaltung sein und in ihr zum damals viel zitierten „neuen Menschen" werden. Der Mensch war aber nicht nur Objekt, sondern auch Subjekt und Agent der Veränderung; die Verwirklichung der Utopien lag in seiner Hand; die Weltgestaltung sollte sich seinem Willen fügen. Es war also ein spezifischer Voluntarismus, der das utopische Syndrom des 20. Jahrhunderts prägte, eine tiefe Überzeugung von der „Machbarkeit" der Welt, die nicht als pragmatische, sondern als prinzipielle und radikale Machbarkeit verstanden wurde. Das 20. Jahrhundert schien alle Möglichkeiten offenzuhalten, Utopien zu realisieren.

III Schwellenzeit der Utopie: Die lange Jahrhundertwende 1900

Um 1900 also war die Verunsicherung über die Gegenwart in einer tiefen Krise der „klassischen Moderne" ebenso groß wie die Erwartung einer besseren – einer grundlegend und endgültig besseren – Zukunft. Die Welt musste durch ein Nadelöhr gehen, um dorthin zu gelangen. Oder barg die eigene Zeit schon die Keime der so verheißungsvollen Zukunft? Diese Sichtweise vertrat der Sozialismus, den man als die größte und wirkmächtigste Utopiebewegung des frühen 20. Jahrhunderts interpretieren kann. Karl Marx hatte vor allem eine Analyse des Kapitalismus und der bürgerlichen Gesellschaft geliefert, sich jedoch bis zu seinem Tode im Jahre 1883 kaum für die Gestalt der sozialistischen oder kommunistischen Zukunftsgesellschaft interessiert.[5] Und doch lieferte er entscheidende Vorgaben für die konkreteren Vorstellungen, die eine Generation später entstanden: die Überzeugung vom gesetzmäßigen Zusammenbruch des Kapitalismus, von der Heraufkunft einer kommunistischen Idealgesellschaft, in welcher der Mensch die Entfremdung abstreifen und zu einer natürlichen bzw. naturzuständlichen Freiheit finden würde; aber auch den Respekt für die Leistungen von Kapitalismus und Bourgeoisie, die ein Entwicklungsniveau der Produktivkräfte, also auch von Wissenschaft und Technologie geschaffen hätten, hinter das der Kommunismus nicht mehr zurückfallen könne.

Sein Mitstreiter und späterer Interpret Friedrich Engels trug maßgeblich dazu bei, den Übergang in den Sozialismus als eine konkrete Naherwartung zu formulieren. In seiner 1880 erstmals erschienenen Schrift „Die Entwicklung des Sozialismus von der Utopie zur Wissenschaft" rechnete er mit den aus seiner und Karl Marx' Sicht naiven, „unwissenschaftlichen" Strömungen des Frühsozialismus und sogenannten „utopischen Sozialismus" ab und versuchte der sozialistischen Lehre in der Marx-Engelsschen Variante des „dialektischen und historischen Materialismus", dem schon skizzierten allgemein Anspruch der Zeit folgend, ein wissenschaftliches Fundament zu geben. Dennoch könnte der Titel der Schrift aus heutiger Sicht auch heißen „Die Entwicklung des Sozialismus zur Utopie" – denn sie steht stellvertretend für die Überschreitung der Schwelle zu dem vorhin beschriebenen utopischen Syndrom, auch wenn Marx und Engels den Voluntarismus einer Erzwingung der besseren Zukunft durch die menschliche Tat als geschichtsgesetzwidrigen *Blanquismus* ablehnten.

Es spricht viel dafür, dass die besondere politisch-gesellschaftliche Konstellation im Deutschen Reich den in diesem Sinne utopischen Charakter des Sozialismus besonders förderte, der im Vergleich zu anderen westlichen Ländern so hervorsticht: Die kulturelle Ausgrenzung der Sozialdemokratie und ihre politische Bekämpfung durch das „Sozialistengesetz" zwischen 1878 und 1890 begünstigte die innere Milieubildung und die Abschottung in Gegenwelten. Auf dieser Grundlage war es in den folgenden beiden Jahrzehnten, bis an die

---

5 Vgl. Thilo Ramm, Die künftige Gesellschaftsordnung nach der Theorie von Marx und Engels, in: Marxismusstudien, Bd. 2, Tübingen 1957, 77–119.

Schwelle des Ersten Weltkriegs, gerade der überragende Erfolg der Sozialdemokratie als Massenbewegung, in Organisation und Wahlergebnissen, der die Überzeugung von dem baldigen Sieg des Sozialismus weiter fütterte und zu immer konkreteren Ausgestaltungen der Utopie vom sozialistischen „Zukunftsstaat" Anlass gab. In seinem schon erwähnten Buch „Die Frau und der Sozialismus" zeigte sich der langjährige Parteivorsitzende August Bebel seit 1879 nicht nur als entschiedener Pionier der Frauenemanzipation, sondern entwickelte auch eine ungemein konkrete, detailreiche Beschreibung der sozialistischen Zukunft, die er in mehr als 50 Auflagen bis zu seinem Tod 1913 immer weiter ergänzte und den jeweiligen ökonomischen und technischen Entwicklungen anpasste.

Bebels konkrete Utopie prägte nachhaltig die Mentalität der sozialdemokratischen Arbeiterbewegung in Deutschland und ihre Naherwartung einer sozialistischen Zukunft. Sie zeigt aber auch in einem allgemeineren Sinne, wie um 1900 Idealvorstellungen der Gesellschaft aus der Beschleunigungserfahrung der Moderne abgeleitet und unmittelbar glaubhaft gemacht werden konnten – in einer Unmittelbarkeit, die uns heute naiv erscheinen muss. Der technische Fortschritt, auch im Alltagsleben, in der Wohnungsausstattung mit Elektrizität und Komfort etwa, wurde zum Maßstab einer grundlegenden sozialen Umgestaltung, in der im sozialistischen Sinne Privatleben und Individualität aufgehoben und ihre lästigen Mühen rigoros zentralisiert, technisiert und kollektiviert sein würden:

„Wie in der Küche, so wird Revolution im gesamten häuslichen Leben sich vollziehen und zahllose Arbeiten erübrigen, die heute noch ausgeführt werden müssen. Wie künftig durch die Zentralnahrungsbereitungsanstalten in vollkommenster Weise die häusliche Küche überflüssig gemacht wird, so fallen durch die Zentralheizung, die elektrische Zentralbeleuchtung alle Arbeiten, die bisher die Instandhaltung der Feuerung in den Öfen, die Instandhaltung der Lampen und Beleuchtungsapparate erforderten, weg. (...) Die Zentralwaschanstalten und Zentraltrockeneinrichtungen übernehmen die Reinigung und das Trocknen der Wäsche; die Zentralreinigungsanstalten die Reinigung der Kleider und Teppiche."[6] Und er gab sich überzeugt, dass die Zukunft bereits begonnen habe und – im Grunde entgegen der klassischen Marxschen Lehre – durch menschliche Intervention beschleunigt realisiert werden könne: „Die revolutionäre Umgestaltung, die alle Lebensbeziehungen der Menschen von Grund aus ändert und insbesondere auch die Stellung der Frau verändert, vollzieht sich also bereits vor unseren Augen. Es ist nur eine Frage der Zeit,

---

6 Bebel, Die Frau und der Sozialismus, 511f.

dass die Gesellschaft diese Umgestaltung in größtem Maßstabe in die Hand nimmt und den Umwandlungsprozess beschleunigt und verallgemeinert und damit alle ohne Ausnahme an seinen zahllosen vielgestaltigen Vorteilen teilnehmen lässt."[7]

Auch anderswo griffen populäre Utopien die manifesten sozialen Probleme in den schnell industrialisierenden Gesellschaften auf, legten sich dabei weniger auf eine zunehmend kodifizierte marxistisch-sozialistische Variante fest. Zumal in England und den USA blieb die Nähe zur liberalen Sozialreform größer, was über große Ähnlichkeiten in Diagnose und Zukunftsvision aber nicht hinwegtäuschen kann. Eine der berühmtesten literarischen Sozialutopien überhaupt ist ein Beispiel dafür: das Buch „Looking Backward, 2000–1887" des Amerikaners Edward Bellamy, das 1888 zum ersten Mal erschien und den Vorgriff auf das heranrückende, allenthalben als verheißungsvoll gesehene 20. Jahrhundert von dessen Ende her wagte.[8] Bellamy übernahm viele Elemente der sozialistischen Utopie; auch sein Buch kann als eine Reaktion auf die kapitalistische Industriegesellschaft, auf das Elend und die politische Unterdrückung der Arbeiter in den großen Städten gesehen werden. Die Überwindung des Kapitalismus und allgemeiner der kommerzialisierten Gesellschaft sollte mit der Abschaffung des Geldes besiegelt werden; der nach dem Eindruck vieler Zeitgenossen auch – und gerade – in den Vereinigten Staaten überbordende Individualismus in einer neuen, gemeinschaftsorientierten Ordnung aufgefangen werden, deren Gesinnung in einer Art sozialem Pflichtdienst institutionalisiert werden sollte.

In der „sozialen Frage" überlagerte sich die Erfahrung des Kapitalismus mit derjenigen der Großstadt, die in besonderer Weise als eine Herausforderung für die Zukunft galt. Die Ambivalenz der Moderne-Erfahrung kam in den Reaktionen auf die großstädtischen Siedlungs- und Lebensformen plastisch und sinnfällig zum Ausdruck: Einerseits waren Enge und „Vermassung" Anlass zu Utopien, die ein ideales Leben der Zukunft in romantischen und neoagrarischen Entwürfen fassten; andererseits faszinierte die Großstadt, ihre Dichte, ihre radikale Modernität, ihre architektonischen und städtebaulichen Möglichkeiten auch so, dass deren frühe Formen nochmals radikalisiert und utopisch übersteigert wurden. Das auch international einflussreichste Beispiel für die erste, die romantische Variante der gegen-urbanen Utopie skizzierte 1898 der Brite

---

[7] Ebd., 515.
[8] Edward Bellamy folgend, gewann der „Säkularblick", die Prognose über die Welt um das Jahr 2000, um 1900 überhaupt viel Popularität. Vgl. z. B. Arthur Bremer (Hg.), Die Welt in 100 Jahren, Berlin 1919, ND Hildesheim 2010.

Ebenezer Howard in seiner Schrift *Garden Cities of Tomorrow*. Schon der Titel seiner Schrift ist übrigens ein klares Signal, dass es um einen Alteritätsentwurf für die Zukunft ging, der auf dem Boden der modernen Gesellschaft für soziale Reform eintrat, nicht um eine traditionalistische Agrarromantik, die über die längste Zeit des 19. Jahrhunderts noch dominiert hatte und eher als Vergangenheitsrestauration denn als Utopie anzusprechen wäre. Im Gegenteil, Howard entwarf sein Modell einer zukünftigen gartenstädtischen Siedlungs- und Lebensform nicht nur gegen die moderne Großstadt, wobei ihm die Metropole London beispielhaft vor Augen stand, sondern auch gegen das Landleben, dem er eine komplementäre Defizit-Liste vorhielt: „lange Arbeitszeiten bei niedrigen Löhnen, kein Gemeingeist, Reformbedarf". Seine Utopie war die einer Synthese im *Town-Country*, das in idealer Weise alle Vorzüge von Stadt und Land vereinen und ebenso alle Nachteile von beidem vermeiden könne.[9]

Den anderen Pol einer utopischen Radikalisierung der großstädtischen Moderne markierten futuristische Visionen, wie sie etwas später, vor allem im zweiten Jahrzehnt des 20. Jahrhunderts, im Umkreis des Expressionismus hervortraten.[10] In den Entwürfen Wenzel Habliks oder in den Skizzen Bruno Tauts zur „alpinen Architektur" wird die Funktionalität der Großstadt utopisch übersteigert, das Hochhaus als Bauform aufgegriffen und gewissermaßen überdimensional aufgebläht, so dass es sich schon wieder natürlichen Vorbildern, etwa den scharfen Zacken der Alpenberge, annähert. Auch hier findet man also, nur unter umgekehrten Vorzeichen, eine Anlehnung an das Vorbild der Natur. Und auch hier – bei Architekten und Städtebauern wie Bruno Taut ist das ganz offensichtlich – lag der radikal-modernen Utopie ein sozialreformerischer Impuls zugrunde: Nur wurden die dezidiert modernen Bau- und Siedlungsformen hier nicht als Zerstörer eines gerechten und gemeinschaftsorientierten Lebens begriffen, sondern gerade als Chance zu dessen Verwirklichung.

Dass solche im wörtlichen wie im übertragenen Sinne kantigen Visionen jedenfalls vorerst noch nicht auf breite Zustimmung rechnen konnten, tat ihrem Selbstbewusstsein keinen Abbruch. Denn diese Utopien hatten etwas Elitäres und nahmen das zum Teil auch ganz bewusst für sich in Anspruch. Man stößt hier auf den Zusammenhang von Utopie und Avantgarde, der bis in die 1960er Jahre immer wieder als ein Merkmal des „utopischen Syndroms" begeg-

---

9 Ebenezer Howard, Garden Cities of To-morrow, 1898, 2. Aufl. 1902, hier bes. 8 (Diagramm „The Three Magnets"). Vgl. dazu u. a. Robert Fishman, Urban Utopias in the Twentieth Century: Ebenezer Howard, Frank Lloyd Wright, Le Corbusier, Cambridge, Mass. 1982, 23–88.
10 Vgl. dazu z. B.: Rainer Stamm u. Daniel Schreiber (Hg.), Bau einer neuen Welt. Architektonische Visionen des Expressionismus, Köln 2003.

nen kann. Nicht jeder war ja schon in der Lage, die Zukunft klar zu sehen und an der Spitze des Fortschritts zu marschieren. Das galt auf dem ästhetischen Feld ebenso wie in der Politik, wo der Avantgarde-Begriff und das Avantgarde-Selbstbewusstsein ebenfalls eine wichtige Rolle spielten, nicht zuletzt in Lenins Konzeption von der Kommunistischen Partei als der Avantgarde des Proletariats. Gerade in den Avantgarde-Konzepten des frühen und mittleren 20. Jahrhunderts gingen Ästhetik, Politik und Gesellschaftsvision ohnehin eine besonders enge Verbindung ein. Die Avantgarde formierte sich in einer Ästhetik des Willens als eine Vorhut der Utopie.[11]

Ob nun eine besondere technische Faszination die Projektionsfläche für die Utopien bildete oder ob es Architektur und Städtebau waren, die als Experimentierfelder der Alterität dienten – letztlich ging es fast immer um eine Formung der Gesellschaft. Sie speiste sich, wie wir gesehen haben, aus einem klassischen Motiv der Sozialreform, also aus der Sozialkritik des 19. Jahrhunderts in Reaktion auf Kapitalismus, Industrialisierung und Urbanisierung. Aber sie blieb um 1900 nicht bei der „sozialen Reform" stehen, sondern erweiterte diese zu einer neuen Formierung der Gesellschaft, in der die gemeinschaftlichen Aspekte der menschlichen Existenz über den Individualismus triumphieren sollten. Dennoch blieben diese Utopien nicht auf eine kollektive oder soziale Perspektive beschränkt. Sie zielten dahinter vielmehr auf die „Reform", auf die neue Formierung des einzelnen Menschen – auf die Vision eines „neuen Menschen", wie es schon bei den Zeitgenossen um 1900 häufig hieß.[12] Die Richtung und die Methoden dieser Utopie der Menschenformung konnten sehr unterschiedlich sein. Sie reichten von den Lebensreformbewegungen der Jahrhundertwende, in denen das befreiende, ja anarchische Element des neuen Lebens im Vordergrund stand, bis zu der erzwungenen Produktion des „neuen Menschen" in totalitären Diktaturen, durch Gewalt und Folter, in geschlossenen Heimen und Umerziehungslagern. Auch die rassische Begründung des „neuen Menschen" und seine Herstellung durch Züchtung und Reproduktion, wie sie die Nationalsozialisten als Teil ihrer Gesellschaftsutopie betrieben, gehören hierher. In den Visionen vom neuen Menschen wendete sich das utopische Syndrom des 20. Jahrhunderts besonders leicht in ein Syndrom der politischen und persönlichen Unfreiheit, das mit den totalitären Diktaturen korrespondierte.

---

11 Vgl. z. B. Klaus von Beyme, Das Zeitalter der Avantgarden. Kunst und Gesellschaft 1905–1955, München 2005.
12 Vgl. z. B. Nicola Lepp u. a. (Hg.), Der Neue Mensch. Obsessionen des 20. Jahrhunderts, Ostfildern 1999.

IV Im Strudel der Utopien: Totalitäre und demokratische Visionen 1920–1970

In den mittleren Jahrzehnten, im mittleren Drittel des 20. Jahrhunderts verblasste das utopische Syndrom keineswegs, sondern steigerte sich in mancher Hinsicht noch: im Hinblick auf die Radikalität, aber auch auf die Konkretion der mit ihm verbundenen Ordnungsentwürfe. Damit geriet das utopische Denken zugleich in das Spannungsfeld der politischen Systemauseinandersetzung, welche diese Phase der modernen Geschichte so markant prägte: die Auseinandersetzung zwischen totalitären Diktaturen und liberalen Demokratien bis 1945 und danach im sogenannten „Kalten Krieg", aber auch des Kampfes zwischen unterschiedlichen Formen diktatorischer Regime, insbesondere zwischen der stalinistischen Sowjetunion und den faschistischen Regimen, allen voran dem deutschen Nationalsozialismus. Lassen sich fundamentale Unterschiede, wie sie damit angedeutet sind, überhaupt unter einer gemeinsamen Überschrift, als Varianten desselben utopischen Grundmusters, behandeln? Natürlich ist das riskant, und längst nicht in jeder Hinsicht lassen sich Stalinismus und Nationalsozialismus als zwei Formen totalitärer Herrschaft und Gesellschaftsordnung begreifen; noch viel weniger lässt sich der prinzipielle Unterschied zwischen freien und unfreien Gesellschaften einebnen.

Aber es ist doch auffällig, dass sich in der Mitte des 20. Jahrhunderts über alle Regimegrenzen und Gesellschaftssysteme hinweg Gemeinsamkeiten in sehr fundamentalen Denkmustern und kulturellen Horizonten geltend machten, die nicht zuletzt die Haltung gegenüber der Zukunft und in Bezug auf die Veränderbarkeit der Welt betrafen. Anknüpfend an die oben skizzierten Grundmotive des utopischen Syndroms lassen sich diese Gemeinsamkeiten in einigen Begriffen pointiert fassen: Das Prinzip der Funktionalität rückte in den Mittelpunkt. Funktionalität wurde zu einem Prüfkriterium für ein ganz weites Spektrum von Elementen der Moderne, das von Alltagsgegenständen über soziale Beziehungen bis zu soziologischen Theorien reichte. Funktionalität schaffte zugleich eine rationale Ordnung; das Bemühen um Ordnung im Sinne von klarer und eindeutiger Gliederung, in diesem Sinne auch: von Reinheit, begegnet in diesen Jahrzehnten immer wieder. Das Vertrauen in Technik erreichte einen Höhepunkt; die Technik schien selber zu einem autonomen Weltgestalter zu werden, so dass man von „Technokratie" zu sprechen begann, die herkömmliche Unterschiede politischer Ordnung möglicherweise in den Hintergrund treten lasse. War nicht, um ein Beispiel zu nennen, die Atomenergie und ihre Beherrschung ein so starker Imperativ, dass die Frage nach Demokratie oder Diktatur dagegen verblasste?

Zugleich gelangte die Überzeugung von der politischen Steuerungsfähigkeit gesellschaftlicher Entwicklung auf einen Höhepunkt, der über ältere Machbarkeitsvorstellungen noch einmal hinausging. Auch radikale Alteritäten waren politisch einholbar – man könnte insofern, im Anschluss an Michel Foucault, geradezu von einer „utopischen Gouvernementalität" sprechen.[13] Dabei wuchsen zugleich der Maßstab und der Horizont der Vorstellbarkeiten: Projekte gleichwelcher Art erreichten schwindelerregende neue Größenordnungen; vorgestellte Geschwindigkeiten stiegen exponentiell, und die Grenze des menschlichen Handlungsraumes verschob sich buchstäblich in das Weltall. Denn dies war zugleich die hohe Zeit der Weltraum- und Raumfahrtutopien – übrigens ein besonders auffälliges Beispiel für die Ähnlichkeit des utopischen Denkens über Regime- und Systemgrenzen hinweg.

All dies schließlich ruhte auf der kulturellen Grundhaltung eines futuristischen Optimismus. Selten zuvor und gewiss nicht nach 1970 sind Gesellschaften so zukunftsorientiert, und so wenig vergangenheitsorientiert, gewesen. Der Historismus des 19. Jahrhundert war vergessen oder ausdrücklich verpönt – in Architektur und Städtebau ist das, wiederum systemübergreifend, besonders anschaulich greifbar –, der neue Historismus des späteren 20. Jahrhunderts, der national und global auf Bewahrung und Erinnerung zielte, schlechterdings noch nicht vorstellbar. Die Welterbekonvention der UNESCO, auf deren Grundlage dann Listen schutzwürdiger Kultur- und Naturgüter entstanden, wurde Ende 1972 verabschiedet und trat drei Jahre später in Kraft: eines von vielen Indizien dafür, dass das utopische Syndrom des 20. Jahrhunderts in den frühen 1970er Jahren eindeutig und rasch zusammenbrach. Die meisten der hier genannten Merkmale, von der Funktionsorientierung über die Großdimensionalität bis zum kulturellen Futurismus, reichen in ihrer Bedeutung natürlich weit über das utopische Denken und Handeln hinaus. Von der zeithistorischen Forschung werden sie neuerdings gerne als Elemente eines größeren Syndroms gesehen, als Charakteristika einer etwa von 1900 bis 1970 reichenden Epoche, die als „Hochmoderne" bezeichnet wird.[14]

In diese Hochmoderne lassen sich, wie schon mehrfach deutlich geworden ist, auch die Gesellschaftsentwürfe, Planungsphantasien und Zukunftsmodelle der totalitären Diktaturen einordnen. In den 1920er und 1930er Jahren stand die stalinistische Sowjetunion auf dem Höhepunkt ihrer Selbstgewissheit als einer Ordnung, die sich von aller bisherigen Geschichte und Gegenwart der Menschheit grundsätzlich unterschied und unmittelbar unterwegs war zur Verwirklichung des neuen Menschen. Technik und Ingenieurskunst einerseits, Kunst

---

13 Vgl. Michel Foucault, Geschichte der Gouvernementalität, 2 Bde., Frankfurt 2004.
14 Vgl. insbes. Ulrich Herbert, Europe in High Modernity: Reflections on a Theory of the 20th Century, in: JMEH 5, 2007, 5–20.

und Ästhetik andererseits wirkten dabei auf charakteristische Weise als Bundesgenossen eines planmäßigen und scheinbar harmonischen Aufbaus; Technik und Ästhetik gingen zugleich untereinander immer wieder eine enge Verbindung ein, die Symbolkraft und propagandistische Wirkung erzielen konnte wie der Bau der Moskauer U-Bahn.[15] Der Kommunismus schien den von der Weltwirtschaftskrise gebeutelten Kapitalismus zu überholen, so dass auch zahllose westliche Intellektuelle die Sowjetunion für das dynamische und zukunftsfähige Modell hielten und aus der Ferne oder während Besuchen vor Ort den Verlockungen dieser Zukunft, aber damit auch den „Versuchungen der Unfreiheit" verfielen.[16] Zwang und Gewalt, Hungersnöte und zunehmend brutaler Terror bildeten nur teilweise eine Gegenwelt zu der idealisierten Utopie harmonischer, ästhetischer und funktionaler Ordnung – viel wichtiger ist die unauflösliche Verflechtung von beidem in der schon diskutierten Vorstellung von der Machbarkeit der Dinge, gegen die demokratische oder moralische Skrupel nicht mehr vorgebracht werden konnten. Das Traumland der Utopie wurde zur Bühne des Terrors, und der Terror selber zu einem rauschartigen Ausnahmezustand, also auch zu einer Form der „Utopie".[17]

Viele dieser Elemente lassen sich auch im deutschen Nationalsozialismus nachweisen, auch wenn in dessen Vorgeschichte und Zeitkonstruktion die „linke", sozialistische Kontinuität eines utopischen Futurismus und Humanismus fehlte. Das rassische (und antisemitische) Ordnungsmodell des „Dritten Reiches" etablierte, wie die Forschung zuletzt eher wieder stärker betont hat, eine soziale Utopie sui generis, und nie konnte das nationalsozialistische Regime jene internationalen (wenn auch am Ende zweifelhaften) Sympathien demokratischer Weltverbesserer verbuchen, welche die Sowjetunion eine Zeitlang auf sich zog. In anderen Aspekten jedoch offenbarte die deutsche Diktatur ganz ähnliche Züge der utopischen Hochmoderne. Das gilt für die Verbindung von Technik und Ästhetik und für die Überzeugung von der grenzenlosen Realisierbarkeit noch der unwahrscheinlichsten Projekte. Mehr noch als der grundlagen- und erkenntnisorientierte (Natur-)Wissenschaftler kann deshalb der anwendungsorientierte, praktische Lösungen realisierende Ingenieur als ein typisches Leitbild der Hochmoderne gelten. Eine „Ingenieurs-Mentalität" prägte den Nationalsozialismus und den Stalinismus – freilich auch die prosperierenden demokratischen Gesellschaften wie das Amerika der 1950er und 1960er Jahre. Die

---

15 Vgl. Dietmar Neutatz, Die Moskauer Metro. Von den ersten Plänen bis zur Großbaustelle des Stalinismus (1897–1935), Köln 2001.
16 Vgl. Ralf Dahrendorf, Versuchungen der Unfreiheit. Die Intellektuellen in Zeiten der Prüfung, München 2006.
17 Vgl. Karl Schlögel, Terror und Traum. Moskau 1937, München 2008.

politische Offenheit bzw. Mehrdeutigkeit des Machbarkeitsutopismus zeigt sich an dieser Stelle besonders deutlich.

Eher einen Unterschied markiert dagegen die Sehnsucht nach Ordnung, Reinheit und homogener Gemeinschaftsbildung, die im Nationalsozialismus eine so große Rolle spielte und als eine gedankliche Tiefenwurzel des Holocaust verstanden werden kann. Zygmunt Bauman hat diese Mentalität in die Metapher des „Gärtners" gefasst, der sich liebe- und mühevoll um seine Pflanzkulturen kümmert, sie in Reih und Glied ausrichtet und das Unkraut – das Abweichende, das Nonkonformistische, das scheinbar dem gemeinschaftlichen Nutzen Schädliche – dabei unerbittlich ausjätet.[18] Das NS-Regime operationalisierte die Utopie als ein „radikales Ordnungsdenken" und nahm dabei die Unterstützung von Intellektuellen, Wissenschaftlern und Technikern in Anspruch, die ihrerseits ein Handlungsfeld ohne lästige Einschränkungen der Legitimation oder der Ethik vor sich sahen.[19] Es ging um *social engineering*, um die ingenieursmäßig geplante Veränderung der Gesellschaft, oftmals im Zeichen eines radikalisierten (Pseudo-) Egalitarismus. Auch hier lassen sich freilich wieder demokratische Varianten nennen, in denen *social engineering* und Egalitarismus wohlfahrtsstaatlich organisiert, inklusiv gestaltet und demokratisch legitimiert waren: Die Geschichte Schwedens in der Mitte des 20. Jahrhunderts ist dafür das wohl wichtigste Beispiel.[20]

Insgesamt erscheinen auf diese Weise die 1920er bis 1940er Jahre als die prekäre Hochphase des utopischen Syndroms und der Versuche, aus ihm abgeleitete Ziele auch unter hohen Kosten zu realisieren – nicht zuletzt mit Inkaufnahme von Opfern menschlichen Lebens in millionenfacher Zahl. Das Prinzip der Utopie ist nicht per se menschenverachtend und gewaltsam, doch lässt sich unter den Prämissen des utopischen Syndroms des 20. Jahrhunderts und seiner Radikalisierung eine Verbindung von Utopie und Genozid schwerlich bestreiten. Die Heranbildung des „neuen Menschen", sei es als seine „Erziehung" oder als seine „Züchtung", musste Verluste einplanen, sogar systematisch betreiben, und brauchte sie nicht zu bedauern. Dieser Nexus von Utopie und

---

18 Zygmunt Bauman, Dialektik der Ordnung. Die Moderne und der Holocaust, Hamburg 1992, hier bes. 32.
19 Vgl. Lutz Raphael, Radikales Ordnungsdenken und die Organisation totalitärer Herrschaft. Weltanschauungseliten und Humanwissenschaftler im NS-Regime, in: GG 27, 2001, 5–40; Ulrich Herbert, Best. Biographische Studien über Radikalismus, Weltanschauung und Vernunft 1903–1989, Bonn 1996.
20 Vgl. Thomas Etzemüller (Hg.), Die Ordnung der Moderne. Social Engineering im 20. Jahrhundert, Bielefeld 2009; ders., Die Romantik der Rationalität. Alva und Gunnar Myrdal – Social Engineering in Schweden, Bielefeld 2010.

Völkermord ist auch noch an den Ausläufern der utopisch-gewaltsamen Moderne ablesbar, die in den 1960er und 1970er Jahren kommunistische Regime in Ostasien erfasste: an der chinesischen Kulturrevolution, erst recht an der Herrschaft der Roten Khmer in Kambodscha. Allerdings lehnten diese Bewegungen die technisch-wissenschaftliche Orientierung, auf dem der europäische Utopismus eine Generation zuvor beruht hatte, mit radikaler Schärfe ab und suchten ihre Zukunft in einer romantisch entwissenschaftlichen und entmodernisierten Welt zu finden.

Der totalitäre Utopismus brachte seinerseits eine neue Variante der Utopiekritik bzw. der Anti-Utopie hervor, die man auch als *Dystopie* bezeichnet. In der Erfahrung von Ideologisierung und Freiheitszerstörung, von Krieg und Völkermord wurden solche Dystopien besonders seit der Mitte der 1940er Jahre populär, als eine Phase der demokratischen Ernüchterung im Westen einsetzte. Die negativen Zukunftsromane von George Orwell brachten diese Stimmung, und das literarische Genre, einflussreicher als irgendetwas anderes auf den Punkt: die noch verspielt-märchenhafte Parabel *Animal Farm* im Jahre 1945 und vier Jahre später das Schreckenszenario von „1984". Überhaupt markierte die zweite Hälfte der 1940er Jahre einen ersten wichtigen Bruchpunkt in der Geschichte des utopischen Syndroms. Dass die Zukunft auch auf einen „Un-Ort" hinauslaufen könnte (wenn die Welt nicht ohnehin schon im Abgrund versunken war) wurde zu einer plausiblen Vorstellung, auch wenn das radikale Negativ-Szenario für etwa drei Jahrzehnte, für die Dauer einer Generation, noch mit verschiedenen Varianten des demokratisch-optimistischen Futurismus konkurrierte.

Man kann sogar sagen, dass die späten 40er bis frühen 70er Jahre den Höhepunkt der demokratischen Variante des utopischen Syndroms im 20. Jahrhundert markierten. Die Diktaturen hatten gezeigt, dass ihre Visionen in Tod und Verderben führen. Aber sie hatten die Demokratie nicht besiegt – jetzt war sie daran zu zeigen, was sie besser machen konnte; dass sie in der Lage war, wiederum mit den Mitteln der technisch-wissenschaftlichen Moderne eine entgrenzte Idealzukunft zu erreichen. Auf vielen symbolträchtigen Feldern nahmen die westlichen Demokratien, an der Spitze die USA, den Kampf um die Zukunft mit dem sowjetischen System auf. In diesem Konflikt wurde das Weltall zum Projektionsraum der Utopien: ein unwirtlicher und lebensfeindlicher Ort, den man doch in der nächsten Zukunft zum neuen Idealraum einer technischen Zivilisation zu machen hoffte, die auf diese Weise die irdischen Probleme hinter sich lassen konnte. In den populären Weltraumphantasien, welche die schnellen Fortschritte der Raumfahrt seit der Mitte der 1950er Jahre begleiteten, sollten ferne Himmelskörper – der Mond, Planeten, schließlich andere Sonnensysteme und Galaxien – erobert werden. Umgekehrt holten sie, mindestens ebenso wichtig, gewissermaßen den Weltraum auf die Erde, indem sie dem Alltagsleben der Zukunft – Siedlung, Verkehr, Kommunikation – eine „außerirdische" Färbung gaben: Das zukünftige Leben auf der Erde wurde als Leben in einem Raumschiff oder auf einem fernen Planeten imaginiert.[21] Das literarische Genre der „science fiction" boomte. Während es manchen noch so schien, als würde die Beschleunigung der Wirklichkeit die kühnsten Phantasien in kurzer Zeit überholen, begann sich am Ende der 1960er Jahre eher wieder ein wachsender Abstand von Utopie und Realität zu zeigen. Die Amerikaner schafften es, innerhalb eines Jahrzehnts Menschen sicher auf den Mond und wieder zurück zur Erde zu bringen, aber das wurde keinesfalls zur Routineoperation, von einer Besiedlung des Mondes oder einer bemannten Marsexpedition, die vielen als logische nächste Schritte schienen, ganz zu schweigen.

Aber auch die Erde sollte in dieser Zeit gründlich umgestaltet und in technologischer Großmaßstäbigkeit zu einem neuen Orte gemacht werden. Utopie, das hieß ja nicht zuletzt: die von der Natur scheinbar bzw. historisch gesetzten Grenzen technologisch überwinden zu können. Ein faszinierendes Beispiel für solche Projekte ist der sogenannte „Atlantropa"-Plan des deutschen Architekten Hermann Sörgel (1885–1952).[22] Seit 1928 entwickelte er die Idee zu einer Abriegelung des Mittelmeers zum Atlantik durch den Bau eines gewaltigen Staudamms in der Straße von Gibraltar. Weil das Mittelmeer ein Verdunstungsmeer und damit auf den atlantischen Zufluss angewiesen ist, würde so sein Wasserspiegel sinken – um bis zu hundert Meter, wodurch nicht nur neues Land für Siedlung und Landwirtschaft gewonnen würde, sondern Europa und Afrika annähernd zu einer Landmasse verschmelzen würden, zu dem neuen Kontinent „Atlantropa".

Damit glaubten Sörgel und seine Mitstreiter mehrere globale Ziele zugleich erreichen zu können: Neben dem zusätzlichen „Lebensraum" könnten in gewaltigen Wasserkraftwerken die Energieprobleme der Zukunft gelöst werden; ganz Nordafrika sollte auf diese Weise zudem bewässert, damit landwirtschaftlich entwickelt werden, was wiederum alle Ernährungssorgen der Vergangenheit zuwies. Sörgels Atlantropa-Projekt war politisch so polyvalent wie das für viele Utopien in der Mitte des 20. Jahrhunderts galt. Er selber sah sich als Humanist und Pazifist, doch waren die kolonialen, wenn nicht rassistischen Dimensionen des Vorhabens unübersehbar: Afrika geriet zu einem Anhängsel der europäi-

---

21 Vgl. Alexander C.T. Geppert (Hg.), Imagining Outer Space: European Astroculture in the Twentieth Century, Houndmills 2012.
22 Vgl. dazu und zum Folgenden: Wolfgang Voigt, Atlantropa. Weltbauen am Mittelmeer – ein Architektentraum der Moderne, Hamburg 1998.

schen Entwicklungspolitik. So war es auch kein Wunder, dass sich die Nationalsozialisten „Atlantropa" anzuverwandeln versuchten. Immerhin blieb es in diesem Fall bei der Idee. Andere koloniale Entwicklungsprojekte der Hochmoderne blieben nach ihrem Scheitern als steinerne Utopiereste zurück und wurden, aus nachutopischer Perspektive, als „weiße Elefanten" verspottet.[23]

Wie schon in ihrer Geburtsstunde um 1900, so fanden die konkreten Utopien des 20. Jahrhunderts auch in ihrer Hoch- und Spätphase immer wieder in Bau- und Siedlungsvisionen, in architektonischen und städtebaulichen Alteritäten ihren Ausdruck. Nicht nur die totalitären Diktaturen taten sich hier hervor, sei es mit dem Monumentalismus des öffentlichen Bauens, der rigorosen Planung von Neustädten, oder den eher romantischen Gegenentwürfen gegen die architektonische Moderne, welche für den Wohnsiedlungsbau im „Dritten Reich" charakteristisch waren. Auch die demokratische Gesellschaft entwickelte ihr vermeintlich entsprechende Wohnformen und Siedlungslandschaften. Frank Lloyd Wright (1867–1959), der berühmteste amerikanische Architekt des 20. Jahrhunderts, verfolgte eine Theorie des demokratischen Bauens.[24] Seit etwa 1930 nannte er diese Vision „Usonia": In diesem Kunstwort klang die romantische Gemeinschaftssehnsucht des „Wir" (engl. „Us") ebenso an wie das nationale „US" für die Vereinigten Staaten. Aber auch die Nähe von „Usonia" zu „Utopia" ist wohl kein Zufall.

Von seinen „usonischen" Wohnhäusern schlug Wright eine Brücke zur großmaßstäbigen Siedlungs- und Landschaftsplanung. Jahrzehntelang entwickelte und verfeinerte er das Konzept einer *Broadacre City*, in der demokratischer Agrarianismus in der Tradition Thomas Jeffersons und moderne Technologie sich verbinden sollten: Weite grüne Landschaften mit einzeln stehenden Wohnhäusern, die das europäische Übel der Verdichtung und Kollektivierung vermeiden sollten; dazwischen futuristische Hochhäuser und eine überdimensionierte Verkehrsinfrastruktur, zu der auch eine Art fliegender Untertassen gehörten, in denen sich die Menschen in einem Individualverkehr der Lüfte zwischen Arbeit und Freizeit bewegten. In dieser Utopie erfuhren Ebenezer Howards *Garden Cities of Tomorrow* eine den Möglichkeiten der technologischen Hochmoderne adäquate Aktualisierung, einschließlich ihrer so dezidert demokratischen politischen Ausrichtung. Das war angesichts der überwiegenden politischen Polyvalenz der Utopien in dieser Zeit eine bemerkenswerte Leistung.

---

23 Vgl. Dirk van Laak, Weiße Elefanten. Anspruch und Scheitern technischer Großprojekte im 20. Jahrhundert, Stuttgart 1999.
24 Vgl. dazu und zum Folgenden David G. De Long, Frank Lloyd Wright: Die lebendige Stadt, Weil am Rhein 1998; Fishman, Urban Utopias, 91–160; Frank Lloyd Wright, When Democracy Builds, Chicago 1945.

Denn wie schmal der Grat sein konnte, zeigt ein kurzer Blick auf Wrights Zeitgenossen und Antipoden, den schweizerisch-französischen Architekten Le Corbusier (1887–1965): der Grat nämlich zwischen einer emanzipatorischen Modernität einerseits, welche die Fesseln der Vergangenheit hinter sich lassen wollte, und einer voluntaristischen Entmündigung der Menschen, die in eine monumentale Übermächtigung führte. Auch Le Corbusiers architektonisches und städtebauliches Konzept entstand an derselben Schwelle der 1920er und 1930er Jahre, die aus dem teils noch romantischen Utopismus der Jahrhundertwende in die technologisch-großdimensionale Hochmoderne hineinführte, einschließlich der politischen Implikationen, von denen schon die Rede war. Jeglicher Historismus im allerweitesten Sinne des Begriffes galt nicht mehr; mit der Geschichte wurde tabula rasa gemacht. Le Corbusiers seit den frühen 1930er Jahren entwickelte *ville radieuse* mit ihren gewaltigen, an überdimensionalen symmetrischen Achsen ausgerichteten Hochhausbauten wollte die Gesellschaft grundlegend neu vermessen und in ein Koordinatensystem aus Rationalität und Egalitarismus pressen.[25] Für die um 1900 Geborenen nicht ganz ungewöhnlich, spiegelte sich die politische Polyvalenz dieser Utopie von Zukunftsstadt und Zukunftsgesellschaft auch in der Biographie des Stararchitekten: in den 1930er und 1940er Jahren sympathisierte er mit der extremen Rechten, mit dem französischen Vichy-Regime, mit den deutschen Nationalsozialisten; in den folgenden beiden Jahrzehnten ließ er sich als globaler Pionier westlicher Demokratisierung feiern, welcher der neuen gesellschaftlichen Transparenz baulichen Ausdruck verlieh wie in dem UN-Hauptquartier am East River in New York. In trivialisierter Form erstand die Utopie neuer Städte, wiederum systemübergreifend, in den trostlosen europäischen Trabantenstädten der 1960er und 1970er Jahre, von der Pariser Banlieue über die West-Berliner Gropiusstadt bis nach Ost-Berlin und Moskau. Jedenfalls im Westen markierten die mittleren 70er Jahre hier erneut einen Bruchpunkt, ein Ende der Utopie.

Das heroische und monumentalische Denken, der radikale Voluntarismus der Zwischenkriegszeit und des Zweiten Weltkriegs hatte – nach den von ihm gezeitigten Folgen – in den westlichen Gesellschaften ohnehin schon 1945 einen deutlichen Knacks erhalten, auch und erst recht im nach-nationalsozialistischen Westdeutschland, in der Bundesrepublik. So optimistisch und zukunftsorientiert, so geschichtsvergessen – nicht nur im Blick auf das „Dritte Reich" – der Grundton der ersten Nachkriegsjahrzehnte klang, so auffällig war eine neue Bescheidenheit, was den politischen Machbarkeitshorizont angeht. Die Forschung hat in den letzten Jahren immer wieder herausgearbeitet, wie die

---

25 Vgl. Fishman, Urban Utopias, 161–263.

Idee der „Planung" zum Leitkonzept westeuropäischer Demokratien in den 1960er Jahren aufstieg.[26] Darin schwang noch viel von dem „alten" Geist der Zukunftsgläubigkeit mit, sei es in der sozialistischen Variante der Wirtschafts- und Gesellschaftsplanung (die sich z. B. in der französischen *planification* fortsetzte), sei es in dem fundamentalen Grundmotiv einer rationalen, aktivistischen Gewinnung der Zukunft. Zugleich sollte Planung diese Zukunft aber berechenbar machen, also auch vor dem unkontrollierten Wuchern ihrer Dimensionen schützen.

Auch hier reichen die Wurzeln bis in die Zeit um 1930 zurück, als Karl Mannheim in seinem Buch über „Ideologie und Utopie" nicht nur die prinzipielle Perspektivität aller Ideologien und Zukunftsentwürfe zeigte und diese damit relativierte, sondern auf der Linie eines „dritten Weges" zwischen Kapitalismus und Kommunismus für eine „geplante Demokratie" plädierte und eine „Planung für die Freiheit" forderte.[27] Der Konflikt des utopischen Syndroms des 20. Jahrhunderts mit der Freiheit war damit klar benannt, auch wenn Mannheim seinerseits von Liberalen wie Friedrich August v. Hayek zu den Wegbereitern der Knechtschaft gezählt wurde. Nach 1945 war etwas anderes aber vielleicht wichtiger: Mit dem Leitgedanken der Planung ging es jetzt weniger um die ständige Überbietung des Bisherigen, um eine prinzipielle Grenzenlosigkeit, sondern um jenes Gleichgewicht, von dem die neue Modewissenschaft der Kybernetik redete, um eine Balance, wie sie in dem „Stabilitäts- und Wachstumsgesetz" von 1967 zum Ausdruck kam. Insofern steht der Planungsgedanke am Ende des utopischen Bogens der Hochmoderne: Die Planung blieb als eine pragmatische Schrumpfutopie, als der Optimismus noch nicht verloren gegangen war.

V Die Wende der 1970er Jahre und das Ende des utopischen Syndroms

In der ersten Hälfte der 1970er Jahre ging das utopische Syndrom des 20. Jahrhunderts zu Ende – jedenfalls in den westlichen Gesellschaften und besonders

---

26 Vgl. hier nur: Michael Ruck, Ein kurzer Sommer der konkreten Utopie. Zur westdeutschen Planungsgeschichte der langen 60er Jahre, in: Axel Schildt u. a. (Hg.), Dynamische Zeiten. Die 60er Jahre in den beiden deutschen Gesellschaften, Hamburg 2000, 362–401; Gabriele Metzler, „Geborgenheit im gesicherten Fortschritt". Das Jahrzehnt von Planbarkeit und Machbarkeit, in: Matthias Frese u. a. (Hg.), Demokratisierung und gesellschaftlicher Aufbruch. Die sechziger Jahre als Wendezeit der Bundesrepublik, Paderborn 2005, 777–797.
27 Karl Mannheim, Ideologie und Utopie, Bonn 1929; vgl. ders., Freedom, Power, and Democratic Planning, London 1951.

markant in West- und Mitteleuropa. Reste des Glaubens an die radikale Alterität der nah erreichbaren Zukunft hielten sich noch bis 1989 im einbetonierten Machtbereich des sowjetischen Kommunismus. In Nordamerika hatte die Fieberkurve der Utopie von Anfang an einen milderen Verlauf genommen; die radikalisierten und ideologisierten Varianten eines utopischen Voluntarismus kamen in der Zwischenkriegszeit nicht über relativ bedeutungslose Ansätze hinaus – dafür verloren die USA aber auch in den 70er Jahren (und bis heute) ihren fundamentalen kulturellen Optimismus nicht im selben Maße wie die West- und Mitteleuropäer, und zumal die Westdeutschen.

In der bis dahin so prosperierenden, erfolgsverwöhnten Bundesrepublik empfanden schon die Zeitgenossen die Jahre 1973/74 als eine einschneidende Zäsur. Der *Club of Rome* hatte gerade die „Grenzen des Wachstums" prophezeit, da sorgte die erste Ölkrise für eine Bestätigung, die sich mit ihren „autofreien Sonntagen" tief in das kulturelle Gedächtnis brannte. Nicht nur das private Automobil musste zeitweise stehen bleiben; überhaupt gerieten jene Technologien in eine Krise, welche die utopischen Horizonte der Hochmoderne symbolisiert und zugleich alltäglich erfahrbar gemacht hatten: Technologien des Verkehrs, der Kommunikation und der Energie. Nicht nur folgte der Mondlandung keine Marsexpedition; auch der Überschallverkehr erwies sich, kaum war die „Concorde" auf dem Markt, als eine Sackgasse. Und während die Ölkrise an die Endlichkeit der fossilen Ressourcen erinnerte, geriet auch die Alternative der Kernenergie in eine tiefe kulturell-politische Krise; die Utopie der Energiegewinnung aus Kernfusion wiederum musste seitdem immer wieder auf längere Fristen verschoben werden. In der Wende der frühen 1970er Jahre überschnitt sich also ein tiefgreifender ökonomischer Wandel[28] mit technologischen Hürden, die viel schwerer als gedacht zu nehmen waren, und mit einem Wandel der Mentalitäten. Doch es spricht viel dafür, dem Mentalitätswandel, dem „Ende der Zuversicht" das größte Gewicht zu geben.[29] Er betraf die meisten Elemente und Grundmotive des utopischen Syndroms der Hochmoderne: etwa mit einer neuartigen, fundamentalen Skepsis gegenüber der Naturwissenschaft; oder mit dem kulturellen Bruch in der Dimensionierung: Wohin man auch schaute, die Zweifel am „immer größer" mehrten sich; *small is beautiful* lautete die neue Parole; das Paradigma der Dezentralisierung löste jenes der Zentralität ab.

---

28 Vgl. dazu, aber auch zu allgemeineren Aspekten des Bruches der 70er Jahre: Anselm Doering-Manteuffel u. Lutz Raphael (Hg.), Nach dem Boom. Perspektiven auf die Zeitgeschichte seit 1970, Göttingen 2008.
29 Konrad H. Jarausch (Hg.), Das Ende der Zuversicht. Die siebziger Jahre als Geschichte, Göttingen 2008.

Der Wandel traf auch den Kern des utopischen Denkens, nämlich die nahezu selbstverständlich gewordene zeitkulturelle Orientierung an der Zukunft. Es war, als ob die westlichen Gesellschaften sich auf der Zeitachse um 180 Grad gedreht hätten: Der Blick begann sich seit den 1970er Jahren – seitdem sich noch verstärkend – in die Vergangenheit zu richten; das Interesse an Geschichte, an Tradition, an Erinnerung und Bewahrung wuchs, auch im Generationenwechsel, dramatisch. Im Städtebau kam schnell das Ende von funktionaler Moderne und „Flächensanierung" zugunsten von Rekonstruktion und historistischen Zitaten in der „Postmoderne".[30] Auch die Politik richtete ihren Horizont auf pragmatisches Handeln in der Gegenwart statt auf zukünftige Verheißungen aus; selbst die längeren Planungshorizonte verdampften oder verkümmerten zu Resten wie der „mittelfristigen Finanzplanung".

In der Bundesrepublik war der politische Bruch, trotz der Kontinuität der sozialliberalen Koalition, vermutlich schärfer als irgendwo sonst: Auf Willy Brandt als den Kanzler der Verheißungen folgte Helmut Schmidt, der sich der politischen Philosophie Karl Poppers und seinem *piecemeal engineering* verschrieben hatte. Tatsächlich war Schmidts heute berühmte Formel aus dem Bundestagswahlkampf 1980: „Wer Visionen hat, sollte zum Arzt gehen", kritisch auf seinen Amtsvorgänger gemünzt. Utopisches Denken, so lautete damit die Devise, ist nahezu pathologisch. Aber auch die Skepsis gegenüber allzu optimistischen oder weitgreifenden Verheißungen für die Zukunft konnte in Fundamentalismus umschlagen, wie das in Teilen der Jugendkulturen der Fall war, die für die Gesellschaft wie für ihr eigenes Leben überhaupt keine Perspektiven mehr sahen – *no future!* – bzw. sich der Zukunftsgestaltung und Lebensplanung verweigerten. Der Kontrast zur Zukunftseuphorie der Jugendbewegung am Anfang des 20. Jahrhunderts, zu dem Wandervogel-Bewusstsein des „Mit uns zieht die neue Zeit", könnte kaum größer sein.[31]

Die Erosion der Utopien, der Zusammenbruch des „utopischen Syndroms" des 20. Jahrhunderts hat sich seitdem als dauerhaft und irreversibel erwiesen. Die Rückkehr der großen Utopien ist nicht in Sicht. Die Kultur der Vergangenheit, deren Aufstieg in den 1970er Jahren begann, regiert ungebrochen. Das zeigt die anhaltende Beschäftigung mit der Vergangenheit gerade in Deutschland, mit Nationalsozialismus, Zweitem Weltkrieg und Holocaust, in der nicht zuletzt die gescheiterten Utopien des 20. Jahrhunderts verarbeitet werden. Die

---

30 Vgl. Paul Nolte, Von der Klassischen Moderne zur Revision der Postmoderne? Der Wandel der deutschen Gesellschaft im 20. Jahrhundert, in: Ingeborg Flagge u. Romana Schneider (Hg.), Die Revision der Postmoderne, Hamburg 2004, 40–51.
31 Vgl. Ulrich Herrmann, „Mit uns zieht die neue Zeit ...". Der Wandervogel in der deutschen Jugendbewegung, Weinheim 2006.

Kultur der Vergangenheit äußert sich aber auch in einem eher noch gewachsenen populären Interesse an Geschichte; in der politischen Thematisierung von Erinnerungskulturen und Repräsentationen der Vergangenheit; oder in dem Primat der architektonischen und städtebaulichen Erhaltung und Rekonstruktion, der von mächtigen globalen Akteuren wie der UNESCO protegiert wird.

Wo in den letzten Jahrzehnten in die Zukunft gedacht worden ist, oder „radikale Alteritäten" imaginiert wurden, da geschah das meist eher im Sinne von Schreckensszenarien, von Apokalypsen, von Dystopien statt von Utopien: Die Geschichte seit den 1970er Jahren lässt sich als Abfolge von Untergangsentwürfen schreiben, die von der atomaren Katastrophe bis zu den dramatischen Folgen des Klimawandels reichen. Und wo utopische Motive im klassischen Sinne, jedenfalls im Sinne der Traditionen des 20. Jahrhunderts, zu aktualisieren versucht wurden, da geschah das entweder von vornherein in ironischem Gestus oder traf auf entschiedenen Widerstand. Die neuen Debatten über eine mögliche Menschenzüchtung vor dem Hintergrund biomedizinischer „Fortschritte" sind ein Beispiel dafür.[32]

Nur außerhalb der westlichen Gesellschaften regt sich in den letzten beiden Jahrzehnten ein neues, euphorisches und antihistorisches Zukunftsbewusstsein, ein Gefühl von Machbarkeit und Grenzenlosigkeit, das an das utopische Syndrom Europas zwischen 1900 und 1970 erinnert. Beim Blick auf Shanghai oder Dubai fragen sich die utopiegeschädigten Menschen im Westen: Ist das nur ein nachholendes Phänomen? Müssen die Chinesen und die Araber die westlichen Fehler wiederholen und sich die Schäden erneut zufügen, die der radikale Utopismus den Europäern beigebracht hat? Oder erinnern uns die jetzt dynamischen Gesellschaften schmerzhaft daran, dass wir selber in eine postutopische Schockstarre verfallen sind, die Entwürfen der Zukunft zu wenige Chancen gibt?

---

32 Vgl. Peter Sloterdijk, Regeln für den Menschenpark, Frankfurt 1999.

Teil II: **Marktgesellschaft, Republik, Revolution:
Vom 18. zum 19. Jahrhundert**

5 Marktgesellschaft und Republik. Deutschland seit dem 17. Jahrhundert im internationalen Vergleich

Die osteuropäischen Revolutionen des Jahres 1989 haben einen Zusammenhang in Erinnerung gerufen, der im Westen Europas einschließlich der Bundesrepublik bereits zur unreflektierten Selbstverständlichkeit geworden war: den Zusammenhang von republikanischer politischer Verfassung und pluralistischer parlamentarischer Demokratie einerseits und marktwirtschaftlich-kapitalistischer Verfassung der Wirtschaft andererseits. Wenn auch der Ruf nach politischer Freiheit und Volkssouveränität für die Akteure meist im Zentrum ihrer Motive und Forderungen stand, war die Überwindung der planwirtschaftlichen Staatsökonomie zugunsten einer individualistischen Marktordnung immer zugleich mitgemeint; die wirtschaftliche Freiheit schien hier mit der politischen besonders eng verschwistert. Nicht zuletzt in dieser Hinsicht erwiesen sich diese Revolutionen als „nachholende" (Jürgen Habermas), denn in vielen westlichen Staaten hatte die dauerhafte Institutionalisierung der Prinzipien von „Markt" und „Republik", auf denen die modernen okzidentalen Gesellschaften bis heute ganz wesentlich beruhen, bereits in der Frühen Neuzeit entscheidende Etappen durchlaufen. Dieser Prozess, der einen fundamentalen Bruch mit einer vormodernen, traditionalistischen Ökonomie und Politik (einschließlich ihrer gesellschaftlichen und kulturellen Voraussetzungen und Folgen) bedeutete, veränderte nicht nur „harte" sozialökonomische Strukturen und politische Institutionen, sondern auch das Denken, die Mentalitäten und Einstellungen der Menschen. In Veränderungen der „Wirtschaftsgesinnung" hat eine ganze Generation gerade der deutschen Nationalökonomie – und namentlich Max Weber und Werner Sombart – sogar Antrieb und Ursache für den Siegeszug des modernen Kapitalismus gesehen, und man müsste ergänzen, dass in vieler Hinsicht eine spezifische „politische Gesinnung" am Beginn der Durchsetzung demokratischer und republikanischer Ordnungen stand.

Ebensowenig wie die Strukturen und Institutionen der neuen Ordnung waren die ihnen korrespondierenden Gesinnungen und Mentalitäten historische Selbstläufer. Gegen die Beharrungskraft Jahrhundertealter Überzeugungen konnten sich Demokratie und Kapitalismus in den Köpfen oft nur mühsam durchsetzen; und sie setzten sich auch nicht automatisch *zusammen* durch, obwohl sie zum Teil auf denselben Grundprinzipien beruhten. In Deutschland, das ist die im Folgenden zu entfaltende These, waren Republikanismus und Marktgesinnung seit der Frühen Neuzeit in besonderem Maße prekäre Traditionen – nicht nur konnten sie sich je für sich nur schwer behaupten, sondern vor allem gemeinsam, als Einheit der Überzeugung von einer kapitalistischen Demokratie, kaum durchsetzen. Der (ohnehin schwache) deutsche Republikanismus war tendenziell antikapitalistisch; aber auch unabhängig von ihm bewiesen kapitalismus-kritische Traditionen in Deutschland immer wieder ihre Stärke. Und der deutsche Kapitalismus (als „Wirtschaftsgesinnung") war tendenziell antidemokratisch, antiegalitär, antirepublikanisch. Dahinter standen langfristige Prägungen der politischen und ökonomischen Mentalität, eine defiziente intellektuelle und mentale Verarbeitung von Markt und Kapitalismus, die eng mit Defiziten der deutschen politischen Marktgesellschaft, etwa der Einstellung zum Pluralismus von Parteien und Meinungen, korrespondierte. Es geht hier also nur am Rande, als Hintergrundfolie gewissermaßen, um die institutionelle („reale") Durchsetzung von Kapitalismus und Demokratie; im Zentrum steht die bisher wenig beachtete Frage nach ihrer Durchsetzung im (handlungsleitenden!) Denken, in der Mentalität einer Nation oder einzelner Gruppen in ihr: in sozialen Klassen wie dem Bürgertum, dem Kleinbürgertum oder der Arbeiterschaft; bei politisch Handelnden, der politischen Führungsschicht, politischen Parteien und Organisationen; schließlich in der ökonomischen und politischen Theoriebildung und wissenschaftlichen Reflexion. Über alle Unterschiede zwischen diesen Gruppen hinweg und durch etwa drei Jahrhunderte hindurch lässt sich ein Grundmuster und eine Kontinuität der deutschen Einstellung zu „Markt und Republik" beobachten.[1]

Aber wo liegt der bisher nur behauptete enge strukturelle Zusammenhang zwischen den Prinzipien von republikanisch-demokratischer politischer Verfassung und kommerzieller, marktförmiger Ordnung der Wirtschaft? Beide beruhen auf Pluralismus und Konkurrenz, beide setzen tendenziell individualistische, freie und gleiche Individuen voraus; sie stehen damit, so ließe sich die Differenz zwischen „moderner" und „traditionaler" Mentalität idealtypisch kennzeichnen, gegen Korporatismus und Hierarchie. Eine ethische Fundierung

---

[1] Diese Fragestellung ist in der deutschen Geschichtswissenschaft bisher wenig verbreitet; sie schließt an jüngere Forschungsansätze innerhalb der amerikanischen *Intellectual History* an, die auf die Rekonstruktion politischer und ökonomischer Mentalitäten zielen, insbesondere auch auf eine „Ideengeschichte der Wirtschaft" im Kontext der empirischen Sozial- und Wirtschaftsgeschichte vor allem des späten 18. und frühen 19. Jahrhunderts, der amerikanischen Revolutionszeit und frühen Republik. Ich nenne hier nur: J. G. A. Pocock, The Machiavellian Moment, Princeton 1975; Drew R. McCoy, The Elusive Republic: Political Economy in Jeffersonian America, Chapel Hill 1980; Joyce O. Appleby, Capitalism and a New Social Order, New York 1984. Vgl. auch dies., Economic Thought and Ideology in Seventeenth-Century England, Princeton 1978; u. Albert O. Hirschman, The Passions and the Interests, Princeton 1977.

hatte seit der griechischen Antike das europäische Denken über Politik und Ökonomie bestimmt; „Tugend" und „Gemeinwohl" , das Zurückhalten privater Leidenschaften und die Abwertung des Strebens nach persönlichem Gewinn und Nutzen gehörten dazu. An ihre Stelle treten Interesse und Egoismus, beides gilt im modernen Denken als legitim, ja sogar als nützlich, und die (ohnehin nur unterstellte) Homogenität der Gesellschaft weicht der Anerkennung ihrer Heterogenität, ihrer Aufspaltung in Interessengruppen und Parteien. Nicht als erster, aber in immer noch paradigmatischer Form hat Bernard de Mandeville in seiner „Bienenfabel" die klassische Dichotomisierung von privatem „Laster" und öffentlicher „Tugend" durchbrochen. Indem er Moral und Tugend zu Erfindungen der Politiker erklärte, um sich die Menschen zu unterwerfen, und den gesellschaftlichen Nutzen der Verfolgung von Privatinteressen hervorhob, brach Mandeville mit der traditionellen ökonomischen *und* politischen Ethik zugunsten von Marktordnung und pluralistischer Politik.

In Westeuropa und Nordamerika hat sich dieser Umbruch am frühesten und am klarsten vollzogen – nicht nur als theoretischer Paradigmawechsel bei einer kleinen Gruppe früher Sozialwissenschaftler und Moralphilosophen, sondern zugleich als Umbruch von Mentalitäten und Zielvorstellungen großer gesellschaftlicher Gruppen, bis hinunter zu Handwerkern, Kleinhändlern und Bauern. In England trafen, ähnlich wie in den Niederlanden, Marktdurchdringung und Kommerzialisierung der Gesellschaft – auch des Landes, auch des Adels – schon im 17. Jahrhundert mit der Erfahrung von Revolution und Republik zusammen. Trotz der Restauration der englischen Monarchie bestimmten seitdem Parlamentsherrschaft und, wichtiger noch, Parteibildung den Charakter der englischen Politik; auch wenn die Parteien bis ins 19. Jahrhundert hinein den Charakter von Adelsfaktionen behielten, setzten sie doch den Charakter von Politik als eines pluralistischen Interessentenkampfes im gesellschaftlichen Bewusstsein durch. In Frankreich bewirkte die Revolution seit 1789 – und später die von 1830 und 1848 – nicht nur die Institutionen von Republik und Parlamentsherrschaft, sondern auch, wie immer wieder gezeigt worden ist, einen fundamentalen Mentalitätsbruch, der die republikanische Ordnung mit dem Pathos von Freiheit und Gleichheit zur Gesinnung verdichtete, die wiederum die Institutionen tragen konnte. Die Einstellung zur Marktgesellschaft blieb hier allerdings ambivalent; ein stärkeres Engagement des Staates in der Wirtschaft setzte über die Revolution hinweg eine Tradition des Ancien Régime fort, Industrialisierung und Kapitalismus kamen im 19. Jahrhundert nur langsam voran, und die sansculottische Kapitalismusskepsis wurde in der französischen Arbeiterbewegung wiederaufgenommen.

Die Überwindung der traditionellen politischen und ökonomischen Mentalität und die Herausbildung eines gesellschaftlichen Konsenses über eine kommerzielle und marktwirtschaftlich verfasste Parteienrepublik gelang wohl am eindrucksvollsten (und bis heute stabilsten) in den nordamerikanischen Kolonien bzw. den frühen Vereinigten Staaten am Ende des 18. und zu Beginn des 19. Jahrhunderts. Zur vorrevolutionären, aus der englischen politischen Theorie des 17. Jahrhunderts übernommenen Ideologie des „klassischen Republikanismus" gehörte die feste Überzeugung, dass ein „gutes" Gemeinwesen – im normativen, ethischen Sinne verstanden wie in der aristotelischen Politik – nur auf *public virtue*, auf Bürgertugend beruhen könne, der die egoistischen Eigeninteressen untergeordnet werden müssten, um die Gefährdung der Freiheit durch Korruption und Unterdrückung zu vermeiden. Dieses Ideal verlangte eine nicht nur politisch, sondern auch sozialökonomisch homogene Gesellschaft, denn individuelles Erwerbsstreben musste zu Reichtum und „Luxus" bei wenigen, damit zu Abhängigkeiten und so zu politischer Korruption führen. Die Erfahrungen der Revolutionszeit erwiesen die reale Unmöglichkeit dieser ethischen und in der Konsequenz konformistischen Vision gesellschaftlicher Entwicklung – es musste ein Weg gefunden werden, der es gestattete, Freiheit und Handel, Tugend und Interesse miteinander zu verbinden und die korrumpierenden Wirkungen des privaten, interessegeleiteten Handelns auszuschließen.

Die Lösung, die schließlich gefunden wurde, bestand in nicht weniger als einer völlig neuen Konzeption von Individuum und Gesellschaft, in der Anerkennung einer natürlichen Interessendivergenz, die politisch zur Bildung verschiedener Parteien führen musste, und der Einsicht in die Vorteile, die eine auf Konkurrenz und Pluralismus aufgebaute Ordnung sogar bieten konnte. Auf klassische Weise hat das James Madison im zehnten *Federalist* ausgedrückt. Bemerkenswert daran ist, dass mit der Überwindung des traditionellen Verständnisses von Politik und Ökonomie und ihres (negativen) ethischen Nexus *sowohl* ein neues Verständnis von „Republik" *als auch* von einer kommerziellen, marktorientierten Wirtschaft gewonnen wurde und dass der Anerkennung der Eigengesetzlichkeiten der neuen Politik und Ökonomie trotzdem ein Verständnis für ihre Verknüpfung in einem ganz fundamentalen Sinne unterlegt blieb: Demokratische Republik und kommerzielle Marktwirtschaft forderten sich gegenseitig, weil sie nur zwei verschiedene Ausdrucksformen derselben heterogenen, individualistischen Interessentengesellschaft waren. Bemerkenswert ist zugleich, dass dieser Mentalitätswandel sich, wenn auch auf je eigene Varianten sozialer Erfahrung gegründet, in ganz unterschiedlichen gesellschaftlichen Gruppen vollzog; er betraf nicht nur die Eliteideologie, sondern ebenso die *moral economy* der städtischen Handwerker. In ihren Festumzügen seit 1788 in Boston, New York oder Philadelphia artikulierte sich ein „Handwerkerrepublikanismus", der das Bekenntnis zu Demokratie *und* pluralistischer Marktgesellschaft symbolisch zur Schau stellte. Im noch vorindustriellen Amerika Thomas

Jeffersons und Andrew Jacksons verstärkte sich diese Mentalität von Kapitalismus und demokratischem Egalitarismus weiter.²

Auch im deutschsprachigen Mitteleuropa dominierte einerseits, was die Auffassungen über Politik und Ökonomie angeht, in der Frühen Neuzeit eine letztlich an die aristotelische Tradition anknüpfende Ideologie des Gemeinwohls und „gemeinen Nutzens", die eine als interesselos gedachte Gesellschaft auf das (vorgeblich bestimmbare) öffentliche Wohl festlegen zu können glaubte; und eine ebenso ethisierte und konformistisch-korporative moralische Ökonomie des Volkes, deutlich greifbar im „Nahrungs"-Prinzip der Handwerkswirtschaft, andererseits. Für alle okzidentalen Gesellschaften der Neuzeit stellt sich die Frage, wie weit diese tief verwurzelte Mentalität im Übergang zur Moderne überwunden werden konnte und wie stark sie als ein „traditionaler Überhang" erhalten blieb. Mit anderen Worten: Die weitgehend einheitliche und übergreifende Wirtschaftsmentalität des europäisch-atlantischen Raumes begann in der Frühen Neuzeit, vor allem wohl im 16. und 17. Jahrhundert, sich *national* auszudifferenzieren, in engem Zusammenhang mit politischer und wirtschaftlicher Entwicklung, mit Staatsbildung, Krieg und Revolution, mit Kommerzialisierung und außereuropäischer Expansion, und offenbar mit einem gewissen zeitlichen Vorsprung der Elitenmentalität vor der Mentalität des Volkes.

In Deutschland war dieser Übergang problematischer als in Westeuropa. Das war unter anderem eine Folge von konfessioneller Spaltung und Dreißigjährigem Krieg, die einen Rückstand in der wirtschaftlichen Entwicklung, nicht zuletzt einen Ausschluss von den kolonialen Fernhandelsbeziehungen bewirkten; die Territorialstaatsbildung auf der Ebene der Landesherrschaften versuchte sich durch merkantilistische Wirtschaftsförderung zu konsolidieren, und die Staatswissenschaften entstanden nicht als Politische Ökonomie, sondern als Kameralismus. Zwar wurden auch in Deutschland, so in Johann Joachim Bechers „Politischem Discurs", schon im 17. Jahrhundert Marktkonzepte vertreten, und einzelne Autoren polemisierten gegen das „Gemeinnutz"-Konzept und lobten wie Mandeville die positiven Effekte des Eigennutzes in einer individualistischen Gesellschaft, aber mit der innovativen englischen Debatte des 17. Jahrhunderts war das nicht vergleichbar. Die deutsche Tendenz zur Staatsintervention mit ihrem Bemühen um die Steigerung der Wohlfahrt des Landes begünstigte so das Fortwirken der korporativen Gemeinwohlvorstellung und

---

2 Vgl. Sean Wilentz, Artisan Republican Festivals and the Rise of Class Conflict in New York City, 1788–1837, in: Michael Frisch u. Daniel Walkowitz (Hg.), Working-Class America, Urbana 1983, 37–77; Steven Watts, The Republic Reborn: War and the Making of Liberal America, 1790–1820, Baltimore 1987.

erschwerte die Durchsetzung von Individualismus und Interesse in Politik und Ökonomie. In den politisch und sozial sehr stark abgeschlossenen Städten, vor allem den Reichsstädten, hatte das alte Bürgertum geradezu eine Bastion des politischen und wirtschaftlichen Korporatismus errichtet; in diesem Milieu gedieh eine *bürgerliche* Gemeinwohlmentalität, die zwar mit der staatlich-bürokratischen ihre Konflikte austrug, ihr aber, aus der Perspektive etwa Englands oder Amerikas gesehen, erstaunlich eng verwandt war und bis weit ins 19. Jahrhundert ihre Prägekraft behielt. Aufklärung und früher Liberalismus entwickelten sich in Deutschland wiederum primär als bildungsbürgerliche Phänomene, staatsnah, praktischem ökonomischem Denken und Handeln relativ fern stehend und es seltener als anderswo – man denke nur an Schottland – überhaupt in die eigene Reflexion, in den Diskurs über die gesellschaftliche Zielutopie einbeziehend.

Auch an der Schwelle zum 19. Jahrhundert konnte sich ein fundamentaler Mentalitätsbruch aus mehreren, historisch durchaus kontingenten Gründen nicht vollziehen; im Gegenteil: die bisher im „kollektiven Gedächtnis" angesammelten Traditionen wurden bekräftigt und weiter in eine Richtung gelenkt, die von „Markt" und „Republik" wegführte. War die Französische Revolution zunächst noch weithin begrüßt worden, wurde die Republik seit 1792 und verstärkt seit der verhassten französischen Herrschaft über Deutschland unter Napoleon per se als blutiges Terrorregime perhorresziert – von dieser Belastung konnte sich der Republikanismus gerade im Bürgertum bis ins 20. Jahrhundert hinein nicht mehr erholen. Die gemeinsame Antwort der deutschen Staaten auf die Revolution und Napoleon waren Reformen, eine staatszentrierte, bürokratisch gesteuerte Modernisierung, zu deren Rechtfertigung sich die Bürokratie besonders in Preußen als Vertreterin des „Gesamtinteresses" – so wurde das staatlich vorgegebene Gemeinwohl nun genannt – stilisierte und im Bewusstsein der Bevölkerung zu verankern suchte.

Zwar griffen gerade die preußischen Reformer die durch die Vermittlung von Kraus in Königsberg und anderen rezipierten Ideen Adam Smiths für ihr Programm einer Entfesselung der Wirtschaftsgesellschaft und „allgemeinen Gewerbefreiheit" auf, aber der Smithianismus ließ ihnen genügend staatliche Eingriffsmöglichkeiten, und das Konzept einer pluralistischen Politik der Interessenvertretung als „Repräsentation der Nation" scheiterte nicht zuletzt am Widerstand des Adels. Anstatt parallel zu verlaufen und ineinanderzugreifen wie in den USA, fielen politische und ökonomische Modernität zunächst regional auseinander; im politisch liberaleren Südwesten war die Skepsis gegenüber einer kommerziellen Marktgesellschaft weiter verbreitet als in Preußen. Unter einem Teil der Gebildeten gewann der spezifische Antikapitalismus der deutschen Romantik und der idealistischen Philosophie an Anziehungskraft, der

Egoismus, Materialismus und Erwerbsgesinnung zurückwies und in der Wirtschaft eine „Sittlichkeit" suchte, von der sich freizumachen doch gerade zu den Konstitutionsprinzipien des Kapitalismus gehörte. Die gleichzeitige Wendung gegen eine „atomistische" Gesellschaft von Individuen richtete sich vehement gegen die kontraktualistische Staatsauffassung, obwohl diese am Anfang des 19. Jahrhunderts, von einer kleinen Gruppe aufgeklärter Beamter abgesehen, noch von keiner wichtigeren sozialen Gruppe oder Klasse in Deutschland vertreten wurde.

Der frühe Liberalismus in der ersten Hälfte des 19. Jahrhunderts fand zu keiner einheitlichen wirtschaftspolitischen Auffassung. Wo er am stärksten wirtschaftsbürgerlich geprägt war, setzte er sich noch am ehesten für Gewerbefreiheit und industrielle Entwicklung ein, war aber nicht republikanisch, und in seinen eigentlichen regionalen Hochburgen, in Südwestdeutschland, wo auch große Teile des selbständigen Kleinbürgertums, der Handwerker und Kleinhändler, zu seinen Anhängern zählten, war er ökonomisch traditional: marktskeptisch, korporatistisch, oft antikapitalistisch, radikale politische Freiheitsideale mit der *moral economy* verbindend. In vieler Hinsicht entsprachen seine Vorstellungen noch dem „klassischen Republikanismus" der angloamerikanischen Gesellschaften des 17. und 18. Jahrhunderts. Man wollte „Partei nehmen" und Partei sein, aber nur unter der Voraussetzung einer übergeordneten „Eintracht"; nach der Durchsetzung der eigenen Ideale sollten alle der *einen* Partei angehören. „Tugend" und „Gemeinsinn" zielten auf ein ethisch definiertes Gemeinwesen, in dem die Sphäre der Produktion kaum eine Rolle spielte. Diese Variante republikanischer Gesinnung, in der Antiindividualismus und Liberalismus keine Gegensätze bildeten, verflüchtigte sich in den 1840er Jahren buchstäblich angesichts von Frühindustrialisierung, Klassenbildung und Pauperismus. Zur gleichen Zeit entstand ein *moderner* Republikanismus, der die Republik als demokratischen und sozialen Freistaat im Gegensatz zur Monarchie verstand, aber er entstand nicht *im* Bürgertum, sondern *gegen* das Bürgertum und die bürgerliche Gesellschaft, im Umfeld der entstehenden Arbeiterbewegung. Dieser linke Republikanismus – „rote Republikaner" schimpften schon die Zeitgenossen – teilte mit dem „klassischen" bei allen sonstigen Unterschieden eine antikapitalistische und antiindividualistische Stoßrichtung. Mit dem Scheitern der Revolution von 1848/49 (die im Übrigen den geringen Rückhalt gewerbefreiheitlicher Vorstellungen noch einmal offenbart hatte) war die bürgerliche Demokratie geschwächt und ein bürgerlicher Republikanismus in Deutschland nahezu unmöglich geworden.

Das war eine schwerwiegende und, im internationalen Vergleich gesehen, keineswegs selbstverständliche Konsequenz: Der Republikanismus wurde gewissermaßen in den Antikapitalismus abgedrängt, beides zugleich: Republikaner und Demokrat *und* Anhänger einer kommerziellen Marktordnung, konnte man im 19. Jahrhundert zunehmend schwerer sein. Die Stärke des Marxismus gerade in der deutschen Arbeiterbewegung setzte, so gesehen, unter oberflächlich geänderten Vorzeichen deutsche Traditionen nahezu bruchlos fort; sie beruhte auch auf der Persistenz traditionaler politischer und ökonomischer Mentalitäten, die in der Marxschen Vision einer einfachen und homogenen, nicht nach Interessen und Erwerbszweigen ausdifferenzierten Gesellschaft („morgens jagen, nachmittags fischen, nach dem Essen kritisieren") noch einmal einen klassischen Ausdruck fanden. Die Idee des „Jedem nach seinen Bedürfnissen" formulierte nur das Prinzip der „auskömmlichen Nahrung" um und verlieh ihm noch einmal einen scheinbaren Realitätsgehalt und soziale Anziehungskraft. Die Wirtschaft wurde von Marxismus und Arbeiterbewegung rigoros moralischen Kriterien unterworfen. Die Vorstellung einer auch *politisch* homogenen, tendenziell konformistischen, auf jeden Fall nicht pluralistischen Gesellschaft korrespondierte dem unmittelbar; sie war freilich, gerade im Kaiserreich, zugleich eine Schlussfolgerung aus der spezifischen Erfahrung des Ausschlusses der sozialdemokratischen „Reichsfeinde" aus der bürgerlichen *political society*.

Die Reichsgründungszeit, die 1850er, 1860er und 1870er Jahre, war die Zeit des eigentlichen ökonomischen Liberalismus in Deutschland; individualistische Marktordnung und Konkurrenzkapitalismus wurden mit Hilfe zahlreicher Reformgesetze endgültig durchgesetzt und zugleich in der Rechtsordnung zuerst des Norddeutschen Bundes, dann des Reiches verankert. Die Aufhebung der Zinsbeschränkungen zeigt dabei exemplarisch die Entethisierung wirtschaftlichen Handelns an. Zugleich mussten aber die Erwartungen der Liberalen an eine parlamentarische Bindung der Exekutive zurückgestellt werden, und mit dem Ende der „liberalen Ära" 1878/79 erfolgten auch wieder heftige Rückschläge gegen den ökonomischen Liberalismus. Schutzzölle, korporatistische Tendenzen in der Industrie ebenso wie im Handwerk, die Anfänge von „Organisiertem Kapitalismus" und Interventionsstaat: Das waren nicht nur institutionelle Veränderungen, sondern auch Symptome einer nie wirksam gebrochenen und angesichts wirtschaftlicher Wachstums- und Steuerungsprobleme wieder wachsenden Mentalität obrigkeitlicher Harmonisierung der Folgen des individuellen Erwerbsstrebens, bei Handwerkern und Bauern ebenso wie in Industrie und Bürokratie. Die Industrialisierung selbst adaptierte Formen bürokratischer Organisation und bürokratischen Denkens. Hier liegen auch wichtige Wurzeln des deutschen Sozialstaates, der bei allen Erfolgen nie seine Verbindung zu einer Ideologie des überparteilichen Gemeinwohls leugnen konnte. Und während sich in den großen Städten der USA längst die *machines* verschiedener Parteien bitter (und zweifellos oft korrupt) bekämpften und dabei auch materielle Interessen unverhüllt artikulierten, jagten Oberbürgermeister und liberale Bürger in deutschen Städten des Kaiserreichs noch dem Ideal des von wirtschaftlichen Interessen, überhaupt von Sonderinteressen jeder Art freien Gemeinwohls nach, die pluralistische Gesellschaft von oben unter Kontrolle zu halten versuchend.

Als besonders einfluss- und folgenreich erwiesen sich das Fortwirken und die Umformung bildungsbürgerlichen Denkens über Kapitalismus und Staat, nicht zuletzt bei den professionellen Experten hierfür: den deutschen Nationalökonomen. Im Übergang zum 19. Jahrhundert war zwar der Kameralismus auch an den Universitäten überwunden worden und eine am Schlüsselbegriff des „Verkehrs" ausgerichtete Nationalökonomie überhaupt erst entstanden,[3] aber in der „Historischen Schule" ging man in bemerkenswerter Kontinuität weiter davon aus, dass die Nationalökonomie eine „ethische" Wissenschaft sei und wirtschaftliches Handeln nicht zuletzt eine ethische Qualität habe. Nicht egoistische Interessen von Individuen waren der Ausgangspunkt, sondern die „sittlichen" Grundlagen des Wirtschaftens, und der Staat war aufgerufen, ordnend einzugreifen, da der industrielle Kapitalismus diesen Grundlagen nicht entspreche und zu gravierenden gesellschaftlichen Integrationsproblemen führe. Das war die Position von „Kathedersozialisten" wie Adolph Wagner und Gustav Schmoller. Die jüngere Historische Schule fand zwar im Prinzip zu einer positiven Einstellung zum Kapitalismus; sie machte das Problem des Kapitalismus, seiner Genese und seiner Strukturbedingungen, sogar zu ihrem Hauptthema, zum zentralen „Kulturproblem", wie es damals hieß. In die Analyse dieses Kulturproblems mischten sich aber mehr und mehr kultur*kritische* Töne. Selbst für Max Weber, der entschiedener als die meisten seiner Kollegen den modernen Kapitalismus verteidigte, ja, von dieser „schicksalsvollsten Macht unsres modernen Lebens" intellektuell fasziniert war, drohte der siegreiche Kapitalismus Freiheitsspielräume zu beschränken und in ein „stahlhartes Gehäuse" zu führen. Zur gleichen Zeit, um die Jahrhundertwende, artikulierten die verschiedensten „Reformbewegungen" einen diffusen, aber gerade in der bildungsbürgerlichen Jugend attraktiven Antikapitalismus und Antiindividualismus. Für viele war es von hier nicht mehr weit bis zu einer positiven Abgrenzung der deutschen „Kultur" von der westlichen „Zivilisation", deren demokratische Politik und kapitalistisch-kommerzielle Wirtschaft die „Ideen von 1914" gleichermaßen verachteten. Für Werner Sombart war Deutschland „der letzte Damm gegen die Schlammflut des Kommerzialismus", gegen den englischen „Krämergeist". Eingeklemmt zwischen proletarischem und (weitaus folgenreicherem, da politisch-

---

[3] Keith Tribe, Governing Economy: The Reformation of German Economic Discourse, 1750–1840, Cambridge 1988.

kulturell dominantem) bürgerlichem Antikapitalismus, blieb nicht nur die *wirtschaftliche* Freiheit auf der Strecke.

Die zum „Kulturpessimismus" (Fritz Stern) gesteigerte Kulturkritik, die Demokratiefeindschaft ebenso wie Kapitalismusfeindschaft implizierte, verweist bereits auf die Geschichte der Weimarer Republik – von den Institutionen her gesehen eine heterogene und pluralistische, eine marktwirtschaftlich verfasste Parteiendemokratie, auf die diese Gesellschaft mit ihrem Denken, ihrer Mentalität, ihren sozialpsychischen Dispositionen gleichwohl nicht vorbereitet war. Die weit verbreitete Abneigung gegen den Parteienstreit zeigte eine Sehnsucht nach der homogenen, nicht in Interessen gespaltenen Gesellschaft, und hieraus bezog die nationalsozialistische Vision von der „Volksgemeinschaft" einen guten Teil ihrer Attraktivität. Diese Anziehungskraft wirkte nicht nur im Mittelstand, sondern auch in weiten Teilen der Arbeiterschaft und im Bürgertum (vor allem in bestimmten Generationen des Bildungsbürgertums); der deutsche Antikapitalismus und Antipluralismus war ein im Prinzip klassenübergreifendes Phänomen. Bezeichnenderweise griff der Nationalsozialismus zur Rechtfertigung seiner Herrschaft, insbesondere zur Ausgrenzung und „Ausmerzung", sehr stark auf die Begriffe des Gemeinwohls und Gemeinnutzes zurück, wie sie in der deutschen Tradition geprägt waren: als quasi metaphysische Kategorien, deren Definition der jeweiligen Obrigkeit vorbehalten blieb. Der angloamerikanische Gemeinwohlbegriff war dagegen, jedenfalls seit der Überwindung des klassischen Republikanismus, empirisch fundiert und an das „Glück" des Individuums zurückgebunden – „the greatest happiness of the greatest number".

Unter umgekehrten Vorzeichen und in vehementer ideologischer Abgrenzung vom Faschismus wurde in der DDR dennoch erneut versucht, das Ideal der homogenen Gesellschaft, mit „dem" bestimmbaren Interesse und von individuellem Erwerbsstreben frei, in Institutionen umzusetzen. Nachdem die „bürgerliche" Variante dieses Denkens in die Katastrophe geführt hatte, scheiterte schließlich auch die „proletarische", ihre *moral economy* (in der großbetrieblich organisierten Form der Zentralverwaltungswirtschaft) ebenso wie ihr Anspruch auf politische Homogenität und Konformität (dessen Einlösung zu demonstrieren die „99,9 Prozent"-Wahlergebnisse von so hoher symbolischer Bedeutung waren). Die Frage ist, wieviel davon auch im Denken, in der Mentalität der DDR-Bürger verwurzelt war und möglicherweise bleiben wird – vermutlich, dafür sprechen einige Indizien, nicht sehr viel, so dass eine Anpassung an das Denken in der „alten" Bundesrepublik wohl relativ schnell gelingen wird.

Hier, im Westen Deutschlands, scheint seit 1945/49 der Kontinuitätsbruch deutlich zu überwiegen; wahrscheinlich liegt hier die schärfste Zäsur in der politischen und ökonomischen Mentalität der Deutschen seit der Frühen Neuzeit. Der westliche „Paradigmawechsel" des 18. und frühen 19. Jahrhunderts wurde in der frühen Bundesrepublik nachgeholt. Das gilt sowohl für die relativ stabile Verankerung von Republikanismus, Demokratie und Parteienstaat als auch für die weitgehend vorbehaltlose Anerkennung von Marktwirtschaft und Kapitalismus. Hinter beidem steht (wenn auch die Zeit tiefschürfender theoretischer Reflexionen eines Thomas Hobbes oder James Madison darüber wohl endgültig vorbei ist) ein tiefgreifender Wandel in der Auffassung von Individuum und Interesse, eine Überzeugung von der empirischen Konstitution der Gesellschaft aus divergenten Gruppen und Meinungen. Besonders wichtig war, dass der bürgerliche Konservatismus in Deutschland sich zu Republik und Kapitalismus bekannte und sich sogar zum eifrigsten Verfechter jedenfalls des letzteren machte. Im Hinblick auf die langfristige Wirkungsmächtigkeit von Traditionen erwies sich die Idee der „sozialen Marktwirtschaft" (und ihr schneller realhistorischer Erfolg im „Wirtschaftswunder") als eine ingeniöse Erfindung, weil sie die spezifisch deutschen wohlfahrtsstaatlichen Traditionen mit dem Kapitalismus kompatibel und damit diesen akzeptabel machte und jenen ihre prekäre Neigung zu obrigkeitlich-autoritärer Gemeinwohldefinition nahm. Antikapitalistische Ressentiments unter Intellektuellen gibt es auch in anderen westlichen Ländern; wichtig ist, dass sie nicht mehr zugleich antidemokratisch sind, so können sie als Korrektiv sogar eine wichtige Funktion erfüllen. Die Intellektuellen sind keine Nationalökonomen mehr und können auf diesem Gebiet daher keinen Schaden mehr anrichten, und schon einige Jahre vor den osteuropäischen Revolutionen von 1989 galt die rhetorische Frage, was eigentlich falsch sei am Kapitalismus, immer seltener als Ketzerei. Die frühere Nationalökonomie, andererseits, ist zu einer quasi-naturwissenschaftlichen Management- und Funktionswissenschaft geworden, die sich für so tiefsinnige Probleme der deutschen Seele wie Kultur und Sittlichkeit des Kapitalismus, vielleicht zum Glück, nicht mehr interessiert. Deutschland ist zwar, nach einer Beobachtung von Ralf Dahrendorf, immer noch vergleichsweise stärker „Staatsgesellschaft" und „Kulturgesellschaft" und weniger „Wirtschaftsgesellschaft",[4] aber das sind eher noch graduelle als grundsätzliche Unterschiede.

Antirepublikanische und antikapitalistische Strömungen hat es auch anderswo und auch in westlichen Ländern gegeben. In Deutschland erwiesen sie sich aber als politisch und sozial besonders wirkungsmächtig und folgenreich, weil sich Ablehnung von Republik und von Markt oft „verbündeten" und weil

---

4 Ralf Dahrendorf, Schöne Wirtschaft, in: Merkur 43, 1989, 728–732.

diese Ablehnung auf einem nicht wirksam gebrochenen frühneuzeitlichen Verständnis von homogener Gesellschaft, ethischer Wirtschaft und staatlichem Gemeinwohl beruhte, das sich aufgrund bestimmter historischer Konstellationen vor allem seit dem 17. Jahrhundert herausgebildet hatte und (in je spezifischen Varianten) die Mentalität fast *aller* sozialen Gruppen und Klassen prägte. Wenn es einen „deutschen Sonderweg" überhaupt gab, dann lässt er sich hier vielleicht am deutlichsten erkennen.

6 Die Amerikanische Revolution als Bruch des gesellschaftlichen Bewusstseins. Politischer, ökonomischer und soziokultureller Mentalitätswandel von 1750 bis 1800

I

Noch immer fordern die europäisch-atlantischen Revolutionen des 17. und 18. Jahrhunderts, fordern die Englische, die Amerikanische und die Französische Revolution als komplexe Ereignisse des verdichteten Wandels, des beschleunigten Umbruchs zur Moderne zu neuen Erklärungen heraus. In welchen Bereichen dieser Umbruch vorrangig zu suchen sei, ist dabei bis heute eine der grundlegenden Fragen geblieben. In dem Maße, in dem eine ideengeschichtliche und politikgeschichtliche Interpretation alleine schon seit längerer Zeit nicht mehr befriedigt und eine überwiegend sozialgeschichtliche, sozialökonomische Ursachen und soziale Klassen als Handlungseinheiten in den Vordergrund rückende in den letzten Jahren ebenfalls deutlich an die Grenzen ihrer Erklärungskraft gestoßen ist, werden die klassischen Revolutionen zunehmend als Mentalitätenrevolutionen, als fundamentale Einschnitte und Umbrüche im politischen und sozialen Bewusstsein zu deuten versucht. In der Erforschung der Französischen Revolution hat dieses Konzept, propagiert nicht zuletzt durch die Arbeiten von Michel Vovelle[1], bereits eine Leitfunktion übernommen. Auf den ersten Blick so unterschiedliche sozialkulturelle Veränderungen wie der im Revolutionskalender deutlich greifbare Bruch des Zeitbewusstseins, die Bedeutungsverschiebung von politischer Sprache und die „Verdichtung" politischer Ideologien, die Herausbildung neuer Formen der Sozialität und der gesellschaftlichen Kommunikation und Wandlungen in Literatur, Musik und bildenden Künsten rücken auf diese Weise ins Zentrum des Interesses und werden als unterschiedliche Facetten eines allgemeinen „Bruches des gesellschaftlichen Bewusstseins" im revolutionären Frankreich

---

1 Vgl. v.a. Michel Vovelle, Die Französische Revolution. Soziale Bewegung und Umbruch der Mentalitäten, München 1982/Frankfurt 1985 (zuerst ital. 1979).

verstehbar, der die „Hochkultur" der Elite und die „Alltagskultur" der Mittel- und Unterschichten gleichermaßen betraf.[2]

Die Amerikanische Revolution, der Unabhängigkeitskampf der britischen Kolonien in Nordamerika und ihr republikanischer Staatsbildungsprozess zwischen 1763 und 1789, ist dagegen erst in Ansätzen als Mentalitäts- und Bewusstseinswandel verstanden und untersucht worden. In der Tat ist ein solcher Bruch hier in vielen Bereichen weniger deutlich erkennbar als in Frankreich: Einen Revolutionskalender etwa als Ausdruck eines ganz neuen Zeitempfindens hat es nicht gegeben, und die in politischer und sozialökonomischer Hinsicht enorme Heterogenität der Kolonien zwischen Massachusetts und Georgia, zwischen einem neuenglischen Dorf und einer Plantage des Südens lassen eine solche regionen- und klassenübergreifende Zäsur zunächst einmal weniger wahrscheinlich erscheinen als im homogeneren und zentralisierten französischen Nationalstaat. Auf der anderen Seite zeigt bereits die revolutionäre Formel des *novus ordo seclorum* das Bewusstsein vom Beginn einer ganz neuen, von der vorhergehenden grundsätzlich unterschiedenen Zeit an, wie denn die Zeitgenossen auch bereits seit den 1770er Jahren die „revolutionäre" Qualität – im neuen, in die Zukunft offenen Sinne des Wortes[3] – der politischen Vorgänge in Nordamerika anerkannten. Gerade die Revolutionszeit mit der gemeinsamen Frontstellung der Kolonien gegen das Mutterland und der gemeinsamen Arbeit an einer republikanischen Bundesverfassung war zudem ein wichtiger Schritt in der Herausbildung eines übergreifenden „Selbst-Bewusstseins" als Nation und

---

2 Vgl. Reinhart Koselleck u. Rolf Reichardt (Hg.), Die Französische Revolution als Bruch des gesellschaftlichen Bewusstseins, München 1988. In Deutschland – aber nicht nur hier – hat sich insbesondere Rolf Reichardt große Verdienste in der theoretischen Profilierung und empirischen Aufhellung dieses revolutionären Bewusstseinswandels erworben. Vgl. etwa noch ders. (Hg.), Ploetz – Die Französische Revolution, Freiburg 1988; ders., Von der politisch-ideengeschichtlichen zur sozio-kulturellen Deutung der Französischen Revolution, in: GG 15, 1989, 115–143; Klaus Herding u. Rolf Reichardt, Die Bildpublizistik der Französischen Revolution, Frankfurt 1989. Zur Analyse des Sprach- und Begriffswandels vgl. Rolf Reichardt u. Eberhard Schmitt (Hg.), Handbuch politisch-sozialer Grundbegriffe in Frankreich 1680–1820, München 1985ff.: Ein diesem Wörterbuch (und den „Geschichtlichen Grundbegriffen" für Deutschland) vergleichbares Werk fehlt für die angloamerikanische „Sattelzeit" bisher noch. – Vgl. ferner die Fallstudie von Gerd van den Heuvel, Der Freiheitsbegriff der Französischen Revolution. Studien zur Revolutionsideologie, Göttingen 1988.
3 Vgl. Reinhart Koselleck, Revolution, in: Otto Brunner u. a. (Hg.), Geschichtliche Grundbegriffe, Bd. 5, Stuttgart 1984, 643–788; grundsätzlich zur Veränderung von Temporalstrukturen im Übergang zur Moderne vgl. ders., Vergangene Zukunft. Zur Semantik geschichtlicher Zeiten, Frankfurt 1979.

Gesellschaft – *e pluribus unum* – mit ganz bestimmten, eben durch die Revolution definierten Eigenschaften.

Sieht man genauer hin, lässt sich die Amerikanische Revolution in einem noch umfassenderen Sinne als Bruch des gesellschaftlichen Bewusstseins verstehen. Sie veränderte, und das soll im Folgenden skizziert werden, grundlegend die traditionale, frühneuzeitliche Auffassung von der Ordnung der Gesellschaft. An die Stelle einer quasi-ständisch begriffenen hierarchischen Gesellschaft, deren Politik und Ökonomie ethisierten Vorstellungen von der Erreichung eines verbindlichen Gemeinwohls folgten, trat die Vorstellung einer im Prinzip egalitären Gesellschaft, in der Politik und Wirtschaft nicht mehr von „Tugend" und kollektivem Wohl, sondern von Interesse und Individuum gesteuert wurden. Im Politikverständnis bedeutete dies das Ende des letztlich auf aristotelischen Voraussetzungen beruhenden „klassischen Republikanismus" zugunsten einer ganz neuen Republik-, Demokratie- und Verfassungstheorie. In der Auffassung von Wirtschaft und wirtschaftlichem Handeln bewirkte die Revolution einen Bruch mit der korporativen Wirtschaftsmentalität, mit den traditionalen Beschränkungen der *moral economy*; die Idee des ökonomischen Liberalismus als Mentalität des individualistischen Erwerbs und Profits setzte sich durch. Und in soziokultureller Hinsicht wurde die auf Ehrerbietung gegenüber Höherrangigen beruhende *single interest*-Gesellschaft von der Vision einer offenen und pluralistischen Gesellschaft gleichberechtigter Individuen und Bürger abgelöst. Dieser „Paradigmawechsel" sozialer Selbstbeschreibung und Selbstinterpretation begann in mancher Hinsicht schon vor 1750 und war um 1800 noch nicht abgeschlossen, aber er verdichtete und beschleunigte sich während der Revolution und wurde durch die politischen Ereignisse vorangetrieben, wie diese andererseits nur durch Vorgriffe des gesellschaftlichen Bewusstseins denkbar und – etwa in politischen Institutionen – gestaltbar wurden.[4]

In der intensiven amerikanischen Forschung ist die Amerikanische Revolution zunächst vor allem als Verfassungs- und politische Revolution, seit den 1960er Jahren dann von zwei rivalisierenden Interpretationen als primär soziale Revolution einerseits, als in erster Linie eine Ideenrevolution andererseits

---

4 Es ist wohl – auch für die Französische Revolution – eine letztlich nur im Einzelfall abzuwägende, nicht grundsätzlich zu entscheidende Frage, ob und inwiefern die Revolution einen bereits angelegten Mentalitätswandel beschleunigt und zum Durchbruch bringt oder allererst in Gang setzt – oder umgekehrt selbst eine Folge von Mentalitäts- und Bewusstseinsveränderungen ist. Vgl. zu solchen methodologischen Problemen einer Mentalitätsgeschichte von Revolutionen Michel Vovelle, Französische Revolution und Wandel der Mentalitäten, in: Helmut Berding u. a. (Hg.), Deutschland und Frankreich im Zeitalter der Französischen Revolution, Frankfurt 1989, 452–473, hier bes. 469ff.

charakterisiert worden.⁵ Beide Ansätze reichen nicht weit genug, und so ist denn von einigen Vertretern beider Richtungen eine Verknüpfung vorgeschlagen worden.⁶ Der Versuch, Ideen und Ideologien demgemäß als *faits sociaux*, als Teile der sozialen Wirklichkeit zu verstehen⁷, rückt Kultur, Mentalität und gesellschaftliches Bewusstsein in den Mittelpunkt einer umfassenderen Sichtweise, in der „Ideen" nicht nur Vorstellungen einer kleinen literaten Elite und weder aus den sozialen Strukturen und Institutionen ableitbar noch von ihnen unabhängig sind.

Auf diese Weise kann eine Interpretation der Amerikanischen Revolution als Wandel des gesellschaftlichen Bewusstseins in zweierlei Hinsicht besonders gut die *Einheit* der revolutionären Veränderungen in der Komplexität eines solchen Ereignisses zeigen. „Elitenrevolution" und „Volksrevolution" verliefen, erstens, nicht getrennt oder gar gegeneinander, sondern drückten je auf ihre Weise denselben fundamentalen Umbruch, dieselbe Modernisierung des gesellschaftlichen Bewusstseins aus. Der Überwindung des klassischen Republikanismus unter den intellektuellen Führern der Revolution entsprach die Herausbildung eines demokratisch-egalitären politischen Bewusstseins bei Handwerkern und Farmern; der Überwindung der *moral economy* in der einfachen Bevölkerung korrespondierte die Hinwendung der *Federalists* und später auch der *Jeffersonians* zur kapitalistischen, kommerziellen Marktgesellschaft; und sowohl in der Gentry Virginias als auch in der städtischen Mittel- und Unterschicht Bostons oder Philadelphias wurden Individualisierung, Privatisierung und Enthierarchisierung erfahren und beschrieben. Dieser klassenspezifische Erfahrungen überwölbenden (nicht: sie aufhebenden) Gemeinsamkeit des Mentalitätswandels soll hier besondere Aufmerksamkeit gewidmet werden.

---

5 Vgl. meinen Forschungsbericht: Ideen und Interessen in der Amerikanischen Revolution. Eine Zwischenbilanz der Forschung 1968–1988, in: GG 17, 1991, 114–140; an dieser Stelle wird daher nicht ausführlicher auf die Entwicklung der Forschung eingegangen. Die Unterscheidung zwischen einer überwiegend sozialgeschichtlichen und einer überwiegend ideen- und geistesgeschichtlichen Richtung läuft im Übrigen nur teilweise parallel zu der (häufig polemisch der jeweils anderen Seite vorgeworfenen) Unterscheidung zwischen *Progressive*- und *Consensus*-Historiographie.
6 Vgl. etwa die Beiträge in Margaret Jacob u. James Jacob (Hg.), The Origins of Anglo-American Radicalism, London 1984; Gary B. Nash, Social Development, in: Jack P. Greene u. J.R. Pole (Hg.), Colonial British America. Essays in the New History of the Early Modern Era, Baltimore 1984, 233–261, hier bes. 235.
7 In der amerikanischen Forschung häufig im Anschluss an Clifford Geertz, Ideology as a Cultural System, in: ders., The Interpretation of Cultures, New York 1973, 193–233. Vgl. auch bereits die sehr weitsichtigen Bemerkungen bei Gordon S. Wood, Rhetoric and Reality in the American Revolution, in: WMQ 23, 1966, 3–32 (hier bes. 4, 19).

Zweitens vermag eine solche Deutung zu zeigen, dass auf den ersten Blick sehr heterogene Veränderungen in den Bereichen der Politik, der Wirtschaft, der Gesellschaft und Kultur einem gemeinsamen Grundmuster folgten, ja, dass sie nur verschiedene Ausdrucksformen derselben grundlegenden Transformation frühneuzeitlicher Ordnungsvorstellungen waren, wie das vorne bereits angedeutet worden ist. Damit einher ging freilich auch eine Bedeutungsverschiebung zwischen den gesellschaftlichen Teilbereichen: Statt der alten „Politik", die im klassischen, aristotelischen Sinne Ethik und Ökonomie einschloss, wurde die Ökonomie, im neu definierten Sinne des interessegeleiteten kommerziellen Handelns, im Bewusstsein der Zeitgenossen der zweiten Hälfte des 18. Jahrhunderts zum dominierenden „Subsystem", zum Paradigma des Funktionierens von Gesellschaft überhaupt.

Die Amerikanische Revolution als einen Mentalitätenwandel und Bruch des gesellschaftlichen Bewusstseins zu verstehen, ist nicht so neuartig, wie es nach diesen Vorbemerkungen scheinen könnte. John Adams, Revolutionär der ersten Stunde und seit 1797 zweiter Präsident der Vereinigten Staaten von Amerika, bestritt schon 1818, dass die Revolution vor allem im Unabhängigkeitskrieg oder in der Neubildung politischer Institutionen bestanden habe: „The Revolution was in the minds and hearts of the people; a change in their religious sentiments, of their duties and obligations... This radical change in the principles, opinions, sentiments, and affections of the people was the real American Revolution."[8]

II

Gerade im Bereich der politischen Ideen und des politischen Bewusstseins zeigt die Amerikanische Revolution, wie sich über verschiedene Etappen, über Stufen der Radikalisierung zwischen der Mitte der 1760er und dem Ende der 1780er Jahre hinweg Ideen und Mentalitäten einerseits, Strukturen und Institutionen andererseits gegenseitig beeinflussten und in ihrer Entwicklung vorantrieben. So war die Verfassungsrevolution,[9] der Übergang von den monarchischen Kolonien zu den souveränen Republiken und ihr Zusammenschluss zu einem

---

[8] John Adams an Hezekiah Niles, 1818; zit. bei Bernard Bailyn, The Ideological Origins of the American Revolution, Cambridge, Mass. 1967, 160.
[9] Als solche wird die Amerikanische Revolution gerade in der deutschsprachigen Forschung bevorzugt interpretiert; vgl. Hans-Christoph Schröder, Die Amerikanische Revolution. Eine Einführung, München 1982; siehe auch, die Verbindung zur politischen Ideengeschichte ziehend, Willi Paul Adams, Republikanische Verfassung und bürgerliche Freiheit. Die Verfassungen und politischen Ideen der Amerikanischen Revolution, Neuwied 1973.

föderalen Staatswesen, immer auch von „Vorleistungen" des politischen Bewusstseins abhängig, aber diese standen am Beginn der Revolution nicht bereits als Erfahrungssumme vollständig zur Verfügung. Am Anfang stand vielmehr eine durchaus traditionale politische Theorie, ein defensiver und gewissermaßen geschlossener politischer Horizont, der auf die Bewahrung und Verteidigung überkommener Rechte und Freiheiten, der *rights of Englishmen*, zielte. Erst seit der zweiten Hälfte der 1770er Jahre fanden die Revolutionäre, und auch dann nur mühsam und konfliktreich, zu einem ganz neuartigen Politikbegriff, dessen demokratische Grundlagen ins 19. Jahrhundert weisen konnten.[10]

In einer der einflussreichsten Flugschriften vor dem Krieg und der Unabhängigkeitserklärung warnte John Dickinson noch 1774: „Some states have lost their liberty by particular accidents; but this is generally owing to the decay of virtue. A people is travelling fast to destruction, when individuals consider their interests as distinct from those of the public."[11] Diese Mahnung, die Freiheit der eigenen politischen Verfassung durch Tugendhaftigkeit zu verteidigen, appellierte auf dem Höhepunkt der Krise noch einmal an das überkommene, frühneuzeitliche Verständnis von Politik, an die Ideale des angloamerikanischen „klassischen Republikanismus". Die verfassungspolitische Auseinandersetzung in den 1760er und 1770er Jahren war auf amerikanischer Seite keineswegs primär durch einen modernen Liberalismus Lockescher oder Smithscher Provenienz geprägt[12] – gegen die macht- und wirtschaftspolitischen Interessen der Krone und des Unterhauses griffen vielmehr gerade die Kolonisten jenseits des Atlantiks auf Argumente zurück, die letztlich noch immer in der aristotelischen Politik gründeten.[13] Die englische Oppositionsideologie des 17. und 18. Jahrhunderts –

---

10 Das ist u. a. das Thema der brillanten und nach wie vor grundlegenden Studie von Gordon S. Wood, The Creation of the American Republic, 1776–1787, Chapel Hill 1969/New York 1972.
11 John Dickinson, Letters from a Farmer in Pennsylvania, to the Inhabitants of the British Colonies, Philadelphia 1774, 125.
12 So die ältere Sicht; typisch und zugespitzt (und in expliziter Anknüpfung an Tocqueville) bei Louis Hartz, The Liberal Tradition in America. An Interpretation of American Political Thought Since the Revolution, New York 1955.
13 Vgl. dazu und zum Folgenden v.a. J.G.A. Pocock, The Machiavellian Moment: Florentine Political Thought and the Atlantic Republican Tradition, Princeton, N.J. 1975; ders., Machiavelli, Harrington, and English Political Ideologies in the Seventeenth Century, in: WMQ 22, 1965, 549–583; ders., Virtue and Commerce in the Eighteenth Century, in: JIH 3, 1972/73, 119–134; ders., Virtue, Commerce, and History, Cambridge 1985; Bailyn, Ideological Origins; ders., The Origins of American Politics, New York 1968; ders., The Central Themes of the American Revolution, in: Stephen G. Kurtz u. James H. Hutson (Hg.), Essays on the American Revolution, Chapel Hill 1973, 3–31; speziell zum Fortleben der klassischen Tradition Paul Nolte, Aristotelische Tradition und Amerikanische Revolution. John Adams und das Ende der klassischen

vor allem der radikalen *Real Whigs*, aber auch von Teilen der *Country*-Opposition der Torys – griff ein am Bürgerhumanismus der italienischen Renaissance orientiertes Ideal des tugendhaften Bürgers und seines Einsatzes für das Gemeinwesen auf und hielt es der vermeintlichen Korruption und Verschwörung des Hofes entgegen. Der klassische Republikanismus zielte insofern immer auf die *Verteidigung* einer als bedroht empfundenen Verfassung, und in genau diesem Sinne, als Einsatz gegen die Gefährdung einer stabilen und ausgewogenen politischen Ordnung, empfanden viele der amerikanischen *Whigs* in der ersten Phase der Revolution den Konflikt mit Krone und Parlament des Mutterlandes.[14] Die Revolution erscheint damit, so hat Pocock zugespitzt geurteilt, „less as the first political act of revolutionary enlightenment than as the last great act of the Renaissance".[15]

Der Revolutionsideologie lag also zunächst nicht ein individualistischer Liberalismus zugrunde, sondern eine fundamentale Ausrichtung auf das Gemeinwohl, das *public good*, das wiederum stets, wie schon bei Aristoteles, auf eine *politische* Gemeinschaft bezogen war. Die Leidenschaften des Einzelnen sollten durch Tugend (*virtue*) gerade gezügelt und auf das gemeine Beste hin ausgerichtet werden; „Freiheit" meinte noch nicht primär individuelle Handlungsfreiheit oder Freiheit vom Staat, sondern war auf die Polis bezogene Freiheit der politischen Gemeinschaft, nämlich die politische Selbstbestimmung der Bürger im Gegensatz zu Tyrannei und Despotie. Weil es ein objektives Gemeinwohl gab, war die Aggregierung unterschiedlicher Interessen zu Parteien und Faktionen nicht nur überflüssig, sondern sogar schädlich. Die Forderung des angloamerikanischen klassischen Republikanismus nach *politischer* Homogenität beruhte aber keineswegs auf einem egalitären Bild der *Gesellschaft*: Politiker wie John Adams, Hamilton und Madison betonten immer wieder die natürliche Ungleichheit zwischen *few* und *many*; sie insistierten auf einem hierarchischen Ständemodell, dem eine entsprechend abgestufte politische Verfassung und

---

Politik, in: Der Staat 27, 1988, 209–232; zusammenfassende Berichte über die intensive Republikanismus-Debatte bei Robert E. Shalhope, Toward a Republican Synthesis. The Emergence of an Understanding of Republicanism in American Historiography, in: WMQ 29, 1972, 49–80; ders., Republicanism and Early American Historiography, in: WMQ 39, 1982, 334–356; vgl. Nolte, Ideen und Interessen, 120ff.
14 Vgl. noch Caroline Robbins, The Eighteenth-Century Commonwealthman. Studies in the Transmission, Development, and Circumstances of English Liberal Thought from the Restoration of Charles II until the War with the Thirteen Colonies, Cambridge, Mass. 1959; Gordon S. Wood, Conspiracy and the Paranoid Style: Causality and Deceit in the Eighteenth Century, in: WMQ 39, 1982, 401–441.
15 Pocock, Virtue and Commerce, 120.

Repräsentation entsprechen sollte. Das erklärt die Bevorzugung einer klassischen Mischverfassungstheorie nicht nur in England, sondern auch im Denken der amerikanischen Revolutionäre zum Teil bis in die 1780er Jahre hinein.[16] Stabilität, Freiheit und „gute" Verfassung ergaben sich danach erst durch die Balance von monarchischen, aristokratischen und demokratischen Elementen, wobei es das besondere Anliegen der politischen Elite war, den „rich, well born and able" als einer „natürlichen Aristokratie" auch institutionell einen herausgehobenen Platz in der neuen Ordnung zu sichern, analog zur englischen Dreiteilung von König, Lords und Commons.

Im Bewusstsein der Zeitgenossen stand deshalb auch lange Zeit der Versuch im Vordergrund, die Prinzipien der *British Constitution* so wie sie sie verstanden, zu verteidigen bzw. wiederherzustellen. Was als Amerikanische Revolution endete, begann gewissermaßen als eine Britische Revolution, als ein Kampf um die Bewahrung von Verfassungsmäßigkeit und Unabhängigkeit in den Kolonien.[17] Nur mühsam und sehr langsam wurde die Vorstellung einer *ordered resistance* von Briten gegen Briten aufgegeben, aber in dem Maße, wie das in Etappen seit der *Stamp Act Crisis* 1765 bis zur Unabhängigkeitserklärung 1776 geschah, in dem Maße also, wie sich das Bewusstsein einer grundsätzlichen und unüberbrückbaren Frontstellung von *Amerikanern* gegen Briten durchsetzte, wurden auch die frühneuzeitlichen Kategorien des klassischen Republikanismus und überhaupt die traditionale Wahrnehmungsweise von Gesellschaft immer häufiger gesprengt. Die Unabhängigkeitserklärung, im Wesentlichen von Jefferson verfasst, spiegelt in der Heterogenität der ihr zugrundeliegenden Quellen und geistigen Traditionen sehr deutlich den allmählichen Umbruch des politischen Bewusstseins wider; die Einflüsse Lockes und der schottischen Aufklärung lassen sich in ihr ebenso nachweisen wie klassisch-republikanische oder noch ältere des mittelalterlichen Ständerechts.[18] Bereits am Anfang des

---

16 Vgl. allg. Wilfried Nippel, Mischverfassungstheorie und Verfassungsrealität in Antike und früher Neuzeit, Stuttgart 1980; u. hier bes. Nolte, Aristotelische Tradition, 220–226; Wood, The Creation of the American Republic, 197–202.
17 Vgl. in dieser Perspektive John Phillip Reid, Constitutional History of the American Revolution, 2 Bde., Madison, Wisc. 1987; Richard Bushman, King and People in Provincial Massachusetts, Chapel Hill 1985; Pauline Maier, From Resistance to Revolution: Colonial Radicals and the Development of Opposition to Britain, 1765–1776, New York 1972; J.G.A. Pocock, 1776: The Revolution against Parliament, in: ders. (Hg.), Three British Revolutions: 1641, 1688, 1776, Princeton, N.J. 1980, 265–288.
18 Die Einflüsse der schottischen Aufklärung, insbes. Hutchesons, hat das umstrittene Buch von Gary Wills, Inventing America: Jeffersons Declaration of Independence, New York 1978, herauszuarbeiten versucht. Vgl. ansonsten immer noch Carl L. Becker, The Declaration of Independence. A Study in the History of Political Ideas, New York 1922; Erich Angermann,

gleichen Jahres hatte Thomas Paine in seiner überaus erfolgreichen Flugschrift *Common Sense* nicht nur die Monarchie und jede Art der auf ständischer Differenzierung beruhenden Mischverfassung lächerlich gemacht, sondern auch das ethisierte Grundverständnis einer Politik verabschiedet, für die der Staat der Ort der Verwirklichung von Tugend und Glück war. *Society* und *government* wurden von Paine scharf unterschieden; die Gesellschaft sollte eine Gesellschaft der Individuen, ihrer Interessen und Bedürfnisse sein.[19]

Mit dieser radikalen Stellungnahme beeinflusste Paine den Handwerkerrepublikanismus der städtischen Mittelschichten, nicht zuletzt in seiner Heimatstadt Philadelphia, allerdings schneller und unmittelbarer als das Bewusstsein der politisch-sozialen Elite, die in den folgenden zwölf Jahren den Prozess von Staatsbildung und Verfassungsgebung – zuerst in den einzelnen souveränen Staaten, dann auf der Ebene des Bundes – maßgeblich gestaltete. Doch war es andererseits gerade die politische Debatte jener Jahre, die nahezu permanente Diskussion über die bestmögliche Ausgestaltung der neuen republikanischen Institutionen bis hin zur scharfen und kontroversen Auseinandersetzung um die Bundesverfassung seit 1786, die auch in der konservativeren Elite – bei jenen, die sich selbst zu den *few* gerechnet hatten – zu einem fundamentalen Paradigmawechsel des politischen Denkens und Bewusstseins führte, zu einer Ablösung des klassischen Whig-Republikanismus durch einen demokratischen Republikanismus. Dieser Einstellungswandel wurde durch einen Generationenwechsel erleichtert: Die in der englischen Whig-Tradition sozialisierte ältere Generation machte in den 1780er Jahren einer jüngeren Platz, deren Angehörige wie etwa der New Yorker Anwalt Alexander Hamilton ihre politischen Erfahrungen erst seit der Unabhängigkeit gesammelt hatten.[20] Aber er ging darin nicht auf; Hamilton selbst verteidigte während der Debatte der *Federal Convention* den Senat als quasi-aristokratische Vertretung der „rich and well born",[21] und es war immer auch ein *individueller* Lernprozess bis zu der Einsicht, dass die aristotelische Politikkonzeption sich nicht mehr umstandslos in eine praktikable Verfassungsordnung umsetzen ließ.

Ständische Rechtstraditionen in der amerikanischen Unabhängigkeitserklärung, in: HZ 200, 1965, 61–91.
19 Thomas Paine, Common Sense (1776), in: Moncure C. Conway (Hg.), The Writings of Thomas Paine, Bd. I, New York 1967, hier 69.
20 Vgl. Pauline Maier, The Old Revolutionaries: Political Lives in the Age of Samuel Adams, New York 1980; Stanley Elkins u. Eric McKitrick, The Founding Fathers: Young Men of the Revolution, in: PSQ 76, 1961, 181–216.
21 18.6.1787; Max Farrand (Hg.), The Records of the Federal Convention of 1787, 3 Bde., New Haven 1911/1937², Bd. 1, 299.

So bestätigte die Verfassungsdebatte von 1786/87 in Philadelphia zwar ein Zweikammersystem und eine davon weitgehend unabhängige, starke präsidiale Exekutive, doch war damit nicht mehr die Vorstellung der Repräsentation unterschiedlicher gesellschaftlicher Gruppen oder gar Stände in einer gemischten Verfassung verbunden. Die größere Egalität der amerikanischen Gesellschaft gegenüber den Staaten der Antike wurde jetzt verstärkt wahrgenommen; wenn die eigene Gesellschaft durch Ungleichheit gekennzeichnet war, dann nach modernen, vor allem nach ökonomischen Gesichtspunkten wie Leistung, Vermögen und Interesse. Der Senat versammelte demnach keine Aristokratie mehr, seine Mitglieder waren „also the representatives of the people".[22] Dahinter standen eine revolutionäre Neudefinition des „Volkes" und die Erfindung der modernen Repräsentation. Wenn es eine hierarchische Abstufung von Ständen als „Kollektiv-Individuen" nicht mehr gab, dann war das Volk die Gesamtheit der interessegeleiteten Einzelnen und verfassungspolitisch nicht mehr ein auf sein Drittel verwiesenes Teil des Ganzen, sondern das Volk war das Ganze selbst, und repräsentierte sich in verschiedenen Institutionen. Wenn John Adams noch 1814 meinte, „representation and democracy are a contradiction in terms",[23] weil Demokratie für ihn immer noch die antike Bedeutung der unmittelbaren Partizipation auf dem Marktplatz hatte, stand er damit schon seit dem Ende der 1780er Jahre weitgehend alleine – im neu herausgebildeten politischen Konsens der Vereinigten Staaten waren Republik, Demokratie und Repräsentation wenn nicht synonyme, so doch sehr eng aufeinander verweisende Begriffe.

Die „Erfindung des Volkes" (Edmund S. Morgan), der Aufstieg der Idee eines monistischen, nicht mehr in Stände gegliederten Volkes, das zugleich Ursprung aller politischen Souveränität sein sollte[24], war eng verknüpft mit der Akzeptanz einer politisch pluralistischen, interessendifferenzierten Gesellschaft. Für die Zeitgenossen war allerdings, vor allem in den 1770er Jahren, zunächst nicht leicht einzusehen, warum sich auf der Grundlage eines homogenen, tendenziell egalitären Staatsvolkes die alte Vision des verbindlichen *public good* nicht gerade erfolgreich realisieren lassen sollte. Genau darin lag ja auch das Dilemma der politischen Theorie Rousseaus: Der ominöse „Gesamtwille" drohte Freiheit und Volkssouveränität in einem neuen Konformismus, in einem

---

22 Roger Sherman (Connecticut), 13.6.1787; ebd., Bd. 1, 234. Vgl. dazu und zum Folgenden Nolte, Aristotelische Tradition, 228f.; u.v.a. Wood, The Creation of the American Republic, bes. 244–255, 383–389, 553–562.
23 John Adams, Letters to James Taylor (1814), in: The Works of John Adams, Charles Francis Adams (Hg.), Bd. 6, Boston 1851, 462.
24 Vgl. Pocock, The Machiavellian Moment, 517; Edmund S. Morgan, Inventing the People: The Rise of Popular Sovereignty in England and America, New York 1988.

Totalitarismus derer, die den vom „Willen aller" verschiedenen Gesamtwillen zu definieren sich für berufen hielten, zu ersticken. Solche Ambivalenzen zeigten sich genauso in der Amerikanischen Revolution, aber es gelang hier schließlich erfolgreicher als in der Französischen, den Lernprozess im politischen Bewusstsein bis zur zweifelsfreien Anerkennung der Legitimität von Parteien weiterzutreiben; der „Gesamtwille" konnte demnach immer nur Resultat eines politischen Entscheidungsprozesses sein. Auf dem Höhepunkt der Radikalisierung der Revolution hatten dagegen die stark auf die städtischen Mittelschichten gestützten *Constitutionalists* in Pennsylvania versucht, mit der Verfassung von 1776 ihr Ideal einer egalitären *und* korporativen Ordnung zu institutionalisieren: durch Einkammersystem und eine starke Abhängigkeit der Legislative und der Exekutive von den Wählern und der Öffentlichkeit, die auf eine möglichst weitgehende und permanente Identität von Wählern und Gewählten zielten. Die Illusion einer *single interest*-Gesellschaft, die sich darin ausdrückte, scheiterte aber in den folgenden Jahren an der Realität von Parteibildung und Interessengruppen.[25] Die neue Verfassung von 1790 war, etwa in den Wahlrechtsbestimmungen, konservativer, aber sie anerkannte vor allem, dass es nicht Aufgabe einer demokratischen Republik sein konnte, ein quasi-objektives Gemeinwohl zu definieren und durchzusetzen.

In der Kolonialzeit hatte es Parteien als Gruppierungen mit kohärenten politischen Grundüberzeugungen noch kaum gegeben. In einigen Kolonien konnte man wie in Massachusetts gelegentlich einen an das Mutterland England erinnernden Dualismus von *Court* und *Country* erkennen; in anderen bekämpften sich um einflussreiche Familienclans gruppierte Faktionen wie in New York, wo sich die Livingstons und die DeLanceys – Großgrundbesitzer am rechten Hudsonufer – gegenüberstanden.[26] In den südlichen Kolonien wie Virginia beruhte die vorrevolutionäre politische Kultur auf dem Konsens einer schmalen Pflanzerelite der Küstenregion. So unterschiedlich die Ausgangssituation also war, formierten sich in den 1770er Jahren überall Parteien auf der Grundlage unterschiedlicher Programmatik, als die Zuspitzung der Krise jeden dazu zwang, Stellung zu beziehen: für oder gegen die Unabhängigkeit, für oder gegen konkurrierende Konzepte von Republik. Den Loyalisten gelang es nicht mehr, eine

---

25 Vgl. dazu v.a. Richard A. Ryerson, Republican Theory and Partisan Reality in Revolutionary Philadelphia. Toward a New View of the Constitutionalist Party, in: Ronald Hoffman u. Peter J. Albert (Hg.), Sovereign States in an Age of Uncertainty, Charlottesville 1982, 95–133; Wood, The Creation of the American Republic, 222–237.
26 Vgl. Stephen E. Patterson, Political Parties in Revolutionary Massachusetts, Madison, Wisc. 1973; Patricia U. Bonomi, A Factious People: Politics and Society in Colonial New York, New York 1971.

entscheidende Rolle zu spielen, aber in fast allen Staaten standen sich außerdem zwei die Unabhängigkeit befürwortende Parteien gegenüber: eine politisch radikalere, aber ökonomisch oft eher korporatistische *Popular Party* und eine politisch konservativere, aber ökonomisch modernere Partei unter Bezeichnungen wie *Conservative Whigs, Court Party* oder *Republicans*. Die Parteibildung und Parteienkonfrontation reichte bis hinunter in *Counties* und Städte, und mit dem Zusammenbruch der alten politischen Ordnung füllten die Parteien zugleich ein Vakuum: Der gesamte politische Prozess basierte, besonders deutlich in einem Staat mit konfliktreicher Vorgeschichte wie New York, in den Jahren nach der Unabhängigkeit zunehmend auf der Zuordnung zu Parteien. Die Revolution ließ eine politische Kultur der Parteilichkeit entstehen, die den Interessenkampf als selbstverständlichen und notwendigen Bestandteil von Politik erfahrbar und akzeptabel machte.[27]

In der Mitte der 1780er Jahre, nach dem Ende des Krieges und dem Frieden von Paris, konzentrierte sich die politische Debatte immer mehr auf die Reform der von vielen für ungenügend gehaltenen ersten Bundesverfassung, den *Articles of Confederation*. Die nationale Verfassungsdebatte trieb die Parteibildung weiter voran, indem die Parteiengegensätze der 1770er Jahre, die noch stark einzelstaatliche Konstellationen und Besonderheiten gespiegelt hatten, in das erste nationale Parteiensystem umgeschmolzen wurden: Überall standen sich nun die *Federalists* als Befürworter einer stärkeren Zentralregierung und die *Antifederalists* als Verteidiger der Souveränität der Staaten gegenüber. Je heftiger aber die Kontroverse wurde, seitdem die ohne formellen Auftrag der Staaten handelnde Verfassungsversammlung in Philadelphia 1787 die neue Verfassung verabschiedete und den Staaten zur Ratifikation vorlegte, desto deutlicher wurde andererseits, dass die damit in Gang gesetzte beispiellose politische Mobilisierung jenseits allen Parteienstreits bereits auf einem neuen republikanischen Grundkonsens aufruhte; und dass die Kommunikation über die Verfassung

---

27 Vgl. zu New York die ausgezeichnete Studie von Edward Countryman, A People in Revolution. The American Revolution and Political Society in New York, 1760–1790, Baltimore 1981; sowie immer noch Carl L. Becker, The History of Political Parties in the Province of New York, 1760–1776, Madison, Wisc. 1909/1960³. Einen Überblick gibt Jackson Turner Main, Political Parties before the Constitution, Chapel Hill 1973. Vgl. außerdem Ronald Hoffman, A Spirit of Dissension: Economics, Politics, and the Revolution in Maryland, Baltimore 1973; Gary B. Nash, The Urban Crucible. Social Change, Political Consciousness, and the Origins of the American Revolution, Cambridge, Mass. 1979, hier bes. 281f. (Parteien in Boston); Patterson, Political Parties; über Parteibildung in einer kleineren Stadt: Jonathan Clark, The Problem of Allegiance in Revolutionary Poughkeepsie, in: David D. Hall u. a. (Hg.), Saints and Revolutionaries, New York 1984, 285–317.

diesen Konsens implizit sogar bekräftigte und verstärkte.[28] Dahinter treten die ideologischen Unterschiede zwischen beiden Gruppierungen zurück. Die schließlich siegreichen *Federalists* zeigten insgesamt wohl eher als ihre Gegner Einsicht in die gesellschaftlichen Grundlagen der neuen Politik, die auf der Pluralität von Parteien und Interessengruppen und auf dem individuellen *pursuit of happiness* beruhte – das hat James Madison im *Federalist No. 10* auf klassische und vielzitierte Weise zum Ausdruck gebracht.[29] Aber auch bei ihm fanden sich noch letzte Anklänge an das Ziel einer Überwindung der Faktionen im *public good*, und Gordon Wood hat die Verfassung von 1787 sogar als letzten Versuch der Realisierung „tugendhafter" Politik im klassischen Sinne bezeichnet, während die *Antifederalists* eher die Anwälte einer modernen Gesellschaft gewesen seien.[30] Es gab Brüche und Inkonsistenzen in der Ideologie beider Parteien, in beider Rhetorik überlebten Reste des frühneuzeitlichen Paradigmas von Politik und Gesellschaft. Aber die Anhänger beider Parteien wussten am Ende der 1780er Jahre auch, dass dahin zurück kein Weg mehr führte und dass alle Konflikte nunmehr *innerhalb* einer pluralistischen und individualistischen Republik ausgetragen wurden.

Am Ende der Revolution hatte sich die amerikanische Politik nicht nur durch den Übergang vom klassischen zum modernen Republikanismus und die Entstehung und Akzeptanz von Parteien von Grund auf verändert – auch ihre soziale Basis war eine wesentlich breitere geworden. Die weithin auf eine Elite von Prestige, Vermögen und Herkunft gestützte Politik der Kolonialzeit wurde unter dem Druck eines ausgedehnteren Wahlrechts und fallender Zensusschranken brüchig; die Bevorzugung der Küstenregion wich einer gleichmäßigeren Repräsentation zugunsten der agrarischen Regionen im *backcountry*.[31] Doch war das nur der

---

28 So auch Jürgen Heideking, Die Verfassung vor dem Richterstuhl. Vorgeschichte und Ratifizierung der amerikanischen Verfassung 1787–1791, Berlin 1988; ders., Verfassungsgebung als politischer Prozeß. Ein neuer Blick auf die amerikanische Verfassungsdebatte der Jahre 1787–1791, in: HZ 246, 1988, 47–88. Vgl. auch schon Lance Banning, Republican Ideology and the Triumph of the Constitution, 1789–1793, in: WMQ 31, 1974, 167–188.
29 James Madison, Federalist No. 10, 22.11.1787, in: Jacob E. Cooke (Hg.), The Federalist, Middletown, Conn. 1961, 56–65.
30 Vgl. Gordon S. Wood, Interests and Disinterestedness in the Making of the Constitution, in: Richard Beeman u. a. (Hg.), Beyond Confederation. Origins of the Constitution and American National Identity, Chapel Hill 1987, 69–109. Zu den Antifederalists vgl. immer noch Jackson Turner Main, The Antifederalists: Critics of the Constitution, 1781–1788, Chapel Hill 1961/New York 1974. Zur „Aufwertung" der Antifederalists in der neueren Forschung vgl. Nolte, Ideen und Interessen, 126f.
31 Vgl. etwa Robert J. Dinkin, Voting in Provincial America, 1689–1776, Westport, Conn. 1977; ders., Voting in Revolutionary America, 1776–1789, Westport, Conn. 1982.

institutionelle Hintergrund und in vieler Hinsicht erst die Folge eines Umbruches im politischen Bewusstsein der Gesellschaft: Mit ihrer Radikalisierung wurde die Revolution in den 1770er Jahren von der Eliten- zur Mittelklassenrevolution; sie mobilisierte und politisierte dauerhaft vor allem die kleingewerbliche städtische Mittelschicht und brachte in vielen Regionen die ländliche Mittelschicht der Farmer in den westlichen *Counties* zum ersten Mal überhaupt mit Politik in Berührung. In den großen Städten waren es insbesondere die Handwerker, die sich als *Sons of Liberty* zusammenschlossen, in Komitees tätig wurden und durch ihr aktives und oft genug auch militantes Engagement für Demokratie und Republik zugleich die Legitimation der alten Eliten in Frage stellten.[32]

Es blieb also nicht bei einer quantitativen Ausweitung der Partizipation – die selbständige politische Aktivität der Mittelschichten brachte ein ganz neuartiges Selbstbewusstsein und einen politischen Geltungsanspruch zum Ausdruck, die die Mechanismen der traditionellen Elitenpolitik mit ihrer unhinterfragten Autorität zusammenbrechen ließen. In langwierigen und zermürbenden Konflikten erkämpfte sich das Hinterland, sei es in Massachusetts, sei es in Virginia oder South Carolina, politische Rechte, die in der Verlegung von Hauptstädten ins Landesinnere – z. B. von Williamsburg nach Richmond in Virginia – ihren symbolischen Ausdruck fanden. Wenn die Revolution in den dünn besiedelten Gegenden des agrarischen *backcountry*, wo man die Tea Party oder das *Boston Massacre* allenfalls vom Hörensagen kannte, etwas bewirkte und bedeutete, dann war es dies: Die Farmer waren am Ende überzeugt, politisch etwas bewirken zu können; politische Entscheidungen und Gesetze konnten nicht mehr an ihnen vorbei, nicht ohne die Berücksichtigung ihrer Interessen gemacht werden; und sie wussten, auf welche Weise sie diese Interessen wirksam artikulieren konnten.[33] Die Demokratisierung der Politik im gesellschaftlichen Be-

---

32 Die Politik- und Sozialgeschichte von Handwerkern in der Revolution ist in den letzten Jahren besonders intensiv erforscht worden. Vgl. insbes. Nash, The Urban Crucible; ders., Artisans and Politics in Eighteenth-Century Philadelphia, in: Jacob u. Jacob (Hg.), Origins, 162–184; Charles S. Olton, Artisans for Independence: Philadelphia Mechanics and the American Revolution, Syracuse 1975; Richard A. Ryerson, The Revolution is Now Begun. The Radical Committees of Philadelphia, 1765–1776, Philadelphia 1978; Richard Walsh, Charleston's Sons of Liberty. A Study of the Artisans 1763–1789, Columbia, S.C. 1959; zur Komiteepolitik s. auch Countryman, A People in Revolution; Richard D. Brown, Revolutionary Politics in Massachusetts: The Boston Committee of Correspondence and the Towns, 1772–1774, Cambridge, Mass. 1970.
33 Vgl. sehr gut Jerome J. Nadelhaft, The Disorders of War: The Revolution in South Carolina, Orono, Me. 1981; ders., „The Snarls of Invidious Animals": The Democratization of Revolutionary South Carolina, in: Hoffman u. Albert (Hg.), Sovereign States, 62–94; sowie Gregory H. Nobles, Divisions Throughout the Whole: Politics and Society in Hampshire County, Massachusetts, 1740–1775, Cambridge 1983.

wusstsein der Mittelschichten wurde so zu einem auf den ersten Blick nicht leicht erkennbaren, aber langfristig um so wirksameren Ergebnis der Revolution.

In den 1790er Jahren spitzten sich die Parteienkonflikte noch einmal zu. Die Gegner der Washington-Administration, darunter frühere *Antifederalists*, aber zunehmend auch entschiedene Verfechter der Verfassung wie Madison, warfen ihr „monarchische" und „aristokratische" Tendenzen vor; sie bestanden auf einer weiteren radikalen Demokratisierung des Landes. Nicht zuletzt als Reaktion auf die Französische Revolution verstärkte sich der demokratische Egalitarismus der *Jeffersonians*. *Democratic-Republican Societies* schossen aus dem Boden und organisierten viele der städtischen Handwerker, die damit von den *Federalists* zurückgewonnen werden konnten.[34] Bei den Wahlen von 1796 siegte Adams als Kandidat der *Federalists* noch knapp vor Jefferson, vier Jahre später konnten die Anhänger Jeffersons dessen Sieg die „Revolution von 1800" nennen. Für beide Parteien schienen die politischen Prinzipien und Ideen der späten Kolonialzeit, ja selbst der ersten Phasen der Revolution jetzt schon unerreichbar weit entfernt, die Verfassung als Ausdruck einer zugleich individualistischen und pluralistischen Ordnung war unbestritten; und doch beendete erst die Machtübernahme der *Jeffersonian Republicans* mit ihren sozialegalitären Impulsen endgültig die politische Revolution.[35]

III

Der „klassische Republikanismus" hatte sich, wie die gesamte klassische politische und soziale Theorie der Frühen Neuzeit, nie auf bestimmte Ordnungsmodelle politischer Herrschaft beschränkt, sondern mit diesen zum einen allgemeine Aussagen über das Verhältnis von Individuum und (politischer) Gemeinschaft verbunden, zum anderen Ökonomie und wirtschaftliches Handeln im Lichte seiner ethisch-politischen Grundauffassung interpretiert. Diese Einheit und wechselseitige Durchdringung von Ethik, Politik und Ökonomik war gerade ein wesentliches Kennzeichen aller klassischen, als Moralphilo-

---

34 Vgl. die ausgezeichnete Fallstudie von Alfred F. Young, The Democratic Republicans of New York. The Beginnings, 1763–1797, Chapel Hill 1967.
35 Vgl. etwa Richard Buel, Securing the Revolution. Ideology in American Politics, 1789–1815, Ithaca, N.Y. 1972. – Vgl. zur weniger erfolgreichen Transformation des klassischen Republikanismus in Deutschland: Paul Nolte, Bürgerideal, Gemeinde und Republik. „Klassischer Republikanismus" im frühen deutschen Liberalismus in: HZ 254, 1992, 609–656 (in diesem Band: Nr. 9).

sophie konzipierten Sozialtheorie gewesen.[36] Genauer: Wirtschaftliches Handeln und wirtschaftliches Erwerbsstreben wurden im klassischen Republikanismus rigoros ethischen Kriterien unterworfen und waren deshalb zugleich dem politischen Handeln untergeordnet. Ein egoistisches Gewinnstreben musste dem *public good* zuwiderlaufen und korrumpierte deshalb individuelle Tugendhaftigkeit und politische Ordnung; *luxury* und *commerce*, jedenfalls in „exzessiver" Form, mussten darum unterbunden werden. Die Kolonisten waren in Nordamerika auf ein von der Natur reich gesegnetes Land gestoßen, „but Plenty begat Ease, and Ease begat Luxury; and Luxury ... introduced a fatal corruption of every good and virtuous principle".[37] Während die soziale Elite ihre Bedenken gegen eine schrankenlose Kommerzialisierung in der elaborierten Sprache einer klassischen Theorietradition ausdrückte, zielte die *moral economy* der gewerblichen Mittel- und Unterschichten in den Städten, aber auch das subsistenzwirtschaftliche Denken kleiner Farmer nur in anderer Art und Weise auf dieselben Grundprinzipien: die Verweigerung eines Primates der Ökonomie in den sozialen Beziehungen und die ethische Regulierung eines für verderblich gehaltenen ungezügelten Erwerbsstrebens.[38] Den handwerklichen Grundsatz der „Nahrung" kennzeichnete die gleiche antiindividualistische Mentalität, die gleiche Orientierung am Wohle der Gemeinschaft, die gleiche Marktskepsis, wie sie auch für den traditionellen Republikanismus der Elite typisch waren.

Diese Wirtschaftsauffassung darf man freilich nicht als wirklichkeitsgetreue Abbildung ökonomischer Strukturen missverstehen – im 18. Jahrhundert entsprach sie der rapiden ökonomischen Entwicklung in den Kolonien, der wachsenden Marktverflechtung und der Ausweitung der Handelsbeziehungen immer weniger. Im Mutterland England war der klassische Republikanismus mit seiner Beschwörung von *virtue* gegen *commerce* seit dem 17. Jahrhundert nicht zuletzt als *Reaktion* auf die beginnende Marktdurchdringung der Agrargesellschaft, auf Kommerzialisierung und merkantilistische Propagierung des Außenhandels populär geworden; die *Country*-Opposition der Torys und radikalen Whigs

---

36 Vgl. allg. Jürgen Habermas, Die klassische Lehre von der Politik in ihrem Verhältnis zur Sozialphilosophie, in: ders., Theorie und Praxis, Frankfurt 1963/1971⁴, 48–88.
37 William Smith, Discourses on Several Public Occasions During the War in America, London 1759, 77. Vgl. Jack P. Greene, Search for Identity: An Interpretation of the Meaning of Selected Patterns of Social Response in Eighteenth-Century America, in: JSH 3, 1969/70, 189–220. Vgl. zur „Wirtschaftsethik" des klassischen Republikanismus weiter v.a. Pocock, The Machiavellian Moment.
38 Vgl. dazu klassisch E.P. Thompson, The Moral Economy of the English Crowd in the Eighteenth Century, in: PP 50, 1971, 76–136.

drückte damit ihren Widerstand gegen den durchbrechenden Kapitalismus aus.[39] Diese defensive Position konkurrierte zudem nicht erst seit Adam Smith, sondern schon mehr als ein Jahrhundert früher mit Befürwortern von wirtschaftlichem Liberalismus und rapider ökonomischer Entwicklung: zunächst mit merkantilistischen Markttheoretikern wie Thomas Mun, dann auch mit der Aufwertung „selbstsüchtigen" Handelns in Mandevilles *Fable of the Bees* und mit der Lockeschen Verklammerung von *liberty* und *property*.[40]

Beide Positionen überquerten den Atlantik; Liberalismus und klassischer Republikanismus vermischten sich in den Kolonien zum Teil, und dazu kam noch die Wirtschaftsethik des Puritanismus in Neuengland, die Arbeit und individuellen Erfolg hoch bewertete, aber andererseits – wie der Puritanismus überhaupt – konservativer war als häufig angenommen wird. So existierte in Nordamerika am Vorabend der Revolution ein heute nur noch schwer aufzuschlüsselndes Konglomerat ökonomischer Ideen und Zielvorstellungen, das den schon unübersehbar gewordenen Strukturwandel zur kapitalistischen Marktgesellschaft – sei es positiv, sei es eher in Abwehrhaltung – reflektierte. Noch überwogen wohl eher die (ethisch und politisch begründeten) Bedenken gegenüber einer solchen neuen ökonomischen Ordnung, vor allem, wenn man die Bastionen des wirtschaftlichen Traditionalismus außerhalb der Elite mit berücksichtigt. Eine individualistische Mentalität des Erwerbs, der Konkurrenz und des Marktes hatte sich jedenfalls noch nicht durchgesetzt.

Dieser Durchbruch gelang erst in den Jahrzehnten der Revolution und in der frühen Republik, und das ist nicht nur eine zeitliche Koinzidenz, sondern verweist in mehrfacher Hinsicht auf einen kausalen Zusammenhang. Die Überwindung der klassischen Politiktheorie, die Anerkennung eines legitimen Pluralismus von individuellen Interessen und Parteien, untergrub die Auffassung von der korrumpierenden Wirkung „egoistischen" Handelns auch in der Wirtschaft. Der Zusammenhang von Ökonomie und Bürgertugend wurde so zunehmend in Frage gestellt. Ausdrücklich wies etwa Benjamin Rush, Arzt aus

---

39 Vgl. Joyce O. Appleby, The Social Origins of American Revolutionary Thought, in: JAH 64, 1977/78, 935–958; dies., Economic Thought and Ideology in Seventeenth-Century England, Princeton 1978; vgl. auch Robbins, The Eighteenth-Century Commonwealthman.
40 Vgl. neben Appleby, Economic Thought and Ideology: Ernst Schulin, Handelsstaat England. Das politische Interesse der Nation am Außenhandel vom 16. bis ins frühe 18. Jahrhundert, Wiesbaden 1969; H.T. Dickinson, Liberty and Property: Political Ideology in Eighteenth-Century Britain, London 1977; Crawford B. Macpherson, Die politische Theorie des Besitzindividualismus. Von Hobbes bis Locke, Frankfurt 1967; sowie die weiterhin sehr anregenden, wenn auch historisch oft unpräzisen Überlegungen von Albert O. Hirschman, The Passions and the Interests. Political Arguments for Capitalism before its Triumph, Princeton 1977 (dt. 1980).

Philadelphia und Abgeordneter des Kontinentalkongresses, 1777 die Klagen über einen angeblichen Verlust an Tugend zurück, mit denen viele seiner Zeitgenossen auf ökonomische Krisenerscheinungen, auf „Habgier und Wucher", reagierten: „We estimate our virtue by a false barometer when we measure it by the price of goods" – der Wucher, so wollte er ökonomische Probleme nur auf rein ökonomische Ursachen zurückgeführt sehen, entstehe „only from the excessive quantity of our money".[41] Die Amerikanische Revolution hatte sich in den 1760er Jahren nicht zuletzt an Konflikten über Steuern und Zölle, an Kontroversen über Handels- und Wirtschaftspolitik entzündet[42], und daraus resultierte in den Kolonien ein verstärktes Bedürfnis nach Selbstverständigung über die eigenen (nun nicht mehr englischen) wirtschaftlichen Ziele.

In den beiden folgenden Jahrzehnten war der Konflikt der unabhängigen Staaten mit dem vormaligen Haupthandelspartner England für viele Menschen zuerst als Versorgungsproblem spürbar, aus dem ein entsprechend rascher Strukturwandel der eigenen gewerblichen Wirtschaft folgte, dessen Erfahrung wiederum nicht ohne Auswirkungen für die Einstellung der Menschen zu Kapitalismus und Marktwirtschaft blieb. Gerade die britischen Handelsbeschränkungen, so sah John Dickinson 1774 voraus, würden in den Kolonien zur Entdeckung der *eigenen* Prosperität, des eigenen Gewerbefleißes führen, sofern die amerikanische Freiheit nur unangetastet bliebe[43], und in der Tat setzte sich bis zum Ende des 18. Jahrhunderts der individualistische Kapitalismus als *Wirtschaftsgesinnung* in den USA durch. Wesentlich stärker als in der Französischen Revolution, die eine Skepsis gegenüber dem Kapitalismus bewahrte und seine Entwicklung in Frankreich im 19. Jahrhundert eher gebremst als beschleunigt zu haben scheint, gingen Kapitalismus und Republikanismus in der Amerikanischen Revolution eine enge Verbindung ein, da sie von den Zeitgenossen als zusammengehörig erfahren wurden: Sie beruhten auf denselben Grundprinzipien von pluralistischer Gesellschaft, Individualität und Interesse;

---

41 Zit. bei J.E. Crowley, This Sheba, Self: The Conceptualization of Economic Life in Eighteenth-Century America, Baltimore 1974, 150. Vgl. zur allmählichen Auflösung der klassischen Verknüpfung von „Luxus" und „Korruption" in der schottischen Moralphilosophie des späten 18. Jahrhunderts etwa Adam Ferguson, An Essay on the History of Civil Society (1767), dt. Übers. Zwi Batscha u. Hans Medick (Hg.), Frankfurt 1986, 431ff.
42 Vgl. dazu weiterhin v.a. Edmund S. Morgan u. Helen M. Morgan, The Stamp Act Crisis: Prologue to Revolution, Chapel Hill 1953; ferner Peter D.G. Thomas, British Politics and the Stamp Act Crisis, Oxford 1975; ders., The Townshend Duties Crisis: The Second Phase of the American Revolution, 1767–1773, Oxford 1987.
43 Dickinson, Letters from a Farmer, 130.

die Republik war in Amerika schließlich nur noch als kommerzielle Republik denkbar.[44]

Im Einzelnen ist heute freilich mehr denn je umstritten, wann und auf welche Weise eine entscheidende Zäsur im Übergang zu Marktverflechtung und Marktmentalität zu erkennen ist. Über die wirtschaftliche Entwicklung insbesondere des agrarisch-ländlichen Raumes der Kolonien in der zweiten Hälfte des 18. Jahrhunderts haben intensive neue Forschungen eine Debatte entzündet, aus deren Verlauf sich erst einige Konturen gesicherten Wissens abzeichnen. Zwischen den südlichen Kolonien einerseits, den mittleren und neuenglischen Kolonien andererseits, aber auch zwischen dem außenhandelsorientierten Küstenstreifen und dem agrarischen Hinterland mit seiner in der Regel relativ kleinräumigen Besitzstruktur bestanden erhebliche regionale Differenzen der Wirtschaftsweise, die von mindestens ebenso großen Unterschieden in der „Wirtschaftsgesinnung" nicht zu trennen sind.[45] Die einzelnen Kolonien waren bis weit ins 18. Jahrhundert hinein ökonomisch weniger miteinander verbunden als mit England – erst die Beeinträchtigung des atlantischen Handels im Unabhängigkeitskrieg, die politische Krise der Revolution und der Staatsbildungsprozess der 1780er Jahre bedeuteten die entscheidenden Schritte für die Entstehung einer *nationalen* Ökonomie Nordamerikas. Überraschenderweise scheinen sich bis dahin in der patriarchalischen, von der Pflanzeraristokratie dominierten Gesellschaft des Südens zwischen Maryland und Georgia, besonders in der relativ dichtbesiedelten Gegend um die Chesapeake Bay, Marktmentalität und kapitalistischer Geist früher und dynamischer entwickelt zu haben als im Norden, wo „die spezifischen Erscheinungen profitsüchtiger Rechenhaftigkeit" (Max Weber) immer mit der Kritik und den

---

44 Das ist im Übrigen ein Zusammenhang, der die amerikanische Kultur bis heute in ganz fundamentaler Weise prägt. – Vgl. dazu u.a. Forrest McDonald, Novus Ordo Seclorum. The Intellectual Origins of the Constitution, Lawrence, Kansas 1985; Cathy Matson u. Peter Onuf, Toward a Republican Empire: Interest and Ideology in Revolutionary America, in: AQ 37, 1985, 496–531; dies., A Union of Interests. Political and Economic Thought in Revolutionary America, Lawrence, Kansas 1990; Steven Watts, The Republic Reborn. War and the Making of Liberal America, 1790–1820, Baltimore 1987.

45 Vgl. zum neuerdings stark betonten „regionalistischen" Ansatz in der kolonialen Wirtschaftsgeschichte v.a. John J. McCusker u. Russel R. Menard, The Economy of British America, 1607–1789, Chapel Hill 1985; Ronald Hoffman u.a. (Hg.), The Economy of Early America: The Revolutionary Period, 1763–1790, Charlottesville 1988.

ideologischen Fesseln radikalisierter Religion zu rechnen hatten.[46] Der rein ökonomische Zweck der Gründung der südlichen Kolonien und ihre „großbetrieblich" und exportorientiert organisierte Agrarwirtschaft ließen offenbar eher eine Kommerzialisierung des Denkens zu als die gegenüber einer ungehinderten Entfaltung der Wirtschaft mindestens ambivalente puritanische Ethik, auf der die Gründung der Neuenglandkolonien beruht hatte.[47]

Aber auch dort, etwa im durch Familienwirtschaften geprägten Hinterland von Massachusetts, begannen sich in der zweiten Hälfte des 18. Jahrhunderts allmählich neue, kommerzielle und marktorientierte Werte und Zielvorstellungen durchzusetzen. Familie und familiäre Reproduktion, die *self-sufficiency* der Farm als quasi autarker sozialer und ökonomischer Einheit, behielten zwar bis ins 19. Jahrhundert hinein große Bedeutung[48] – sie wurden aber immer mehr zu

---

[46] Die These Webers über den Zusammenhang von „protestantischer Ethik" und „kapitalistischem Geist" wird insofern in der neueren Forschung zunehmend in Frage gestellt. Modernität und Marktmentalität des Südens als der eigentlichen Modell- und Pionierregion des kolonialen Amerika (im Gegensatz zum statischeren Neuengland) betont besonders pointiert Jack P. Greene, Pursuits of Happiness. The Social Development of Early Modern British Colonies and the Formation of American Culture, Chapel Hill 1988. – Vgl. bei Max Weber die Bemerkungen über das Verhältnis von „kapitalistischen Geist" und „kapitalistischer Entwicklung" in Neuengland und den südlichen Kolonien: Die Protestantische Ethik und der Geist des Kapitalismus, in: ders., Gesammelte Aufsätze zur Religionssoziologie, I, Tübingen 19889, 17–206, hier bes. 37f. – Weber berief sich bekanntlich besonders stark auf Benjamin Franklin, dessen Repräsentativität für das ökonomische und politische Denken im Amerika des 18. Jahrhunderts er jedoch überschätzte. Vgl. zu Franklin etwa Horst Dippel, Die Theorie der bürgerlichen Gesellschaft bei Benjamin Franklin, in: HZ 220, 1975, 568–618; ders., Individuum und Gesellschaft. Soziales Denken zwischen Tradition und Revolution: Smith-Condorcet – Franklin, Göttingen 1981, 200–239; Drew R. McCoy, Benjamin Franklin's Vision of a Republican Political Economy for America, in: WMQ 35, 1978, 605–628.
[47] Es ist allerdings weithin noch unklar, wie stark die religiöse Ethik des radikalen Protestantismus das Wirtschaftsverhalten sozialer Gruppen, z. B. der großen städtischen Kaufleute in den mittleren und Neuenglandkolonien, überhaupt beeinflusst hat. Eine neuere Untersuchung über Philadelphia widerspricht explizit der Weber-These und sieht die dortigen Kaufleute als *hedonistic adventurers*: Thomas M. Doerflinger, A Vigorous Spirit of Enterprise. Merchants and Economic Development in Revolutionary Philadelphia, Chapel Hill 1986, 135–164, bes. 161ff.
[48] Das betont bes. James A. Henretta, Families and Farms. „Mentalité" in Pre-Industrial America., in: WMQ 35, 1978, 3–32. – Vgl. grundsätzlich zur Kontroverse über die „traditionale" oder „kommerzielle" Mentalität um die Mitte des 18. Jahrhunderts Richard B. Sheridan, The Domestic Economy, in: Greene u. Pole (Hg.), Colonial British America, 43–85; Nash, Social Development, in: ebd., 233–261. Siehe ferner: Marc Egnal u. Joseph A. Ernst, An Economic Interpretation of the American Revolution, in: WMQ 29, 1972, 3–32; Marc Egnal, The Economic Development of the Thirteen Continental Colonies, 1720 to 1775, in: WMQ 32, 1975, 191–222.

einem verklärten Ideal, von dem die reale wirtschaftliche Entwicklung zunehmend weiter entfernt war. Schon im 18. Jahrhundert waren die Farmen in Neuengland in vielfältiger Weise in Märkte – Arbeitsmärkte ebenso wie Warenmärkte – verflochten und ihre Produktion Marktbedingungen unterworfen; eine antikommerzielle Einstellung konnten sich die Farmer seit der Mitte des Jahrhunderts und erst recht seit den Jahrzehnten der Revolution immer weniger leisten.[49] Während die Marktintegration sich zunächst weitgehend auf einen lokalen oder engen regionalen Horizont beschränkt hatte, beschleunigten die wirtschaftlichen Veränderungen der Revolutionszeit in mehrfacher Hinsicht eine erhebliche Ausdehnung der Marktbeziehungen ebenso wie die Ausbreitung einer individualistischen Erwerbsgesinnung auf dem Lande: Der Ausfall der englischen Importe führte zu einem erheblichen Produktionsdruck auf die heimische Landwirtschaft, die Armee und die großen Küstenstädte mussten ernährt werden, und die Nachfrage von dort schuf neue Handelsbeziehungen und größere Märkte innerhalb der Staaten, die ein entsprechendes marktmäßiges und kommerzielles Verhalten auch von den kleinen und mittleren Farmern verlangten. Der quantitative Rückgang des Außenhandels begünstigte qualitative Transformationen in der Ökonomie der neuen Republiken.[50]

Der plötzliche Selbstversorgungsimperativ betraf aber auch gewerbliche Produkte, so dass seit 1775 die gewerbliche Warenproduktion auf dem Lande, vor allem die Produktion von Textilien, einen Boom erlebte. Ohne dass gleichzeitig ein ausgebautes Verlagssystem wie in der europäischen „Protoindustrialisierung" entstand, trug die ländliche Gewerbewirtschaft seit dem Unabhängigkeitskrieg doch zu einem deutlichen Ausbau von Marktbeziehungen bei, nach

---

49 Vgl. zur wachsenden Marktverflechtung der neuenglischen Landwirtschaft in der zweiten Hälfte des 18. Jahrhunderts v.a. die detaillierten Studien von Winfried B. Rothenberg, The Market and Massachusetts Farmers, 1750–1855, in: JEH 41, 1981, 283–314; dies., The Emergence of Farm Labor Markets and the Transformation of the Rural Economy: Massachusetts, 1750–1855, in: JEH 48, 1988, 537–566; sowie B.H. Pruitt, Self-Sufficiency and the Agricultural Economy of Eighteenth-Century Massachusetts, in: WMQ 41, 1984, 333–364; Michael Merrill, Cash is Good to Eat: Self-Sufficiency and Exchange in the Rural Economy of the United States, in: Radical History Review 4, 1977, 42–71; bes. pointiert Daniel Vickers, Competency and Competition: Economic Culture in Early America, in: WMQ 47, 1990, 3–29: „Indeed, now that historians have successfully disposed of self-sufficiency as an early American reality, they ought further to admit that it was not even an aspiration" (7). Vgl. auch Stephen Hahn u. Jonathan Prude (Hg.), The Countryside in the Age of Capitalist Transformation, Chapel Hill 1985.
50 Vgl. Allan Kulikoff, The Transition to Capitalism in Rural America, in: WMQ 46, 1989, 120–144; Bruce C. Daniels, Economic Development in Colonial and Revolutionary Connecticut: An Overview, in: WMQ 37, 1980, 429–450; McCusker u. Menard, Economy, 358–367.

außen ebenso wie nach innen, etwa indem sie weibliche Arbeitskraft systematisch in die Marktökonomie einbezog.[51] So scheint die Revolution trotz kurzfristiger Beeinträchtigungen des Handelsvolumens und der Produktion dennoch nicht nur eine strukturelle Modernisierung der nordamerikanischen Wirtschaft auch im ländlichen und agrarischen Sektor gefördert zu haben. Sie beschleunigte auch, teilweise indirekt, die Herausbildung einer kapitalistischen Mentalität auf dem Lande – also dort, wo die revolutionären *Ideen* von Freiheit und Selbstentfaltung in der Regel weniger präsent waren als in den Städten an der Küste.

Dort waren es weniger strukturelle Veränderungen der Produktion, des Handels und der Marktbeziehungen, die ökonomisches Denken in neue Bahnen lenkten, sondern eher die politischen Ideen der Revolution und das besonders seit den 1770er Jahren verstärkte politische Engagement der städtischen Mittelschichten, gerade auch der Handwerker und sonstigen Kleingewerbetreibenden. Die städtische Handwerkswirtschaft im kolonialen Nordamerika entsprach der traditionalen *moral economy*; sie beruhte auf einer korporativen und ethisierten Vorstellung von Produktion und wirtschaftlichem Austausch ganz so wie im frühneuzeitlichen Europa. „Gerechte Preise" für alle wurden gegen individuelle Bereicherungssucht durchzusetzen versucht, wenn nötig, mit der spontanen Gewalt von *crowd action*, von Tumulten und Unruhen, die fester Bestandteil der Konfliktregulierung in traditionalen Gesellschaften waren.[52] In den 1730er Jahren etwa wurde in Boston ein heftiger Konflikt um Preise und Marktregulierung ausgetragen, dessen Höhepunkt die Zerstörung einer Markthalle durch eine Menschenmenge 1736 war.[53]

Wie der radikale politische Egalitarismus der Sansculotten in der Französischen Revolution sich ökonomisch mit einer besonders rigiden Verteidigung der *moral economy* verband, richtete sich auch der amerikanische Handwerkerrepublikanismus zunächst vehement *gegen* eine moderne Marktökonomie, jedenfalls in den ersten Phasen der Revolution bis etwa 1780. Vor dem Hintergrund einer galoppierenden Inflation, die nicht zuletzt aus der unkontrollierten Emission von Papiergeld in den Kriegsjahren folgte, sahen die lokalen revolutionären Komitees seit 1775 eine ihrer Hauptaufgaben in der Festsetzung von Preisen vor allem für Grundnahrungsmittel und in der öffentlichen Anprangerung

---

51 Die amerikanische „Protoindustrie" im späten 18. und frühen 19. Jahrhundert ist bisher noch kaum erforscht. Vgl. v.a. James A. Henretta, The War for Independence and American Economic Development, in: Hoffman u. a. (Hg.), Economy, 45–87; ders., Families and Farms, 30f.
52 Vgl. allg. Thompson, Moral Economy; George Rudé, The Crowd in History, 1730–1848, New York 1964.
53 Vgl. Nash, The Urban Crucible, 129–135; auch allg. zum Folgenden.

solcher Kaufleute, die sich an diese Preise nicht hielten. In Pennsylvania beauftragte die Verfassungsgebende Versammlung 1776 sogar ausdrücklich örtliche Komitees mit der Kontrolle von Preisen, und trotzdem kam es, wie auch in New York und anderen Städten, noch zu Unruhen und Versuchen der *taxation populaire* an den Komitees vorbei.[54]

In den 1780er Jahren jedoch brach die alte *moral economy* aus mehreren Gründen weitgehend zusammen. Nicht nur waren die Probleme der Kriegsökonomie nicht mehr so dringlich, nicht nur wurde die kleinbürgerliche Radikalität der Komitees von den neuen, eher „konservativen" staatlichen Institutionen wieder an den Rand gedrängt. Auch die wirtschaftlichen Zielvorstellungen der Handwerker selbst veränderten sich, parallel übrigens zu verstärkten Tendenzen zur sozialen Klassenbildung, zur Auflösung der korporativ-ständischen Einheit von Meistern und Gesellen.[55] Bei den Handwerkern einflussreiche Revolutionsführer wie Thomas Paine wandten sich immer mehr einer liberalen *laisser-faire*-Ideologie zu, und der rückwärtsgewandte Korporatismus entsprach immer weniger dem individualistischen, auf den Aufbau einer prosperierenden Zukunft gerichteten Fundament der neuen Republiken. Eine neue moralische Ökonomie bildete sich heraus, wie man z. B. an Petitionen von Handwerkern erkennen kann: Sie war nicht völlig frei von ethischen und auf das Gemeinwohl ausgerichteten Konnotationen, hatte aber die alte Fixierung auf den Brotpreis und die Befangenheit in hierarchischen Vorstellungen von Gesellschaft abgelegt; sie akzeptierte eine egalitäre *und* marktorientierte Ordnung.[56] Ein besonders anschaulicher Beleg für eine neue ökonomische Mentalität in den städtischen Mittelschichten ist das Ende der Kontroverse über den ökonomischen und moralischen Schaden von Theatern und anderen Vergnügungen, die bis in die 1780er Jahre hinein geführt wurde – zum Teil mit gewaltsamen Ausschreitungen gegen Theater, die sich im Zusammenhang der *moral economy* gegen die vermeintliche Gefährdung der hergebrachten ökonomischen Ordnung und die Untergrabung des Gewerbefleißes gerichtet hatten. In den 1790er Jahren öffneten

---

54 Vgl. zu Philadelphia Eric Foner, Tom Paine and Revolutionary America, New York 1976, 145–182 (überhaupt die bisher beste Analyse dieses Problems); zu New York (State): Countryman, A People in Revolution, 55–59, 180ff.
55 Siehe dazu Sharon V. Salinger, Artisans, Journeymen, and the Transformation of Labor in Late-Eighteenth-Century Philadelphia, in: WMQ 40, 1983, 62–84.
56 Vgl. die Untersuchung von Ruth Bogin, Petitioning and the New Moral Economy of Post-Revolutionary America, in: WMQ 45, 1988, 391–425. Zum Wandel ökonomischer Zielvorstellungen bei Thomas Paine: Foner, Paine, 160f., 181f. – Vgl. auch Charles G. Steffen, The Mechanics of Baltimore. Workers and Politics in the Age of Revolution, 1763–1812, Urbane, Ill. 1984.

die Theater wieder und waren nun allgemein akzeptiert.[57] Im Handwerkerrepublikanismus des frühen 19. Jahrhunderts blieben in mancher Hinsicht zwar Denkmuster und Rituale der vorrevolutionären Lebenswelt wach, aber hinter das prinzipielle Bekenntnis zur marktregulierten, individualistischen Wettbewerbswirtschaft, wie es sich in den letzten beiden Jahrzehnten des 18. Jahrhunderts herausgebildet hatte, führte kein Weg mehr zurück.[58]

Auch innerhalb der politisch und ökonomisch maßgeblichen Elite waren die 1780er und 1790er Jahre eine Zeit fundamentaler Kontroversen mit dem Ziel einer grundsätzlichen Richtungsbestimmung über die künftige Wirtschaftsstruktur und Wirtschaftspolitik der Vereinigten Staaten. In den Konflikten zuerst zwischen *Federalists* und *Antifederalists*, dann, ein Jahrzehnt später, zwischen *Federalists* und *Jeffersonians* zeigte sich aber immer deutlicher, dass die ursprüngliche Alternative von frühneuzeitlicher, klassisch-republikanischer Einhegung der Wirtschaft einerseits, liberal-kapitalistischer Entwicklung andererseits verblasste, die die Diskussion in den 1760er und 1770er Jahren bestimmt hatte: Restbestände der alten Auffassung, nach der ungehemmtes Profitstreben und ungezügelter Individualismus dem *public good* abträglich waren, hielten sich auf beiden Seiten der scharfen Parteiauseinandersetzungen, doch im Grunde hatten die *Federalists* wie ihre Gegner das klassische Paradigma bereits hinter sich gelassen; zur Diskussion standen jetzt zwei verschiedene Optionen kapitalistischer und marktförmiger Erschließung der gewaltigen Ressourcen der Republik.

In der Forschung ist noch immer sehr umstritten, ob die 1780er Jahre zwischen Kriegsende und Ratifizierung der Bundesverfassung eher eine Phase von Erholung, Aufschwung und Wachstum oder eine Periode tiefer wirtschaftlicher Depression gewesen sind.[59] Unbestreitbar ist dagegen, dass die politische Aus-

---

57 Der Volksprotest gegen Theater und Vergnügungen ist ebenfalls ein allgemeines Kennzeichen der frühneuzeitlichen Gesellschaft und ihrer Ordnungsvorstellungen gewesen. – Vgl. hier v.a. Kenneth Silverman, The Economic Debate over the Theater in Revolutionary America, in: Paul J. Korskin (Hg.), The American Revolution and Eighteenth-Century Culture, New York 1986, 219–239.
58 Zur ökonomischen Mentalität der „kleinen Leute" am Ende der Revolution siehe die kontroversen Beiträge von Jackson Turner Main, Gary B. Nash und Gordon S. Wood in WMQ 43, 1987, 591–596, 602–611, 628–640. Zum „Handwerkerrepublikanismus" vgl. Sean Wilentz, Chants Democratic. New York City and the Rise of the American Working Class, 1784–1850, New York 1984; auch Howard B. Rock, Artisans of the New Republic. The Tradesmen of New York City in the Age of Jefferson, New York 1979.
59 Vgl. die klassische „pessimistische" Sicht schon bei John Fiske, The Critical Period of American History, 1763–1789, Boston 1888, und dann bei Curtis P. Nettles, The Emergence of a National Economy 1775–1815, New York 1962; und dagegen die „optimistische" Sicht bei

einandersetzung über Verfassung und Souveränität im Spannungsfeld von „Volk" (bzw. Individuum), Staaten und Bund aus der Wahrnehmung wirtschaftlicher Krisenphänomene einen Teil ihrer Schärfe bezog und *zugleich* eine Debatte über die weitere wirtschaftliche Entwicklung (und die für sie jeweils günstigen konstitutionellen Rahmenbedingungen) war. Obwohl die *Federalists* im allgemeinen eher die Interessen der Küstenregionen, von Außenhandel und Finanz an zügiger kommerzieller Entwicklung vertraten und in einer relativ zentralistischen Bundesverfassung ein Instrument starker staatlicher Wirtschaftsförderung sahen, gingen die Meinungsunterschiede doch mitten durch beide Parteien hindurch. Als Thomas Jefferson 1784 seinem späteren Gegenspieler Washington die Vorzüge einer immer kommerzieller werdenden Welt erläuterte und seine Landsleute aufforderte „to share as large a portion as we can of this modern source of wealth and power", reagierte dieser eher distanziert; er begrüßte Handel „under proper regulations" und „freed, as much as possible, from those vices which luxury, the consequence of wealth and power, naturally introduce".[60] Auf der anderen Seite gab es unter den *Antifederalists* Befürworter einer forcierten ökonomischen Entwicklung, für die die neue Verfassung die Fortschritte in Handel und Gewerbe zu unterdrücken drohte, ebenso wie klassische Mahner an den unausweichlichen Nexus von „Prosperität", „Luxus" und „Korruption".[61] Solche Stimmen traten aber immer mehr in den Hintergrund; auch für die *Antifederalists* wurde „Handel" eine „Dienerin der Freiheit", was nicht ausschloss, Bankiers wie Robert Morris aus Philadelphia im Kampf gegen eine Beherrschung der Wirtschaft durch wenige Monopolisten scharf zu attackieren.[62]

Merrill Jensen, The New Nation: A History of the United States during the Confederation, 1781–1789, New York 1950/Boston 1981². Die Depressionsthese ist jüngst noch besonders entschieden von Richard B. Morris, The Forging of the Union, 1781–1789, New York 1987, 130–161, vertreten worden. Eher abwägend, regional und nach Branchen differenzierend dagegen James F. Shepherd, British America and the Atlantic Economy, in: Hoffman u. a. (Hg.), Economy, 3–44; Heideking, Die Verfassung vor dem Richterstuhl, 36–92.
60 Thomas Jefferson an George Washington, Annapolis, 15.3.1784; George Washington an Thomas Jefferson, Mt. Vernon, 29.3.1784; in: Julian P. Boyd (Hg.), The Papers of Thomas Jefferson, Bd. 7, Princeton 1953, 26, 51; Hervorhebung im Original. – Die These, gerade die *Antifederalists* seien die Befürworter einer liberalen, modernen Wirtschaft gewesen und die *Federalists* diejenigen, die sich vom Denken des „klassischen Republikanismus" nur langsam hätten lösen können, hat kürzlich – überspitzt – Wood, Interests and Disinterestedness, vertreten.
61 Vgl. „Letters of Agrippa" (Massachusetts Gazette), Nr. IX, 28.12.1787; in: Herbert J. Storing (Hg.), The Complete Anti-Federalist, 7 Bde., Chicago 1981; hier Bd. 4, 87; „The Impartial Examiner" (Virginia Independent Chronicle), 5.3.1788; in: ebd., Bd. 5, 187f.
62 „Letters of Centinel" (Philadelphia Independent Gazetteer), Nr. VIII, 29.12.1787; in: ebd., Bd. 2, 178f.

Damit waren die Linien für die nicht minder heftige Kontroverse über die wirtschaftliche Entwicklung des Landes in den 1790er Jahren vorgezeichnet. Wie weit sich beide Parteien, die *Federalists* und die in vielem das Erbe der *Antifederalists* antretenden, sich um die Mitte des Jahrzehnts deutlich profilierenden *Jeffersonian Republicans*, mittlerweile von den Bedenken gegen Kommerzialisierung und Kapitalismus entfernt hatten, die eine Generation früher noch Gemeingut des radikalen, oppositionellen Denkens gewesen waren, darf man angesichts der enormen Schärfe des Parteienkonflikts nicht übersehen. Die Konzeption der *Federalists* mit Alexander Hamilton als einem ihrer Wortführer zielte auf Wachstum durch produzierendes Gewerbe und Außenhandel; sie fürchteten nicht die Akkumulation von Reichtum und Macht in den Händen Weniger und die Vertiefung sozialer Unterschiede, die damit verbunden sein konnte – es war, wie Hamilton immer wieder argumentierte, „the interest of the nation to diversify the industrious pursuits of the individuals, who compose them", um so letztlich den größten Nutzen für jeden Einzelnen erzielen zu können.[63]

Der soziale Egalitarismus der *Jeffersonians* bekämpfte die „aristokratischen" Tendenzen dieser Konzeption und setzte ihr die Idee einer agrarischen Republik selbständiger *yeoman*-Farmer entgegen, deren ökonomische Entwicklung sich vor allem als territoriale Expansion vollziehen sollte. Die nach Westen über den Kontinent sich ausdehnende agrarkapitalistische Republik, so die Vorstellung der *Republicans*, die mit Jefferson selbst als Präsident 1801 die Macht erlangten, verbürgte soziale Gleichheit und konnte das Land vor der moralischen und politischen Gefährdung eines wachsenden Bevölkerungsdrucks befreien. Malthus' *Essay on the Principle of Population*, 1798 in London erschienen, entsprach insofern in vielem dem Denken Jeffersons und seiner Anhänger; mit dem Kauf des Louisiana-Territoriums 1803 konnte die territoriale Grundlage für die Umsetzung dieser Politik geschaffen werden. „I think our governments will remain virtuous for many centuries, as long as they are chiefly agricultural", hatte Jefferson schon 1787 an James Madison geschrieben, „and this will be as long as there shall be vacant lands in any part of America. When they get piled upon another in large cities, as in Europe, they will become corrupt as in Europe."[64] Es liegt bei solcher Rhetorik nahe, die *Jeffersonians* als unmittelbare Erben des klassischen Republikanismus, als nachrevolutionäre *Country*-Partei wie in England nach der

---

63 Alexander Hamilton, Report on the Subject of Manufactures to the House of Representatives, 5.12.1791 (Final Version), in: H.C. Syrett (Hg.), The Papers of Alexander Hamilton, Bd. 10, New York 1966, 230–340; das Zitat 260.
64 Thomas Jefferson and James Madison, Paris, 20.12.1787, in: The Papers of Thomas Jefferson, Bd. 12, 442.

Glorious Revolution zu verstehen.⁶⁵ Doch verkennt man dann gerade die entscheidenden Veränderungen des ökonomischen Denkens, die durch die Revolution bewirkt wurden und an denen die *Jeffersonians* ihren wesentlichen Anteil hatten: Ihre Konzeption war wie die der *Federalists* eine offensive und in die Zukunft gerichtete; sie beinhaltete die vorbehaltlose Akzeptanz einer individualistischen, (agrar-)kapitalistischen Gesellschaft; und indem sie diese ökonomische Vision mit einem ausgeprägten politisch-sozialen Egalitarismus verband, der stärker als das Handels- und Gewerbekonzept der *Federalists* an Handwerker und Farmer appellierte, beendete auch in dieser Hinsicht erst die *Jeffersonian Revolution* von 1800 die Amerikanische Revolution.⁶⁶

IV

Der Bewusstseinsbruch der Amerikanischen Revolution in Politik und Ökonomie beruhte, das ist bereits deutlich geworden, zu einem großen Teil auf einer tiefliegenden Veränderung der Auffassung von gesellschaftlicher Ordnung überhaupt, von sozialer Ungleichheit und vom Verhältnis zwischen Individuum und Gemeinschaft. Dieser Wandel äußerte sich auch unmittelbar in Veränderungen sozialer Beziehungen zwischen Klassen und Schichten, in der „Inszenierung" sozialen Handelns und sozialer Kontakte: Die starre hierarchische Unterordnung der *many* unter die *few* wurde immer häufiger zurückgewiesen und durch ein formal egalitäreres Konzept sozialer Beziehungen ersetzt, das von *neuen* Ungleichheiten jedoch nicht frei war. Wie in der politischen Theorie

---

65 In einer intensiven Forschungsdebatte der letzten Jahre über die politischen und insbesondere die ökonomischen Konzeptionen der *Jeffersonians* ist diese Auffassung vor allem von Lance Banning und John M. Murrin vertreten worden. Vgl. Lance Banning, The Jeffersonian Persuasion: Evolution of a Party Ideology, Ithaca, N.Y. 1978; ders., Jeffersonian Ideology Revisited: Liberal and Classical Ideas in the New American Republic, in: WMQ 42, 1986, 3–19; John M. Murrin, The Great Inversion, or Court versus Country: A Comparison of the Revolution Settlements in England (1688–1721) and America (1776–1816), in: Pocock (Hg.), Three British Revolutions, 368–453.
66 Vgl. zu dieser Interpretation der Jeffersonians Drew R. McCoy, The Elusive Republic. Political Economy in Jeffersonian America, Chapel Hill 1980; ders., An Unfinished Revolution: The Quest for Economic Independence in the Early Republic, in: Jack P. Greene (Hg.), The American Revolution: Its Character and Limits, New York 1987, 131–148; u.v.a. die Arbeiten von Joyce O. Appleby: Capitalism and a New Social Order: The Republican Vision of the 1790s, New York 1984; dies., Commercial Farming and the „Agrarian Myth" in the Early Republic, in: JAH 68, 1981/82, 833–849; dies., What is Still American in the Political Philosophy of Thomas Jefferson?, in: WMQ 39, 1982, 287–309; dies., Republicanism in Old and New Contexts, in: WMQ 43, 1986, 20–34.

der Elite und im politischen Selbstverständnis städtischer und ländlicher Mittelschichten die Vorstellung eines homogenen Gemeinwohls der Anerkennung von Parteien gewichen war, die heterogene Interessen – nicht zuletzt ökonomische Interessen – ausdrückten, so wurde die eigene Gesellschaft in der zweiten Hälfte des 18. Jahrhunderts insgesamt als komplexer und offener, heterogener und pluraler wahrgenommen; als gegliedert in verschiedene Gruppen, die nicht mehr nur in vertikaler und hierarchisierter Beziehung zueinander standen, sondern auch „horizontal" und funktional miteinander verknüpft sein konnten. Zwar bedeutete die Revolutionszeit weder in rechtlicher noch in sozialökonomischer Hinsicht einen scharfen Übergang von der Stände- zur Klassengesellschaft, doch in der kollektiven Mentalität wurde dieser Schritt vollzogen. In der Sprache der Systemtheorie könnte man formulieren, dass der die Schwelle der Neuzeit markierende Umbau von der „stratifikatorischen" zur „funktionalen" Differenzierung der Gesellschaft im revolutionären Nordamerika als Umbau des gesellschaftlichen Bewusstseins, als Neukonstruktion des Selbstverständnisses der revolutionären Gesellschaft stattfand.[67] Zugleich wirkte die Aufwertung von Individuum und Interesse, über die politische und ökonomische Vorstellungswelt hinaus, weit in den privaten Raum hinein und veränderte Religion, Familie, Freizeit und Gefühlswelt.

In vieler Hinsicht standen Veränderungen im Bereich der Religion sogar am Beginn einer Neudefinition der kolonialen Gesellschaft. Seit den 1740er Jahren breitete sich die Erweckungs- und Reformbewegung des *Great Awakening* sowohl in den neuenglischen als auch in den südlichen Kolonien, in den Städten wie auf dem Land mit großer Geschwindigkeit aus – vor allem unter den Mittel- und Unterschichten, für die das Bekenntnis zu einer der neuen protestantischen Sekten, dem Baptismus und etwas später dem Methodismus, die Chance bedeutete, der von den traditionalen Eliten bestimmten Religion und kirchlichen Organisation zu entkommen, sei es dem orthodoxen Puritanismus in Neuengland, sei es dem Anglikanismus im Süden.[68] Insbesondere in der ländlichen Gesellschaft Virginias, in der die schmale „Aristokratie" der großen Pflanzer in der

---

67 In Anknüpfung an Niklas Luhmann, Gesellschaftsstruktur und Semantik. Studien zur Wissenssoziologie der modernen Gesellschaft, Bd. 1, Frankfurt 1980.
68 Vgl. zum Folgenden v.a. Rhys Isaac, The Transformation of Virginia, 1740–1790, Chapel Hill 1982; ders., Radicalized Religion and Changing Lifestyles: Virginia in the Period of the American Revolution, in: Jacob u. Jacob (Hg.), Radicalism, 257–267; ders., Evangelical Revolt: The Nature of the Baptists' Challenge to the Traditional Order in Virginia, in: WMQ 31, 1974, 345–368. Allg. zum Great Awakening und zu Veränderungen der Religion in der zweiten Hälfte des 18. Jhs. vgl. Alan Heimert, Religion and the American Mind. From the Great Awakening to the Revolution, Cambridge, Mass. 1966; Patricia U. Bonomi, Under the Cope of Heaven: Religion, Society, and Politics in Colonial America, New York 1986, 131–216.

Küstenregion eine ebenso politisch und ökonomisch wie kulturell und religiös dominante und nach unten scharf abgeschlossene Führungsschicht darstellte, war die Erweckungsbewegung zum einen und vordergründig *disestablishment*-Bewegung, die sich gegen die Monopolstellung der mit dem kolonialen Herrschaftssystem eng verquickten, von England aus regierten anglikanischen Kirche richtete. Auch in abgelegenen Regionen polarisierte die Frage des *disestablishment* und bewirkte heftige Petitionsbewegungen an das Parlament Virginias in Williamsburg.

Das *Great Awakening* war aber zugleich eine kulturelle Krise und ein sozialer Konflikt; indem die kleinen, selbständigen Farmer und Pflanzer ebenso wie die Sklaven auf den großen Plantagen zu den Gottesdiensten und Versammlungen der Baptisten und Methodisten strömten, kam es in dieser extrem starren und ritualisierten agrarischen Gesellschaft zu einer bis dahin unvorstellbaren Mobilisierung des Volkes. Die *many* entzogen sich den *few*, entzogen sich der durch die Elitenreligion in einer traditionalen Gesellschaft immer auch ausgeübten sozialen Kontrolle, beanspruchten religiösen Pluralismus und religiöse Handlungsfreiheit, und schufen sich damit zugleich einen sozialen Erfahrungszusammenhang, der frei war von der extrem hierarchischen Welt der Amtskirche, und frei zugleich von der vertikal strukturierten rechtlichen und ökonomischen Abhängigkeit des Sklaven oder kleinen Farmers im Alltag. Theologie und rituelle Praxis der Erweckungssekten waren für diese Gruppen nicht zuletzt deshalb attraktiv, weil sie das Erlebnis einer egalitären Gemeinschaft boten, einer Gegenwelt gewissermaßen, die auf der Freiwilligkeit des individuellen Beitritts beruhte und außerdem aktive Partizipation an der kultischen Gemeinschaft statt passiven Heilsempfangens ermöglichte. Seit der Mitte der 1760er Jahre, als die in Virginia von Patrick Henry angeführte intensive Diskussion über die Stempelsteuer zu einer durchgreifenden Politisierung und zum offenen Konflikt mit Großbritannien führte, verknüpften sich politische Motive des Freiheitskampfes und die religiöse Dimension der antianglikanischen Bewegung zur Frage der kulturellen Selbstdefinition: Inwiefern war man noch englisch oder schon etwas anderes, eine Gesellschaft mit eigener Identität und eigenen politischen Prinzipien? Das betraf nicht nur die Abgrenzung nach außen, sondern auch das Selbstverständnis im Innern: Religiöse und politische Ideologie stellten gemeinsam immer wieder die vorher unbezweifelbare und alle gesellschaftlichen Dimensionen umgreifende Autorität der *Gentry* in Frage.

Das Aufeinandertreffen von religiösem und politischem Konflikt war freilich in mehrerer Hinsicht ambivalent. Besonders im westlichen Hinterland drängte die politische Auseinandersetzung seit 1765 die religiösen Kontroversen wieder in den Hintergrund; in der gemeinsamen Frontstellung der Elite und der ländlichen Mittelklasse gegen Großbritannien wurden die Gegensätze zwischen Anglikanismus und Erweckungsbewegung sogar entschärft. Erst recht konnte die Pflanzeraristokratie, die sich frühzeitig an die Spitze der Opposition und der Unabhängigkeitsbestrebungen gestellt hatte, politisch und sozial nicht entmachtet werden.[69] Ein Austausch von Eliten hat die Amerikanische Revolution in den südlichen Kolonien von Virginia bis Georgia noch weniger gekennzeichnet als in den neuenglischen und mittelatlantischen Kolonien. Aber die religiösen Bewegungen trugen doch ganz wesentlich zu einer allgemeinen kulturellen Öffnung und Pluralisierung bei – für Kirche und Religion selbst bestätigte das nach heftigen Auseinandersetzungen endgültig die von Jefferson formulierte *Virginia Bill of Religious Freedom* von 1786. Sie konnten die Elitenkultur der *Gentry* nicht beseitigen, arbeiteten aber mit an der Zerstörung ihrer Monopolstellung, ihrer „Hegemonie". An die Stelle einer völlig auf den herrschaftssichernden und Autorität stiftenden Ritualen der Elite – dem Gottesdienst und der Musterung, den Pferderennen und vor allem dem Gerichtstag[70] – beruhenden Ordnung der sozialen Beziehungen trat eine geteilte, eine zerrissene, aber eben auch eine pluralistische Kultur, mit dem fortbestehenden, aber in seiner Ausstrahlung und sozialen Wirkungsmacht auf andere Schichten stark eingeschränkten aristokratischen *Gentry*-Lebensstil einerseits, einem demokratisch-egalitären Selbstbewusstsein der Mittelschichten-Pflanzer und -Farmer andererseits, das auch, wie vorn schon gezeigt wurde, von der Durchsetzung politischer Repräsentation des *backcountry* gegenüber der Küstenregion im Verlauf der Revolution profitierte.[71] Die auf „Ehrerbietung" gegenüber von Natur aus Höherstehenden beruhende Gesellschaftsordnung war damit zusammengebrochen.

Eine solche Ordnung basierte auf dem Glauben an eine „normale" und „natürliche" gesellschaftliche Führungsstellung und politische Führungsrolle einer Elite – in Europa in der Regel: des Adels. Das verstanden auch die Zeitgenossen unter *deference*. John Pocock hat allerdings darauf hingewiesen,

---

69 Vgl. Richard R. Beeman, The Evolution of the Southern Backcountry: A Case Study of Lunenburg County, Virginia, 1748–1832, Philadelphia 1984, bes. 120–139; zum Folgenden auch ders., Social Change and Cultural Conflict in Virginia: Lunenburg County, 1746 to 1774, in: WMQ 35, 1978, 455–476.
70 Diese sozialen Situationen der traditionalen Gesellschaft Virginias werden ausführlich beschrieben und in ihrer Bedeutung analysiert bei Isaac, Transformation, 88–114. Vgl. außerdem ders., Dramatizing the Ideology of Revolution: Popular Mobilization in Virginia, 1774–1776, in: WMQ 33, 1976, 357–385; A.G. Roeber, Authority, Law, and Custom: The Rituals of Court Day in Tidewater Virginia, 1720 to 1750, in: WMQ 37, 1980, 29–52; Timothy H. Breen, Horses and Gentlemen: The Cultural Significance of Gambling among the Gentry of Virginia, in: WMQ 34, 1977, 239–257.
71 Vgl. Beeman, Evolution, 159.

dass im angloamerikanischen Klassischen Republikanismus des späten 17. und des 18. Jahrhunderts, etwa in James Harringtons *Oceana, deference* als mit Gleichheit durchaus vereinbar gedacht wurde, jedenfalls solange, wie Gleichheit im aristotelischen Sinne als *verhältnismäßige* Gleichheit natürlicher Stände gemeint war; diese Art der Gleichheit setzte qualitative Distinktionen sogar unbedingt voraus.[72] Wie aber in der Amerikanischen Revolution eben diese Überzeugung von der natürlichen Einteilung der Menschen in aristokratische und demokratische Stände mitsamt ihrer verfassungsrechtlichen Konsequenz: der Mischverfassungstheorie, zusammengebrochen war, löste sich auch jener relative Gleichheitsbegriff zunehmend auf. Politisch hatte das den Übergang zu einer (im Prinzip) egalitären Republik bedeutet; sozial folgte daraus jedoch noch nicht unbedingt ein Abbau der Ungleichheit von Vermögen, Einkommen und Prestige, wohl aber in zweierlei Hinsicht eine Veränderung ihrer Wahrnehmung und ihrer Kommunikation: Ungleichheit wurde einerseits als solche, nämlich als Verletzung einer nicht nur relativen Gleichheit, überhaupt erkannt und damit rechtfertigungsbedürftig; andererseits war das Verhalten gegenüber Höhergestellten immer weniger von den traditionellen Ritualen und symbolischen Formen der Ehrerbietung bestimmt; die Mittelschichten nahmen für sich in Anspruch, „Bürger" zu sein. Eine Zunahme der sozialökonomischen Ungleichheit des Vermögens, die es während der Revolutionszeit gerade in den großen Städten gegeben hat, und Tendenzen zur Klassenbildung waren damit durchaus vereinbar.[73]

Auf ihre Weise gewannen so nicht nur die kleinen Farmer und Pflanzer in Virginia oder South Carolina, sondern auch die städtischen Mittel- und Unterschichten im Norden, vor allem Handwerker in den großen Hafenstädten Boston, New York und Philadelphia, im konkreten sozialen Handeln ein neuartiges, egalitäres Selbstverständnis. Als der Bostoner Schuhmacher George Hewes im Winter 1762/63 einen Schuh für den damals noch jungen Kaufmann John Hancock repariert hatte und ihm persönlich ablieferte, stand er dem aufstrebenden Angehörigen der Bostoner Oberschicht, später erster Unterzeichner der Unabhängigkeitserklärung und erster Gouverneur von Massachusetts, völlig eingeschüchtert gegenüber und konnte sich offenbar gar nicht oft genug vor der Autorität Hancocks verbeugen. Sechzehn Jahre später, nachdem Hewes auch an den Bostoner Unruhen einschließlich der *Tea Party* von 1773 beteiligt gewesen

---

72 Vgl. J.G.A. Pocock, The Classical Theory of Deference, in: AHR 81, 1976, 516–523.
73 Vgl. z. B. Allan Kulikoff, The Progress of Inequality in Revolutionary Boston, in: WMQ 28, 1971, 375–412; Nash, The Urban Crucible, z. B. 260f.; vgl. allg. immer noch Jackson Turner Main, The Social Structure of Revolutionary America, Princeton 1965.

war, weigerte er sich, auf der Straße gegenüber vermeintlich Höherrangigen den Hut abzunehmen und verzichtete damit bewusst auf eine der klassischen symbolischen Demonstrationen von Ehrerbietung.[74]

Die Unruhen und Tumulte, die *crowd riots* der Mittel- und Unterschichten, veränderten im Verlauf der Revolution ebenfalls in bezeichnender Weise ihren Charakter: Ursprünglich, wie schon in England im 17. Jahrhundert, stark ritualisiert und in ihren Zielsetzungen defensiv im Sinne der *moral economy* ausgerichtet, auf die Verteidigung als bedroht empfundener „gerechter" Zustände zielend, und innerhalb der von der Elite definierten politischen Ordnung legitime Ausdrucksform des „Volkes", übersprangen solche Unruhen in den 1770er Jahren die Schwelle von der Rebellion zur Revolution; sie waren nun mit einem offensiven politischen Anspruch verbunden, der auf die Erreichung einer ganz neuen Ordnung zielte: politisch auf die Republik, individuell auf den Status als *citizen*, als Staatsbürger. Dadurch empfand die Elite den Volksprotest zunehmend als Bedrohung, zumal er mit der Politisierung auch zur Parteibildung einerseits, zu Institutionalisierung und Organisierung, z. B. in Komitees und Vereinen, andererseits drängte.[75] Städtische Handwerker übernahmen nicht die Macht – aber sie traten der Stadtverwaltung oder der Staatsregierung mit neuem Selbstbewusstsein, als Individuen mit klar definierten politischen Rechten gegenüber. Das kann man bis hinein in den Sprachwandel, etwa in der Veränderung von Anredeformen in Petitionen, erkennen: Selbstbezeichnungen als „obedient and faithful subjects" wurden ebenso seltener wie Beteuerungen von Ehrerbietung und Unterwürfigkeit; die Verwendung von traditionellen Anredetiteln gegenüber sozial Höherstehenden wie *Esquire* und *Mister* ging während der Revolution generell zurück.[76]

---

74 Vgl. Alfred F. Young, George Robert Twelves Hewes (1742–1840): A Boston Shoemaker and the Memory of the American Revolution, in: WMQ 38, 1981, 561–623, hier 561ff. – Die außergewöhnliche Konkretheit, mit der hier der Verhaltens- und Einstellungswandel „einfacher Leute" fassbar wird, ist einer außergewöhnlichen Quellensituation zu verdanken: der Existenz zweier halb-autobiographischer Schriften über Hewes aus den Jahren 1834 und 1835. Die Quellen sind bei Young ausführlich beschrieben.
75 Vgl. v.a. Countryman, A People in Revolution, 55–67; ferner Dirk Hoerder, Crowd Action in Revolutionary Massachusetts, 1765–1780, New York 1977; zum Vergleich zwischen England und Amerika: Charles Tilly, Collective Action in England and America, 1765–1775, in: Richard M. Brown u. Don E. Fehrenbacher (Hg.), Tradition, Conflict, and Modernization, New York 1977, 45–72; Alfred F. Young, English Plebeian Culture and Eighteenth-Century American Radicalism, in: Jacob u. Jacob (Hg.), Radicalism, 185–212.
76 Vgl. Bogin, Petitioning, 420f.; Main, Social Structure, 218; siehe auch James P. Walsh, „Mechanics and Citizens": The Connecticut Artisan Protest of 1792, in: WMQ 42, 1985, 66–89.

Zwar ging der demokratische Egalitarismus der städtischen gewerblichen Mittelschichten, wie die Analyse des politischen und ökonomischen Mentalitätswandels bereits gezeigt hat, noch einige Zeit mit korporatistischen Idealen von Gemeinwohl und gesellschaftlicher Homogenität einher und bediente sich damit eines vertrauten Begriffssystems, um seine Forderung nach gesellschaftlicher Gleichachtung zu artikulieren.[77] Am Ende der 1780er Jahre war das aber bereits Vergangenheit: Die Festzüge zur Erinnerung der Unabhängigkeit und zur Feier der Verfassung am 4. Juli 1788 in Philadelphia und New York, Boston und Baltimore artikulierten in ihrer symbolischen Ordnung ein dem zehnten *Federalist* Madisons entsprechendes pluralistisches Verständnis von Gesellschaft. Die Selbstdarstellung der einzelnen Handwerke und sonstigen Berufe der städtischen Gesellschaft in den Abteilungen der Züge markierte soziale Ungleichheit, stellte aber zugleich ihr Selbstbewusstsein als Bürger der Republik der Vereinigten Staaten zur Schau. Und mehr noch, sie demonstrierte die neue Auffassung der Handwerker von einer auch wirtschaftlich freieren, auf Produktivität und Markt beruhenden Ordnung.[78]

Über den im weiteren Sinne öffentlichen Bereich hinaus erstreckte sich der Einstellungs- und Verhaltenswandel in der zweiten Hälfte des 18. Jahrhunderts auch auf das private Leben, auf private Gefühle und Familienbeziehungen. Jack Greene hat sogar die These vertreten, der private Bereich sei in der Amerikanischen Revolution überhaupt wichtiger gewesen als der öffentliche und politische; die Amerikaner seien in der Revolutionszeit „ganz überwiegend mit der Verfolgung ihrer eigenen, individuellen Ziele im privaten Bereich beschäftigt" gewesen.[79] Das ist überspitzt, weil es die Fundamentalpolitisierung durch die Revolution auszublenden droht, erinnert aber daran, dass zugleich *the pursuit of individual happiness* eine Leitvorstellung, ein zentraler sozialer Wert der Revolution war, der in den Jahrzehnten ihres Verlaufs an Bedeutung ständig zunahm.

---

77 S.o. die Ausführungen über Handwerkerpolitik und Handwerksökonomie; vgl. z. B. Nash, The Urban Crucible, 281f.; Ryerson, Republican Theory.
78 Vgl. Edward Countryman, The American Revolution, New York 1985, 214–219; Whitfield J. Bell, The Federal Processions of 1788, in: New York Historical Society Quarterly 46, 1962, 5–39; Sean Wilentz, Artisan Republican Festivals and the Rise of Class Conflict in New York City, 1788–1837, in: Michael Frisch u. Daniel J. Walkowitz (Hg.), Working-Class America, Urbana 1983, 37–77. Eine weniger überzeugende Interpretation der Feiern, die in ihnen vor allem ein Instrument der Elite zur Manipulation bzw. Abschaffung der Volkskultur sieht, bei Hans-Christoph Schröder, Der Pope's Day in Boston und die Verfassungsfeier in Philadelphia, in: Uwe Schultz (Hg.), Das Fest, München 1988, 244–257.
79 Jack P. Greene, Introduction: The Limits of the American Revolution, in: ders. (Hg.), The American Revolution, 1–13 (das Zitat S. 12); vgl. auch ders., Pursuits of Happiness.

In der Tat wurde „Privatheit" in vieler Hinsicht jetzt überhaupt zum ersten Male konstruiert und erlebt. Parallel zur Abwertung des anti-individualistischen öffentlichen Interesses, des *public good*, in der Politik, ersetzten private Räume zunehmend Räume öffentlichen und gemeinsamen Handelns – in einem durchaus nicht nur metaphorischen Sinne: In den großen Landhäusern der Pflanzeraristokratie von Virginia baute man nicht mehr wie im 17. Jahrhundert mit wenigen separaten Räumen, in denen sich das Leben der Hausgemeinschaft offen und ohne Rückzugsmöglichkeit abspielte, in denen Gäste durch die Eingangstür unmittelbar in das Familienleben traten, sondern sah private Zimmer vor, zog Flure ein, die diese Räume erschlossen, und trennte zwischen privatem Raum und halböffentlichem Empfangs- und Repräsentationsbereich. In den beengteren Häusern der Mittelschicht, von den Hütten der Sklaven zu schweigen, konnte sich diese Abwendung von einem „kommunalistischen" Lebensstil zwar erst etwas später vollziehen, wurde aber ebenfalls noch im 18. Jahrhundert nachzuahmen versucht.[80]

In Briefen und Tagebüchern der *Gentry* Virginias, in Äußerungen über Ehe und Familie, Religion und Trauer, ist eine Individualisierung und Intensivierung der Gefühle und ein im Laufe des 18. Jahrhunderts wachsendes Bewusstsein von Privatheit erkennbar.[81] Landon Carter, Herr auf Sabine Hall und einer der größten Plantagenbesitzer, war noch mit den Werten der vorrevolutionären Gesellschaft großgeworden und beschwor nun in seinem Tagebuch und in Briefen an Freunde *public good* und *good of the community* gegen die verderblichen neuen Tendenzen des *private profite*, gegen die *dirty schemes of gain*.[82] Er sah die Gesellschaft in einem Prozess des Abstiegs und Verfalls, kritisierte die nachlassende Bereitschaft zum Dienst am Gemeinwohl, die Neigung zum Egoismus innerhalb seiner eigenen Klasse und musste doch am Ende resignierend feststellen: „Thus does social virtue gradually die away".[83] Carter lehnte den

---

80 Vgl. Isaac, Transformation of Virginia, 70–80; Daniel B. Smith, Inside the Great House. Planter Family Life in Eighteenth-Century Chesapeake Society, Ithaca, N.Y. 1980.
81 Vgl. Jan Lewis, The Pursuit of Happiness: Family and Values in Jefferson's Virginia, Cambridge 1983; dies., Domestic Tranquility and the Management of Emotion among the Gentry of Pre-Revolutionary Virginia, in: WMQ 39, 1982, 135–149.
82 Jack P. Greene, Landon Carter: An Inquiry into the Personal Values and Social Imperatives of the Eighteenth-Century Virginia Gentry, Charlottesville, Va. 1965, hier bes. 26f., 42ff.; vgl. ders. (Hg.), The Diary of Colonel Landon Carter of Sabine Hall, 1752–1778, Charlottesville, Va. 1965/1987²; siehe auch ders., Society, Ideology, and Politics: An Analysis of the Political Culture of Mid-Eighteenth-Century Virginia, in: ders. u. a., Society, Freedom, and Conscience, New York 1976, 14–76; Herbert Sloan u. Peter Onuf, Politics, Culture, and the Revolution in Virginia, in: Virginia Magazine of History and Biography 91, 1983, 259–284.
83 Greene, Landon Carter, 55f.

6 Die Amerikanische Revolution als Bruch des gesellschaftlichen Bewusstseins — 161

Individualisierungsprozess ab, und wie er erfuhren viele Pflanzer dieser Generation die Revolution zugleich als moralisch gefährliches Vordringen von Kapitalismus und Marktgesellschaft, gegen die noch einmal persönliche „Ehre" und „Tugend" zu setzen versucht wurden.[84]

In gebildeten Familien der Ober- und Mittelschichten wurden überkommene hierarchische Strukturen noch in anderer Weise aufgelöst: In den Beziehungen zwischen Eltern und Kindern scheinen stärker gefühlsbetonte, individualisierte und gleichheitliche Beziehungen die traditionelle patriarchalische Autorität in der zweiten Hälfte des 18. Jahrhunderts jedenfalls teilweise aufgelöst zu haben. Ob das in einem direkten Zusammenhang mit dem politischen Konflikt zwischen dem tyrannischen „Mutterland" England und den auf Selbständigkeit drängenden „Kindern", den Kolonien, stand, ist umstritten, aber auf jeden Fall wirkte vor allem der Einfluss der Pädagogik John Lockes mit ihrer Grundannahme eines bei der Geburt noch nicht festgelegten, formbaren Charakters des Menschen zugunsten einer bewussteren und freieren Erziehung der Kinder.[85] Schon den Zeitgenossen bewusst war dagegen der Zusammenhang zwischen der republikanischen Revolution und der Rolle der Frau als Ehefrau und Mutter. Die Abwesenheit von Männern im Krieg und der Boykott englischer Waren ermöglichten Frauen häufig eine höhere individuelle Autonomie und Entscheidungsfreiheit und verliehen zugleich ihren häuslichen Aufgaben: der Haushaltsführung ohne importierte Waren oder der Heimproduktion von Textilien, politische und patriotische Bedeutung.[86]

Unbestreitbar wurden Frauen auch von der allgemeinen Politisierung erfasst, nahmen an Boykotten teil, organisierten sich als *Daughters of Liberty* und bekannten sich zu bestimmten Parteien. Ein neuer Status als politische Bürgerinnen, und darin zeigt sich bereits die Ambivalenz der revolutionären

---

84 Vgl. Timothy H. Breen, Tobacco Culture: The Mentality of the Great Tidewater Planters on the Eve of Revolution, Princeton 1985; ders., The Culture of Agriculture: The Symbolic World of the Tidewater Planter, 1760–1790, in: Hall u. a. (Hg.), Saints and Revolutionaries, 247–284.
85 Vgl. Jay Fliegelman, Prodigals and Pilgrims: The American Revolution against Patriarchal Authority, 1750–1800, New York 1982. Siehe auch die weniger überzeugende, stärker psychologisierende Interpretation von Edwin G. Burrows u. Michael Wallace, The American Revolution: The Ideology and Psychology of National Liberation, in: Perspectives in American History 6, 1972, 167–302.
86 Vgl. dazu und zum Folgenden v.a. Linda K. Kerber, Women of the Republic: Intellect and Ideology in Revolutionary America, Chapel Hill 1980; Mary Beth Norton, Liberty's Daughters: The Revolutionary Experience of American Women, 1750–1800, Boston 1980; ferner Jan Lewis, The Republican Wife: Virtue and Seduction in the Early Republic, in: WMQ 44, 1987, 689–721; Ronald Hoffman u. Peter J. Albert (Hg.), Women in the Age of the American Revolution, Charlottesville, Va. 1989.

Veränderungen, wuchs ihnen aber vor allem in der Aufgabe der Erziehung republikanischer und patriotischer Söhne zu. In den 1780er und 1790er Jahren verdichtete sich diese Auffassung in der Ideologie der *republican motherhood*, nach der die politische Bedeutung und öffentliche Rolle der Frau eben darin bestand, in ihren Söhnen Bürgergeist und Interesse an der Partizipation in einem republikanischen Gemeinwesen zu wecken – für sich selber blieb sie dagegen auf den häuslichen Bereich, die *domesticity*, verwiesen. Dennoch scheint die Revolution das Selbstbewusstsein und die Entscheidungsfreiheit von Frauen erhöht zu haben; dafür sprechen unter anderem sinkende Kinderzahlen und steigende Scheidungsraten. In der privaten Korrespondenz stieg *mutual* zu einem Leitwort hinsichtlich der Beziehung zum Ehemann auf[87] – die traditionelle „Ehrerbietung" wich auch im Privatleben einem stärker egalitären sozialen Bewusstsein.

Wie man im Glauben an die offene Gestaltbarkeit der menschlichen Gesellschaft, in einem „possibilism against the givenness of things", einen fundamentalen mentalitätsgeschichtlichen Bruch der Französischen Revolution gesehen hat,[88] gilt dies auch schon für die Amerikanische. Am Anfang dieser optimistischen Grundbefindlichkeit der amerikanischen Gesellschaft, am Anfang der Revolution stand allerdings gerade ein tiefes Krisenbewusstsein der Kolonien, die Angst vor einem moralischen und kulturellen Scheitern der jenseits des Atlantik errichteten Ordnungen.[89] Trotz der prosperierenden ökonomischen Entwicklung seit den 1740er Jahren verstärkte sich diese Furcht, und sie verstärkte sich sogar *wegen* des wirtschaftlichen Wachstums, solange dieses als unausweichlich zu moralischem Verfall führend verstanden wurde. In der Revolution wurde dieser Pessimismus überwunden, nicht nur durch ein neues ökonomisches Denken, durch eine positive Einstellung zu wirtschaftlicher Entfaltung und individuellem Erwerbsstreben, sondern durch ein noch viel weiter reichendes Bewusstsein, Grenzen der eigenen Fähigkeit zur selbstbewussten Steuerung einer Gesellschaft und einer Nation durchbrechen zu können, „breaking through the bounds, in which a dependent people (had) been accustomed

---

87 Norton, Liberty's Daughters, 232ff.
88 So David Brian Davis, American Equality and Foreign Revolutions, in: JAH 76, 1989, 729–752 (hier bes. 735); in Anknüpfung an Robert Darnton. Vgl. im Übrigen auch Christian Meiers Analyse des „Könnens-Bewußtseins" im klassischen Griechenland als Äquivalent des modernen Fortschrittsbewußtseins, in: Die Entstehung des Politischen bei den Griechen, Frankfurt 1980, 435–499.
89 Hier folge ich der Interpretation von Greene, Search for Identity.

to think, and act", wie es Benjamin Franklin 1787 formulierte.[90] „The proud feelings of personal independence warmed every bosom", formulierte Mercy Otis Warren in ihrer 1805 zum ersten Mal erschienenen Geschichte der Revolution: „Unabhängigkeit" meinte nicht nur die Loslösung von England, sondern zugleich die Gewinnung individueller Selbständigkeit und Unabhängigkeit jedes Einzelnen.[91]

V

In der Schlussphase der Revolution, als die neuen politischen Systeme in den nun unabhängigen und souveränen nordamerikanischen Staaten sich bereits etabliert hatten, forderten Aufstandsbewegungen im agrarischen Hinterland die republikanischen Regierungen an der Küste auf eine für diese überraschende Weise heraus. Im Herbst 1786 sammelten sich einige hundert Farmer aus Massachusetts, zumeist ehemalige Soldaten in Washingtons Armee, um Daniel Shays, um sich bewaffnet gegen Regierung und Lokalbehörden von Massachusetts zur Wehr zu setzen. Als Folge des Krieges und der wirtschaftlichen Veränderungen waren die Farmer tief verschuldet und mit Steuern belastet; ein Bankensystem und Papiergeld zur Begleichung von beidem, fehlte aber. Der Protest richtete sich nicht nur gegen die Regierung, sondern mehr noch gegen die Kaufleute an der Küste, die an der Spitze der Schuldenpyramide standen und von ihr profitierten. Als alle Petitionen nichts mehr nützten, griffen die verzweifelten Farmer zu den Waffen, aber schon im Januar 1787 wurde *Shays's Rebellion* von regulären Truppen zerschlagen.[92] Einige Jahre später eskalierte der Protest von Farmern im Westen von Pennsylvania gegen die 1791 eingeführte Whiskeysteuer zu ähnlichen Unruhen und schließlich, im Sommer 1794, ebenfalls zu einem bewaffneten Aufstand. Die Farmer lebten davon, ihr Getreide des leichteren Transports wegen in der Form von Whiskey nach Osten, zur dichtbesiedelten Küste, zu transportieren, und machten ihrem Unverständnis gegenüber der Wirtschafts- und Finanzpolitik der Bundesregierung unter Federführung Hamiltons nun durch Parolen wie *Liberty and no Excise* Luft. Auch die *Whiskey Rebel-*

---

90 Benjamin Franklin, Rules and Regulations of the Society for Political Inquiries, Philadelphia 1787, 1; zit. bei Greene, Search for Identity, 219f.
91 Mercy Otis Warren, History of the Rise, Progress, and Termination of the American Revolution, Boston 1805, ND Indianapolis 1988, hg. v. Lester H. Cohen, Bd. 2, 647.
92 Vgl. David Szatmary, Shays's Rebellion: The Making of an Agrarian Insurrection, Amherst 1980; sowie allg. Barbara Karsky, Agrarian Radicalism in the Late Revolutionary Period (1780–1795), in: Erich Angermann u. a. (Hg.), New Wine in Old Skins, Stuttgart 1976, 87–114.

lion in Pennsylvania brach unter dem massiven Einsatz von Bundestruppen zusammen.[93]

Diese ländlichen Rebellionen erinnerten in mehrfacher Hinsicht an die ersten Protestaktionen der amerikanischen Kolonisten gegen die britische Politik fast eine Generation früher: Sie entzündeten sich an wirtschafts- und steuerpolitischen Problemen, sie waren „defensiv" ausgerichtet, indem sie auf eine Verteidigung der Freiheit zielten. Nur hatte inzwischen gewissermaßen ein Rollentausch stattgefunden. Die Mehrheit der Amerikaner, vor allem die Träger der neuen politischen Ordnung, sah sich mit Forderungen konfrontiert, die sie selber ähnlich den Engländern entgegengehalten hatten. Doch damit bewiesen die Aufstandsbewegungen, die sporadisch blieben und nie eine Chance auf Erfolg hatten, gerade, wieviel die Revolution inzwischen im Bewusstsein der amerikanischen Gesellschaft verändert hatte. Der Protest der Farmer richtete sich in durchaus traditionaler Weise gegen das Ergebnis der revolutionären Transformation; er verteidigte noch einmal das von der Mehrheit nicht mehr geteilte alte Bild der gesellschaftlichen Ordnung; er griff die individualistische, Wettbewerbs- und geldorientierte Gesellschaft an. Das Ordnungsmodell Hamiltons und der Kaufleute, aber auch der städtischen Handwerker und eines großen Teils der ländlichen Bevölkerung hatte sich inzwischen durchgesetzt; politische *liberty* und die Freiheit wirtschaftlicher Entfaltung konnten nicht mehr gegeneinander ausgespielt werden.

Die Amerikanische Revolution erwies sich auch hierin als eine Revolution des gesellschaftlichen Bewusstseins, als entscheidende und verdichtete Epoche des Übergangs vom frühneuzeitlichen zum modernen Verständnis von Politik, Wirtschaft und Gesellschaft. Der politische Konflikt, der in ihrem Zentrum stand, aber auch dessen ökonomische und soziale Begleiterscheinungen und Folgen, bewirkten einen fundamentalen Paradigmawechsel sozialen Denkens. Das „private Interesse" löste „Tugend" und „Gemeinwohl" als Leitbild ab; die intellektuellen Schranken, die der klassische Republikanismus und die *moral economy* dem kommerziellen Wirtschaften gesetzt hatten, fielen; soziale Ordnung wurde nicht mehr hierarchisch und konformistisch, sondern zunehmend individualistisch und pluralistisch gedacht. Das Individuum war nun primär *homo oeconomicus*, nicht mehr *zoon politikon*. Dieser Mentalitätswandel war zugleich, über die Unabhängigkeit und die Konstituierung der Republik hinaus, die Revolution. Er verlief angesichts großer Verschiedenheit zwischen Stadt und Land, zwischen südlichen, mittleren und neuenglischen Kolonien regional

---

93 Vgl. Thomas P. Slaughter, The Whiskey Rebellion: Frontier Epilogue to the American Revolution, Oxford 1986.

unterschiedlich, und er betraf das Denken einer gebildeten und literaten Elite in anderer Weise als die soziale Vorstellungswelt der Mittel- und Unterschichten. Aber trotz dieser Differenzierungen war es in seinem Grundmuster ein einheitlicher Prozess, ja sogar ein vereinheitlichender, denn er bewirkte eine verbindende Selbstdefinition, ein gemeinsames „Selbst-Verständnis" der neuen Nation. Sei es im Verständnis von Politik und Parteien, sei es im Bild wirtschaftlichen Handelns oder sozialer Ungleichheit: Die Einheit der amerikanischen Gesellschaft beruhte seit dem Ende des 18. Jahrhunderts nicht mehr auf Konformismus und Homogenität, sondern gerade auf Heterogenität und Vielheit. „Variety became fundamental to the American ideal of unity."[94]

Die Zeit der frühen Republik, vor allem die Ära Jackson in den 1830er Jahren, veränderte die Vereinigten Staaten in vieler Hinsicht wiederum von Grund auf. Ein neues Parteiensystem entstand, das nicht mehr von kleinen Clans und Eliten gesteuert werden konnte, sondern auf Massenpolitik und Wählermobilisierung beruhte. Im Nordosten begann die Industrialisierung, aber sie änderte nichts am ideologischen Egalitarismus, am Traum des *agrarian utopia*. Die „Selbstorganisation" der Gesellschaft in Vereinen und Reformbewegungen erreichte ein während der Revolution noch unvorstellbares Ausmaß. Doch diese „Öffnung der amerikanischen Gesellschaft",[95] so sehr ihre tiefgreifenden strukturellen und institutionellen Veränderungen über die sozialen Veränderungen der Revolutionszeit hinausgingen, beruhte noch auf dem Mentalitätsbruch der Revolution; sie schöpfte dessen Potential nur weiter aus und zog gewissermaßen die Konsequenzen aus dem während der Revolution durchgesetzten neuen Bewusstsein von Individuum und Gesellschaft. Die im Bewusstsein einer Nation verankerte Einheit von Kapitalismus, Republikanismus und individualistischem Egalitarismus wirkt seit der Revolution bis heute in der amerikanischen Geschichte fort, und ebenfalls seit der Revolution ist die Verwirklichung des letzteren die prekärste und widerspruchsvollste Tradition geblieben.

---

94 John Higham, Hanging Together: Divergent Unities in American History, in: JAH 61, 1974, 5–28, hier 16. – Vgl. auch Countryman, The American Revolution, 167ff., 173f., 242ff.
95 Vgl. Robert H. Wiebe, The Opening of American Society. From the Adoption of the Constitution to the Eve of Disunion, New York 1984.

7 Der Markt und seine Kultur – ein neues Paradigma der amerikanischen Geschichte?

Während in den USA die Sorgen um eine zunehmende Fragmentierung der „multikulturellen" Gesellschaft, über den drohenden Verlust ihres Zusammenhalts und ihres normativen Kerns,[1] stärker und aus durchaus unterschiedlichen politischen Blickwinkeln artikuliert werden, wird auch in der amerikanischen Geschichtswissenschaft über den möglichen Verlust eines integrierenden *narrative* der amerikanischen Geschichte nachgedacht. Zum einen hat die beispiellose und erfolgreiche Expansion und Differenzierung der historischen Forschung seit den 1960er Jahren die Einigung auf einen solchen, früher meist politik- und ideengeschichtlich bestimmten Kern gesprengt; zum anderen ist es die Dezentrierung der amerikanischen Gesellschaft selber, die, je nach Standpunkt, zur Forderung nach einer Vielzahl von „Gruppen-Geschichten" oder zu ihrer Abwehr beiträgt. Und drittens spielen, wenn auch schwächer, „postmoderne" intellektuelle Strömungen eine Rolle, die auf die Dekonstruktion von Zentren und von Verbindlichkeiten zielen.[2]

Aber auf der anderen Seite hat sich, vor allem in der empirischen Forschung diesseits der theoretischen und historiographischen Reflexion, in der letzten Zeit ein epochenübergreifendes Interesse herauskristallisiert, in dem sich – meist unausgesprochen – der Anspruch auf ein neues, integratives Verständnis der amerikanischen Geschichte äußert: Seit den späten 1980er Jahren – eine genaue Abgrenzung ist naturgemäß schwierig – lässt es Begriffe wie Markt und Kapita-

---

1 Vgl. bes. Arthur M. Schlesinger, Jr., The Disuniting of America. Reflections on a Multicultural Society, New York 1992. – Eine erste Fassung der folgenden Überlegungen wurde im Wintersemester 1995/96 auf Einladung von Jürgen Heideking an der Universität zu Köln diskutiert. Für wichtige Hinweise und Kritik danke ich außerdem Hans-Ulrich Wehler.
2 Vgl., als kleine Auswahl m.E. besonders anregender und weiterführender Beiträge der letzten zehn Jahre: Thomas Bender, Wholes and Parts: The Need for Synthesis in American History, in: JAH 73, 1986, 120–136; Peter Novick, That Noble Dream. The „Objectivity Question" and the American Historical Profession, New York 1988; Allan Megill, Fragmentation and the Future of Historiography, in: AHR 96, 1991, 693–698; Joyce Appleby, Recovering America's Historic Diversity: Beyond Exceptionalism, in: JAH 79, 1992, 419–431; Fred Anderson u. Andrew R.L. Cayton, The Problem of Fragmentation and the Prospects for Synthesis in Early American Social History, in: WMQ 50, 1993, 299–310; Joyce Appleby u.a., Telling the Truth about History, New York 1994; John Higham, The Future of American History, in: JAH 80, 1994, 1289–1309; Dorothy Ross, Grand Narrative in American Historical Writing: From Romance to Uncertainty, in: AHR 100, 1995, 651–677. – Vgl. allg., auch zum Folgenden, meinen Literaturbericht: Paul Nolte, Amerikanische Sozialgeschichte in der Erweiterung. Tendenzen, Ergebnisse und Beispiele seit Mitte der 1980er Jahre, in: AfS 36, 1986, 363–394.

lismus, auch Konsum und Kommerzialisierung zu Leitwörtern von manchmal geradezu magischer Anziehungskraft für die Erforschung und Deutung der amerikanischen Geschichte werden, und zwar von ihren kolonialen Anfängen im 17. bis in die Gegenwart des späteren 20. Jahrhunderts. In der Kolonialgeschichte hatte sich schon seit längerem eine Interessenverschiebung von den neuenglischen zu den südlichen Kolonien – immer öfter auch einschließlich der karibischen, die später nicht zu den USA gehörten – vollzogen, also auf solche Gesellschaften, in denen Handel, Marktbeziehungen und wirtschaftliches Interesse von vornherein eine wichtigere Rolle spielten als etwa in den vermeintlich idealistischen und selbstgenügsamen Lebensentwürfen der Puritaner.[3] Doch mittlerweile wird verstärkt herausgearbeitet, dass die Gründung der neuenglischen *towns* im 17. Jahrhundert sich – auch – als profitträchtiges Unternehmergeschäft vollzog und die Gemeinden sich, kommunalistische Werte hin oder her, als *business corporations* von durchaus ökonomisch kalkulierenden Landbesitzern konstituierten.[4] Die Farmer des 18. Jahrhunderts in derselben Region, das ist Gegenstand einer anderen, enorm wichtigen Debatte, waren in viel geringerem Ausmaß als früher angenommen insulare Selbstversorger, sondern kauften und verkauften, und das damit immer dichter gespannte Netz einer agrarischen Kommerzialisierung wurde sogar, so eine weitergehende These, zu einer Keimzelle des modernen amerikanischen Kapitalismus überhaupt.[5] – Die Amerikanische Revolution hatte wirtschaftliche Aspekte nicht nur hinsichtlich des überseeischen Handels zwischen Mutterland und Kolonien und ihrer politischen Konsequenzen, sondern war auch, folgt man etwa Timothy Breen, eine Revolution der Konsumenten, der ihrerseits wieder eine Revolutionierung des Konsums in der atlantischen Welt des 18. Jahrhunderts vorausgegangen war.[6]

Das frühe und mittlere 19. Jahrhundert habe dann nicht nur eine fundamentale „Marktrevolution", wie es in Anknüpfung an ältere Konzepte[7] heißt, erlebt,

---

3 Wäre für diese allgemeine Tendenz ein Name zu nennen, müsste es der von Jack P. Greene sein. Vgl. seinen synthetischen Versuch: Pursuits of Happiness. The Social Development of Early Modern British Colonies and the Formation of American Culture, Chapel Hill 1988; s. dazu auch John M. Murrin, The Relevance and Irrelevance of New England, in: RAH 18, 1990, 177–184.
4 Vgl. John Frederick Martin, Profits in the Wilderness. Entrepreneurship and the Founding of New England Towns in the Seventeenth Century, Chapel Hill 1991.
5 Siehe unten, mit der Lit. in Anm. 25.
6 Vgl. T.H. Breen, „Baubles of Britain". The American and Consumer Revolutions of the Eighteenth Century, in: PP 119, 1989, 73–104; s. zur argumentativen Verknüpfung von Amerikanischer und *Consumer*-Revolution auch Gordon S. Wood, Inventing American Capitalism, in: The New York Review of Books, 9.6.1994, 44–49.
7 Vgl. George R. Taylor, The Transportation Revolution, 1815–1860, New York 1951.

eine Transformation der Verkehrs-, Kommunikations- und Austauschbeziehungen, die einen großen Schritt auf dem Weg zur nationalen Integration der amerikanischen Gesellschaft bedeutete, sondern diese Epoche lasse sich auch insgesamt, einschließlich ihrer politischen, sozialen und kulturellen Dimensionen, als Zeit der „Marktrevolution" am besten charakterisieren.[8] Im späteren 19. Jahrhundert hätten sodann nicht in erster Linie höhere Produktionsziffern von Kohle und Stahl, sondern, abstrakt gesprochen, Probleme der Vermarktung von Gütern und der sich wandelnden Beziehungen zwischen Produzenten, Verkäufern und Konsumenten die wirtschaftliche und sozialen Realität einschließlich der Weltdeutungen maßgeblich geprägt: sei es, um konkret zu werden, die Vermarktung von landwirtschaftlichen Erzeugnissen und die sich hieran kristallisierende agrarische Protestbewegung des *Populism*;[9] sei es die Durchdringung der ländlichen Gesellschaft mit städtisch-industriellen Investitions- und Konsumgütern durch eine neue Schicht von Agenten und Verkäufern einerseits, durch die neue Vertriebsform des Versandhandels andererseits – zu denken ist etwa an die Forschungen von William Cronon und Olivier Zunz.[10] – Das 20. Jahrhundert schließlich, das mit seinem Zuendegehen jenseits der politischen Ereignisse und Zäsuren und der *presidential history* auch in strukturgeschichtlicher Hinsicht, im Blick auf seine *longue durée*, in letzter Zeit historiographisch immer mehr fassbar wird, findet geradezu seine Einheit, sein konstantes Merkmal in der Charakterisierung als Zeitalter des Massenkonsums und der unumschränkten Kommerzialisierung, die nicht nur jenseits der Vermarktung von Gütern auch alle Bereiche der Gesellschaft und Kultur – von der Freizeit bis zur Religion – erfasst habe, sondern die geradezu eine umfassende Kultur, einen Lebensstil des Marktes und Kommerzes, geprägt und geschaffen habe.

Diese ganz stichwortartige und sicherlich unvollständige Bestandsaufnahme über vier Jahrhunderte zeigt einerseits den normalen wissenschaftlichen Übergang der Verschiebung von Interessen und der Erschließung neuer Themen an,

---

[8] Vgl. hier nur Sean Wilentz, Society, Politics, and the Market Revolution, 1815–1848, in: Eric Foner (Hg.), The New American History, Philadelphia 1990, 51–71; Charles G. Sellers, The Market Revolution. Jacksonian America, 1815–1846, New York 1991; zur Diskussion des Konzepts siehe Paul Nolte, Der Durchbruch der amerikanischen Marktgesellschaft. Wirtschaft, Politik und Kultur in der frühen Republik (1790–1850), in: HZ 259, 1994, 695–716.
[9] Vgl. z. B. Steven Hahn, The Roots of Southern Populism. Yeoman Farmers and the Transformation of the Georgia Upcountry, 1850–1890, New York 1983.
[10] Vgl. William Cronon, Nature's Metropolis. Chicago and the Great West, New York 1991; Olivier Zunz, Making America Corporate, 1870–1920, Chicago 1990. Siehe auch Timothy B. Spears, „All Things to All Men": The Commercial Traveller and the Rise of Modern Salesmanship, in: AQ 45, 1993, 524–557.

die zuvor unbeachtet oder vernachlässigt geblieben waren – wenngleich manches eher eine Wiederentdeckung ist, denn ein relativ weiter Begriff des „Kapitalismus" hatte der amerikanischen Wirtschaftsgeschichte schon in der ersten Hälfte des 20. Jahrhunderts als Leitbegriff gedient[11] und vor mehr als fünfzig Jahren hatte sich etwa Louis Hacker gegen die „romantische Fiktion" der autarken Farm gewandt und die frühe Einbindung auch der kolonialen Binnenökonomie in ein *commercial environment* betont.[12] Doch die empirische Detailforschung in diesen und anderen Feldern stagnierte, von einzelnen Ausnahmen abgesehen,[13] in der Tat lange Zeit; und insofern gilt: Wenn die Agrargeschichte bisher ein Stiefkind war, muss man sich ihr eben zuwenden; wenn man über die Vertriebswege von Getreide oder von Landmaschinen wenig wusste, kann man diese Lücke mit empirischer Arbeit schließen; wenn Werbeanzeigen für *name brands*, für Markenprodukte, bisher nicht als Quelle genutzt wurden, braucht das ja nicht so zu bleiben. Aber die Summe der beschriebenen und vieler weiterer Phänomene und vor allem die Art und Weise, wie sie jenseits der empirischen Forschung auf den Begriff gebracht und in größere Zusammenhänge gestellt werden, und wie sie an vielen Stellen unverkennbar als Transportmittel für ganz allgemeine Deutungen und Interpretationen der amerikanischen Geschichte dienen, lässt doch die Vermutung schnell unabweisbar werden, dass hinter dieser erstaunlich epochenübergreifenden historiographischen Konjunktur mehr steckt. Ihren gemeinsamen Nenner könnte man darin sehen, Prozesse der ökonomischen Marktbildung in ihren sozialen und vor allem kulturellen Konsequenzen zu durchleuchten und Kapitalismus, Konsum und Kommerzialisierung als kulturell bestimmte und bestimmende Strukturen und Prozesse zu analysieren.

Man versteht diese Entwicklung etwas besser, wenn man sie von zwei Seiten, von zwei großen sektoralen Feldern der Geschichtswissenschaft her betrachtet: von der Wirtschaftsgeschichte und von der Kulturgeschichte. Die Wirtschaftsgeschichte ist, übrigens in den USA genauso wie in Deutschland, mit ihren klassischen Ansätzen, Methoden und Themen seit den 80er Jahren in

---

11 Erst recht gilt das natürlich, aber das ist hier nicht unser Thema, für die deutschen Traditionen der historischen Nationalökonomie im späten 19. und frühen 20. Jahrhundert, die in Sombarts Kapitalismusstudien ihren eindrucksvollen Höhepunkt fanden.
12 Louis M. Hacker, The Triumph of American Capitalism. The Development of Forces in American History to the End of the Nineteenth Century, New York 1940, hier 118f.; vgl. auch ders., The Course of American Economic Growth and Development, New York 1970. Es verwundert in der Tat, dass die Protagonisten der neuen Agrargeschichte wie Allan Kulikoff und James Henretta das kaum oder überhaupt nicht zur Kenntnis nehmen.
13 Vgl. für die Agrargeschichte der ersten Hälfte des 19. Jahrhunderts z. B. Paul W. Gates, The Farmer's Age: Agriculture, 1815–1860, New York 1960.

vieler Hinsicht stärker an den Rand des, wenn man so sagen darf, „allgemeinen Historikerinteresses" geraten. Während in den 60er und 70er Jahren auf Berechnungen der „Cliometriker" zurückgehende Thesen – geradezu klassisch sind die Kontroversen über die Bedeutung des Eisenbahnbaus für die Industrielle Revolution und über die ökonomische Profitabilität der Sklaverei geworden – heftige Debatten auslösten und, auch außerhalb der *econometrics*, eine politökonomische Deutung der allgemeinen Geschichte sehr einflussreich war,[14] hat inzwischen eine reine, sich teilweise einer *historical economics* annähernde Wirtschaftsgeschichte nur noch einen losen Kontakt zum historiographischen *mainstream*.[15] Diese Situation hat das Bedürfnis nach der erneuten, integrativen Einbeziehung der ökonomischen Dimension der Geschichte, von wirtschaftlichem Denken, Handeln und Verhalten, geweckt.

Auf der anderen Seite hat in derselben Zeit eine bestimmte Form der Sozialgeschichte, als deren Speerspitze sich die quantifizierende *new social history* verstand, an Attraktivität verloren; wie in Deutschland und anderswo auch, setzte sich, unter verschiedenen interdisziplinären Einflüssen aus der Sozialanthropologie, der Linguistik und der Literaturwissenschaft, eine „kulturalistische Wende" in der Geschichtswissenschaft durch, auf die hier nicht einzugehen ist. Aber im Gegensatz zu Deutschland, wo die neue Kulturgeschichte sich häufig auf die „Benachteiligten" und „Verlierer" konzentriert und sich außerdem häufig durch eine „spezifische Wirtschaftsfremdheit" (Max Weber) auszeichnet, sind in den USA mindestens drei Faktoren wirksam, die eine Synthese der Kulturgeschichte mit ökonomischen Themen und Fragestellungen begünstigen: erstens die Tradition einer *Intellectual History*, die im erweiterten Sinne auch als Ideengeschichte der Ökonomie betrieben werden kann; zweitens die stärkere Einbeziehung wirtschaftlich erfolgreicher Mittelklassen – also von „Gewinnern" des Modernisierungsprozesses – in den Gesichtskreis der Kulturgeschichte; und drittens ein weiterer Kulturbegriff, der auch Ausdrucksformen der Hochkultur oder der kulturellen Massenproduktion von vornherein mit einbezog, wofür etwa die Forschungen von Lawrence Levine beispielhaft stehen können.[16]

---

14 Vgl. z. B. William Appleman Williams, The Contours of American History (1961), New York 1973.
15 Das äußert sich auch darin, dass sich wirtschaftsgeschichtliche Aufsätze in den allgemeinen Zeitschriften zur amerikanischen Geschichte, besonders im „Journal of American History", immer weniger finden.
16 Vgl. Lawrence Levine, Highbrow – Lowbrow: The Emergence of Cultural Hierarchy in America, Cambridge, Mass. 1988; ders., The Folklore of Industrial Society: Popular Culture and Its Audiences, in: ders., The Unpredictable Past. Explorations in American Cultural History, New York 1993, 291–319.

Die damit sich anbahnende Verzahnung von neuer Kultur- und neuer Wirtschaftsgeschichte versteht sich freilich auch in Amerika nicht von selbst: Noch 1984 erinnerte Joyce Appleby, gerade im Zusammenhang mit dem Problem einer „kulturalistischen" Interpretation der Geschichte, in einem repräsentativen Sammelband an die Wirkmächtigkeit eines „antikapitalistischen bias" in „most American historical writing"[17] – nur zehn Jahre später erscheint dieses Urteil kaum mehr glaublich, denn der „Kapitalismus" wird nun, und zwar zumal hinsichtlich seiner kulturellen Wirkungen und Nebeneffekte, historiographisch fast durchweg positiv behandelt, woran ja die Arbeiten von Appleby selber, die diesen alten *bias* nie teilte, einen nicht unwesentlichen Anteil hatten. Die neue Ehe ist auch deshalb bemerkenswert, weil sie wenn auch nicht ausschließlich, so doch zu einem wesentlichen Teil von solchen Historikern der mittleren und jüngeren Generation getragen wird, die man früher eher auf der kapitalismuskritischen Seite angetroffen hätte, während die älteren historiographischen Traditionen einer Interpretation der amerikanischen Geschichte, die „Kultur" und „Kapitalismus" in positiver Weise miteinander verbindet, eher im Bereich der *Consensus history* – zu denken wäre etwa an David Potters Klassiker „People of Plenty" – zu finden sind.[18] Auf das, was solcher Verkehrung der gewohnten Fronten zugrundeliegt, ist am Schluss noch einmal zurückzukommen. – Aus deutscher Perspektive ist noch besonders interessant, dass die intensivierte Suche nach Verbindungslinien zwischen wirtschaftlicher Entwicklung einerseits, kulturellen Denkformen und Handlungsmustern andererseits das Interesse an Max Webers „Protestantismusthese" über den Zusammenhang zwischen calvinistischer Ethik und „Geist des Kapitalismus" wieder neu belebt hat, und zwar sowohl hinsichtlich ihrer empirischen Berechtigung, wonach James Henretta vor dem Hintergrund der neueren Forschung gefragt hat;[19] als auch, was noch wichtiger ist, hinsichtlich der Beispielhaftigkeit ihres methodischen Zugriffes, religiös-kulturell bestimmte Handlungsmotivationen kausal mit der Herausbildung ökonomischer Strukturen und Institutionen zu verbinden, worauf Joyce Appleby mehrfach hingewiesen hat.[20]

---

17 Joyce O. Appleby, Value and Society, in: Jack P. Greene u. J.R. Pole (Hg.), Colonial British America. Essays in the New History of the Early Modern Era, Baltimore 1984, 290–316, hier 310.
18 Vgl. David M. Potter, People of Plenty. Economic Abundance and the American Character, Chicago 1954.
19 Vgl. James A. Henretta, The Weber Thesis Revisited: The Protestant Ethic and the Reality of Capitalism in Early America, in: ders., The Origins of American Capitalism, Boston 1991, 35–70.
20 Vgl. Joyce O. Appleby, Introduction, in: dies., Liberalism – and Republicanism in the Historical Imagination, Cambridge, Mass. 1992, 1–33; dies., New Cultural Heroes in the Early National Period, in: Thomas L. Haskell u. Richard F. Teichgraeber III (Hg.), The Culture of the Market, Cambridge 1993, 163–188, hier bes. 163ff.

Um diesen einleitend aufgeworfenen Fragen und Problemen ein wenig auf den Grund zu gehen, sollen zunächst (II) einige der zentralen Konzepte, Leitbegriffe und methodischen Ansätze, die mit dem Marktparadigma in der historischen Forschung verbunden sind, diskutiert werden: erstens das Konzept des „Marktes" selber; zweitens das Problem einer Geschichte des Konsums und der *Consumer society*; drittens ideengeschichtliche Zugriffe auf die Geschichte des Kapitalismus; und viertens schließlich, mit einem Schwerpunkt im 20. Jahrhundert, solche Forschungen, die den Prozess der „kulturellen Kommerzialisierung" in den Mittelpunkt rücken. Damit soll zugleich an einigen Beispielen gezeigt werden, wie sich die Idee von der „Kultur des Marktes" bisher auf ganz unterschiedliche Bereiche und Felder der amerikanischen Geschichte – von der Agrargeschichte bis zur Arbeitergeschichte – ausgewirkt und sie umgeprägt, aber der Geschichtswissenschaft auch neue Themen und Probleme erschlossen hat . – Darauf folgt der Versuch (III), einige der tieferliegenden historiographischen Ursachen für die so auffällige Prominenz des neuen Paradigmas zu beleuchten, um von hieraus, in einem wenn auch nur vorläufigen Fazit, kritisch die Mängel und Probleme dieses Forschungs- und Interpretationsansatzes zu diskutieren und seine zukünftigen Perspektiven zu umreißen.

II

Zunächst einige Bemerkungen zu den wichtigsten Begriffen und Konzepten, die den neuen, in sich ja keineswegs einheitlichen Ansatz tragen und die deshalb auch zusammengenommen noch kein konsistentes, homogenes Bild bieten können, sondern vielmehr auch je für sich häufig noch diffus, widersprüchlich und mit Unklarheit behaftet sind. Wie so oft, sind angloamerikanische Historiker auch in diesem Fall nicht vordringlich daran interessiert, zunächst mit analytischer Definitionsarbeit Begriffe herauszuschmieden und Theorien zu konstruieren, sondern bevorzugen einen empirischen Pragmatismus, der eine kritische Annäherung wie die hier versuchte freilich nicht erleichtert.

Das gilt, *erstens*, nicht zuletzt für die Begriffe des Marktes und der Marktgesellschaft selber, die in letzter Zeit zu so großer Prominenz gekommen sind, aber dabei auf ganz verschiedenen Ebenen eingesetzt werden, von einem engen volkswirtschaftlichen bis zum eher metaphorischen Gebrauch des Begriffes. Ein gemeinsamer Nenner liegt zum einen in der Vorstellung, den Grad wirtschaftlicher Entwicklung einer Gesellschaft nicht so sehr an der Produktion von Gütern – erst recht nicht: der industriellen Produktion von Rohstoffen und Investitionsgütern (Kohle, Stahl, Maschinen) – zu messen, sondern an der Dichte und Reichweite von Austauschbeziehungen auch für Gebrauchs- und

Verbrauchsgüter, und zwar solchen Güteraustausches, der nicht auf den traditionellen Spielregeln ethischer Regulierung in kleinen Gemeinschaften beruht (wie etwa das *bartering* landwirtschaftlicher Produkte innerhalb eines Dorfes), sondern vertraglich und geldlich vermittelt ist und dabei von ethischen Prinzipien abstrahiert. Deshalb kann die Untersuchung von Schuldverhältnissen und der Durchsetzung von Bargeldzahlungen ein wichtiger Gegenstand der Forschung und Indikator der Marktbildung sein.[21] Wichtige Anregungen zu einem solchen „marktgeschichtlichen" Ansatz kann man aus Karl Polanyis Studie über die „Great Transformation" beziehen, obwohl Polanyis Interesse sich dann doch wieder stark auf die Industrialisierungsgeschichte – konkret: die Industrielle Revolution in England im 19. Jahrhundert – einengt.[22] Ein Vorzug dieser neuen Perspektive gegenüber der traditionellen Industrialisierungsgeschichte ist, dass sie das historische Handeln von Menschen, dass sie Interaktionsbeziehungen in den Mittelpunkt rückt und damit den Brückenschlag von der Wirtschafts- zur Sozial- und Kulturgeschichte erleichtert.

Zum anderen, das ist damit schon angedeutet, tritt die Geschichte von *Arbeits*märkten, ein typischer Fokus der Klassengeschichte des Industriezeitalters, stark zurück und die früher vielfach vernachlässigte Formierung von *Waren*märkten rückt in den Vordergrund, wobei zugleich unterstellt wird, dass diese der Bildung von freien Märkten für die Ware Arbeitskraft historisch in der Regel vorausgegangen sei.[23] Dabei scheint, meist eher implizit als ausdrücklich, Crawford B. Macphersons Modell der sogenannten „einfachen Marktgesellschaft" Pate zu stehen, einer Gesellschaft rational handelnder und vertraglich sich bindender selbständiger Grundbesitzer, die ihre Waren zu Markte tragen,

---

21 Wie z. B. bei Christopher Clark, The Roots of Rural Capitalism. Western Massachusetts, 1880–1860, Ithaca 1990; vgl. auch Michael Merrill, „Cash Is Good To Eat". Self-Sufficiency and Exchange in the Rural Economy of the United States, in: Radical History Review 4, 1977, Nr. 1, 42–71.
22 Karl Polanyi, The Great Transformation (1944), Boston 1957. Eine Anwendung von Polanyis Modell auf die USA litte freilich an dem Problem, dass es den europäischen „hundertjährigen Frieden" des 19. Jahrhunderts, der seinen Thesen zugrundeliegt, wegen des amerikanischen Bürgerkrieges dort nicht gab.
23 Das wird empirisch in der vorzüglichen Fallstudie von Clark, Roots of Rural Capitalism, bestätigt, in der die Untersuchung der Formierung von Güter- und von Arbeitsmärkten miteinander verknüpft wird. – Es geht also nicht darum, Arbeitsmärkte (und die aus ihnen resultierenden Klassenbeziehungen) auszublenden, aber eine Akzentverschiebung scheint mir wichtig, zumal auch die Bildung von Warenmärkten und der Zugang zu ihnen sozialstrukturelle Konsequenzen haben.

aber in der Arbeit ihr eigener Herr bleiben.²⁴ Von diesem aus der englischen Geschichte des 17. Jahrhunderts abstrahierten Idealtyp wird auch die Affinität des Marktkonzeptes zur Agrargeschichte, zu einer Geschichte der inneren Kommerzialisierung ländlicher Gesellschaften, die jetzt so viel Interesse auf sich zieht, verständlich.

Die Konjunktur dieser neuen Agrargeschichte, die zu den wichtigsten Tendenzen in der amerikanischen Geschichtswissenschaft seit den 1980er Jahren zählt, kann hier nur kurz gestreift werden.²⁵ Sie hat sich, zunächst konzentriert auf das spätere 18. und das frühe 19. Jahrhundert, an der alten Frage entzündet, in welchem Maße die Familienfarmen vor allem Neuenglands und dann des „alten Nordwestens" autarke Haushaltsökonomien gewesen sind und wann bzw. in welcher Weise sie regelmäßig und auf der Basis von *cash* (oder von Geldkredit), also jenseits des traditionellen Nachbarschaftstausches, Produkte auf Märkten verkauften und ihrerseits dort Güter erwarben – seien es Lebensmittel, seien es Gebrauchsgüter oder seien es Arbeitsgeräte und Investitionsgüter für den eigenen Betrieb. Es besteht inzwischen Übereinstimmung, dass eine Kommerzialisierung der Farmwirtschaft in diesem Sinne schon im späten 18. Jahrhundert – regional und lokal verschieden je nach Entfernung von der Küste bzw. zu einem Hafen, je nach Verkehrsinfrastruktur und nach der Infrastruktur des Handels (also dem Vordringen von Kaufleuten und Geschäften in das Hinterland) – ein gutes Stück vorangekommen war. Die früheren Meinungsverschiedenheiten lassen sich auch darauf zurückführen, dass die Analyse von Märkten, von Handel und ökonomischem Wachstum lange Zeit ein Reservat derjenigen Historiker war, die sich auf die überseeischen Außenbeziehungen der kolonialen Wirtschaft konzentrierten, während die „Binnenlandhistoriker" ihren Blick vor allem auf soziale und demographische Prozesse der

---

24 Vgl. Crawford B. Macpherson, Die politische Theorie des Besitzindividualismus. Von Hobbes bis Locke, Frankfurt 1967, hier bes. 66f. (zuerst engl. 1962). – Vgl. dazu auch Thomas L. Haskell u. Richard F. Teichgraeber III, Introduction, in: dies. (Hg.), The Culture of the Market, 8–14.
25 Fokus der Debatte in vieler Hinsicht: James A. Henretta, Families and Farms: Mentalité in Pre-Industrial America, in: WMQ 35, 1978, 3–32; wieder in: ders., Origins of American Capitalism, 71–120. Einen sehr guten Zugang mit weiterer Literatur bieten: ders., The Transition to Capitalism in America, in: ders. u.a. (Hg.), The Transformation of Early American History, New York 1991, 218–238; Richard L. Bushman, Opening the American Countryside, in: ebd., 239–256; Allan Kulikoff, The Transition to Capitalism in Rural America, in: WMQ 46, 1989, 120–144; ders., Households and Markets: Toward a New Synthesis of American Agrarian History, in: WMQ 50, 1993, 342–355. Vgl. auch Nolte, Durchbruch der amerikanischen Marktgesellschaft; ders., Die Amerikanische Revolution als Bruch des gesellschaftlichen Bewusstseins, in: ZHF 18, 1991, 425–460, hier 440ff. (in diesem Band: Nr. 6).

familiären Reproduktion richteten.[26] Diese Grenze ist inzwischen gefallen; der Markt hat auch historiographisch das Binnenland und die regionalen Ökonomien erreicht.

Drittens schließlich, auch das ist in Macphersons Kategorie schon enthalten, wird unterstellt, dass der Übergang zu marktförmigen Austauschbeziehungen nicht ohne Rückwirkungen auf Wirtschaftsethik und soziale Normvorstellungen geblieben sein könne, sondern eine „Mentalität des Marktes" geprägt habe, die über den engeren Bereich von Handel und Gewerbe hinaus die frühneuzeitlichen Gesellschaften insgesamt dynamisiert habe.[27] Individualismus und Eigennutz als Leitprinzipien des Verhaltens am Markt hätten so sehr früh eine „Kultur des Kapitalismus" erzeugt.[28] Das führt auf das Thema einer sozialen Ideen- oder Mentalitätsgeschichte des Kapitalismus, auf das gleich noch ausführlicher zurückgekommen wird.

Dieselben Hypothesen und Modelle liegen zugrunde, wenn im Hinblick auf die amerikanische Geschichte der ersten Hälfte des 19. Jahrhunderts in letzter Zeit häufig von der Durchsetzung der Marktgesellschaft oder, etwas dramatischer, von der *Market Revolution* die Rede ist.[29] Die Landwirtschaft des Nordens stützte sich jetzt ganz auf die Produktion von *cash crops*; Inseln der industriellen Entwicklung traten hinzu; und wesentliche Themen der Politik und der gesellschaftlichen Konflikte, ja die Struktur der Politik und des Parteiensystems selber, wurden durch die manchmal erbitterte Auseinandersetzung über das Für und Wider, über die Konsequenzen und Risiken der rasch fortschreitenden kommerziellen und gewerblichen Entwicklung bestimmt. Zusätzlich – oder vielmehr als Fundament dieser Prozesse – spielt bei der Idee dieser „Marktrevolution" der

---

26 Vgl. die entsprechende, sehr schön pointierte Unterscheidung von *staples approach* und *Malthusian approach* bei John J. McCusker u. Russell R. Menard, The Economy of British America, 1607–1789, Chapel Hill 1985, 10. – Der *staples approach* bediente sich in der älteren Forschung meist des Konzeptes des „Merkantilismus", so auch noch bei Williams, Contours of American History.
27 Zu einem Aspekt dieses Wertwandels vgl. für Deutschland sehr aufschlussreich: Winfried Schulze, Vom Gemeinnutz zum Eigennutz. Über den Normenwandel in der ständischen Gesellschaft der Frühen Neuzeit, in: HZ 243, 1986, 591–626.
28 Vgl. für England sehr einflussreich: Alan Macfarlane, The Culture of Capitalism, Oxford 1987; dazu: K.D.M. Snell, English Historical Continuity and the Culture of Capitalism: The Work of Alan Macfarlane, in: History Workshop 27, 1989, 154–163.
29 Vgl. die in Anm. 8 genannte Literatur; außerdem Sean Wilentz, On Class and Politics in Jacksonian America, in: Stanley I. Kutler u. Stanley N. Katz (Hg.), The Promise of American History, Baltimore 1982, 45–63; Daniel Feller, Politics and Society: Toward a Jacksonian Synthesis, in: JER 10, 1990, 135–161; Harry L. Watson, Liberty and Power: The Politics of Jacksonian America, New York 1990.

Wandel der Transport- und Kommunikationsbeziehungen eine wichtige Rolle: der Bau von Straßen und Kanälen, von Eisenbahnen und Telegraphenlinien, so dass jetzt der Punkt erreicht war, an dem man von „dem" amerikanischen Markt im Singular sprechen konnte: Die nationale Integration der Austauschbeziehungen markierte zugleich eine wesentliche Etappe der Formierung einer nationalen Gesellschaft aus der Vielzahl der lokalen und regionalen „Inseln"[30] der USA.

Ein *zweiter* Begriff, obwohl mit dem Marktkonzept sachlich in engstem Zusammenhang stehend, kann auf eine gewisse eigenständige Vorgeschichte verweisen und auch wiederum auf Ursprünge in der britischen Historiographie: Die Geschichte des Konsums, des privaten Erwerbs und Gebrauchs von (auf Märkten gehandelten) Gütern und Gegenständen, ist seit der vielzitierten Gemeinschaftsarbeit von McKendrick, Brewer und Plumb[31] ein immer noch expandierendes – und in jüngerer Zeit, mit der oft üblichen Verspätung, auch Deutschland erreichendes – Feld der Forschung. Die historiographische Brücke über den Atlantik folgt dabei der Realgeschichte des 18. Jahrhunderts, des Handels zwischen Britannien und seinen nordamerikanischen Kolonien,[32] wo der Markt für importierte Güter sich zwischen 1750 und 1773 mehr als verdoppelte,[33] angestoßen durch einen enormen Nachfrageschub vor allem nach solchen englischen Produkten, die einen „kultivierten" Lebensstil signalisierten. Die Untersuchung der Vermarktung und des sozialen Gebrauchs solcher Güter – von Porzellan und Besteck über Stühle bis zu Büchern und Bildern – stellt vermutlich eine der reizvollsten neueren Verbindungen zwischen Wirtschaftsgeschichte und Kulturgeschichte dar.[34] Gleichzeitig, und erst recht seit 1773,[35] vermehrte

---

30 Vgl. zu dieser sehr einflussreich gewordenen Metapher (*island communities*), die er allerdings für eine spätere Zeit verwendet hatte, Robert H. Wiebe, The Search for Order, 1877–1920, New York 1967.
31 Vgl. Neil McKendrick, John Brewer u. J.H. Plumb, The Birth of a Consumer Society. The Commercialization of Eighteenth-Century England, London 1982; siehe auch John Brewer u. Roy Porter (Hg.), Consumption and the World of Goods, London 1993.
32 Sehr anregend in diesem Zusammenhang ist die vergleichende Arbeit von Carole Shammas, The Pre-Industrial Consumer in England and America, Oxford 1990.
33 Vgl. Breen, „Baubles of Britain", 78; s. auch ders., An Empire of Goods: The Anglicization of Colonial America, 1690–1776, in: JBS 25, 1986, 467–499; ders., Narrative of Commercial Life: Consumption, Ideology, and Community on the Eve of the American Revolution, in: WMQ 50, 1993, 471–501.
34 Vgl. etwa Brewer u. Porter (Hg.), Consumption and the World of Goods; Ann Bermingham u. John Brewer (Hg.), The Consumption of Culture, 1600–1800. Image, Object, Text, London 1995.
35 Dazu siehe Ronald Hoffman u.a. (Hg.), The Economy of Early America. The Revolutionary Period, 1763–1790, Charlottesville 1988.

sich aber auch das heimische Warenangebot, und das Netz der Vertriebskanäle und der Umschlagplätze im Inland wie etwa der *country stores*, die die gesellschaftliche Diffusion des Konsums erst ermöglichten, wurde dichter geknüpft.[36] Die *consumer revolution* des 18. Jahrhunderts, das ist die häufig auch explizit vorgebrachte Stoßrichtung dieser Forschungen,[37] war nicht erst auf der Grundlage der Industriellen Revolution möglich, und sie bedeutete einen wirtschafts- und allgemeingeschichtlichen Einschnitt von ähnlicher Tragweite wie diese.

Es ist im Grunde nicht schwer zu erkennen, warum das Produktions- und Industrialisierungsparadigma so stark an Bedeutung gegenüber anderen Formen wirtschaftlicher Tätigkeit, gegenüber anderen Konzeptualisierungen der Wirtschaftsgeschichte, und zumal der Konsumgeschichte, eingebüßt hat. Drei Gründe sind in erster Linie zu nennen, die zudem nicht nur für die USA, sondern auch für die Wirtschaftsgeschichte anderer westlicher Länder gelten: *Erstens* ist die Wachstums- und Industrialisierungsskepsis, die sich in den westlichen Gesellschaften seit den 70er Jahren verbreitet hat, nicht ohne Rückwirkungen auf die Arbeit einer nachwachsenden Historikergeneration geblieben. *Zweitens* spiegelt die Wissenschaft damit auch einen realen Wandlungsprozess wider, in dem der Produktionssektor immer mehr an Bedeutung verliert und immer mehr Beschäftigte im Bereich der *services* und der Vermarktung von Produkten und Dienstleistungen Arbeit finden, in dem aber zugleich jenseits der Erwerbsarbeit Freizeit und Konsumchancen gewachsen sind. Seit den 50er Jahren[38] und bis heute sind die USA das Pionierland dieses Wandels – gerade im Vergleich mit dem immer noch erstaunlich produktionsfixierten Deutschland, und es war insofern sehr hellsichtig, wenn David Potter schon 1954 – im Rückblick gesehen nicht zufällig zu dieser Zeit – diesen fundamentalen Wandel so charakterisierte: „the most critical point in the functioning of society shifts from production to consumption, and, as it does so, the culture must be reoriented to convert the producer's culture into a consumer's culture."[39] – *Drittens* schließlich ist die geschlechtergeschichtliche Sensibilisierung zu nennen: Das Interesse der Historiker richtet sich nicht mehr nur auf das, was vor allem im 19. und 20. Jahrhundert

---

36 Dazu jetzt sehr anregend: Richard L. Bushman, Shopping and Advertising in Colonial America, in: Cary Carson u. a. (Hg.), Of Consuming Interests. The Style of Life in the Eighteenth Century, Charlottesville 1994, 233–251; vgl. auch insgesamt diesen sehr wichtigen Sammelband.
37 Besonders markant bei Shammas, Pre-Industrial Consumer, 1: „The old Industrial Revolution paradigm has collapsed, and its demise has had a very liberating effect on the study of past levels of consumption."
38 Zu dieser Zeit erreichte der Anteil der Beschäftigten in der Industrie in den USA seinen Höhepunkt und ging seitdem bis heute stark zurück.
39 Potter, People of Plenty, 173.

traditionell Männerarbeit, die Sphäre der männlichen Ökonomie war, sondern erkennt auch die weibliche Sphäre als historisch bedeutsames wirtschaftliches Handeln an: die informelle Ökonomie, die Ökonomie des Haushalts, und das heißt seit zweihundert Jahren zunehmend: des privaten Verbrauchs."[40]

Die Konsumgeschichte hat bisher zwei eindeutige zeitliche Schwerpunkte ausgebildet: einen im 18. Jahrhundert, von dem schon die Rede war, und einen zweiten im 20. Jahrhundert, das jetzt häufig, teilweise anknüpfend an frühe Pionierleistungen wie die Studie der Lynds über *Middletown*,[41] als Zeitalter des Massenkonsums, des durch industrielle Massenproduktion von Gebrauchsgütern, nicht zuletzt von Haushaltsgegenständen und -maschinen, geprägten Lebensstils, verstanden und untersucht wird. Dabei hat sich, was nicht in jeder Hinsicht einleuchtend ist, für die Forschung zum 18. Jahrhundert der Leitbegriff *consumer society* durchgesetzt, während für das 20. Jahrhundert meistens von der *consumer culture* die Rede ist,[42] und beide Stränge der Forschung setzen sich bis heute kaum zueinander in Beziehung. Wenn schon im 18. Jahrhundert eine „Konsumgesellschaft" entstand, wie ist dann die für das 19. bisher klaffende empirische Lücke zu verstehen, die Zeit zwischen *consumer society* und *consumer culture*? In einem neueren Beitrag haben John Brewer und Roy Porter auf dieses Periodisierungs- und Kategorienproblem hingewiesen, mit dem auch der Einwand zusammenhängt, die Rede von einer *consumer society* schon für das 18. Jahrhundert sei – im britischen Kontext gesprochen, aber es gilt analog auch für die USA – eine neue Form der naiv-optimistischen „Whig interpretation of history", die die Gegenwart teleologisch in die Vergangenheit zurückblendet.[43] Trotz dieser noch bestehenden Grenzen kann man sich der Faszination einer Konsumgeschichte freilich nur schwer entziehen.

---

40 Vgl. für Deutschland, wo diese Perspektive ebenfalls stark an Bedeutung gewinnt: Toni Pierenkemper (Hg.), Haushalt und Verbrauch in historischer Perspektive, St. Katharinen 1987; Dietmar Petzina (Hg.), Zur Geschichte der Ökonomik der Privathaushalte, Berlin 1991; Irmintraud Richarz, Oikos, Haus und Haushalt. Ursprung und Geschichte der Haushaltsökonomik, Göttingen 1991.
41 Vgl. Robert S. Lynd u. Helen M. Lynd, Middletown. A Study in Modern American Culture, New York 1929 u.ö.
42 Vgl. z. B. Richard W. Fox u. T.J. Jackson Lears (Hg.), The Culture of Consumption. Critical Essays in American History, 1880–1980, New York 1983 (darin bes.: Fox, Epitaph for Middletown: Robert S. Lynd and the Analysis of Consumer Culture, 101–141); dies. (Hg.), The Power of Culture. Critical Essays in American History, Chicago 1993.
43 John Brewer u. Roy Porter, Introduction, in: dies., Consumption and the World of Goods, London 1993, 1–15, hier 2 (unter Hinweis auf J.C.D. Clark); zu diesem Periodisierungsproblem, auf das gleich noch einmal zurückgekommen wird, vgl. auch Shammas, Pre-Industrial Consumer, 291.

Das *dritte* Stichwort, das weniger ein übergreifendes neues Forschungsthema wie „Konsum" bezeichnet, sondern eher auf eine Methode und Zugangsweise verweist, könnte „Ideengeschichte des Kapitalismus" heißen. Die meist als *Intellectual history* firmierende ideengeschichtliche Tradition in der amerikanischen Geschichtswissenschaft hat es wesentlich erleichtert, sich solchen Phänomenen wie der „Wirtschaftsgesinnung" von sozialen Gruppen, der Prägung und Transformation ökonomischer Normen und Verhaltensleitbilder, und überhaupt der nicht-materiellen Fundierung wirtschaftlicher Strukturen und Institutionen wie des „Kapitalismus" in konkreter Forschung anzunähern. Wirtschaftsgeschichte, das bezeichnet eine zentrale Innovation dieses Forschungsansatzes, ist nicht mehr primär Geschichte der „materiellen Basis", sondern ist ebenso Ideen- oder Mentalitätsgeschichte, so dass sich daran, wie Thomas Haskell gezeigt hat, der alte Dualismus von „Ideen versus Interessen" ein ganzes Stück weit abschleift.[44] Trotz des Schwerpunktes auf der Politik und der starken Abwertung ökonomischer Interessen und Motive war ein Kern dieser neuen Ideengeschichte der Wirtschaft, und der Schlüssel zu ihrer Methode, doch schon in den Forschungen über den „klassischen Republikanismus" bei Pocock und anderen – erinnert sei nur an die Denkfigur der Opposition von *virtue* und *commerce* im 18. Jahrhundert – enthalten,[45] und es bedurfte gewissermaßen nur des „Umstülpens", um Markt und Interesse statt Tugend und Politik zum Fokus einer *Intellectual History* zu machen, wie es dann in den Arbeiten von Joyce Appleby; von Drew McCoy über die *Elusive Republic* oder von Steven Watts über die intellektuelle Formierung des Kapitalismus während des Krieges von 1812 geschehen ist.[46]

---

44 Vgl. Thomas L. Haskell, Capitalism and the Origins of the Humanitarian Sensibility, in: AHR 90, 1985, 339–361, 547–566, hier 343. Im Prinzip ist das aber auch in der wissenssoziologisch begründeten Position von Joyce O. Appleby enthalten (vgl. bes. dies., Introduction, in: Liberalism and Republicanism in the Historical Imagination); erst recht in ihren empirischen Forschungen (vgl. dies., Economic Thought and Ideology in Seventeenth-Century England, Princeton 1978; dies., Capitalism and a New Social Order. The Republican Vision of the 1790s, New York 1984).
45 Vgl. J.G.A. Pocock, Virtue and Commerce in the Eighteenth Century, in: JIH 3, 1972/73, 119–134; ders., The Machiavellian Moment. Florentine Political Thought and the Atlantic Republican Tradition, Princeton 1975; ders., Virtue, Commerce, and History, Cambridge 1985; ders., Die andere Bürgergesellschaft, Frankfurt 1993; vgl. auch: David Wooton (Hg.), Republicanism, Liberty, and Commercial Society, 1649–1776, Stanford 1994.
46 Vgl. die vorn genannten Arbeiten von Joyce O. Appleby; außerdem Drew R. McCoy, The Elusive Republic. Political Economy in Jeffersonian America, Chapel Hill 1980; Steven Watts, The Republic Reborn. War and the Making of Liberal America, Baltimore 1987; auch Isaac Kramnick, Republicanism and Bourgeois Radicalism. Political Ideology in Late Eighteenth-Century England and America, Ithaca 1990.

Dabei ist, wie die genannten Beispiele schon zeigen, ein zeitlich sehr weit gefasster Begriff des Kapitalismus wieder zu Prominenz gekommen, der vor den industriellen Kapitalismus zurückreicht, ja sich weigert, diesen als den „eigentlichen" Kapitalismus, zu dem alles andere nur Vorstufe gewesen sei, anzuerkennen.[47] Das heißt in der konkreten Forschung vor allem, wovon ja schon die Rede war: eine Aufwertung, ja in vieler Hinsicht erst Entdeckung des agrarischen Kapitalismus und seiner die Gesellschaft insgesamt dynamisierenden Kräfte. An dieser Stelle sind aber noch zwei weitere Merkmale dieses neuen Kapitalismus-Begriffes von entscheidender Bedeutung: Gegen die Reste der marxistischen Denktradition wird der Kapitalismus, erstens, nicht mehr als quasi-natürlicher oder naturgesetzlicher Prozess vorgestellt, sondern als kontingentes Ergebnis bestimmter Ideen und Interessen, von Handlungen und ihnen zugrundeliegenden Werthaltungen und Mentalitätsprägungen. Zweitens und damit zusammenhängend: Der Kapitalismus ist nicht nur kulturell bestimmt, sondern auch kulturell bestimmend gewesen, seine Institutionen und Verhaltensregeln haben, mit anderen Worten, in zunehmenden Maße Kultur und Gesellschaft insgesamt geprägt – und zwar, so der dominierende Tenor der neueren Forschung, in einem positiv zu bewertenden Sinne. Der amerikanische Kapitalismus bedeutete seit dem 18. Jahrhundert hinsichtlich seiner kulturellen Konsequenzen nicht Korruption der Sitten, sondern Verfeinerung, Demokratie und Emanzipation.

Diese These ist in letzter Zeit sowohl für einen „ideellen" als auch für einen „materiellen" Kulturbegriff herausgearbeitet worden. In seinem seinerzeit Aufsehen erregenden Aufsatz über „Capitalism and the Origins of the Humanitarian Sensibility" hat Thomas Haskell auf sehr subtile Weise argumentiert, Markt und Kapitalismus hätten den „kognitiven Stil" der Gesellschaft so in Richtung auf eine „humanitäre" Wahrnehmung und Einstellung geändert, dass dies in der Mitte des 19. Jahrhunderts einen wesentlichen Beitrag zur Opposition gegen die Sklaverei und zu ihrer schließlichen Abschaffung geleistet hätte.[48] So heftig diese These seitdem auch diskutiert worden ist,[49] stellte sie in ihrem Kern doch nur eine Neufassung schon zeitgenössischer ökonomischer und politischer Theorien dar, die im 17. und 18. Jahrhundert, von Bernard de Mandeville über Montesquieu bis zur schottischen Aufklärung, die sittenzivilisierende Wirkung

---

47 Vgl. dazu und zum Folgenden die wichtigen Überlegungen bei Appleby, Introduction, in: dies., Liberalism and Republicanism, hier bes. 23–28.
48 Vgl. Haskell, Capitalism and the Origins of the Humanitarian Sensibility.
49 Vgl. als Dokumentation dieser Kontroverse: Thomas Bender (Hg.), The Anti-Slavery Debate, Berkeley 1992.

von Handel, Erwerb und Kapitalismus herausgestrichen hatten.[50] Einflussreich, wenn auch häufig der nötigen historischen Empirie ermangelnd, hat ja auch Albert Hirschman diese *doux commerce*-These in verschiedenen Arbeiten aufzugreifen versucht.[51]

Das vielleicht beste Beispiel für die Verwendung desselben Arguments im Hinblick auf einen materiellen Kulturbegriff – also die wieder stärker in den Vordergrund rückende Erforschung der materiellen, gegenständlichen Umgebung des Menschen als kulturelle Ausdrucksform – bietet das neue Buch von Richard Bushman über „The Refinement of America".[52] Hier interessiert nicht im Einzelnen, wie er – vor allem an Beispielen aus Delaware – die Herausbildung eines „kultivierten" Lebensstiles im späteren 18. Jahrhundert und dessen Adaption durch die Mittelklassen in der ersten Hälfte des 19. Jahrhunderts, auf faszinierende Weise beschreibt; wichtiger ist der unmittelbare Kausalzusammenhang, den Bushman zwischen kulturellem *refinement* und Kapitalismus herstellt – wobei „Kapitalismus" hier wiederum nicht zuletzt die Möglichkeit und die (auch „intellektuelle", nicht nur materielle) Fähigkeit zum Konsum bedeutet: „Capitalism and gentility were allies in forming the modern economy. Now we can see that a capitalist economy requires both frantic getting and energetic spending. The populace must work hard to produce and then just as conscientiously consume what it has made. How were people to learn both to work and save and to spend and enjoy?"[53] Der damit angedeutete „Lernprozess" schuf allmählich, so wäre diese Grundidee über das wichtige Buch von Bushman hinaus zu verallgemeinern, den kulturellen Typus des kapitalistischen Amerikaners, von dem der sprichwörtliche knickrige Calvinist nur die eine von zwei Seiten darstellte.

Dieses Konzept lässt sich nun, und damit kommen wir zum vierten Punkt, wiederum ausweiten: Dann eröffnet der Blick auf die kulturellen Konsequenzen des Kapitalismus das weite Feld einer Geschichte der kulturellen Kommerzialisierung, der Unterwerfung von Kultur und kultureller Produktion – hier durchaus auch im älteren, engeren Sinne verstanden – unter die Gesetze des Marktes. Statt „Der Markt als Kultur" müsste man hier also umgekehrt sagen: Die Kultur erscheint als Marktphänomen, sie wird zur Ware, zum Teil einer umfassend

---

50 Vgl. z. B. Istvan Hont u. Michael Ignatieff (Hg.), Wealth and Virtue. The Shaping of Political Economy in the Scottish Enlightenment, Cambridge 1983.
51 Vgl. Albert O. Hirschman, The Passions and the Interests. Political Arguments for Capitalism before Its Triumph, Princeton 1977; dt.: Leidenschaften und Interessen, Frankfurt 1980; ders., Rival Views of Market Society, in ders., dass., Cambridge, Mass. 1992, 105–141.
52 Richard L. Bushman, The Refinement of America. Persons, Houses, Cities, New York 1993.
53 Ebd., xvii.

kommerzialisierten Gesellschaft, in der sie sich gewissermaßen nicht mehr auf eine Sonderbewertung unter rein ästhetischen Gesichtspunkten (die es ohnehin in der Geschichte niemals gegeben hat) berufen kann. Für das 18. Jahrhundert ist das neben der Geschichte von Haushaltsgegenständen – ein klassisches Beispiel ist das Porzellan von Josiah Wedgwood – in letzter Zeit öfter am Beispiel der Religion, also eines vermeintlichen Kernbereiches kultureller „Eigenwertigkeit", gezeigt worden: Die einflussreichen Prediger des *Great Awakening* wie George Whitefield „verkauften" ihre neuen Heilsangebote mit Techniken, die sie der kommerzialisierten Waren- und Konsumwelt ihrer Zeitgenossen abschauten.[54]

Aber die eigentliche Durchschlagskraft dieser kommerzialisierten Kultur entfaltete sich erst im Übergang zum 20. Jahrhundert, als der amerikanische Kapitalismus, so versucht es William Leach zu bestimmen, eine „distinct culture" zu produzieren begann, „unconnected to traditional family or community values, to religion in any conventional sense, or to political democracy. It was a secular business and market-oriented culture, with the exchange and circulation of money and goods at the foundation of its aesthetic life and of its moral sensibility."[55] Ganz ähnlich hat der einflussreiche Kulturhistoriker Warren Susman schon zehn Jahre früher von einem Konflikt zwischen „zwei Kulturen" gesprochen, der das 20. Jahrhundert geprägt habe: auf der einen Seite, in der Defensive, die ältere puritanisch-republikanische *producer-capitalist culture*, auf der anderen Seite, immer mächtiger sich durchsetzend, die neue, konsumgeprägte *culture of abundance*.[56]

Den sinnfälligsten Ausdruck fand diese neue Kultur durch die wechselseitig aufeinander bezogene Ästhetisierung und Standardisierung von Waren in der Erfindung des modernen „Markenartikels" und seiner Vermarktung durch Werbung – in den USA beginnend im letzten Drittel des 19. Jahrhunderts und um die Jahrhundertwende endgültig zum Durchbruch kommend. Erst damit kam auch die Bildung eines nationalen Marktes der Konsumenten zu einem vorläufigen

---

54 Vgl. Frank Lambert, „Pedlar in Divinity": George Whitefield and the Transatlantic Revivals, 1737–1770, Princeton 1993; ders., „Pedlar in Divinity": George Whitefield and the Great Awakening, 1737–1745, in: JAH 77, 1990, 812–837; eine ähnliche Perspektive für das 19. Jahrhundert bei: R. Laurence Moore, Selling God: American Religion in the Marketplace of Culture, New York 1994.
55 William Leach, Land of Desire. Merchants, Power, and the Rise of a New American Culture, New York 1993, 3.
56 Vgl. Warren I. Susman, Introduction: Toward a History of the Culture of Abundance, in: ders., Culture as History. The Transformation of American Society in the Twentieth Century, New York 1984, xix–xxx, hier bes. xx.

Abschluss, und die Werbung trug maßgeblich dazu bei, diesen Markt durchzusetzen und als Massenkultur in das Bewusstsein der Bevölkerung zu heben.[57] Die 1920er Jahre erlebten einen weiteren entscheidenden Schub dieser Entwicklung als jenseits von Verbrauchsgütern und Gebrauchsgegenständen auch die populäre Kultur und die Kultur der Mittelschichten – durch neue technische Mittel wie den Film, bis hin zur Vermarktung des Lesens und der Literatur, wie sie Joan Rubin in ihrem Buch über die Entstehung der *middlebrow culture* verfolgt hat[58] – kommerzialisiert und organisatorisch verfestigt wurden, so dass die Kommerzialisierung von Kultur und die Ästhetisierung der Ware sich immer stärker zu überlappen begannen.

Interessanterweise, aber durchaus im Einklang mit den schon beschriebenen Tendenzen, findet sich in kaum einer neueren amerikanischen Arbeit die Neigung, dieser neuen, kommerzialisierten Massenkultur mit allzu grundsätzlicher Skepsis gegenüberzutreten, wie man es vor dem Hintergrund der deutschen Traditionen – der konservativen Kulturkritik einerseits, der marxistischen Kapitalismuskritik andererseits – sofort erwarten würde. Folgt man der instruktiven Einteilung von John Clarke, dann lassen sich unter den Historikern *cultural pessimists*, welche die Produktionsseite der Massenkultur betonen und auf ihre passive Rezeption im Publikum verweisen, die als Entmündigung und als Verdrängung eigener kultureller Traditionen verstanden wird, von den *cultural populists* unterscheiden, welche die Eigenständigkeit der Aneignung von Massenkultur hervorheben und in ihrem Gebrauch gerade eine Fortsetzung traditioneller Volkskultur und insofern auch ein Mittel zur Stärkung von Gruppenidentität sehen.[59] Anders als vor zwanzig oder dreißig Jahren neigen inzwischen – nicht nur in den USA, aber hier besonders auffällig – gerade jene,

---

57 Siehe dazu u. a. Susan Strasser, Satisfaction Guaranteed: The Making of an American Mass Market, New York 1989; Richard S. Tedlow, New and Improved: The Story of Mass Marketing in America, New York 1990; Roland Marchand, Advertising the American Dream: Making Way for Modernity, 1920–1940, Berkeley 1985; Stuart Ewen, Captains of Consciousness. Advertising and the Social Roots of the Consumer Culture, New York 1976; ders. u. Elizabeth Ewen, Channels of Desire. Mass Images and the Shaping of American Consciousness, New York 1992; T.J. Jackson Lears, From Salvation to Self-Realization: Advertising and the Therapeutic Roots of the Consumer Culture, in: Fox u. Lears (Hg.), The Culture of Consumption, 1–38.
58 Vgl. Joan Shelley Rubin, The Making of Middlebrow Culture, Chapel Hill 1992; dies., Between Culture and Consumption: The Mediations of the Middlebrow, in: Fox u. Lears (Hg.), The Power of Culture, 162–191; zur populären Kultur der 20er Jahre besonders wichtig die Arbeiten von Lawrence Levine in seinem Sammelband „The Unpredictable Past".
59 John Clarke, Pessimism versus Populism: The Problematic Politics of Popular Culture, in: Richard Butsch (Hg.), For Fun and Profit: The Transformation of Leisure into Consumption, Philadelphia 1990, 28–44.

die auf die Sympathie mit „Volk" und „Unterschichten" besonderen Wert legen, zu der Sichtweise der *populists*, – nach der die Vermarktung der populären Kultur des 20. Jahrhunderts sich nur in Abhängigkeit von den Rezeptionsweisen der Konsumenten vollziehen kann.[60] Vielleicht liegt in dieser Wendung die Krönung des historiographischen Triumphes einer Kultur des Marktes.

III

Man könnte jetzt an Beispielen, an einzelnen konkreten Themenfeldern der amerikanischen Geschichte, noch näher verfolgen und verdeutlichen, wie sich die bisher geschilderten Konzepte und Interpretationen ausgewirkt, wie sie neues Licht auf bekannte Probleme geworfen oder neue Probleme sichtbar gemacht haben. Zu denken wäre an die schon angesprochene neue Agrargeschichte, an die Arbeitergeschichte und ihre Erweiterung durch konsum- und geschlechtergeschichtliche Perspektiven, an bestimmte Ansätze der Umweltgeschichte, die die Interaktion von „Natur" und Marktprozessen in den Mittelpunkt rücken, oder an den weiten und weitgehend neuerschlossenen Bereich der Geschichte von *selling, shopping, advertising* zwischen dem 18. und dem 20. Jahrhundert. Aber hier geht es nicht um einen Forschungsbericht. Stattdessen soll der Blick im Folgenden hinter die „Phänomene" und die empirische Einzelforschung auf mögliche Ursachen und Hintergründe der skizzierten historiographischen Trends gerichtet werden, bevor einige Aspekte der Kritik an dem „Marktparadigma", so wie es sich bisher präsentiert, entwickelt werden und abschließend noch einmal nach Chancen und Grenzen des Konzepts im Hinblick auf Synthese und Gesamtdarstellung in der amerikanischen Geschichte gefragt werden kann.

Für die amerikanische Geschichte gilt wie für jede andere Nationalgeschichte auch, dass man ihre Entwicklungen und Konjunkturen ideologiekritisch durchleuchten muss, und vielleicht kann das von der Position eines außenstehenden Beobachters sogar leichter fallen. Die amerikanische Geschichts- und Gesellschaftswissenschaft hat sich geradezu konstituiert in dem Versuch einer Bestimmung des *American character*, der Eigenschaften und Wertvorstellungen „des" Amerikaners und seines Handelns in den von ihm geschaffenen politisch-sozialen Institutionen. Man braucht meist nur ein wenig an der Oberfläche zu kratzen, um zu erkennen, dass sich die Suche nach einem solchen amerikani-

---

60 Wegweisend dafür jetzt, und sehr subtil argumentierend: Levine, Folklore of Industrial Society.

schen Wesenskern, das Streben nach einer solchen Meta-Interpretation der amerikanischen Geschichte bis in die Gegenwart einer längst „objektivierten" und verwissenschaftlichten Geschichtswissenschaft erhalten hat. Welches Amerikabild also steht hinter der derzeitigen Konjunktur des „Marktes" in der historischen Forschung, und warum dominiert seit einiger Zeit unverkennbar wieder ein durchaus positives Bild des Kapitalismus – und zwar nicht nur als zähneknirschende Anerkennung seiner nackten ökonomischen Leistungen, sondern gerade auch hinsichtlich seiner kulturellen und sozialen Konsequenzen und Begleiterscheinungen –, und das nicht nur bei solchen Historikern, denen man früher das Etikett des „Rechten" oder des harmonisierenden *Consensus*-Historikers aufgeklebt hätte?

Ganz unübersehbar ist das historiographische Bild „des" Amerikaners, wenn diese plakative Vereinfachung einmal erlaubt ist, in den letzten zehn Jahren, besonders seit Mitte der 1980er Jahre, wieder „liberaler" geworden. Das kann man an der Entwicklung der Republikanismus-Debatte gut verfolgen, an deren Beginn ja in den 60er Jahren eine starke Abwertung der liberalen politischen und ökonomischen Tradition Lockes für die Begründung der Vereinigten Staaten im 18. Jahrhundert gestanden hatte.[61] *Virtue* statt *commerce*, politische Tugend und Gemeinwohl, die Skepsis gegenüber den potentiell korrumpierenden Effekten von Handel, freiem wirtschaftlichen Engagement und der Verfolgung von individuellem Eigeninteresse: Dies habe, so etwa die einflussreiche Argumentationslinie von J.G.A. Pocock, als frühneuzeitliche Tradition die Fundamente der jungen Republik dauerhaft bestimmt. Dagegen haben Joyce Appleby und andere – wie ich meine, insgesamt überzeugend – gezeigt, dass sich der Appell an politische Tugend und liberale ökonomische Werte keineswegs gegenseitig ausschlossen und dass namentlich in der sonst oft als romantisch, traditionell und entwicklungsfeindlich gekennzeichneten Tradition der *Jeffersonian Republicans* eine liberal-kapitalistische „Vision" kommerzieller und doch zugleich demokratischer Entwicklung enthalten gewesen sei.[62]

---

61 Vgl. statt vieler Titel hier nur drei Überblicke: Robert E. Shalhope, Toward a Republican Synthesis: The Emergence of an Understanding of Republicanism in American Historiography, in: WMQ 29, 1972, 49–80; ders., Republicanism and Early American Historiography, in: WMQ 39, 1982, 334–356; Daniel T. Rodgers, Republicanism: The Career of a Concept, in: JAH 79, 1992, 11–38.

62 Vgl. Joyce Appleby, Commercial Farming and the „Agrarian Myth" in the Early Republic, in: JAH 68, 1982, 833–849; dies., Capitalism and a New Social Order. – Dennoch liegt darin aber keine Rehabilitierung der früher einflussreichen Interpretation von Louis Hartz (The Liberal Tradition in America. An Interpretation of American Political Thought since the Revolution, New York 1955).

So hat sich, man könnte noch andere Beispiele nennen, das wirtschaftsfremde und tugendbewusste *zoon politikon* leise verabschiedet und hat dem Leitbild eines moralisch gezähmten homo oeconomicus (wieder) Platz gemacht, das ein wenig an den Adam Smith der *Theory of Moral Sentiments* erinnert. Begriff und Konzept des amerikanischen Kapitalismus sind von der früher dominierenden Konnotation des „industriellen Großkapitalismus" mit ihren überwiegend negativen Assoziationen befreit worden, die Wirtschaftsgeschichte findet ihren Lieblingsgegenstand nicht mehr im Aufstieg der „klassischen" Investitionsgüterindustrien und ihrer Konzernbildung seit dem *Gilded Age*. Stattdessen ist, manchmal nicht frei von subtil romantisierenden Beiklängen, ein „Kapitalismus der kleinen Leute" verstärkt aufgespürt und erforscht worden, der vom späten 18. bis mindestens zum späten 19. Jahrhundert, von der Revolutionszeit bis zum *Populism* der 1880er und 1890er Jahre, reicht und in dem kleinkapitalistische Produktionsweise und soziales Bewusstsein in der sogenannten *producer ideology* unauflöslich mit dem Anspruch auf egalitäre Demokratie und tugendhafte Republik verknüpft sind. Der Handwerkerradikalismus eines Thomas Paine oder des jetzt von Michael Merrill und Sean Wilentz wiederentdeckten William Manning in der Revolutionszeit,[63] der ebenfalls und enorm einflussreich von Sean Wilentz beschriebene *artisan republicanism* in der frühen Republik,[64] später dann die Fortführung dieser Tradition bei den *Knights of Labor*;[65] und in der ländlichen Gesellschaft des Nordens wie auch des Südens die Kontinuität des *yeoman-farmer*-Ideals bis in die verschiedenen

---

63 Vgl. v.a. Eric Foner, Tom Paine and Revolutionary America, New York 1976; Gary B. Nash, The Urban Crucible. Social Change, Political Consciousness, and the Origins of the American Revolution, Cambridge, Mass. 1979; ders., Artisans and Politics in Eighteenth-Century Philadelphia, in: Margaret Jacob u. James Jacob (Hg.), The Origins of Anglo-American Radicalism, London 1984, 162–182; Ronald Schultz, The Small-Producer Tradition and the Moral Origins of Artisan Radicalism in Philadelphia, 1720–1810, in: PP 127, 1990, 84–116; Michael Merrill u. Sean Wilentz (Hg.), The Key of Liberty. The Life and Democratic Writings of William Manning, „A Laborer", 1747–1814, Cambridge, Mass. 1993; siehe weiter Paul Nolte, Ideen und Interessen in der Amerikanischen Revolution. Eine Zwischenbilanz der Forschung 1968–1988, in: GG 17, 1991, 114–140 (hier bes. 128ff.).
64 Vgl. Sean Wilentz, Chants Democratic. New York City and the Rise of the American Working Class, 1788–1850, New York 1984; ders., Artisan Republican Festivals and the Rise of Class Conflict in New York City, 1788–1837, in: Michael Frisch u. Daniel Walkowitz (Hg.), Working-Class America, Urbana, Ill. 1983, 37–77.
65 Vgl. Alan Dawley, Class and Community: The Industrial Revolution in Lynn, Cambridge, Mass. 1976; Bruce Laurie, Artisans into Workers: Labor in Nineteenth-Century America, New York 1989.

agrarischen Protestbewegungen zwischen „Grange" und *Populist Party*:[66] Immer geht es um den Gegensatz zwischen den *idle few* und den arbeitsamen, demokratischen und unabhängigen – aber stets in dieser Position gefährdeten! – *many*, die ihre eigentliche und legitime Form des Kapitalismus zu verteidigen suchen. Indem die Historiker sich gewissermaßen auf die Ocala-Plattform stellen – jenes programmatische Dokument des Populismus, das 1890 einen sozial und moralisch „gerechten" Produzentenkapitalismus beschwor –, werden der amerikanische Kapitalismus und seine kulturell-ideologische Lebenswelt akzeptabel gemacht.

Andererseits: Ein Spannungsverhältnis bleibt; der Widerstreit zwischen den zwei großen konkurrierenden Traditionen der amerikanischen Geschichte, zwischen Liberalismus und Kommunitarismus, zwischen Individuum und Gemeinschaft,[67] der die Debatte auch in diesem Forschungsstrang mitprägt, kann nicht ganz aufgelöst oder eingeebnet werden. Das verhindert schon ein anderer, ganz fundamentaler Topos der amerikanischen Selbst- und Vergangenheitsdeutung, der auch historiographisch in immer neuen Varianten tradiert wird: nämlich die Denkfigur des Paradoxes, des Konfliktes zwischen Widersprüchlichem. Die Amerikaner verstehen sich, um es mit dem bekannten Titel von Michael Kammen zu sagen, als *People of Paradox*,[68] und die Spannung zwischen *virtue* und *commerce*, zwischen Tugend und Markt ist eine Form, die dieses amerikanische Janusgesicht annimmt. Anders gewendet: Die Spannung zwischen „Republikanismus" und „Markt",[69] also, wie man wohl mit einiger Rechtfertigung sagen

---

66 Vgl. bes. Hahn, Roots of Southern Populism; und die Beiträge über die Landwirtschaft des Südens in Steven Hahn u. Jonathan Prude (Hg.), The Countryside in the Age of Capitalist Transformation, Chapel Hill 1985. So wird in der Literatur über den Populismus in letzter Zeit auch wieder versucht, Verbindungen zwischen den „Knights of Labor" und dem agrarischen Protest herauszuarbeiten; obwohl die politischen Allianzen, wo sie überhaupt zustande kamen, meist sehr brüchig waren, gab es doch eine ideologische Affinität im Festhalten an einem Stadt und Land umspannenden „producer"-Ideal. Siehe Robert C. McMath, Jr., American Populism. A Social History, 1877–1898, New York 1993.
67 Vgl. sehr anregend dazu im Zusammenhang unseres Themas die Aufsätze von Rowland Berthoff, Independence and Attachment, Virtue and Interest: From Republican Citizen to Free Enterpriser, 1787–1837, in: Richard L. Bushman u. a. (Hg.), Uprooted Americans, Boston 1979, 97–124; ders., Peasants and Artisans, Puritans and Republicans: Personal Liberty and Communal Equality in American History, in: JAH 69, 1982, 579–598.
68 Michael Kammen, People of Paradox: An Inquiry Concerning the Origins of American Civilization, New York 1972.
69 Vgl. dazu noch: Edward Countryman, Of Republicanism, Capitalism, and the 'American Mind', in: WMQ 44, 1987, 556–562; Lawrence Frederick Kohl, Republicanism Meets the Market Revolution, in: RAH 19, 1991, 188–193; sowie, für Deutschland, meine Skizze: Paul Nolte, Marktgesellschaft und Republik. Deutschland seit dem 17. Jahrhundert im internationalen

kann, zwischen *den* beiden dominierenden Paradigmen der amerikanischen Historiographie in den beiden letzten Jahrzehnten, ist nur die historiographische Formulierung des späten 20. Jahrhunderts für dieses uralte Grundproblem des *American character*; und umgekehrt: Diese Tatsache erklärt, auf einer tiefergründigen Ebene, ein ganzes Stück weit die große Attraktivität dieser Konzepte, die inzwischen jenseits der Frage ihrer bloßen empirischen oder heuristischen Angemessenheit liegt.

Wenn diese, manchmal vielleicht riskante, Analyse wenigstens in den Grundzügen zutrifft, ergibt sich angesichts einer solchermaßen von tiefgefrästen ideologischen Bahnen mitbestimmten Geschichtsinterpretation um so mehr die Notwendigkeit, Schwachstellen, Lücken und Verzerrungen eines historiographischen Konzeptes wie des hier diskutierten Marktparadigmas genau zu benennen. Eine der offensichtlichen Schwächen ist seine Diffusität. Das gilt in sachlicher Hinsicht: Welche historischen Teilbereiche, welche sozialen Prozesse umgreift dieses Konzept – oder vielmehr: was eigentlich lässt sich darunter nicht subsumieren? Solange zentrale Begriffe wie „Markt", „Kapitalismus" oder „Kommerzialisierung" nicht genauer abgegrenzt werden, bläht sich der Reigen der darunter rubrizierten Phänomene leicht so auf, dass die Abgrenzung zum früher verwendeten, sicher formal noch unspezifischeren, Konzept der „Modernisierung" problematisch werden könnte.

Die Diffusität gilt aber auch in zeitlicher Hinsicht: Kommerzialisierung und Marktrevolution haben in der Historiographie derzeit nur zu leicht den fragwürdigen Reiz der immerwährenden Neuartigkeit. Ob es um die Mitte des 18. Jahrhunderts, das frühe 19. Jahrhundert oder das späte, die 1920er oder die 1950er Jahre geht: Die „entscheidende" Etappe der kommerziellen Entwicklung Amerikas, der revolutionäre „Durchbruch" von Markt und Konsum scheint immer gerade in der Zeit zu liegen, auf die man selber blickt. *Blumin's law* – „It happened in my period" – hat selten mehr zugetroffen als hier.[70] Wenn für die englische Geschichte ironisch festgestellt worden ist: „The middle class is always rising", so müsste man bei einem Blick auf die jüngere amerikanische Geschichtswissenschaft feststellen: „Consumption is always being revolutionized", oder: „There is always a major breakthrough in the commercialization

---

Vergleich, in: Manfred Hettling u. a. (Hg.), Was ist Gesellschaftsgeschichte?, München 1991, 289–300 (in diesem Band: Nr. 5).

70 Vgl. Stuart S. Blumin, The Emergence of the Middle Class. Social Experience in the American City, 1760–1900, New York 1989, 316: „This is in effect a complaint that historians are often tempted to exaggerate the significance of events that occur in the time periods in which they are most interested, and sometimes apply to these periods concepts that are appropriate only to others."

of American society".[71] Und wenn die ältere Vorstellung von einer ursprünglichen agrarischen *self-sufficiency* endgültig als Mythos entlarvt ist, was war dann noch „revolutionär" an der Tatsache, dass im 18. Jahrhundert Waren von Konsumenten auf Märkten erworben wurden?

Aber dieses Manko *verlangt* erst recht nach integrativen Konzepten und Begriffen, denn Historiker des 18. und des 20. Jahrhunderts müssen erst einmal ihre Epochenbarrieren überwinden und miteinander ins Gespräch kommen, um feststellen zu können, was ähnlich und was ganz unterschiedlich ist, wenn sie in nahezu identischen Begriffen einen Bruch der Konsumgewohnheiten, Innovationen im Einzelhandel oder einen Wandel ökonomischer Mentalitäten beschreiben. Auf mittlere Sicht sollte man dann zu einem präziseren Phasenmodell gelangen, das Zeiten beschleunigter Transformation von Epochen relativer Stabilität unterscheidet und außerdem angeben kann, wodurch sich die verschiedenen Phasen der „Konsum-" und „Marktrevolution" im 18. bis 20. Jahrhundert unterschieden. Man könnte etwa eine erste Phase in der zweiten Hälfte des 18. Jahrhunderts sehen, in der sich vor allem in der küstennahen Mittel- und Oberschicht ein Markt für importierte Konsumgüter entwickelte und die bäuerliche Landwirtschaft begann, Überschussprodukte auf vorerst lokal begrenzten Märkten abzusetzen. Davon abzugrenzen wäre eine zweite Etappe im früheren 19. Jahrhundert, geprägt von den Auswirkungen einer Kommunikations- und Verkehrsrevolution, von einer Verdichtung von Handel und Austauschbeziehungen im agrarischen Kapitalismus und einer zunehmenden Diffusion des Konsums gewerblicher Fertigprodukte in die expandierende Mittelschicht. Den Beginn einer dritten Phase könnte man in den 1870er oder 1880er Jahren sehen, als ein nationaler Markt zusammengewachsen war, der mit industriell standardisierten Waren beliefert und auch durch neue Vertriebsmethoden und -wege wie die Werbung und den Versandhandel erschlossen wurde. Schließlich erfolgte, viertens und mit besonders markanten Schubphasen in den Nachkriegs- und Prosperitätsjahrzehnten der 1920er und 1950er Jahre, der Übergang zum konsumgeprägten Lebensstil des 20. Jahrhunderts, dessen typische Haushaltsgüter mit Ratenkrediten finanziert wurden und wie Radio und Fernsehen zugleich eine Kommerzialisierung der Kultur bedeuteten. Eine solche Präzisierung und Phaseneinteilung ist im Übrigen gerade dann dringend notwendig, wenn man international vergleichen will.

---

71 Diese Einwände gelten, wie mir scheint, in ganz analoger Weise für die englische Geschichte, in der Kommerzialisierung und Konsumrevolution dann sogar bis in das hohe Mittelalter zurückverfolgt werden können: Vgl. R.H. Britnell, The Commercialization of English Society, 1000–1500, Cambridge 1993.

Das Konzept hat, bei aller Breite, die man ihm schon wieder zum Vorwurf machen kann, auf der anderen Seite Lücken und Engführungen, auf die man zumal angesichts des synthetischen Anspruches, der zum Teil mit ihm erhoben wird, aufmerksam machen muss. Wird in einem Ansatz, der das Gewicht hinsichtlich der wirtschaftlichen Aktivität von der Produktion zum Konsum verlagert und der auf langlebige Prozesse der Marktbildung, der Ausweitung des Handels und des Wandels der „kulturellen Ökonomie" abhebt, nicht doch die Industrialisierung des 19. Jahrhunderts, die Industrielle Revolution, der Bereich der industriellen Produktion überhaupt, unterschätzt? Und was ist mit den sozialen Gegensätzen und Konflikten, die nicht zuletzt in diesem Umfeld entstanden: Vernachlässigt das Konzept Klassenkonflikte – oder auch ethnische Gegensätze –, indem soziale Gruppen, die nach Max Weber gerade durch Mechanismen des „Marktes" konstituiert werden, zu quasi-homogenen Konsumentenverbänden vereinheitlicht, oder Arbeiter und Unternehmer gleichermaßen als *small producers* gekennzeichnet werden?[72] Verführt, allgemeiner gesprochen, die Suggestivkraft des „Marktes für alle und alles" nicht doch, jenseits der zum Glück obsolet gewordenen politischen Schubladen und trotz eines streckenweise kaum mehr auffindbaren Gegensatzes zwischen *Progressive-* und *Consensus*-Historiographie, zu einer zu stark harmonisierenden Sichtweise auf die amerikanische Geschichte, zu einer Reprise der alten, gar zu einfachen Erfolgs- und Fortschrittsgeschichte?

Gerade neuere Ansätze in der Arbeitergeschichte haben jedoch gezeigt, dass die Untersuchung von Massenkultur auch klassenanalytisch betrieben werden kann, weil es eine durchaus offene, immer erst empirisch zu entscheidende Frage ist, ob der moderne Massenkonsum Klassenidentität abschwächt oder verstärkt.[73] Lizabeth Cohens Forschungen über Chicago in den 1920er und 1930er Jahren porträtieren eine industrielle Arbeiterschaft, die durch den Umbruch von Konsumgewohnheiten und den Kontakt mit neuen Medien wie dem Radio zwar ethnische Identitäten verlor, sich aber als Klasse um so deutlicher hervorhob und von der Mittelklasse und ihrer Kultur klar unterschied.[74] Ohnehin wird die Geschichtswissenschaft in letzter Zeit stärker gewahr, dass sich Klassen und Schichten im 20. Jahrhundert immer stärker durch differentielle

---

72 Die These von der Klassenungebundenheit des Konsums, vom Konsum als großem Gleichmacher von der Gentry bis zum einfachen Volk z. B. bei Breen, Baubles of Britain.
73 Vgl. Lizabeth Cohen, The Class Experience of Mass Consumption: Workers as Consumers in Interwar America, in: Fox u. Lears (Hg.), The Power of Culture, 134–160, hier bes. 135ff.
74 Vgl. ebd.; dies., Making a New Deal. Industrial Workers in Chicago, 1919–1939, New York 1990; siehe zu diesem Problem auch: Gary Cross, Time, Money, and Labor History's Encounter with Consumer Culture, in: ILWCH 43, 1993, 2–17.

Konsum- und Kulturstile statt durch die Stellung im Produktionsprozess definieren. Daneben bietet die historische Demographie einen weiteren, besonders für die frühmoderne Epoche bewährten Weg, die Untersuchung von Marktstrukturen mit der Geschichte sozialer Gruppen zu verbinden.[75]

Ein zusätzlicher Einwand drängt sich auf: Kann angesichts des – wenn auch in einem neuen, erfrischend weiten Sinne – auf die Wirtschaft gesetzten Schwerpunktes, und der Ausstrahlung von dort vor allem auf die Kultur- und die Sozialgeschichte, der Politik, und insbesondere: dem Staat, ein angemessener Platz eingeräumt werden? Dass sich der klassische politische Prozess des Jahrhunderts – etwa: die Parteipolitik der 1830er und 1840er Jahre, als Ausdrucksform eines Konfliktes über die „Marktrevolution" überzeugend darstellen lässt, hat Harry Watson mit seinem „Liberty and Power" gezeigt.[76] Für den fundamentalen Formwandel der Politik im Übergang zum 20. Jahrhundert, der in letzter Zeit als „Feminisierung" des politischen Stils beschrieben worden ist[77] und nicht zuletzt den Beginn einer modernen staatlichen Sozialpolitik markierte, scheint das weniger zu gelten. Wie verhält sich dann die vielzitierte und auch schon praktizierte Forderung des „Bringing the State Back In" (Theda Skocpol)[78] zu diesem bisherigen Defizit des Marktparadigmas, und wie könnte man beide Ansätze möglicherweise zusammenführen?

Trotz dieser zum Teil gravierenden Einwände, die nicht so rasch aufgelöst werden können, ist die Frage nach der Synthesefähigkeit des Marktgesellschaft-Konzeptes doch unabweisbar – schon deshalb, weil die amerikanische Geschichtswissenschaft weiterhin, wie Thomas Bender es schon vor nunmehr

---

75 Vgl. Clark, Roots of Rural Capitalism; oder auch schon: James T. Lemon, The Best Poor Man's Country: A Geographical Study of Early Southeastern Pennsylvania, Baltimore 1972. Überaus anregend und methodisch raffiniert, aber schwer auf komplexere Gesellschaften übertragbar sind neuere Arbeiten über die Chesapeake-Kolonien im 17. Jahrhundert: Siehe z. B. Lois Green Carr, Diversification in the Colonial Chesapeake, in: dies. u. a. (Hg.), Colonial Chesapeake Society, Chapel Hill 1988, 342–388; dies., Emigration and the Standard of Living: The Seventeenth-Century Chesapeake, in: JEH 52, 1991, 271–291; dies. u. a., Robert Cole's World. Agriculture and Society in Early Maryland, Chapel Hill 1991; Lorena S. Walsh, Urban Amenities and Rural Sufficiency: Living Standards and Consumer Behavior in the Colonial Chesapeake, in: JEH 43, 1983, 109–117.
76 Watson, Liberty and Power.
77 Vgl. z. B. Paula Baker, The Domestication of Politics. Women and American Political Society, 1780–1920, in: AHR 89, 1984, 620–647; Michael McGerr, Political Style and Women's Power, 1830–1930, in: JAH 77, 1990, 864–885.
78 Vgl. Theda Skocpol, Bringing the State Back In: Strategies of Analysis in Current Research, in Peter B. Evans u. a. (Hg.), Bringing the State Back In, New York 1985, 3–37.

zehn Jahren formulierte, „the need for synthesis in American history" verspürt[79] und auf der – wenn auch meist nur verhalten artikulierten – Suche nach Begriffen und Interpretamenten ist, die eine solche Synthese tragen können. Für die erste Hälfte des 19. Jahrhunderts, erinnert sei noch einmal an das Buch von Sellers über die „Market Revolution", ist eine solche Synthese ja auch bereits in der Form einer monographischen Epochendarstellung vorgelegt worden, und wenn diesen Jahrzehnten eine Scharnierfunktion zwischen Kolonialzeit und modernem Amerika zukommt, könnte es naheliegen, von hier aus nach hinten und nach vorne auszugreifen, zumal die empirische Forschung, wie wir schon gesehen haben, unter Aspekten wie Marktbildung, Kommerzialisierung und Konsum zum 18. oder zum 20. Jahrhundert nicht weniger weit fortgeschritten ist als die zur Jackson-Zeit. So könnte eine Gesamtdarstellung der amerikanischen Geschichte denkbar sein, die methodisch von den verschiedenen Facetten einer Verbindung von Wirtschaftsgeschichte und Kulturgeschichte ausgeht und die einen empirischen Brennpunkt in der Entwicklung einer „Marktgesellschaft" setzt. Ganz allein für sich genommen wird dieses Konzept vielleicht nicht tragfähig genug sein, so dass es durch weitere heuristische Perspektiven – etwa: die Entwicklung einer multiethnischen Gesellschaft oder die Herausbildung und Transformation der Demokratie[80] – zu ergänzen wäre.

Wenn die von John Higham geäußerte Vermutung – und Hoffnung – zutrifft, dass sich in der amerikanischen Geschichte ein *turn towards reintegration* vollzieht,[81] läge darin vielleicht eine Chance, bei dieser Besinnung auf die „Zentren" nicht der Gefahr einer simplifizierenden Eindimensionalität zu erliegen. Dann könnte, schließt man an kürzlich von Dorothy Ross entwickelte Gedanken an,[82] der „Markt als Kultur" ein Interpretationsangebot sein, das die Gefahr einer postmodernen historiographischen amerikanischen Geschichte bereitstellt, auf das eine Einigung aus ganz unterschiedlichen Positionen und Traditionen heraus möglich ist. Es enthält die „romantischen" Elemente, die Ross als ein zentrales Element der amerikanischen historiographischen Tradition seit dem 19. Jahrhundert verfolgt und die sie im gegenwärtigen kulturgeschichtlichen Trend wiederaufleben sieht; es federt sie aber durch den Bezug auf die ökonomischen Prozesse und die Eigengesetzlichkeiten des Marktes ab. Es ist vereinbar mit – um noch einmal die Bezeichnungen von Dorothy Ross

---

79 Vgl. Bender, Wholes and Parts.
80 Vgl. dazu jetzt den interessanten synthetisch-interpretativen Ansatz bei Robert H. Wiebe, Self-Rule: A Cultural History of American Democracy, Chicago 1995.
81 Higham, The Future of American History, 1302.
82 Vgl. Ross, Grand Narrative.

aufzugreifen – dem „liberal narrative of democratic capitalist progress" ebenso wie mit dem „social democratic narrative of capitalist transformation",[83] und es vermag diese Traditionen ein Stück weit einander anzunähern. Darin liegt zweifellos ein gut Teil der Attraktivität dieses Konzeptes begründet, auch wenn es seine Bewährung weiterhin in der empirischen Forschung finden muss.

---

83 Ebd., 667.

8 Republicanism, Liberalism, and Market Society: Party Formation and Party Ideology in Germany and the United States, c. 1825–1850

Republicanism and liberalism were born as ideas – or rather, as complex webs of ideas – that began to attract people of the privileged classes in the early modern era. But they eventually succeeded in deeply penetrating Western societies and political systems, including the building of institutions, only after they turned into parties: Political ideologies crystallized as, or allied themselves to, social networks and movements that, in a more or less formalized structure, strove for power and in that quest competed with movements of a differing ideological label or representation of interest. While previous historical scholarship on party formation had either concerned itself with the history of ideas alone or with the emergence and mechanisms of party organization in what could be called an institutional approach – a tendency particularly strong in Germany,[1] but also effective in the United States – recent research in both countries has focused its attention on the complex and fascinating links between ideology and political structure.

From the vantage point of intellectual history, for example, it turned out that ideologies such as liberalism or republicanism were not neatly defined "boxes" of thought that moved through history and affixed themselves to organizations in a wholesale manner, but rather consisted of a fluid pool of arguments and discourses that were used under certain circumstances, adapting to specific needs and conditions. Liberalism and republicanism thus appear as "languages"[2] of social and political movements, offering explanations for

---

[1] See the historiographical overview by Elisabeth Fehrenbach, "Die Anfänge der Parteiengeschichtsforschung in Deutschland", in: Herbert Ludat / Rainer Christoph Schwinges (eds.), Politik, Gesellschaft, Geschichtsschreibung (Cologne, 1982), 403–426.

[2] This concept has been developed and used extensively in the work of J.G.A. Pocock. See, e.g., his "Introduction: The State of the Art", in: idem, Virtue, Commerce, and History (New York, 1985), 1–34; idem, "The Concept of Language and the métier d'historien: Some Considerations on Practice", in: Anthony Pagden (ed.), The Languages of Political Theory in Early-Modern Europe (Cambridge, 1987), 19–38; and, of course, his The Machiavellian Moment: Florentine Political Thought and the Atlantic Republican Tradition (Princeton, 1975). Pocock has often been criticized for in fact treating his classical republican tradition too much as a ready-packaged box travelling freely through the early modern Atlantic, and there is some truth to that; nevertheless the conceptual innovations implied in Pocock's concept of "languages" go well beyond the usage he makes of it in his own empirical studies.

change, outlets for anxiety, and legitimacy for the claim to political power. In so doing, they deeply affected political parties without becoming identical with them; and more often than not, elements from both the liberal *and* republican languages popped up in parties of either the "liberal", "republican", or "radical" labels.³

From the point of view of social history, on the other hand, there had always existed an interest in the social foundations of political parties and in the linkages between ideology and economic interest.⁴ More recently, however, social historians have shifted their attention towards the "structure of politics" in a broader societal context; they have asked for the mechanisms and foundations of partisan politics in society at large as well as in particular groups, classes, or milieus – Edward Countryman's masterly study of society and politics in revolutionary New York is a good example for this approach.⁵ Yet instead of dismissing ideology as "cant" in the Namierite way, the new socio-cultural history of politics, as it may be called, has put a heavy emphasis on ideology beyond elite thought, on everyday-ideologies as horizons of meaning for people in their struggles for power and recognition.⁶ In this cultural history perspective, social and intellectual history have begun to move towards each other and indeed to overlap. For the history of political parties and political ideologies, more specifically, the concepts of "political culture"⁷ and of a "political culture of

---

3 This might correspond to a tendency in recent research to somewhat dissolve the rigidity of the labels "republican" and "liberal", and of historiographical "republicans" and "liberals" moving towards each other. See, for example, Joyce O. Appleby, Liberalism and Republicanism in the Historical Imagination (Cambridge, Mass., 1992).
4 The most famous example for this in American history is Charles A. Beard's An Economic Interpretation of the Constitution of the United States (New York, 1913), on which, among other works, the classical Progressive tradition was built.
5 Edward Countryman, A People in Revolution. The American Revolution and Political Society in New York, 1760–1790 (Baltimore, 1981). – I have tried to pursue a somewhat similar approach in examining early nineteenth century liberalism, republicanism, and party formation in the German Southwest: Paul Nolte, Gemeindebürgertum und Liberalismus in Baden 1800–1850. Tradition – Radikalismus – Republik (Göttingen, 1994). I will draw upon the empirical findings of this study for the German case throughout this paper.
6 See Clifford Geertz, "Ideology as a Cultural System", in: idem, The Interpretation of Cultures (New York, 1973), 199–233; Appleby, Liberalism and Republicanism, 17ff.
7 The – admittedly often diffuse – concept of "political culture" has been of enormous importance, in restructuring American political history from the colonial through the early republican periods in the past two decades; e.g., of the work of scholars such as Jack Greene, Edward Countryman, Richard Beeman, Daniel Walker Howe, or John Brooke. – There is an interesting parallel in German history and political science with its recent attempt at reestablishing the

partisanship" have proven very successful, providing a connection between the formation of liberal and republican ideologies on the one hand, and the social foundations of political processes on the other.

Recent historiographical trends like this on both sides of the Atlantic seem to facilitate a comparison of what otherwise, and within the respective older frameworks of interpretation, would almost seem incomparable. The enormous differences in many respects between Jacksonian America and *Vormärz* Germany could indeed seem to defy any serious comparison the result of which would not be obvious from the very beginning: A unified liberal republic stood against a patchwork of small to medium-sized monarchies; a nation stretching its boundaries ever farther over a vast continent was oceans apart from a German Federation *(Deutscher Bund)* that was part of the carefully balanced Vienna system of European powers; and the exuberant spirit of the American people could seem the opposite of the Germans' increasing anxiety in the face of a precipitating economic and political crisis.

Closer to this paper's topic, the question may be asked whether a party system at all existed in both countries. While no one ever seriously doubted the reality and momentous consequences of the "Second American Party System" – some contemporaries' skepticism about the legitimacy of parties, and widely differing explanations among historians of the groundings of the party split notwithstanding – the existence of parties in the German *Vormärz* (the period between 1815 or 1830 and the Revolution of 1848/49) has long been denied by an influential current of research that is still somewhat lingering on. According to this interpretation, there could be no parties in the *Vormärz* because contemporary political thought, and particularly liberal thought, fundamentally disapproved of partisanship.[8] Moreover, due to the late-nineteenth century development in Germany of highly organized party "machines", framed largely on the pioneering model of the Social Democratic Party, the definition of "party" tended to narrow so as to exclude the more fluid and, in their regional scope, more limited movements of an earlier period.[9] Only with the election of a national parliament in 1848, and by way of the formation of parliamentary parties, did

---

concept of "Politische Kultur"; for an overview, see Karl Rohe, "Politische Kultur und ihre Analyse", in: HZ 250 (1990), 321–346.
8 Theodor Schieder, "Die Theorie der Partei im älteren deutschen Liberalismus", in: idem, Staat und Gesellschaft im Wandel unserer Zeit (Munich, 1958), 110–132.
9 A typical example is the important book by Thomas Nipperdey, Die Organisation der deutschen Parteien vor 1918 (Düsseldorf, 1961). However, one must not forget that in pursuing his "organizational" approach, Nipperdey deliberately sought to overcome the older, idealistic approach in German party history to which his mentor Theodor Schieder adhered.

German parties come into existence.[10] Mostly through local and regional studies on elections, ideology, and popular culture since the early 1990s, strong currents of party formation in society in the sense of a partisan political culture have been recovered.[11]

It may thus very well be that the stories of two "exceptionalisms" in the early nineteenth century dissolve, and a historiographical framework for assessing structural similarities between Germany and the United States (without neglecting the differences) emerges. This paper will try to make use of three additional historiographical trends that will hopefully take us a long way towards establishing such a framework. Since they will be discussed later, they need only briefly be mentioned here: First, the surge of research on republicanism, liberalism, and radical ideologies has already highlighted the international, transatlantic aspects of political discourse and political culture in the late eighteenth and early nineteenth centuries. This has, of course, especially been the case with regard to North America and Britain or France,[12] and less so for America and Germany.[13] – Second, the notion of a "Market Revolution" as a transforming agent of the early American republic, a concept that has become enormously influential since the mid-1980s, might prove a suitable frame for an interpretation of the indisputably profound economic and cultural changes in the German *Vormärz* as well. – Finally, both German and American historiography have witnessed a subtle, yet in its consequences sweeping paradigm shift from a "national" to a "regional" perspective. This new regional focus in historical research in the United States has been most powerfully advanced in Colonial

---

10 Dieter Langewiesche, "Die Anfänge der deutschen Parteien. Partei, Fraktion und Verein in der Revolution von 1848/49", in: GG 4 (1978), 324–361.
11 See, e.g., Christoph Hauser, Anfänge bürgerlicher Organisation. Philhellenismus und Frühliberalismus in Südwestdeutschland (Göttingen, 1990); Nolte, Gemeindebürgertum und Liberalismus; Jonathan Sperber, Rhineland Radicals: The Democratic Movement and the Revolution of 1848/49 (Princeton, 1991); Karl H. Wegert, German Radicals Confront the Common People: Revolutionary Politics and Popular Politics 1789–1849 (Mainz, 1992).
12 For French and American republicanism, see Patrice Higonnet, Sister Republics: The Origins of French and American Republicanism (Cambridge, Mass., 1988); for the British-American "Jacobin Connection", see Richard J. Twomey, Jacobins and Jeffersonians: Anglo-American Radicalism in the United States, 1790–1820 (New York, 1989). Most important, of course, is the colonial British context of political ideology in the eighteenth century discussed by scholars like John Pocock, Caroline Robbins, Isaac Kramnick, Bernard Bailyn, and others.
13 But see Horst Dippel, Germany and the American Revolution, 1770–1800: A Sociohistorical Investigation of Late Eighteenth Century Political Thinking (Wiesbaden, 1978).

history[14] and has been expanding from there, while in Germany, it actually originated in research on the *Vormärz* period and on liberalism in particular.[15] Instead of comparing whole nations, this approach makes it much more plausible to compare specific regions, with specific economic or cultural similarities.[16] This regional approach, however, can unfortunately not be appropriately carried out in this attempt at an overview.

Since comparative approaches to the problem of party formation in the eighteenth or early nineteenth centuries have been rare, and since to my knowledge it has never been attempted to compare German and American liberal and republican party traditions in the era before both countries' civil wars, one would certainly need more than just thirty pages to pursue this endeavor in a coherent and satisfactory way, including a full narrative and description of party formation between the 1820s and the 1850s. Therefore, all that can be offered here is a tentative sketch of framework, concept, and arguments that hopefully demonstrates where further research could move from here. In the first two sections (I, II), two different sets of circumstances bearing upon party formation since the 1820s and 1830s will be considered: the respective traditions of political culture and partisanship in the eighteenth century and the impact of the economic and cultural changes wrought by the "Market Revolution" in the early nineteenth century. The next two sections discuss different aspects of the two party systems and of the role of republicanism and liberalism within them: first, the social mechanisms of partisan politics, with special emphasis on the community level of the political process (III); and second, the problem of liberal and republican party ideology during this time. From here, a tentative suggestion for an overall understanding of the similarities, and differences, of liberal parties in Germany and the United States emerges (IV). Finally, in a very brief outlook and summary, I will point to the parallel crises of the two party systems in the mid-nineteenth century and the transformation of liberalism and republicanism in both countries since the 1850s (V).

---

14 See especially Jack P. Greene, Pursuits of Happiness: The Social Development of Early Modern British Colonies and the Formation of American Culture (Chapel Hill, 1988); David Hackett Fischer, Albion's Seed: Four British Folkways in America (New York, 1989).
15 Wolfgang Schieder (ed.) Liberalismus in der Gesellschaft des deutschen Vormärz (Göttingen, 1983); Beate-Carola Padtberg, "Regionale Merkmale in der Entstehungsphase des organisierten Liberalismus in Deutschland. Anmerkungen zum Forschungsstand", in: liberal 33 (1991), No. 1, 42–53.
16 For example, the early industrialization pockets in New England might be compared to the Northern Rhineland; or the staple-producing slave societies of the American South to the coercive-labor societies of East Elbian Prussia.

I Precursors and Preconditions: Two Eighteenth-Century Political Cultures

To a late-eighteenth century visitor, the political order and social functioning of politics in the newly founded United States of America and in the "Holy Roman Empire of German Nation" witnessing – as our visitor would not have known – the last years of its very existence, could hardly have looked more different. Here was a republican nation in the finishing phases of its revolution, quickly recovering from the economic and psychic hardships of a war for independence, and soon bursting with optimism about its future development and confident to have established the institutional framework for a both virtuous and commercial citizenry "for the ages". Far across the Atlantic, the German territories within an Empire "monstro simile", as Samuel Pufendorf chose to call it, presented a mosaic of emerging absolutist states and small, often tiny feudal dominions. Still firmly entrenched in the "monarchical culture" that the American states had just left behind,[17] they confronted the French Revolution and suffered from its expansionist wars. Instead of optimism, anxiety often prevailed, while at the same time a firm commitment to controlled political and social reform was building up among parts of the "enlightened" bureaucratic and noble elites.

It is impossible to probe deeply into the early-modern origins of these two diverging political cultures here, but some very sketchy remarks may be helpful for understanding the early-nineteenth-century development which was, as recent research has been stressing for both North America and Germany, powerfully shaped by cultural traditions of the prerevolutionary era – the two countries' paths had divided much earlier than the American Revolution. Although the Revolution had in many respects marked a sharp break with colonial social order and political culture,[18] the young republic still continued, if in a different way, many of the structural features of colonial politics; and the course of the Revolution itself had powerfully been influenced by elements of British political culture and ideology. Considering recent research on colonial and revolutionary America, it seems appropriate to stress three points here:

(1) Despite the colonists' initial quest for stability and homogeneity, struggles for power, social control, and cultural dominance among competing elite

---

[17] The term "monarchical culture" is borrowed from Richard L. Bushman, King and People in Provincial Massachusetts (Chapel Hill, 1985).
[18] For a recent and intellectually very stimulating treatment of this rupture, see Gordon S. Wood, The Radicalism of the American Revolution (New York, 1991).

groups soon became a distinctive mark of politics in most colonies.[19] The Virginia (and, later, South Carolina) experience of post-Restoration stability after an early period of strife was exceptional; in the eighteenth century, and most dramatically in the middle colonies, colonial politics was factious;[20] and even in Virginia, the "Great Awakening" reintroduced a strong measure of conflict between (Anglican) "establishment" and (evangelical) "outsiders".[21] As a result of the widely successful "quest for power" (Jack P. Greene) of the colonies' political institutions, electioneering emerged as a core of popular politics in the middle decades of the eighteenth century, often converting the classical republican notions of "disinterestedness" and a unanimous "public good" into mere rhetoric while tacitly affirming the legitimacy of "interests".[22] As these interests were mostly tied to personal connections and elite family competition, and not yet bound up with socio-political ideologies, they could certainly not yet be called "parties". However, due to the influences of British political culture, ideological frameworks like republicanism and liberalism existed, and their core arguments – e.g., the notion of commerce corrupting the good republic – were widely used in colonial political discourse and were ready at hand to be later affixed to party labels.[23] Meanwhile, the American population grew used to the mechanisms of a pluralist political culture, and to making decisions about one's owns (proto-) political affiliation.

---

19 For this and the following, see Jack P. Greene, "Changing Interpretations of Early American Politics", in: Ray Allen Billington (ed.), The Reinterpretation of Early American History (New York, 1968), 151–184; Bernard Bailyn, "Politics and Social Structure in Virginia", in: J.M. Smith (ed.), Seventeenth-Century America (Chapel Hill, 1959), 90–115; John M. Murrin, "Political Development", in: Jack P. Greene / J.R. Pole (eds.), Colonial British America: Essays in the New History of the Early Modern Era (Baltimore, 1984), 408–456.
20 For the New York example, see Patricia U. Bonomi, A Factious People: Politics and Society in Colonial New York (New York, 1971); the most recent case for strong factionalism and partisanship in the middle colonies is argued by Benjamin H. Newcomb, Political Partisanship in the American Middle Colonies, 1700–1776 (Baton Rouge, La., 1995).
21 See Rhys Isaac, The Transformation of Virginia, 1740–1790 (Chapel Hill, 1982).
22 See the excellent article by Richard R. Beeman, "Deference, Republicanism, and the Emergence of Popular Politics in Eighteenth-Century America", in: WMQ 49 (1992), 401–430; see also Robert J. Dinkin, Voting in Provincial America, 1689–1776 (Westport, Conn., 1977).
23 Caroline Robbins, The Eighteenth-Century Commonwealthman: Studies in the Transmission, Development, and Circumstances of English Liberal Thought from the Restoration of Charles II until the War with the Thirteen Colonies (Cambridge, Mass., 1959); Bernard Bailyn, The Ideological Origins of the American Revolution (Cambridge, Mass., 1967); Pocock, The Machiavellian Moment.

(2) The American Revolution marked a decisive step in the process of transforming colonial factions into political parties.[24] The alternative between "Whig" or "Patriot" and "Tory" in the fight for independence for the first time provided a "national", unifying issue that was taken pick-a-back by the variety of local and regional cleavages, and in the 1780s, the choice between nationalists and federalists – or Federalists and Anti-Federalists, as they named themselves in the debate about the Philadelphia Constitution – solidified party affiliation and the issue-orientation of politics. The Revolution also was crucial in further accelerating the acceptance and legitimacy of "interest" and party, although the last remained a controversial issue for some time even after James Madison's Tenth "Federalist", and remnants of a fundamental skepticism about parties were carried into the Jacksonian era.[25] But often, the turmoil of revolutionary conflict turned the old republicanism into political partisanship, a shift that not only occurred within the "science of politics", in elite discourse,[26] but also in the actual struggles for power in urban and state politics, as Richard Ryerson and others have shown.[27] At the same time, the crumbling of patterns of "deference" and the expansion of popular participation in politics, especially in elections, gave rise to new mechanisms of voter recruitment, of campaigning and party bargaining, mechanisms that in some cases prefigured the political culture of the Second Party System.[28]

(3) Beginning with the involvement of the lower middle class, particularly artisans, in urban politics in the second third of the eighteenth century,[29]

---

24 The best monograph to show this transformation in my opinion is Countryman, A People in Revolution. See also Ronald Hoffman, A Spirit of Dissension: Economics, Politics, and the Revolution in Maryland (Baltimore, 1973). For an overview of all states, see Jackson Turner Main, Political Parties Before the Constitution (2nd ed., Chapel Hill, 1973).
25 See Richard Hofstadter, The Idea of a Party System: The Rise of Legitimate Opposition in the United States (Berkeley, 1969).
26 See Gordon S. Wood, The Creation of the American Republic, 1776–1787 (New York, 1969); idem, "Interests and Disinterestedness in the Making of the Constitution", in: Richard Beeman et al. (eds.), Beyond Confederation. Origins of the Constitution and American National Identity (Chapel Hill, 1987), 60–109.
27 Richard Alan Ryerson, "Republican Theory and Partisan Reality in Revolutionary Pennsylvania: Toward a New View of the Constitutionalist Party", in: Ronald Hoffman / Peter J. Albert (eds.), Sovereign States in an Age of Uncertainty (Charlottesville, 1982), 95–133.
28 As a fine and very vivid case study, see Alan Taylor, "'The Art of Hook and Snivey' Political Culture in Upstate New York during the 1790s", in: JAH 79 (1993), 1371–1396.
29 See Gary B. Nash, The Urban Crucible: Social Change, Political Consciousness, and the Origins of the American Revolution (Cambridge, Mass., 1979); idem, "Artisans and Politics in Eighteenth-Century Philadelphia", in: Margaret Jacob / James Jacob (eds.), The Origins of Anglo-American Radicalism (London, 1984), 162–182.

questions of social order and economic development began to shape American politics. It is important to realize that this deep concern for the future of the economy, for the "moral" implications of its development, and for its consequences with regard to social inequality stemmed from the prerevolutionary era, building up as a reaction to commercialization and to early modern market expansion. In the Revolution, economic order gradually became an issue in state and national politics, deeply influencing, though not determining, party affiliation in the ratification debate and once and again popping up in the radical backcountry movements of the late revolutionary period such as the "Shays's" and "Whiskey" rebellions. It was only in the 1790s, however, that broad visions of socio-economic development took center stage in national politics and framed, as Joyce Appleby has persuasively argued, the party conflict between Hamiltonian Federalists and Jeffersonian Republicans as an extensive controversy over competing paths to a prosperous republican order.[30] This conflict defined two traditions of American party ideology and political economy that, despite their temporary retreat, remained vibrant and could be reactivated in the presence of new economic challenges, as was the case since the late 1820s.

Those visions of expansion and development hardly were conceivable in a Germany that had been excluded from participating in the formation of the first transatlantic "world system" in the early modern era. The economic and demographic catastrophe of the Thirty Years' War, together with geographical disadvantages, effectively blocked whatever little chances there may have been for at least some larger German states joining in the race for territories and trade; and with the British and British-American example in mind, this basic fact should not be underestimated as a determining factor for political culture and ideology. However, there were other important circumstances, of which three may be mentioned here:

(1) First of all, and perhaps bearing the most momentous consequences: The terms of the Reformation and confessional wars' settlement put the Holy Roman Empire on the course of a segmented, rather than factious, socio-political landscape. Helmut Koenigsberger has made a persuasive point about the origins of "party" formation in the sixteenth century, demonstrating that parties in Western Europe first developed as opposition against the "new monarchies", with religion

---

[30] Joyce O. Appleby, Capitalism and a New Social Order: The Republican Vision of the 1790s (New York, 1984); idem, "Commercial Farming and the 'Agrarian Myth' in the Early Republic", in: JAH, 68 (1981/82), 833–849; see also Drew R. McCoy, The Elusive Republic. Political Economy in Jeffersonian America (Chapel Hill, 1980); Steven Watts, The Republic Reborn: War and the Making of Liberal America, 1790–1820 (Baltimore, 1987).

being a decisive factor for the emergence of factionalism.[31] Those factions crystallized particularly among the parts of the nobility that were not drawn to and integrated into the "court" systems, the rising centers of monarchical authority. The paradox of early modern political culture in Germany, however, was that although the Reformation and "Confessionalization", as it is now being called, strengthened the territorial states within an otherwise weak Empire, and although religion hardly anywhere became a more important factor in early modern politics than was the case in Germany, integrative forces prevailed.[32] The principle of "cuius regio, eius religio" put a premium, in Albert Hirschman's vocabulary, on "exit" or "loyalty" rather than on "voice".[33]

(2) As a result of this situation, Germany lacked the preconditions for the development of noble groups or factions that could have operated as an opposition against the centralizing monarchies. German noblemen were either drawn to the courts, or were sovereign princes, however small their territories, for themselves. To say it somewhat pointedly in the terms of eighteenth-century British political culture, Germany consisted of "many courts, but no country". The nobility became "liberal" or "enlightened" in the eighteenth century only insofar it allied with the monarchical-bureaucratic forces of enlightened absolutism. – For different reasons, the second possible source for factional or "proto-partisan" politics in the early modern era did not provide for either the institutionalization of parties or the formation of opposition ideologies: The towns, of course, were seedbeds of participatory politics, and they had known internal strife between rivaling economic or family groups for the control of city politics for many centuries. During the seventeenth and eighteenth centuries, bitter conflicts arose particularly in the Western and Southern regions of the Holy Roman Empire as town burghers of lesser political rights demanded equality with the ruling patrician oligarchies or at least some form of representation that was eventually granted in many cases through the set-up of citizens' councils

---

31 Helmut G. Koenigsberger, "The Organization of Revolutionary Parties in France and the Netherlands during the Sixteenth Century", in: idem, Estates and Revolutions (Ithaca, 1971), 224–252. Also see the contributions in Robert Forster / Jack P. Greene (eds.), Preconditions of Revolution in Early Modern Europe (Baltimore, 1970).
32 See Heinz Schilling, "Die Konfessionalisierung im Reich. Religiöser und gesellschaftlicher Wandel in Deutschland zwischen 1555 und 1620", in: HZ 246 (1988), 1–45; Winfried Schulze, "Concordia, Discordia, Tolerantia. Deutsche Politik im konfessionellen Zeitalter", in: Johannes Kunisch (ed.), Neue Studien zur frühneuzeitlichen Reichsgeschichte (Berlin, 1987), 43–79.
33 Albert O. Hirschman, Exit, Voice, and Loyalty: Responses to Decline in Firms, Organizations, and States (Cambridge, Mass., 1970).

(*Bürgerausschüsse*).³⁴ But these movements remained limited in their scope and isolated from each other. Although recent research has demonstrated the continuing vibrancy in the early modern era of a public or communal spirit especially in the Free Imperial Cities, the towns' participatory thought and politics hardly anywhere in Germany clustered into what could be called a "city republicanism" on the model of the Italian Renaissance.³⁵ – Nevertheless, a spirit of skepticism, or sometimes even resistance, against the central authorities was kept alive in German popular culture and was in some regions strengthened in the face of an absolutist state that was increasingly encroaching upon traditional rights or ways of life.

(3) With oppositional movements arising out of "society" – the nobility, the town citizens, or the common people – largely lacking, the territorial states and their growing bureaucracies became a dominant factor in German political culture as the need for change, "reform", and "modernization" accumulated in the course of the eighteenth century. Monarchs such as the Prussian Frederick II and their governments assumed a role as centers of enlightened discourse and political practice. The formation of a liberal "public opinion" that in most cases regarded their respective governments as the appropriate addressees for political demands might even be considered a functional equivalent for early party formation in other countries. Since the 1770s and 1780s, ideological currents like liberalism or conservatism that could later be used as the raw material for parties first emerged,³⁶ and at the same time, clubs and associations of the upper and upper middle classes for the purposes of enlightenment and general education (*Bildung*) mushroomed.³⁷ The impact of the French Revolution in Germany accelerated these tendencies and equipped the rather diffuse enlightenment

---

34 See, e.g., Reinhard Hildebrandt, "Rat contra Bürgerschaft: Die Verfassungskonflikte in den Reichsstädten des 17. und 18. Jahrhunderts", in: Zeitschrift für Stadtgeschichte, Stadtsoziologie und Denkmalpflege, 1 (1974), 221–241.

35 See Heinz Schilling, "Gab es im späten Mittelalter und in der Frühen Neuzeit einen städtischen 'Republikanismus'? Zur politischen Kultur des alteuropäischen Stadtbürgertums", in: Helmut Koenigsberger (ed.), Republiken und Republikanismus im Europa der Frühen Neuzeit (Munich, 1988), 101–143; Hartmut Zückert, "Republikanismus in der Reichsstadt des 18. Jahrhunderts", in: Günter Birtsch (ed.), Patriotismus (Hamburg, 1991), 53–74. – For an excellent portrait of the smaller German towns in the eighteenth century, see Mack Walker, German Home Towns: Community, State, and General Estate, 1648–1871 (Ithaca, 1971).

36 Fritz Valjavec, Die Entstehung der politischen Strömungen in Deutschland 1770–1815 (Düsseldorf, 1978).

37 There is a wide literature on this topic. See, for example, Richard van Dülmen, Die Gesellschaft der Aufklärer: Zu bürgerlicher Emanzipation und aufklärerischer Kultur in Deutschland (Frankfurt, 1986).

ideals with a more concise political content; the late enlightenment was transformed into early liberalism.[38] On the one hand, revolutionary republicanism crossed the border, attracting some intellectuals[39] and making inroads into popular culture.[40] On the other hand, the challenge of the revolution drove state bureaucracies towards a politics of development and liberal reform, and the French experience framed the bureaucratic or governmental liberalism (*Beamtenliberalismus*) of the Napoleonic period,[41] a "party" of German liberalism that remained influential through the 1860s and for which there was no counterpart in the American republic.

Thus, on the eve of the great transformation of the nineteenth century, the preconditions for the emergence of modern political parties, and for the institutionalization of liberal and republican ideologies in those parties, looked extremely different in Germany and the United States. However, they were not incomparable, and if Germany had lagged behind Western development, it was after the French Revolution in many respects hastening to catch up with Britain, France, or America. On the other hand, and the above mentioned differences notwithstanding, some important social and cultural underpinnings of politics were still similarly conforming to a pattern of "traditional" social relations in both Germany and the United States – the mechanisms of "deference" in the shaping of social relations between the "better" and the "lower sort" would be a case in point.[42] Probably even more important proved the socio-economic changes that were beginning in the early decades of the nineteenth century: the forces of the Market Revolution.

---

38 Cf. Dieter Langewiesche, "Spätaufklärung und Frühliberalismus in Deutschland", in: Eberhard Müller (ed.), "Aus der anmutigen Gelehrsamkeit". Tübinger Studien zum 18. Jahrhundert (Tübingen, 1988), 67–80.
39 For an excellent case study, see Monika Neugebauer-Wölk, Revolution und Constitution: Die Brüder Cotta (Berlin, 1989).
40 Wegert, German Radicals; idem, "Ideologie und Aktion. Liberale Bewegung und Volkstradition in der Pfalz 1830–1834", in: Schieder (ed.), Liberalismus, 167–193.
41 See, for example, Barbara Vogel, Allgemeine Gewerbefreiheit: Die Politik des preußischen Staatskanzlers Karl August von Hardenberg (1810–1820) (Göttingen, 1983); Paul Nolte, Staatsbildung als Gesellschaftsreform: Politische Reformen in Preußen und den süddeutschen Staaten 1800–1820 (Frankfurt, 1990); Elisabeth Fehrenbach, "Verfassungs- und sozialpolitische Reformen und Reformprojekte in Deutschland unter dem Einfluß des napoleonischen Frankreich", in: Helmut Berding / Hans-Peter Ullmann (eds.), Deutschland zwischen Revolution und Restauration (Königstein, 1981), 65–90.
42 The concept of "deference" has gained a wide prominence in recent American historiography of the seventeenth through nineteenth centuries. For the concept itself, cf. J.G.A. Pocock, "The Classical Theory of Deference", in: AHR 81 (1976), 516–523. Unfortunately, there is no equivalent for this in German historiography.

II Commerce and Culture: The Impact of the "Market Revolution"

It had long been a cornerstone of nineteenth-century historiography that the Industrial Revolution suddenly and sweepingly transformed Western economies and societies, turning agrarian, pre-modern landscapes into busy hives of urban machine production, and farmers into workers. In the past fifteen years or so, however, historical understanding of the fundamental processes of socio-economic modernization has changed dramatically – certainly in America, if perhaps to a lesser degree in Germany. Yet this reinterpretation everywhere – England would be an additional example – clearly moves into the same direction. Rather than focusing on the steam engine and heavy industries and their impact in a relatively short time span, historians now look at broader processes of economic change. They have been at pains to demonstrate the long-term origins of the nineteenth-century transformation in the early modern era, thereby replacing the industrialization paradigm with conceptual notions such as "commercialization" or "capitalism"; they have directed their attention to the previously much-neglected patterns of consumption on the one hand, trade and commerce on the other hand, instead of solely focusing on production; and research into the development of "markets", including their preconditions and consequences, has taken center stage. The development of networks of communication and transportation is now being considered an integral part of this broader revolution. And beyond this expansion in themes and topics of economic history, the cultural implications of this transformation have become a favorite issue for historical research and interpretation. Through this "culturalization" of economic processes, a door has opened for a fresh look at the origins and determining factors of political development, of political attitudes, ideologies, and behavior, in the period of the Market Revolution.[43]

In American history, this very term "Market Revolution" has figured prominently from the early 1990s and has even begun to serve as the conceptual core for new syntheses of the Jacksonian era as a whole,[44] or of Jacksonian politics

---

[43] For a summary and critical analysis of these trends in American historiography, see Paul Nolte, "Der Markt und seine Kultur – ein neues Paradigma der amerikanischen Geschichte?", in: HZ 264 (1997) (reprinted in this volume: No. 7).

[44] Charles G. Sellers, The Market Revolution. Jacksonian America, 1815–1846 (New York, 1991). – For this and the following, see Paul Nolte, "Der Durchbruch der amerikanischen Marktgesellschaft. Wirtschaft, Politik und Kultur in der frühen Republik", in: HZ 259 (1994), 695–716; idem, "Der Markt und seine Kultur".

and party conflict in particular.⁴⁵ Drawing on older concepts such as the "Transportation Revolution",⁴⁶ historians have begun to reconsider the boom in the construction of canals, roads, and railroads, and they have asked for the consequences of this rapidly expanding web of trade routes for the integration of all sorts of "producers" into the mechanisms of markets. Extending a discussion that originally started as a controversy on eighteenth-century agrarian history, they have traced the complex processes by which, mainly in the Northeast and the Old Northwest, the subsistence-type family farm adopted new techniques of labor employment, production, marketing techniques, and through this, new horizons of cultural self-definition.⁴⁷ If James Henretta's seminal article on "Families and Farms" in preindustrial America in the 1980s aroused a controversy over "market versus self-sufficiency" that eventually proved unsolvable,⁴⁸ it now appears that in any case Henretta's general impulse of "culturalizing" economic behavior in the era of agrarian and commercial modernization has rendered unusually productive results. It allowed for a common perspective on what otherwise seemed to fell apart as different regional processes of economic transformation without unduly neglecting those regional or sectional differences – indeed, the transfer of this interpretive frame-

---

45 Harry L. Watson, Liberty and Power: The Politics of Jacksonian America (New York, 1990). – A somewhat related approach that also focuses on the overlapping of cultural traditions, economic development, and local conflict while on the other hand pointing more to the long-term persistence of cultures than to the short-term impact of the "Market Revolution" is suggested by John L. Brooke in his The Heart of the Commonwealth: Society and Political Culture in Worcester County, Massachusetts, 1713–1861 (New York, 1989).
46 George Rogers Taylor, The Transportation Revolution, 1815–1860 (White Plains, N.Y., 1951).
47 The best monograph on this probably is Christopher Clark, The Roots of Rural Capitalism: Western Massachusetts, 1780–1860 (Ithaca, 1990); but see also Winifred B. Rothenberg, From Market-Places to a Market Economy: The Transformation of Rural Massachusetts, 1750–1850 (Chicago, 1992).
48 James A. Henretta, "Families and Farms: Mentalité in Preindustrial America", in: WMQ 35 (1978), 3–32; reprinted, together with other relevant essays, in his The Origins of American Capitalism (Boston, 1991). – For a repudiation of Henretta's arguments by the "market historians", see T.H. Breen, "Back to Sweat and Toil: Suggestions for the Study of Agricultural Work in Early America", in: Pennsylvania History 49 (1982), 241–258. – For introductions and overviews, see Allan Kulikoff, "Households and Markets: Toward a New Synthesis of American Agrarian History", in: WMQ 50 (1993), 342–355; Richard Bushman, "Opening the American Countryside", in: James A. Henretta et al. (eds.), The Transformation of Early American History (New York, 1991), 239–256; James A. Henretta, "The Transition to Capitalism in America", in: ibid., 218–238.

work to Southern society and economy has been one of the most intriguing and stimulating aspects of the discussion.[49]

The market approach with its emphasis on the links between the cultural and the socio-economic spheres also provided a means for reintegrating the history of early-nineteenth century politics and ideology and for rescuing it from one-dimensional interpretations: As both the "social control" paradigm in the history of the evangelical and reform movements, and the "ethno-cultural" reading of the Second Party System, have proven unsatisfactory,[50] we have now come to see those two most important organized social mass movements in early-nineteenth century American history as expressions of strains and conflicts caused by the upheavals of the "market transformation" of American society, conflicts in which issues of class and social inequality, culture and religion, political ideas and ideologies overlapped and were, moreover, shaped by particular local and regional traditions or structures of power. "Essentially", Sean Wilentz summed up this view for the origins of the Democratic Party, "Jacksonianism developed as an expression of the fears and aspirations of those petty producers and workers threatened by commercialization, as well as of voters in outlying areas not yet integrated into the market revolution."[51] The Whigs, on the other hand, coalesced in their "desire for orderly and regulated consolidation of the market revolution".[52]

In Germany, matters seem to be more complex, or at any rate more historiographically diffuse, since the paradigm shift from "industrialism" to the "market" has not yet advanced as far and as systematically as in the United States for nineteenth-century German history. The old orthodoxy, including its belief in a plain and simple relationship between industrialization, liberalism, and bourgeois groups has collapsed, but a new paradigm for interpreting the connections

---

49 See, e.g., Steven Hahn, The Roots of Southern Populism: Yeoman Farmers and the Transformation of the Georgia Upcountry, 1850–1880 (New York, 1983); Steven Hahn / Jonathan Prude (eds.), The Countryside in the Age of Capitalist Transformation: Essays in the Social History of Rural America (Chapel Hill, 1985).
50 For a critique of the once influential concept of "social control", see Lawrence Frederick Kohl, "The Concept of Social Control and the History of Jacksonian America", in: JER 5 (1985), 21–34; but see also Daniel Walker Howe's important article: "The Evangelical Movement and Political Culture in the North During the Second Party System", in: JAH 77 (1991), 1216–1239.
51 Sean Wilentz, "Society, Politics, and the Market Revolution, 1815–1848" in: Eric Foner (ed.), The New American History (Philadelphia, 1990), 51–71, 65. See also idem, "On Class and Politics in Jacksonian America", in: Stanley I. Kutler / Stanley N. Katz (eds.), The Promise of American History: Progress and Prospects (Baltimore, 1982), 45–63.
52 Wilentz, "Society, Politics, and the Market Revolution", 66.

between liberalism, the middle classes, and economic issues has not yet fully been established. Still, in much recent research there has been a tendency to view industrial development as a regional process[53] developing over a long period of time and involving more than the factory production of capital goods. The general types of Germany's regional economies in many ways resembled the regional differentiation in the United States: Regions of agrarian staple production under coercive labor systems in Eastern Prussia were, in the first half of the nineteenth century, slowly developing markets for the internal exchange of goods and services; there were the prominent industrial cores in the Rhineland and Westphalia; and there existed, for example in the German South-West, areas of mixed family farming and an established artisan and small business economy – every one of them breeding a somewhat different variant of liberal politics and ideology. In any case, the eighteenth-century tradition of a commercial middle class of wholesale traders and entrepreneurs figured prominently in the beginnings of both industrialization and political liberalism.[54] In an effort very similar to American history, historians of nineteenth-century Germany have demonstrated the importance of artisans and artisanal traditions, instead of the "classical" industrial workers, in the economic transformations, thereby also calling attention to the artisans' and small businessmen's role in local politics and culture before the 1850s.[55]

Moreover, the concept of a "Market Revolution" would suggest to see very familiar topics of German *Vormärz* history in a new light: The construction of railroads starting in the late 1830s or the heavy conflicts over the formation and boundaries of the *Deutscher Zollverein*, the Prussian-led tariff union established in 1834, may then appear less as objective necessities of economic development, or as a first step towards Germany's political unification a generation later, and much rather as facets of a broader commercial and cultural transformation that

---

53 See Sidney Pollard (ed.), Region und Industrialisierung (Göttingen, 1980).
54 This role of the "Handelsbürgertum" has been demonstrated by Lothar Gall in his Bürgertum in Deutschland (Berlin, 1989), see also idem (ed.), Vom alten zum neuen Bürgertum. Die mitteleuropäische Stadt im Umbruch (Munich, 1992); idem (ed.), Stadt und Bürgertum im Umbruch von der traditionalen zur modernen Gesellschaft (Munich, 1993). – An important case study on Rhenish industrialization and middle-class discourse on commercial development is Rudolf Boch, Grenzenloses Wachstum? Das rheinische Wirtschaftsbürgertum und seine Industrialisierungsdebatte 1814–1857 (Göttingen, 1991).
55 For this trend, see Jürgen Kocka, "Traditionsbindung und Klassenbildung. Zum sozialhistorischen Ort der frühen deutschen Arbeiterbewegung", in: HZ 243 (1986), 333–376; Friedrich Lenger, "Die handwerkliche Phase der Arbeiterbewegung in England, Frankreich, Deutschland und den USA – Plädoyer für einen Vergleich", in: GG 13 (1987), 232–243.

also took a prominent place in political discourse and party politics. The attitude of German liberals towards this transformation, it has turned out, was deeply ambivalent; while the liberty of trade and commerce was laden with hopes and aspirations, anxieties also were widespread about the dangers of poverty or the loss of the agrarian foundations of society as a consequence of the industrial system. Different from the U.S., however, the political leaders, the state governments and bureaucracies, were almost unanimously in favor of "internal improvements", whether railroads were built directly by the states, as in the Southern states, or whether they were considered a private business, as was the case in Prussia. Given the strong mercantilist traditions in Germany, no political leader could be expected to stand against state support for internal developments, much less to try to veto them.

Hence it seems that the market approach now so intensely debated for American history could also be very helpful in pushing nineteenth-century German history between the Napoleonic period and the Revolution of 1848/49, despite obvious differences, beyond old paradigms and towards a new understanding of the relations between economy, politics, and culture in the *Vormärz* era. The historiographical comparison notwithstanding, and more important for our following sketch of party development, a look at Germany and the United States within this frame of reference suggests a very similar encounter in both countries with the challenges of commercial development. The transportation revolution, the expansion of networks of trade and petty production, the beginnings of factory work, the increasing involvement of non-staple agrarian production in patterns of regional market exchange: These and other, related processes in both countries – of course, with enormous regional variations – came to the fore in the late 1820s and 1830s.

On both sides of the Atlantic, these fundamental transformations could not leave people's culture, behavior, and political responses untouched. Despite the enormous differences in political culture and political system that had accumulated since the early modern era, then, the impact of the market revolution apparently worked as a giant funnel of assimilation. Both Germans and Americans had to reckon with the problems of trade and tariff in the face of British competition in a very similar way; both had to come to terms with increasing social inequality that, in their perception, threatened to destroy a stable and morally balanced society; both had to weigh for themselves the pros and cons of venturing into the new market systems instead of staying within the boundaries of family, guild, or community. From these choices, though not from them alone, cultural and political options emerged, which in turn left their imprint on the party systems – on two party systems conspicuously developing at the same time.

III "The Art of Hook and Snivey": The Mechanisms of Partisan Politics

How did partisan politics actually work? The answer to this question always depends on a number of political and social preconditions, among which the possibilities and means of communication; the legal access to formalized participation – that is, the suffrage –; and, most difficult to assess, the patterns of social dependency, of hierarchy and individualism, are of prime importance. They will, together with a host of other factors, determine, or at least strongly influence, the means and mechanisms people choose to exert political influence on others, to find allies for their political convictions, or to persuade people to vote for their own party ticket and not for another.

Looking at the three problems just mentioned, Germany and the United States in the decades around 1830–40 both emerged as what could be called political societies in transition. They were in the midst of a communication revolution, triggered by the construction of canals (in the early American republic) and, a short while later and even more important, of railroads. People travelled more, news could spread faster,[56] and spatial horizons for common people widened beyond the bounds of the local community. While newspapers in America had already played an important role for the shaping of partisan coalitions during the Revolution, the German states, despite the limits set by an occasionally very harsh censorship, witnessed an explosion of local and regional papers that opened their pages for the discussion of community and state politics.[57]

In both societies, moreover, the early decades of the nineteenth century were, generally speaking, a period of rapid suffrage extensions, although wide varieties existed, or newly opened up, in America and even more in Germany. Here, the terms of the reform period settlement had left the largest German state, Prussia, without a constitution and state parliament, while some southwestern states had established *Landtage* (state assemblies) based on a relatively broad male suffrage – although property qualifications continued to exist everywhere – and during the *Vormärz* developed a vibrant parliamentary culture. Similar to Germany, the legal extension of the suffrage preceded the development of the Second Party System for some years; in the decade between 1815

---

[56] For intriguing perspectives on this, see Richard D. Brown, Knowledge is Power: The Diffusion of Information in Early America, 1700–1865 (New York, 1989). Unfortunately, we still lack a comparable book for German history.

[57] See Eberhard Naujoks, "Der badische Liberalismus im Vormärz im Kampf für Pressefreiheit und gegen Zensur (1832–47)", in: ZGO 131 (1983), 347–381. – For examples, see Nolte, Gemeindebürgertum und Liberalismus.

and the "Corrupt bargain"-election of 1824, almost all states dropped property requirements and thus introduced universal white male suffrage.[58]

Finally, though most elusive: In Germany as in the United States, traditional, eighteenth-century relations between the "better sort" and the "common people" rapidly disintegrated. This process, again, had developed more continuously in America since the Revolution or, perhaps, the Great Awakening,[59] and by 1830, it had transformed urban as well as small-town frontier America[60] into societies of independent (white, male) individuals, where social prestige did not automatically translate into political influence upon the laboring classes. However, different from late-nineteenth century "mass society" in which the "island communities" had vanished,[61] community or small regional networks of prestige and influence persisted, and members of the older genteel classes together with a new class of businessmen could still expect to be the natural political leaders, although they now had to compete for the consent of followers within a framework of partisan politics; and that means: contrary to eighteenth-century politics, they now had to offer their followers something – possibly material rewards – in return.

This transitory stage in the process of the decline of deference and the rise of individualism also was the mark of *Vormärz* and revolutionary Germany. Later, more suddenly than in the United States, and probably more shocking in the contemporaries' experience, the corporate order of estates stemming from the late medieval and early modern eras dissolved under the pressure of both bureaucratic attacks on its legal foundations and of the economic changes, particularly the beginnings of factory work and the growth of the new underclass of "pauperism".[62] Similar to the United States, the orders of prestige and hierarchy on the community level for the most part continued to work, but they

---

[58] A classical account is Chilton Williamson, American Suffrage: From Property to Democracy, 1760–1860 (Princeton, 1960).
[59] See Isaac, The Transformation of Virginia; for a similar argument concerning the revolutionary and early national periods see Wood, The Radicalism of the American Revolution.
[60] Now probably the best case study: Alan Taylor, William Cooper's Town: Power and Persuasion on the Frontier of the Early American Republic (New York, 1996).
[61] Robert H. Wiebe, The Search for Order, 1877–1920 (New York, 1967).
[62] A classic and still important account is: Werner Conze, "Vom 'Pöbel' zum 'Proletariat'. Sozialgeschichtliche Voraussetzungen für den Sozialismus in Deutschland", in: Hans-Ulrich Wehler (ed.), Moderne deutsche Sozialgeschichte (Königstein, 1981), 111–136. – The best monograph to consider this, especially the complex interplay of legal-bureaucratic and socioeconomic factors in the modernization of the *Ständegesellschaft*, remains Reinhart Koselleck, Preußen zwischen Reform und Revolution. Allgemeines Landrecht, Verwaltung und soziale Bewegung von 1791 bis 1848 (Stuttgart, 1967).

had to be filled with new contents and new patterns of legitimation; and whereever legal participation rights were opened up, elite families now had to compete for influence and majorities.

With this general framework in mind, let us now take a brief comparative look at some of the more important media of liberal partisan politics: at elections and campaigning; at the relationship between elite and followers; and at the role of clubs and associations. Finally, the gender-specific aspects of these two early nineteenth-century political cultures demand some consideration.

(1) Elections made up the very center of partisan politics in both countries. At a time when parties where not yet strictly organized "machines" with a formal, and perhaps bureaucratic, leadership, one could even say that parties only came into full public existence at election time. This, however, in Germany as well as in the United States, were not rare occasions: Given the full scale of representative politics from the community or ward level to state and national politics, and the generally shorter terms of office, the particular political mobilization of electioneering could sometimes become an almost permanent condition. The basic methods and styles of campaigning were very similar in both countries, although they of course could differ from region to region, from state to state.[63] Newspaper propaganda started a long time before election day, and the rivalling parties often made use of different local papers that were known to support a specific party label. On the local level, county conventions or *Gemeindeversammlungen* convened for the nomination of candidates or for the purpose of making a party ticket the local elite had previously agreed upon known to the electorate. To vote for party tickets instead of voting for particular, "honorable" persons was familiar to both Germans and Americans in the 1840s – though perhaps a more established practice in the United States – , while on the other hand the influence of notable individuals had not completely vanished, and they occasionally were elected against the prevailing party tide.

The most conspicuous element of electioneering in both countries, however, may well be the resorting of partisan politicians to "illegal" means of voter recruitment as a matter-of-course. Americans were used to the "Art of Hook and Snivey", of trickery and deceit in elections campaigns, at least since the First

---

[63] For the following, I have drawn especially on Watson, Jacksonian Politics; J. Mills Thornton, Politics and Power in a Slave Society: Alabama, 1800–1860 (Baton Rouge, La.), for the American case; for Germany, compare Manfred Hörner, Die Wahlen zur badischen zweiten Kammer im Vormärz (1819–1847) (Göttingen, 1987); Paul Nolte, "Parteien und Propaganda im Vormärz: Die schwierigen Anfänge staatlicher Meinungslenkung in einer politisierten Gesellschaft", in: Ute Daniel / Wolfram Siemann (eds.), Propaganda (Frankfurt, 1994), 83–100; idem, Gemeindebürgertum und Liberalismus, esp. chaps. II, IV.

Party System,⁶⁴ but it reached a new dimension with the political style of the Second Party System. Germans had to "learn" those tricky mechanisms of early democratic politics, but they proved to be quick learners because family influence, bribery, and corruption had been an element of local politics in the early modern, pre-partisan era as well. Candidates and local partisan leaders gave liquor or wine to the voters in order to "persuade" them; in 1829, "Niles Weekly Register" reported the forming of an association in Tuscaloosa, Alabama, whose members pledged "not to vote for any person ... who will ride over the county to electioneer, or who will treat with spirituous liquors or otherwise, to procure votes".⁶⁵ Both Germans and Americans, to give another example, knew the practice of packing the opposition party's meeting during a campaign,⁶⁶ a practice that often ended in turmoil and sometimes in a fight. Campaigning, in other words, in both political cultures was an activity that stretched far beyond the political sphere proper and included the whole of community life; it made use of patterns of community power and influence and vigorously demanded to be partisan from everyone entitled to vote. While it is certainly true that some of the spectacular campaigning techniques in America were freely borrowed from the revival preachers of the evangelical movement,⁶⁷ they also closely resembled the mechanisms of electioneering in Germany – and possibly elsewhere – where this religious movement had been unknown.

(2) Party systems in both countries for their actual working depended on a complex web of relations between party "elites" and "followers", between "activists" and "just-voters". The "transitional" stage of early-nineteenth century society again shaped those relations: In an "oral" society, personal communication, personal acquaintance, and sympathy were prime factors in determining partisan allegiance, while on the other hand the new means of communication such as the railroads opened up the possibility for candidates or officeholders to travel, visit their electorate, and strengthen personal bonds of mutual obligation.⁶⁸ While the candidate coming into a village or small town had the chance to build up party loyalty on the periphery and to build for himself a network of acquaintances, the local party leader basked in the honor of having this respected person put up for a night or two in his house, an act that in turn secured him respect, influence, and possibly votes in his own community. These were at

---

64 Taylor, "The Art of Hook and Snivey".
65 Niles Weekly Register, 36 (1829), 9 May 1829, 165 ("Electioneering in Alabama").
66 Thornton, Politics and Power, 155; Nolte, "Parteien und Propaganda".
67 Howe, "The Evangelical Movement", esp. 1231.
68 Nolte, Gemeindebürgertum und Liberalismus, 171–188; Thornton, Politics and Power, 156.

the same time "egalitarian procedures"[69] and subtle affirmations of hierarchy and power in the community and party network. As an additional element of public politics, festivals and parades were widely used instruments in both countries for assembling a party's followers and bringing them in contact with the party leaders, and for fostering a sense of identity and togetherness among them.[70]

(3) Clubs and associations figured as important elements of partisan political culture in both countries; their organization lent stability and permanency to an otherwise loosely structured party system. With all due caution, political or semi-political clubs seem to have had a somewhat greater influence in liberal partisan politics in Germany than in the United States, where the more formalized structure of election politics – with a quickly developing pattern of primaries, party conventions, etc. – retained predominance. Although research on German liberalism has long tended to overestimate the role of political clubs (*Vereine*) during the *Vormärz* while neglecting the more informal mechanisms described above, it remains true that particular German traditions fostered the centrality of associations in public social life.[71] "Enlightened" associations established by the upper classes before or around 1800 later could turn political and broaden their social base; or else the middle classes, in the 1830s tried to build their own clubs on the model of those associations, clubs that increasingly became instruments of local partisan politics. On the other hand, the corporate traditions in Germany often worked towards a gradual transformation of older civic associations into liberal political clubs. While the vast majority of partisan political clubs remained local and separated from each other, some wider networks of liberal clubs were established such as the *Preß- und Vaterlandsverein*

---

69 Robert H. Wiebe, Self-Rule: A Cultural History of American Democracy (Chicago, 1995), 74; Wiebe here gives a description of these "egalitarian procedures" in the political culture of the Second party system that very much resembles German practices at the same time.
70 For Germany, see Manfred Hettling / Paul Nolte (eds.), Bürgerliche Feste. Symbolische Formen politischen Handelns im 19. Jahrhundert (Göttingen, 1993); and several articles in Dieter Düding et al. (eds.), Öffentliche Festkultur (Reinbek 1988); for the United States, see Mary Ryan, "The American Parade: Representations of the Nineteenth-Century Social Order", in: Lynn Hunt (ed.), The New Cultural History (Berkeley, 1989), 131–153.
71 Thomas Nipperdey, "Verein als soziale Struktur in Deutschland im späten 18. und frühen 19. Jahrhundert", in: idem, Gesellschaft, Kultur, Theorie (Göttingen, 1976), 174–205; Wolfgang Hardtwig, "Strukturmerkmale und Entwicklungstendenzen des Vereinswesens in Deutschland 1789–1848", in: Otto Dann (ed.), Vereinswesen und bürgerliche Gesellschaft in Deutschland (München, 1984), 11–50; important in its focus on the community level: Eberhard Illner, Bürgerliche Organisierung in Elberfeld 1775–1850 (Neustadt a.d. Aisch, 1982).

in the wake of the liberal Hambach festival of 1832,[72] or the state-wide or even national organizations of liberal and republican clubs in the Revolution of 1848/49.[73] – In the United States, on the other hand, associational life in the era of the Second Party system developed more outside of the partisan political realm in a stricter sense; it rather grew out of the cultural movements – however deeply they overlapped with partisan politics – of the era: Antimasonry and abolitionism, temperance, poor relief, and religion – these were the well-known fields of the reformers' "benevolent empire" in which public associations blossomed.[74]

(4) These last remarks, in the context of American historiography, hint at the gender-specific aspects of the German and American party systems. Both were parts of, in its core, male political cultures, not only because women were not entitled to vote, but because gender had become, or was about' to become, the single most important criterion for the access to political participation. In the United States, a complex system of "gradation" of political rights had been supplanted by a clear dichotomy, based on race and sex.[75] In Germany, many of the older gradations based on rank and "estate" had been abolished during the *Vormärz*; property qualifications, however, were still widespread and often replaced the "natural" aristocracy by what liberal and radical critics called an "aristocracy of money". Still, partisan politics bore a deep imprint of the male social and public world, an imprint that immediately becomes obvious in the centrality of the saloon or *Wirtshaus* in early liberal partisan politics.[76] Those patterns of male behavior were a mark of the Second American Party System, too, but it seems as though American women were more successful in building up a public sphere of their own in their "female dominion of reform" than were

---

[72] See Cornelia Foerster, Der Preß- und Vaterlandsverein von 1832/33. Sozialstruktur und Organisationsformen der bürgerlichen Bewegung in der Zeit des Hambacher Festes (Trier, 1982).
[73] Langewiesche, "Partei, Fraktion, Verein"; Wolfram Siemann, Die deutsche Revolution 1848/49 (Frankfurt, 1985), 90–114; the most detailled regional study now is: Michael Wettengel, Die Revolution von 1848/49 im Rhein-Main-Raum. Politische Vereine und Revolutionsalltag im Großherzogtum Hessen, Herzogtum Nassau und in der Freien Stadt Frankfurt (Wiesbaden, 1989).
[74] See Mary Ryan, Cradle of the Middle Class: The Family in Oneida County, 1790–1865 (New York, 1981); for the general context, see Ronald G. Walters, American Reformers, 1815–1860 (New York, 1978); John L. Brooke, Columbia Rising: Civil Life on the Upper Hudson from the Revolution to the Age of Jackson, Chapel Hill 2010.
[75] Watson, Liberty and Power, 52f.
[76] Nolte, Gemeindebürgertum und Liberalismus, 171f.

their German contemporaries, although research on this problem for Germany, is still lagging behind.[77]

In sum, both Germany and the United States in the 1830s and 1840s were characterized by the powerful emergence of a partisan political culture shaped by similar conditions of communication and social relations in the two countries. It would be reasonable to assume that those conditions not only left their mark on political behavior, but also on the shaping of political belief systems and ideologies.

IV Visions of the Future: The Shaping of Party Ideology

In both the United States and Germany, historians during the past years have rediscovered the significance of broad ideological frameworks, of socio-political belief systems, for the processes of party formation, for the functioning of partisan politics, and, not least, for the contemporaries' self-understandings of their stance in a changing society and in a system of contested politics. While it had indisputably been a merit of the so-called "ethno-cultural interpretation" of the Second American Party System to dismiss older, simplistic and partly anachronistic notions of a "class struggle" forming the core of Jacksonian politics,[78] and to emphasize both cultural frictions arising from ethnicity or religion and the actual voting behavior (in specifically defined regions or states) resulting from those cultural conflicts,[79] it had never been wholly persuasive that party alignment and party conflict, especially when considering the cultural groundings of politics, should not have made serious use of, and patterned itself after, political ideologies the traditions of which were ready at hand anyway. The disregard for Jacksonian party ideology as mere rhetoric or cant has, however, given way to a new perspective, apparent in the important work of Harry Watson, Sean Wilentz, and many others, that underscores the deep sincerity in the ideological

---

[77] For the United States, see Ryan, Cradle of the Middle Class; idem, Women in Public: Between Banners and Ballots, 1825–1880 (Baltimore, 1991); for Germany, see Sylvia Paletschek, Frauen und Dissens: Frauen im Deutschkatholizismus und in den freien Gemeinden 1841–1852 (Göttingen, 1990). This important study suggests that, very similar to the United States, German women during that time built up their "public sphere" chiefly through cultural and religious movements that were closely related to politics, but at the same time set apart from the male realm of partisan and election politics.
[78] Arthur M. Schlesinger, Jr., The Age of Jackson (Boston, 1953).
[79] Instead of a long list of titles, see the most recent interpretive article by Ronald P. Formisano, "The Invention of the Ethnocultural Interpretation", in: AHR 99 (1994), 453–477.

content of partisan politics in the 1830s and 1840s, a sincerity based both on the vividness of eighteenth-century republicanism and on the fundamental choices confronting people in the face of the "Market Revolution".[80] Arguing in the same vein and drawing on David Riesman, Lawrence Kohl has even distinguished two types of "social characters" that closely corresponded to the Jacksonian and Whig political discourses and ideologies.[81]

Because in Germany, as we have seen, an equivalent to the "ethno-cultural interpretation" never developed, the ideology of liberalism had always been regarded an important component of party formation in the *Vormärz* era, and often as the very glue that held liberals, due to a lack of formal organization, together. But a renewed interest in cultural and intellectual history, in the languages and discourses of political movements, has begun to carry research on early German party ideology past the boundaries of a more traditional history of ideas. In some analogy to American history, though not as fully developed as there, questions have been asked about eighteenth-century traditions of what used to be regarded as "modern" liberal thought – traditions pointing to the enlightenment; to patriarchal notions of order, hierarchy, and liberty in an estate society; or to classical republican concepts of virtue and citizenship that made their way into the language and beliefs of townspeople between the 1830s and the Revolution.[82] At the same time, problems of economic ideology, a topic much longer neglected by German historiography than in Britain or America, have been discussed in relation to the formation of a bourgeoisie or bureaucratic-liberal concepts of commercial development;[83] and it is now acknowledged –

---

80 Watson, Liberty and Power; Wilentz, "Society, Politics, and the Market Revolution"; Howe, "The Evangelical Movement"; for a critical assessment, see Lawrence Frederick Kohl, "Republicanism Meets the Market Revolution", in: RAH 19 (1991), 188–193; Nolte, Der Markt und seine Kultur.
81 Lawrence Frederick Kohl, The Politics of Individualism: Parties and the American Character in the Jacksonian Era (New York, 1989).
82 See Langewiesche, "Spätaufklärung und Frühliberalismus"; extremely influential in the German discussion: Lothar Gall, "Liberalismus und 'bürgerliche Gesellschaft'. Zu Charakter und Entwicklung der liberalen Bewegung in Deutschland", in: HZ 220 (1975), 324–356; also see Paul Nolte, "Bürgerideal, Gemeinde und Republik. 'Klassischer Republikanismus' im frühen deutschen Liberalismus", in: HZ 254 (1992), 609–656 (reprinted in this volume: No. 9); idem, "Der südwestdeutsche Frühliberalismus in der Kontinuität der Frühen Neuzeit", in: GWU 43 (1992), 743–756.
83 See Boch, Grenzenloses Wachstum; for the economic discourse in Prussian bureaucratic liberalism, see Vogel, Allgemeine Gewerbefreiheit; Hartmut Harnisch, "Agrarpolitische und volkswirtschaftliche Konzeption einer kapitalistischen Agrarreform bei C. Scharnweber", in: Probleme der Agrargeschichte des Feudalismus und des Kapitalismus, Vol. 8 (Rostock, 1977), 109–126.

although not yet researched in a satisfactory way – that visions of economic order and commercial development were important factors in the shaping of liberal ideology.

The terms of the current debate thus look very favorable for a comparison of liberal and republican party ideologies in the first half of the nineteenth century, and the issue would certainly deserve more than the following brief remarks which, for reasons of time and space, will focus on three central, and interrelated, problems: the attitudes towards central government; the attitudes towards market society and "internal improvements"; and the perceptions and visions of social order and inequality. All three have been identified by recent research as being of crucial importance for liberal and republican ideologies in both *Vormärz* Germany and in Jacksonian America.

The controversy over the legitimate functions of government, and of the federal government in particular, was in many respects at the heart of the political conflicts in which the Second Party System was forged. Although in the Nullification Crisis President Jackson eventually did not identify with the states' rights position, it was clear, as Harry Watson has summed up, "that the great states'-rights battles of the early Jackson administration had been settled in favor of those who opposed the federal power to promote industrialization, urbanization, and economic innovation."[84] Continuing the Jeffersonian confession that "the best government is that which governs least", Jackson in 1831/32 had already established a firm record of resistance against governmental support for economic improvement measures that proved to be very popular with parts of the American people. Following the first round of Jacksonian policies against "internal improvements" – with the tariff debates and the Maysville veto as important steps –, at the beginning of Jackson's second term the "war" against the second Bank of the United States definitively forged the Democrats' coalition, gave rise to the emergence of the Whig party from the remnants of the National Republicans, and thus to the clear-cut political boundaries in the formation of the Second Party System. The issue of government intervention and states' rights – which was also closely related to the slavery question – remained important, but it also carried the seeds of internal party controversy and sectional conflict within it, a problem which, not accidentally, caused the eventual downfall of the Second Party System. Different from Germany, as we shall see, economic issues in America have come to be seen as the prime integrators of parties and the single most important factor in determining party allegiance during the 1830s and 1840s.

---

84 Watson, Liberty and Power, 129.

In the quarrels over issues of economic order and development, and over the governments' role in them, fundamental anxieties and visions about the social order were brought to the fore. In his famous Bank Veto message of July 10, 1832, President Jackson rose in defense of the "humble members of society – the farmers, mechanics, and laborers", and their "right to complain of the justice of their Government", while at the same time dismissing the attempts by the "rich and powerful" to secure special protection by law in order to get even richer.[85] This was not, however, the language of class struggle, but of a radical egalitarianism that wished to establish a solid, middle-class prosperity for all independent (that is, non-slave) Americans, while the Whigs, despite their general commitment to social equality, adhered to an "organic" vision of society that was willing to accept new social hierarchies resulting from the economic success of individuals. In a language resembling notions of eighteenth-century social thought, the Democrats were intent on fighting this "money aristocracy" in which they saw a betrayal of genuine American principles.[86] Their constituency feared increasing distances in society as a result of market development, the expansion of banking and paper money, and the beginnings of industrialization.

The new interpretation of party ideology during the Second Party System has considerably enriched, and at the same time complicated, our understanding of what was "liberal"– or "conservative", what was "traditional" or "modern" in the political goals and social visions of the Whig and Democratic parties. Indeed, those very categories have proven anachronistic (if often difficult to avoid), because both parties, and the cultural movements they expressed, adhered to a particular blueprint of society and politics that included an inextricable mixture of anxiety and optimism, a deep ambivalence about progress and nostalgia. While the Whigs were more often considered the party of progress, the Democrats often refuted history and claimed "the expansive future" to be their "arena".[87] And while the Democrats are rightly seen as more skeptical of economic development, Whigs also viewed commercial activity as "dangerous to the virtue of the generation exposed to it."[88] This does not mean, however, that the two parties were non-ideological, or interchangeable, in their

---

[85] The Messages and Papers of the Presidents, 1789–1902, ed. James D. Richardson, Vol. II (Washington, D.C., 1904), 590.
[86] For a typical Democratic attack on the "money aristocracy", see "Thoughts on the Times", in: Democratic Review 6 (1839), December, 449–462.
[87] "The Great Nation of Futurity", in: Democratic Review 6 (1839), December, 426–430, 427.
[88] See, e.g., "Influence of the Trading Spirit Upon the Social and Moral Life of America", in: American (Whig) Review 1 (1845), January, 94–98, 95.

programs and cultural appeals.[89] On the contrary, within the contemporary horizon of ideology and cultural belief systems, they offered clearly distinguishable alternatives that were particularly effective in drawing a line of partisan affiliation on the community level and against the background of its specific conflicts.[90]

The problem of liberal ideology may look even more twisted and complicated in Germany, because the "Whig" and the "Democratic" tradition were, for most of the time and in most areas, both represented under a common "liberal" party label, although they may still be distinguished as different ideological and cultural threads. Regional variations, moreover, were more significant in Germany than in the United States, since a "national" politics only slowly emerged and became effective for the assimilation of regional party systems and party ideologies only with the Revolution of 1848/49. There is no doubt that German liberalism was strongly in favor of creating a constitutional nation-state against the principle of dynastic legitimacy associated with the sovereign states, but on the other hand the older historiographical notion of an almost-identity of the liberal and the national movements during the *Vormärz* has been shown to be anachronistic and misleading. The more recent research has stressed the roots of early liberalism in popular culture, the more it turns out that liberal nationalism was just one particular strand of liberalism that was cultivated particularly among academic elites, the so-called *Bildungsbürgertum*.[91]

Together with the obvious importance of bureaucratic liberalism in both Prussia and the Southwestern states, this has sometimes obscured the fact that liberal party formation outside of the government or government-related groups was strongly encouraged by resentments against the central government. On the local level, a "liberal" faction in community politics often emerged in opposition to encroachments of the state bureaucracy upon affairs that were increasingly

---

[89] See Howe, "The Evangelical Movement", 1228; Watson, Liberty and Power, 237ff. Still, however, Howe is somewhat more sympathetic to the Whigs, while Watson's interpretation concentrates on, and prefers, the Democrats. – Lawrence Kohl's claim that Jacksonians were opposed to "modern life itself" (The Politics of Individualism, 141) is clearly not justified by the sources; not even by the sources he himself presents.

[90] See esp. Watson, Jacksonian Politics and Community Conflict.

[91] See, for example, Wolfgang Kaschuba, "Zwischen Deutscher Nation und Deutscher Provinz. Politische Horizonte und soziale Milieus im frühen Liberalismus", in: Dieter Langewiesche (ed.), Liberalismus im 19. Jahrhundert. Deutschland im europäischen Vergleich (Göttingen, 1988), 83–108.

considered part of an autonomous sphere of citizens' politics.⁹² Those resentments were nourished by a long tradition of resistance and skepticism in popular culture in the face of the expanding absolutist and bureaucratic state. Liberalism, in other words, provided a tool and suitable language to give a new political meaning to this old conflict. Similar to the Jacksonian republican tradition in America, small-town German liberals believed that central authority had to be reduced to a minimum level; liberty was believed to be found in the greatest possible freedom from intervening efforts of a central bureaucracy.

In Prussia, the largest and most heterogeneous German state by far, a different form of anti-government attitude was introduced through the integration of new provinces after the Vienna Congress: In the Rhineland, in particular, liberalism became an expression of the claim to autonomy of this province against the conservative Berlin government, a conflict that was further intensified by its religious overtones: The catholic Rhinelanders fought against the Protestant Prussian bureaucracy.⁹³ Generally, it can be said that (liberal) parties in Germany, as long as they grew out of society, during the *Vormärz* almost always stood in opposition to government authority. Only shortly before the Revolution, and as an eventual response to the growing radicalism within the liberal movement, attempts at an organization of pro-government, conservative or conservative-liberal parties were seriously undertaken and found response in a wider electorate.⁹⁴

As in the United States, the attitudes towards central government were related to liberal views of economic development. In the artisanal and petty-commercial milieu that formed a major seedbed of early German liberalism,⁹⁵

---

92 For details, see Nolte, Gemeindebürgertum und Liberalismus, esp. chap. II; for the local processes of party formation, see also the fine case study by John R. Wilson, Seedbed of Protest: Social Structure and Radical Politics in Ettlingen, Grand Duchy of Baden, 1815–1850 (Ph.D. Diss. Johns Hopkins Univ., 1981).
93 Herbert Obenaus, "Region und politisches Interesse im Vormärzliberalismus Preußens", in: Langewiesche (ed.), Liberalismus im 19. Jahrhundert, 71–82; Elisabeth Fehrenbach, "Rheinischer Liberalismus und gesellschaftliche Verfassung", in: Schieder (ed.), Liberalismus, 272–294; Karl-Georg Faber, Die Rheinlande zwischen Restauration und Revolution. Probleme der rheinischen Geschichte von 1814 bis 1848 im Spiegel der zeitgenössischen Publizistik (Wiesbaden, 1966).
94 For a case study on Prussia, see Wolfgang Schwentker, Konservative Vereine und Revolution in Preußen 1848/49. Die Konstituierung des Konservativismus als Partei (Düsseldorf, 1987).
95 This is one of the most important results of the reinterpretation of early German liberalism since the late 1970s. See, e.g., Helmut Sedatis, Liberalismus und Handwerk in Südwestdeutschland. Wirtschafts- und Gesellschaftskonzeptionen des Liberalismus und die Krise des Handwerks im 19. Jahrhundert (Stuttgart, 1979); Heinz-Gerhard Haupt / Friedrich Lenger, "Liberalismus und Handwerk in Frankreich und Deutschland um die Mitte des 19. Jahrhunderts", in: Langewiesche (ed.), Liberalismus, 305–331.

state protection for the eroding institutions of a corporate economy was welcome, and the principle of *Gewerbefreiheit* (freedom of trade) was seen as a potential danger not only to one's own business, but to the structure of a well-ordered society as a whole. What was worse, however, was state protection, and financial support, for the emerging sector of industrial economy. When in the economic crisis of 1847 three Baden factories demanded state support to secure their existence, for example, small-town liberals defending artisan and agrarian interests vigorously petitioned against such financial aid – the government was supposed to refrain from intervention in what was considered a "private matter".[96] But other liberals favored governmental help in this affair, using more modern arguments of social policy with regard to the 3,500 workers employed in the three factories. This was a typical conflict of the 1840s, and in many ways it resembled the American controversy over economic development and state support for "internal improvements" between the Democrats and the Whigs. In Germany, however, both positions were rooted in one single liberal party, thus again and again provoking controversies between the "market" wing, which often included liberals in the state bureaucracies, and the petty-commercial "community" wing of liberalism that was more skeptical of rapid economic development and market integration.

Why did this conflict not break German liberalism apart, why did it not become the core for the crystallization of two different parties as in the United States? There are at least two answers to this question. First, despite their differences, liberals still had some common ground in their economic ideas and visions. Skeptics and supporters of state aid to the industrial economy, skeptics and supporters of a German tariff union, artisans in the Southwest and bourgeois entrepreneurs in the Rhineland – they all adhered to a socioeconomic vision that regarded the English model of a preponderance of industry as dangerous and favored instead a balanced and slowly progressing economy in which family farming and artisanal trades would retain their places and could still have their say in questions of political economy.[97] Second, economic positions were important, and they also framed, as we shall see in the next paragraph, an overall vision of social order and equality. But the prime identity of

---

96 See Nolte, Gemeindebürgertum und Liberalismus, 289f.
97 This is argued very persuasively, for example, by Hans-Werner Hahn, "Zwischen deutscher Handelsfreiheit und Sicherung landständischer Rechte. Der Liberalismus und die Gründung des Deutschen Zollvereins", in: Schieder (ed.), Liberalismus, 239–271. For the Rhenish bourgeoisie's early concepts of industrial development, see Boch, Grenzenloses Wachstum.

a liberal consisted of a political, rather than an economic, confession.[98] To put it somewhat oversimplified: The overall structure of the German *Vormärz* party system was not hammered out in the Bank War or economic crash of 1837 but in conflicts with monarchical and bureaucratic authority over issues of political liberty, over demands such as the freedom of press or representative government that had long become unquestionable foundations of the political order in America.

The economic ideal of a simple market society was closely linked to a social vision aptly termed the *klassenlose Bürgergesellschaft* by Lothar Gall.[99] Industrial development and the unrestrained reign of capitalist market principles was feared because it would destroy the *Mittelstand*, the healthy middle ground of society consisting of economically, and thus politically, independent citizens. The fear of increasing social inequality as a result of capitalist development made German liberals, in much the same way as Jacksonians in America, advocates of an egalitarian order that equally condemned excessive riches and excessive poverty. Even liberals in the Rhineland with its advanced commercialization clung to a version of this utopia where rigid social classes did not exist and every independent male would have an equal chance of participating in economic and political affairs alike.[100]

Similar to America, the formation of social classes was rejected in a traditional language of eighteenth-century society that described bourgeois entrepreneurs as a new "aristocracy" of money; and the radical, small-town republicanism that emerged in the Revolution of 1848/49 favored the republic as a system that would safeguard society against the dangers of the moneyed aristocracy's political dominance now associated with the political system of monarchy.[101] In a very traditional sense, then, German radical liberals and republicans pointed to the nexus of social structure and political liberty; they invoked the Aristotelian and classical republican argument about a strong "middling rank" in society as a guarantee of political stability and liberty; and not accidentally was "virtue" – in the sense of public, political virtue – considered a key attribute of the independent citizen by German liberals, an attribute that in turn was endangered by growing socioeconomic inequality and by the bureaucracy's encroachments upon individual liberty.[102] However, it has become increasingly

---

98 See, e.g., Karl Rohe, Wahlen und Wählertraditionen in Deutschland. Kulturelle Grundlagen deutscher Parteien und Parteiensysteme im 19. und 20. Jahrhundert (Frankfurt, 1992), 43.
99 Gall, "Liberalismus und 'bürgerliche Gesellschaft'".
100 See Fehrenbach, "Rheinischer Liberalismus und gesellschaftliche Verfassung".
101 See Nolte, Gemeindebürgertum und Liberalismus, 209–223, 338–352.
102 See Nolte, "Bürgerideal, Gemeinde und Republik".

difficult for German liberalism, too, to affix labels such as "traditional" versus "modern" to its differing wings, since both sides combined a particular vision of the future with a clinging to more "conservative" standards of the past.

It may seem surprising at first glance to detect far-reaching similarities between the structure of political ideology at large as well as affinities between certain, very specific arguments – e.g., on virtue and corruption; or on social order and inequality – in two countries that at that time were not engaged in a particularly intense intellectual or political interchange. How can we account for these findings? Two explanations have already been mentioned in this paper and indeed stand at its argumentative core: First, the decades under consideration here were marked by a strong presence of eighteenth-century traditions in both countries' liberal and republican movements: They invoked a language of republican liberty that had spread widely throughout the Atlantic world. Of course, Germany's political and ideological traditions in the eighteenth century, as we have seen, had to a large extent been different, and the eighteenth-century heritage of nineteenth-century liberalism and republicanism here was very much a borrowed heritage, an "invention of tradition":[103] Its vision of the future was based on a reading of German history that in turn was soaked in the reception of French and British thought since the late enlightenment era.[104] Nevertheless, this cultural projection fitted genuine German traditions such as the town burghers' communal spirit or the widespread reservations against the intrusion of a central government in local affairs. – Second, the economic, cultural, and social changes wrought by the "market revolution" in the early to mid-nineteenth century were similar and demanded a decision from liberals and republicans about one's own stance towards these fundamental challenges, a decision that, again, could plausibly be justified in terms of an arsenal of "classical republican" arguments that was ready at hand – or else through its repudiation. The linkage of both, the last revival of notions of classical republicanism in the face of the market revolution, which characterized the 1830s and 1840s in Germany as well as in the United States, provided for the particular partisan dynamics of that time in both countries.

But the parallels in the ideological frameworks of the Second American Party System and the German *Vormärz* may still be carried a step further. Party controversies in both countries did essentially not pit "liberals" against "conservatives",

---

103 Eric Hobsbawm / Terence Ranger (eds.), The Invention of Tradition (Cambridge, 1983).
104 For the important example of Montesquieu, see Rudolf Vierhaus, "Montesquieu in Deutschland. Zur Geschichte seiner Wirkung als politischer Schriftsteller im 18. Jahrhundert", in: idem, Deutschland im 18. Jahrhundert (Göttingen, 1987), 9–32.

but expressed a fundamental tension within the liberal-republican tradition itself, a tension that may be described as the last remnant of a "Court versus Country" opposition and conflict in eighteenth-century society and political culture.[105] In the United States, the Whig party, in the Hamiltonian tradition, represented the "Court" interest, while the Democrats, in the tradition of Jeffersonian social and economic vision,[106] represented the "Country" interest, albeit the "Country" in the presidency of Andrew Jackson had obviously come to central administrative power. In Germany, the "Country" interest, ideology, and language was represented in community liberalism, in liberal movements that originated in the small-town environments of tradition-oriented petty producers, whereas the "Court" interest found expression in bureaucratic liberalism and in parts of the middle class that were inclined to support industrialization, preferred a national outlook, and, the later the more, leaned towards the state, especially the nation-state.[107]

It would be wrong, however, particularly in the case of Germany, to understand these two positions as strictly demarcated, hostile camps. They can much rather be seen as two poles on a liberal continuum, as cultural options for understanding, and dealing with, the political, social, and economic transformations of the revolutionary century. Yet while German country liberalism was based more on the political core of the classical Country ideology – the opposition to central government and monarchical authority – American country liberalism rather leaned on its economic core – the principles of agrarianism and the skepticism about a too quickly advancing commercial development. But

---

[105] While this is a familiar, if controversial, concept for eighteenth and early nineteenth-century American history, it has rarely been attempted to use these categories as a conceptual framework for interpreting German political culture and for comparing it with other countries in an international or transatlantic context. See Nolte, "Der südwestdeutsche Frühliberalismus"; idem, Gemeindebürgertum und Liberalismus.

[106] See Appleby, Capitalism and a New Social Order.

[107] An additional case could perhaps be made for an affinity between the agrarian "old republicanism" of Calhoun and others in the American South, and the so-called *Adelsliberalismus* or *Gutsbesitzerliberalismus*, the liberalism of the large estate owners, in East Elbian Prussia, particularly in the province of East Prussia. For this regional variation of early German liberalism, see Herbert Obenaus, "Gutsbesitzerliberalismus. Zur regionalen Sonderentwicklung der liberalen Partei in Ost- und Westpreußen während des Vormärz", in: GG 14 (1988), 304–328; Christof Dipper, "Adelsliberalismus in Deutschland", in: Langewiesche (ed.), Liberalismus, 172–192; for American Southern conservative republicanism, see Eugene D. Genovese's provocative The Slaveholder's Dilemma: Freedom and Progress in Southern Conservative Thought, 1820–1860 (Columbia, S.C., 1992).

both attended to a particular mixture of "nostalgia"[108] and social radicalism that was bound to disintegrate in the second half of the nineteenth century.

V Fall and Transformation: The Double Crisis of the Mid-Nineteenth Century

Striking similarities between the course of German and American history in the second half of the nineteenth century have often been noticed and written about: In the 1860s, both countries faced a crisis over national unity, a crisis that was ultimately only resolved by military means; both nations went through the ordeal of a civil war and a political reordering in its wake that fundamentally altered the terms of political society and the cultural patterns that framed the nation's, and each individual's, self-understanding. The political and military crisis, moreover, in both countries went along with the take-off of industrialization on a national scale; as much as the American Civil War spurred industrial growth in the North, German unification triggered the economic boost of the *Gründerzeit*. In the last third of the nineteenth century, the United States and Germany witnessed a massive transformation of social relations, the forging of a truly national society and the rise of class conflicts that often took a violent form. Around the turn of the century, they appeared to many contemporaries as kindred nations, the two leading and most prosperous societies in the world.

What had become of the party systems, the structure of politics, and the liberal and republican ideologies with their conspicuous similarities in both countries after 1850? The parallels briefly outlined in the preceding paragraph seem to suggest that their paths did not divide after 1850, but followed a similar pattern of transformation. The American Second Party System fell apart in the 1850s under the pressure of the slavery issue that tore the Democratic Party apart; the Whig Party crumbled, and the Republican Party began its meteoric rise to power and to almost half a century of dominance in national politics. But not just the structure of the party system – including a massive voter realignment – had changed. Both the political style and the ideological substance of the Second Party System vanished with a rapidity that cannot be explained solely with the crisis over slavery and national unity. The style of campaigning changed, voter participation persistently and permanently declined, and the problem of the relationship between moral character and economic order seemed to have lost

---

[108] For this concept in relation to "Country ideology", see Isaac Kramnick, Bolingbroke and His Circle: The Politics of Nostalgia in the Age of Walpole (Cambridge, Mass., 1968).

its grip on the voters.[109] The old liberal-republican ideological framework stemming from the eighteenth century apparently was as exhausted as were the partisan political techniques from the "log cabin and hard cider" era. As the eventual triumph of the principles of the "Market Revolution" became irrefutable, it made little sense to further quarrel about its alleged social and moral dangers.

In Germany, changes in the *Vormärz* party system and in liberal ideology after 1850 were not as manifest as in the United States and probably took place in a more gradual, less abrupt way.[110] The end and eventual failure of the Revolution and the ensuing decade of political reaction, however, caused a massive voter realignment and the transformation of ideological traditions. The different strands of republicanism that had developed during the *Vormärz* and Revolution experienced a dramatic setback, and that was especially true for the "old republican" traditions nourished in the small-town community milieus.[111] Besides a thin strand of middle-class democracy, republicanism was banished into the emerging labor movement. Meanwhile, mainstream liberalism lost many of its idealistic aspirations and jettisoned older arguments about liberty and citizenship, corruption and good government, and decided to do "Realpolitik". In allying itself with monarchical government, the distinction between bureaucratic and communal liberalism was blurred and eventually dissolved.[112]

At the same time, many of the ambivalences and intellectual struggles concerning the attitude towards economic development and industrialization disappeared; liberalism became clearly and unambiguously identified with a creed of economic progress and the acceptance of social inequality; the "classless society of citizens", as Lothar Gall described it, turned, both in socioeconomic reality and in socio-cultural vision, into a bourgeois class society, a *bürgerliche*

---

109 Michael McGerr, The Decline of Popular Politics: The American North, 1865–1928 (New York, 1986); idem, "Political Style and Women's Power, 1830–1930", in: JAH 77 (1990), 864–885; Paula Baker, "The Domestication of Politics: Women and American Political Society, 1780–1920", in: AHR 89 (1984), 620–647; Richard L. McCormick, The Party Period and Public Policy: American Politics from the Age of Jackson to the Progressive Era (New York, 1986).
110 The best regional monograph on liberalism and republicanism after the Revolution remains Dieter Langewiesche, Liberalismus und Demokratie in Württemberg zwischen Revolution und Reichsgründung (Düsseldorf, 1974). See also his Liberalismus in Deutschland (Frankfurt, 1988), esp. 65–85; for the general context, see Wolfram Siemann, Gesellschaft im Aufbruch. Deutschland 1849–1871 (Frankfurt, 1990); Hans-Ulrich Wehler, Deutsche Gesellschaftsgeschichte, Vol. III: 1850–1914 (Munich, 1995).
111 See Nolte, "Bürgerideal, Gemeinde und Republik", 648–655.
112 For a regional study on the new liberalism in power, see Lothar Gall, Der Liberalismus als regierende Partei. Das Großherzogtum Baden zwischen Restauration und Reichsgründung (Wiesbaden, 1968).

Klassengesellschaft.[113] If this was a clear parallel to the development in the United States, in one important respect, however, German party politics during the Unification and Imperial periods took a different course: The mechanisms of partisan politics changed much less dramatically in Germany, and they basically continued to adhere to the same patterns that had sprung up during the *Vormärz* and that had characterized the Second American Party System. Levels of voter participation increased towards the turn of the century; campaigning remained the most important single instrument of party activity; and firm new ideological and social boundaries – "ethno-cultural" boundaries, in the American terminology – gave identity to the late-nineteenth century German *Milieu-Parteien*.[114]

Early-nineteenth century party systems and their systems of belief and cultural persuasion that we call "liberalism" or "republicanism", in Germany as well as in the United States, belonged to an era of transition and uncertainty. They were nourished in an environment of social and political mobilization, yet kept firmly bound to the older horizons of localized communication and social relations. They prospered in an age of commercial spirit and economic expansion, and yet the limits to this development still allowed them to cling to notions of an egalitarian, pre-industrial society of virtuous petty producers. When the social and economic change after the middle of the nineteenth century took on dimensions that blew up those visions and practices of a transitory society, the party systems and party ideologies built upon them languished.

As a final parallel between Germany and the United States, remnants of this old republican vision of a small producer society lived on in working-class ideology and in various populist-democratic movements outside the established political societies in the late nineteenth century: in Germany in the Social Democratic Party, in trade unions, and especially in the co-operative movement; in the United States, in organizations such as the Knights of Labor, the Farmers' Alliances, and the Populist Party.[115] In this perspective, both countries may not

---

113 Gall, "Liberalismus und 'bürgerliche Gesellschaft'".
114 The classical account is: M. Rainer Lepsius, "Parteiensystem und Sozialstruktur: Zum Problem der Demokratisierung der deutschen Gesellschaft", in: Gerhard A. Ritter (ed.), Deutsche Parteien vor 1918 (Cologne, 1973), 56–80; more recently: Rohe, Wahlen und Wählertraditionen.
115 For recent accounts following this line, see Alan Dawley, Class and Community: The Industrial Revolution in Lynn (Cambridge, Mass., 1976); Bruce Laurie, Artisans into Workers: Labor in Nineteenth-Century America (New York, 1989); Robert C. McMath, Jr., American Populism: A Social History, 1877–1898 (New York, 1993); Sean Wilentz, "Against Exceptionalism: Class Consciousness and the American Labor Movement, 1790–1920", in: ILWCH 26 (1984), 1–24.

have been as "exceptional" after all as they believed, and as many historians still continue to think of them. They may much rather represent variations – unique variations, to be sure – in a broad transatlantic pattern of society and ideology in the revolutionary period of modern history between 1750 and 1850.

9 Bürgerideal, Gemeinde und Republik. „Klassischer Republikanismus" im frühen deutschen Liberalismus

I

Vermutlich weit über 100.000 Menschen feierten am 22. August des Jahres 1843 zwischen Mannheim und Konstanz das wohl größte politische Fest des vormärzlichen deutschen Liberalismus: das 25jährige Jubiläum der konstitutionellen Verfassung des Großherzogtums Baden. Freudenfeuer und Gottesdienste, Umzüge und Festessen wurden in allen großen und sehr vielen kleinen Städten veranstaltet, und überall wurde in Reden und Trinksprüchen die Bedeutung der damals modernsten und fortschrittlichsten Verfassung Deutschlands hervorgehoben. Mit ihr konnten sich die Liberalen mühelos identifizieren, obwohl sie 1818 im Sinne des „monarchischen Prinzips" obrigkeitlich gewährt worden war; die Verteidigung und weitere Ausfüllung der Verfassung galt sogar als sicherster Weg der Bewahrung und Stärkung der Freiheit. In der kleinen Stadt Lahr ergriff der Kaufmann Wilhelm Schubert, ein führendes Mitglied der liberalen Partei des Ortes, in diesem Sinne das Wort. Er mahnte, das Wahlrecht zum Landtag dürfe nicht aus egoistischen Motiven ausgeübt werden, und führte dann weiter dazu aus: „Da haben wir die leidigen Folgen der Menschenfurcht und des Eigennutzes! Eigennutz aber und Engherzigkeit können das Vaterland nicht retten, wenn es in Gefahr kommt. – Das mächtige Rom versank in Sklaverei, als die Corruption an die Stelle der Bürgertugend trat."[1]

Diese in einer eigentümlichen Sprache formulierte Mahnung, individuelle, „egoistische" Interessen, einschließlich eines unkontrollierten ökonomischen Gewinnstrebens, hinter das Interesse des Gemeinwohls zurückzustellen, und die dahinter stehende, mit Beispielen aus der antiken Geschichte belegte Vorstellung, „Eigennutz" führe zu *politischer* Korruption und Unfreiheit, während

---

[1] Zit. nach: Karl Mathy (Hg.), Die Verfassungsfeier in Baden am 22. August 1843. Mannheim 1843, 195. – Vgl. zum badischen Verfassungsfest von 1843 weiter: Paul Nolte, Die badischen Verfassungsfeste im Vormärz. Liberalismus, Verfassungskultur und soziale Ordnung in den Gemeinden, in: Manfred Hettling u. Paul Nolte (Hg.), Bürgerliche Feste. Symbolische Formen politischen Handelns im 19. Jahrhundert, Göttingen 1993, 63–94. – Für Hinweise und Anregungen danke ich Wilfried Nippel, Reinhart Koselleck und Lothar Gall. Nach der ursprünglichen Veröffentlichung erschien: Paul Nolte, Gemeindebürgertum und Liberalismus in Baden 1800–1850. Tradition – Radikalismus – Republik, Göttingen 1994.

„Bürgertugend" ein gutes und freies Gemeinwesen erhalte und befördere, wurde von den Hörern Schuberts, Kaufleuten wie er selber, Handwerkern, Lehrern und Gastwirten, offenbar mühelos verstanden. Sie gehörte in einen Argumentationszusammenhang der politischen und sozialen Theorie, der zum Gemeingut jedenfalls des südwestdeutschen Liberalismus im Vormärz gehörte, trotz seiner antiindividualistischen Stoßrichtung, trotz der offensichtlichen Abwertung einer kommerziellen, kapitalistischen Marktgesellschaft, also trotz der Ablehnung von Vorstellungen, die man gemeinhin als konstitutiv und zentral für den Liberalismus ansieht. Dennoch kam darin nicht einfach eine „konservative", „traditionale", patriarchalisch-beschauliche (wie es gewöhnlich in den Urteilen darüber heißt) Vorstellungswelt zum Ausdruck, sondern ein vehementes Freiheitsprinzip und offensives republikanisches Bürgerideal. Es war die Sprache und die politisch-soziale Vorstellungswelt eines „klassischen Republikanismus", die sich hier artikulierte; dieser klassische Republikanismus hat den frühen Liberalismus im deutschen Südwesten ganz wesentlich geprägt.

Mit dem Begriff des „klassischen Republikanismus" wird an ein Interpretationskonzept angeknüpft, das in der intensiven angloamerikanischen Diskussion der letzten Jahre über politische Theoriegeschichte und *Intellectual History* besonders der Frühen Neuzeit eine beträchtliche Wirkung entfaltet hat. Dabei ist zuerst auf die Arbeiten von J.G.A. Pocock zu verweisen, der die Rekonstruktion eines Ideals antiker Bürgerrepubliken in den italienischen Städten der Renaissance und besonders in der florentinischen politischen Theorie des 15. und 16. Jahrhunderts (v.a. bei Machiavelli und Guicciardini) beschrieben und seine Rezeption und Fortwirkung im 17. und 18. Jahrhundert untersucht hat.[2] Hier spielte, so Pocock, das Werk von James Harrington eine zentrale Vermittlerrolle für den Transfer des klassischen Republikanismus in die englische politische Theorie der Revolutionszeit; im 18. Jahrhundert hätten sich dann sowohl radikale *Whigs* als auch die *Tory*-Opposition um Bolingbroke seiner Argumente bedient, um die „Korruption" des Hofes und der regierenden *Whigs*

---

2 Vgl. v.a. J.G.A. Pocock, The Machiavellian Moment. Florentine Political Thought and the Atlantic Republican Tradition, Princeton 1975; ders., The Machiavellian Moment Revisited: A Study in History and Ideology, in: JMH 53, 1981, 49–72; Hans Baron, The Crisis of the Early Italian Renaissance. Civic Humanism and Republican Liberty in an Age of Classicism and Tyranny. Princeton 1955/1966²; ders., In Search of Florentine Civic Humanism, 2 Bde, Princeton 1988. – Zuletzt in einer weiter andauernden Diskussion: Gisela Bock u. a. (Hg.), Machiavelli and Republicanism. Cambridge 1990.

zu entlarven.³ Für die nordamerikanischen Kolonien und die Amerikanische Revolution schließlich, so hat nicht nur Pocock überzeugend argumentiert, spielte der klassische Republikanismus eine mindestens ebenso große Rolle wie der Liberalismus Lockescher Provenienz bei der Begründung von Freiheitsansprüchen und dem Entwurf von Verfassungsmodellen.⁴

Pocock analysiert und definiert den klassischen Republikanismus anhand seiner spezifischen politisch-sozialen Sprache. „Tugend" (*virtus, virtue*) und „Korruption" (*corruptio, corruption*) sind die Kernbegriffe und zugleich dichotomischen Gegenpole, die auf die stets prekäre, gefährdete Existenz eines „guten" (im Sinne des normativen, aristotelischen Politikbegriffs) Gemeinwesens verweisen, dessen Bürger aktiv partizipierende *politische* Bürger sind. Die partizipatorische Bürgerfreiheit muss durch „Bürgertugend" bewiesen und zugleich gesichert werden, da sie durch die Verfolgung von Privatinteressen und durch „Verschwörung" zugunsten despotischer Machtanmaßung einzelner bedroht und korrumpierbar ist. Die politische Ordnung besitzt den Primat vor der Ökonomie; wirtschaftliche Ziele des Handelns sind den politischen untergeordnet. Der Bürger verteidigt seine gute Verfassung, notfalls als „Bürgersoldat" mit der Waffe. Eine „Republik" im Sinne der antiken politischen Theorie, ein freies und gesetzmäßig geordnetes Gemeinwesen also im Gegensatz zur Despotie oder Tyrannis, das auf einer Mischverfassung monarchischer, aristokratischer und demokratischer Elemente beruht, schien den „klassischen Republikanern" die dafür geeignetste politische Ordnung.⁵

Es kann hier nicht auf die vielfältigen Probleme eingegangen werden, die dieses Konzept birgt und durch die es umfangreicher Kritik im Einzelnen aus (angesichts seiner beinahe universalhistorischen Spannweite unvermeidlich)

---

3 Vgl. J.G.A. Pocock, Machiavelli, Harrington, and English Political Ideologies in the Eighteenth Century, in: WMQ 22, 1965, 549–583; ders. (Hg.), The Political Works of James Harrington. Cambridge 1977; vgl. dazu Horst Dippel, Tugend und Interesse bei Harrington, in: GG 10, 1984, 534–545.

4 Vgl. u. a. Bernard Bailyn, The Ideological Origins of the American Revolution, Cambridge, Mass. 1967; Robert E. Shalhope, Toward a Republican Synthesis. The Emergence of an Understanding of Republicanism in American Historiography, in: WMQ 29, 1972, 49–80; ders., Republicanism and Early American Historiography, in: ebd. 39, 1982, 334–356. Vgl. ansonsten, mit weiterer Lit., Paul Nolte, Ideen und Interessen in der Amerikanischen Revolution, in: GG 17, 1991, 114–140.

5 Vgl. z. B. Pocock, The Machiavellian Moment; Gordon S. Wood, The Creation of the American Republic, 1776–1787. Chapel Hill 1969/New York 1972; Wilfried Nippel, Mischverfassungstheorie und Verfassungsrealität in Antike und Früher Neuzeit, Stuttgart 1980.

ganz unterschiedlichen Richtungen ausgesetzt ist.[6] Im Kern kann es kaum gut bestritten werden, und zumal angesichts der Tatsache, dass die Debatte über den „klassischen Republikanismus" hierzulande kaum rezipiert worden ist, geschweige denn eine Übertragung auf die deutsche politische Theoriegeschichte bisher versucht worden ist, soll zunächst einmal eben dies getan werden. Das ist kein Selbstzweck, sondern, wie hoffentlich gezeigt werden kann, sachlich gerechtfertigt; es ist der Versuch, den frühen deutschen Liberalismus und seine Krise in der Mitte des 19. Jahrhunderts besser zu verstehen, indem die bisher kaum aufgeworfene Frage nach den *frühneuzeitlichen Ursprüngen des modernen Liberalismus* gestellt wird. – Zur Debatte über den klassischen Republikanismus gehört immer auch die Frage nach seiner schließlichen Auflösung oder seiner Transformation in einen „modernen" Republikanismus;[7] das wird uns hier ebenfalls beschäftigen.

Seit dem bahnbrechenden Aufsatz Lothar Galls aus den 1970er Jahren sind neue und weiterführende Interpretationen der politisch-sozialen Theorie und Vorstellungswelt des frühen deutschen Liberalismus nicht mehr angeboten worden; viele Beiträge haben seine vornehmlich auf den südwestdeutschen Liberalismus gerichtete Erklärung jedoch bestätigt und an Einzelproblemen näher ausgeführt; in den neueren Gesamtdarstellungen ist sie weitgehend übernommen worden.[8] Die Hauptthese Galls war, dass der deutsche Liberalismus in einer vorrevolutionären und vorindustriellen Umwelt gründete und deshalb ein „sozialkonservatives Element" seine gesellschaftlichen und politischen Zielvorstellungen geprägt habe: die Vorstellung einer berufsständisch organisierten „bürgerlichen Gesellschaft", einer „klassenlosen Bürgergesellschaft ‚mittlerer' Existenzen",[9] die zu dem Zeitpunkt in eine tiefe Krise geriet, als die Realität einer „bürgerlichen Klassengesellschaft" diese konservative

---

6 Vgl. z. B. aus althistorischer Sicht: Wilfried Nippel, „Klassischer Republikanismus" in der Zeit der Englischen Revolution. Zur Problematik eines Interpretationsmodells, in: Wolfgang Schuller (Hg.), Antike in der Moderne, Konstanz 1985, 211–224; ders., Bürgerideal und Oligarchie. „Klassischer Republikanismus" aus althistorischer Sicht, in: Helmut G. Koenigsberger (Hg.), Republiken und Republikanismus in der Frühen Neuzeit, München 1988, 1–18.
7 Hierzu ist am besten Wood, The Creation of the American Republic.
8 Vgl. Lothar Gall, Liberalismus und „bürgerliche Gesellschaft". Zu Charakter und Entwicklung der liberalen Bewegung in Deutschland, in: ders. (Hg.), Liberalismus, Köln 1976, 162–186; siehe jetzt auch ders., Bürgertum in Deutschland, Berlin 1989. Vgl. weiter z. B. Rainer Koch, Demokratie und Staat bei Julius Fröbel, Wiesbaden 1978; James J. Sheehan, Der deutsche Liberalismus. Von den Anfängen im 18. Jahrhundert bis zum Ersten Weltkrieg 1770–1914, München 1983; Dieter Langewiesche, Liberalismus in Deutschland, Frankfurt 1988.
9 Gall, Liberalismus und „bürgerliche Gesellschaft", 171, 176.

Utopie widerlegte und den Liberalismus dazu zwang, Klassenideologie und Klassenpartei zu werden.

Bezeichnenderweise stellte Galls Interpretation die *sozioökonomische* Dimension der Vorstellungswelt des Liberalismus in den Mittelpunkt: sein Bild von der Ordnung gesellschaftlicher Stände und Klassen, seine „Wirtschaftsmentalität", seinen Begriff vom „Bürger" als eines sozioökonomisch definierten Standes (– wenn auch nicht: einer industriell-kapitalistischen Klasse). Demgegenüber wird hier die These vertreten, dass zuallererst eine genuin *politische* Vision im Mittelpunkt liberalen Denkens stand, wobei „politisch" im Sinne des klassischen Republikanismus einen aus der Antike entlehnten, umfassenden und normativen Sinn hatte, der die Ordnung der Gesellschaft einschloss – einer Gesellschaft, die aber überhaupt nicht primär in sozioökonomischen Kategorien *wahrgenommen* wurde. „Bürger" war ein politischer, ja ein moralischer Begriff; der ökonomische Eigennutz korrumpierte die gute Verfassung, wie sie in bemerkenswert starker Anlehnung an die antike Verfassungstheorie und deren frühneuzeitliche Überlieferung entworfen wurde. Insofern der frühe deutsche Liberalismus klassischer Republikanismus war, geht seine Charakterisierung als „sozialkonservativ" gewissermaßen ins Leere und war er „traditional" eher im klassisch-politischen als im sozialen (berufsständischen) Sinne. Und er zerbrach ganz ähnlich wie der amerikanische klassische Republikanismus ein halbes Jahrhundert zuvor: an einer „Sozialökonomisierung" der Gesellschaft (genauer: des zeitgenössischen *Begriffs* von Gesellschaft), die seine politischen Kategorien unbrauchbar machte, und an einem neuen Begriff von „Republik".

Der „klassische Republikanismus" im deutschen Liberalismus war, das haben die eingangs zitierten Sätze schon gezeigt, kein Phänomen einer „Höhenkammliteratur" weniger klassisch gebildeter Gelehrter. Er diffundierte gewissermaßen, jedenfalls in Südwestdeutschland, in die politisch-soziale Erfahrungswelt des kleinen und mittleren Bürgertums, weil er dieser sehr genau entsprach; und wuchs zugleich, auch das soll hier gezeigt werden, aus dieser Erfahrungswelt, vor allem der Kommunikation in der politischen Gemeinde, einer Polis, deren Freiheit auch einfache Kaufleute wie Schubert durch ihre „Bürgertugend" zu verteidigen gewillt waren.

II

Der klassische Politikbegriff hatte stets am Aristotelischen Verständnis von Politik als praktischer Philosophie festgehalten. Politik war hier weder Machttechnik noch strenge Wissenschaft, sondern auf die *Polis* bezogene Lehre vom guten und gerechten Leben in der menschlichen Gemeinschaft.[10] Sie definierte sich in normativen und ethischen Begriffen, und zwar in mehrfacher Hinsicht: in der Ausrichtung auf das *Telos* des guten Lebens und der guten Verfassung einerseits, dem die Ökonomik und die Ethik im engeren Sinne zugeordnet waren; in ihrer, auf das Individuum bezogen, pädagogischen Stoßrichtung andererseits. Der gute, der tugendhafte Bürger war aber nicht nur Ziel der Politik, sondern vor allem Bedingung der Möglichkeit einer guten Verfassung. Für Kant dagegen, und das markierte einen entscheidenden Bruch auf dem Weg zum „modernen" Paradigma der Politik, war der Traum von einer gerechten politischen Ordnung nicht mehr von der Summe individueller Tugendhaftigkeit abhängig – das Problem der Staatsverfassung löste sich damit zugleich von der alten moralphilosophischen Einheit mit Ökonomik und Ethik. Lange vor Kant stellten Machiavelli, Hobbes und andere den Begriff der Politik vom ethischen *Telos* auf ein nüchternes und rationales *Mittel* um: den Erwerb und die Erhaltung von Macht um ihrer selbst willen.

Die theoretischen Innovationen einzelner herausragender Denker entfalteten jedoch in der Regel nur eine begrenzte gesellschaftliche Durchsetzungskraft: Von anderen Denkern, in anderen sozialen Zusammenhängen wurde der klassische Politikbegriff weiter tradiert – so lange, bis er nicht nur theoretisch hinreichend oft widerlegt war, sondern auch mit der Verfassungswirklichkeit und der kollektiven politisch-sozialen Erfahrung einer Gesellschaft nicht mehr in Übereinstimmung zu bringen war. So hielt auch der deutsche Liberalismus im 19. Jahrhundert in erheblichem Maße an der aristotelischen Politikkonzeption fest, bis die soziale Entwicklung um die Mitte des Jahrhunderts endgültig erkennbar werden ließ, dass die auf dieser Grundlage erhoffte gute Ordnung der Herrschaft und der bürgerlichen Gemeinschaft nicht erreicht werden konnte. Der traditionelle Politikbegriff und der „klassische Republikanismus" vermischten sich zwar zunehmend mit dem Gedankengut der Aufklärung, aber ein einflussreicher früher Liberaler wie Rotteck dachte noch überwiegend in den Kategorien des normativen Politikbegriffs:[11] im Hinblick auf die „Glückseligkeit" eines Volkes und seine „Tugend".[12] Hier argumentierte Rotteck vorkantisch, obwohl er in mancher anderer Hinsicht ein glühender Anhänger Kants war,

---

10 Siehe dazu und zum Folgenden Wilhelm Hennis, Politik und praktische Philosophie, Neuwied 1963; Jürgen Habermas, Die klassische Lehre von der Politik in ihrem Verhältnis zur Sozialphilosophie, in: ders., Theorie und Praxis, Frankfurt 1963/1971⁴, 48–88.
11 Vgl. auch Horst Ehmke, Carl v. Rotteck, der „politische Professor", Karlsruhe 1964, hier bes. 23.
12 Vgl. z. B. die akademische Antrittsrede Rottecks, in: Carl v. Rotteck, Gesammelte und nachgelassene Schriften, hg. v. Hermann v. Rotteck, Bd. 2, Pforzheim 1841, 383–405, hier 399.

dessen politische Theorie freilich wie die der gesamten Aufklärung – und das wird häufig übersehen – ebenfalls den aristotelischen Bezugsrahmen nur zum Teil verließ; Kants Unterscheidung zwischen „despotischen" und „republikanischen" Verfassungen, die wiederum Rotteck aufnahm,[13] war Bestandteil der antiken Verfassungstypologien und verstand „republikanisch" vor allem als „freiheitlich" im Sinne der klassischen Bürgerpartizipation. Darauf wird gleich noch zurückgekommen.

Zunächst stoßen wir an dieser Stelle auf die wichtige Frage nach den Rezeptionswegen. Woher übernahm der frühe Liberalismus seinen Politikbegriff und seine Verfassungstheorie, über welche Stationen geriet er an das Erbe des klassischen Republikanismus? Diese Frage ist heute nicht leichter zu beantworten als vor fünfzig Jahren, weil die Erforschung politischer Ideengeschichte in Deutschland seit einiger Zeit praktisch zum Erliegen gekommen ist. Neben Kant waren, insbesondere für den südwestdeutschen Liberalismus, Rousseau und, mehr noch, Montesquieu, vor allem sein „Esprit des Lois", von großer Bedeutung,[14] und gerade Montesquieu ging nicht nur von einer traditionell ständischen Sozialordnung aus, sondern hielt auch in der politischen Tugendlehre und in der Verfassungstheorie an zentralen Prämissen der Antike fest. Der starke Einfluss von Machiavellis „Discorsi" auf Montesquieu seinerseits brachte die deutschen Liberalen mit dem florentinischen Bürgerhumanismus in Verbindung, was ihnen selber kaum bewusst wurde, denn die deutsche Machiavelli-Rezeption zu Beginn des 19. Jahrhunderts war völlig auf den „Principe" eingeengt[15] – sei es im Sinne einer positiven Faszination durch die „Idee der Staatsräson" und ihre Instrumentalisierung für den Territorialstaat der Reform- und Restaurationszeit, sei es im Sinne einer emphatischen Zurückweisung. Bezeichnenderweise lehnte gerade der Liberalismus die radikal entethisierte Politikkonzeption des „Principe" ab. Für Welcker bezeichnete „Machiavellismus... gerade den Gegensatz aller moralischen und rechtlichen Grundlagen der Staats-

---

13 Z. B. ebd., 400f.
14 Vgl. Arthur Fickert, Montesquieus und Rousseaus Einfluß auf den vormärzlichen Liberalismus Badens, Leipzig 1914; Franz Schnabel, Deutsche Geschichte im neunzehnten Jahrhundert, Bd. 2, Freiburg 1933/ND München 1987, 174ff.; Rudolf Vierhaus, Montesquieu in Deutschland. Zur Geschichte seiner Wirkung als politischer Schriftsteller im 18. Jahrhundert, in: ders., Deutschland im 18. Jahrhundert, Göttingen 1987, 9–32; siehe auch Gall, Liberalismus und „bürgerliche Gesellschaft", 179.
15 Vgl. Hans Baron, Machiavelli the Republican Citizen and Author of „The Prince", in: ders., In Search of Florentine Civic Humanism, Bd. 2, 101–151, hier bes. 103f.; vgl. zur Rezeption des Machiavelli der Staatsräson und des Machtstaates in Deutschland zu Beginn des 19. Jahrhunderts weiterhin v.a. Friedrich Meinecke, Die Idee der Staatsräson in der neueren Geschichte. München 1924/1963³, 403–480.

lehre", Machiavelli war für ihn „der Meister und Repräsentant der traurigen Staatslehre, welche von Religion, Moral und Gerechtigkeit sich lossagt".[16] Noch kaum geklärt sind die Beziehungen des frühen Liberalismus zur englischen politischen Theorie des 17. und 18. Jahrhunderts, doch waren die den klassischen Republikanismus in besonders markanter Weise fortführenden Schriften James Harringtons seinen führenden Köpfen sicher ebenso vertraut wie überhaupt die englische Mischverfassungstheorie der Frühen Neuzeit; von Rotteck ist außerdem bekannt, dass er ein aufmerksamer Leser von Bolingbroke und seiner *Country*-Ideologie war. Dem seinem eigenen Selbstverständnis nach stärker an der französischen Aufklärung orientierten west- und süddeutschen Frühliberalismus war oft nur wenig bewusst, wie stark diese wiederum von der angloamerikanischen Philosophie und politischen Theorie beeinflusst war.[17]

Die politischen Schriftsteller der Antike von Aristoteles bis Tacitus gehörten ohnehin zum allgemeinen Bildungskanon, und zwar nicht als Beschreibungen einer völlig fremden Welt, sondern durchaus als Bestandteil eines immer noch aktuellen und praxisrelevanten Erfahrungswissens, zumal im geistigen Horizont des Neuhumanismus und im politisch-sozialen Klima des Philhellenismus, der deutschen Begeisterung für den griechischen Freiheitskampf in den 1820er Jahren.[18] Und schließlich wirkten unabhängig von den gelehrten Auseinandersetzungen über politische Theorie fest verwurzelte politisch-soziale Ordnungsvorstellungen der Frühen Neuzeit im Alltagsleben auch der einfachen Bürger – etwa in der Gemeindepolitik – lange fort.[19] Man darf moderne Elemente und Strukturbrüche im politischen Denken der ersten Hälfte des 19. Jahrhunderts nicht übersehen, aber an der starken Kontinuität klassischer Traditionen kann

---

16 Carl Theodor Welcker, Art. Moral (im Verhältnis zum Recht und zur Politik), in: Carl v. Rotteck u. ders. (Hg.), Staats-Lexicon oder Encyclopädie der Staatswissenschaften, Bd. 10, Altona 1840, 692–755, hier 693.
17 Vgl. Schnabel, Deutsche Geschichte, Bd. 2, 184ff.; Ernst Münch, Karl von Rotteck, geschildert nach seinen Schriften und nach seiner politischen Wirksamkeit, Haag 1831; Pocock (Hg.), Harrington; Isaac Kramnick, Bolingbroke and His Circle. The Politics of Nostalgie in the Age of Walpole, Cambridge, Mass. 1968; vgl. auch Nippel, Mischverfassungstheorie. – Dieser Strang der liberalen Englandrezeption ist übrigens von dem bekannteren und auf lange Sicht auch einflussreicheren, besonders in Preußen durch Vincke u. a. propagierten, Lob der englischen Selbstverwaltung zu unterscheiden. In der Selbstverwaltungslehre und Gemeindetheorie knüpften die süddeutschen Liberalen so gut wie gar nicht an englische Vorbilder an. – Siehe dazu auch Lothar Gall, Benjamin Constant. Seine politische Ideenwelt und der deutsche Vormärz, Wiesbaden 1963, 13f.
18 Vgl. dazu zuletzt Christoph Hauser, Anfänge bürgerlicher Organisation. Philhellenismus und Frühliberalismus in Südwestdeutschland, Göttingen 1990.
19 Darauf wird unten (IV) noch zurückgekommen.

ebensowenig ein Zweifel bestehen, und diese dürfen mit dem Konservativismus, der ja als Teil der *modernen* Politik entstand, keinesfalls verwechselt werden.

Das zeigt sich an der frühliberalen Verfassungslehre besonders deutlich. Der klassische Republikanismus hatte einerseits die antike Verfassungstypologie – die Einteilung in Monarchie, Aristokratie und Demokratie und ihre jeweils entarteten Formen – übernommen und in der aus diesen drei Typen gemischten Verfassung die optimale und gute, zugleich Stabilität und Freiheit gewährende Staatsform gesehen, andererseits im klassischen Sinne „Republik" nicht mit Demokratie oder Volkssouveränität identifiziert, sondern als freies, auf Bürgerpartizipation beruhendes und normativ am *bonum commune* ausgerichtetes Gemeinwesen begriffen, und zwar im Prinzip unabhängig von der Regierungsform.[20] Nun verfügte der deutsche Liberalismus zwar nicht über eine Mischverfassungstheorie im engeren Sinne, die in England ja zugleich Spiegelbild der Machtverteilung zwischen König, *Lords* und *Commons* nach den Revolutionen des 17. Jahrhunderts war, sondern adaptierte sie an die spezifischen kontinentaleuropäischen Verfassungstraditionen, ohne jedoch mit der antiken Verfassungstypologie und dem klassischen Republikbegriff zu brechen: Die *konstitutionelle Monarchie* wurde als die ausgewogene Mischung zwischen unerwünschter absoluter Monarchie und theoretisch idealer, aber praktisch unmöglicher „reiner Demokratie" verstanden; sie war in vieler Hinsicht die Mischverfassung des deutschen Frühliberalismus. Die konstitutionelle Monarchie war kein Ergebnis demokratischer Revolution, aber auch nicht nur eines monarchischer Reform,[21] sondern zugleich Ideal einer freien und doch stabilen, tugendhaften Bürgergesellschaft.

---

20 Vgl. Pocock, The Machiavellian Moment; Wolfgang Mager, Art. Republik, in: Geschichtliche Grundbegriffe, Bd. 5, Stuttgart 1984, 549–651; ders., Respublica und Bürger. Überlegungen zur Begründung frühneuzeitlicher Verfassungsordnungen, in: Gerhard Dilcher (Hg.), Res publica. Bürgerschaft in Stadt und Staat, Berlin 1988, 67–84.
21 So aber die – in der Literatur häufig übernommene – Sichtweise bei Ernst-Wolfgang Böckenförde, Der Verfassungstyp der deutschen konstitutionellen Monarchie im 19. Jahrhundert, in: ders. (Hg.), Moderne deutsche Verfassungsgeschichte (1815–1918), Köln 1972, 146–170, hier 149. Auch Hans Boldt (Deutsche Staatslehre im Vormärz. Düsseldorf 1975) und Hartwig Brandt (Landständische Repräsentation im deutschen Vormärz. Politisches Denken im Einflußfeld des monarchischen Prinzips, Neuwied 1968) sehen die Wurzeln der konstitutionellen Monarchie v.a. im „monarchischen Prinzip" des frühen 19. Jahrhunderts und daneben in anderen nichtklassischen Denkfiguren wie der Vertragstheorie. Damit aber kein Missverständnis aufkommt: Es ist nicht meine Absicht, diese Interpretation der konstitutionellen Monarchie grundsätzlich zu bestreiten – sie soll nur durch den Hinweis auf zusätzliche Traditionen, die bisher unbeachtet geblieben sind, ergänzt werden.

In diesem Sinne plädierte etwa 1843 der Offenburger Gymnasiumsdirektor Weißgerber für die in der konstitutionellen Monarchie ermöglichte Teilnahme der Bürger an der Gesetzgebung des Staates, „welche das demokratische oder volkstümliche Element ist". Zwar sei die Demokratie „theoretisch ... die vollkommenste" Regierungsform, „allein vollkommene und reine Demokratie verlangt von allen Bürgern eine so hohe geistige und sittliche Ausbildung, eine solche Entfernung von allen Leidenschaften, eine solche Einfachheit der Gesittung, eine so unbedingte Liebe zum Gesetze und Hingebung für das gemeinsame Wohl, das wohl ein ganz glückliches Resultat derselben noch bis heute in's Reich der Ideale gehört."[22] Nicht etwa die Pöbelhaftigkeit des Volkes war hier das Argument gegen die Demokratie (erst recht nicht im modernen Sinne der Furcht vor pauperisierten Unterschichten), sondern die mangelnde Tugendhaftigkeit der Bürger, die mangelnde Fähigkeit zur selbst- und leidenschaftslosen Hingabe an die *Politeia*.[23] In dieser Perspektive erschien auch die Französische Revolution nur als ein weiteres Experiment mit den antiken Verfassungsformen, und Weißgerber hielt es für gescheitert, weil „man zwar die Formen alter Republiken, die Namen der Catone und Brutusse einführte, aber die republikanischen Tugenden der letzteren zu sehr vergaß, so daß die freie Volksherrschaft plötzlich dem maßlosesten Militär-Despotismus das Feld räumte."[24]

Eine solche Deutung der konstitutionellen Monarchie machte die parlamentarische Volksvertretung – hier konkret: die badische Zweite Kammer – zwar zum „demokratischen Element" in der Verfassung neben dem monarchischen der Königsherrschaft und dem aristokratischen der Ersten Kammer, doch eine reine Parlamentsherrschaft wäre deshalb noch nicht als „Demokratie" verstanden worden. Auch darin blieb der frühe Liberalismus nämlich der klassischen Verfassungslehre treu, dass Demokratie nur die *unmittelbare* Bürgerpartizipation, die Abstimmungsherrschaft der auf dem Marktplatz versammelten Gesamtheit aller Bürger sein konnte.[25] Genau so hatte übrigens noch James Madison im *Federalist No. 10* 1787 *pure democracy* gemäß der antiken Verfassungslehre definiert, von ihr aber die „Republik" scharf unterschieden, „by which I mean a government in which the scheme of representation takes place".[26] Die

---

22 Offenburger Wochenblatt Nr. 38/1843, 340, 339.
23 Vgl. dazu und zum Folgenden auch Carl v. Rotteck, Art. Democratisches Princip, in: Staatslexikon, Bd. 4, Altona 1837, 252–263. Offenburger Wochenblatt Nr. 38/1843, 339. Vgl. ebd.; siehe auch den Art. Demokratie im Staatslexikon, Bd. 4, Altona 1837, 241–252.
24 Offenburger Wochenblatt Nr. 38/1843, 340, 339.
25 Vgl. ebd.
26 The Federalist No. 10 (22.11.1787), in: The Papers of James Madison, hg. v. William T. Hutchinson u. a., Bd. 10, Chicago 1977, 267. Vgl. dazu und zum teils klassisch-republikanischen, teils

„Erfindung" der Repräsentation im modernen, d. h. nicht mehr ständischen Sinne konnte in der Amerikanischen Revolution den klassischen Begriff der Demokratie ebenso unberührt lassen, wie im deutschen Frühliberalismus „Landstände" zwar als demokratische Komponente einer gemischten Verfassung interpretiert, aber niemals selbst als „Demokratie" verstanden werden konnten.

Bezüglich des Republikbegriffs blieben die deutschen Liberalen sogar noch hinter den amerikanischen *Federalists* zurück. In seinen einflussreichen „Ideen über Landstände" stellte Rotteck gleich zu Beginn fest: „In reinen Demokratien gibt es keine Stände, weil das Volk da selbst regiert, also nicht der Regierung gegenübersteht", und führte weiter aus, „nicht nur in Monarchien, sondern auch in Aristokratien, überhaupt in gemischten Regierungsformen" seien Stände denkbar oder sogar notwendig.[27] Die „reine Demokratie" aber musste nicht nur wegen der hohen ethischen Qualitäten, die sie vom einzelnen Bürger forderte, in den meisten Staaten scheitern, sondern war als unmittelbare Versammlungsdemokratie „nur in *kleinen* Staaten ausführbar" – so erneut Weißgerber in Offenburg –, „indem in größern die Versammlung *aller* Bürger nicht stattfinden kann"; in Athen mit seinen etwa 20.000 Bürgern sei das eben noch möglich gewesen.[28] Die deutschen Liberalen knüpften in diesem Punkte stark an Montesquieu an, dessen Ausführungen hierzu im „Esprit des Lois" freilich alles andere als originell und neu gewesen waren. Ein mittlerer deutscher Territorialstaat wie Baden oder Bayern *konnte* deshalb schon aus „technischen" Gründen gar nicht demokratisch verfasst sein – wohl aber die Bürgergemeinschaft in der Stadt, in der politischen Gemeinde.

Carl von Rotteck, Professor in Freiburg zunächst für Weltgeschichte, seit 1818 für Staatswissenschaften, gilt gemeinhin und mit Recht als der schärfste theoretische Kopf des frühen deutschen Liberalismus und durch sein intensives publizistisches und politisches Wirken zugleich als sein einflussreichster Vordenker. Gerade am Werk Rottecks zeigt sich aber exemplarisch, wie stark die liberale Verfassungstheorie am klassischen Politikparadigma festhielt, es zwar erweiterte oder aus seinen Begriffen zum Teil neue Konsequenzen zog, ohne es jedoch schon prinzipiell zu sprengen. So diskutierte Rotteck im ersten Band der

---

modernen Kontext der amerikanischen Verfassung Wood, The Creation of the American Republic; ders., Interests and Disinterestedness in the Making of the Constitution, in: Richard Beeman u. a. (Hg.), Beyond Confederation, Chapel Hill 1987, 69–109; Paul Nolte, Aristotelische Tradition und Amerikanische Revolution. John Adams und das Ende der klassischen Politik, in: Der Staat 27, 1988, 209–232.
27 Carl v. Rotteck, Ideen über Landstände. Karlsruhe 1819, 3, 6.
28 Offenburger Wochenblatt Nr. 38/1843, 339; Hervorhebung im Original.

„Allgemeinen Geschichte" von 1812 und erneut zwei Jahrzehnte später im zweiten Band des „Lehrbuchs des Vernunftrechts und der Staatswissenschaften" die Typologie der Verfassungsformen, indem er in Anlehnung an Aristoteles Monarchie, Aristokratie und Demokratie und die ihnen jeweils entsprechenden „entarteten" Formen der Tyrannis, Oligarchie und Ochlokratie unterschied.[29] Zwar lehnte er selbst die Aristokratie ab und blieb gegenüber der Demokratie aus den oben genannten Gründen skeptisch, doch das Möglichkeitsspektrum der Verfassungen war das seit der Antike zur Verfügung stehende, und der Bedeutungsinhalt seiner Kernbegriffe hatte sich kaum geändert. Geblieben war auch das normative Telos; Rotteck war auf der Suche nach der „guten", Freiheit, Gesetz und allgemeines Wohl sichernden Verfassung und verwarf deshalb die Herrschaft des „Privatinteresses" in der Politik.[30] Der gute Staat war in der reinen, unbeschränkten Geltung einer der drei Regierungsformen ohnehin nur schwer denkbar; wie der klassische Republikanismus bevorzugte Rotteck gemischte Verfassungen, und sein Ideal einer „Republik" sollte deshalb eine Mischung aus monarchischen, aristokratischen und demokratischen Elementen sein.[31]

Der für Rotteck zentrale Begriff der Republik meinte eben jenes gute und gerechte, freiheitlich verfasste Gemeinwesen, dessen Gegensatz die „Despotie" war. In der Bestimmung des Verhältnisses von Republik und Despotie folgte Rotteck gelegentlich sehr eng den Formulierungen Kants in „Zum ewigen Frieden",[32] doch einerseits meinte auch Kant mit Republik noch nicht den demokratischen Freistaat (im Gegensatz zur Monarchie), andererseits war Rottecks Republikbegriff, wie er im „Lehrbuch des Vernunftrechts" am ausführlichsten entfaltet wurde, wesentlich altertümlicher als der Kants: Während die Republik für Kant auf *individueller* Freiheit und (Rechts-) Gleichheit gründete und zudem mit einer relativ modernen Theorie der Gewaltenteilung und der Repräsentation verbunden war, orientierte sich Rotteck stärker an den älteren Konzepten der partizipatorischen, kollektiven Bürgerfreiheit und der Mischverfassung; in

---

29 Carl v. Rotteck, Allgemeine Geschichte vom Anfang der historischen Kenntnis bis auf unsere Zeiten, Bd. 1, Braunschweig 1854[19], 210ff.; ders., Lehrbuch des Vernunftrechts und der Staatswissenschaften, Bd. 2, Stuttgart 1840[2]/ND Aalen 1964, 207.
30 Vgl. z. B. ebd., 182f.
31 Vgl. ebd., 202f., 209f.; siehe auch ders., Art. Monarchie, in: Staatslexikon, Bd. 10, Altona 1840, 658–677.
32 Vgl. dazu und zum Folgenden Immanuel Kant, Zum ewigen Frieden. Ein philosophischer Entwurf (1795), in: Werke in zwölf Bänden, hg. v. Wilhelm Weischedel, Frankfurt 1964/1977, Bd. 11, 191–251, hier 204–208. – Sehr eng im Anschluss daran: Rotteck, Allgemeine Geschichte, Bd. 1, 212.

diesem Sinne vor allem meinte Republik „freiheitliche Verfassung" oder „Freistaat".[33]

Aus diesem Grunde auch existierte für Rotteck – und überhaupt für den süddeutschen Liberalismus – keine dem Staat *entgegengesetzte* „bürgerliche Gesellschaft" als Sphäre des Privaten und der Produktion wie bei Hegel, da „Bürgerlichkeit" ganz in der antiken (genauer: griechischen) und frühneuzeitlichen Tradition nur als auf den Staat, auf die *res publica* bezogene Eigenschaft denkbar war: „Zwischen bürgerlicher Gesellschaft, welche nämlich, wie das Wort ‚bürgerlich' ausdrückt, nur eine zur Erreichung des Staatszwecks geschlossene sein kann, und Staat selbst ist also kein Unterschied; denn auch unter Staat verstehen wir nichts anderes, als eine zu eben jener Zwecksetzung geschlossene Gesellschaft."[34] Mit der Gründung der Republik auf die Herrschaft des „wahren Gesammtwillens" griff Rotteck zwar eine zentrale Vorstellung Rousseaus auf, aber diese Herrschaft war von demokratischer Volkssouveränität noch weit entfernt, und sie führte im Übrigen – auch bei Rousseau, aber stärker noch im deutschen Liberalismus – die klassische, antiindividualistische Idee von der Eliminierung der Privatinteressen bei der Konstituierung des Politischen fort. Nur im „wahren gesellschaftlichen Geist" erklärte Willensmeinungen, aus denen das egoistische „Privat-Interesse" (das nicht zuletzt auch ökonomisches Interesse war) auszuscheiden die Tugend des guten Bürgers verlangte, konnten für die politische Artikulation des Gesamtwillens eine Rolle spielen.[35]

Das Verharren des Liberalismus in der antiken Verfassungstypologie ist ein Indiz für seinen „geschlossenen" zeitlichen Horizont; die von ihm anvisierte politische und gesellschaftliche Ordnung meinte er in vieler Hinsicht noch durch eine bloße Neukombination vergangener geschichtlicher Erfahrungen erreichen zu können.[36] Die bürgerliche Gesellschaft, obgleich Utopie, hatte nicht die Qualität eines revolutionären Bruches, der eine offene und gegenüber allen historischen Erfahrungen neue Zukunft erschloss. Deshalb spielte eine spezifische Argumentation mit Geschichte in der Ideologie des Frühliberalismus eine wichtige Rolle – genauso übrigens wie im angelsächsischen klassischen

---

[33] Ders., Lehrbuch des Vernunftrechts, Bd. 2, 190, 208.
[34] Ebd., 86. Dieser alte Begriff des politischen Bürgers darf auf keinen Fall mit dem modernen des „Staatsbürgers" verwechselt werden. – Zum Bürgerbegriff im Frühliberalismus s.u., III.
[35] Rotteck, Lehrbuch des Vernunftrechts, Bd. 1, Stuttgart 1840²/ND Aalen 1964, 282–288 (die Zitate 283); Bd. 2, 208.
[36] Vgl. zur grundsätzlichen Perspektive dieser Überlegungen Reinhart Koselleck, Vergangene Zukunft. Zur Semantik geschichtlicher Zeiten, Frankfurt 1979.

Republikanismus.[37] An der Entwicklung des Demokratiebegriffs kann man erkennen, wie die Historisierung der politischen Theorie (die zugleich eine Historisierung des gesellschaftlichen Bewusstseins war) erst in der Mitte des 19. Jahrhunderts allmählich überwunden, das antike Konzept abgestoßen und eine ganz neuartige Begriffsbestimmung entworfen wurde.[38] Dabei müssen zwei Historisierungsprinzipien unterschieden werden. Die Berufung auf die *Antike* hob besonders auf die freiheitlichen Verfassungen Roms, vor allem aber der griechischen Stadtstaaten ab. Bevor mit Niebuhr eine quellenkritische Althistorie die Wirklichkeit antiker Gesellschaften differenzierter zu beurteilen begann, konnte Rottecks „Allgemeine Geschichte" noch wie die gesamte Aufklärungshistoriographie ein zugleich idealisiertes und zur unmittelbaren Nachahmung empfohlenes Bild von Freiheit und Tugendhaftigkeit der Bürger in der Polis entwerfen, und außerhalb der universitären Gelehrsamkeit wirkte dieses Bild noch lange nach. Auf einem Bürgerfest in Offenburg beschwor der Kaufmann Merker noch 1845 das „Ringen nach alten Bürgertugenden" im antiken Griechenland und Rom, um seine Mitbürger zu entsprechendem Handeln in der Heimatgemeinde zu ermuntern.[39]

Die andere Form der Vergegenwärtigung von Geschichte, die Berufung auf freiheitliche Epochen und Verfassungen in der *deutschen Geschichte* der Urzeit und des Mittelalters, konnte damit unmittelbar verbunden werden: Merker erinnerte daran, „wie die Gemeinden im Mittelalter freie Verfassungen hatten, wie die Gemeinden blühend, die Bürger frei und wohlhabend waren", und dieser Freiheit der Städte brachte er sogleich ein „Hoch" aus.[40] Die Idealisierung des

---

37 Vgl. die exemplarische Studie von J.G.A. Pocock, The Ancient Constitution and the Feudal Law. English Historical Thought in the Seventeenth Century, Cambridge 1957; sowie ders., The Machiavellian Moment.
38 Vgl. Hans Maier u. a., Art. Demokratie, in: Geschichtliche Grundbegriffe, Bd. 1, Stuttgart 1972, 821–899, hier bes. 869–873.
39 Seeblätter Nr. 117, 2.10.1845, Beilage, 595–598, hier 597f. (Rede auf dem Bürgerfest anlässlich des Amtsantritts von Bürgermeister Gustav Rée in Offenburg, Ende September 1845).
40 Ebd., 598. – Vgl. auch z. B. die Rede Itzsteins auf der Griesbacher Verfassungsfeier 1843; Mathy (Hg.), Verfassungsfeier, 223. – Vgl. zu den mittelalterlichen und frühneuzeitlichen Wurzeln dieses Geschichtsdenkens u. a. Klaus Schreiner, „Kommunebewegung" und „Zunftrevolution". Zur Gegenwart der mittelalterlichen Stadt im historisch-politischen Denken des 19. Jahrhunderts, in: Fs. E. Naujoks. Sigmaringen 1980, 139–168; ders., Die Stadt des Mittelalters als Faktor bürgerlicher Identitätsbildung. Zur Gegenwärtigkeit des mittelalterlichen Stadtbürgertums im historisch-politischen Bewusstsein des 18., 19. und beginnenden 20. Jahrhunderts, in: Cord Meckseper (Hg.), Stadt im Wandel, Stuttgart 1985, 517–541; ders., Iura et Libertates: Wahrnehmungsformen und Ausprägungen „bürgerlicher Freyheiten" in Städten des Hohen und Späten Mittelalters, in: Hans-Jürgen Puhle (Hg.), Bürger in der Gesellschaft der

Mittelalters und der angeblich unkorrumpierten Freiheit der Germanen war freilich eher typisch für das 19. Jahrhundert und stand auch im Kontext der Romantik, wurde aber im frühen Liberalismus im Sinne eines traditionellen Bürgerrepublikanismus benutzt. In den deutschen Städten des späten Mittelalters hatte sich zwar, u. a. wegen ihrer Einbindung in die Reichsverfassung, die ihre Freiheit primär als Ausfluss herrschaftlicher Privilegierung konstituierte und erfahrbar machte, kein Bürgerhumanismus im italienischen Sinne herausgebildet, aber das hinderte die Liberalen im 19. Jahrhundert nicht an einer entsprechenden Lesart städtischer Freiheit im Mittelalter, die häufig mit dem Bezug auf die antike Polis unmittelbar verschmolzen wurde. Schließlich ging es in beiden Fällen letztlich um *städtische* Freiheit, um die Verfassung kommunaler Republiken, die durch den aktiven Dienst ihrer Bürger am Gemeinwesen konstituiert wurden. In beiden Fällen trug die Berufung auf Geschichte außerdem „defensive" Züge; sie propagierte nur die *Wieder*erlangung einer vorübergehend verlorengegangenen Freiheit, anstatt offensiv eine gegenüber aller bisherigen Erfahrung neuartige Freiheit zu fordern.[41]

Diese „Freiheit", das ist nun schon mehrfach angedeutet worden, meinte häufig weniger die individuelle Freiheit von Selbstbestimmung und Mündigkeit, die Freiheit des Individuums als Sphäre des Rechtsschutzes vor dem Staat, als vielmehr jene partizipatorische und „kollektive" Freiheit, die für den Freiheitsbegriff und das Freiheitspathos zuerst im florentinischen, dann auch im angloamerikanischen klassischen Republikanismus von so zentraler Bedeutung war.[42] Freiheit bemaß sich hier an der Teilnahme des politischen Bürgers am Gemeinwesen und war zugleich eher Freiheit eines ganzen Volkes, das eine gute Verfassung genoss, als die des Einzelnen; sie war, wie man im Englischen differenzierter sagen kann, *liberty*, nicht *freedom*. „Die Engländer sind frei, die Franzosen sind freie Völker", meinte etwa der Mannheimer Kaufmann Friedrich Daniel Bassermann 1843, „warum? weil sie entschlossen und tapfer sind und sich keine Knechtschaft gefallen lassen."[43] Die traditionelle *libertas civilis* hatte

---

Neuzeit, Göttingen 1991, 59–106; Erwin Hölzle, Die Idee einer altgermanischen Freiheit vor Montesquieu, München 1925.
41 Siehe zu diesem „defensiven" Zug des frühen Liberalismus und zu seinen sozial- und politikgeschichtlichen Auswirkungen unten, IV; sowie Nolte, Verfassungsfeste.
42 Vgl. Pocock, The Machiavellian Moment; Jack H. Hexter, Republic, Virtue, Liberty and the Political Universe of J.G.A. Pocock, in: ders., On Historians, Cambridge, Mass. 1979, 255–303. – In der antiken Tradition war dies der griechische, die Partizipation betonende Freiheitsbegriff, nicht der römische, der v.a. die individuelle Rechtssicherheit betonte. Vgl. dazu auch Nippel, Bürgerideal und Oligarchie, 3f.
43 Friedrich Daniel Bassermann in Neckargemünd, 22.8.1843; Mathy (Hg.), Verfassungsfeier, 62.

sich zwar in Deutschland in der zweiten Hälfte des 18. Jahrhunderts zunehmend „von einer Freiheit *durch* den Staat und *im* Staat in eine Freiheit *vom* Staat" gewandelt,[44] doch war dieser Prozess in der ersten Hälfte des 19. Jahrhunderts noch keineswegs abgeschlossen. Während sich in Frankreich etwa Benjamin Constant vehement gegen den klassischen Freiheitsbegriff wandte, war dieser bei deutschen Liberalen noch länger präsent. Bei Rotteck etwa vermischten sich der klassische und der moderne Freiheitsbegriff,[45] und neben der naturrechtlich-rationalistischen und der historisch-romantischen Begründung der Freiheit im frühen deutschen Liberalismus[46] darf man die klassisch-republikanische nicht übersehen, in der die antike Freiheitsvorstellung fortwirkte. Freiheit war insofern keine Forderung *des* Bürgers, sondern eine Forderung *an den* Bürger, an seine Eigenschaften, Tugenden und politischen Verhaltensweisen – kurz: eine Forderung an das „Bürgertum" des Bürgers.

III

In der politischen Theorie der Antike und dann des klassischen Republikanismus der Frühen Neuzeit spielten der „Bürger" und seine Eigenschaften als *politischer* Bürger eine zentrale Rolle, und die in diesem Kontext entwickelten Begriffe von „Bürger" und „Bürgertum" haben auch den frühen Liberalismus im Deutschland des 19. Jahrhunderts ganz wesentlich geprägt und seine politisch-sozialen Zielvorstellungen mitbestimmt. Bisher hat die Forschung die Verwendung des klassisch-republikanischen Bürgerbegriffes im 19. Jahrhundert jedoch völlig übersehen. Dass die mitteleuropäische *Sozialformation* des Bürgertums in den Jahrzehnten um 1800 aus den zum Teil sehr heterogenen Gruppen des alten Standes der Stadtbürger einerseits, der aufsteigenden Funktionseliten der Wirtschaftsbürger (*Bourgeois*) und Bildungsbürger andererseits bestand,[47] ist unbestritten, ebenso wie die Tatsache, dass der Bürger*begriff* in dieser schon den

---

44 So Michael Stolleis, Untertan – Bürger – Staatsbürger. Bemerkungen zur juristischen Terminologie im späten 18. Jahrhundert, in: Staat und Staatsräson in der Frühen Neuzeit. Frankfurt 1990, 298–339, hier 337; Hervorhebung im Original.
45 Vgl. Carl v. Rotteck, Art. Freiheit, in: Staatslexikon, Bd. 6, Altona 1838, 60–74. Zum Freiheitsbegriff Constants s. Gall, Constant, 113–117.
46 Diese beiden Wurzeln sieht Thomas Nipperdey, Deutsche Geschichte 1800–1866. Bürgerwelt und starker Staat, München 1983, 290.
47 Vgl. dazu v.a. Hans-Ulrich Wehler, Deutsche Gesellschaftsgeschichte. Bd. I: 1700–1815, München 1987, 202–218; Bd. II: 1815–1845/49, München 1987, 174–241; ders., Aus der Geschichte lernen? Essays, München 1988, 161ff., 192ff., 240ff.

Zeitgenossen offenkundigen Übergangszeit mehrdeutig verwendet wurde. Neben dem ständisch-rechtlichen Begriff des Stadtbürgers wurden Unternehmer und Gebildete jedoch wesentlich seltener und erst später als z. T. angenommen[48] als „Bürger" bezeichnet. Die Verwendung des aristotelischen *civis*-Begriffes in der Frühen Neuzeit konzentrierte sich auf die Institutionen des Heiligen Römischen Reiches und meinte hier die Teilhabe an Herrschaft an den Reichsorganen; er wurde im 18. Jahrhundert aber bereits seltener und erlosch vollends mit dem Ende des Reiches 1806.[49] Zu Beginn des 19. Jahrhunderts wurde jedoch in der Sprache des frühen Liberalismus ein aristotelischer Bürgerbegriff gewissermaßen reaktiviert und nicht zuletzt in der *kommunalen* Politik verwendet, der von dem Stadtbürger-Begriff grundsätzlich verschieden war und ebensowenig mit dem neuen Begriff des *Staatsbürgers* verwechselt werden darf:[50] Der Staatsbürger war der mit subjektiven Rechten „aufgewertete" Untertan des aufgeklärten Territorialstaates und wurde damit erst durch den Staat konstituiert, während in der klassischen Theorie umgekehrt der Bürger als *zoon politikon* dem Gemeinwesen vorranging, das durch politisches Interesse und Handeln der Bürger erst konstituiert wurde.

Zum Umfeld dieses klassischen Bürgerbegriffes im frühen 19. Jahrhundert gehörte auch der eine ethisch-politische Charaktereigenschaft bezeichnende Begriff „Bürgertum". Er wurde bis etwa 1840 ausschließlich in dieser Bedeutung, die annähernd mit „Gemeinsinn" oder „Gemeingeist" deckungsgleich war, verwendet, meinte also, im Unterschied zu „Mittelstand" oder „Bürgerstand", niemals eine soziale (oder rechtliche) Gruppe oder Klasse.[51] Erst in den

---

48 Vgl. Jürgen Kocka, Bürgertum und Bürgerlichkeit als Probleme der deutschen Geschichte vom späten 18. zum frühen 20. Jahrhundert, in: ders. (Hg.), Bürger und Bürgerlichkeit im 19. Jahrhundert, Göttingen 1987, 21–63, hier 21–24. Kocka stützt sich dabei stark auf Manfred Riedel, Art. Bürger, Staatsbürger, Bürgertum, in: Geschichtliche Grundbegriffe, Bd. 1, Stuttgart 1972, 672–725, dem der im Folgenden aufgezeigte Bürger- und Bürgertumsbegriff erstaunlicherweise völlig entgangen ist.
49 Vgl. Stolleis, Untertan, 301. Gründliche Untersuchungen zum Bürgerbegriff in der Frühen Neuzeit, auch zu seiner Verwendung z. B. in den Reichsstädten, fehlen meines Wissens. Zum mittelalterlichen Bürgerbegriff vgl. jetzt Ulrich Meier, Mensch und Bürger. Die Stadt im Denken spätmittelalterlicher Theologen, Juristen und Philosophen., Diss. Bielefeld 1990.
50 Vgl. dazu Wehler, Gesellschaftsgeschichte; Riedel, Art. Bürger, 683ff.
51 Gegen Kocka, Bürgertum, 24; und Riedel, Art. Bürger. Dieser normative Eigenschaftsbegriff „Bürgertum" ist meines Wissens in der Literatur noch nie beschrieben worden. Vgl. aber Paul Nolte, Gemeindeliberalismus. Zur lokalen Entstehung und sozialen Verankerung der liberalen Partei in Baden 1831–1855, in: HZ 252, 1991, 57–93, hier bes. 75f.; sowie Reinhart Koselleck, Willibald Steinmetz u. Ulrike Spree, Drei bürgerliche Welten? Zur vergleichenden Semantik der bürgerlichen Gesellschaft in Deutschland, England und Frankreich, in: Puhle (Hg.), Bürger, 14–58.

1840er Jahren wurden die klassisch-republikanischen und damit zugleich genuin *politischen* Begriffe von Bürger und Bürgertum durch neue, *sozialökonomisch* geprägte Definitionen abgelöst – darauf kommen wir später zurück; diese Umdeutung war Teil der Auflösung des klassisch-republikanischen Politikparadigmas im deutschen Liberalismus. Der dahinter stehende Ideen- und Mentalitätswandel beeinflusste auch die *soziale* Formierung des deutschen Bürgertums als Klasse, insofern die politische Sprache immer in sozialen Zusammenhängen stand und die Selbstbeschreibung der Gesellschaft Teil der sozialen Realität war.[52]

Das gilt um so mehr, als der klassische Bürgerbegriff nicht so sehr in der philosophischen „Höhenkammliteratur", nicht bei Kant und Hegel verwendet wurde, sondern vor allem in der politisch-sozialen „Alltagssprache" des mittleren Bürgertums, insbesondere in Südwestdeutschland, begegnet. So spielte er etwa in den auf dem badischen Verfassungsfest 1843 gehaltenen Reden eine große Rolle. Die „Erweckung und Pflanzung des Bürgersinnes" wurde als oberstes Ziel und „eigentliche Grundlage aller bürgerlichen Wohlfahrt" beschworen und die konstitutionelle Monarchie als der „Boden" bezeichnet, „auf dem die goldenen Früchte eines freien Bürgerthums wachsen und gedeihen".[53] Das „freie Bürgerthum" meinte hier eben nicht einen freien Bürgerstand, geschweige denn eine freie Unternehmerklasse, sondern jene freie Bürgergesinnung, die nicht auf individuelle Freiheit, sondern auf die Konstituierung des freien Gemeinwesens zielte. Es meinte auch nicht den alten, korporativen Stadtbürgergeist; der „Geist des Bürgerthums", so Mohl 1846, sei „sehr verschieden von dem früheren Zunft- und Absonderungswesen". In diesem Sinne brachte ein anderer Redner ein dreifaches „Hoch auf das neuerwachte Bürgerthum und auf den kräftigen Bürgersinn" und bezog das damit angesprochene politische Engagement des Vormärz auf „das badische Volk und insbesondere de(n)

---

52 Vgl. hier nur z. B. Reinhart Koselleck, Begriffsgeschichte und Sozialgeschichte, in: ders., Vergangene Zukunft, 107–129; ders., Sozialgeschichte und Begriffsgeschichte, in: Wolfgang Schieder u. Volker Sellin (Hg.), Sozialgeschichte in Deutschland, Bd. 1, Göttingen 1986, 89–109. – Zur parallelen Entwicklung in England: der semantischen Konstituierung der „Mittelklassen" in England im Kontext der klassisch-republikanischen politischen Theorie, vgl. jetzt Andreas Wirsching, Bürgertugend und Gemeininteresse. Zum Topos der „Mittelklassen" in England im späten 18. und frühen 19. Jahrhundert, in: AKG 72, 1990, 173–199. – Wie im Folgenden implizit deutlich wird, hat jede Untersuchung politisch-sozialer Sprache in Deutschland bis zur Mitte des 19. Jahrhunderts deren erhebliche regionale Differenzierung in Rechnung zu stellen, jedenfalls wenn man, wie hier, Sprache und politische Theorie im sozialen Kontext und in der Alltagsverwendung analysieren will.
53 Mathy (Hg.), Verfassungsfeier, 255, 261 (Reden der Landtagsabgeordneten Zittel in Ettenheim und Helbing in Emmendingen).

Bürgerstand".⁵⁴ Hoffmann von Fallersleben dichtete, indem er die Verfassung mit einem blühenden Baum verglich: „Die Früchte, die er bringet/ Die sind Gesetz und Recht,/ Gemeinsinn, Bürgertugend/ Für uns und uns're Jugend,/ Für's künftige Geschlecht."⁵⁵ Eine 1847 in Villingen erschienene politische Fibel, die die Verschmelzung von radikalem Konstitutionalismus und klassischem Republikanismus sehr deutlich werden lässt, nannte sich „Der Weg zum wahren Bürgerthum und Völkerglück".⁵⁶

Während im „Staatslexikon" ein eigener Artikel „Bürgerthum" fehlt und der Heidelberger Jurist Mittermaier in seinem Artikel „Bürgerstand" v.a. die historische Entwicklung und rechtliche Abgrenzung des traditionellen Stadtbürgertums nachzeichnet, entfalten die Beiträge Rottecks über „Gemeingeist, Gemeinsinn" und Welckers über „Bürgertugend, Bürgersinn" systematisch die emphatische und normative Dimension des klassischen Bürgerbegriffs.⁵⁷ „Alle politische Kunst und Verfassung, alle Weisheit für eine gerechte und glückliche Bestimmung und Erhaltung der bürgerlichen Gemeinwesen", beginnt Welcker sogleich mit einem Hinweis auf die konstitutive Funktion des politischen Bürgers für die „gute" Verfassung, „ist umsonst, ohne Bürgertugend, ohne das, was ihre beiden Hauptbestandteile sind: Bürgersinn und Bürgermuth." Bürgertugend beweist sich als „freie tätige Teilnahme der Bürger am bürgerlichen Gemeinwesen", und sie verlangt die Unterdrückung von „Selbstsucht", die zum „Despotismus" führt; sie fordert die Unterdrückung individueller Wünsche und Triebe „für die würdige Teilnahme an einem höheren Ganzen".⁵⁸ Freiheit, als Freiheit der politischen Verfassung, und Bürgertugend gehören unmittelbar zusammen, und obwohl Welcker sich im Einzelnen auch kritisch mit der Tugendhaftigkeit antiker Republiken auseinandersetzt, bleiben seine Überlegungen konzeptionell völlig im Rahmen der klassischen Politik- und Bürgertheorie.⁵⁹ Ganz ähnlich versteht Rotteck „Gemeingeist" als das von „particularen" Interessen absehende Engagement für das Gemeinwesen, und „Bürger" ist

---

54 Robert Mohl, Über Bureaukratie, in: ZGS 3, 1846, 330–346, hier 342; Rede Advokat Hofers in Lahr: Mathy (Hg.), Verfassungsfeier, 184f.
55 Ebd., XI.
56 Xaver Staiger, Der Weg zum wahren Bürgerthum und Völkerglück. Eine Morgengabe allen Bürgern und Volksfreunden, Villingen 1847.
57 Carl v. Rotteck, Art. Gemeingeist, Gemeinsinn, in: Staatslexikon, Bd. 6, Altona 1836, 448–459; im Wesentlichen unverändert in: dass. Bd. 5, Altona 1847², 514–522 (im Folgenden nach dieser zweiten Auflage zitiert); Carl Theodor Welcker, Art. Bürgertugend, Bürgersinn, in: ebd., Bd. 2, Altona 1846², 763–770. Dieser Artikel fehlt noch in der ersten Auflage – ein Indiz dafür, dass der klassische Bürgerbegriff in den 1830er/40er Jahren wachsende Bedeutung gewann!
58 Alle Zitate ebd., 763f.
59 Vgl. ebd., bes. 766, 768f.

demgemäß ein Status, der weder durch ständerechtliche Qualifikation noch durch Vermögen oder akademische Bildung noch durch einen bestimmten privaten „Habitus" oder Lebensstil erreichbar ist, sondern im Prinzip unabhängig davon für alle zugänglich ist, die uneigennützige und aktive Teilnahme am Gemeinwesen zeigen.

„Tugend" war ein Kernbegriff der antiken politischen Philosophie, der die Verbindung zwischen Ethik und Politik, zwischen dem Menschen als Bürger und der Polis herstellte, und in eben dieser Bedeutung griff der klassische Republikanismus zunächst im Florenz der Renaissance, dann in England und Amerika im 17. und 18. Jahrhundert „Tugend" als ein Leitkonzept, als die oberste Forderung an den Bürger auf.[60] *Virtue*, genauer *civic virtue* wurde dabei als politisches und quasi „kollektivistisches" Prinzip gegen die verderblichen, das gute Gemeinwesen untergrabenden, ökonomischen und individualistischen Tendenzen von *commerce* und *corruption* gestellt. Diese Interpretation setzte Montesquieu, der die Tugend als spezifisches Prinzip der Republik im Gegensatz zur auf „Ehre" beruhenden Monarchie und zur auf „Terror" gegründeten Despotie beschrieb, einschließlich der antiindividualistischen Tendenzen nahtlos fort,[61] und der frühe deutsche Liberalismus tat dies ebenso. In einem Zeitungsartikel wurde die „Bürgertugend" geradezu als „der Boden auf dem der Liberalismus steht", bezeichnet und der „Eigennutz" als diametral entgegengesetztes Prinzip charakterisiert, da nicht Freiheit, sondern *Servilismus* seine politische Konsequenz sei[62] – dieser Begriff stand der Erfahrungswelt einfacher Bürger näher, meinte aber dasselbe wie „Despotie" in der klassischen Verfassungstheorie. Xaver Staigers bereits zitierter „Weg zum wahren Bürgerthum" argumentierte, eine „gute" Staatsverfassung müsse auf die „Glückseligkeit" der Bürger zielen, und dazu reiche die „Freiheit des Eigentums" keineswegs aus – die „Tugend" des Bürgers sei ungleich wichtiger.[63]

---

60 Vgl. v.a. Pocock, The Machiavellian Moment; ders., Virtue and Commerce in the Eighteenth Century, in: JIH 3, 1972/73, 119–134; ders., Virtue, Commerce, and History, Cambridge 1985; Hermann Wellenreuther, Korruption und das Wesen der englischen Verfassung im 18. Jahrhundert, in: HZ 234, 1982, 33–62.
61 Vgl. Montesquieu, Vom Geist der Gesetze, hg. v. Kurt Weigand, Stuttgart 1964, 126, 136ff.
62 „Liberalismus", in: Der Beobachter, Pforzheim 1832, 91f.
63 Staiger, Der Weg zum wahren Bürgerthum, 7. Vgl. auch die Lebenserinnerungen von Friedrich Pecht, Aus meiner Zeit. 2 Bde., München 1894, hier Bd. 1, 52: Er habe, in Konstanz aufgewachsen, in der Schweiz zuerst kennengelernt, „was Bürgertugend in einem freien Gemeinwesen zu bedeuten habe, wo jeder einzelne sich für das Wohl des Ganzen verantwortlich weiß und der ärmste Knecht sich als souverän, als gleichberechtigtes Glied seiner Nation fühlt".

In seinem Artikel „Gemeingeist" hatte Rotteck bereits einen konkreten politisch-sozialen Ort genannt, an dem sich Bürgertum und Bürgertugend in besonderer Weise zu bewähren hätten und der zudem im Sinne des antiken Bürgerideals tatsächlich jedem Einzelnen die Chance zu unmittelbarer und aktiver Teilnahme bot: die politische Gemeinde.[64] Es ist bemerkenswert, dass sich der Bürgerbegriff auch im Kontext der Gemeindepolitik häufig und in den 1830er und 1840er Jahren zunehmend von der Assoziation mit dem rechtlich nach wie vor – gerade in Südwestdeutschland – klar definierten Bürgerstand, der Gesamtheit der das Vollbürgerrecht besitzenden Männer, löste und stattdessen der Bürgerbegriff der klassischen Politik benutzt wurde.[65] Während man sich noch eher auf ein Selbstverständnis als „Gemeindebürger" zurückzog, solange die Bürokratie mit einem etatistischen Liberalismus traditionelle Privilegien des Bürgerstandes angriff und damit vermeintlich „kalte(n) Weltbürgersinn" gegen das wahre „Bürgerthum" setzte,[66] propagierte der Liberalismus seit Anfang der 1830er Jahre einen stadtbürgerliche Konnotationen zunehmend überschreitenden Bürgerbegriff, als die Gemeinden gegen eine nun immer konservativer werdende Regierungspolitik zur Domäne des „Bürgerthums", der freien und fortschrittlichen politischen Betätigung, werden sollten. Auch in dieser Hinsicht sind Analogien zur englischen *Country*-Ideologie des 18. Jahrhunderts unübersehbar. Der Kreis der potentiell zum „Bürgertum" Fähigen blieb dabei freilich häufig auf die Inhaber des Bürgerrechts beschränkt. So richtete der Schmied Andreas Joh nach der Bürgermeisterwahl in dem Dorf Aglasterhausen bei Mosbach 1832 die Aufforderung an die versammelten Bürger der Gemeinde: „Das Ziel ist: gesetzliche Ordnung, Zucht, Erhebung zum Bürgerthume!"[67] Allerdings hatte das badische Bürgerrechtsgesetz von 1832 das Gemeindebürgerrecht soeben auf den weitaus größten Teil der erwachsenen Männer ausgedehnt, so auch auf viele Tagelöhner, also auf Gruppen, die *sozialökonomisch* in keinem Fall als „Bürger" anzusprechen wären.[68] Außerdem galten im südwestdeutschen Liberalismus des Vormärz staatliche Beamte als Vertreter der nicht-freiheitlichen,

---

64 Rotteck, Art. Gemeingeist, 516f.
65 Damit ist nicht gemeint, dass in entsprechenden Zusammenhängen, etwa wenn es konkret um Fragen des städtischen Bürgerrechte ging, der traditionelle rechtliche Stadtbürgerbegriff nicht mehr verwendet worden wäre!
66 Vgl. Wünsche der Bürgerschaft zu Freiburg bei der bevorstehenden Bestimmung der gemeindebürgerlichen Verhältnisse, Freiburg 1831, hier 18f.
67 Badisches Volksblatt Nr. 58, 30.10.1832, 231f.
68 Vgl. u. a. Nolte, Gemeindeliberalismus; Dieter Hein, Badisches Bürgertum. Soziale Struktur und kommunalpolitische Ziele im 19. Jahrhundert, in: Lothar Gall (Hg.), Stadt und Bürgertum im 19. Jahrhundert, München 1990, 65–96.

repressiven Ordnung grundsätzlich nicht als „Bürger" – eine Tatsache, die den eminent *politischen* Charakter des frühliberalen Bürgerbegriffs unterstreicht und zugleich erneut auf die Distanz zwischen dem klassisch-partizipatorischen Bürger und dem „Staatsbürger" hinweist.[69]

In dieser Erfahrungswelt, in diesem Theoriezusammenhang konnte die „bürgerliche Gesellschaft", das ist vorn schon angedeutet worden, nicht das Hegelsche „System der Bedürfnisse" sein. Das aristotelische Verständnis von der „societas civilis sive res publica", der Identität von bürgerlicher Gesellschaft (treffender wäre im Grunde: bürgerliche *Gemeinschaft*) und politischer Herrschaft, konnte sich länger halten als oft angenommen wird.[70] Es konkurrierte mindestens bis in die 1840er Jahre mit der Hegelschen Konzeption,[71] die freilich im süddeutschen Liberalismus praktisch überhaupt keine Rolle spielte. Wohl war die bürgerliche Gesellschaft hier eine universalistische „Zielutopie", doch beruhte sie weder auf dem „besitzindividualistischen" Markt- und Konkurrenzprinzip noch auf den Zugangskriterien von Besitz und akademischer Bildung.[72] Sie war auch weniger die politische Gemeinschaft der „Hausväter" im Sinne der alten „Ökonomik",[73] schon weil ihre Abgrenzung sich nicht an wirtschaftlichem Handeln orientierte, sondern sie war die Gemeinschaft politischer Bürger, die auf das gute und gerechte Gemeinwesen zielte. Bezeichnenderweise wurde der Begriff der „bürgerlichen Gesellschaft" von den Zeitgenossen selten verwendet, da alles „Bürgerliche" doch nicht auf eine herrschaftsfreie Assoziation von Individuen, sondern auf die Gestaltung des politischen Gemeinwesens hinauslief.

Hinter der Vision der „klassenlosen Bürgergesellschaft" (Gall) stand insofern nicht nur der soziale Traditionalismus eines ständisch-patriarchalischen Gesellschaftsmodells, sondern auch die radikale Utopie einer gesellschaftlichen Homogenität in politischer wie in sozialökonomischer Hinsicht, weil beides: politische Parteiungen und soziale Klassen, eine Gefährdung von Freiheit und Verfassung bedeutete. Es war ein zentrales Argument des klassischen Republikanismus, dass „Luxus" die Freiheit korrumpiere, und auch Rotteck nannte den

---

69 Vgl. dazu ausführlicher Nolte, Gemeindebürgertum und Liberalismus in Baden.
70 So bei Manfred Riedel, Art. Gesellschaft, bürgerliche, in: Geschichtliche Grundbegriffe, Bd. 2, Stuttgart 1975, 719–800, hier bes. 720.
71 Vgl. Gall, Liberalismus und „bürgerliche Gesellschaft", 163; Gall übernehmend: Langewiesche, Liberalismus in Deutschland, 28.
72 So charakterisiert aber Hans-Ulrich Wehler diese Vision: Geschichte und Zielutopie der deutschen „bürgerlichen Gesellschaft", in: ders., Aus der Geschichte lernen?, 241–255, hier 248ff.
73 So Gall, Liberalismus und „bürgerliche Gesellschaft". Gall unterschätzt m.E. generell die politische gegenüber der sozialökonomischen Dimension des frühliberalen Bürgerbegriffs.

„Verlust der Selbständigkeit des Charakters, das Untergehen des Bürgerstolzes ... in Feigheit, Kriecherei und Knechtssinn" als eine politische Folge des übermäßigen Reichtums und Konsums.[74] Der „Mittelstand" sollte das bestimmende Element der Gesellschaft sein, weil „maßloses Besitztum" und „maßloser Mangel" einander bedingten und beide auf ihre Art die Bürgertugenden bedrohten – „und die freie Gesinnung, mit der sich die servile Kriecherei, wie die communistische Zügellosigkeit, nicht verträgt, findet da ihr Grab."[75] In diesem Sinne war der „Mittelstand" des deutschen Frühliberalismus nicht der „dritte Stand" der Französischen Revolution: der Stand unterhalb von Adel und Klerus, sondern setzte den Topos der *mesoi* in der griechischen Literatur des 6. bis 4. Jahrhunderts fort. Den *mesoi* wurde als ökonomisch Mittleren zwischen extremer Armut und extremem Reichtum entscheidende Bedeutung für die Stabilität der Polis beigemessen; Aristoteles leitete daraus dann ein allgemeines ethisches Prinzip der „Mitte" zwischen Übermaß und Mangel ab.[76] Der klassische griechische Topos zielte genau auf jenen Nexus von ökonomischer Lage und politischer Verfassung, der auch für die Liberalen im 19. Jahrhundert von zentraler Bedeutung war; die sozioökonomische Mittelstellung stabilisierte die politische Verfassung und ermöglichte ihre Verteidigung, da die *mesoi* unabhängig waren, ohne egoistisch und habgierig zu sein. In der politischen Theorie des 4. Jahrhunderts wuchs die Vorliebe für die *mesoi* offenbar auch deshalb, weil die soziale Realität durch eine wachsende Polarisierung von Arm und Reich gekennzeichnet war.[77] Vielleicht hatte die Popularität des Mittelstandsbegriffes im Vormärz zum Teil ähnliche Ursachen – andererseits fiel den Zeitgenossen auch seine zunehmende Problematik auf. Angesichts der beginnenden Industrialisierung und der wachsenden Zahl lohnabhängiger Fabrikarbeiter verschärfte sich das Problem, ob ökonomisch Unselbständige noch Bürger im *politischen* Sinne

---

[74] Carl v. Rotteck, Art. Luxus, Luxusgesetze, Luxussteuern, in: Staatslexikon, Bd. 10, Altona 1840, 293–311, hier 303. Vgl. auch „Der Luxus und die Armen", in: Badisches Gewerbeblatt Nr. 9, 4.4.1846, 33f.
[75] „Der Mittelstand", in: Oberrheinische Zeitung Nr. 96, 5.4.1848, 501. Die „politische Freiheit" wurde übrigens auch hier der „Despotie", nicht der Rechtlosigkeit des Individuums entgegengesetzt, also im klassischen Sinne der freien Verfassung verstanden. Vgl. auch Werner Conze, Art. Mittelstand, in: Geschichtliche Grundbegriffe, Bd. 4, Stuttgart 1979, 49–92, hier bes. 62–69.
[76] Aristoteles, Nikomachische Ethik, 2. Buch, 1106a; in der Formulierung als politisch-soziales Prinzip: Aristoteles, Politik, 4. Buch, 1296a–1297b. Vgl. zur Herkunft des Topos und zu seiner sozialen Basis in der griechischen Polis v.a. Peter Spahn, Mittelschicht und Polisbildung, Frankfurt 1977.
[77] Vgl. ebd., 9f.

sein konnten, da sie die für eine uneigennützige, nur auf das Wohl des Ganzen achtende Partizipation nötige Unabhängigkeit nicht mehr besaßen.[78]

Scheinbar komplizierter war das Verhältnis des frühen Liberalismus zur Forderung nach *politischer* Homogenität. Er wollte einerseits selber nicht Partei sein,[79] weil er der frühneuzeitlichen Vorstellung eines objektiv feststellbaren Gemeinwohls folgte und Parteien deshalb nicht legitime Artikulation unterschiedlicher Gruppeninteressen sein konnten; sie waren nur, und hier wurde häufig mit antiken Beispielen argumentiert, Faktionen, die mit ihrem Kampf für egoistische Ziele bis hin zum Bürgerkrieg die Grundlagen der guten Verfassungsordnung zerstörten. Solange ihm noch politische Gegner gegenüberstanden, die nicht „das Wahre und Gute" wollten, bekannte sich der Liberalismus aber durchaus dazu, Partei zu sein, nämlich jene Partei, die vor anderen für Freiheit und gute Verfassung eintrat, „bis ihr letzter Feind einst überwunden ist, und wir eben damit aufgehört haben, eine Partei zu bilden".[80] In diesem Zusammenhang wurde die „Eintracht" unter allen Bürgern zu einem wichtigen liberalen Wert. Die „Bürgereintracht"[81] als Harmonie der politischen Gesinnung war Teil der Bürgertugend und Voraussetzung eines freien und stabilen Gemeinwesens; in ihrer dezidiert *politischen* Stoßrichtung entsprach sie der *homonoia* der griechischen Polis, und darin, fern aller unpolitischen, „biedermeierlichen" Harmoniesüchtigkeit, lag ihre eigentliche Bedeutung. Gerade durch Parteinahme, nämlich durch ein „plangemäßes Handeln zur Beförderung und Erweckung alles dessen, was man für wahrhaft recht und gut erkannt hat", konnten die Bürger deshalb „zu immer größerer Eintracht" finden.[82]

Es gab noch einen weiteren Zusammenhang, in dem der Liberalismus zur Parteinahme aufrief, und dabei berief er sich erneut auf die antike politische Theorie und den klassischen Republikanismus: In dem Maße, wie die konservative Politik der Regierung als Korruption, als Anschlag auf die Verfassung verstanden wurde, die die Bürger verteidigen müssten, wurde zunehmend auf das

---

78 Vgl. z. B. „Der selbständige Handwerker und Fabrikarbeiter als Bürger", in: Der Beobachter. Ein Volksblatt aus Württemberg, Nr. 226, 19.8.1846, 901f.
79 Mittlerweile ein bekannter Topos der Liberalismusforschung, ohne dass jedoch die antiken und frühneuzeitlichen Wurzeln der Parteienskepsis herausgearbeitet worden wären. Vgl. etwa Sheehan, Der deutsche Liberalismus, 24.
80 „Sollen wir uns des Namens Partei entsagen und über den Parteien stehen?", in: Oberrheinische Zeitung Nr. 39, 8.2.1845, 153; dort auch die Kennzeichnung von „Faction" als „eine von selbstsüchtigen Zwecken geleitete Partei". – Vgl. ähnlich die Rede Bassermanns auf dem Verfassungsfest 1843 in Neckargemünd; Mathy (Hg.), Verfassungsfeier, 63.
81 Vgl. z. B. „Eintracht", in: Offenburger Wochenblatt Nr. 22, 29.5.1846, 226.
82 „Partei", in: Oberrheinische Zeitung Nr. 67, 7.3.1844, 269.

Solonische Stasis-Gesetz verwiesen, nach dem die Bürger sich in der Situation der Gefahr für das Gemeinwesen einer Partei anschließen und das Bürgerrecht verlieren (*atimos* sein) sollten, wenn sie das nicht täten.[83] Diese Art der Parteinahme hieß aber erst recht nicht, Faktionen oder Interessengruppen zu bilden, denn die Gefährdung ging ja nicht zuletzt von der *stasis*, der Entzweiung der Bürger aus, sondern sie sollte durch ein verstärktes Bürgerengagement die konsensuellen Grundlagen der bedrohten Verfassungsordnung gerade wiederherstellen.

Denn das individuelle Interesse hoffte der frühe Liberalismus gerade durch Gemeingeist zu überwinden. Er stand insofern in ungebrochener Kontinuität zu der Mentalität eines traditionellen Kollektivismus, Antiindividualismus und Korporatismus, die eines der wichtigsten Merkmale aller vormodernen europäisch-atlantischen Gesellschaften war. Der „Gemeinnutz", darauf hat Winfried Schulze kürzlich wieder hingewiesen, war „der zentrale programmatische Begriff des spätmittelalterlichen und frühneuzeitlichen Staatsdenkens", der überdies eine hohe Affinität zum klassischen Republikbegriff aufwies.[84] Während Schulze aber versucht, den Paradigmawechsel vom Gemeinnutz zum Eigennutz wenigstens in Ansätzen schon im 16. Jahrhundert nachzuweisen, verweist das Festhalten des Liberalismus im 19. Jahrhundert am „selbstverleugnende(n) Gemeingeist"[85] gerade auf die langdauernde Persistenz der traditionalen Mentalität. Es handelte sich hier allerdings nicht, diese Unterscheidung ist wichtig, um das *staatlich* definierte und durchgesetzte Gemeinwohl, das der aufgeklärte Territorialstaat, gerade in Deutschland, seinen Untertanen versprach und verordnete und das in abgewandelter Form im Konzept der „Daseinsvorsorge" (Ernst Forsthoff) bis ins 20. Jahrhundert getragen wurde,[86] sondern um den Gemeinwohlbegriff des klassischen Republikanismus, der wiederum an die aristotelische Politik anknüpfte. Das *public good* war in dieser Tradition eine *bürgerliche* Zielvorstellung, die auf die politische Ermöglichung des guten

---

83 Vgl. z. B. Welcker, Art. Bürgertugend, 769f. – Gall, Constant, 42, hat bereits einmal darauf aufmerksam gemacht, dass Partei alle „*Verteidiger* des Verfassungsstaates" meinte (Hervorhebung von mir). – Die historische Authentizität des Stasis-Gesetzes Solons ist umstritten ebenso wie die Frage, ob es in der politisch-sozialen Realität der Polis des 6. und 5. Jahrhunderts Sinn gemacht habe. Vgl. Plutarch, Solon, 20,1; Aristoteles, Athenaion Politeia, 8, 5 (vor 1890, also im Vormärz, nicht bekannt); siehe dazu Spahn, Mittelschicht und Polisbildung, 153f.; Jochen Bleicken, Die athenische Demokratie, Paderborn 1986, 269f.
84 Winfried Schulze, Vom Gemeinnutz zum Eigennutz. Über den Normenwandel in der ständischen Gesellschaft der Frühen Neuzeit, in: HZ 243, 1986, 591–626, hier bes. 597f.; vgl. auch Hans Maier, Die ältere deutsche Staats- und Verwaltungslehre, München 1980².
85 Staiger, Der Weg zum wahren Bürgerthum, 20.
86 Vgl. Hennis, Politik und praktische Philosophie, 67f.

Lebens (und nicht auf seine materielle Ermöglichung) gerichtet war und die Verleugnung von Eigeninteresse und Eigennutzen erforderte, um Korruption zu vermeiden.[87] So wurde während des gesamten Vormärz immer wieder darüber geklagt, dass dem „Einzelinteresse" „leider nur zu oft ... das Interesse der Gesammtheit als Opfer fällt" und damit die Ausbildung eines „selbständigen Bürgerthums" verhindert werde.[88] Nur wenige hätten einen Begriff von konstitutioneller Verfassung, schrieb der Renchener Kaufmann Heribert Brandstetter im Januar 1825 an Rotteck, „Alles nur Privat-Interesse, und die Einzelnen, welche aus edler Vaterlandsliebe fürs Bürgerthum kämpfen, unterliegen der Verfolgung und dem Hohngelächter".[89]

Aus diesem freiheitlichen Antiindividualismus folgte auch eine bestimmte „Wirtschaftsethik" – und dass die Wirtschaft hier überhaupt in normativen Kategorien erfasst wurde, zeigt ihre andauernde Zugehörigkeit zur umfassend moralphilosophischen Politik. Im Gegensatz etwa zum rheinischen Liberalismus[90] hat der frühe Liberalismus in Südwestdeutschland offenbar wesentlich weniger über ökonomische Grundsatzfragen debattiert; er folgte dem Bild einer „einfachen Marktgesellschaft",[91] ordnete aber im Zweifelsfall wirtschaftliche Interessen dem übergeordneten politischen Ziel unter. Die Verfolgung von Profitinteressen war unmoralisch, da sie die uneigennützige Bürgertugend korrumpierte, und weil dieser Zusammenhang auf ein emphatisches Freiheitsverständnis verwies, ist eine Kennzeichnung dieser Wirtschaftsethik als traditional oder konservativ unzutreffend – jedenfalls verfehlt man damit das Selbstverständnis dieser Gesinnung ebenso wie seine Wurzeln im klassischen Republikanismus. „Der mit ausschließendem oder auch nur vorherrschendem Eifer

---

87 Vgl. Pocock, The Machiavellian Moment; Hexter, Republic, Virtue, Liberty. – Diese Unterscheidung im Gemeinwohlbegriff ist übrigens ganz analog zur Differenz zwischen „Staatsbürger" und aristotelischem Bürger, wie sie oben schon erläutert wurde.
88 Mannheimer Abendzeitung Nr. 96, 8.4.1846, 381.
89 Heribert Brandstetter an Carl v. Rotteck, Renchen, 9.1.1825; Stadtarchiv Freiburg, Nachlass Carl v. Rotteck, K1/25.
90 Vgl. Rudolf Boch, Grenzenloses Wachstum? Das rheinische Wirtschaftsbürgertum und seine Industrialisierungsdebatte 1814–1857, Göttingen 1991.
91 So Hans-Ulrich Thamer, Emanzipation und Tradition. Zur Ideen- und Sozialgeschichte von Liberalismus und Handwerk in der ersten Hälfte des 19. Jahrhunderts, in: Wolfgang Schieder (Hg.), Liberalismus in der Gesellschaft des deutschen Vormärz, Göttingen 1983, 55–73 (im Anschluss an Crawford B. Macpherson). – Vgl. weiter Rainer Koch, „Industriesystem" oder „bürgerliche Gesellschaft". Der frühe deutsche Liberalismus und das Laisser-Faire-Prinzip, in: GWU 29, 1978, 605–628. – Die Sozialgeschichte ökonomischer Ideen und „Wirtschaftsgesinnungen" im 19. Jahrhundert ist ein von der deutschen Geschichtswissenschaft bisher leider stark vernachlässigtes Feld der Forschung.

seinen materiellen Interessen Fröhnende wird fast unausweichlich zum engherzigen Egoisten", so Rotteck apodiktisch, „welcher der nächstliegenden physischen Befriedigung oder auch dem wohlberechneten, künftig für seine Person oder seine Angehörigen zu erringenden Vorteilen willig das Heil des Staates und die Pflicht des treuen Bürgers opfert."[92] Sofern damit zugleich das Prinzip der Konkurrenz und des auf Kosten Anderer erzielten Gewinns kritisiert wurde, ist die ideengeschichtliche Affinität dieser Wirtschaftsethik zum Handwerkerkorporatismus und seinem Prinzip der „auskömmlichen Nahrung" unübersehbar – und dessen sozialgeschichtliche Affinität zum frühen Liberalismus wiederum besser verständlich.[93] Während etwa der amerikanische Republikanismus schon am Ende des 18. Jahrhunderts die Vereinbarkeit von *commerce* und *republic* gezeigt und damit die Umstellung auf eine individualistische Wirtschaftsgesellschaft vollzogen hatte, die *zugleich*, wenn auch in ganz neuem Sinne, „Republik" sein konnte,[94] war dies für große Teile des deutschen Liberalismus auch in den 1840er Jahren noch eine Aufgabe für die Zukunft.

IV

„Die Gemeinde ist ein Staat im Kleinen":[95] Ihr maß die frühliberale Theorie eine außerordentlich hohe Bedeutung als eigenständige „bürgerliche Vereinigung", als für die Konstituierung des Politischen grundlegende Sphäre bei. Die Gemeinde stand zwischen „Familie" und „Staat" und teilte einerseits mit jener den Charakter des Privaten, der bürgerlichen *face-to-face*-Vereinigung, andererseits mit diesem die Prinzipien herrschaftlicher Verfasstheit der Bürgergemeinschaft. Ihre Verfassungsordnung konnte analog zu der des Staates als Mischverfassung verstanden werden; dabei repräsentierte der Vorstand, der Bürgermeister oder Vogt, das monarchische Element, der Gemeinderat hatte „naturgemäß einen aristokratischen Charakter", und ein dem Gemeinderat gegenüberstehender Bürgerausschuss, gegebenenfalls auch die Versammlung aller Bürger, verkör-

---

92 Rotteck, Art. Freiheit, 72. Vgl. die Position Rottecks zur Gewerbefreiheit im Lehrbuch des Vernunftrechts, Bd. 4, Stuttgart 1835/ND Aalen 1965, 170–175.
93 Vgl. „Das Bild des Bürgers", in: Offenburger Wochenblatt Nr. 38, 12.6.1832, 153f.
94 Vgl. Paul Nolte, Die Amerikanische Revolution als Bruch des gesellschaftlichen Bewußtseins. Politischer, ökonomischer und soziokultureller Mentalitätswandel von 1750 bis 1800, in: ZHF 18, 1991, 425–460 (in diesem Band: Nr. 6).
95 Rotteck, Lehrbuch des Vernunftrechts, Bd. 4, 485.

perte die demokratische Komponente.[96] Da die weit entfernten und relativ abstrakten Interessen des Staates nur wenig Identifikationsmöglichkeiten boten und deshalb als Schule für öffentliches Engagement und Bürgertugend ungeeignet schienen, sollte die Gemeinde sogar in erster Linie jenes freie Gemeinwesen sein, das „den öffentlichen Geist durch das Recht und die Gewohnheit der Teilnahme an öffentlichen Dingen" „erzeugt und nährt".[97] Und mehr noch: Da die klassische Politik eine stabile und zugleich freiheitliche Verfassung in größeren Flächenstaaten aus den vorn diskutierten Gründen für unmöglich hielt, galt die Gemeinde als der eigentliche Ort republikanischer Verfassung; hier konnte das „democratische Princip", im Staat „wegen der in der Regel leider vorherrschenden Schlechtigkeit der Menschen nicht durchführbar", seine Wirksamkeit ungehindert entfalten.[98] Insofern war sie nicht Mikrokosmos des Staates, sondern stellte ihm ihre freiheitlichen Grundsätze entgegen, wenn sich in der Verfassung des Staates despotische Tendenzen bemerkbar machten: Eine freie Gemeindeverfassung „flößt ... einer despotisch gesinnten Regierung die Scheu vor Antastung der Rechte ein, und macht das Aufkommen übermächtiger Privat-Factionen ganz unmöglich."[99] Mehr noch als der konstitutionelle Staat entsprach die Gemeinde in der frühliberalen Theorie der Polis in der griechischen Historiographie des 6. und 5. Jahrhunderts.[100]

Aber nicht nur in der Theorie, nicht nur in den gelehrten Ideen einiger Staatswissenschaftler und Historiker nahm die Gemeinde diesen bevorzugten Platz ein. Auch sozialgeschichtlich gesehen waren die Kommunen im Vormärz der eigentliche Ort des klassischen Republikanismus im frühen deutschen Liberalismus; sie waren gewissermaßen das ihm durch eine hochgradige „Wahlverwandtschaft" (Max Weber) verbundene politisch-soziale Milieu. Die liberale Theorie „spiegelte" dabei nicht einfach bestimmte soziale Verhältnisse wider, und diese waren erst recht kein bloßer Reflex von Theorien. Der „Gemeindeliberalismus" des Vormärz zeigt jedoch sehr deutlich ein enges Wechselverhältnis

---

96 Ebd., 485ff.; vgl. auch ders., Art. Gemeinde, in: Staatslexikon, Bd. 5, Altona 1847², 475–501; ders., Art. Gemeindeverfassung, in: ebd., 501–506. Vgl. allg. zur Bedeutung der „Gemeinde" für den Liberalismus im 19. Jahrhundert Rainer Koch, Staat oder Gemeinde? Zu einem politischen Zielkonflikt in der bürgerlichen Bewegung des 19. Jahrhunderts, in: HZ 236, 1983, 73–96, und die dort angegebene ältere Literatur.
97 Johann Christoph v. Aretin u. Carl v. Rotteck, Staatsrecht der konstitutionellen Monarchie, Leipzig 1838–1840², Bd. 3, 122.
98 Rotteck, Art. Gemeindeverfassung, 503.
99 Aretin u. Rotteck, Staatsrecht der konstitutionellen Monarchie, Bd. 3, 123.
100 Vgl. jetzt die konzise Zusammenfassung von Wilfried Nippel, Art. Polis, in: Historisches Wörterbuch der Philosophie, Bd. 7, Basel 1989, Sp. 1031–1034.

von Ideengeschichte und Sozialgeschichte. Theoretiker wie Rotteck verarbeiteten in ihren Schriften auch ihre eigenen Erfahrungen als aktive Teilnehmer am politischen Alltag, auch an der Gemeindepolitik, in die anspruchsvolle politische Theorien wiederum durchaus zurückwirkten; an einigen Beispielen ist das bereits deutlich geworden. Im südwestdeutschen Gemeindeliberalismus war dieser Zusammenhang von Theorie und sozialer Praxis des klassischen Republikanismus am stärksten entwickelt; am Beispiel des Großherzogtums Baden lässt er sich exemplarisch verfolgen.[101] Der Liberalismus in der stadtbürgerlichen Politik der ersten Hälfte des 19. Jahrhunderts wird so als Verschmelzung und Symbiose frühneuzeitlicher Traditionen erklärbar: der gleichsam „von oben" rezipierten Theorie des klassischen Republikanismus einerseits, der aus der sozialen Erfahrungswelt „von unten" gewachsenen stadtbürgerlich-kommunalistischen Tradition andererseits.

Gerade im oberdeutschen Raum hatte sich im späten Mittelalter und in der Frühen Neuzeit eine Tradition kommunalistischer Politik herausgebildet, ja eine „Kommunalisierung" der Gesellschaft nach der Auflösung der hochmittelalterlichen Villikationsverbände vollzogen, durch die genossenschaftliche Verbände in Städten und Dörfern ins Zentrum der politischen Ordnung rückten.[102] Im Kontext der Gemeindepolitik entstand die Wertkategorie des „Gemeinnutzes", die z. T. synonym mit *res publica* verwendet wurde; und in der Tat konstituierten sich frühe „Republiken" im 14. bis 17. Jahrhundert auf der Grundlage des Ausbaus von Gemeindefreiheit und Gemeinderechten zu Lasten der adeligen Grundherrschaften und durch die Bildung zwischengemeindlicher Bündnisse.

„Der Kommunalismus als Lebensform", hat deshalb Peter Blickle zugespitzt formuliert, „zeigt eine hohe Affinität zur Republik als Staatsform."[103] Das gilt nicht nur für den „landschaftlichen" Kommunalismus Oberdeutschlands, son-

---

101 Vgl. Nolte, Gemeindeliberalismus. – Für andere deutsche Staaten ist der kommunale Liberalismus des Vormärz noch kaum erforscht. Vgl. aber für Württemberg: Manfred Hettling, Reform ohne Revolution. Bürgertum, Bürokratie und kommunale Selbstverwaltung in Württemberg von 1800 bis 1850, Göttingen 1990. Sehr wünschenswert wären entsprechende Untersuchungen über die preußische Rheinprovinz oder auch über Ostpreußen – vermutlich war die Ähnlichkeit mit dem süddeutschen Gemeindeliberalismus größer als häufig unterstellt wird, wenn dieser als regionaler „Sonderfall" beurteilt wird.
102 Das haben die Arbeiten von Peter Blickle immer wieder zu zeigen versucht; vgl. hierzu und zum Folgenden v.a.: Landschaften im Alten Reich. Die staatliche Funktion des gemeinen Mannes in Oberdeutschland, München 1973; ders., Kommunalismus, Parlamentarismus, Republikanismus, in: HZ 242, 1986, 529–556; ders., Kommunalismus und Republikanismus, in: Koenigsberger (Hg.), Republiken, 57–75.
103 Ebd., 60.

dern darüber hinaus für die spezifische stadtbürgerliche Politik und Kultur in Mitteleuropa,[104] weniger ausgeprägt zwar als in den oberitalienischen Städten der Renaissance, aber stärker als in England, Frankreich und Osteuropa. Es ist bisher viel zu wenig bekannt, wie diese z. T. jahrhundertelang geprägte kommunalistische Mentalität und Lebensform sich im 17. und 18. Jahrhundert angesichts absolutistischer Durchdringung der landesherrlichen Städte einerseits, des Verfalls der Reichsstädte andererseits behaupten konnte und ob sie sogar den tiefen Einschnitt des Endes des Reiches und der territorialen und verfassungsrechtlichen Neugliederung um 1800 überlebte und ins 19. Jahrhundert hineinreichte, doch spricht einiges dafür. Die Gemeinde als sozialer „Erfahrungsraum" und als Sphäre der Konstituierung genossenschaftlich-„republikanischer" Politik mag vorübergehend in den Hintergrund gerückt worden sein, blieb aber reaktivierbar, und der frühe Liberalismus und sein klassischer Republikanismus zeigten, dass an den frühneuzeitlichen Kommunalismus teilweise nahtlos angeknüpft werden konnte, ja, dass er sogar, in Verbindung mit einer verstärkten Rezeption klassischer politischer Theorie, im frühen 19. Jahrhundert einen neuen Höhepunkt erlebte.

Nach der Phase verstärkter obrigkeitlicher Intervention in die Verwaltung der Städte im 18. Jahrhundert, die in manchen Territorien bis zur vollständigen Unterwerfung der Kommunen unter die Organe des absolutistischen Staates ging, bedeutete die Reformzeit der ersten beiden Jahrzehnte des 19. Jahrhunderts trotz der Radikalisierung zentralistischer Tendenzen zugleich auch den Beginn einer neuen kommunalen Selbstverwaltung.[105] Die Städte- und Gemeindeordnungen seit 1808 eröffneten in erstaunlich kurzer Zeit neue Handlungsfelder bürgerlicher Politik, die von der zentralen Bürokratie weitgehend unabhängig waren. Im Großherzogtum Baden, in dem seit 1818 die modernste konstitutionelle Verfassung ganz Deutschlands galt, traten 1832 nach jahrelangen Auseinandersetzungen zwischen Bürokratie und Gemeinden eine neue Gemeindeordnung, die gleichermaßen für Städte und Landgemeinden galt, und ein Bürgerrechtsgesetz, das den traditionellen Unterschied zwischen Vollbürgern und Schutzbürgern vollständig aufhob, in Kraft. Die relativ große Autonomie der Gemeinden nach außen und ihre vergleichsweise demokratische

---

104 Vgl. etwa Heinz Schilling, Gab es im späten Mittelalter und zu Beginn der Neuzeit in Deutschland einen städtischen „Republikanismus"?, in: Koenigsberger (Hg.), Republiken, 101–143.
105 Vgl. zu diesem scheinbar paradoxen Verhältnis Paul Nolte, Staatsbildung als Gesellschaftsreform. Politische Reformen in Preußen und den süddeutschen Staaten 1800–1820, Frankfurt 1990, 54–77, 154–164, über die preußischen und süddeutschen Kommunalreformen.

Verfassung im Innern, wie sie im Prinzip auch die Gemeindeordnungen anderer deutscher Staaten kennzeichneten, brachte diesen Gesetzen unter konservativen Beamten den bezeichnenden „Vorwurf" ein, „daß sie das Land mit einer Menge Republiken bedeckt haben".[106]

Während dieser „Vorwurf" darauf zielte, „statt eines Gemein-Geistes" habe sich ein „störender Korporationsgeist" und die Tendenz, „die Verwaltung zu Privat-Interessen zu nützen", entwickelt, also einen starren Traditionalismus als Konsequenz der Gemeindegesetzgebung behauptete,[107] trugen die Gemeindeordnungen in Wirklichkeit vor dem Hintergrund der allgemeinen politisch-sozialen Mobilisierung des Vormärz – zu einer bemerkenswerten Steigerung des öffentlich-politischen Engagements bei; sie unterstützten besonders in Südwestdeutschland eine Fundamentalpolitisierung des städtischen Bürgertums im Sinne des frühen Liberalismus.[108] Die häufig stattfindenden Wahlen – Wahlmännerwahlen zum Landtag, Bürgermeister- und Gemeinderatswahlen, Bürgerausschusswahlen – und die sich daran immer häufiger entzündenden Wahlkampfe führten teilweise zu einer permanenten Mobilisierung und waren ein wesentlicher Faktor eines stark ansteigenden Interesses an der selbständigen Gestaltung von Politik in der eigenen Gemeinde, aber auch darüber hinaus. „Der einzelne Bürger muß den Mut haben", hieß es in einem Aufruf zu Gemeinderatswahlen in Württemberg, „nicht nur auszusprechen, was er denkt und wie er geholfen sehen möchte nein, er muß im gegebenen Fall auch rüstig mit Hand an's Werk legen, damit sie sobald als möglich aufgerichtet dastehe, die Burg, die uns Allen Schutz gewähren und ein rechtes Vertrauen einflößen kann in das wahre freie Bürgerthum."[109]

Die in solchen Äußerungen verwendete Sprache zeigt bereits an, dass der die Gemeinden treffende „Republik"-Vorwurf zwar nicht bezüglich eines vermeintlich unpolitischen Korporationsgeistes, aber in anderer Hinsicht durchaus treffend war: Das Gemeindebürgertum begriff die Demokratisierung und das gestiegene politische Interesse des Vormärz durchaus als *Wiedergewinnung* einer alten, ursprünglichen Autonomie, als unmittelbares Anknüpfen an (so verklärte) stolze Zeiten bürgerlicher Selbstregierung und bürgerlichen Engagements für das Gemeinwesen, und es ging dabei von dem alten, partizipatorischen Freiheits- und Bürgerbegriff aus, der auf die bürgerliche Konstituierung

---

106 So Hermann Beisler, Betrachtungen über Gemeinde-Verfassung und Gewerbswesen mit besonderer Bezugnahme auf Bayern, Augsburg 1831, 47.
107 Ebd., 44.
108 Diese Interpretation widerspricht der Sichtweise bei Mack Walker, German Home Towns. Community, State, and General Estate, Ithaca 1971.
109 Der Beobachter. Ein Volksblatt für Württemberg, Nr. 175, 29.6.1847, 699.

der *res publica* zielte. Diese Gesinnung richtete sich nicht auf die Republik im modernen Sinne, schon gar nicht als Staatsform (für Preußen, Württemberg oder Baden) der auf Volkssouveränität beruhenden parlamentarischen Demokratie. Sie war vielmehr auf die Republik im Sinne der klassischen Theorie gerichtet: auf die freie Bürgergemeinschaft all jener, die sich auf dem Marktplatz versammeln konnten. Politisches Interesse und politische Partizipation in südwestdeutschen Gemeinden des Vormärz ließen so einen Republikanismus aus Erfahrung entstehen, und dieser alltagsnahe, auch z. B. Handwerkern zugängliche (und ihrer korporativen Mentalität sogar in vielem nahe stehende) „Erfahrungsrepublikanismus" war von dem modernen, aus abstrakten Prinzipien gewonnenen „dogmatischen" Republikanismus noch weit entfernt.

Diese politisch-soziale Erfahrung wurde durch ein vielfältiges Netz verdichteter Kommunikation vermittelt. Innerhalb der einzelnen Gemeinden übernahmen z. B. Vereine oder regelmäßige Treffen in einem bestimmten Gasthaus zunehmend eine explizite politische Funktion; die Liberalen am Ort begannen sich als „Partei" zu organisieren und zu fühlen, und zwar ganz im Sinne des vorn skizzierten Verständnisses von Partei: Man war nicht eine Interessengruppe unter vielen, sondern *die* Partei aller derjenigen, die mit „Gemeingeist" für die „gute" Sache eintraten – allenfalls stand einem noch die „Partei" der Uneinsichtigen gegenüber, die es an Bürgertugenden fehlen ließen oder sogar für die „freiheitsbedrohenden" Bestrebungen der Regierung eintraten. Der klassisch-republikanische Parteibegriff und das insgesamt vormoderne Politikverständnis erklären insofern auch, warum den Liberalen in südwestdeutschen Kommunen bis in die 1840er Jahre keine konservative Partei gegenüberstand – und warum dieses Politikverständnis in seinem Kern getroffen wurde, als eine solche Partei schließlich entstand.

Von entscheidender Bedeutung für die Stärke des Gemeindeliberalismus als soziale Bewegung war, dass er eine *übergemeindliche* Kommunikations- und Organisationsfähigkeit bewies. Dazu trugen eine entsprechende Presse bei, die Landtagswahlen und Reisen von Abgeordneten durch das Land, und nicht zuletzt Bürgerfeste wie das badische Verfassungsfest von 1843. Diese Institutionen trugen zugleich, und darauf kommt es in unserem Zusammenhang besonders an, wesentlich zu einem „Einsickern" der klassischen politischen Theorie in die bürgerliche Alltagswelt bei, wo sie in vereinfachter und an eben diese Alltagswelt angepasster Form, aber dennoch in ihrer Herkunft deutlich erkennbar, eine spezifische Sprache des traditionellen Bürgerliberalismus konstituierte. Theoretiker wie Rotteck waren eben zugleich Politiker und Bürger; sie waren Landtagsabgeordnete, zum Teil auch kommunalpolitisch aktiv; sie pflegten eine ausgedehnte Korrespondenz nicht nur mit anderen Gelehrten, sondern ebenso mit einfachen Bürgern, mit Gesinnungsgenossen in kleinen Städten und Landgemeinden[110]; und sie waren als Herausgeber und Autoren lokaler Presse tätig. So wurden die Leser des „Schwarzwälders" im Juli 1832, kurz nach Inkrafttreten der badischen Gemeindeordnung und während überall im Lande Gemeindewahlen vorbereitet wurden, daran erinnert, „die allgemeinen Interessen den Privatinteressen" nicht nachzustellen: Es sei „die erste, die heiligste Pflicht des Gemeindebürgers, sich vor zu viel Selbstliebe (Egoismus) zu verwahren". Die „Form einer guten Gemeinderegierung", so der Artikel weiter, müsse deshalb „ganz republikanisch sein", denn in der Gemeinde seien alle gleich in Rechten und Pflichten. „Weil die Gemeinden eigentlich kleine Republiken sind", lautete dann das Fazit, „so müssen Liebe des Gemeinwohls, Strenge der Sitten, Biedersinn und Uneigennützigkeit bei allen Bürgern und Vorgesetzten den Grund der patriotischen Tugend bilden."[111]

In Südwestdeutschland konnte die klassische politische Theorie einschließlich der Vision einer homogenen Bürgergesellschaft nicht zuletzt deshalb in der ersten Hälfte des 19. Jahrhunderts von breiten Kreisen der Bevölkerung übernommen und gewissermaßen sozial assimiliert werden, weil die Vision einer „klassenlosen Bürgergesellschaft" hier eben nicht nur ein „Programm irdischer Heilserwartung"[112] war, sondern auch einen erheblichen Realitätsgehalt besaß, einen größeren jedenfalls als in anderen deutschen Regionen und auch einen größeren als im Südwesten ein halbes Jahrhundert früher oder später. Durch die Mediatisierung des Adels 1803/06 und die Abschaffung des Schutzbürgerstatus waren in rechtlicher Hinsicht Ständeunterschiede abgebaut und die deutlichen Umrisse einer Gesellschaft rechtsgleicher Staatsbürger geschaffen worden. Der Adel spielte auch sozial gesehen eine geringe Rolle; die Industrialisierung begann langsam und nur in wenigen Städten, so dass ein massenhafter Pauperismus jedenfalls bis 1846/47 fehlte und extreme Unterschiede zwischen Arm und Reich weniger auffällig blieben. Der mittel- und kleinbürgerlich geprägte Liberalismus und Radikalismus vermochte lange Zeit verschiedene soziale Schichten zu integrieren. Angesichts dieser relativen sozialen Homogenität konnte die Idee an Überzeugungskraft gewinnen, dass die bürgerliche Gesellschaft ein nicht ständisch strukturierter Verband sein könne, ein Verband, der nicht sozialökonomisch, sondern politisch definiert sein sollte, nämlich durch die Mitar-

---

110 Das illustrieren hervorragend die Briefe im Nachlass Carl v. Rotteck (Stadtarchiv Freiburg).
111 „Die Pflichten des Bürgers", Teil 2: In Beziehung zur Gemeinde, in: Der Schwarzwälder Nr. 23, 24.7.1832, 89f. Autor des Artikels ist vermutlich Rotteck, der an der Herausgabe des „Schwarzwälders" maßgeblich beteiligt war.
112 So jüngst noch einmal treffend Gall, Bürgertum in Deutschland, 283; vgl. weiter ders., Liberalismus und „bürgerliche Gesellschaft".

beit aller Bürger an Durchsetzung und Verteidigung einer guten, gerechten, freien Verfassung.

Dabei verschob sich im badischen Liberalismus, vor allem während der 1840er Jahre, das Gewicht immer mehr von der „Durchsetzung" zur „Verteidigung" der Verfassung. Der Liberalismus definierte sich zunehmend als Bewegung zur Verteidigung der bestehenden (wenn auch nicht als in jeder Hinsicht perfekt angesehenen) freien Ordnung, zur Bewahrung von Recht und Gesetz gegen vermutete Anschläge auf die Verfassung, und entsprach damit dem frühneuzeitlichen angloamerikanischen klassischen Republikanismus und seiner defensiven Orientierung, seinem Einsatz gegen Korruption und Verschwörung. Der Gemeindeliberalismus wurde so zur „Country-Ideologie" des deutschen 19. Jahrhunderts.[113] In der Herausbildung dieses liberalen Deutungsmusters ging die Rezeption klassischer politischer Theorie wiederum eine enge Verbindung mit jeweils aktuellen politischen Entwicklungen ein:[114] Nach dem liberalen Triumph der Jahre 1831/32, als vorübergehend sogar die Pressefreiheit gewährt worden war, identifizierten sich die Liberalen immer stärker mit der Verfassung des Landes von 1818 und interpretierten die späteren Versuche der Regierung, das Ruder in konservativer Richtung herumzuwerfen, als ministerielle Verschwörung gegen Verfassung und Freiheit, der die Bürger eben mit Tugend und „Parteinahme" im Solonischen Sinne entgegenzutreten hätten.

Seit dem „Urlaubsstreit" von 1841/42, als die Regierung sich weigerte, in den Landtag gewählten Staatsbeamten Befreiung vom Dienst zur Wahrnehmung ihres Mandates zu gewähren, spitzte sich diese Auffassung stark zu. „Unsere Verfassung war bedroht! Durch die ehrenhafte Haltung der Mehrzahl der Wahlbezirke ist sie gerettet worden."[115] In kleinstädtischen Milieus konnte sich die Bereitschaft zur Verteidigung der Verfassung offenbar auf eine verbreitete Mentalität der Angst vor einer gemeinsamen Verschwörung von Aristokratie, Bürokratie und katholischer Kirche stützen, die ihrerseits zu einer Radikalisierung des Liberalismus und zur Abspaltung der gemeinhin „Demokraten"

---

113 Vgl. zur englischen Country-Ideologie des 18. Jahrhunderts H.T. Dickinson, Liberty and Property. Political Ideology in Eighteenth Century Britain, London 1977.
114 Vgl. zur badischen Politik im Vormärz weiterhin Leonhard Müller, Badische Landtagsgeschichte, 4 Bde., Berlin 1900–1902; ders., Die politische Sturm- und Drangperiode Badens 1840–1850, 2 Bde., Karlsruhe 1905/06; aus der neueren Literatur etwa Norbert Deuchert, Vom Hambacher Fest zur badischen Revolution, Stuttgart 1983; Manfred Hörner, Die Wahlen zur badischen zweiten Kammer im Vormärz (1819–1847), Göttingen 1987.
115 Rede zur Verleihung einer „Bürgerkrone" an den liberalen Abgeordneten Johann Adam v. Itzstein in Karlsruhe, in: Heidelberger Journal Nr. 55, 25.8.1842, 221f.

genannte Gruppe beitrug.[116] Deren Gesinnung und politische Aktivität war aber, wo ihre soziale Basis das traditionelle handwerkliche Gemeindebürgertum war, eher noch stärker als im gemäßigten Liberalismus Ausdruck eines traditionalen, klassisch-republikanischen Politikverständnisses. Itzstein forderte 1844 sehr zum Unwillen der Regierung seine Mitbürger auf, die Verfassung im äußersten Falle auch mit der Waffe in der Hand zu verteidigen und beschwor damit das Renaissance-Ideal des politisierten Bürgersoldaten.[117] Auch der vormärzliche Radikalismus überwand insofern das alte Paradigma der Politik noch nicht; die „Republik" die er anstrebte, war eher das durch die politischen Bürger konstituierte, freiheitliche und gesetzmäßige Gemeinwesen, mochte an ihm auch ein Monarch beteiligt sein, als der moderne „Volksstaat".[118] Und wie die Revolutionen des 17. und 18. Jahrhunderts zu einem erheblichen Teil aus der Verteidigung von bedroht geglaubten Rechten entstanden, wie insbesondere die Amerikanische Revolution in ihren ersten Phasen auf die Bewahrung der *Rights of Englishmen* und der *British Constitution* in einem Klima weitverbreiteter Furcht vor Verschwörung und Korruption zielte,[119] so war auch die deutsche Revolution von 1848/49 zum Teil eine defensive Revolution, eine „bürgerliche" Revolution noch im Sinne des klassischen Bürgerideals, und insofern die letzte Revolution der Frühen Neuzeit.

V

Noch auf dem Höhepunkt emphatischer Bürgerbegeisterung für das normativ definierte Ziel des guten und freiheitlichen, deshalb republikanischen Gemeinwesens kündigte sich in den 1840er Jahren sehr schnell eine Krise des klassischen Paradigmas der Politik an, die innerhalb von weniger als einem Jahrzehnt, beschleunigt nicht zuletzt durch die Revolution, zu seinem völligen

---

116 Das zeigt am Beispiel Ettlingens John R. Wilson, Seedbed of Protest. Social Structure and Radical Politics in Ettlingen, Grand Duchy of Baden, 1815–1850, Ph.D. Diss. Johns Hopkins Univ. 1981.
117 Auf dem Verfassungsfest 1844 in Ettlingen; GLA 236/15041. – Vgl. z. B. Pocock, The Machiavellian Moment, 199ff.
118 Das wird z. B. in einer Adresse „republikanischer Bürger" aus dem badischen Seekreis vom Mai 1848 sehr gut deutlich (GLA 236/8523).
119 Vgl. außer der bereits genannten Literatur noch John P. Reid, Constitutional History of the American Revolution, Bd. 1, Madison, Wisc. 1987; Gordon S. Wood, Conspiracy and the Paranoid Style: Causality and Deceit in the Eighteenth Century, in: WMQ 39, 1982, 401–441; insbes. aber Bailyn, Ideological Origins.

Scheitern führte. Angesichts von Industrialisierung, Klassenbildung und politischen Konflikten bisher nicht gekannter Intensität war eine umfassende, ethisch begründete Politik als Integrationsklammer einer homogenen Bürgergesellschaft nicht mehr mit der sozialen Realität in Übereinstimmung zu bringen. Der Übergang zu einem neuen Paradigma, zu einer ganz neuen Sichtweise von Politik, Gesellschaft und Wirtschaft bedeutete auch das Ende des klassischen Republikanismus im deutschen Liberalismus. Damit war das Problem aufgeworfen, ob es ähnlich erfolgreich wie in Nordamerika am Ende des 18. Jahrhunderts gelingen würde, den klassischen in einen modernen Republikanismus zu transformieren.

Nirgendwo ist das Ende der traditionalistischen Sichtweise von Politik und Gesellschaft so anschaulich greifbar wie in der allmählichen Neudefinition der Begriffe „Bürger" und „Bürgertum". Ihre Bedeutung wurde unsicher, die Zeitgenossen missverstanden sich geradezu, bis die neuen Bedeutungen sich schließlich durchgesetzt hatten. Der Bürgerbegriff wurde von einer politischen zu einer sozialökonomischen Kategorie, von einer universalistischen zu einer partikularen, er meinte nicht mehr den politischen Bürger im aristotelischen Sinne, sondern den Angehörigen einer bestimmten sozialen Klasse. Entsprechend verlor „Bürgertum" seine Bedeutung als ethisch-politischer Eigenschafts- und Tugendbegriff im Umfeld von „Gemeinsinn" und „Bürgertugend"; es wurde in diesem Sinne am Ende der 1840er Jahre weniger benutzt und schließlich nicht mehr verstanden: Bürgertum wurde zu einer Bezeichnung für eine soziale Klasse neben anderen und häufig synonym mit *Bourgeoisie* verwendet. Mit diesem Zusammenbruch des antikisierenden Bürgerideals verlor die gesamte normative Politik ihre Überzeugungskraft.[120]

Während auf dem badischen Verfassungsfest von 1843 zahlreiche Redner das „Bürgertum" als Eigenschaftsbegriff des politisch interessierten Bürgers beschrieben, wurden die Zuhörer in Mannheim von dem Liberalen Juristen Eller mit einem „Hoch auf das Bürgerthum" konfrontiert, der mit dem Bürgertum eine soziale Gruppe meinte: den „Vertreter des Fortschritts, der naturgemäßen Entwickelung, so wie in anderen Zeiten andere Stände deren Vertreter waren".[121] Es war wohl kein Zufall, dass dieses neue Verständnis zuerst in der größten und sozialökonomisch am weitesten entwickelten Stadt des Großherzogtums Baden

---

120 Die hier skizzierte Transformation des Bürger- und Bürgertumbegriffes ist bisher noch nicht beschrieben worden, auch nicht bei Riedel, Art. Bürger. Vgl. aber Koselleck u.a., Drei bürgerliche Welten. – Es kommt mir hier und im Folgenden besonders darauf an, die Bedeutungsverschiebung dieser Begriffe *in ihrem politisch-sozialen Kontext* (und nicht primär an einer Zitatensammlung einiger berühmter Philosophen) aufzuzeigen.
121 Mathy (Hg.), Verfassungsfeier, 29–31, hier 29; die folgenden Zitate 30, 31.

artikuliert wurde, aber Eller meinte andererseits mit dem Bürgertum noch nicht die Bourgeoisie; sein Begriff behielt ständische, stadtbürgerliche Konnotationen ebenso wie Anklänge an die klassisch-politische Bürgertheorie, denn zur Gruppe des Bürgertums gehörten jene, die „nach dem Ziele des wahren Gemeinwohls" strebten und „für die heiligsten Güter der Menschen, für Freiheit in Schrift und Wort" kämpften.

Wenige Jahre später bezeichnete „Bürgertum" bereits öfter das *besitzende* Bürgertum, und damit ging ein Riss durch den Liberalismus. Nachdem die „Mannheimer Abendzeitung" im November 1847 den Wahlsieg des gemäßigt-liberalen Abgeordneten Helmreich in Heidelberg mit den Worten begrüßt hatte, „die Sache des freien Bürgerthums" habe gesiegt, und dabei das Wort im alten, politischen Sinne benutzte, kritisierte sie wenige Tage später verständnislos, dass eben dieser Abgeordnete in einer Dankrede an die Wahlmänner zugesichert hatte, er werde im Landtag „die Rechte des einsichtsvolleren, besitzenden Bürgerthums vertreten".[122] Hier war es der linke Flügel des Liberalismus, der am klassischen Bürgerbegriff festhielt, aber er gab gleichzeitig seiner Wahrnehmung von Klassenunterschieden dadurch Ausdruck, dass er *Bourgeoisie* im pejorativen Sinne als Bezeichnung für die Besitzbürger einsetzte (die früher oft unspezifischer „Geldsäcke" geheißen hatten), was die gemäßigten Liberalen wiederum mit sei es gespieltem, sei es echtem Unverständnis zurückwiesen, indem sie sich auf den rechtlichen Begriff des Stadtbürgers zurückzogen: „Man fragt erstaunt: Wer ist die Bourgeoisie? Gehören Brentano und Sachs[123] nicht zu derselben? Beide sind nämlich hiesige [sc. Mannheimer; P.N.] Bürger. Überhaupt besteht die ganze Einwohnerschaft teils aus hiesigen Bürgern, teils aus fremden, welche anderwärts Bürger oder Bürgerkinder sind. Wer gehört nun zu den Bourgeois und wer nicht?"[124]

Der konstitutionelle Liberalismus lernte aber sehr schnell, sich als „Partei des Bürgerthums"[125] zu definieren und damit weder ein Eintreten für Bürgertugend noch eine Parteinahme im alten Sinne zu meinen, sondern „die große Partei der Mittelclassen", die eine unter mehreren legitimen Interessengruppen

---

122 Mannheimer Abendzeitung Nr. 322, 25.11.1847, 1285; Nr. 325, 28.11.1847, 1297; vgl. weiter die sich daran entzündende Diskussion in Nr. 327 (30.11.) und Nr. 331 (4.12.1847).
123 Zwei Landtagsabgeordnete vom linken Flügel, die in der „Mannheimer Abendzeitung" gegen die „Bourgeoisie" gewettert hatten.
124 Deutsche Zeitung Nr. 149, 29.5.1848, 1188. – Vgl. auch Mannheimer Morgenblatt Nr. 111, 10.5.1846, 615.
125 Mannheimer Journal Nr. 38, 14.2.1849, 149; das folgende Zitat ebd. – Dieser Begriff von Bürgertum wurde von den Zeitgenossen häufig als Übersetzung des französischen „Bourgeoisie" eingeführt; vgl. z. B. (Augsburger) Allgemeine Zeitung Nr. 253, 2.6.1847, 1220.

einer heterogenen Gesellschaft und dabei vor allem auf die Durchsetzung solcher Ziele ausgerichtet war, die sich aus einer spezifischen *sozioökonomischen* Lage ergaben. In Mannheim bildete sich 1846/47, unterstützt vor allem von Beamten und einem Teil der Großkaufleute, die konservative Partei der „Bürger im engeren Sinne":[126] Ihre Selbstbezeichnung verweist darauf, dass nun nicht mehr all jene, die sich für das Gemeinwesen engagierten, Bürger heißen sollten, sondern der Begriff, eben „im engeren Sinne", das Besitz- und Bildungsbürgertum und seine besonderen politischen, aber zunehmend auch ökonomischen Interessen meinte. Damit wurden nicht nur neue politisch-soziale Grenzen geschaffen, sondern auch alte aufgehoben. Der Gegensatz zwischen „Bürgern" als freiheitsliebenden *cives* und „Beamten" als prinzipiell korrupten Gegnern der Freiheit löste sich am Ende der 1840er Jahre semantisch und sozial auf,[127] die Beamten gehörten als Teil des (Bildungs-) Bürgertums zu der neuen *sozialen* Elite. Deutlicher hätte der Abschied von dem alten partizipatorischen Bürgerideal kaum sein können. Den Bürgern gegenüber standen neue sozialökonomische Klassen, deren Bezeichnungen zu finden sich die zeitgenössische Debatte in der Übergangszeit manchmal nicht leicht tat. „Bauern" sollten nun nicht länger „Bürger" sein,[128] und den neuen Bürgern wurden, zunächst unsicher noch, „denn wir Alle sind Arbeiter", die nichtbesitzenden Lohnarbeiter in Industrie und Handwerk gegenübergestellt.[129] Die Revolution beschleunigte insofern eine völlig neue Selbstwahrnehmung der Gesellschaft – in den 1850er Jahren war der alte, normative Bürgerbegriff schon praktisch unbekannt geworden. Wilhelm Heinrich Riehl unterschied in seiner 1851 zuerst erschienenen Studie über „die bürgerliche Gesellschaft" Bauern, Aristokratie, Bürgertum und vierten Stand.[130]

Dass Riehl seine Strukturanalyse der Gesellschaft unter dem Titel „Die bürgerliche Gesellschaft" erscheinen ließ, weist zugleich auf den endgültigen Sieg der Hegelschen Konzeption der bürgerlichen Gesellschaft als dem politikfernen System der Bedürfnisse über die klassische Vorstellung der Identität von Staat

---

126 Vgl. dazu Nolte, Gemeindebürgertum und Liberalismus in Baden.
127 Vgl. z. B. noch den liberal-konservativen Wahlaufruf im Heidelberger Journal Nr. 91, 2.4.1846, 393: „Man hat euch gesagt: Wählet keine Staatsdiener, sondern Bürger. (...) Wir sagen euch: Wählet Bürger, seien sie Staatsdiener oder Fabrikherren, Gewerbsleute oder Landbauer, ...".
128 Damit setzt sich z. B. explizit auseinander: Der Volksführer Nr. 37, 13.2.1849, 145.
129 Aufruf des Landesausschusses des vaterländischen Landes-Vereins in Baden an das badische Volk; Beilage zum Mannheimer Journal Nr. 39, 15.2.1849; und Aufruf des Vaterländischen Vereins Mannheim „An die Arbeiter"; ebd. Nr. 97, 25.4.1849.
130 Wilhelm Heinrich Riehl, Die bürgerliche Gesellschaft, Stuttgart 1851 u.ö. Für den konservativen Riehl war Bürgertum allerdings eher „Bürgerstand" als bürgerliche Klasse.

und Bürgergemeinschaft hin.[131] Damit verlor die umfassende Lehre von der Politik als praktischer Philosophie in Deutschland ziemlich genau in der Mitte des 19. Jahrhunderts in doppelter Hinsicht ihre Gültigkeit. Einmal vermochte sie Theorie und Praxis der Politik nicht mehr zu integrieren. Die praktische Politik besaß keine normative Fundierung mehr, die „Tugenden" von Bürgern und ihr Interesse am „guten" Staat wurden irrelevant, politisches Handeln konstituierte sich, auf diesen vielzitierten Begriff brachte es Ludwig August von Rochau 1853, als „Realpolitik".[132] Die theoretische Reflexion über Politik etablierte sich unabhängig davon als empirische Analyse von Herrschaftsphänomenen nach dem Muster einer modernen Erfahrungswissenschaft, die das ethische Ziel einer guten Verfassung prinzipiell nicht mehr interessierte.[133]

Zum anderen konnte die Politik nicht mehr die Integration von Herrschaft, Gesellschaft und Wirtschaft leisten und verlor damit auch ihre Leitfunktion für die Regulierung menschlichen Zusammenlebens. Der wirtschaftliche und überhaupt der private „Eigennutz" konnte nicht mehr moralisch disqualifiziert werden, die Gesellschaft konstituierte sich als Wirtschaftsgesellschaft, auf den klassischen Primat des Politischen folgte der Primat des Sozioökonomischen. Karl Marx überspitzte insofern nur die Wahrnehmung vieler Zeitgenossen um 1850, wenn er „die moderne Staatsgewalt" als den „Ausschuß, der die gemeinschaftlichen Geschäfte der ganzen Bourgeoisklasse verwaltet", bezeichnete.[134] In einer 1850 anonym erschienenen Schrift ließ Carl Friedrich Schöchlin führende Gestalten des vormärzlichen badischen Liberalismus wie Rotteck, Duttlinger und Ludwig Georg Winter in einem fiktiven Gespräch Rückschau auf die vergangenen zwanzig Jahre halten – bezeichnenderweise in den „elysäischen Feldern", denn die politische Vorstellungswelt und soziale Erfahrungswelt der Protagonisten gehörte in der Tat unwiderruflich der Vergangenheit an. „Das sociale Element hat leider dem rein politischen den Rang abgelaufen", bedauerte Rotteck hier, und Duttlinger ergänzte: „Es ist ihm über den Kopf gewachsen, und hat ihm dann den Hals gebrochen."[135] Das Scheitern der klassischen Politik an den sozialen Konflikten des 19. Jahrhunderts brachte Schöchlin damit in faszinierender Unmittelbarkeit zum Ausdruck.

---

131 Vgl. auch Gall, Bürgertum in Deutschland, 329f.
132 Vgl. Ludwig August v. Rochau, Grundsätze der Realpolitik, angewendet auf die staatlichen Zustände Deutschlands (1853), hg. v. Hans-Ulrich Wehler, Frankfurt 1972.
133 Vgl. erneut Habermas, Die klassische Lehre von der Politik; Hennis, Politik und praktische Philosophie.
134 Im „Manifest der Kommunistischen Partei"; hier zit. nach Karl Marx u. Friedrich Engels, Studienausgabe, hg. v. Iring Fetscher, Bd. 3, Frankfurt 1966, 61.
135 Anon. (= Carl Friedrich Schöchlin), Adolph Sander. Ein politisches Gespräch aus den elysäischen Feldern über badische Zustände der Gegenwart, Karlsruhe 1850, 11.

An den sozialen und politischen Konflikten der 1840er Jahre scheiterte auch das liberale Konzept der „parteilichen Einparteilichkeit" einschließlich ihrer Grundlage, der Vision einer in politischer wie sozialökonomischer Hinsicht homogenen Gesellschaft. Indem aus der „klassenlosen Bürgergesellschaft" die „bürgerliche Klassengesellschaft" wurde,[136] konnte es nicht mehr das objektive „Gemeinwohl" geben, dem nachzueifern die „Partei" der „Bürger" konstituierte. Der Liberalismus wurde zur Klassenpartei und zur Klassenideologie, obwohl er gerade in Deutschland und gerade in den Kommunen noch lange an der Idee des überparteilichen Gemeinwohls festhielt. Zur reinen bürgerlichen Interessenpolitik mochten sich die Liberalen in Deutschland, das war eine langfristige Nachwirkung ihrer traditionalen Wurzeln, auch im späten Kaiserreich nur ungern bekennen.

Nicht zuletzt markiert die Mitte des 19. Jahrhunderts den endgültigen verfassungstheoretischen Übergang im Verständnis von „Republik" und „Demokratie". Auch in der bürgerlichen Alltagswelt der Gemeinden, wo sie noch lange im Sinne der antiken Verfassungstheorie als freiheitliches Gemeinwesen bzw. als unmittelbare, nicht repräsentative Volksherrschaft verstanden worden waren, nahmen sie nun die modernen Bedeutungen an, die wie bei der Transformation des Bürgerbegriffs von den Zeitgenossen zunächst missverstanden werden konnten. „Demokratie" erforderte jetzt nicht mehr die direkte Partizipation, die Versammlung auf dem Marktplatz, sondern konnte die Herrschaft des Volkes durch gewählte Repräsentanten einschließen, die nun ihrerseits nicht mehr als „Stände" oder „aristokratisches Element" in der Verfassung begriffen wurden. Die Umformung des Republikbegriffs wurde besonders stark durch die Revolution beschleunigt: Der vormärzliche „Erfahrungsrepublikanismus" in den Gemeinden war vor die Alternative gestellt, sich entweder dem modernen, „dogmatischen" Republikanismus anzuschließen – und damit zu den Verfassungsfeinden und „roten Republikanern" überzugehen; oder den klassischen Republikbegriff in ein Bekenntnis zur konstitutionellen Monarchie zu überführen. Die heftigen Auseinandersetzungen während der Revolution von 1848/49 über die Staatsform: ob Republik oder konstitutionelle Monarchie?,[137] waren auch deshalb von so großer Intensität und Schärfe, weil man sich über die Bedeutung dieser Alternative erst noch klar werden musste – weniger unter den Akademikern in der Frankfurter Paulskirche, aber um so mehr an der Basis. Hier bewegte sich der Republikbegriff 1848/49 sehr häufig in einem Schwebezustand zwischen seiner

---

136 Gall, Liberalismus und „bürgerliche Gesellschaft", 176ff.; vgl. ders., Bürgertum in Deutschland, 252ff., 337ff., 349ff.
137 Vgl. dazu z.B. Dieter Langewiesche, Republik, konstitutionelle Monarchie und „soziale Frage". Grundprobleme der deutschen Revolution von 1848/49, in: HZ 230, 1980, 529–548.

klassischen und seiner modernen Bedeutung, wie der Sprachgebrauch in Petitionen und in der lokalen Presse zeigt.[138]

Die Überwindung der klassischen Politiktheorie und des klassischen Republikanismus war in Deutschland wie überall ein schmerzhafter Lernprozess. Er traf auch in Nordamerika mit einer Revolution zusammen, die aber erfolgreich war und zum ersten Male überhaupt Republiken im modernen Sinne als legitime Staatsform etablierte. Das Scheitern der deutschen Revolution 1848/49 hatte gravierende Belastungen für den Republikanismus in Deutschland zur Folge. In seiner Rechts- und Staatslehre nannte Friedrich Julius Stahl zu Anfang der 1850er Jahre zwar „die Verfassung der Gemeinde ... im Allgemeinen republikanisch, weil es sich bei ihr doch zuletzt bloß um Interessen der Menschen, nicht um eine höhere sittliche Ordnung" wie beim Staat handelte, doch war dieser Republikbegriff so vollständig entpolitisiert, dass er weder die klassische Bürgergemeinschaft noch den demokratischen Repräsentativstaat meinte.[139] „Die Bürgerschaften haben allmählig gelernt, ihre städtischen Ideen nicht rücksichtslos auf den Staat zu übertragen", bilanzierte Bluntschli etwa zur selben Zeit, „und nicht deshalb für den Staat die repräsentative Demokratie zu fordern, weil sie derselben in der Stadt bedürfen und gewohnt sind."[140] Diese Abgrenzung wurde in der Tat zu einem wesentlichen Merkmal bürgerlich-liberaler Politik in den folgenden Jahrzehnten.

Der klassische Republikanismus hatte auf eine Bürgergesellschaft im weitesten Sinne gezielt – nach 1850 hatte die Republik als Staatsform in der neuen Klasse des Bürgertums praktisch keine Anhänger mehr; nur die Arbeiterbewegung favorisierte sie noch. Das Fehlen eines bürgerlichen Republikanismus kennzeichnete die deutsche Geschichte mindestens bis 1918, im Grunde aber bis 1945. Nur im klassischen Sinne war ein Bürgerrepublikanismus im Deutschland des 19. Jahrhunderts erfolgreich. Sein Anknüpfen an antike und frühneuzeitliche Traditionen hat Liberalismus und politische Bewegung bis in die 1840er Jahre gestärkt und gefördert, aber der Erfolg und das lange Überleben dieser Traditionen bedeuteten keinen Vorteil für die Durchsetzung des modernen Republikanismus seitdem.[141]

---

138 Vgl. z. B. die Ansicht eines „schlichten Bürgers" über die Republik im Offenburger Wochenblatt Nr. 19, 25.4.1849, 210.
139 Friedrich Julius Stahl, Rechts- und Staatslehre auf der Grundlage christlicher Weltanschauung, Heidelberg 1856³, 25.
140 J.C. Bluntschli, Art. Bürgerstand, in: ders. u. K. Brater (Hg.), Deutsches Staatswörterbuch, Bd. 2, Stuttgart 1857, 300–307, hier 306.
141 Vgl. zu diesen prekären deutschen Traditionen in längerfristiger Perspektive Paul Nolte, Marktgesellschaft und Republik. Deutschland seit dem 17. Jahrhundert im internationalen Vergleich, in: Manfred Hettling u. a. (Hg.), Was ist Gesellschaftsgeschichte? München 1991, 289–300 (in diesem Band: Nr. 5).

10 Verkürzte Erinnerung?
1849 und die vergessene Hälfte der deutschen Revolution

I

Wie lange scheint es schon her, dass die Erinnerung an die „Revolution von 1848" begangen wurde? Das 150-Jahr-Gedenken hatte sich spätestens im Sommer 1998 erschöpft. Seitdem konnte man in den Zeitungen kaum mehr etwas darüber lesen. Das Interesse der Öffentlichkeit ist so schnell wieder eingeschrumpft, wie es sich im Frühjahr 1998 um die Ereignisse der „Märzrevolution" herum, explosionsartig ausgedehnt hatte, als die Verlage in rascher Folge ihre Revolutionsliteratur in die Buchhandlungen brachten; als in den Tages- und Wochenzeitungen ständig neue Artikel, ja ganze Dossiers über die Revolution erschienen, an die Ereignisse von damals erinnerten und zu dem rechten staatsbürgerlichen Umgang mit ihnen heute mahnten; als die Revolution sogar, zum Beispiel mit der Eröffnung der ihr gewidmeten Ausstellung in Frankfurt am Main, für kurze Zeit den Sprung auf die Fernsehbildschirme schaffte. Der Kalender der öffentlichen Jubiläen ist gut gefüllt, und schnell hat der 50. Jahrestag der Gründung der Bundesrepublik Deutschland die ganze Aufmerksamkeit auf sich gezogen.

Jubiläen neigen dazu, kurzlebig zu sein – über mehrere Monate, gar über Jahre, lässt sich das Interesse von Käufern, von Lesern, von Ausstellungsbesuchern schwerlich aufrechterhalten. Jubiläen suchen das Ereignishafte – für längere historische Entwicklungen fehlt ihnen der Sinn. Die deutsche Revolution von 1848/49 ist ein gutes Beispiel für diese „verkürzte Erinnerung", für die Reduzierung eines komplizierten Ereignisses auf seinen Beginn, auf seine ersten Phasen. Allenthalben sprach und spricht man von „1848" und erweckte damit den Eindruck, die Revolution ließe sich auf dieses eine Jahr beschränken; bei näherem Hinsehen eher noch auf ihr erstes halbes Jahr, zwischen Frühjahr und Herbst 1848. Dass die Revolution damit noch nicht zu Ende war, fiel oft mehr oder weniger unter den Tisch. Denn sie hatte noch eine zweite, weitaus weniger beachtete Hälfte, die sich vom Spätherbst des Jahres 1848 bis in den Sommer des folgenden Jahres 1849 erstreckte – und deshalb ist es eben doch keineswegs falscher Terminplanung zu verdanken, auch mitten im Jahre 1999 an die Revolution zu erinnern und damit besonders an jene Wochen und Monate zwischen April und Juli 1849 zu denken, in denen die Revolution dramatisch zu Ende ging.

Dennoch: „1848 – Chronik einer deutschen Revolution"; „1848 – Revolution in Deutschland", so und ähnlich hieß es nicht nur in den Feuilletons der Zeitungen, sondern in den Titeln wissenschaftlicher Bücher aus der Feder renommierter Universitätshistoriker. Sicher benötigt die historische Erinnerung einprägsame Kurzformeln, und die umständliche Silbenfolge „achtzehnhundertachtundvierzig-Schrägstrich-neunundvierzig" möchte man sich gerne ersparen. Blätterte man aber die Bücher, die Artikel und die Kataloge durch, fand sich diese Verkürzung häufig auch im Inhalt wieder: Der „zweiten Hälfte der Revolution" wurden oft nur noch wenige Seiten gewidmet, als ginge es um nicht mehr als ein trauriges Nachspiel, über das man besser den Mantel des Schweigens breitet. Mehr noch, in dem publizistischen Erinnerungsausbruch des Frühjahrs 1998 konnte man nicht selten die Tendenz registrieren, die Revolution sogar nur auf ihre allerersten Wochen und Monate im Frühjahr 1848 zurückzuschneiden, am liebsten auf den März 1848, als der Ausbruch der Revolution noch ganz frisch war und es nach Tumult, nach Gewalt roch. Man suchte nach einem Punkt, auf den sich die ganze Revolution reduzieren ließ, und fand ihn im Extremfall in einem einzigen Tag, etwa dem 18. März 1848, dem Tag der großen und blutigen Barrikadenkämpfe in der preußischen Hauptstadt Berlin. Am nächsten Tag lebte der König noch und übte sein Amt aus; war also die Revolution nicht im Grunde jetzt schon zu Ende, alles Folgende nur noch Abwicklung einer kurzen, eruptionsähnlichen Geschichte?

Die Motive für eine solche „verkürzte Erinnerung" lassen sich ein Stück weit durchaus nachvollziehen. Das Publikum liebt das Spektakuläre, die Revolution als pure Gewalt, als bewaffneten Putsch; und es blickt auf die großen Staatsaktionen, auf die nationale Politik – also: die Nationalversammlung in der Frankfurter Paulskirche. Zudem steht die Erinnerung an die deutsche Revolution von 1848/49 unter dem Verdikt ihres „Scheiterns". Sie war, gemessen an ihren Zielen, keine erfolgreiche Revolution; die alten Mächte kehrten nach manchen Zugeständnissen in ihre Bastionen zurück. Diese Tatsache hat bereits zeitgenössisch dazu beigetragen, die Revolution als ein möglichst kurzes Ereignis, als den kurzen Ausbruch einiger über die Stränge schlagender Liberaler und Radikaler im kollektiven Gedächtnis abzulegen – als das „tolle Jahr", wie es bald hieß. Die Verkürzung der Erinnerung war also ein Element der Revolutionskritik und der Revolutionsbekämpfung, und gerade deshalb sollte man heute sehr vorsichtig sein, diese unterschwellig immer noch wirksamen Deutungsmuster des antirevolutionären Denkens weiterzutragen.

II

Was hat es mit der verkürzten Erinnerung, was hat es mit der langen Dauer von Revolution auf sich – nicht nur in Deutschland? Werfen wir zunächst einen

Blick über unsere eigene nationale Provinz hinaus. Denn so ungewöhnlich ist diese „verkürzte Erinnerung" nicht; in anderen Ländern, für andere Revolutionen tritt sie sogar noch ausgeprägter hervor. Die russische „Oktoberrevolution" macht das schon begrifflich sofort klar, und man denkt auch an die Französische Revolution, die sich symbolisch in einem Tag, dem 14. Juli 1789, dem Tag des Sturms auf die Bastille, verdichtet und in dieser gewissermaßen konzentrierten Form auch Jahr für Jahr von den Franzosen erinnert wird. Ähnlich ist es in Amerika: Hier übernimmt der 4. Juli 1776, der Tag der Unterzeichnung der Unabhängigkeitserklärung der dreizehn britischen Festlandkolonien gegenüber ihrem Mutterland, eine entsprechende Funktion, und die besonders herausgehobene Feier dieses Tages geht ebenfalls schon auf die zeitgenössische Traditionsbildung und Erinnerungskultur zurück. Man wird sogar sagen können, dass sich das deutsche Streben danach, die eigene Revolution auf den Nenner eines Tages zu bringen, der sich dann bequem zu einem jährlichen Gedenk- oder Feiertag eignen würde, dem Neid auf die anderen Völker verdankt, denen eine solche symbolische Verdichtung der Revolution in einem einzigen Schlüsseltag gelungen ist. Daher die ebenso regelmäßigen wie erfolglosen Vorschläge, den schon erwähnten 18. März oder auch den 18. Mai, den Tag des Zusammentritts der Nationalversammlung in der Frankfurter Paulskirche, zum deutschen Feiertag der Revolution zu erheben.

Aber hier handelt es sich, wie gesagt, um symbolische Verdichtungen. Niemand wird glauben, die Französische Revolution habe mit dem Bastillesturm begonnen und sei danach schon wieder in ihre eigene Nachgeschichte eingetreten. Die Nationalversammlung begann in Paris ihre Arbeit, während gleichzeitig die Revolution die Provinz erreichte: Dort gab es eigene Unruhen; Befürworter und Gegner der Revolution formierten sich. Auf Phasen der Beruhigung folgte wieder eine Zuspitzung der Ereignisse; 1791 floh der König und wurde kurz darauf wieder eingesetzt; im folgenden Jahr stürzte die Monarchie; die Republik radikalisierte sich schließlich zur Konventsherrschaft Robespierres, die aber auch nur bis 1794 dauerte, und so könnte man die Ereignisse weiterverfolgen bis zum berühmten 18. Brumaire, bis zu Napoleon Bonapartes Staatsstreich im November 1799. Hier erst enden die meisten Darstellungen der Französischen Revolution, die übrigens immer häufiger nicht 1789, sondern schon 1787 beginnen, mit dem Zusammentritt der Notabelnversammlung und der Forderung nach Einberufung von Generalständen: Ein Dutzend Jahre Revolution, mit immer neuen Höhepunkten, aber auch ganz unspektakulären Phasen, in denen das Leben für die Mehrheit der Bevölkerung seinen ganz normalen, von Alltagssorgen geprägten Gang nahm – auch das gehört zum Gesicht von „Revolution". Die Amerikanische Revolution erstreckt sich sogar über einen etwa doppelt so langen Zeitraum. Sie begann nach dem Siebenjährigen

Krieg mit den ersten Konflikten, einschließlich gewaltsamer Unruhen, um die britischen Steuergesetze 1765, steigerte sich bis zum Ausbruch eines Krieges zehn Jahre später, in dessen Verlauf die Unabhängigkeit verkündet wurde, und fand ihren Abschluss erst etliche Jahre nach Kriegsende und Friedensvertrag mit der Verabschiedung und Durchsetzung der Bundesverfassung zwischen 1787 und 1789.

Man könnte weitere Beispiele nennen. Man könnte von der Englischen Revolution im 17. Jahrhundert sprechen, die gemeinhin als die erste „moderne" Revolution des Westens gilt, und von der Russischen Revolution, die sich eben nicht auf den Oktober 1917, auf den Staatsstreich Lenins und seiner Bolschewiki gegen die bürgerliche Übergangsregierung reduzieren lässt. Das Ergebnis ist immer: Revolutionen brauchen Zeit. Die historische Forschung hat dies in vielen Fällen erkannt; sie hat zuletzt immer mehr dazu geneigt, wie im Falle Frankreichs, die Revolutionen zu „verlängern" und sie als ein vielfältiges Ereignis hervortreten zu lassen, das ganz unterschiedliche Handlungsebenen und Handlungsorte kennt, das von Aufschwüngen und Abschwüngen gekennzeichnet ist und in dem sich geradezu mehrere „Sub-Revolutionen" sowohl synchron als auch diachron verbinden: sowohl im zeitlichen Nebeneinander etwa von Pariser Elitenrevolution und bäuerlicher Revolte in der Provinz in Frankreich, als auch im zeitlichen Nacheinander. Was früher als die Englische Revolution der 1640er Jahre und als die Glorreiche Revolution von 1688 wie zwei ganz verschiedene Dinge aussah, verbindet sich jetzt zu einem einzigen zusammenhängenden Komplex, den „Revolutionen Englands im 17. Jahrhundert". Und eine neue deutsche Gesamtdarstellung der Russischen Revolution von Manfred Hildermeier trägt die Jahreszahlen „1905–1921" im Titel, sie bezieht also die sonst oft getrennt behandelte bürgerliche Revolution von 1905 ebenso ein, wie sie die Bolschewistische Revolution bis zur Entscheidung im Bürgerkrieg und zur Errichtung der Sowjetunion ausdehnt.

Eine Einsicht und eine Frage ergeben sich daraus für den Blick auf die deutsche (und europäische) Revolution in der Mitte des 19. Jahrhunderts. Die Einsicht: Diese Revolution war geradezu ungewöhnlich kurz, selbst dann, wenn man sie nicht über Gebühr „verkürzt", sondern auch ihren späteren Phasen mindestens bis zum Juli 1849 ihr volles Recht lässt. Was das mit ihrem Scheitern zu tun hat, soll hier einmal offenbleiben. – Und die Frage: Könnte man nicht, müsste man nicht auch in diesem Fall dem Revolutionsbegriff eine noch weitere Fassung geben, so dass jedenfalls ein Teil der gemeinhin als „vorrevolutionär" bezeichneten sozialen Unruhen und politischen Bewegungen aus ihr nicht länger ausgeklammert bliebe? Mindestens müsste dies, bleibt man in der Analogie zu den gerade skizzierten Beispielen, für das Jahr 1847 gelten, für den Höhepunkt der wirtschaftlichen Krise mit ihren vielfachen sozialen Unruhen, und für den damit zeitgleichen Beginn der parlamentarischen Protestformierung – man denke etwa an den preußischen Vereinigten Landtag von 1847.

In den sechziger und siebziger Jahren waren sozialwissenschaftliche Revolutionstheorien sehr beliebt, die mit großem begrifflichen Aufwand, inspiriert von Marxismus, Modernisierungstheorie oder sonstigen Großkonzepten, Ordnung in die historische Vielfalt von Revolutionen bringen, ihre Genese und ihren Verlauf in typisierten Rastern und Schemata ausdrücken wollten. Davon ist nicht allzu viel geblieben. Aber Geringschätzung und Defaitismus gegenüber solchen Versuchen sind gleichfalls fehl am Platze, denn man kann sehr wohl typische Verlaufselemente, typische „Rhythmen" einer Revolution erkennen. So lassen sich etwa, in einem relativ groben, aber doch nützlichen Zugriff vier Phasen unterscheiden, die sich in sehr vielen Revolutionen wiederfinden lassen. Da ist, *erstens*, eine Frühphase, die von den Zeitgenossen meist noch nicht als Revolution erkannt wird, sondern als eine Phase verdichteten Konfliktes und Protestes. Dazu gehört häufig ein ständischer bzw. parlamentarischer Konflikt, ein Konflikt um Repräsentation, insbesondere im Verhältnis zur Monarchie; und eine ökonomische Krise, auf die, oft in der Provinz, mit spontanen, gewaltsamen Protesten und Unruhen geantwortet wird. Die *zweite* Phase ist die des offenen Aufstandes. Jetzt wird den Zeitgenossen die Zäsur bewusst, in der sie stehen. Soziale Proteste und politischer Konflikt verbinden sich; die Mächte der alten Ordnung geraten zum ersten Mal wirklich in die Defensive. Menschen gehen auf die Straße, sie stellen Forderungen auf, sie beginnen sich in Komitees und Vereinen zu formieren. Das ist die Phase des Sommers 1789 in Frankreich, die Phase des Frühjahrs 1848 in Deutschland. Die Herausbildung neuer Institutionen braucht aber Zeit, und der erste Schwung lässt sich nicht beliebig lange aufrechterhalten.

Nun beginnt die *dritte* Phase, in der die Revolution sich „normalisiert", sich „veralltäglicht". Das bedeutet zugleich sehr häufig eine Verfestigung der neuen Formen politischer Legitimität. Die Macht in den Gemeinden wechselt; Wahlen finden statt und werden, einschließlich der Wahlkämpfe, zum Kristallisationspunkt neuer Mobilisierung. Jetzt erst stabilisieren, ja radikalisieren sich auch politisch-ideologische Überzeugungen, die in der zweiten Phase oft noch ganz diffus waren. Das ist zum Beispiel der Grund dafür, warum der Übergang von der Monarchie zur Republik meist erst in dieser späteren Phase wirklich auf die Tagesordnung kommt. Zu dieser dritten Phase gehört häufig auch ein Krieg der Revolution, also nicht Barrikadenkämpfe, sondern der Kampf der Revolution mit Soldaten um ihre äußere Selbstbehauptung, wie er in der Französischen und der Amerikanischen Revolution eine besonders wichtige Rolle spielte (und, nebenbei gesagt, großen Anteil an der erfolgreichen Verpflichtung der ganzen „Nation" auf die Revolution hatte). – Schließlich endet die Revolution in einer *vierten* Phase, die man in Anlehnung an den Sprachgebrauch für die Englische Revolution die Phase des *revolution settlement* nennen könnte. Die Revolution wird „geschlossen". Nicht selten gibt es noch ein Aufflackern sozialer Unruhen, aber im Vordergrund steht die institutionelle Konsolidierung, der Abschluss der Verfassungsbildung, das Abstoßen von allzu radikalen „Auswüchsen" der Revolution, und dadurch auch: eine Einbeziehung ihrer früheren Gegner und Skeptiker. Darin liegt eine gewisse, durchaus typische konservative Wende der Revolution, und so gesehen, ist das „Scheitern" der deutschen Revolution von 1848/49 von dem „eingehegten Erfolg" vieler klassischer Revolutionen vielleicht weniger weit entfernt, als es zunächst scheint.

Was daraus für den deutschen Fall folgt, dürfte deutlich geworden sein, nämlich die Forderung, der zweiten Hälfte, mithin der dritten und vierten Phase der Revolution, der Revolution von 1849 mehr Beachtung zu schenken – und dies nicht nur etwa im quantitativen Sinne einer bestimmten Seitenzahl in Büchern und Aufsätzen, sondern als einer Phase, die ein wesentlicher und nicht wegzudenkender Teil dieser Revolution war. Die Revolution des Jahres 1849 war nicht ein trauriger Epilog, sondern auch eine Phase der Ausweitung, der Stabilisierung der Revolution, eine Phase neuer Aufbrüche und großer Erfolge – freilich am Ende auch großer Rückschläge und Niederlagen.

III

Wo stand die Revolution am Ende des Jahres 1848, was hatte sich bis dahin ereignet, was hatte sie erreicht? Im Frühjahr 1848 hatte sich ein ganzes Panorama verschiedener Handlungsebenen entfaltet; und ohnehin, das war ja eine oft genannte Besonderheit der deutsch-mitteleuropäischen Situation, fand die Revolution nicht nur oder überwiegend in einem einzigen Zentrum statt, sondern bildete verschiedene Schwerpunkte von überregionaler, von „nationaler" Bedeutung aus wie zumal Berlin, Wien und (mit der Nationalversammlung) Frankfurt. Dazu kamen die kleineren Hochburgen, die Hauptstädte und die Aktionszentren der mittleren und kleineren deutschen Staaten und der preußischen Provinzen. In vielen Staaten hatten die sogenannten „Märzministerien" das Regiment übernommen und begannen ein Reformprogramm umzusetzen. Parlamente mussten gewählt werden, vor allem dort, wo es bisher keine konstitutionelle Verfassung gegeben hatte. Im Mai traten sowohl die Frankfurter als auch die Berliner, die preußische, Nationalversammlung zum ersten Mal zusammen. Jetzt mussten Verfassungen beraten werden, und die Revolution kam, im Sommer 1848, zum ersten Mal in ein etwas ruhigeres Fahrwasser. Dazu trug auch bei, dass die Agrarrevolution, die Proteste der bäuerlichen Bevölkerung, die sich vor allem gegen die Restbestände feudaler Zustände auf dem Lande richteten, recht bald zu einem Ende gekommen waren. Die erste Phase der revolutionären Volksversammlungen und des Straßenprotestes war vorbei, auch in den Städten. Hier organisierten sich viele Menschen in Vereinen, und trotz zahlreicher zwischenzeitlicher Verbote ging der Schwung der Vereinsbewegung nicht so schnell verloren. Im Sommer und Herbst gab es überregionale Kongresse, und die Organisierung in politischen Vereinen – vor allem der Konstitutionellen (also der gemäßigten Liberalen) und der Demokraten – bildete ein ganz wichtiges Element der Kontinuität revolutionärer Aktion und Mobilisierung in das Jahr 1849 hinein.

Dann, im September und Oktober 1848, erfuhr die Revolution eine neue Dynamik. Der Protest auf der Straße wurde wieder aufgenommen; lokale Aufstandsbewegungen versuchten an vielen Orten, die Revolution zu radikalisieren. Unterdessen begann die Paulskirche, nachdem die Beratung der Grundrechte mehr als drei Monate in Anspruch genommen hatte, mit den Debatten über die zukünftige Verfassungsorganisation des Reiches: großdeutsch oder kleindeutsch; Republik, Wahl- oder Erbmonarchie? Im Oktober und November folgten dann die großen und blutigen Aufstandsbewegungen in Berlin und Wien, die beide mit einer Niederlage der revolutionären Kräfte endeten: in Wien vor allem durch massive militärische Gewalt bis hin zur symbolträchtigen Erschießung Robert Blums am 9. November; in Berlin, ein wenig subtiler, durch einen Staatsstreich, der über die Auflösung der Nationalversammlung zu der vom König am 5. Dezember oktroyierten Verfassung führte. Österreich, die Habsburgermonarchie, war dadurch beinahe aus der weiteren Revolution ausgeschieden, aber in Preußen standen die Dinge anders: nicht nur, weil die oktroyierte Verfassung wiederum neue Spielräume eröffnete – sie sah immerhin ein Parlament vor, und bald fanden Wahlen statt –, sondern auch wegen der erheblichen regionalen Vielfalt und Eigenständigkeit dieses Staates. Die Entscheidungen in Berlin und Wien waren bittere Rückschläge für diejenigen, die sich von der Revolution einen durchgreifenden und schnellen Wandel erhofften, aber ein Ende der Revolution sah darin niemand. Dafür blieb das Gewicht der Nationalversammlung noch zu stark und vor allem die Unterstützung und politische Dynamik an der Basis. In Mannheim, Köln oder Dresden ließ man sich von den Rückschlägen im fernen Berlin oder gar Wien nicht so schnell irritieren. Die Überzeugung von der Kontinuität und dem schließlichen Erfolg der Revolution war auch am Ende des Jahres 1848 noch groß, auch wenn die Meinungen darüber auseinandergingen, worin ein solcher Erfolg am Ende zu sehen sein würde.

Drei Beispiele aus ganz unterschiedlichen deutschen Regionen können zeigen, wie sich die Revolution von hier aus im Jahre 1849 weiter entwickelte. Das erste Beispiel ist das Großherzogtum Baden im äußersten Südwesten Deutschlands, ein langgestreckter Mittelstaat zwischen Heidelberg und Mannheim im Norden und Freiburg und Konstanz im Süden, der schon im Vormärz durch eine ausgeprägt liberale Gesetzgebung und fortschrittliche Gesinnung seiner Bürger von sich reden gemacht hatte. So erstaunte es niemand, dass Baden sich zu einer der regionalen Hochburgen der deutschen Revolution entwickelte. Das Land war, aufs Ganze gesehen, relativ wohlhabend, aber von der frühen Industrialisierung und dem Fabrikwesen noch kaum berührt, so dass in den meisten kleineren Städten ein traditionelles kaufmännisches, akademisches, teils auch handwerkliches Bürgertum das Sagen hatte. Sich zu den „Liberalen" zu zählen, war hier beinahe selbstverständlich, und bereits im Frühjahr 1848 hatten sich an vielen Orten sogar starke Sympathien für die Republik artikuliert, obwohl man noch nicht so genau wusste, wie ein solcher Staat ohne Fürst funktionieren sollte. Zu einem bewaffneten Aufstand für die Republik waren jedenfalls nur ganz wenige bereit – das hatten die entsprechenden Versuche Friedrich Heckers und Gustav Struves im April und September 1848 gezeigt, die, wenn überhaupt, Anhang nur in Teilen der Landbevölkerung fanden und nach kurzer Zeit in sich zusammenfielen.

Danach blieben spektakuläre Ereignisse lange Zeit aus. Aber die vermeintliche Ruhe täuscht, denn ein etwas genauerer Blick zeigt sehr schnell, dass sich am Ende des Jahres 1848 keineswegs Resignation, Apathie oder gar die Hoffnung auf eine Rückkehr zu den vorrevolutionären Zuständen ausgebreitet hatten. Vielmehr begann jetzt eine außerordentlich dynamische und aktive Phase der badischen Revolution, ihre wahrscheinlich am meisten unterschätzte Phase, die im Mai 1849 wieder in die großen Stränge der nationalen Politik mündete, sich in den Monaten davor jedoch in erster Linie auf die radikale Veränderung der innerstaatlichen Verhältnisse richtete. Die politische Radikalisierung weiter Bevölkerungskreise nahm im Winter 1848/49 sogar noch zu; die Menschen diskutierten, gingen auf die Straße und organisierten sich auch in vorher nicht gekanntem Umfang für die Sache der Revolution in Vereinen. Den Fokus dieser Mobilisierung bildete eine Kampagne für eine innerbadische Verfassungsreform, insbesondere für die Wahl einer „Konstituierenden Versammlung": eines revolutionären Parlamentes, das über eine neue, möglicherweise republikanische Verfassung beraten sollte. Inzwischen hatte die Frankfurter Paulskirche die Beratung der Grundrechte abgeschlossen, im Januar 1849 wurden die Grundrechte für Baden verkündet. In ihnen wurde zum Beispiel der Adel als Stand für abgeschafft erklärt, und solche Bestimmungen gaben allenthalben, auch anderswo in Deutschland, Bestrebungen nach stärker demokratischen Verfassungen, zum Beispiel nach einer Abschaffung oder Umwandlung der adlig dominierten Ersten Kammern der Parlamente, Auftrieb. Das organisatorische Rückgrat dieser Bewegung bildeten die Volksvereine, die auf den radikalliberalen politischen Zirkeln in den einzelnen Gemeinden aufbauten und deshalb in den ersten vier Monaten des Jahres 1849 sehr rasch das ganze Land mit einer flächendeckenden Vereinsorganisation überziehen konnten, deren Ziel sich immer deutlicher auf die – friedliche, legale – Durchsetzung einer badischen Republik richtete.

Zugleich ging die Revolution in der offiziellen staatlichen Politik weiter: in Regierung und Parlament, wo die gemäßigten, die konstitutionellen Liberalen den Ton angaben. Aber auch sie konnten sich dem Druck von unten nicht verweigern; auch sie strebten nach einer reformierten Verfassung, die das konstitutionelle System des Vormärz eindeutig hinter sich lassen sollte. So lag schließlich im April 1849 ein Gesetzentwurf verabschiedungsreif vor, der zwar kein Einkammersystem und keine Republik, aber eine weiter demokratisierte Zweite Kammer und eine Erste Kammer vorsah, die ohne jede ständische Privilegien aus allgemeinen (Zensus-) Wahlen hervorgehen sollte. Aber jetzt überschlugen sich die Ereignisse. Am 11. Mai begann ein Soldatenaufstand in der Festung Rastatt, und zwei Tage später hieß es von Offenburg aus selbstbewusst: „Deutschland befindet sich fortwährend im Zustande voller Revolution". Der Großherzog und die Regierung flohen außer Landes, und der Landesausschuss der Volksvereine übernahm als Provisorische Regierung einer Republik die Macht. Dabei handelte es sich keineswegs um den Putsch einer kleinen Clique: Dieser Machtwechsel fand an der Basis breite Unterstützung und wurde auch in lokalen „Mini-Revolutionen" in den einzelnen Städten und Dörfern nachvollzogen. Vielerorts breitete sich Euphorie aus: „Jetzt geht's los, jetzt haben wir die Republik!" Was eine Republik sein sollte, darüber waren die Vorstellungen immer noch diffus. Aber immerhin fanden jetzt, obwohl der militärische Widerstand von außen gegen diesen radikalen Weg der badischen Revolution von Tag zu Tag stärker wurde, Wahlen zu der lange geforderten „Konstituierenden Versammlung" statt. Aufgrund der äußeren Bedrängung konnte dieses Parlament aber nur noch zu ganz wenigen Sitzungen zusammentreten, dann beendeten, im Juli 1849, preußische Truppen die kurzlebige badische Republik. Diese brutale Intervention blieb für die Bevölkerung im Südwesten ein Trauma, denn eine Mehrheit wäre im Frühjahr und Sommer 1849 wahrscheinlich bereit gewesen, sich auf das Experiment einer Republik einzulassen.

Es ist unbestreitbar: Die Revolution in Baden war ein besonderer Fall; nirgendwo sonst in Deutschland ging die Radikalisierung so weit, nirgendwo sonst fand die Republik eine so breite Unterstützung wie hier. Aber andererseits war die Entwicklung in Baden so besonders wieder nicht. Sie zeigte vielmehr in schärferer Ausprägung Elemente des Revolutionsverlaufs, die auch anderswo für den Ausklang des Jahres 1848 und die erste Hälfte des Jahres 1849 typisch waren: eine vermeintlich ruhigere Phase, unter deren dünner Kruste es aber weiterhin brodelte und gärte; die große Bedeutung von Vereinen der verschiedensten politischen Richtungen; außerdem: das sehr große, von der Forschung in ihrer Konzentration auf die Paulskirche und das Problem der Reichsverfassung häufig immer noch unterschätzte Gewicht der einzelstaatlichen, und in Preußen auch: der provinzialen, Politik. Diese war vor allem auf zwei Brennpunkte bezogen: auf die Wahlen – und die damit verbundene politische Mobilisierung! – einerseits, auf die Frage der Verfassungsreform, die auch zu einer Staatsformfrage werden konnte, andererseits. Zudem spielte die lokale Politik, spielten die Parteikämpfe in den Städten und Gemeinden in dieser Phase der Revolution eine außerordentlich große Rolle. Das zeigt auch das zweite Beispiel, das preußische Rheinland, eine Region, die sich wie Baden schon im Vormärz durch ein waches politisches Interesse und einen bürgerlichen Fortschrittswillen ausgezeichnet hatte, die jedoch in sozialer Hinsicht eine ganz andere Struktur aufwies. Hier dominierte ein Großbürgertum den weit entwickelten Handel und das Bankwesen, die Industrialisierung hielt in manchen Regionen unübersehbar Einzug, und es gab ein dichtes System vergleichsweise großer Städte, aus denen Köln herausragte.

Niemand wäre hier im Winter 1848/49 auf die Idee gekommen zu behaupten, die Revolution sei eigentlich schon vorbei und entschieden – im Gegenteil: Die Bewegung nahm wieder zu, die Polarisierung der Lager wurde stärker. Anlass dafür boten zunächst die im Januar und Februar stattfindenden Wahlen zur Zweiten Kammer der preußischen Nationalversammlung auf der Grundlage der „oktroyierten" Verfassung Preußens, die ja eigentlich der Eindämmung und Schließung der Revolution dienen sollte. Aus diesen Wahlen gingen die Demokraten eindeutig als die Sieger hervor, sie stellten 37 der 61 Abgeordneten der Rheinprovinz. „Es ist der Erfolg der Bemühungen der Führer und Anhänger der Demokratenpartei", kommentierte der Oberpräsident diesen Ausgang bitter. „Dieselben haben in der Presse, in Zeitungen und Flugschriften, in Reisen und Reden eine sehr große und sehr wohlberechnete Tätigkeit entwickelt." Solche und ähnliche Berichte über die große Aktivität der „anarchischen Partei" ziehen sich auch durch die folgenden Monate hindurch; es gab immer einen Anlass für die Demokraten, eine Versammlung abzuhalten, ein Fest zu feiern und auf diese Weise die Anhänger zu mobilisieren und das politische Interesse wachzuhalten. Am 18. März 1849, dem Jahrestag der Berliner Barrikadenkämpfe des Revolutionsbeginns, waren die Demokraten besonders guter Stimmung; sie hielten Bankette ab und zogen in Festzügen durch die Straßen, sie pflanzten Freiheitsbäume und sangen Lieder. In Köln platzte am 19. März der Gürzenich-Saal aus allen Nähten; „republikanische Lieder und Toaste waren der Inhalt des Festes; es galt der ganzen, nicht der halben Revolution, der roten Republik".

Seit dem April 1849 verknüpfte sich dann auch im Rheinland die preußische und provinziale Politik wieder stärker mit der nationalen: Es ging um die Anerkennung und Durchsetzung der Reichsverfassung, während zugleich die preußische Zweite Kammer, die dem König nicht zahm genug war, am 28. April aufgelöst wurde. Dieser erneute Rückschlag ist von den Rheinländern keineswegs resignativ als das Ende ihrer politischen Träume hingenommen worden; er traf ja vielmehr mitten in eine Phase erhöhter politischer Erregung, ja, einer durchaus optimistischen Stimmung, was die Zukunft der Revolution betraf. Auch das gehobene Bürgertum, das hinter der konstitutionellen Monarchie stand, kritisierte die Kammerauflösung und die Politik des preußischen Ministeriums scharf, von den Demokraten und Republikanern einmal ganz zu schweigen. Allen Beobachtern war zu dieser Zeit, im April und Mai 1849, ganz unzweifelhaft, dass die Mehrheit der Bevölkerung im Rheinland die Revolution weitertreiben, jedenfalls nicht der drohenden Reaktion überlassen wollte. Natürlich lässt sich das Scheitern der Revolution, ihr dann doch sehr abruptes Ende – im Rheinland noch im Mai 1849 – nicht leugnen. Aber die Unterstützung für die Revolution blieb bis zum Schluss stark und auch mobilisierbar. Am 8. Mai etwa versammelten sich noch einmal mehrere hundert Vertreter rheinischer Gemeinden in Köln und forderten nicht nur die Anerkennung und Durchsetzung der Reichsverfassung, sondern auch die Entlassung des reaktionären Ministeriums Brandenburg-Manteuffel und eine schleunige Wiedereinberufung des preußischen Parlaments. Die „zweite Hälfte der Revolution" stand im Rheinland in vieler Hinsicht unter dem Eindruck einer vorrückenden Gegenrevolution; aber deren Sieg war lange Zeit noch nicht entschieden. Und vor allem hatte diese Phase der Revolution ihr ganz eigenes Gepräge, als eine Phase der Mobilisierung von Massen, wie sie in den ersten Monaten der Revolution gar nicht gelungen war.

Schließlich, als drittes und letztes regionales Beispiel, das Königreich Sachsen: auch dies eine auffällige Hochburg der Revolution und, wie das preußische Rheinland, eine der ökonomisch am weitesten entwickelten, eine der am meisten industrialisierten und am wenigsten agrarischen Regionen des Deutschen Bundes. In der „kleinen", oft unterschätzten Revolution des Vormärz von 1830/31 war Sachsen Verfassungsstaat geworden. In einer seit 1845 zugespitzten ökonomischen Krise war es schon vor dem März 1848 immer wieder zu Unruhen und Protesten gekommen – auch hier spricht manches dafür, den Beginn der Revolution zeitlich gewissermaßen vorzuziehen. Im Jahre 1848 folgte dann ein durchaus typischer Verlauf: der Auftakt mit einer Protestadresse der Leipziger Stadtverordneten, ein „Märzministerium", kurze Wochen gewalthafter Proteste einschließlich agrarischer Unruhen, dann eine Verstetigung der Revolution in der Formierung von Vereinen und, damit eng verbunden, der Ausdifferenzierung politischer Richtungen. Doch bedeutete das keineswegs, dass die Revolution jetzt „versickerte" oder alles Interesse sich nur noch auf die Ausarbeitung der Reichsverfassung in Frankfurt richtete. Vielmehr nahm der innenpolitische Druck im Herbst 1848 weiter zu und richtete sich, wie anderswo auch, besonders auf die Landtagspolitik. Nachdem zunächst (wie in Baden) die vormärzlichen Abgeordneten, wenn auch als ein „außerordentlicher Landtag", ihre Mandate behalten hatten, fanden im Dezember Wahlen zu einem neuen sächsischen Landtag statt, die mit einer Wahlbeteiligung von 90 Prozent die fortdauernde politische Mobilisierung der Bevölkerung nachdrücklich unterstrichen.

Noch deutlicher war das Wahlergebnis: Die in den „Vaterlandsvereinen" organisierten Demokraten gewannen 66 der 75 Sitze in der Zweiten Kammer. Fast ist man angesichts solcher Zahlen, die keinen Einzelfall darstellten, geneigt zu sagen, dass die Revolution in ihrer Kontinuität und ihrer Radikalisierung „zu erfolgreich" war: zu erfolgreich, um eine „Schließung" der Revolution auf einem verfassungspolitischen *middle ground* zu ermöglichen; so erfolgreich, dass das liberal-konstitutionelle Bürgertum zurückwich und sich zunehmend auf die Seite der konservativen Ordnungsmächte schlug. Ende Februar musste die Regierung, die nach den Wahlen weiter amtiert hatte, zurücktreten; einen Monat später wurde die Verabschiedung der Reichsverfassung in Sachsen mit beinahe einhelliger Begeisterung aufgenommen; und wiederum einige Wochen später brach der Konflikt offen aus, als der König die Kammern auflöste und die Anerkennung der Reichsverfassung verweigerte. Barrikadenkämpfe begannen, der König floh ganz ähnlich wie wenig später der badische Großherzog. Und wie dort zeigt sich bei näherem Hinsehen auch in Sachsen, dass sich diese Phase der Revolution nicht auf die abenteuerlustigen Eskapaden einiger bewaffneter Freischärler oder Barrikadenkämpfer reduzieren lässt – von den zeitgenössischen Verschwörungstheorien, nach denen Demagogen aus dem Ausland die Kämpfe inszeniert hätten, einmal ganz abgesehen. Vielmehr hatte der Dresdner Maiaufstand einen breiten Rückhalt im ganzen Land. Eine Provisorische Regierung formierte sich, die auch von vielen Städten und Gemeinden als rechtmäßig anerkannt wurde. Erst von außen, mit Hilfe preußischer Truppen, wurde die republikanische Revolution in Sachsen gewaltsam, mit vielen Toten und Verwundeten auf beiden Seiten, niedergeschlagen; am 9. Mai 1849 war sie zu Ende.

Auch im Königreich Sachsen verknüpften sich im Frühjahr 1849 also wieder die Handlungsstränge der lokalen und regionalen bzw. einzelstaatlichen Politik mit der „gesamtdeutschen" – was immer das damals heißen sollte; das blieb noch sehr umstritten –, mit der Politik der Provisorischen Reichsgewalt und besonders mit der Verfassungsarbeit der Nationalversammlung in der Paulskirche. Am 28. März 1849 war die Verfassung beschlossen und dann im Reichsgesetzblatt publiziert worden – nun begann der Kampf um ihre faktische Durchsetzung, vor allem um ihre Anerkennung in den Einzelstaaten: ein durchaus typischer Verlauf, wenn wir an das eingangs skizzierte Phasenmodell denken oder, mit einem konkreten Beispiel, an die Durchsetzung der amerikanischen Bundesverfassung seit 1787, die einen komplizierten Anerkennungs- und Ratifizierungsprozess, auch gegen heftige Widerstände, in den einzelnen Staaten der Union durchlaufen musste. Die deutsche „Reichsverfassungskampagne", als deren Bestandteil die republikanischen Aufstandsbewegungen in Baden und Sachsen meist gesehen werden, war sehr wohl erfolgreich: 28 Regierungen erkannten bis Mitte April die neue Verfassung an – nicht allerdings, neben einigen Mittelstaaten wie Bayern, Württemberg, Sachsen und Hannover, die Großmächte Österreich und Preußen. Als der preußische König Friedrich Wilhelm IV. am 28. April 1849 die ihm angetragene Würde eines erblichen deutschen Kaisers voller Verachtung ablehnte, war das Verfassungs- und Reichseinigungsprojekt der Frankfurter Paulskirche definitiv gescheitert. Daran kann es keinen Zweifel geben, auch wenn die Frage erlaubt ist, unter welchen anderen Umständen die Reichsverfassung im Frühjahr 1849 vielleicht doch eine Chance gehabt haben könnte.

In jedem Fall jedoch, darin ist dem Historiker Wolfram Siemann unbedingt zu folgen, war die Aufstandsbewegung für die Reichsverfassung „mehr als Nachspiel oder Episode" – als solche, als ein etwas verspätetes Nachzucken eines eigentlich schon toten Körpers, ist sie nämlich in der Forschung lange Zeit behandelt worden. Mehr noch: Die „Reichsverfassungskampagne" darf auch nicht, wie es teilweise immer noch geschieht, aus dem langdauernden Prozess des revolutionären Geschehens besonders seit dem Herbst 1848, aus der Kontinuität und der Radikalisierung der Revolution an der Basis, in den einzelnen Staaten und Regionen, herausgelöst werden. Deshalb ist ihre eingebürgerte Bezeichnung sogar ein wenig irreführend. Denn in ihr kulminierte genauso, wie wir an den Beispielen gesehen haben, die politisch-soziale „Basisrevolution" mit der jeweiligen einzelstaatlichen politischen Agenda, die im Horizont der damaligen Zeitgenossen ebenso wichtig war wie die „nationale" Politik, auf welche die Historiographie zu lange ihr ganz überwiegendes Augenmerk gerichtet hat. Vereinsorganisation und Parteibildung, Massenmobilisierung und Reformprogramme erreichten im Winter und Frühjahr 1849 einen neuen Höhepunkt, wenn nicht sogar *den* Höhepunkt des gesamten Revolutionsverlaufes überhaupt.

Die deutsche Revolution war in dieser Phase gewissermaßen gespalten, sie entwickelte sich auf zwei Schienen zugleich mit ihrer je eigenen Dynamik weiter: Einerseits sammelte sich die Gegenrevolution, formierten sich die konservativen und reaktionären Kräfte und bauten Bollwerke auf, gegen die am Ende auch die Positionen eines gemäßigten, monarchisch-konstitutionellen

Liberalismus kaum mehr eine Chance hatten. Aber andererseits radikalisierte sich die Revolution noch einmal erheblich, bis hin zu einem qualitativen Sprung ihres politischen Programms: Sie trat in ihre republikanische, in ihre antimonarchische Phase ein. Auch wenn man anerkennt, dass die Machtverhältnisse eindeutig in eine andere Richtung wiesen, sollte man doch nicht unerwähnt lassen, dass in der ersten Jahreshälfte 1849 republikanische Verfassungsmodelle in zahlreichen deutschen Regionen über eine ganz breite, manchmal sogar mehrheitliche Unterstützung in der Bevölkerung verfügten.

Diese politische Chance in den Einzelstaaten war mit der militärischen Niederschlagung der Aufstände in Sachsen, der Rheinpfalz und Baden zwischen Mai und Juli 1849 endgültig begraben, auch wenn die entsprechenden Überzeugungen und Sympathien in der Bevölkerung, unter der Oberfläche harter politischer Repression, teilweise noch lange nachwirkten. Ob die Revolution damit zu Ende war, darüber kann man streiten. Auf der Ebene der nationalen Politik folgten noch einige Episoden, die man im Sinne unseres vergleichenden Phasenmodells als den Versuch eines wenn auch schließlich wiederum gescheiterten *settlement* der Revolution, ihrer Schließung unter Bedingungen des Kompromisses, interpretieren kann. Die Regierungen, die Fürsten der deutschen Staaten machten ihre eigene Reichsverfassung, die sich teilweise eng an die Frankfurter Verfassung anlehnte – der sogenannte „Unionsplan", der bereits am 28. Mai 1849 vorlag, zwei Tage vor der letzten Sitzung der gewählten Nationalversammlung in der Paulskirche. Die gemäßigten Liberalen, die „Konstitutionellen", stellten sich auf einer Versammlung in Gotha hinter diesen Plan; es fanden Wahlen aufgrund dieser Verfassung statt, und am 20. März 1850 trat das aus ihnen hervorgehende Parlament in Erfurt zusammen und nahm ohne weitere Diskussion den Verfassungsvorschlag an. Im Sommer und Herbst 1850 scheiterte auch dieser Versuch: Die alten Institutionen des Deutschen Bundes, nicht zuletzt der Bundestag, nahmen ihre Arbeit wieder auf. Von Preußen und Österreich ausgehend, setzte sich eine offen antirevolutionäre, scharf reaktionäre, ja repressive Innenpolitik durch – das Stichwort der Geschichtsbücher dafür ist der „Vertrag von Olmütz" vom 29. November 1850. Erst da war die deutsche Revolution der Mitte des 19. Jahrhunderts endgültig zu Ende.

IV

Ziehen wir ein kurzes Fazit, und kehren dabei noch einmal zum Ausgangspunkt zurück: zur heutigen Erinnerung der Revolution einerseits, zu dem vergleichenden Blick auf die „erfolgreichen" und „berühmten" Revolutionen und den für sie typischen, langdauernden, in charakteristische Phasen gestaffelten Verlauf andererseits. Eines dürfte in jedem Fall deutlich geworden sein: Die Revolution vor einhundertfünfzig Jahren war nicht nur eine Revolution des Jahres 1848, und erst recht ist sie nicht auf eine kurzfristige, allenfalls einige Wochen dauernde Protest- und Aufstandsbewegung im März und April dieses Jahres zu reduzieren. Die Revolution hatte ihre eigene Dauer, eine langgezogene, vielschichtige Dynamik über mehrere Phasen – auch über „Flauten" hinweg – mindestens bis zum Sommer des Jahres 1849, und gerade darin, nicht in ein paar Barrikadenkämpfen, in Toten und Verwundeten, zeigt sich ihre Qualität und ihre historische Bedeutung als eine „Revolution". Die Bedeutung und die Vielfalt der revolutionären Ereignisse gerade der späteren Phasen zeigen sich erst bei einem Blick auf die Regionen, aber es war nicht ein „nur" regionales Ausklingen der Revolution, auf das man dabei stößt. So wichtig die eigene Stadt, die eigene Provinz, der eigene Staat, so wichtig die Identität als Rheinländer, als Sachse oder Badener den Zeitgenossen damals war, so klar stand ihnen auch der nationale Handlungshorizont vor Augen, der zumal im April und Mai 1849 wieder sehr in den Vordergrund trat, der aber ohne die lokalen und regionalen Mobilisierungsprozesse gar nicht denkbar war.

Aber bleibt es nicht trotzdem richtig, dass die Revolution „eigentlich" schon längst vorher, spätestens im Herbst 1848 mit der großen „Revolutionswende", wie es in der historischen Literatur meist heißt, mit den Siegen der Gegenrevolution unter anderem in Wien und Berlin, verloren, „gescheitert" war? Welchen Erfolg konnte sie im Frühjahr 1849, welchen Erfolg konnte insbesondere die Verfassung der Paulskirche noch haben? Standen im Winter und Frühjahr 1849 noch realistische, das heißt machtpolitisch durchsetzbare Handlungsoptionen offen, die zu einem Erfolg der Revolution gegen die alten Mächte der Monarchie und des Adels, der Bürokratie und des Militärs hätten führen können? Dass die Kräfte der Beharrung am Jahresende 1848 recht gut konsolidiert dastanden, dass die Möglichkeiten für einen Erfolg der Revolution – woran auch immer dieser „Erfolg" gemessen werden sollte – eingeschnürt worden waren, kann und soll gar nicht bestritten werden. Auch wenn das der Fall war, bedeutet es noch lange nicht, dass die Revolution von heutigen Historikern schon im Oktober 1848 im Grunde „abgehakt" werden kann.

Ganz unzweifelhaft: Es ist nicht zuletzt der Ausgang der Revolution, ihr schließliches Scheitern, das sich für die Konstruktion der Erinnerung an sie „verkürzend" auswirkt: Im Lichte dieses Scheitern blickt man auf die früheren Höhepunkte, und es ist eine Art Berufskrankheit der Historiker, immer nach möglichst frühen Indizien für einen Bruchpunkt der Ereignisse zu suchen, bis zu dem sich die Vorentscheidung einer historischen Wende zurückverfolgen lässt. Das ist legitim, aber auch gefährlich. Dass die Revolution, wie Hans-Ulrich Wehler meint, sogar „nur wenige Wochen", im März und April 1848, „realistische

Erfolgschancen" besaß, wird man mit Fug und Recht bezweifeln können. Die andere Blickrichtung ist für Historiker genauso wichtig: nämlich die Frage danach, bis zu welchem *spätesten* Zeitpunkt ein anderer Verlauf der Dinge vielleicht noch möglich gewesen wäre. Denken wir noch einmal an das Bild der gespaltenen, der sich auf zwei Schienen zugleich weiterentwickelnden Revolution: Die Erfolgsaussichten wurden, vielleicht, objektiv geringer, aber die soziale Basis der Revolution verbreitete sich dennoch, und ihre politischen Ziele wurden in vieler Hinsicht, trotz der Kompromisse in der Paulskirche, radikaler. Die Revolution ging wie durch einen Trichter: Sie verengte sich, und gerade dadurch nahm der innere Druck weiter zu.

Es ist bequem, von „1848" zu sprechen, und in den meisten Fällen ist dagegen überhaupt nichts einzuwenden, zumal in der populären Erinnerung, in der auch die Franzosen ihr „1789" und die Amerikaner ihr „1776" haben. Aber es wäre gut, wenn dahinter das Bewusstsein nicht verlorenginge, dass damit nicht ein kurzes, ein sporadisches Ereignis, ein irgendwie erratisches Aufbäumen gemeint ist, das so schnell wieder vorüber war, wie es plötzlich begonnen hatte, sondern wenn ein Bewusstsein, eine „kollektive Erinnerung" für die Revolution als langdauernder Prozess sich bildete. Die eingeschliffenen Sprachregelungen umzustoßen ist ein müßiges Unterfangen, aber man könnte, ja sollte mit sehr viel Recht von der „deutschen Revolution 1847–1850" sprechen, um genau dies zum Ausdruck zu bringen. Das völlige Scheitern der Revolution, von dem man früher sprach, ist von der neueren Forschung unter Hinweis auf viele bleibende Fortschritte und Errungenschaften, nicht zuletzt die Konstitutionalisierung Preußens und das Ende des Feudalzeitalters auf dem Lande, ohnehin relativiert worden. Auch dieses Scheitern trug Züge eines *revolution settlement*, einer in vergleichender Perspektive durchaus typischen „Schließung" der Revolution unter Verzicht auf einige ihrer radikalsten Ziele. Dass aber viele bis zum Schluss auch für diese radikalsten Ziele der Revolution einstanden und kämpften, sollte dann erst recht Anlass sein, diese zweite Hälfte der Revolution nicht zu vergessen.

11 Die Beobachtung des Marktes. Überlegungen zur „moralischen Ökonomie" im 19. Jahrhundert

I

Um 1820 beobachtet der Schriftsteller E.T.A. Hoffmann aus dem Fenster seiner Wohnung am Berliner Gendarmenmarkt regelmäßig das Treiben des Wochenmarktes und verarbeitet seine Wahrnehmungen in der 1822 erschienenen Erzählung „Des Vetters Eckfenster". Der literarische Vetter ist niemand anders als Hoffmann selber, und er berichtet seinem Besucher, während beide gemeinsam aus dem Fenster sehen: „meine Beobachtungen des Marktes (haben mich) in der Meinung bestärkt, daß mit dem Berliner Volk" seit einiger Zeit „eine merkwürdige Veränderung vorgegangen ist": „das Volk hat an äußerer Sittlichkeit gewonnen"; „selbst unter gemeinen Mägden und Tagelöhnern", erläutert Hoffmann diesen Befund, bemerke man nun „ein Streben nach einer gewissen Courtoisie". „Sonst war der Markt der Tummelplatz des Zanks, der Prügeleien, des Betrugs, des Diebstahls"; „sieh, lieber Vetter, wie jetzt dagegen der Markt das anmutige Bild der Wohlbehaglichkeit und des sittlichen Friedens darbietet!" Diese allgemeine Zivilisierung des Verhaltens bis in die Unterschichten hinein ist für Hoffmann nicht nur im Marktgeschehen besonders deutlich ablesbar. Es sind auch die Mechanismen des Marktes selber, welche die neuen Verhaltensstandards – zum Beispiel eine gleichmäßige Höflichkeit sowohl gegenüber Einheimischen als auch gegenüber Fremden – durchgesetzt haben.[1] – 25 Jahre später, der Schauplatz ist nicht mehr Berlin, sondern das Großherzogtum Baden: Auf dem Höhepunkt der ökonomischen Krise des späten Vormärz berichtet ein Beamter am 7. Mai 1847 aus Freiburg, „dass hier allgemein das Gerücht geht, dass man morgen in Folge des unfehlbar eintretenden wiederholten Steigens der Fruchtpreise auf dem Markte einige Unordnungen und Gewalttätigkeiten zu befürchten habe. Es sind an mehreren Orten Drohbriefe gelegt und auch solche dem Stadtdirektor zugesendet worden. Man bezeichnet namentlich einige Mehlhändler und Bäcker als solche, deren Vorräte geplündert werden sollen."[2]

---

1 E.T.A. Hoffmann, Des Vetters Eckfenster (1822), in: ders., Hoffmanns Werke, hg. v. Viktor Schweizer, Bd. 2, Leipzig o.J., 393–419, hier: 415, 417.
2 Bericht an das Badische Ministerium des Innern, 7.5.1847; GLA 236/8492.

Das sind zwei Beobachtungen des Marktes, die gegensätzlicher kaum sein könnten: Einmal zähmt und zivilisiert der Markt die Sitten, das andere Mal wird er zum Ort von Gewaltausbrüchen, wird er zur Gefährdung bürgerlicher Sittlichkeit, die sich durch eine ganz andere Moral des ökonomischen Verhaltens herausgefordert sieht. Diese Kontrasterfahrung ist nicht zufällig; sie durchzieht die Sozialgeschichte des 19. Jahrhunderts ebenso, wie sie die Reflexions- und Ideengeschichte der Ökonomie tief geprägt hat – und zwar weit über das 19. Jahrhundert hinaus. Der amerikanische Sozialwissenschaftler Albert Hirschman hat in einem anregenden Aufsatz über solche „Rival Views of Market Society" nachgedacht. Der „Doux Commerce"-These, nach der Handel und Markt die Sitten verfeinern und die allgemeine Zivilisation befördern, stellt er pointiert die „Self-Destruction"-These gegenüber, der zufolge die gleichen Phänomene die moralischen Grundlagen jeder Gesellschaft zerstören.[3]

Diese beiden Perspektiven sollen der Ausgangspunkt sein, um etwas genauer über das Verhältnis von Moral und Ökonomie vom späten 18. bis zum frühen 20. Jahrhundert nachzudenken. „Moralische Ökonomie": Damit ist im Folgenden also nicht nur ein bestimmter Typus von Normen und Verhaltensmustern sozialer Unterschichten gemeint, wie ihn E.P. Thompsons *moral economy*-Konzept so einflussreich bezeichnet hat[4] – darauf wird später noch zurückgekommen. Vielmehr wird der Begriff in einem weiteren Sinne verstanden, der auf die ethische Regulierung wirtschaftlichen Handelns, seine ethischen Voraussetzungen und Konsequenzen zielt und mithin das „Zivilisierungs-Argument" ebenso mit einschließt. Es geht, mit anderen Worten, um Normen und Ideen, um Diskurse und Mentalitäten, um Hoffnungen und Ängste, die aus der „Beobachtung des Marktes" in einer Zeit resultierten, die gewöhnlich als die Durchbruchphase von Kapitalismus und Marktgesellschaft in Deutschland, in Westeuropa und in Nordamerika charakterisiert wird. Das Herantragen moralischer Standards an das Funktionieren der Wirtschaft war, so die These, keineswegs ein traditionales Relikt, das mit dem endgültigen Durchbruch des Kapitalismus einer abstrakten, nicht-ethischen Ordnung des Marktes Platz machte, wie es sowohl Thompson als auch die *doux commerce*-These nahelegen. Markante Spuren einer moralischen Ökonomie lassen sich vielmehr bis in das

---

3 Albert O. Hirschman, Rival Views of Market Society, in: ders., Rival Views of Market Society and Other Recent Essays, New York 1986, 105–141. Vgl. auch ders., Leidenschaften und Interessen. Politische Begründungen des Kapitalismus vor seinem Sieg, Frankfurt 1980.
4 Vgl. E.P. Thompson, The Moral Economy of the English Crowd in the Eighteenth Century, in: PP 50, 1971, 76–136; dt. Übersetzung: Die ‚sittliche Ökonomie' der englischen Unterschichten im 18. Jahrhundert, in: Detlev Puls u.a. (Hg.), Wahrnehmungsformen und Protestverhalten, Frankfurt 1979, 13–80.

20. Jahrhundert, sogar bis in die Gegenwart, verfolgen, und zwar im Verhalten des „Volkes" ebenso wie in Standards der Mittel- und Oberschichten, in wissenschaftlichen Diskursen ebenso wie in der politischen Kultur.

Über das spezielle Thema hinaus soll damit angedeutet werden, welche Bedeutung einer Ideengeschichte und *Intellectual History* innerhalb der Geschichte des 18. bis 20. Jahrhunderts zukommen kann, und es soll gezeigt werden, welche spannenden Perspektiven eine Ideen- und Kulturgeschichte der Wirtschaft bieten kann, ein Bereich, dem zumal in Deutschland sowohl von der neuen Kulturgeschichte als auch von der Wirtschaftsgeschichte aus bisher wenig Interesse zuteil geworden ist. Dabei kann man, wenn man ein wenig über die Grenzen des eigenen Faches hinausschaut, wichtige Impulse für ein auch historisches Interesse an dem Verhältnis von Moral und Ökonomie, von Kultur und Wirtschaft erkennen. In der Wirtschaftswissenschaft, und bis in die Ratgeber-Literatur für Manager hinein, artikuliert sich seit einiger Zeit ein vermehrtes Interesse an der „Moral" der Wirtschaft;[5] und in theorie- und dogmengeschichtlicher Hinsicht wird nach entsprechenden Vorläufern in der Geschichte des Faches, zum Beispiel in der „Historischen Schule" der deutschen Nationalökonomie, gesucht.[6] Andererseits gibt es eine einflussreiche Tendenz zur Ökonomisierung der Sozial- und Verhaltenswissenschaften, die von den meist auf den „cultural turn" fixierten Geisteswissenschaftlern bisher noch zu wenig wahrgenommen worden ist. Hier werden kulturelle Traditionen und Standards, werden Normen und Ethiken gerade rigoros ausgeblendet; alles menschliche Verhalten lässt sich, so behauptet etwa der einflussreiche amerikanische Ökonom Gary Becker, „ökonomisch" erklären, auf der Grundlage von Modellen des „rational choice".[7]

Doch wir kehren zunächst in die engeren Gefilde der Historiker zurück. Ich werde die beiden schon angedeuteten Argumentationslinien: das Zivilisierungsargument und die klassische *moral economy*-These, nacheinander rekonstruieren und aufeinander zu beziehen versuchen. Nach einer kurzen theoretisch-methodischen Zwischenbilanz skizziere ich einige Entwicklungsschritte der „moralischen Ökonomie" im 19. und frühen 20. Jahrhundert. Dabei steht Deutschland im Vordergrund, aber englische und amerikanische Beispiele werden, nicht zuletzt wegen des dort oft weiter entwickelten Forschungsstandes

---

5 Vgl. z. B. Hans Barbier, Die Moral des Marktes, Wiesbaden 1990.
6 Vgl. z. B. Heino Heinrich Nau, Von der historischen Nationalökonomie zur Wirtschaftswissenschaft. Neuere Forschungsliteratur zur Geschichte der deutschsprachigen Ökonomie 1871–1914, in: NPL 42, 1997, 70–99.
7 Vgl. z. B. Gary S. Becker, Der ökonomische Ansatz zur Erklärung menschlichen Verhaltens, Tübingen 1982.

sowie aus Gründen des internationalen Vergleichs, immer wieder einfließen. Abschließend geht es um einige offene Fragen und Forschungsperspektiven und um das Problem einer *Intellectual History* der Ökonomie.

II

Zunächst also zu jenem Argument, das den Markt lobt und ihm positive moralische Effekte unterstellt, die meistens mit dem Stichwort einer Zivilisierung oder Verfeinerung der Sitten bezeichnet werden, womit geistige Horizonte ebenso gemeint sein können wie Verhaltensregeln und -praktiken und der Bereich der materiellen Kultur. Man kann hier, wie das oft geschieht, Bernard de Mandevilles „Bienenfabel" aus dem Jahre 1714 als einen Anfangspunkt nehmen: Mit der Allegorie des Bienenvolkes versuchte Mandeville zu zeigen, dass „private vices", individuelle und egoistische Interessen dennoch zu einem sittlich wohlgeordneten Ganzen und zu positiven Effekten für das Gemeinwohl der Nation, zu „public benefits", führen müssten.[8] Aber auch im kommerziell am weitesten fortgeschrittenen Nordwesteuropa war eine solche Vorstellung im späten 17. und im 18. Jahrhundert keineswegs unumstritten; gegen sie stand eine einflussreiche Tradition, die im profitorientierten ökonomischen Austausch, im Handel, gerade den schlimmsten Feind moralischen und tugendhaften Verhaltens erblickte, denn Handel führe zu Neid und Betrug, auch zu übertriebenem „Luxus" – ein ganz zentrales Stichwort der Debatte – und vernichte damit, wie zum Beispiel Charles Davenant 1699 schrieb, „virtue and simplicity of manners".[9] Am Ende stehen dann, folgt man der Gedankenführung etwa im Umkreis des „klassischen Republikanismus", wie er von Pocock rekonstruiert worden ist, Korruption und politische Unfreiheit eines ganzen Volkes.[10]

---

8 Bernard de Mandeville, Die Bienenfabel. Oder: Private Laster, öffentliche Vorteile (1714), hg. v. Walter Euchner, Frankfurt 1968. – Zu Mandeville und überhaupt zum Kontext der englischen Debatten im späten 17. und 18. Jahrhundert zwischen „civic humanism" und neuem Liberalismus sehr gut: M.M. Goldsmith, Liberty, Luxury, and the Pursuit of Happiness, in: Anthony Pagden (Hg.), The Languages of Political Theory in Early-Modern Europe, London 1991, 225–251.
9 Charles Davenant, Essay upon the Probable Methods of Making a People Gainers in the Balance of Trade (1699), zit. bei J.G.A. Pocock, The Machiavellian Moment. Florentine Political Thought and the Atlantic Republican Tradition, Princeton 1975, 443. – Vgl. auch Rainer Wirtz, Kontroversen über den Luxus im ausgehenden 18. Jahrhundert, in: JWG 1996/I, 165–175.
10 Vgl. Pocock, The Machiavellian Moment; ders., Virtue, Commerce, and History, Cambridge 1985; David Wooton (Hg.), Republicanism, Liberty, and Commercial Society, 1649–1776, Stanford 1994.

Aber dieses Argument büßte im 18. Jahrhundert auf der britischen Insel mit ihren stürmischen Kommerzialisierungsprozessen doch erheblich an Überzeugungskraft ein. Dabei spielte „das politische Interesse der Nation am Außenhandel", wie es Ernst Schulin vor mehr als dreißig Jahren analysiert hat, eine maßgebliche Rolle bei der Förderung der privaten „moneyed interests" und der intellektuellen und moralischen Rechtfertigung der kaufmännischen Aktivitäten.[11] Nachdem der Ballast des Kameralismus abgeworfen war, konnte die schottische politische Ökonomie und Gesellschaftstheorie in der zweiten Hälfte des 18. Jahrhunderts der *doux commerce*-These, also der Vorstellung von einer die Sitten verfeinernden, die Zivilisation vorantreibenden und überhaupt dem Fortschritt dienenden Wirkung einer auf den Prinzipien des Handels beruhenden Marktgesellschaft, ihre klarste und wirkungsvollste Ausprägung geben. An Adam Fergusons „Geschichte der bürgerlichen Gesellschaft" von 1767 kann man das mühevolle Herantasten an diese Sichtweise sehr schön mitvollziehen; er sprach noch von der „Korruption, wie sie verfeinerten Nationen eigentümlich ist", um diesen alten Nexus dann doch weitgehend aufzulösen.[12]

Mit Adam Smith wurde daraus ein nationalökonomisches Paradigma, aber in der Moralphilosophie hatte auch Montesquieu einige Jahrzehnte früher bereits ähnliche Konsequenzen gezogen: Wo es Handel gibt, herrschen auch milde Sitten, und der Handelsgeist bringt in den Menschen ein elementares Gefühl der „Gerechtigkeit" hervor.[13] Doch wäre es falsch zu meinen, die Entstehung einer „politischen Ökonomie" habe eine Entmoralisierung bedeutet; „Wealth and Virtue" blieben, dafür steht Adam Smiths „Theory of Moral Sentiments" und das hat auch die Forschung in letzter Zeit pointiert herausgearbeitet, eng mitei-

---

11 Ernst Schulin, Handelsstaat England. Das politische Interesse der Nation am Außenhandel vom 16. bis ins frühe 18. Jahrhundert, Wiesbaden 1969. Siehe auch Joyce O. Appleby, Economic Thought and Ideology in Seventeenth-Century England, Princeton 1978 (bes. Kap. 3: The Moral Economy in Retreat, 55–72); Clemens Picht, Handel, Politik und Gesellschaft. Zur wirtschaftspolitischen Publizistik Englands im 18. Jahrhundert, Göttingen 1993.
12 Adam Ferguson, Versuch über die Geschichte der bürgerlichen Gesellschaft (1767), hg. v. Zwi Batscha u. Hans Medick, Frankfurt 1988; das Zitat: Kapitelüberschrift 431.
13 Montesquieu, Vom Geist der Gesetze (1748), hg. v. Kurt Weigand, Stuttgart 1965, bes. 319ff.; vgl. dazu z. B. J.G.A. Pocock, Die Mobilität des Eigentums und die Entstehung der Soziologie des 18. Jahrhunderts, in: ders., Die andere Bürgergesellschaft. Zur Dialektik von Tugend und Korruption, Frankfurt 1993, 60–96, bes. 80ff. – „Gerechtigkeit" ist schließlich auch ein zentraler Wert in Thompsons „moral economy"; und blieb es in der sozialdemokratischen Arbeiterbewegung des 19. Jahrhunderts.

nander verknüpft.¹⁴ Der scharfe Gegensatz zwischen „moralischer" und „politischer" Ökonomie, wie ihn E.P. Thompson unterstellt hat, ist insofern mindestens weit übertrieben, wie Kritiker Thompsons immer wieder gezeigt haben.¹⁵

Hier ist jedoch die Frage wichtiger, welche Bedeutung – erstens – die Vorstellung von der zivilisierenden Wirkung des Marktes im 19. Jahrhundert noch gehabt hat und ob – zweitens – die Idee, der Diskurs überhaupt reale Wirkungen im sozialen Verhalten und in kulturellen Praktiken gezeigt hat, die von Historikern prüfbar nachvollzogen werden können. Albert Hirschman zufolge verschwand die *doux commerce*-Perspektive des Marktes im Übergang zum 19. Jahrhundert,¹⁶ doch kann man das nicht nur ideen-, sondern auch sozial- und kulturhistorisch bestreiten, selbst wenn Hirschmans These für Deutschland möglicherweise mehr zuträfe als für den angloamerikanischen Raum. Für die USA hat Thomas Haskell in einem sehr einflussreichen Aufsatz empirisch zu zeigen versucht, wie der Kapitalismus und eine Mentalität des Marktes im frühen und mittleren 19. Jahrhundert zur Antriebskraft des Abolitionismus, der Bewegung gegen die Sklaverei geworden sind: Zumal in den Nordstaaten, die in diesen Jahrzehnten eine erste wichtige Etappe der „Marktrevolution" durchliefen, veränderten die neuen kommerziellen Umgangsformen den „kognitiven Stil" in Richtung auf eine humanitäre Gesinnung, welche die herkömmlichen Grenzen von Binnen- und Außenmoral in der älteren „Brüderlichkeitsethik" (Max Weber) durchbrach.¹⁷ Das wäre ein Beispiel für konkrete soziale Verhaltensänderungen vor allem der Mittelschichten im Sinne einer „positiven Moralisierung" durch die neue Marktökonomie im 19. Jahrhundert.

---

14 Vgl. bes. Istvan Hont u. Michael Ignatieff (Hg.), Wealth and Virtue. The Shaping of Political Economy in the Scottish Enlightenment, Cambridge 1983; Franz-Xaver Kaufmann u.a. (Hg.), Markt, Staat und Solidarität bei Adam Smith, Frankfurt 1980.
15 Vgl. z. B. Elizabeth Fox-Genovese, The Many Faces of Moral Economy: A Contribution to a Debate, in PP 58, 1973, 161–168; Adrian Randall u. Lorie Charlesworth (Hg.), Moral Economy and Popular Protests: Crowds, Conflicts, and Authority, Basingstoke 2000, 18 (Einleitung der Herausgeber).
16 Vgl. Hirschman, Rival Views, 117–124.
17 Thomas L. Haskell, Capitalism and the Origins of the Humanitarian Sensibility, in: AHR 90, 1985, 339–361, 547–566; die daraus entstandene Kontroverse (einschließlich des ursprünglichen Beitrags von Haskell) dokumentiert Thomas Bender (Hg.), The Anti-Slavery Debate. Capitalism and Abolitionism as a Problem in Historical Interpretation, Berkeley 1992. – Zur „Marktrevolution" u. a. Paul Nolte, Der Markt und seine Kultur, in: HZ 264, 1997, 329–360 (in diesem Band: Nr. 7); Charles G. Sellers, The Market Revolution. Jacksonian America, 1815–1846, New York 1991; Melvyn Stokes u. Stephen Conway (Hg.), The Market Revolution in America. Social, Political, and Religious Expressions, 1800–1880, Charlottesville 1996; darin bes.: Amy Dru Stanley, Home Life and the Morality of the Market, 74–96.

In der englischen Sozialgeschichte des 18. und 19. Jahrhunderts spielt inzwischen das Konzept der *politeness* als eines Verhaltenstyps der Mittelklassen in der kommerzialisierten Gesellschaft eine wichtige Rolle; das verbindet sich wiederum mit einer Kritik an Thompson, der diese neue Mittelklassenkultur zugunsten der Opposition von „Patriziern und Plebejern" vernachlässigt habe.[18] Mindestens ebenso wichtig ist der Begriff des *refinement*, der auf die Zivilisierung des Verhaltens in materieller Kultur und Geschmacksbildung der Mittelschichten zielt, auf eine Aufwertung und Verschönerung des Lebensstils durch (häufig importierte) Konsumgüter wie Möbel, wertvolle Textilien oder Porzellan – und die damit verbundenen sozialen Praktiken bis hin zum sorgfältig inszenierten Tee- oder Kaffeegenuss. Die Marktökonomie stellte diese Dinge in einer ersten „Konsumrevolution" immer breiteren Schichten jenseits von Adel oder Gentry zur Verfügung,[19] aber die „Dinge" waren zugleich Ausdruck einer Veränderung von Normen und Verhaltensweisen oder riefen sie allererst hervor: In der vornehmen Kleidung rauft man nicht; mit der Tasse aus chinesischen Porzellan in der Hand führt man lieber kultivierte Gespräche. Die älteren Vorbehalte gegenüber der moralisch korrumpierenden Wirkung des Luxus lösten sich damit, wie es schien endgültig, auf.

Für die englische, die amerikanische, die französische Geschichte im späten 18. und 19. Jahrhundert kann dieser Zusammenhang inzwischen als gut belegt gelten;[20] für Deutschland fehlen entsprechende Studien, weil sich auch die neuere Bürgertumsforschung – sei es in Bielefeld, sei es in Frankfurt – der Frage nach der materiellen Kultur bürgerlicher Gruppen, nach den Dingen, mit denen sie sich im Alltag umgaben und die für Lebensstil und Verhalten möglicherweise prägend wurden, so gut wie gar nicht gestellt hat.[21] Wo es doch geschah,

---

18 Zur „Politeness": Paul Langford, A Polite and Commercial People. England 1723–1783, Oxford 1989 (bes. Kap. 3, 4).
19 Vgl. Neil McKendrick, John Brewer, J.H. Plumb, The Birth of a Consumer Society. The Commercialization of Eighteenth-Century England, London 1982; John Brewer u. Roy Porter (Hg.), Consumption and the World of Goods, London 1993; Ann Bermingham u. John Brewer (Hg.), The Consumption of Culture. Image, Object, Text, London 1995.
20 Vgl. Richard L. Bushman, The Refinement of America. Persons, Houses, Cities, New York 1992; Leonore Davidoff u. Catherine Hall, Family Fortunes. Men and Women of the English Middle Class 1780–1850, London 1987; Leora Auslander, Taste and Power: Furnishing Modern France, Berkeley 1996.
21 Zum auffälligen Fehlen dieser Aspekte nicht nur in der älteren Politik- und sozialökonomischen Klassengeschichte des Bürgertums im 19. Jahrhundert, sondern auch in der neueren Kulturgeschichte des Bürgertums, siehe z. B. Dieter Hein u. Andreas Schulz (Hg.), Bürgerkultur im 19. Jahrhundert. Bildung, Kunst und Lebenswelt, München 1996; Peter Lundgreen (Hg.), Sozial- und Kulturgeschichte des Bürgertums, Göttingen 2000.

hat man den neuen bürgerlichen Lebensstil, teils unter dem Einfluss der älteren „Feudalisierungsthese", vielleicht zu schnell und zu einseitig als eine Emulation adligen Verhaltens abgetan, statt ihn auf genuin bürgerliche, genauer: auf marktinduzierte Antriebskräfte zurückzuführen. Schon literarische Quellen wie Gustav Freytags „Soll und Haben" deuten an, dass es lohnend wäre, dieser Spur zumal für das Handelsbürgertum im frühen und mittleren 19. Jahrhundert genauer nachzugehen.[22] Und hinsichtlich des deutschen Bildungsbürgertums mag man sich fragen: Lebte Carl von Rotteck in Freiburg eigentlich so spartanisch, so unberührt von einer Verfeinerung des Lebensstils durch Konsumgüter, wie er noch in den 1830er Jahren, ganz auf der Linie der traditionellen Argumente, kritisch gegen den „Luxus" und seine moralische Verderbnis schrieb?[23]

Wir wechseln jetzt die Perspektive und betrachten jenes Argument, jene Denk- und Verhaltensweisen etwas näher, die in der Literatur üblicherweise unter dem Stichwort einer „moralischen Ökonomie" abgehandelt werden. Es geht dabei um solche „Beobachtungen des Marktes", die dieser Institution den moralischen Charakter oder positive sittliche Effekte gerade absprechen wollen und die deshalb eine andere Moral, insbesondere Vorstellungen von „Gerechtigkeit", gegen den Markt in Anschlag bringen – mental, argumentativ, aber nicht zuletzt auch durch soziales Handeln, durch Marktproteste, durch spektakuläre Ausbrüche von Gewalt. Ich erinnere nur kurz an die Intentionen E.P. Thompsons, der das Konzept der *moral economy* um 1970 entwickelt hat und der auch seitdem immer im Zentrum der Weiterentwicklung wie der Kritik dieses Konzeptes stand: Es ging ihm darum, die „crowd riots" des 18. Jahrhunderts als einen bestimmten Typus von Unterschichtenprotest von dem verächtlichen Geruch der bloß „spasmodischen" Aktion zu befreien, sie als gewissermaßen tierischen Reflex auf ökonomische Stimuli zu interpretieren. Gegen den, wie es ihm schien, „ökonomischen Reduktionismus" der damals prosperierenden neoklassischen Wirtschaftsgeschichte wollte er eine Sozialgeschichte – und wir

---

[22] Gustav Freytag, Soll und Haben (1855). Hier tritt die Differenzierung des städtisch-bürgerlichen Lebensstils in der Kaufmannschaft von einem adligen Lebensstil, der eher rustikal als verfeinert ist, deutlich hervor. Aber auch mögliche Rückstände in materieller Kultur und Verhaltensstandards des deutschen Bürgertums gegenüber den englischen Mittelklassen, denen man genauer nachgehen müsste, deuten sich an. – Vgl. für das Handelsbürgertum am Beispiel der Mannheimer Familie Bassermann auch vereinzelte Hinweise bei Lothar Gall, Bürgertum in Deutschland, Berlin 1989. – Siehe auch Ingeborg Cleve, Geschmack, Kultur und Konsum. Kulturpolitik als Wirtschaftspolitik in Frankreich und Württemberg (1805–1845), Göttingen 1996.

[23] Vgl. Carl v. Rotteck, Art. Luxus, Luxusgesetzgebung, in: ders. u. C.T. Welcker (Hg.), Staats-Lexikon, Bd. 8, Altona 1847², 645–657.

würden heute sagen: eine Kulturgeschichte und Anthropologie – des ökonomischen Verhaltens stark machen.

Deshalb versuchte Thompson zu zeigen, wie tief die Lebensmittelrevolten in England während des 18. Jahrhunderts von Legitimationsvorstellungen geprägt waren, von dem Bewusstsein, „traditionelle Rechte und Gebräuche zu verteidigen" und sich dabei auf einen Konsens mit dem Gemeinwesen stützen zu können.[24] Dieser traditionsbestimmte Komplex von Normen und Verpflichtungen wurde nämlich innerhalb des sogenannten paternalistischen Modells durch Gewohnheitsrechte ebenso wie durch staatliches Handeln zugunsten dieser Normen abgesichert. Der seitdem vielzitierte Fixpunkt dieser moralischen Ökonomie war die Vorstellung von einem „gerechten Preis" – konkret vor allem: dem gerechten, dem fairen Brot- und Getreidepreis –, dessen Verletzung durch Agenten des Marktes wie Getreidehändler, Müller oder Bäcker auch gewaltsame, aber letztlich disziplinierte und hochgradig ritualisierte Protest- und Zerstörungsaktionen legitimierte.

Es ist bekannt, wie stimulierend dieses Konzept auf die sozialhistorische Forschung seitdem gewirkt und dabei die zeitlichen und räumlichen Grenzen seines Erfinders gesprengt hat, bis hin zu einer Anwendung auf heutige Probleme der Entwicklungsländer – Thompson selber war gegenüber solcher Übertragung seines Modells eher skeptisch.[25] Dabei sind in der Folge empirischer Forschungen eine ganze Reihe von Präzisierungen und Erweiterungen vorgeschlagen worden, deren systematische Bestandsaufnahme in der letzten Zeit gerade erst begonnen hat.[26] Auch in den britischen Kolonien in Nordamerika spielten Marktregulierung und Preisunruhen eine wichtige Rolle, ohne sich aber auf den *grain nexus* reduzieren zu lassen; dafür kann man hier, besonders während der Revolutionszeit, eine enge Affinität der Unterschichtenökonomie zu solchen politischen und ökonomischen Vorstellungen der Elite erkennen, die von den Moralvorstellungen des „klassischen Republikanismus" gefärbt

---

24 Thompson, dt. Übers. in Puls (Hg.), Wahrnehmungsformen, 15.
25 Zur Übertragung auf die Dritte Welt: vgl. Manfred Gailus u. Thomas Lindenberger, Zwanzig Jahre „moralische Ökonomie". Ein sozialhistorisches Konzept ist erwachsen geworden, in: GG 20, 1994, 469–477, hier 474f., mit dem Hinweis auf Amartya Sen und seine Vorstellung von „food entitlements". – Zu Thompsons eigenem Rückblick auf sein Konzept und als Antwort auf seine Kritiker: E.P. Thompson, The Moral Economy Reviewed, in: ders., Customs in Common, London 1991, 259–351.
26 Vgl. Adrian Randall u. Andrew Charlesworth (Hg.), Markets, Market Culture and Popular Protest in Eighteenth-Century Britain and England, Liverpool 1996; dies. (Hg.), Moral Economy and Popular Protest; Manfred Gailus, Food Riots in Großbritannien, Frankreich und Deutschland. Anmerkungen zu neueren Forschungsergebnissen, in: AfS 30, 1990, 586–604.

waren.²⁷ Dagegen ist immer wieder betont worden, dass in Mitteleuropa, aufgrund der grundsätzlich von Westeuropa verschiedenen politischen, ökonomischen und rechtlichen Voraussetzungen im Heiligen Römischen Reich, Brotunruhen und überhaupt gewaltsame Unterschichtenproteste sehr selten waren und nicht unbedingt in der Kultur einer *moral economy* wurzelten.²⁸

Blickt man jedoch auf das 19. Jahrhundert, dann ändert sich das Bild auch für die deutsche Geschichte: Lebensmittelkonflikte und -proteste waren zumal in der Zeit des Vormärz, und hier wieder besonders in der durch eine letzte Agrarkrise des alten Typs mit ausgelösten Krisensituation der späten 1840er Jahre, an der Tagesordnung. Diese Proteste, ihre Aktionsformen und ihre Motive, sind inzwischen für zahlreiche deutsche Territorien gut untersucht und häufig auch im Hinblick auf eine in ihnen sichtbar werdende *moral economy* der Unterschichten interpretiert worden.²⁹ Die Häufung dieser Unruhen in den 1840er Jahren, also in der Zeit des Durchbruchs der Industriellen Revolution, der Verkehrs- und Kommunikationsrevolution und überhaupt der zunehmenden Durchsetzung kommerzieller und marktgesellschaftlicher Organisationsprinzipien in Mitteleuropa legt die Vermutung nahe, dass wir es hier gegenüber dem früher kommerzialisierten England mit einer Phasenverschiebung zu tun haben.

Allerdings ist in den letzten Jahren auf der Grundlage genauer Fallstudien besonders für die vorrevolutionären Unruhen von 1847 manchmal bezweifelt worden, wie weit sie sich als Ausdruck einer moralischen Ökonomie deuten lassen; oder allgemeiner: ob die Akteure durch normierte Verhaltensmuster, rituelle Disziplin und moralische Legitimitätskonzepte geleitet worden sind.³⁰

---

27 Vgl. Edward Countryman, Moral Economy, Political Economy and the American Bourgeois Revolution, in: Randall u. Charlesworth (Hg.), Moral Economy, 147–165; zum Wandel ökonomischer Mentalitäten und Verhaltensweisen in der Revolution vgl. Paul Nolte, Die Amerikanische Revolution als Bruch des gesellschaftlichen Bewusstseins, in: ZHF 17, 1991, 425–460 (in diesem Band: Nr. 6).
28 Vgl. z. B. Heinz-Dietrich Löwe, Teuerungsrevolten, Teuerungspolitik und Marktregulierung im 18. Jahrhundert in England, Frankreich und Deutschland, in: Saeculum 37, 1986, 291–312; Georg Schmidt, Die frühneuzeitlichen Hungerrevolten. Soziale Konflikte und Wirtschaftspolitik im Alten Reich, in: ZHF 18, 1991, 257–280.
29 Vgl. Hans-Gerhard Husung, Protest und Repression im Vormärz, Göttingen 1983; Rainer Wirtz, „Widersetzlichkeiten, Excesse, Crawalle, Tumulte und Skandale". Soziale Bewegung und gewalthafter sozialer Protest in Baden 1815–1848, Frankfurt 1981; Manfred Gailus, Straße und Brot. Sozialer Protest in den deutschen Staaten unter besonderer Berücksichtigung Preußens 1847–1849, Göttingen 1990.
30 Vgl. bes. ebd.; Christina Benninghaus (Hg.), Region in Aufruhr. Hungerkrise und Teuerungsproteste in der preußischen Provinz Sachsen und in Anhalt 1846/47, Halle 2000.

Häufig scheinen die Hungerunruhen eben doch „spasmodisch" gewesen zu sein: spontan und durch die unmittelbare Not induziert. Doch wird man hier sehr genau regional differenzieren müssen: Während der „spontane" Protest hauptsächlich für das mittlere und östliche Deutschland – von der preußischen Provinz Sachsen bis nach Ostpreußen – belegt ist, spielte die rituelle und moralische Normierung des Marktverhaltens im Süden und Westen Deutschlands wahrscheinlich eine erheblich größere Rolle – dieser Vermutung müsste man genauer nachgehen.

Noch wichtiger scheint es, die Suche nach einer moralischen Ökonomie nicht auf Aktionsformen sozialen Protests oder sogar einen bestimmten Typus von Brotunruhen einzuengen. Weil es die Protestforschung war, die sich das Konzept vor allem angeeignet hat, ist ein zentrales Motiv Thompsons oft aus dem Blick geraten: Es ging ihm um die Rekonstruktion von Vorstellungen, Erfahrungsweisen und Mentalitäten der Unterschichten in der Konfrontation mit der Ökonomie, und der Protest oder Aufruhr ist dabei nur ein besonders spektakuläres, jedoch im Grunde ungewöhnliches und „außeralltägliches" Moment. Begreift man die moralische Ökonomie deshalb stärker als den Gegenstand von Ideen- und Mentalitätsgeschichte, dann kommt ein viel breiteres Spektrum sittlicher Annahmen und ethischer Impulse gegenüber der Wahrnehmung des Marktes in den Blick. Das gilt nicht nur für die Normen und Denkhorizonte der Unterschichten oder des gewerblichen Kleinbürgertums. Auch andere Formen der ethischen Regulierung des Wirtschaftens im Spannungsfeld von kommerzieller Entwicklung und traditioneller sozialer Normierung, zum Beispiel in den Oberschichten, lassen sich dann als spezifische Phänomene einer Moralökonomie begreifen und untersuchen. Man kann dabei an die schon erwähnten Debatten über den Zusammenhang von „Luxus" und Korruption denken, aber auch an das alte Handelsverbot für den Adel, das ebenfalls Ausdruck von Vorstellungen über eine spezifische moralische Verwerflichkeit des Marktes gewesen ist.[31]

Der internationale Vergleich schärft zugleich den Blick für die Erkenntnis, dass die *moral economy* und ihr Protestverhalten nicht schlichtweg „traditionale" Phänomene waren, sondern in der Konfrontation mit der modernen Marktökonomie eigentlich erst entstanden sind. Von der kommerziellen Entwicklung Englands im 18. Jahrhundert war vorhin, als es um das kulturelle *refinement* der Mittelklassen ging, bereits die Rede; die Kritik an E.P. Thompson hat insofern

---

31 Vgl. Barbara Stollberg-Rilinger, Handelsgeist und Adelsethos. Zur Diskussion über das Handelsverbot für den deutschen Adel vom 16. bis zum 18. Jahrhundert, in: ZHF 15, 1988, 273–309.

überzeugend gezeigt, dass während dieser Zeit auch die Unterschichten in weitem Umfang innerhalb eines Geflechts von Marktbeziehungen ökonomisch agierten – produzierten, handelten, sich versorgten. Die *moral economy* erscheint dann nicht als ein traditionales Relikt, sondern, pointiert gesagt, gerade als etwas Neues: als der Versuch, nach der Auflösung einer Subsistenzökonomie Gerechtigkeits- und andere Moralvorstellungen an die sozialen und ökonomischen Funktionsprinzipien des Marktes heranzutragen. Der Protest und die Wertvorstellungen, die ihn anleiteten, waren eine Reaktion auf wahrgenommene Fehlleistungen, auf vermeintlich ungerechtfertigte Zumutungen der neuen Marktökonomie. „Neu" aber war – in England im 18., in Deutschland eher im 19. Jahrhundert – nicht nur der „Markt", sondern auch die „Moral", und der vermeintlich so schroffe Gegensatz zwischen einer moralischen Ökonomie der Unterschichten und der politischen Ökonomie bürgerlicher Eliten in Politik und Wissenschaft löst sich damit wiederum ein Stück weit auf. Das wird in Deutschland besonders deutlich greifbar, wo die Nationalökonomie selber im 19. Jahrhundert einer starken Tendenz zur „Ethisierung" unterlag, worauf gleich noch einmal zurückgekommen wird.

Nicht zufällig hat man in letzter Zeit gerade für das 19. Jahrhundert unabhängig voneinander und für verschiedene Länder Formen einer Moralökonomie der *Produzenten* beschrieben, während Thompsons ursprüngliches Konzept sich ja weitgehend auf die *Konsumenten*-Seite der Interaktion mit dem Markt beschränkt hat. Man kann an die moralisierten Verhaltensmuster von Webern, sei es in England, sei es in Deutschland – zum Beispiel in Schlesien während des Aufstands von 1844 – denken; Adrian Randall hat hier von einer „industrial moral economy" gesprochen.[32] In den USA spielte im 19. Jahrhundert eine sogenannte „small producer ideology" eine wichtige Rolle, zum Beispiel in den agrarischen Protestbewegungen zwischen *Grange* und Populismus; und es ist auffällig, wie ähnlich die Legitimationsmuster und auch die sozialen Feindbilder waren, obwohl es sich hier um die Produzenten, nicht um die Abnehmer, von Brotgetreide und anderen Lebensmitteln handelte: Die Zumutung oder Ungerechtigkeit des Marktes personifizierte sich nämlich auch in diesem Fall in Großhändlern und Vorkäufern, in Mühlenbesitzern und Spekulanten, gegen die ein „gerechter" Getreidepreis verteidigt werden musste.[33] Für Deutschland

---

32 Vgl. Adrian Randall, Before the Luddites: Custom, Community, and Machinery in the English Woolen Industry, 1776–1809, Cambridge 1991; Gailus u. Lindenberger, Zwanzig Jahre, 474; siehe auch Christina v. Hodenberg, Aufstand der Weber, Bonn 1997.
33 Vgl. Robert C. McMath, Jr., American Populism: A Social History, 1877–1898, New York 1993; Steven Hahn, The Roots of Southern Populism: Yeoman Farmers and the Transformation of the Georgia Upcountry, 1850–1890, New York 1983; ders. u. Jonathan Prude (Hg.), The

könnte man an dieser Stelle Überlegungen zur Mentalität des Handwerks und überhaupt zur sozialen und ökonomischen Ideologie des „Mittelstandes" im 19. und frühen 20. Jahrhundert anschließen, aber auch auf die moralische Ökonomie der sozialistischen Arbeiterbewegung hinweisen.

Ein kurzes Fazit: Thompsons Modell der *moral economy* ist mit Recht in vielfacher Hinsicht kritisiert worden. Aber sein Potential ist für die neuere Sozial- und Ideengeschichte noch längst nicht ausgeschöpft. Dazu muss man es freilich öffnen und aus der Begrenzung auf einen bestimmten Typus des Unterschichtenprotests befreien. Dann erscheint die Moralökonomie als Teilaspekt einer umfassenderen „Marktkultur", die sich im Zuge der Kommerzialisierung der westlichen Gesellschaften seit dem 18. Jahrhundert – vermutlich auch in nichtwestlichen, kolonialisierten Gesellschaften – herausgebildet hat.[34] Die beiden Hauptlinien, die ich bisher nachgezeichnet habe: die Vorstellung von einer positiven Moralisierung durch den Markt zum Beispiel im Sinne einer Zivilisierung der Sitten und Umgangsformen, und die Wahrnehmung einer Gefährdung sozialer Moralität durch den Markt, lassen sich dann nicht nur als konkurrierende, sondern auch als komplementäre Deutungsmuster verstehen, welche aus der Beobachtung, aus der intellektuellen und lebenspraktischen Bewältigung des Marktes resultierten und teilweise bis heute ihre Bedeutung nicht eingebüßt haben.

III

An dieser Stelle könnte man die empirische Zwischenbilanz zugleich zu einer Reflexion über Theorien und Methoden nutzen. Wenn die „moralische Ökonomie" auf ein umfassenderes Problem der Vermittlung ökonomischer Funktionsmechanismen einerseits, kultureller Deutungen und Normierungen andererseits

---

Countryside in the Age of Capitalist Transformation: Essays in the Social History of Rural America, Chapel Hill 1985; Sean Wilentz, Chants Democratic: New York City and the Rise of the American Working Class, 1788–1850, New York 1984; weitere Hinweise bei Nolte, Der Markt und seine Kultur. Möglicherweise korrespondierte dem auch in den USA, ähnlich wie in Deutschland, eine Ethisierung in der wissenschaftlichen Ökonomie; vgl. dazu Dorothy Ross, The Origins of American Social Science, New York 1991, z. B. 191, 210; siehe auch William Leach, Land of Desire. Merchants, Power, and the Rise of a New American Culture, New York 1993, z. B. 231ff.

34 Ein ähnliches Plädoyer dafür, *moral economy* als Teil einer modernen „Marktkultur" zu verstehen, bei Randall u. Charlesworth, Einleitung in dies. (Hg.), Moral Economy and Popular Protests, 12–19.

verweist, das unter den Bedingungen der Entfaltung einer modernen Marktgesellschaft besondere Brisanz gewonnen hat, aber sich auch unabhängig davon stellt, dann lohnt es sich, Theorieangebote zu überprüfen, die dieses Problem in einen größeren Kontext rücken. Nur zwei solcher Möglichkeiten sollen stichwortartig angedeutet werden. *Erstens* liegt es nahe, eine Brücke zu Max Webers Konzept von der „Wirtschaftsethik" zu schlagen: also der Vorstellung von ökonomischen Verhaltensstandards, die aus der Weltdeutung großer Religionen – aber man könnte auch allgemeiner sagen: Kulturen oder Zivilisationen – resultieren. In der „Zwischenbetrachtung" seiner religionssoziologischen Abhandlungen hat Weber den Gegensatz zwischen religiöser Brüderlichkeitsethik und den Imperativen des kapitalistischen Marktes pointiert herausgearbeitet.[35] Ein solches Spannungsverhältnis verspüren aber nicht nur Webers weltabgewandte religiöse „Virtuosen", sondern erst recht diejenigen Kaufleute und Handwerker, Bauern und Konsumenten, die tagtäglich im Markt agieren und dennoch nicht darauf verzichten wollen, ihr Handeln an religiösen Normen zu messen oder auf ethische Konsequenzen hin zu befragen. – *Zweitens* könnte man sich fragen, ob die moralische „Beobachtung des Marktes" sich mit konstruktivistischen Ansätzen in der Kultur- und Sozialtheorie – man denke etwa an Niklas Luhmann – verbinden lässt.[36] Der Markt, so träte dann deutlicher hervor, ist nicht nur der Markt der Ökonomen, sondern ein in Beobachtung und Diskurs jeweils gestalteter Entwurf. Er wird damit selber, wie sich das nicht zuletzt wissenssoziologisch herleiten lässt,[37] zum Gegenstand einer *Intellectual History*. Insofern ist es mehr als ein Zufall, dass E.T.A. Hoffmanns Erzählung von der „Beobachtung" des Berliner Marktes 1822 zuerst in einer Zeitschrift mit dem Titel „Der Zuschauer" erschien.

Wie lassen sich die Entwicklungsetappen einer „Moralökonomie" im Verlaufe des 19. Jahrhunderts und in das 20. Jahrhundert weiter verfolgen? Wir fragen also nach den Wandlungen, nach der Transformation der aus dem 18. und frühen 19. Jahrhundert kommenden Vorstellungen und Verhaltensmuster und nehmen den Faden etwa in der Mitte des 19. Jahrhunderts wieder auf. Seit dieser Zeit erweiterte und komplizierte sich die Institution des „Marktes" selber

---

35 Vgl. Max Weber, Die Wirtschaftsethik der Weltreligionen, hier bes.: Zwischenbetrachtung: Theorie der Stufen und Richtungen religiöser Weltablehnung, in: ders., Gesammelte Aufsätze zur Religionssoziologie, Bd. I, Tübingen 1988⁹, 537–573, hier bes. 544ff.; vgl. auch Friedrich H. Tenbruck, Die Rolle der Wirtschaftsgesinnung in der Entwicklung, in: ZGS 124, 1968, 569–585.
36 Vgl. Niklas Luhmann, Die Wirtschaft der Gesellschaft, Frankfurt 1988; Dirk Baecker, Information und Risiko in der Marktwirtschaft, Frankfurt 1988.
37 Vgl. Peter Berger u. Thomas Luckmann, Die gesellschaftliche Konstruktion der Wirklichkeit. Eine Theorie der Wissenssoziologie, Frankfurt 1970.

in ganz entscheidender Weise. Neben den konkreten Markt mit seiner unmittelbaren sinnlichen Erfassbarkeit, zum Beispiel den Wochenmarkt, traten zunehmend abstrakte Güter- und auch Geldmärkte, deren Mechanismen für viele Zeitgenossen zunächst rätselhaft, ja bedrohlich wirkten. Ein gutes Beispiel dafür ist die Abstrahierung von Waren an der Börse und besonders die Einführung von Warentermingeschäften. William Cronon hat für den mittleren Westen der USA eindrücklich gezeigt, welche Lernprozesse es den Farmern, aber auch den Konsumenten etwa seit den 1860er Jahren abverlangte, den Weg des Getreides nicht mehr konkret nachvollziehen zu können; erst recht: Dinge für die Zukunft zu handeln, die auf dem Feld noch nicht einmal gewachsen waren; und das auch noch, ohne dass der Händler eigentlich ein Interesse an der Ware hätte, sondern nur rechtzeitig mit ihrer Hilfe einen Gewinn realisieren wollte.[38]

Wo blieb da die Moral des Brotes? Sie wurde in der Tat noch im späten 19. Jahrhundert vielfach eingeklagt. In den parlamentarischen Debatten des Kaiserreichs über den „Wucher", die Börse und das Verbot des Warenterminhandels kann man diese Ängste und die moralischen Kategorien, mit denen die Zeitgenossen auf die Abstrahierung des Marktes reagierten, sehr anschaulich nachverfolgen.[39] Man könnte deshalb die Hypothese formulieren, dass jedenfalls in Deutschland die Bedeutung ethischer Kategorien in der Bewertung der Wirtschaft zum Ende des 19. Jahrhunderts hin sogar eine höhere Bedeutung gewann; die Moralisierung der Ökonomie diente als Kompensation für noch nicht verarbeitete Fremdheitserfahrungen. Auch Max Webers Abhandlung über „Die Börse" gehört in genau diesen Zusammenhang: 1894 in Friedrich Naumanns „Arbeiter-Bibliothek" erschienen, diente sie vor allem dazu, den Arbeitern die moralische Verwerflichkeit des abstrakten Börsenmarktes auszureden, und nicht zufällig zog Weber dabei den kontrastiven Vergleich mit dem Wochenmarkt einer kleinen Landstadt, also mit der unmittelbar nachvollziehbaren Markterfahrung, heran.[40]

Die in letzter Zeit vielbeachtete Geschichte der Konsumgesellschaft und des Konsumentenverhaltens bietet vielfältige Ansatzpunkte, um das Problem der Moralökonomie weiterzuverfolgen, und interessanterweise finden sich hier

---

38 Vgl. William Cronon, Nature's Metropolis, Chicago and the Great West, New York 1991.
39 Zur Wucherdebatte jetzt sehr gut: Martin H. Geyer, Defining the Common Good and Social Justice: Popular and Legal Concepts of „Wucher" in Germany from the 1860s to the 1920s, in: Willibald Steinmetz (Hg.), Private Law and Social Inequality in the Industrial Age, Oxford 2000, 457–483. Siehe auch schon Fritz Stern, Money, Morals, and the Pillars of Bismarckian Society, in: CEH 3, 1970, 49–72.
40 Max Weber, Die Börse (1894), in: ders., Gesammelte Aufsätze zur Soziologie und Sozialpolitik, Tübingen 2. Aufl. 1988, S. 256–322 (der Wochenmarkt-Vergleich: 260f.).

beide Argumente, die den Ausgangspunkt unserer Betrachtung bildeten, wieder. So ist die „zivilisierende" Wirkung des Handels auch von den Zeitgenossen im späten 19. und frühen 20. Jahrhundert häufiger beschrieben worden. Das moderne städtische Einzelhandelsgeschäft und nicht zuletzt auch das Warenhaus forcierten Verhaltensstandards der Höflichkeit, des zuvorkommenden Verhaltens – so hat es etwa Paul Göhre in seiner Studie über „Das Warenhaus" 1907 gesehen.[41] Die Bedienung der Kunden – „der Reihe nach, ohne jedes Ansehen der Person" wirkte sozial egalisierend.[42] *Politeness* und *refinement* gingen hier noch einmal eine Verbindung ein; die Ästhetisierung der Warenpräsentation unterstützte die Geschmacksbildung und -verfeinerung der Mittelschichten, wirkte aber auch auf ein soziokulturelles „upgrading" der Unterschichten hin. Frauen hatten als Kundinnen und Käuferinnen, aber auch als Verkäuferinnen an der Durchsetzung dieser neuen Verhaltensstandards, wie es scheint, einen besonders großen Anteil.[43]

Auf der anderen Seite spielte der moralisch getönte Konsumentenprotest, über den wir durch die Forschungen von Christoph Nonn oder Martin Geyer viel Neues gelernt haben,[44] in Deutschland vom ausgehenden 19. Jahrhundert bis in die Inflationszeit der 1920er Jahre eine wichtige, früher unterschätzte Rolle; die Ähnlichkeit zu den von Thompson beschriebenen Wertvorstellungen und Verhaltensmustern ist häufig frappierend, ein systematischer Vergleich aber bisher noch nicht durchgeführt worden. Sieht man sich die Teuerungsproteste und Marktunruhen während der Inflation an, findet man Gemeinsamkei-

---

41 Paul Göhre, Das Warenhaus, Frankfurt 1907; vgl. dazu auch Uwe Spiekermann, Basis der Konsumgesellschaft. Entstehung und Entwicklung des modernen Kleinhandels in Deutschland 1850–1914, München 1999, bes. 596–602 („Der Umgang mit dem Kunden"); siehe auch Hermann Heimpel, Die halbe Violine. Eine Jugend in der Residenzstadt München, Stuttgart 1949. – Für ähnliche Entwicklungen bzw. Beobachtungen in den USA um die Jahrhundertwende vgl. William Leach, Land of Desire. Merchants, Power, and the Rise of a New American Culture, New York 1993.
42 Göhre, Das Warenhaus, 44; vgl. auch Heimpel, Die halbe Violine, 28: „‚Wer war jetzt dran?' lautete die neue demokratische, Dienstmädchen und „Gnädige" auf eine Stufe drückende Frage" (über München vor 1914).
43 Auch die Debatte über den Luxus lebte wieder auf, nicht nur bei Werner Sombart. Vgl. Warren G. Breckman, Disciplining Consumption: the Debate about Luxury in Wilhelmine Germany, in: JSH 24, 1991, 485–505; und auch dies war wiederum nicht auf Deutschland beschränkt, vgl. für die USA sehr gut Leach, Land of Desire.
44 Vgl. Christoph Nonn, Verbraucherproteste und Parteiensystem im wilhelminischen Deutschland, Düsseldorf 1996; Martin H. Geyer, Teuerungsprotest, Konsumentenpolitik und soziale Gerechtigkeit während der Inflation. München 1920–1923, in: AfS 30, 1990, 181–215; ders., Verkehrte Welt. Revolution, Inflation und Moderne: München 1914–1924, Göttingen 1998.

ten mit den Protesten des 18. und frühen 19. Jahrhunderts in der Leitvorstellung vom „gerechten Preis"; in der Fixierung auf Brot bzw. Getreide als hauptsächliche Gegenstände der Moralisierung; aber auch, im Hinblick auf die Akteure, in der Stoßrichtung gegen „Wucherer", „Spekulanten" und „Aufkäufer". Zugleich treten wichtige Unterschiede hervor: Der Protest war um 1900 in seinen Formen wesentlich mehr institutionalisiert und organisatorisch, etwa durch die Gewerkschaften, eingehegt; die geordnete Demonstration löste tendenziell – nicht immer! – die wild stürmende Menge ab.[45] Und nicht zuletzt war die Moralökonomie jetzt in neuartiger Weise auf den Staat, auf staatliche Sozialpolitik bezogen; man könnte sogar sagen: Die Moral wurde in die staatliche Sozialpolitik hinein verlagert, die sich die entsprechenden Kategorien einschließlich der Moralrhetorik in der Gesetzgebung, z. B. der „Preistreibereiverordnung", aneignete.[46]

Wenn wir noch einmal einen Schritt in das 19. Jahrhundert zurücktreten, lohnt sich ein Blick auf einen weiteren Strang der ökonomischen Kultur, der Beobachtung und Reflexion des Marktes: den wissenschaftlichen, oder genauer, den in dieser Zeit zunehmend verwissenschaftlichten Diskurs der Nationalökonomie. Die Wissenschaftsgeschichte „boomt" ja zur Zeit; und auf diese Weise ergänzt man die Perspektive der kulturellen Praktiken und der populären Kultur um den Ideenhorizont einer spezifischen Elitenformation, deren Entwürfe überdies nicht zuletzt in Deutschland im 19. und 20. Jahrhundert oft in engster Verbindung mit der staatlichen Wirtschaftspolitik standen. Nachdem im späten 18. und frühen 19. Jahrhundert der Einfluss smithianischer Ideen zeitweise im Vordergrund stand – etwa im Umfeld des Königsberger Kant-Schülers Christian Jakob Kraus[47] –, drängten sich seit der Jahrhundertmitte, teils in Anknüpfung an ältere deutschen Traditionen der kameralistischen Wohlfahrtsökonomie, „ethische" Konzeptionen wieder mehr in den Vordergrund, die den liberalen Marktoptimismus durch sittliche Impulse einzuhegen

---

45 Vgl. allg.: Jürgen Kocka u. Ralph Jessen, Die abnehmende Gewaltsamkeit sozialer Proteste. Vom 18. zum 20. Jahrhundert, in: Peter-Alexis Albrecht u. Otto Backes (Hg.), Verdeckte Gewalt, Frankfurt 1990, 33–57.
46 Dazu sehr wichtig: Geyer, Teuerungsprotest, 198ff. („Moralische Sozialpolitik: Die Wuchergesetze").
47 Vgl. z. B. Hermann Lehmann, Zum Einfluß des „Wealth of Nations" auf die Ökonomen des deutschen Bürgertums. Die ökonomischen Auffassungen des Christian Jakob Kraus, in: JfG 1976/I, 109–131.

und auszugleichen hofften.[48] Einen Höhepunkt erreichte diese Wendung mit der „Historischen Schule" der deutschen Nationalökonomie im Kaiserreich und ihrem sozialpolitischen Ableger, dem „Verein für Socialpolitik" von 1872.[49]

Von hier aus lässt sich eine Linie bis zu den Ordnungsmodellen der „Freiburger Schule" um Alfred Müller-Armack, Wilhelm Röpke und Walter Eucken in den 1930er und 1940er Jahren ziehen.[50] In dem „Ordoliberalismus" der Freiburger kann man den Versuch sehen, den Markt moralisch zu rehabilitieren und gleichzeitig den moralischen Bedenken Rechnung zu tragen, indem sie in die staatliche Regulierung der Wirtschaftspolitik hinein verlagert wurden – Monopolvermeidung, Kartellaufsicht und indirekte Formen der Preiskontrolle sind Stichworte für diese Verstaatlichung bzw. Korporativierung der Moralökonomie, die sich in der „sozialen Marktwirtschaft" der Bundesrepublik außerordentlich folgenreich, und erfolgreich, durchgesetzt hat. Was die sozialen Konflikte, das moralökonomisch motivierte Protestpotential betrifft, bewirkte dieses Konzept dessen konsensuale Einhegung im Wohlfahrtsstaat des 20. Jahrhunderts bzw. im sozialstaatlichen System des neuen westdeutschen Staates.[51] Insofern bestä-

---

48 Vgl. aus der älteren Literatur: Judith Grünfeld, Die leitenden sozial- und wirtschaftspolitischen Ideen in der deutschen Nationalökonomie und die Überwindung des Smithianismus bis auf Mohl und Hermann, Wien 1913; Hans Freyer, Die Bewertung der Wirtschaft im philosophischen Denken des 19. Jahrhunderts, Leipzig 1921; knapp: Harald Winkel, Der Umschwung der wirtschaftswissenschaftlichen Anschauungen um die Mitte des 19. Jahrhunderts, in: Helmut Coing u. Walter Wilhelm (Hg.), Wissenschaft und Kodifikation des Privatrechts im 19. Jahrhundert, Bd. IV, Frankfurt 1979, 3–18; in jüngster Zeit v.a. die Arbeiten von Keith Tribe, Governing Economy. The Reformation of German Economic Discourse, 1750–1840, Cambridge 1988; ders., Strategies of Economic Order. German Economic Discourse, 1750–1950, Cambridge 1995.
49 Zur Ethisierung der Nationalökonomie im Kaiserreich knapp und konzise: Thomas Nipperdey, Deutsche Geschichte 1866–1918, Bd. I: Arbeitswelt und Bürgergeist, München 1990, 665ff.; ferner: Birger P. Priddat, Der ethische Ton der Allokation. Elemente der Aristotelischen Ethik und Politik in der deutschen Nationalökonomie des 19. Jahrhunderts, Baden-Baden 1991; ders., Produktive Kraft, sittliche Ordnung und geistige Macht. Denkstile der deutschen Nationalökonomie im 18. und 19. Jahrhundert, Marburg 1998.
50 Vgl. z. B. Werner Abelshauser, Die ordnungspolitische Epochenbedeutung der Weltwirtschaftskrise in Deutschland: Ein Beitrag zur Entstehungsgeschichte der Sozialen Marktwirtschaft, in: Dietmar Petzina (Hg.), Ordnungspolitische Weichenstellungen nach dem Zweiten Weltkrieg, Berlin 1991, 11–29; ders., Wirtschaftliche Wechsellagen, Wirtschaftsordnung und Staat: Die deutschen Erfahrungen, in: Dieter Grimm (Hg.), Staatsaufgaben, Baden-Baden 1994, 199–232; Keith Tribe, The Genealogy of the Social Market Economy: 1937–48, in: ders., Strategies of Economic Discourse, 203–240.
51 Vgl. exemplarisch: Christoph Nonn, Vom Konsumentenprotest zum Konsens. Lebensmittelverbraucher und Agrarpolitik in Deutschland 1900–1955, in: Hartmut Berghoff (Hg.), Konsumpolitik. Die Regulierung des privaten Verbrauchs im 20. Jahrhundert, Göttingen 1999, 77–112.

tigt der Blick auf die Wissenschaftsgeschichte die These von der sozialstaatlichen Transformation der moralischen Ökonomie. Heute diskutieren Soziologen und Sozialpolitiker wie Martin Kohli aktuelle Probleme der Sozialpolitik wie etwa den „Generationenvertrag" unter dem Leitbegriff der „Moralökonomie"; Kohli knüpft dabei sogar ausdrücklich an E.P. Thompson an.[52] Und mit dem Erbe der im ersten Drittel des 20. Jahrhunderts in Deutschland institutionalisierten Moralität der Wirtschaftsordnung haben wir es bis heute zu tun, wenn es um die Lockerung der Ladenschlusszeiten oder die Aufhebung des Rabattverbotes als eines der letzten Formen ethisch motivierter Preiskontrolle geht.

IV

So führt auch die wirtschaftspolitische Gegenwart wieder auf Probleme einer Kulturgeschichte der Wirtschaft, einer *Intellectual History* der Ökonomie zurück. Gerade in Deutschland weist die „neue Kulturgeschichte" hier Defizite auf, denen man sich zum Beispiel mit Anregungen einer „ökonomischen Anthropologie", mit der Entdeckung des Marktes als einem Gegenstand der Ethnologie und der historischen Kulturwissenschaft widmen könnte.[53] Dabei ist die Verknüpfung von Diskursen der „Elite" einerseits mit den Erfahrungen, Wahrnehmungsmustern, Handlungsweisen des „Volkes" andererseits besonders wichtig – eine moderne Ideengeschichte muss beides umfassen und aufeinander beziehen können. Mit einer Kulturgeschichte des Marktes, mit einer *Intellectual History* der Ökonomie ist jedenfalls interessantes Land für die Geschichtswissenschaft zu erkunden.

---

52 Vgl. Martin Kohli, Moralökonomie und „Generationenvertrag", in: Max Haller u. a. (Hg.), Kultur und Gesellschaft. Verhandlungen des 24. Deutschen Soziologentags 1988, Frankfurt 1989, 532–555. Siehe auch Eckart Pankoke, Arbeit und Kultur: Moralökonomie, Wohlfahrtskultur und Gesellschaftspolitik in Deutschland 1945–1990, in: Robert Hettlage (Hg.), Die Bundesrepublik. Eine historische Bilanz, München 1990, 88–110, hier bes. 88, 108.
53 Vgl. Dieter Groh, Anthropologische Dimensionen der Geschichte, Frankfurt 1992 (bes. Teil I: „Ökonomische Anthropologie"); Wilfried Nippel, Die Heimkehr der Argonauten aus der Südsee. Ökonomische Anthropologie und die Theorie der griechischen Gesellschaft in klassischer Zeit, in: Chiron 12, 1982, 1–39; Mary Douglas, Thought Styles. Critical Essays on Good Taste, London 1996; Craig Muldrew, Zur Anthropologie des Kapitalismus. Kredit, Vertrauen, Tausch und die Geschichte des Marktes in England 1500–1750, in: Historische Anthropologie 6, 1998, 167–199; ders., Interpreting the Market. The Ethics of Credit and Community Relations in Early Modern England, in: SH 18, 1993, 163–183.

Teil III: **Transatlantische Ambivalenzen
im 20. Jahrhundert**

12 Suche nach Gemeinschaft. Amerikanische Intellektuelle und die Krise des Liberalismus in den 1920er und 1930er Jahren

I

Seit 1989 stoßen Fragen einer international vergleichenden Sozialgeschichte des 20. Jahrhunderts in der Geschichtswissenschaft auf zunehmendes Interesse. Der Abstand zu dieser Vergangenheit, die eben noch Gegenwart war, wächst. Zugleich aber suchen diese Debatten unverkennbar nach Erklärungen unserer eigenen Gegenwart in der Geschichtlichkeit des 20. Jahrhunderts. In den Versuchen zu dessen Historisierung erkennt man also immer auch die Umrisse einer neuen Selbstverständigungsdebatte über die historischen Grundlagen unserer eigenen Gegenwart – vergleichbar jenen älteren Auseinandersetzungen über die „industrielle Gesellschaft", ihre Folgen und ihre Bewältigung, die seit den 1950er Jahren im Blick auf die europäischen Gesellschaften seit der Industriellen Revolution der Mitte des 19. Jahrhunderts geführt worden sind.[1]

Die früheren, ihre „Achse" eher im 19. Jahrhundert findenden Deutungen neigten dazu, von einem „Trendmodell" der historischen Entwicklung auszugehen, von einem hegelianischen Konzept der Entfaltung von Geschichte, das sich später auch gut mit den angloamerikanischen Modernisierungstheorien kompatibel machen ließ. Gegen eine solche Deutung aber sperrt sich die Realgeschichte des 20. Jahrhunderts mit ihren Brüchen und Katastrophen, ihren Rückschlägen und mühseligen Neuanfängen. Viele halten es auch gar nicht mehr für erstrebenswert, die Vergangenheit – egal, um welche Epoche es sich handelt – mit solchen Kategorien der Entwicklung aufzuschließen. Dieses Spannungsverhältnis von Kontinuität und Krise, von Evolution und Disruption kann man jedoch intellektuell produktiv zu machen versuchen, indem man nach der Überlagerung von Trends und Krisen im 20. Jahrhundert fragt: Wie setzten sich die gerichteten Prozesse des 19. Jahrhunderts fort? Da sie von den Krisen, Brüchen und Zäsuren offensichtlich nicht völlig aufgehalten werden konnten, wenn man nur an Demokratisierung und Sozialstaatsentwicklung denkt, mit welchen Mechanismen behaupteten sie sich dann in den Krisen und gegen sie? Auf welche Weise fand der „Weltgeist", um es ironisch mit Hegel zu

---

1 Vgl. Werner Conze, Die Strukturgeschichte des technisch-industriellen Zeitalters als Aufgabe für Forschung und Unterricht, Köln 1957.

sagen, auch in einem „Zeitalter der Extreme" (Eric Hobsbawm) auf seinen evolutorischen Pfad zurück? Welche Kräfte also hielten, sieht man es im internationalen Vergleich, die säkularen Trends in manchen Ländern trotz vielfacher Erschütterung auf ihrer Bahn, während diese „Restriktionen" anderswo nicht stark genug waren, Stabilität in der Krise zu gewährleisten? Wie tief musste gesellschaftliche und kulturelle Unsicherheit gehen, um die stabilisierenden Wirkungen der Tradition und des Trends vorübergehend, aber mit zum Teil gravierenden Folgen, außer Kraft zu setzen?

Man kann diese Fragen, und überhaupt das Projekt einer vergleichenden Sozialgeschichte des 20. Jahrhunderts, auf ganz verschiedene Weise in Angriff nehmen. Hier steht ein dreifaches Interesse im Vordergrund. Erstens geht es, in methodologischer Hinsicht, um die Erklärungskraft eines evolutionstheoretischen Modells, welches das Problem von „Trend" und „Krise" in die Vorstellung von evolutionärer „Pfadabhängigkeit", ihrer Variabilität und ihrer Restabilisierung durch gesellschaftliche „Selektoren" zu übersetzen versucht. Zweitens richtet sich das Interesse dabei, methodisch gesehen, bevorzugt auf länderspezifische intellektuelle Entwicklungen und Traditionen im sozialen Kontext. Drittens schließlich geht es, inhaltlich, um das Problem der Entstehung und Durchsetzung des Nationalsozialismus in international vergleichender Perspektive: Wie verhielten sich „Krise" und „Trend" in Deutschland im ersten Drittel des 20. Jahrhunderts zueinander; was waren vergleichbare Krisenphänomene und Krisenerfahrungen in anderen industrialisierten Ländern; und welche Lösungen wurden dort gefunden, die sich trotz bestimmter, ganz auffälliger Affinitäten, denen man mehr als früher Aufmerksamkeit schenken sollte, schließlich doch einer nationalsozialistischen oder faschistischen Krisen-„Lösung" verweigerten?

Eine solche vergleichende oder transnationale Fragestellung stößt schon im europäischen Kontext auf erhebliche Schwierigkeiten. Wozu aber soll es gut sein, *das* demokratische Musterland par excellence, noch dazu von Europa räumlich und seit dem Ersten Weltkrieg auch kulturell in mancher Hinsicht schärfer als zuvor getrennt, im Hinblick auf die Genese des Nationalsozialismus zu betrachten: eine Nation, die in ihrer Geschichte in geradezu klassischer Weise Kontinuität und, wenn man so will, „Trendentwicklung" verkörpert, der die aus Krise und Erschütterung resultierenden politischen Brüche und Zäsuren aber weithin, jedenfalls auf den ersten Blick und in institutioneller Hinsicht, auch im 20. Jahrhundert fehlen? Dagegen stehen jedoch auffällige Parallelen zwischen der deutschen und der amerikanischen Geschichte im ersten Drittel des 20. Jahrhunderts, die eine solche Gegenüberstellung sinnvoll erscheinen lassen. Man kann an die große Wirtschaftskrise seit 1929 denken, unter der die USA und Deutschland wahrscheinlich am meisten litten – so sehr, dass eine politische Reaktion, ein politisch-institutioneller Umbau, und auch eine Neuorientierung in den gesellschaftlichen Normen und Zielvorstellungen, in beiden Ländern unabweisbar zu werden schien. Das resultierte in Hitlers „Machtergreifung" hier, in der Wahl Franklin Roosevelts und dem *New Deal*, in ganz auffälliger zeitlicher Parallelität, dort. Man kann auch die verschiedenen rechtsradikalen und populistischen Bewegungen in Amerika in den 1920er und 30er Jahren erwähnen, die erfolglos blieben (aber: warum?) und nicht zuletzt die damit wie mit dem *New Deal* auf komplizierte Weise verknüpfte intellektuelle und kulturelle Orientierungskrise der Zwischenkriegszeit, die Krise nach der so optimistischen Ära des *Progressivism* am Jahrhundertbeginn.

Wenn man diese Phänomene jenseits ihrer bloßen Aufzählung auf einen aussagekräftigen Nenner bringen möchte, bietet sich das Konzept der „klassischen Moderne" und ihrer Krise an, wie es unter anderem von Detlev Peukert vorgeschlagen worden ist.[2] Um die Zeit der Jahrhundertwende erreichte die „Modernität" in vielen westlichen Industrieländern eine neue ökonomische, soziale und technische Stufe, die in einer sehr ambivalenten Doppelreaktion zu Euphorie und Selbstgewissheit einerseits, zu Planungs- und Perfektionsekstase, und zu tiefer Skepsis und Verunsicherung andererseits, zu einer Furcht vor dieser Moderne Anlass gab. Gerade in dieser Hinsicht, in diesem konzeptuellen Rahmen, lassen sich die USA und Deutschland etwa zwischen 1900 und 1935 sehr gut vergleichen, und die Forschung hat das in letzter Zeit auch wieder stärker berücksichtigt, nicht zuletzt in den wechselseitigen Rezeptionsprozessen, zum Beispiel den Debatten über die ökonomische und kulturelle Amerikanisierung in der Weimarer Republik. So kann man auch die seit dem späten 19. Jahrhundert aufgebauten Krisenerfahrungen und ihre mentale Verarbeitung im Spannungsfeld von Modernität und Antimodernität, von Geschichtskonstruktion und Zukunftsentwurf, von Gemeinschaftssehnsucht und Gesellschaftsplanung in Deutschland und den USA in den Blick nehmen und vergleichen, und das soll im Folgenden, ausschnittweise und skizzenhaft, geschehen.

Zunächst wird deshalb die politisch-kulturelle Situation in den USA in den 1920er und 30er Jahren unter vier Gesichtspunkten umrissen, um die Voraussetzungen und den Kontext zu klären und um der Gefahr entgegenzuwirken, die Gedankengespinste von Intellektuellen in allzu esoterischer Weise allein in den Mittelpunkt zu rücken. In den nächsten Abschnitten geht es dann um diese Intellektuellen, um Sozialwissenschaftler und Journalisten vor allem, und zwar in drei exemplarischen Fallstudien: Es geht um John Dewey, Walter Lippmann und Lewis Mumford. Das Thema ist Amerika in der Krise der Zwischenkriegs-

---

[2] Vgl. Detlev J.K. Peukert, Die Weimarer Republik. Krisenjahre der klassischen Moderne, Frankfurt 1987.

zeit, sind die amerikanischen Intellektuellen, aber implizit und gelegentlich auch explizit wird mit Deutschland und den intellektuellen Wurzeln des Nationalsozialismus verglichen. Kann die Hypothese von der Krise als einer Situation der „fundamentalen Unsicherheit" in diesem Vergleich überzeugen? Vielleicht ist im Gegenteil nicht so sehr die Unsicherheit, sondern vielmehr die „fundamentale Sicherheit", man könnte auch sagen: die historische Selbstgewissheit, mit der sich viele deutsche Intellektuelle in der Krise positionierten, ein Problem für Deutschland gewesen. Dagegen mag die „Unsicherheit" über den weiteren Gang der Geschichte, von der man für Amerika viel eher sprechen kann, als Restriktion und stabilisierendes Moment in der Krise gewirkt haben.

II

Blicken wir also zunächst auf die Voraussetzungen, auf das soziale, politische und kulturelle *setting* in den Vereinigten Staaten zwischen dem Ersten Weltkrieg und der Mitte der 1930er Jahre. Worin lagen mögliche Bedingungsfaktoren einer „Krise" in der säkularen Entwicklung der amerikanischen Gesellschaft, welche Wahrnehmungsmuster und Reaktionen stellten sich darauf ein?

Erstens: In der Zeit um die Jahrhundertwende erreichte die im „Gilded Age" enorm beschleunigte ökonomische und soziale Entwicklung ein neues Niveau; sie schlug gewissermaßen in die neue Qualität einer Gesellschaft um, die durch Hochindustrialisierung und das Leben in großstädtischen Ballungszentren gekennzeichnet war. Korporative Strukturen und organisierte Verfasstheit der Gesellschaft setzten sich durch.[3] Zugleich war diese erste Phase der „klassischen Moderne" in den USA von Reformstimmung und Reformbewegungen gekennzeichnet, vom „Populismus" der 1880er und 1890er Jahre bis zum „Progressivisimus" am Anfang des 20. Jahrhunderts, der zugleich eine *Ausdrucksform* der neuen, industriell-korporativen Strukturen und eine *Reaktion* auf sie, etwa im Sinne einer Intervention in die dadurch akut gewordenen sozialen Probleme, darstellte. Der Ton in der öffentlichen Auseinandersetzung war scharf – man denke nur an die Korruption und Skandal anklagenden journalistischen *muckrakers* oder an die literarische Anprangerung sozialer Missstände wie in Upton

---

[3] Vgl. z. B. Robert H. Wiebe, The Search for Order, 1877–1920, New York 1967; Alan Trachtenberg, The Incorporation of America. Culture and Society in the Gilded Age, New York 1982; Olivier Zunz, Making America Corporate, 1870–1920, Chicago 1990; Richard L. McCormick, The Party Period and Public Policy: American Politics from the Age of Jackson to the Progressive Era, New York 1986; Steven J. Diner, A Very Different Age: Americans of the Progressive Era, New York 1998.

Sinclairs Roman „The Jungle" aus dem Jahre 1906. Aber das Verhältnis zum Fortschritt war noch weithin ungebrochen, der Glaube an die Zukunft und an die besseren Verhältnisse in ihr war stark, der Geist der Zeit, wenn dieser unscharfe Ausdruck einmal erlaubt ist, war trotz allem ganz überwiegend optimistisch.

Das änderte sich in den 1920er Jahren, genauer: nach dem Ersten Weltkrieg, der schon von den Zeitgenossen vielfach als ein kultureller Einschnitt, als ein Generations- und Erfahrungswandel, als der Beginn einer neuen, „gegenwärtigen" Epoche begriffen wurde.[4] Einerseits bildeten die 20er Jahre eine Wasserscheide in der gesellschaftlichen Trendentwicklung: 1920 zählte der Zensus erstmals mehr Amerikaner in Städten als auf dem Land; und in der ökonomischen Prosperität der folgenden Jahre setzten sich bis zum Beginn der Weltwirtschaftskrise bereits sehr deutlich die Umrisse einer Konsum- und Konsumentengesellschaft durch. Aber andererseits überwog jetzt in kultureller Hinsicht ein pessimistischer, ein skeptischer Geist, der an dieser industriellen, städtischen und organisierten Moderne immer mehr und grundsätzlicher zweifelte und nach alternativen Lösungen, nach Möglichkeiten des Ausstiegs aus dieser Entwicklung, oder mindestens ihrer Korrektur, suchte. Der technische und ökonomische Fortschritt war so schnell über die Menschen gekommen, dass sie in ihrer Kultur und Lebensweise damit nicht Schritt halten konnten – genau das brachte die 1929 zuerst formulierte These des Soziologen William F. Ogburn vom „cultural lag" zum Ausdruck.[5] In ihrer im selben Jahr erschienenen Studie über „Middletown" zeichneten Robert und Helen Lynd das Bild einer kleinstädtischen Gesellschaft, die angesichts dieser Veränderungen auf der verzweifelten Suche nach Zusammenhalt, nach Integration und Gemeinschaft war.[6]

Zweitens: Die *Progressive Era*, so sieht man es im allgemeinen, war 1916 zu Ende; danach schwang das Pendel zurück in die Richtung eines größeren ökonomischen *laisser-faire*. Die *Progressives* hatten sich als politische Generation erschöpft; die politische Agenda der republikanischen Präsidenten Warren Harding (1921–23), Calvin Coolidge (1923–29) und Herbert Hoover (1929–33) sah

---

4 Vgl. Henry F. May, The End of American Innocence: A Study of the First Years of Our Own Time, 1912–1917, New York 1959.
5 William F. Ogburn, Cultural Lag as Theory, in: Sociology and Social Research 41, 1957, 167–173.
6 Robert S. Lynd u. Helen M. Lynd, Middletown. A Study in American Culture, New York 1929; Lynn Dumenil, The Modern Temper: American Culture and Society in the 1920s, New York 1995, hier bes. 168; allg.: William F. Leuchtenburg, The Perils of Prosperity, 1914–1932, 2. Aufl., New York 1993; David J. Goldberg, Discontented America: The United States in the 1920s, Baltimore 1999; Richard W. Fox, Epitaph for Middletown? Robert S. Lynd and the Analysis of Consumer Culture, in: ders. u. T.J. Jackson Lears (Hg.), The Culture of Consumption: Critical Essays in American History, 1880–1980, New York 1983, 101–141.

anders aus als die ihrer Vorgänger Theodore Roosevelt (1901–09) und William Howard Taft (1909–13). In letzter Zeit jedoch ist häufiger auch das Fortwirken der progressiven Tradition in den 1920er Jahren betont worden. Es gab Kontinuität oder sogar weiteren Ausbau in einzelnen Reformprojekten wie der Sozialpolitik; und der Funktionswandel des Bundesstaates, der Ausbau der Bundesbürokratie, überhaupt die Genese eines starken Zentralstaates in Amerika fielen nicht zuletzt in diese Dekade. Damit kamen die herkömmlichen Vorstellungen und Ideale von „Demokratie" zunehmend unter Druck und auf den kritischen Prüfstand: Konnte man an Demokratie und Individualismus, wie sie sich im frühen 19. Jahrhundert institutionell konsolidiert hatten, noch festhalten? Welchen Sinn machte in einer zunehmend heterogenen, fragmentierten Gesellschaft die Vorstellung eines einheitlichen „Volkes" als Träger der politischen Souveränität?[7] Das Individuum schien immer weniger wert zu sein, „the state replaced the people as democracy's last resort".[8]

Der Staat spielte eine umso größere Rolle, als die kapitalismusskeptischen Einstellungen, die sich durch die gesamte politische Kultur und Reformpolitik des 19. Jahrhunderts zogen und im Populismus, aber auch in Teilen des *Progressivism* deutlich artikuliert worden waren, mit der Wirtschaftskrise seit 1929 wieder an die Oberfläche traten. Nicht zuletzt darauf beruhte noch die intellektuelle Konzeption der frühen Phasen des *New Deal*: auf der „Annahme, dass die größten Probleme der Nation in der Struktur des modernen industriellen Kapitalismus wurzelten" und dass es die Aufgabe des Staates sei, mit den Unzulänglichkeiten des Kapitalismus aufzuräumen.[9] Erst gegen Ende der dreißiger Jahre definierte sich der amerikanische Liberalismus in der *New Deal*-Politik neu: Liberalismus hieß jetzt nicht mehr, den Kapitalismus zu kritisieren, sondern die Wirtschaft zu stabilisieren, ihr Wachstum zu unterstützen und auf diese Weise die Wohlfahrt der Gesellschaft zu befördern. Aber bis in die Mitte der dreißiger Jahre, das sei noch einmal betont, blieb die intellektuelle Skepsis gegenüber dem industriell-korporativen Kapitalismus ein sehr wesentliches Moment und verband sich in den modernitätsskeptischen Strömungen mit einer Unzufriedenheit angesichts der hergebrachten demokratischen Formen, und mit der Suche nach Alternativen zu ihnen.

Drittens: Welche Reaktionen standen angesichts einer solchen Krise und Verunsicherung im ersten Drittel des 20. Jahrhunderts zur Verfügung? Nicht

---

7 Vgl. Robert H. Wiebe, Self-Rule: A Cultural History of American Democracy, Chicago 1995.
8 Ebd., 202.
9 Vgl. Alan Brinkley, The End of Reform: New Deal Liberalism in Recession and War, New York 1995, das Zitat: 5.

zufällig waren die 1920er Jahre in den USA in besonders ausgeprägter Weise eine Phase der rechtsextremen Organisierung und Gewalt, der nationalen und völkischen sozialen Bewegung, der Fremdenfeindlichkeit, des Antisemitismus und überhaupt des reaktionären Populismus. Dafür sind durchaus dieselben Begriffe angezeigt, die man sonst zur Beschreibung Europas verwendet. Man kann all diese Bewegungen als Ausdruck einer Suche nach Konformität und Homogenität in der amerikanischen Gesellschaft verstehen,[10] die in der modernen Gesellschaft verloren gegangen schien: angesichts einer immer tieferen Klassenspaltung, angesichts der ungelösten Rassenfrage, angesichts neuer Einwanderungswellen aus Süd- und Osteuropa, angesichts des drohenden Verlustes der Hegemonie einer weißen protestantischen Kultur. „One hundred percent Americanism" – so hieß das selbsterklärte und immer öfter auch militant verfochtene Ziel der Verteidiger dieser Kultur. Den Auftakt bildete die Kommunistenhatz in der „Red Scare" von 1919/20, dann folgten bald, unter dem Banner des „Nativism", die Immigrationsbeschränkungen mit dem Höhepunkt des „National Origins Act" von 1924.

Der Protestantismus nahm eine fundamentalistische Wendung; Anti-Katholizismus und Antisemitismus breiteten sich aus und fanden Unterstützung in den Medien, teils auch im Handeln, in gewaltsamen Übergriffen bis hin zu Lynchmorden. Auch die Prohibition kann man als den Versuch einer weißen Mittelklasse verstehen, in Anknüpfung an eigene Traditionen in der „Temperance"-Bewegung des 19. Jahrhunderts Ordnung und Sauberkeit in einer unüberschaubar und unmoralisch gewordenen Welt zu stiften.[11] Die wohl bekannteste Ausdrucksform all dieser Bewegungen der zwanziger Jahre war der 1915 gebildete, zwischen 1920 und 1925 einen Höhepunkt erreichende zweite Ku Klux Klan, der damals, vor allem im Süden, Südwesten und Mittelwesten der USA, fünf Millionen Menschen organisierte und ein perfides Netzwerk sozialer Kontrolle und rassistischer Gewalt errichtete, wiederum mit einer dezidiert protestantischen, anti-katholischen und antisemitischen Stoßrichtung, wozu, je nach den lokalen Verhältnissen, auch antisemitische Boykotte und Übergriffe gehörten. Trotzdem gelang es dem Klan nicht, nationale politische Macht zu erringen, und am Ende der zwanziger Jahre war er bereits wieder auf dem Rückzug.[12]

---

10 Vgl. Dumenil, The Modern Temper, 218.
11 Vgl. jetzt Thomas Welskopp, Amerikas große Ernüchterung. Eine Kulturgeschichte der Prohibition, Paderborn 2010.
12 Vgl. z. B. Leonard J. Moore, Citizen Klansmen: The Ku Klux Klan in Indiana, 1921–1928, Chapel Hill 1991; Nancy MacLean, Behind the Mask of Chivalry: The Making of the Second Ku Klux Klan, New York 1994; W. Fitzhugh Brundage, Lynching in the New South: Georgia and Virginia, 1880–1930, Urbana, Ill. 1993.

Dafür tauchten zu Beginn der 1930er Jahre populistische und charismatische Politiker und Redner auf, die in der Wirtschaftskrise einfache Rezepte und Schuldzuweisungen anboten – gegen die Großindustrie und zugunsten des „small business", des selbständigen Mittelstandes. Dazu zählten Huey Long, ein U.S.-Senator aus Louisiana, und Charles Coughlin, „Father Coughlin", ein katholischer Priester aus der Nähe von Detroit, der das neue Medium des Rundfunks geschickt für seine populistischen Botschaften, die er hier allwöchentlich vor einer großen Anhängergemeinde verkündete, zu nutzen wusste.[13] Ihre Ideologie war einfach und unausgegoren; sie suchte nach Sündenböcken, versprach Hilfe angesichts des Verlustes von Erwerb, Vermögen und sozialem Status in der Wirtschaftskrise und beschwor immer wieder das Ideal der „Gemeinschaft", die es wiederherzustellen gelte.[14] Auch sie konnten sich politisch, zumal angesichts des konkurrierenden Charismatikers Franklin D. Roosevelt, seit dem 4. März 1933 Präsident der USA, schließlich nicht durchsetzen, aber ein spezifischer Typus von rechter Mobilisierung, Ideologie und Gewalt war auch in Amerika, so kann man festhalten, in einer der deutschen durchaus vergleichbaren Krisensituation entstanden und keineswegs wirkungs- und einflusslos geblieben.

Viertens: Der militante, der gewalthafte, der über eine verhältnismäßig breite Massenbasis verfügende soziale Protest der 1920er und 30er Jahre jedoch soll hier nicht im Mittelpunkt stehen, obwohl man einen Vergleich auch in diese Richtung sehr wohl noch ausbauen könnte. Es wäre lohnend, nach der jeweiligen „Sprache" des Protestes zu fragen, nach Argumentationsmustern und Begriffen, nach rhetorischen Topoi und Ideologemen etwa im Umkreis der Kapitalismus- und Demokratiekritik oder der idealisierten Entwürfe von „Gemeinschaft". Stattdessen konzentrieren wir uns auf die intellektuellen Strömungen der Zwischenkriegszeit, in denen sich in modifizierter, abgemilderter oder intellektuell sublimierter Form durchaus ähnliche Motive und Wahrnehmungsmuster niederschlugen wie in den sozial breiteren populistischen Protestbewegungen. Auch und gerade unter den Intellektuellen machte der optimistische, fortschrittsbewusste Geist der *Progressive Era* einem überwiegend pessimistischen, jedenfalls skeptischen oder melancholischen Ton Platz. Das Ende des Ersten Weltkriegs bildete eine Zäsur auch im Sinne eines Generationswechsels. Als die „Lost Generation" bezeichnete Gertrude Stein die Intellektuellen der 20er Jahre, die mit der amerikanischen Kultur haderten und gleichzeitig nach Wegen suchten, sie zu revitalisieren, die sich von der viktorianischen

---

13 Vgl. dazu Alan Brinkley, Voices of Protest. Huey Long, Father Coughlin, and the Great Depression, New York 1982.
14 Vgl. ebd., 144.

Tradition des späten 19. Jahrhunderts befreien wollten und in ihren Werken der „Krise des Individuums in der modernen Welt der Maschine und der Massenkultur, der Unsicherheit und geistigen Erschöpfung" nachspürten.[15]

Auch unter den Intellektuellen gab es einen prononcierten Akzent auf „Amerika", auf die Eigenständigkeit der kulturellen Traditionen, auf die man sich gegen Europa mit Hilfe der eigenen Vergangenheit besinnen müsste. Romantische Motive spielten eine große Rolle; die eigene romantische Tradition der Mitte des 19. Jahrhunderts, von Ralph Waldo Emerson, Henry David Thoreau und Walt Whitman wurde wiederentdeckt. „Fortschritt" und „Nostalgie" gingen in den zwanziger Jahren eine enge Verbindung ein.[16] Die industrielle, organisierte und zentralisierte Moderne in Politik, Ökonomie und Gesellschaft wurde zurückgewiesen; das Ziel war eine Besinnung auf die kleineren Einheiten; wiederum auch: auf die „Gemeinschaft", um so die Demokratie zu erneuern oder überhaupt lebensfähig zu erhalten. Eine der wichtigsten intellektuellen Bewegungen auf diesem Spektrum war der „Regionalismus" von Sozialwissenschaftlern und Stadtplanern, Schriftstellern und Künstlern; er strebte gegen die vorherrschenden Tendenzen der Zentralisierung eine Aufwertung der amerikanischen Regionen und ihrer je spezifischen kulturellen Traditionen an.[17]

Hier wurde die scheinbar paradoxe Verknüpfung von agrarischer Nostalgie und radikalisierter Utopie, die Amalgamierung des Rufs nach einem einfachen Leben mit technikorientierten Planungsphantasien, die nur auf dem Boden der so skeptisch beäugten Moderne möglich waren, besonders klar greifbar. Überhaupt, das gilt nicht nur für den Regionalismus, ist die Einordnung dieser intellektuellen Strömungen in die herkömmlichen Schemata des politischen „Rechts" und „Links" häufig schwierig. Die Antworten auf die Krise schienen oft so diffus wie die Krise selber; sie bewegten sich häufig in fluktuierenden Schwebelagen zwischen links und rechts, zwischen radikal, liberal und konservativ; oder anders gesagt: Ihre Ziele und kulturell-sozialen Visionen wie etwa der Ruf nach „Gemeinschaft" waren politisch durchaus mehrdeutig und konnten in unterschiedliche Richtungen funktionalisiert werden. Am Beispiel

---

15 Dumenil, The Modern Temper, 150.
16 Vgl. Larence W. Levine, Progress and Nostalgia: The Self-Image of the Nineteen Twenties, in: ders., The Unpredictable Past: Explorations in American Cultural History, New York 1993, 189–205; siehe auch Warren I. Susman, Culture and Civilization: The Nineteen-Twenties, in: ders., Culture as History: The Transformation of American Society in the Twentieth Century, Washington, D.C. 2003, 105–121.
17 Vgl. Robert L. Dorman, Revolt of the Provinces. The Regionalist Movement in America, 1920–1945, Chapel Hill 1993.

von drei Intellektuellen mit ihren sozialen Ängsten und Visionen soll das etwas näher betrachtet werden.

III

Das erste Beispiel ist *John Dewey* – also der wohl wichtigste amerikanische Philosoph des 20. Jahrhunderts. Mit seinem „Pragmatismus" entfernte er sich nicht nur weit von der damaligen deutschen idealistischen Philosophie, sondern trat darüber hinaus als einer der wichtigsten *public intellectuals* der USA an die Öffentlichkeit, so dass er geradezu als ein Nestor der amerikanischen Demokratie und Verteidiger ihrer Ideen im Übergang zwischen zwei Epochen gelten kann. Also alles andere als ein Grenzgänger in Krisenzeiten?

Dewey wurde 1859 geboren und steht damit exemplarisch für jene ältere Generation, der in Deutschland ziemlich genau die Generation der soziologischen „Gründerväter", etwa Max Webers, entspricht. In der Tat ist kürzlich argumentiert worden, dass das Denken Webers und Deweys von vielen gemeinsamen Voraussetzungen ausging, trotz ihrer unterschiedlichen Bewertung der Freiheitsspielräume des Individuums und der Chancen der Demokratie in einer zunehmend bürokratisierten Welt, und der unterschiedlichen Konsequenzen, die sie daraus, nicht zuletzt im Hinblick auf politisches Handeln, zogen.[18] Dewey, der seit 1894 an der neugegründeten University of Chicago und seit 1905 bis ins hohe Alter – er starb erst 1952, über neunzigjährig – an der Columbia University in New York lehrte, wandte sich in seinen Schriften in den 1920er Jahren zunehmend Problemen der politischen Theorie und Zeitdiagnose zu, nachdem ihn zuvor philosophische und pädagogische Themen stärker beschäftigt hatten. Insofern kann man die kulturelle Wende der 20er Jahre, von der schon die Rede war, auch an seinem Werk verfolgen, obwohl er generationsbedingt in deutlicher Distanz zu den übersteigerten Krisengefühlen der damals jungen Intellektuellen stand.

Aber auf seine Weise setzte sich auch Dewey mit den Fragen auseinander, die von den Jüngeren an die Bestandsfähigkeit und die Grundprinzipien der partizipatorischen Demokratie im Zeitalter der industriell-urbanen Massengesellschaft gerichtet wurden.[19] In seiner 1927 veröffentlichten Schrift „The Public

---

18 Vgl. James Kloppenberg, Democracy and Disenchantment. From Weber and Dewey to Habermas and Rorty, in: ders., The Virtues of Liberalism, New York 1998, 82–99, hier bes. 84.
19 Vgl. zum Folgenden grundlegend: Robert B. Westbrook, John Dewey and American Democracy, Ithaca, N.Y. 1991, bes. Ch. 9, 275–318.

and Its Problems" fragte er nach den Bedingungen, unter denen sich eine „Öffentlichkeit" im Spannungsfeld von Staat und Gesellschaft nach dem Ende der direkten Demokratie des 19. Jahrhunderts überhaupt noch konstituieren könne.[20] In Begriffen, die durchaus an die deutschen Debatten derselben Zeit erinnern, beschrieb Dewey den Verlust von „Gemeinschaft" in der modernen „Gesellschaft": „The invasion of the community by the new and relatively impersonal and mechanical modes of combined human behavior is the outstanding fact of modern life."[21] In dieser Gesellschaft gab es zwar noch demokratische politische Institutionen, aber keine entsprechende Organisierung der Öffentlichkeit mehr. Das Volk als Träger des demokratischen politischen Prozesses stand nicht mehr ohne weiteres zur Verfügung; die Mechanismen der modernen Gesellschaft und ihrer Politik waren so kompliziert geworden, dass der Einzelne, der normale Bürger, nicht mehr über genügend Wissen und Fähigkeiten verfügen konnte, um diesen Prozess unter Kontrolle zu halten.

Musste deshalb nicht die Herrschaft von Experten, das Problem „of securing experts to manage administrative matters", in den Vordergrund rücken?[22] Die ersten Jahrzehnte des 20. Jahrhunderts waren auch in Amerika vom Aufstieg der anwendungsorientierten Sozialwissenschaften geprägt, die ihr spezialisiertes Wissen für die Gesellschaft zur Verfügung stellen wollten,[23] ebenso wie von der Durchsetzung professioneller Experten in Medizin und Bildung, Verwaltung und Wirtschaft.[24] Konnte es sich da die Politik noch leisten, als einziger Bereich an den Prinzipien einer älteren Zeit, die von der gleichen Befähigung aller ausgegangen war, festzuhalten; musste nicht auch sie auf die Auswahl geeigneter Experten aus sein, auf die „Führerauslese", um mit Max Weber zu sprechen? „Optimism about democracy is to-day under a cloud", stellte Dewey 1927 mit leicht melancholischem Tonfall fest.[25]

Aber er selber gab deshalb die Demokratie nicht verloren, sondern hielt gegen Kritiker und Defaitisten ganz dezidiert an der Möglichkeit ihrer Erneuerung

---

20 John Dewey, The Public and Its Problems, New York 1927.
21 Ebd., 98.
22 Ebd., 123.
23 Vgl. z. B. Dorothy Ross, The Origins of American Social Science, New York 1991; dies. (Hg.), Modernist Impulses in the Social Sciences, 1870–1930, Baltimore 1994; Ronald G. Walters (Hg.), Scientific Authority and Twentieth-Century America, Baltimore 1997. – Für die europäische, besonders die deutsche Perspektive und konzeptionell grundlegend: Lutz Raphael, Die Verwissenschaftlichung des Sozialen als methodische und konzeptionelle Herausforderung für eine Sozialgeschichte des 20. Jahrhunderts, in: GG 22, 1996, 165–193.
24 Vgl. Thomas Haskell (Hg.), The Authority of Experts: Studies in History and Theory, Bloomington 1984.
25 Dewey, The Public and Its Problems, 110.

auch in der industriellen und organisierten Expertengesellschaft des 20. Jahrhunderts fest; er glaubte an den historischen Siegeszug der Demokratie und erklärte geradezu trotzig: „the cure for the ailments of democracy is more democracy".[26] Die Lösung, die er vorschlug und seitdem auch in anderen Büchern immer wieder mit Nachdruck vertrat, erinnert freilich trotzdem in auffälliger Weise an solche Konzepte der Krisenüberwindung in Europa, die sich zur selben Zeit immer entschiedener *gegen* die Demokratie richteten. Dewey kritisierte nämlich die Unübersichtlichkeit und Heterogenität der modernen Gesellschaft, in der eine lokal verankerte Öffentlichkeit nicht mehr existieren konnte, in der die traditionellen Gemeinschaftsformen des 18. und 19. Jahrhunderts verloren gegangen waren und Desintegration und Instabilität an der Tagesordnung waren. Der „Gesellschaft" musste also die „Gemeinschaft" entgegengestellt werden; die industrielle Gesellschaft sollte sich in eine „great community" transformieren. Demokratie und Gemeinschaftsleben waren für Dewey im Grunde identisch.[27] Darin kam zweifellos ein romantischer und nostalgischer Zug zum Ausdruck, eine unverkennbare Idealisierung der amerikanischen Pionierdemokratie in den überschaubaren Einheiten von Dörfern und vorindustriellen Kleinstädten. Aber die notwendige neue Gemeinschaft bildete sich für Dewey nicht durch politische Formierung oder gar Entmündigung „von oben", sondern – und hier kam ein zentraler Begriff seiner Philosophie zum Tragen – in der gemeinsamen „Erfahrung", in der Kommunikation, im öffentlichen Diskurs. Sie konstituierte sich dabei nicht nur rational, sondern bedurfte der affektiven Vermittlung durch „Zeichen und Symbole".[28]

Man kann Deweys Diagnose sehr wohl als kritisch, sein Denken auch als „radikal" bezeichnen, doch blieb es stets auf dem Boden der Gegenwart und der pragmatischen Handlungsziele; es verweigerte sich jedem Anflug von Messianismus, jeder prophetischen Verheißung einer besseren Zukunft. Er sprach vorsichtig von der „Hoffnung" für die Zukunft – und schränkte selbst das sofort wieder mit der Bemerkung ein: „But we are not concerned with prophecy but with analysis".[29] Es ging darum, gemeinschaftliche Strukturen *innerhalb* der modernen Gesellschaft aufzubauen, nicht aber darum, die Gesellschaft durch eine einzige große Gemeinschaft zu überwinden und zu ersetzen. Hinter die Entwicklung von der individualistischen Gesellschaft des 19. Jahrhunderts zur korporativen des 20. gab es, wie er 1931 in „Individualism Old and New" betonte,

---

26 Ebd., 146.
27 Vgl. ebd., 142, 148f.
28 Vgl. ebd., 142, 152f.
29 Ebd., 185.

keinen Weg zurück.[30] Er beschrieb zwar den Verfall des Individualismus, die Kommerzialisierung aller Bereiche des Alltagslebens, die zunehmende „Kollektivierung" des Lebens mit Topoi und Begriffen, die an die europäische Kulturkritik seit dem späten 19. Jahrhundert sehr deutlich erinnerten. Aber daran gab es nichts zu bedauern und zu beklagen; man musste es, das hätte ja auch Weber gesagt, zunächst einmal ganz kühl feststellen.[31]

Die Antwort auf die Bedrohung, vielleicht sogar den Verlust des Individualismus war nicht, sich in den heraufziehenden Kollektivismus zu flüchten und auch nicht, wie Weber mit trotzigem Gestus an den alten, bürgerlichen Formen der Individualität festzuhalten, sondern nach der Dynamik und Wandlungsfähigkeit des Individualismus zu suchen und ihn auf diese Weise an die Bedingungen der Gegenwart anzupassen. Übrigens wandte sich Dewey in diesem Zusammenhang auch gegen alle „holistischen" Sichtweisen auf Gesellschaft und sprach statt dessen von einer Vielzahl von Erfahrungs- und Handlungsbereichen wie Recht, Erziehung, Religion, Politik und Wirtschaft: „There is no society at large ... Harmony with conditions is not a single and monotonous uniformity, but a diversified affair requiring individual attack."[32] Auf diese Weise konnte er nicht in Versuchung kommen, mit der Kritik an einzelnen Erscheinungen der Gegenwart die Gesellschaft überhaupt, einschließlich ihrer Konstituierung als ein plurale politische Öffentlichkeit, über Bord zu werfen.

IV

Mit dem zweiten Beispiel, mit *Walter Lippmann* gelangen wir im Vergleich mit dem Musterdemokraten Dewey in ein etwas zerklüfteteres intellektuelles Gelände, und das liegt gewiss auch an dem Generationsunterschied: 1889 geboren, gehörte der New Yorker Journalist in den 1920er Jahren noch zu den Jüngeren und zugleich zu denjenigen Alterskohorten, deren Anfälligkeit für radikale Auswege aus der „Krise der klassischen Moderne" einschließlich des Nationalsozialismus in Mitteleuropa besonders groß war. Dennoch sollte kein Zweifel daran gelassen werden, dass auch Lippmann den Boden der politischen Demokratie der Vereinigten Staaten nie auch nur annähernd verließ, schon gar nicht seit den 30er Jahren, angesichts der offensichtlichen Herausforderung durch die totalitären Diktaturen in Europa.

---

30 Vgl. John Dewey, Individualism Old and New, New York 1931, 36f.
31 Ebd., 43; vgl. 117, 140 (gegen Kulturkritik).
32 Ebd., 154.

Lippmanns intellektueller Weg, der ihn schließlich zu einem der wichtigsten amerikanischen Publizisten des 20. Jahrhunderts machte – 1958 und 1962 erhielt er Pulitzerpreise und starb 1974 im Alter von 85 Jahren – begann sogar auf der politischen Linken. Vom sozialistischen Studenten in Harvard wandelte er sich zum Anhänger, ja publizistischen Wortführer des *Progressivism*; seit ihrer Gründung Ende 1914 wirkte er eng an dessen neuem journalistischen Flaggschiff „The New Republic", begründet von dem Historiker Herbert Croly, mit. Während des Ersten Weltkriegs und danach arbeitete Lippmann in der Wilson-Administration, kehrte aber der Politik zu Beginn der 1920er Jahre wieder den Rücken und begann eine Reihe einflussreicher Bücher über die Krise von Politik und Moral, Demokratie und Öffentlichkeit zu schreiben, von denen das 1922 erschienene Werk über „Public Opinion" das wichtigste ist. Dieses Buch und die drei Jahre später erschienene Schrift „The Phantom Public" waren sogar wesentliche Auslöser für John Deweys „The Public and Its Problems" gewesen; sie hatten dem älteren Philosophen einen Anstoß gegeben, die Demokratie gegen ihre jüngeren Kritiker zu verteidigen.[33]

Man kann zwar etwas vergröbernd sagen, dass Walter Lippmanns politisches Denken ihn im Laufe seines Lebens eher „von links nach rechts" führte, aber im Grunde entzieht es sich einer einfachen Klassifizierung. Die Motive, die seine Gesellschafts- und Zeitkritik aufgriff, waren nicht nur in Amerika, sondern auch im Europa der Zwischenkriegszeit auf der Linken ebenso wie auf der Rechten beheimatet; die Grenzen verschwammen öfters; und den Weg vom linken zum rechten Radikalismus kann man erst recht in der europäischen Sozialwissenschaft und Demokratietheorie dieser Zeit – erinnert sei nur an Robert Michels (1876–1936) – verfolgen. Ein Vergleich zwischen Michels und Lippmann stieße vermutlich sehr rasch an Grenzen, aber eine Gemeinsamkeit kann man doch in der zeitbedingten skeptisch-realistischen Sicht auf die Demokratie und in einigen daraus gezogenen Konsequenzen erkennen. Lippmanns frühe Bücher, etwa „A Preface to Politics" von 1913 oder das im folgenden Jahr erschienene „Drift and Mastery: An Attempt to Diagnose the Current Unrest", folgten noch sehr deutlich den Themen und Grundmotiven des sozialkritischen Progressivismus – da ging es um Korruption und Kapitalismus, Arbeiter- und Frauenbewegung.[34]

---

33 Vgl. Walter Lippmann, Public Opinion, New York 1922 (ND New Brunswick 1991); ders., The Phantom Public, New York 1925.
34 Vgl. Walter Lippmann, A Preface to Politics, New York 1913; u.v.a. ders., Drift and Mastery. An Attempt to Diagnose the Current Unrest, New York 1914.

In den 1920er Jahren hatte sich, der schon skizzierten allgemeinen kulturellen und intellektuellen Entwicklung folgend, die Stoßrichtung seiner Schriften geändert. Man nannte Lippmann und ähnlich argumentierende Autoren bereits damals die „democratic realists". Sie kamen zu ähnlichen, nur noch radikaler formulierten Diagnosen der modernen Gesellschaft, wie wir es schon bei Dewey kennengelernt haben, hielten dieser Entwicklung aber nicht ein „Zurück zur Demokratie" entgegen, sondern bekannten sich zu den elitären Konzepten von politischer Herrschaft, die sich aus dem Verlust der ursprünglichen partizipatorischen Demokratie ergaben.[35] Die Zeit der Wissenschaft und der Expertenherrschaft war für sie auch in der Politik angebrochen. Übrigens gab es in dieser Zeit nicht nur intellektuelle Affinitäten, sondern auch Rezeptionsprozesse über den Atlantik hinweg; Lippmann kannte die europäische Demokratietheorie und -kritik gut und berief sich in „Public Opinion" sogar auf die Parteientheorie von Robert Michels.[36]

Die soziale und kulturelle Gegenwartskritik, die Lippmann in „Public Opinion" eher aussparte, lieferte er in späteren Büchern, vor allem in dem 1929 erschienenen „Preface to Morals", nach.[37] Hier sprach er in einer einprägsamen Formel von den „Acids of Modernity" und klagte über den beschleunigten technischen, ökonomischen und sozialen Wandel in der neueren Zeit, dem die Menschen geistig und kulturell nicht mehr zu folgen imstande seien: „The modern man is an emigrant who lives in a revolutionary society and inherits a protestant tradition."[38] Die Amerikaner waren Individuen in einer Massengesellschaft, denen die Assoziation, die soziale Verbindung untereinander, verloren gegangen war. Eine Ursache und ein Kennzeichen dieser Entwicklung sah Lippmann, wie ein Großteil der europäischen Kulturkritik, im Übergang von der ländlichen zur großstädtischen Gesellschaft, was er unter ausdrücklichem Verweis auf Oswald Spengler als unabwendbaren Sog des Verfalls einer überlegenen Kultur deutete: „I am aware of how dominating a role the population outside the great cities plays in American life", schrieb Lippmann. „Yet it is in the great cities that the tempo of our civilization is determined, and the tendency of mechanical inventions as well as economic policy is to create an irresistable suction of the country towards the city".[39]

---

35 Vgl. dazu Westbrook, John Dewey, 294ff.; allg. bes.: Ronald Steel, Walter Lippmann and the American Century, Boston 1980.
36 Lippmann, Public Opinion, 225.
37 Walter Lippmann, A Preface to Morals, New York 1929.
38 Ebd., 59.
39 Ebd., 62.

Andererseits wies er die zyklische Geschichtstheorie Spenglers sehr deutlich zurück und betonte stattdessen die fundamentale, die radikale Neuheit der modernen Welt: das Wachstum der Städte, den Aufstieg des Kapitalismus, die Auflösung traditioneller Religion und Moral. „There is something radically new in the modern world, something for which there is no parallel in any other civilization. This new thing is usually described as power-driven machinery."[40] Diese Art des Blickes auf die Moderne in einer Mischung aus Faszination und Abscheu war freilich in der rechten Sozialtheorie Deutschlands ebenso typisch vertreten; sie bezeichnete ziemlich genau das, was etwa Hans Freyer, nur zwei Jahre älter als Lippmann, zur selben Zeit als die „industrielle Gesellschaft" der Gegenwart analytisch kühl beschrieb und doch zugleich mit heißem Herzen zu überwinden trachtete.[41] Ein anderer Ausdruck dafür, den Lippmann von seinem akademischen Lehrer Graham Wallas übernommen hatte und danach sehr oft verwendete, war die „Great Society":[42] nicht die nachmalige, sozial-inklusiv und sozialreformerisch definierte „Great Society" Johnsons aus den sechziger Jahren, sondern die Massengesellschaft des 20. Jahrhunderts, in der der Einzelne sich nicht mehr wie in den früheren Gemeinschaften in ein Verhältnis zu dem sozialen Ganzen setzen konnte. Gegenüber diesen modernen Massen war Lippmann zutiefst skeptisch, und das verstärkte die elitäre, expertokratische Komponente seiner Demokratietheorie.

Aber trotz der prononciert skeptischen und kulturkritischen Einfärbung: Lippmann scheute, darin wiederum Dewey ähnelnd, vor radikalen Konsequenzen zurück. Skepsis und Verunsicherung wurden auch bei ihm nicht in eine trügerische Zukunftsgewissheit, in das Versprechen einer neuen und besseren Ordnung für die Zukunft, gewendet, wie es in Deutschland sehr häufig der Fall war. In „Public Opinion" stellte er zwei große Traditionen sozialer Ordnungsvisionen einander gegenüber: eine konformistische, harmonieorientierte, die auf einer genau festgelegten Funktions- und Rollenzuschreibung jedes Indivi-

---

40 Ebd., 232f.
41 Vgl. z. B. Hans Freyer, Soziologie als Wirklichkeitswissenschaft. Logische Grundlegung des Systems der Soziologie, Leipzig 1930. – Siehe dazu: Paul Nolte, Die Ordnung der deutschen Gesellschaft. Selbstentwurf und Selbstbeschreibung im 20. Jahrhundert, München 2000, bes. 145–162.
42 Vgl. Steel, Walter Lippmann, 27. – Sehr wahrscheinlich ist ein Einfluss des britischen Reformsozialisten und „Fabiers" Graham Wallas; vgl. Graham Wallas, The Great Society, New York 1914; Terence H. Qualter, Graham Wallas and the Great Society, New York 1979. – Sowohl in „Public Opinion" als auch in „A Preface to Morals" taucht der Begriff der „Great Society" öfter auf, ohne jedoch systematisch entwickelt oder erklärt zu werden. – Als wohlfahrtsstaatliches, sozial inklusives Konzept spielte der Begriff dann bekanntlich in den 1960er Jahren unter Lyndon B. Johnson wieder eine zentrale Rolle.

duums beruhte und dadurch Stabilität gewährleistete; und eine konfliktorientierte, die durchaus das skeptischere Menschenbild hatte, sich aber als die „realistischere", so meinte Lippmann, erwiesen habe.[43] Er dachte dabei an Machiavelli, aber auch seine eigene Präferenz gehörte am Ende immer diesem Modell. Gerade das in der Skepsis und Verunsicherung bleibende Bild der Moderne, das sich aus ihr nicht durch einen großen Befreiungsschlag zu retten versuchte, wirkte auf diese Weise stabilisierend für die Demokratie, die es kritisierte.

V

Schließlich noch, als drittes Beispiel, *Lewis Mumford*. Der Historiker, Stadtplaner und Architekturkritiker wurde 1895 in New York geboren und starb dort, ebenfalls sehr alt geworden, 1990. Er ist hierzulande nicht so bekannt wie John Dewey und vielleicht auch Walter Lippmann, doch seine 1961 erschienene, voluminöse Studie „The City in History" ist immerhin auch in deutscher Übersetzung erschienen, ein großer kultur- und baugeschichtlicher Durchgang durch die Rolle der Stadt in der menschlichen Zivilisation.[44] Mumfords Karriere war unstetig; er publizierte viel in Büchern ebenso wie in Zeitungen und Zeitschriften, nicht zuletzt architekturkritische Kolumnen im „New Yorker", aber er war auch gezwungen zu schreiben, um seinen Lebensunterhalt zu sichern, denn Abstecher in die Universitätslaufbahn, in Stanford und an der *University of Pennsylvania*, blieben sporadisch. Der kultur- und zivilisationsgeschichtliche Impuls war in seinen früheren Werken bereits deutlich ausgeprägt; man kann Mumford in mancher Hinsicht mit der deutschen Tradition der historischen Kultursoziologie in Verbindung bringen, für die Namen wie Alfred Weber, Wilhelm Röpke und wiederum Hans Freyer stehen. Zugleich gehörte er einer Generation von Intellektuellen an, die – nochmals entscheidende Jahre jünger als Lippmann – nicht mehr vor dem Ersten Weltkrieg, sondern erst danach, vor allem in den 1920er Jahren, die öffentliche Bühne betrat. Sie hatte ihre erste entscheidende Prägung also nicht mehr im *Progressivism* erfahren, sondern musste sich zu dieser Tradition nachträglich in Beziehung setzen, von ihr abgrenzen, und zwar in einer Situation der kulturellen Verunsicherung, der Suche nach Neuem. Der Vergleich mit der deutschen Jugendbewegung und den aus ihr hervorgegangenen Akademikern liegt nahe.

---

43 Lippmann, Public Opinion, 264f.
44 Lewis Mumford, The City in History: Its Origins, Its Transformations, and Its Prospects, New York 1961; dt.: Die Stadt. Geschichte und Ausblick, 2 Bde., München 1979.

Tatsächlich gehörte Mumford zu einer Gruppe von Intellektuellen, von Kritikern und Publizisten, die sich seit dem zweiten Jahrzehnt des 20. Jahrhunderts als die „Young Americans" oder auch „Young Intellectuals" formiert hatten und die in ihren Schriften eine Revitalisierung der amerikanischen Kultur im Namen der Jugend gefordert hatten – eine Bewegung, die sich nicht zuletzt gegen den *Progressivism* und dessen rationale, organisierende, sich mit der Moderne arrangierende Tendenz richtete; neben Mumford wären hier Randolph Bourne, Van Wyck Brooks und Waldo Frank zu nennen.[45] Was sie betrieben, kann man durchaus mit dem Begriff „Kulturkritik" belegen: Es ging ihnen um eine Kritik an der modernen Gesellschaft im Namen von „Persönlichkeit" und „Gemeinschaft", um eine Rückbesinnung auf die nationale Tradition und die nationalen, amerikanischen Werte, um eine Rehabilitierung und Wiederbelebung des romantischen Erbes der Vereinigten Staaten aus der ersten Hälfte des 20. Jahrhunderts. Lewis Mumford lässt sich darüber hinaus auch der schon erwähnten Bewegung des „Regionalismus" der Zwischenkriegszeit zuordnen. Auch hier ging es um ein Wegstreben von den großen, den zentralisierten Strukturen und eine Rückbesinnung auf Überschaubarkeit und (vermeintlich) genuine Tradition.

Im Jahre 1926 erschien Mumfords Buch „The Golden Day" – der Titel meint genau das, was man zuerst damit assoziiert: die nostalgische Beschwörung einer besseren Vergangenheit aus dem Geist des Leidens an der gegenwärtigen Moderne.[46] Im Grunde handelte es sich hier um eine Literaturgeschichte in zeitkritischer Absicht. Die Beschreibung der ökonomischen und sozialen Veränderungen seit der Zeit der frühen Republik spielte deshalb nur eine ganz untergeordnete Rolle; die Industrielle Revolution brach mit unerklärlicher und unerklärter Kraft über den „Goldenen Tag" Amerikas hinein und führte zu dem „barbarism of the industrial age, inimical to any culture except that which grew out of its own inhuman absorption in abstract matter and abstract power".[47] Mumford konstruierte einen Gegensatz zwischen der „romantischen" und der „mechanistisch-utilitaristischen" Bewegung und sang das Hohelied auf die erstere, die ihren klarsten Ausdruck für ihn in den romantischen und transzen-

---

45 Vgl. Casey N. Blake, Beloved Community. The Cultural Criticism of Randolph Bourne, Van Wyck Brooks, Casey Blake, and Lewis Mumford, Chapel Hill 1990. Vgl. zum Folgenden auch: Thomas P. Hughes u. Agatha C. Hughes (Hg.), Lewis Mumford: Public Intellectual, New York 1990; Donald L. Miller, Lewis Mumford: A Life, New York 1989; Casey Blake, Lewis Mumford: Values over Technique, in: Democracy 3, Spring 1983, 125–137; ders., The Young Intellectuals and the Cult of Personality, in: American Literary History 1, 1989, 510–534.
46 Lewis Mumford, The Golden Day. A Study in American Literature and Culture (1926), Neuausgabe Boston 1957.
47 Ebd., 41.

dentalistischen neuenglischen Schriftstellern der Mitte des 19. Jahrhunderts gefunden hatte – in Ralph Waldo Emerson und Henry David Thoreau, in Walt Whitman und Nathaniel Hawthorne.

Auf der anderen Seite stand die Tradition der pragmatistischen Philosophie und Sozialtheorie von William James bis John Dewey, der er eine innere Schwäche, eine geheime Komplizenschaft mit der industriellen Massengesellschaft vorwarf – das war, mit einem bekannt gewordenen Ausdruck Mumfords, die verachtete „pragmatic acquiescence".[48] Er schimpfte Dewey einen „industrialist" und warf ihm vor, Demokratie mit der jeweiligen Massenmeinung zu identifizieren und darüber die Interessen und Meinungen qualifizierter Minderheiten oder einzelner Persönlichkeiten zu missachten.[49] Am Schluss entwarf er mit groben Strichen die Vision einer neuen Welt, in der die Menschen wieder wie bei Thoreau ein „ganzes" Leben führen konnten. Der Anspruch war radikal und umfassend; es ging um nicht weniger als die „power to escape from this sinister world", um einen „effort to conceive a new world".[50]

Mit solchen Visionen des radikal-utopischen Ausstiegs aus der Moderne ging Mumford über den skeptischen Realismus Deweys oder auch Lippmanns deutlich hinaus, und man könnte, entsprechende europäische Autoren derselben Zeit vor Augen, diesen Anspruch auf radikale Umgestaltung im Namen einer besseren Zukunft für eine Einbruchstelle totalitären oder doch antidemokratischen Denkens halten. Aber bei näherem Hinsehen war das doch nicht gemeint und konnte nicht gemeint sein – erstens deshalb, weil es Mumford nicht in den Sinn kam, die extrem dezisionistischen bzw. voluntaristischen Konsequenzen vieler deutscher Intellektueller zu ziehen und zur „Tat", zur „Aktion", zum politischen Handeln für diese neue Weltordnung aufzurufen; und zweitens, weil seine Utopie wiederum, wie wir es schon bei Lippmann gesehen haben, aus der Kritik an der Moderne die Konsequenz nicht eines radikalen Kollektivismus, sondern eines radikalen Individualismus zog. Das letzte Ziel der Besinnung auf „Gemeinschaft" blieb immer eine Revitalisierung des Individuums.

Die Faszination durch die Utopie lenkt andererseits noch einmal auf markante Affinitäten zum deutschen und europäischen Denken hin, und gerade in dieser Hinsicht drängt sich eine enge geistige Verwandtschaft mit dem schon mehrmals erwähnten Hans Freyer auf. Beide schrieben ein Buch über das Utopieproblem: Mumford 1922 sein „The Story of Utopias"; Freyer 1936 seine Utopiengeschichte

---

48 Vgl. dazu bes.: Robert Westbrook, Lewis Mumford, John Dewey, and the „Pragmatic Acquiescence" in: Hughes u. Hughes (Hg.), Lewis Mumford, 301–322.
49 Mumford, The Golden Day, 94, 131.
50 Ebd., 142, 144.

„Die politische Insel".⁵¹ Das Utopieproblem wiederum war in der Ideengeschichte seit dem 19. Jahrhundert auf das Engste mit dem Topos der modernen Technik verknüpft,⁵² und in dem Dreieck von „Technik", „Planung" und „Kulturkritik" bewegte sich nicht nur Freyer, sondern auch Mumford seit den 30er Jahren und bis in die 1960er Jahre – aber von diesen längeren Kontinuitäten in die Nachkriegszeit der deutschen wie der amerikanischen Gesellschaft kann hier nicht mehr die Rede sein. „Technik", das hieß nicht einfach Werkzeuge und Maschinen, sondern bezog sich auf eine umfassende, den Menschen seit je prägende, ihn aber seit dem industriellen Zeitalter mit immer größerer Ausschließlichkeit bestimmende, ja beherrschende Lebensmacht.

In seinem 1934 erschienenen Buch „Technics and Civilization",⁵³ dem weitere Titel zu ähnlichen Themen in den nächsten Jahren und Jahrzehnten folgten, ging Mumford von einem solchen Technikbegriff in der deutschen Tradition aus.⁵⁴ Was in Deutschland die „technisch-industrielle Welt" hieß – so ja auch noch bei Werner Conze –, war für Freyer das „emerging neotechnic age", das Zeitalter der „Megamaschine", eines Komplexes von technischen und sozialorganisatorischen Verstrickungen, der sich gut zu den „sekundären Systemen" in Freyers „Theorie des gegenwärtigen Zeitalters" in Parallele setzen lässt.⁵⁵ Aber auch auf diesem Terrain widerstand Mumford letztlich der Versuchung, radikale oder gar faschistische Schlüsse aus seinen Beobachtungen über Technik und menschliche Gemeinschaft, aus seiner charakteristischen und aus deutscher Sicht nur zu bekannten Verbindung von Kulturkritik und Planungseuphorie zu ziehen. Zumal während des Zweiten Weltkriegs kann man eine „Demokratisierung" der utopischen Visionen Mumfords beobachten, die letzte Zweifel in dieser Hinsicht beseitigte.⁵⁶

---

51 Lewis Mumford, The Story of Utopias, New York 1922; Hans Freyer, Die politische Insel. Eine Geschichte der Utopien von Platon bis zur Gegenwart, Leipzig 1936.
52 Vgl. Martin Schwonke, Vom Staatsroman zur Science Fiction. Eine Untersuchung über Geschichte und Funktion der naturwissenschaftlich-technischen Utopie, Stuttgart 1957.
53 Lewis Mumford, Technics and Civilization, New York 1934.
54 So ausdrücklich Thomas P. Hughes u. Agatha C. Hughes, General Introduction: Mumford's Modern World, in: dies. (Hg.), Lewis Mumford, 3–13, hier 9. – Eine wechselseitige Rezeption von Mumford und Freyer konnte ich bisher jedoch nicht feststellen, obwohl Mumford in „Technics and Civilization" vielfach auch deutsche, und deutschsprachige, Literatur herangezogen hat.
55 Vgl. Hans Freyer, Theorie des gegenwärtigen Zeitalters, Stuttgart 1955; vgl. dazu Nolte, Ordnung der deutschen Gesellschaft, 287–290.
56 Vgl. Westbrook, Lewis Mumford, 320.

VI

Der amerikanische Historiker Richard Wightman Fox hat von einem fundamentalen Bruch in der intellektuellen Geschichte Amerikas in den 1920er Jahren gesprochen, von einer hier beginnenden Epoche mit eigenem Gepräge, die das zweite Viertel des 20. Jahrhunderts kennzeichnete: Er nennt es die Zeit des „tragic ethos" der Intellektuellen, einer Generation, die den Fortschrittsglauben und das emphatisch positive Menschenbild der *Progressive*-Generation nicht mehr teilen konnte.[57] Daraus resultierte ein tragischer Radikalismus, wie es ihn im kontinentalen Europa der Zwischenkriegszeit seltener gab, eine Verbindung von Radikalismus mit tiefer Skepsis und Selbstbeschränkung, statt mit Aktionismus und Zukunftsgewissheit. Die Affinitäten des Denkens in der Krise der klassischen Moderne dürften deutlich geworden sein, aber die nationalsozialistische Ideologie trat nicht mit tragischem, sondern mit heroischem Gestus auf. Sie beschrieb einen Verfall, den vermeintlichen Verfall der bürgerlichen Gesellschaft, und glaubte doch noch an den „Fortschritt", an die Machbarkeit einer neuartigen Zukunft. Sie zeichnete sich durch Selbstgewissheit und Sicherheit in der Krise aus, während das amerikanische Denken in seiner Skepsis und Verunsicherung verharrte. Hier gab es die Möglichkeit einer fundamentalen Kulturkritik auf dem Boden der Demokratie.[58] Vielleicht hätte man also den Deutschen etwas mehr fundamentale Unsicherheit wünschen können?

---

[57] Richard Wightman Fox, Tragedy, Responsibility, and the American Intellectual, 1925–1950, in: Hughes u. Hughes (Hg.), Lewis Mumford, 323–336, hier bes. 323, 328.
[58] Vgl. Westbrook, Lewis Mumford, 310.

13 Wildnis und Zähmung. Über amerikanische und europäische Landschaften

I

Spricht man von Amerika und Europa, dann ist immer schon ein asymmetrisches Verhältnis gemeint, in dem die Rollen des Gebens und des Nehmens eindeutig verteilt sind. Einst speiste sich Amerika aus Europa und seiner Kultur, seit hundert Jahren aber laufen die Kraftströme in anderer Richtung, und es ist schon beinahe eine Selbstverständlichkeit, dass die „Globalisierung", von der wir heute sprechen, vor allem eine Fortsetzung der Amerikanisierung mit anderen Mitteln – oder ganz einfach: mit noch schonungsloserer Brutalität – ist. Die Überformung der materiellen Kultur, symbolhaft häufig als „McDonaldisierung" geächtet, war die Signatur der Nachkriegsepoche; inzwischen sind wir in eine neue Phase eingetreten, in der auch die scheinbar ortlose *virtual reality* zu einer amerikanischen Provinz wird. Was bleibt dann überhaupt noch als Eigenart Europas übrig, wenn man von der zeichenhaften Beschwörung einer gemeinsamen Vergangenheit und Erinnerung – auch das eine Form der *virtual reality* – absieht? Vielleicht noch am ehesten, so könnte man denken, die *physical reality*, die Orte als solche: Europa und Amerika als geronnene Topographien, die einander so leicht nichts anhaben können. Im Zeitalter der Globalisierung erscheinen die Landschaften als Anker einer Persistenz des Lokalen, als natürliche Grundlagen regionaler, nationaler oder sogar kontinentaler Identität, die sich gegen alle Veränderung mit der Kraft der Jahrmillionen sperren, in denen sie geformt worden sind. Die Zeitrhythmen, in denen sie verändert werden könnten, gehören einer *longue durée* an, die die Hektik des World Wide Web gelassen über sich ergehen lassen kann, ohne von ihr erschüttert zu werden. Den Grand Canyon besucht man nach wie vor im Westen der USA, und um das Rheintal *lovely and romantic* zu erleben oder die pittoresken Gassen von Heidelberg und Rothenburg, kommen immer noch Amerikaner über den Atlantik geflogen.

Aber stimmt das noch? Oder kommt nicht in der Vorstellung von der beruhigenden Stabilität der Landschaft schon wieder eine sehr europäische Einstellung zum Ausdruck? Gerade in Deutschland, das in dieser Hinsicht Amerika noch ferner ist als England oder die Niederlande, als Frankreich oder Italien, sind Natur und Landschaft häufig als etwas dem Menschen fremdes, als Gegenpol einer potentiell immer feindlichen Kultur- und Sozialwelt ideologisiert worden. Diese Naturalisierung der Natur hat sich bei uns in den vergangenen Jahrzehnten unter dem Einfluss von Ökologiebewegung und „Grünen" noch einmal spürbar verstärkt und ist zum unbezweifelbaren Gemeingut des gesellschaftlichen Diskurses über alle Parteigrenzen hinweg geworden. Die Wurzeln dieser Sichtweise reichen aber weiter zurück und werden in der auffälligen Kontinuität der Ikonen deutscher Landschaft greifbar: Hier wirkt jene Trias von Wald, Fluss (Vater Rhein!) und Dorf (es soll immer noch „schöner werden"!) nahezu ungebrochen weiter, der eine überzeitliche Qualität beigemessen wird, die aber in Wirklichkeit ein Produkt der Romantik des 19. Jahrhunderts ist. Die Natur ist eben Natur, deswegen darf der Mensch in ihre Biotope möglichst gar nicht eingreifen. Die Amerikaner sehen das ganz anders. Natürlich sind sie mindestens ebenso stolz auf ihre Naturschönheiten und Naturwunder wie es die Europäer sind, aber schon in diesem Stolz eignen sie sich die Landschaft auf eine patriotische Weise an, die ihr den Charakter des Nur-Natürlichen nimmt. Der Grand Canyon ist atemberaubend, nicht weil er einfach da ist, sondern weil er *part of our great American country* ist. Die Landschaft muss vom Menschen in Besitz genommen werden; sie ist nur in Ausnahmefällen „von Natur aus" schön und muss darum in den meisten Fällen erst noch geformt, gestaltet, verändert werden, bis sie die perfekte, und perfekt ästhetisierte, Synthese von Natur und Kultur darstellt. Die europäische Vorstellung eines „schonenden" oder „sparsamen" Umgangs mit Landschaft macht unter diesen Voraussetzungen gar keinen Sinn.

Natürlich, diese Großzügigkeit können sich die Amerikaner in ihrer kontinentalen Nation mit der vergleichsweise lächerlichen Bevölkerungsdichte immer noch, und auf absehbare Zeit, gut leisten; selbst Brandenburg und Mecklenburg-Vorpommern sind gut dreimal so dicht besiedelt wie die USA. Und es gibt europäische Nationen, die durch ihre extrem dichte Besiedlung geradezu gezwungen scheinen, nicht in Ehrfurcht vor dem Land, auf dem sie leben, zu erstarren: Das gilt besonders für die Niederlande mit ihrem radikal instrumentellen Verhältnis zur Landschaft, die dort vor allem als neu zu gewinnender Siedlungsfreiraum interessiert. Man stelle sich nur einmal vor: Wenn die USA so dicht besiedelt wären wie die Niederlande, lebten dort mehr als drei Milliarden Menschen; oder ihre Fläche schrumpfte bei der jetzigen Bevölkerungszahl auf etwas mehr als die Größe von Texas. Vielleicht kämen dann auch die Amerikaner auf die wahrhaftig geniale Idee, die flächenhafte Zweidimensionalität der Erdoberfläche, ein schier unbegreifliches Defizit der Natur, endlich zu überwinden und Landschaften übereinander zu stapeln – so, wie es der niederländische EXPO-Pavillon in Hannover im Jahr 2000 vormachte: Oben das Wasser, darunter ein Wald, unter diesem die technische Infrastruktur aus Wegen und Kanälen, dann ein blühendes Blumenfeld, und ganz unten ist noch Platz für eine Dünenlandschaft, alles nach dem selbsterklärten Motto „Holland a country by design". Eigentlich müssten die Heger und Pfleger deutscher Landschaften angesichts einer solchen Entnatürlichung des Raumes aufschreien; den meisten Amerikanern würde die Idee dagegen wohl bloß absurd vorkommen.

Nein, auch wenn sie zu drei Milliarden wären, würden sie sich nicht übereinander stapeln, sondern ihren Raum weiter in der Horizontale zu erschließen versuchen. So auffällig der Kontrast der leeren Weiten Amerikas mit der gedrängten Enge West- und Mitteleuropas auf den ersten Blick ist, so wenig ist die Wahrnehmung und aktive Gestaltung der Landschaft einfach physisch-demographisch determiniert. Hat nicht die Amerikanisierung längst auch die Gestaltung unserer räumlichen Umwelt in Europa, und weltweit, erfasst? Schließlich verändert jedes McDonald's-Schnellrestaurant nicht nur die Kultur des Essens, sondern ist auch ein Stück standardisierter Architektur in bestimmten räumlichen Zusammenhängen einer kommerzialisierten Landschaft: mit dem Ensemble aus vierspuriger Ausfallstraße und Leuchtreklamen, *drive in*-Schalter und benachbarter Großtankstelle. Einkaufszentren an der Peripherie der alten Städte ähneln immer mehr den amerikanischen *Malls*, und die Eigenheimsiedlungen drumherum weisen immer weniger nationale oder gar regionale Besonderheiten auf, auch wenn das Wort *suburb* den Deutschen noch nicht so leicht von der Zunge geht. Geht die Eigenständigkeit europäischer Kulturlandschaften, zu der auch ihre differenzierte Vielfalt gehört, also doch im Sog einer kulturellen Globalisierung unter amerikanischen Prämissen verloren? Bevor man Antworten auf diese Frage finden kann, sollte man jedoch den amerikanischen Entwurf der Landschaft jenseits der gängigen – und gerade in Europa endlos reproduzierten – Klischees etwas genauer kennen.

II

Inzwischen liest man in den Geschichtsbüchern nicht mehr, dass die ersten europäischen Siedler in der Neuen Welt auf eine menschenleere Wildnis gestoßen seien oder den allenfalls vorhandenen Wilden die Zivilisation gebracht hätten. Aber das ändert wenig an der Sichtweise, an der Wahrnehmung derjenigen, die diesen „neuen" Kontinent Nordamerika seit dem frühen 17. Jahrhundert betraten und zu unterwerfen trachteten. Für sie, die vor allem aus dem damals in Handel und Wandel vergleichsweise weit entwickelten England kamen, stellte sich die Landschaft auf der anderen Seite des Atlantiks als ein schwer durchdringliches Gestrüpp natürlicher Elemente dar, die lebensfeindlich waren und die zu bezwingen eine Frage der eigenen physischen Existenz, des schieren Überlebens sein konnte. Amerika war eine Kolonie, und der kolonisierende, jederzeit Besitz ergreifende Blick auf die Landschaft prägte sich den

Siedlern tief ein. Die natürliche Umgebung war eine Wildnis, die gerodet, gezähmt und unterworfen werden musste, denn hinter ihrem Naturzustand lauerten im Zweifelsfall nur Gefahren. Man sehnte sich nach dem idyllischen, dem romantischen Leben – aber die Schroffheit der physischen Natur forderte zugleich andere Seiten der menschlichen Natur heraus: Die Verbindung von extremer Gewalt und freundlicher Zivilisation prägte seitdem auf paradoxe Weise den amerikanischen Charakter. Bis heute drücken die Amerikaner der Landschaft, die sie zur Kulturlandschaft machen, als Kolonisten den Stempel auf, auch wenn es längst nicht mehr um die physische Existenz geht, sondern nur noch um die Verschönerung des privaten Lebens auf einem neu angelegten Vorstadtgrundstück.

Im populären Bewusstsein zumal Europas und der Deutschen verbindet sich die Eroberung des „wilden" Amerika meist mit Bildern von Cowboys und weiten Prärien, mit der Emblematik des „Wilden Westens" zwischen Karl May und John Wayne. Aber am Ende des 19. Jahrhunderts – der Zeit, die den realhistorischen Hintergrund dieser Projektionen bildet – waren die wichtigsten Entscheidungen längst gefallen; das bis dahin bereits über 250 Jahre gewachsene Grundmuster des amerikanischen Umgangs mit dem neu betretenen Boden erhielt westlich des Mississippi und Missouri nur ein neues Betätigungsfeld und Gelegenheit zu mythischer Überhöhung. Es waren bereits die ersten Siedler an der Atlantikküste im frühen 17. Jahrhundert, die ihren Auftrag in der Zähmung der Wildnis erkannten; und in den puritanischen Kolonien Neuenglands gingen die unmittelbaren Überlebenszwänge dabei eine höchst wirkungsvolle Verbindung mit der religiösen Überzeugung ein, als von Gott auserwähltes Volk sich diese Erde untertan machen zu müssen. Von den Höhen ihres neuen Jerusalem, ihrer „City upon a Hill" betrachteten die Puritaner die Wälder und Hügel Neuenglands als das Arbeitsgebiet ihres göttlichen Auftrags, Wildnis in Zivilisation zu verwandeln.

Weiter im Süden, mit der Tabak- und Sklavenkolonie Virginia als Zentrum, fehlte zwar dieser besondere religiöse Impuls unter den überwiegend anglikanischen Siedlern, aber auf eine vielleicht noch einflussreichere Weise festigten sich hier sehr frühzeitig Grundformen der amerikanischen Kultur- und Siedlungslandschaft – im Zusammenspiel von natürlicher Umgebung, englischen Traditionen und dem neuen Wirtschafts- und Herrschaftssystem der Sklaverei. Den Siedlern aus der englischen Oberschicht schwebte ein in parkähnliche Landschaften eingebundener Lebensstil vor, der auf städtische Zentren kaum angewiesen war, noch nicht einmal für die Abwicklung des Handels oder die Ausübung politischer Herrschaft. Das Herrschaftszentrum war das *Great House* des Pflanzers selber, in einigem Abstand gruppierten sich die Hütten der afrikanischen Sklaven, Wirtschaftsgebäude, Ställe und anderes darum herum. Eingestreut zwischen Bäume und Bachläufe, war dies die erste Manifestation jener aufgelockerten, in die Landschaft integrierten, ja mit ihr verschmelzenden Siedlungsweise, die bis heute ein so auffälliges Kennzeichen Amerikas ist. Aber auch die weißen Siedler aus einfacheren Verhältnissen, die sich im Hinterland des alten Südens niederließen, sammelten sich nicht wie die Puritaner in Dörfern und Städten, sondern führten ihr individuelles Leben in einer eigentümlich zentrumslosen Umgebung. Den Mittelpunkt politischer Herrschaft fand man hier nicht in der nächsten Stadt, sondern im *County Court House*, das häufig einsam, wie zufällig, an einer Straßenkreuzung stand; der Mittelpunkt des Handels lag nicht im nächsten Marktflecken, sondern im *Country Store*, am Schnittpunkt zweier anderer Straßen. Der *Crossroads Store* entwickelte sich zum Stadtersatz, zum Ort nicht nur des Handels, sondern auch der Kommunikation – oft in Verbindung mit dem Postamt – und der sozialen Vernetzung.[1]

Im Straßen- und Wegenetz besonders des Südens, in der kulturellen Topographie Amerikas überhaupt hat dieses historische Muster bis heute seine Spuren hinterlassen, die man als aufmerksamer Reisender in einer Archäologie der Landschaft leicht erschließen kann. Aber die Geschichte ist hier nicht nur materielles Artefakt, sondern wirkt weiter in der Überzeugung der Amerikaner, dass das soziale Leben am besten an den Zentren vorbei funktioniert: nicht nach einem radialen Modell, in einer radialen Ordnung der Landschaft, sondern als ein dezentrales Geflecht von Strukturen, die ohne eindeutige Hierarchiezuweisungen auskommen. Was inzwischen wie eine kongeniale Erfindung der Postmoderne anmutet, ist aber in Wirklichkeit nur eine neue Variation teils jahrhundertealter Gewohnheiten. Nur bieten die Kommunikationsmittel des 20. Jahrhunderts, vom privaten Automobil an seinem Anfang bis zum Internet an seinem Ende, neue und bessere Möglichkeiten, ein solches Ideal der Lebensführung im dezentralen Raum zu verwirklichen. Zugleich realisiert sich damit auf effektivste Weise die Besitzergreifung und Zähmung der natürlichen Wildnis: Statt punktuelle Bastionen der Kultur zu schaffen, die sich aus der Landschaft herausheben, entsteht aus der spinnennetzartigen Aneignung der Landschaft eine Synthese aus Natur und Kultur, welche die gesamte Fläche erfasst und radikal neu erfindet.

---

1 Vgl. John Stilgoe, Common Landscape of America, 1580–1845, New Haven 1982, 73f.

III

Wenn die Deutschen in ihrer Sprache „Landschaft" sagen, denken Sie an die grüne Natur. Die Landschaft ist ein Ding an sich, der Garten Eden vor der Ankunft des Menschen. Das englische Wort *landscape* verweist dagegen fast immer auf einen Zusammenhang von Mensch und Umwelt, von Kultur und Natur. „*Landscape, 1. a section of scenery that may be seen from a single viewpoint*". In Amerika konstituiert sich die Landschaft erst in der Perspektive des Beobachters, sie entsteht als Abbild in den Köpfen, projiziert auf die Folie der Kultur. „*2., a picture representing such scenery*". Aber sie gerinnt nicht nur in der passiven Aneignung des panoramatischen Blickes, sondern ist auch Ergebnis aktiver Gestaltung und Umformung der natürlichen Voraussetzungen. Ein transitives Verb wie „landschaften" fehlt im Deutschen nicht zufällig und wird auch kaum vermisst. „*3. v.t., to improve the appearance of (an area of land, etc.), by altering the contours of the ground*". Wo die Natur Ästhetik und Szenerie nicht bietet, muss man ihr selbstverständlich nachhelfen, muss menschliche Aktivität und techné in die Natur einspeisen, um sie anschließend aus der Distanz genießen zu können. Der geographische Fachjargon behilft sich hierzulande mit dem seltsamen Begriff „Kulturlandschaft"; für die Amerikaner wäre das ein Pleonasmus. Lewis Mumford, der auch in Europa beachtete Stadtkritiker und Theoretiker des „Regionalismus", hat es schon 1938 auf den Punkt gebracht: Es reicht nicht aus, Zonen der Wildnis bewahren und schützen zu wollen, indem man sie von zivilisatorischen Einflüssen abschottet; darin liege, so schrieb Mumford, der falsche Ansatz der *Conservation*-Bewegung, die sich seit der Jahrhundertwende in den USA für die Einrichtung von Nationalparks stark machte. Das ganze Land einschließlich seiner Siedlungsflächen sollte vielmehr „auf den höchsten Gipfel der Perfektion und der angemessenen Nutzung" geführt werden. Die Landschaft wird nicht „bewahrt", sondern „genutzt"; und Mumford forderte dazu auf, „the deliberate culture of the landscape into every part of the open country" zu bringen.[2]

Berge und Seen, Wälder und Wiesen: Das mag man als Grundelemente, als immer wieder auftauchende Bausteine europäischer Landschaften betrachten. Wenn man nach den Grundformen der amerikanischen Landschaft fragt, muss man anders ansetzen: Man fragt dann nach Regelmäßigkeiten in der menschlichen Überformung der Natur, nach den kulturellen *contours*, die dem nackten Grund und Boden eine veränderte physische *appearance* verleihen. Als abstrakte

---

[2] Lewis Mumford, The Culture of Cities, New York 1938, 331.

Grundmuster der amerikanischen Landschaft erscheinen dann: die Vertikale und die Horizontale; der rechte Winkel und die Kurve.

Über das horizontale und das vertikale Amerika ist seit hundert Jahren viel geschrieben worden: seit die Städte mit Hilfe der neuen Stahlskelett-Bauweise die senkrechte Dimension erobern konnten. Seitdem gibt es auch jenes Spannungsverhältnis zwischen der horizontalen und der vertikalen Linie, das zum Grundbestand zumal des europäischen Amerikabildes gehört – kein Wunder, denn die Spannung zwischen endlosem Horizont und scheinbar endloser Flucht in den Himmel fixiert die Perspektive der Neuankömmlinge: früher der Immigranten, heute eher der Touristen. Die atemberaubende Höhe der Wolkenkratzer und die ebenso atemberaubende Weite des Horizonts sind auf diese Weise längst zu trivialisierten Klischees geraten, vieltausendfach in den einschlägigen Kalenderbildern und Wandpostern reproduziert, zu Klischees, deren Wirkung sich auch intellektuelle Beobachter Amerikas offenbar nur schwer entziehen können, wenn sie, wie schon die Einwanderer vor hundert Jahren, in New York zum ersten Mal amerikanischen Boden betreten.[3] Die Landschaft der Natur und die Landschaft der Kultur scheinen hier noch einmal fein säuberlich getrennt zu sein, wie es den europäischen Erwartungen entspricht: Das Natürliche geht in die Breite, in die offene Weite endloser Prärien; das Künstliche streckt sich in die Höhe, in den Fassaden der sich nach oben verjüngenden, wie Raketen dem Himmel zustrebenden Wolkenkratzer.

In Wirklichkeit ist das vertikale Amerika aus europäischer Perspektive meistens weit überschätzt worden – jedenfalls scheint das, was ehemals Sinnbild der Moderne war, in Zukunft immer mehr der Geschichte anzugehören. Was die Hochhäuser, die *skylines* betrifft, ist Amerika jedenfalls längst von Süd- und Ostasien überholt worden, und außerhalb Manhattans hält sich der Stolz auf die in der Regel ja auch sehr kleinräumigen Hochhausdistrikte der amerikanischen Großstädte sehr in Grenzen. Auf der anderen Seite hat die Horizontale den Bereich der Natur verlassen und ist zu einem dominanten Merkmal auch der Kulturlandschaft, des Siedlungsbildes, geworden. Während am Beginn des 20. Jahrhunderts Chicago und New York um die kühnsten Hochhauskonstruktionen wetteiferten, entstand in Los Angeles der wahre Prototyp der amerikanischen Stadt der Moderne: gebaute Horizontale, einstöckige Flachheit so weit man blicken kann – bis zum Horizont; eine flächige, wie auf zwei Dimensionen reduzierte Landschaft. Die Synthese von Horizontale und Vertikale ist in Amerika selten gelungen und meistens Vision geblieben. In den Entwürfen und Bauten Frank Lloyd Wrights, des Visionärs gebauter Landschaft im modernen Amerika

---

3 Z. B. Jean Baudrillard, Amerika, dt. Ausgabe München 1986.

schlechthin, tritt diese spannungsreiche Verbindung am klarsten zutage, und nicht zufällig verknüpft sie sich mit dem Anspruch einer Symbiose von Natur und Kultur. Eines seiner berühmtesten Projekte, das am Ende der 30er Jahre realisierte Wohnhaus „Fallingwater" in Pennsylvania, scheint wie aus dem Felsuntergrund gewachsen, sein Fundament von dem nahen Bachlauf unterspült zu sein. Ob hier der Mensch die Natur brutal bezwingt oder sich mit bescheidenem Gestus ihren Vorgaben fügt, lässt Wright bewusst in der Schwebe. Die Synthese von Horizontalität und Vertikalität aber vollzieht sich außerhalb der Natur, in dem Bauwerk selber, womit Wright die europäische Trennung von horizontaler Natur und vertikaler Kultur auf kunstvoll amerikanische Weise widerlegt hat.

Das zweite Paar der Landschaftsstrukturen erschließt sich dem europäischen Blick meistens nicht so leicht, deswegen soll von ihm, vom rechten Winkel und der Kurve, etwas ausführlicher die Rede sein. Immerhin lässt sich auf jeder Karte der Vereinigten Staaten ablesen, wie die Grundform des rechten Winkels im Laufe der Besiedlung und Staatsbildung ihren Siegeszug angetreten hat. In den Anfängen, vor allem im 17. Jahrhundert, bestimmte die mäandrierende Atlantikküste die menschlichen Ansprüche auf Raum und Siedlung – jedenfalls in der Lebensrealität, während territoriale Ansprüche anderer Art schon früh von den Landvermessern der englischen Könige in die Form schnurgerader Linien gegossen wurden, die sich entlang der Breitengrade von Ost nach West erstreckten: eine in die Wildnis verlängerte Fiktion, die erst im Laufe vieler Jahrzehnte eingeholt werden konnte. Die Grenzziehung von Nord nach Süd überließ man bis ins 19. Jahrhundert hinein den Flüssen: dem Connecticut und dem Ohio River, und natürlich den großen Brüdern Mississippi und Missouri. Erst westlich dieses kontinentalen Stromsystems sind auch die Grenzen von Nord nach Süd meist mit dem Lineal gezogen worden, die Staaten nahmen die Formen vollkommener Rechtecke an wie im Falle von Colorado und Wyoming, und dieses Prinzip bricht sich erst wieder ein wenig an der Küste des Pazifiks und an den älteren Traditionen spanischer Besiedlung im Südwesten.

Doch während sich die Staatengrenzen nicht wirklich in die Strukturen der Landschaft eingegraben haben – man überfährt sie unmerklich, kaum anders als in Deutschland, wo ein Straßenschild einen „Willkommen in Niedersachsen" heißt –, ist die rechtwinklige Struktur Amerikas in anderer Weise auch physisch zur zweiten Haut des Landes geworden. Man erkennt sie am besten vom Flugzeug aus, als ein endloses, schachbrettartiges Muster der Siedlung, der landwirtschaftlichen Nutzung und der Verkehrswege. Es ist das Ergebnis eines gewaltigen Kraftaktes nationaler Planung der gerade unabhängig gewordenen, selbstbewusst vor Kraft strotzenden Nation am Ende des 18. Jahrhunderts; zugleich in doppelter Hinsicht ein typisches Produkt der Epoche aufklärerischer

Rationalität. Zur symbolischen Inbesitznahme des Landes gehörte seine Erkundung und Erschließung, seine genaue Vermessung nach mathematisch-szientifischen, der Logik der Zahl gehorchenden Prinzipien. Thomas Jefferson, der diese Strategie immer wieder mit Energie vorantrieb, war ein agrarischer Nostalgiker par excellence, aber zugleich ein unerbittlicher urbaner Aufklärer mit dem entschiedenen Willen zu Systematik und Klassifikation der widerborstigen Natur. Die „Land Ordinance" von 1785, von einem Komitee des Kongresses unter Jeffersons Leitung entworfen, teilte alles neu vermessene Land westlich der Appalachen in Quadrate von genau sechs Meilen Seitenlänge; diese in je 36 Meilenquadrate; und daraus wiederum konnten rechtwinklige Landstücke zur privaten Besiedlung vergeben, aber auch für öffentliche Aufgaben freigehalten werden.

Der rechte Winkel der Landvermesser, zunächst nur auf den Karten existent und im Lande allenfalls durch ein paar eingeschlagene Pflöcke repräsentiert, wurde auf diese Weise sehr schnell zur *second nature* Amerikas, als Eisenbahnen und Strassen trassiert, Zäune aufgestellt und Telegraphenlinien gespannt waren; als die Farmer ihre Felder im Quadrat bewirtschafteten und bepflanzten. *„Landscape, v.t., to improve the appearance of (an area of land etc.), by altering the contours of the ground"*. Aber nicht nur das „Land", sondern auch die Siedlungslandschaft der Städte unterwarfen die Amerikaner nun zunehmend dem Diktat – oder sollte man sagen: der Praktikabilität? – des rechten Winkels. Fast jeder kennt im Stadtplan New Yorks den Übergang von der nur halbwegs geometrisch geordneten, beinahe schon europäischen Straßenführung an der Südspitze der Insel Manhattan zum regelmäßigen Webmuster aus nummerierten *Avenues* und *Streets*, das nördlich der Houston Street ganz reine Form gewinnt. Was sich in New York in der ersten Hälfte des 19. Jahrhunderts vollzog, geschah, jeweils um einige Jahrzehnte zeitversetzt, auch weiter im Westen; in der neuen Metropole Chicago etwa; dann, vor allem im 20. Jahrhundert, in Los Angeles, wo die riesige Fläche des San Fernando Valley in Rechtecke zergliedert wurde, noch ehe die menschliche Besiedlung eigentlich von ihr Besitz ergriffen hatte. Auch das ist typisch: Wo die gerade Linie und der rechte Winkel zunächst imaginative Entwürfe blieben, ein Geflecht fiktiver Linien und Grenzen, materialisierten sie sich später immer mehr, prägten sich der Landschaft auf wie ein Brandzeichen – und das nicht zuletzt in jener besonders amerikanischen Form der Geraden in der Landschaft: der Straße.

Doch wer in Amerika nur das Land schnurgerader Straßen und rechtwinkliger Kreuzungen sieht, der hat eine andere Hälfte, der hat den landschaftlichen Kontrapunkt des rechten Winkels übersehen: die Kurvenlinie, den gleichmäßigen, ebenso sanften wie entschiedenen Schwung in der Landschaft. Anders als der rechte Winkel scheint die gekrümmte Linie der reinen Natur zu entstammen, sie erinnert an mäandrierende Flüsse und Küstenlinien, an Ketten rollender Hügel und Täler: eine Landschaft, wie sie die frühen Siedler besonders im Süden vorfanden, in den zahllosen Buchten und Flüssen Virginias, in den Hügeln des Piedmont, die den Appalachen vorgelagert sind. Aber eigentlich mehr noch als die strenge, objektive Geometrie der Geraden ist die Kurve ein Produkt der Wahrnehmung, das erst im Auge des Beobachters entsteht. Indem sie die Schroffheiten der Natur, ihre Ecken und Kanten glatt hobelt, schafft sie etwas ebenso Artifizielles, und der Mensch behauptet dreist: Seht her, das ist der Schwung der Natur, wir haben nur ein wenig nachgeholfen, ihn freizulegen, ihn in seiner reinsten Form herauszupräparieren.

Das war das Ideal der englischen Parklandschaften und Gartenanlagen; in Amerika ist es zu höchster Vollendung geführt worden, und vor allem: zu einer Synthese mit der Kultur der Moderne, wie sie in England nicht denkbar gewesen wäre. Natürlich, der englische Garten ist Kultur in ihrer höchsten Pflege und Vollendung, aber er führt aus der Zivilisation, er führt aus der Stadt, aus dem Leben der Massen heraus. Das war auch der Sinn der „Gartenstädte", wie sie ihrem Visionär und Pionier Ebenezer Howard als Rettung vor dem Moloch London vorschwebten. In den Vereinigten Staaten dagegen entstand seit der Mitte des 19. Jahrhunderts ein einzigartiges Amalgam aus Park und Großstadt, aus Kurve und Zivilisation. Die Kurve als Element der Landschaft fand ihren wichtigsten Platz im gleichen räumlichen und sozialen, im gleichen „ökologischen" Kontext wie das *grid pattern* der metropolitanen Straßen: in der expandierenden Großstadt. Am südöstlichen Rande der damaligen *boomtown* Chicago plante Frederick Law Olmsted am Ende der 1860er Jahre die Vorstadtsiedlung Riverside als ein Refugium für die neuen Reichen, denn er war zu der Auffassung gelangt, dass es nicht mehr ausreiche, quasi-ländliche Parklandschaften als Enklaven in die verdichteten Stadträume zu setzen, um damit ein Gegengewicht gegen die moralischen Übel der modernen Metropolis zu schaffen: Die Stadt selber musste vielmehr den Rückzug in das ländliche Design antreten, jedenfalls dort, wo nicht Geschäfte gemacht wurden, sondern das Private sich räumlich entfalten sollte. Darin lag der Sinn der kunstvoll gekurvten Straßen in Olmsteds Plan, für deren Begrünung bereits der Entwurf fast 100.000 Bäume und Sträucher vorsah. Gelingt es, eine Landschaft zu formen, das war die typisch amerikanische Überzeugung Olmsteds, dann schafft man auch die ihr kongeniale soziale Gemeinschaft.[4]

Bereits ein Jahrzehnt früher waren das Rechteck und die Kurve in Olmsteds New Yorker *Central Park* eine geradezu geniale Verbindung eingegangen, die

---
4 Vgl. Robert Fishman, Bourgeois Utopias, New York 1987, 126ff.

seitdem in der amerikanischen Stadt- und Landschaftsplanung immer wieder Schule machte: In den Außengrenzen ein exaktes Rechteck, welches das regelmäßige Muster der Avenues und Straßen Manhattans an keiner einzigen Stelle zerstört; nach innen mit all den Straßen und Wegen, Seen und Hügeln die vollendete Illusion des Anti-Zivilisatorischen, der Anpassung an eine vermeintlich rund geschwungene Natur, die es jedenfalls an dieser Stelle der Erde niemals gegeben hat. Aber auf lange Sicht gesehen war der Plan von Riverside ungleich wichtiger und folgenreicher als der des Central Park, denn er verabschiedete sich mit radikaler Konsequenz von jeglichem Dualismus von „Natur" und „Kultur", indem er Parklandschaften nicht als Erholungsorte, sondern als Stätten des alltäglichen Lebensvollzuges entwarf. Als nach dem Zweiten Weltkrieg der Massenexodus der weißen Amerikaner in die neuen Eigenheimsiedlungen der *suburbs* einsetzte, gingen auch noch die letzten elitären, quasi-adligen Konnotationen dieses Lebensstils verloren. Denn die gekurvten Straßen, die sich von Baumreihen gesäumt zwischen den Vorgärten hindurchzogen, waren jetzt unverkennbar zur industriellen Massenware geworden: in ihrer rationalisierten, den Prinzipien der *economies of scale* folgenden Entstehungsweise ebenso wie hinsichtlich ihrer Bewohner, die der unteren Mittelklasse oder der gehobenen *blue collar*-Zone der Gesellschaft entstammten. Die Transformation der amerikanischen Landschaft in die endlosen Mäander der suburbanen Kurvenstraßen setzt sich bis heute praktisch ungebrochen fort, und aus der Vogelperspektive ist es schwer zu entscheiden – ganz anders als beim Flug über Europa –, wo die Grenze zwischen Siedlung und Landschaft verläuft. Es gibt sie nicht.

Und doch führt die Kurve als eine Landschaftslinie über die Stadt hinaus und in das „Land", in die Natur des *open country* hinaus: als geschwungene Überlandstraße, als *parkway*, von dem aus die Menschen wiederum die Distanz zur Natur überbrücken sollen, indem sie sich in der Erfahrung der Natur dieser gleichsam anschmiegen. Dass dies vorzugsweise vom Automobil aus geschieht, wird nur Europäern als seltsamer Widerspruch erscheinen, also jenen Menschen, die immer noch spazieren gehen statt spazieren zu fahren. In Amerika jedenfalls ist die Frühgeschichte des Automobils in der ersten Hälfte des 20. Jahrhunderts eng mit der Idee verbunden, Parklandschaften für die Automobilisten zu schaffen, in denen sie sich fahrend erholen und gleichzeitig der Natur anverwandeln können. Auch wenn viele der frühen *parkways* an der amerikanischen Ostküste inzwischen zu normalen Autobahnen geworden sind, die der möglichst schnellen Verbindung zwischen zwei Punkten dienen, kann man ihre Herkunft doch immer noch an der spezifischen Eleganz der Kurvenschwünge und an der sie einfassenden Vegetation erkennen, womit sie sich von der schnöden Funktionalität der späteren *Interstate Highways* unterscheiden.

Die eigentliche Erfüllung des *parkway*-Gedankens jedoch lag nicht in den Erholungsparcours in der Nähe der Großstädte, sondern in der automobilen Erschließung jener spektakulären Wildnis, die man in Amerika seit dem späten 19. Jahrhundert entdeckte und in der *Conservation*-Bewegung – Theodore Roosevelt war einer ihrer wichtigsten frühen Promotoren – zu schützen und zu bewahren trachtete. In den 1930er Jahren erschloss der *Blue Ridge Parkway* die faszinierende Szenerie der Appalachen zwischen Virginia und Alabama, und seine Konstruktion, damals eine Ingenieurleistung ersten Ranges, folgte genau diesen Prinzipien: die Natur hervorzuheben und zu schützen, indem sie im wortwörtlichen Sinne erfahrbar gemacht wurde; die Schroffheit der Natur und die Gewalt der Wildnis unmittelbar vor Augen zu führen und doch wieder abzumildern, indem geschickt gewählte Kurvenradien den Eindruck vermittelten, sich in weicher Geborgenheit durch die Landschaft zu bewegen. Die Kurvenstraße wird hier zum Bindeglied zwischen Natur und Technik, zwischen Wildnis und Zivilisation. Das zu verstehen haben freilich nicht nur Europäer Probleme; es führte auch den amerikanischen Befürwortern einer romantisierten Moderne die Widersprüchlichkeit ihrer Sicht auf die Landschaft vor Augen. Lewis Mumford, der so beredte Advokat einer Osmose zwischen Natur und Kultur, Landschaft und Siedlung, nannte den Blue Ridge Parkway eine Entweihung der Natur und ein Verderben der Wildnis; er sah darin eine Invasion der großstädtischen Unkultur in die letzten Reservate des Unberührten mit ihrem tiefen „spirituellen" Gehalt. Damit erwies er sich als kongenialer Nachfolger Henry David Thoreaus und seiner Idylle am Walden Pond: Die meisten Amerikaner bewundern eine solche Haltung und empfinden sie sogar als uramerikanisch – aber selber neigen sie dann doch lieber zum Pragmatismus des Alltags, und das bedeutet: zur Zähmung der Wildnis auch mit technischen Mitteln, wenn es denn das Leben erleichtert und verschönert.

IV

In Europa versucht man, die Ökonomie, den Kapitalismus von der Landschaft fernzuhalten; in Amerika ist Landschaft ohne die Formung durch den Kapitalismus schwer vorstellbar – Landschaftsgestaltung und private Profitinteressen sind hier eine selbstverständliche Verbindung eingegangen. Von Europa, zumal von Deutschland aus neigt man dazu, darüber die Nase zu rümpfen und seine Vorurteile über das ungezügelte laisser-faire, über die Ökonomisierung noch der letzten „natürlichen" Reservate des Lebens bestätigt zu sehen. Aber ist es nicht eine Illusion zu glauben, dass Natur und Ökonomie sich trennen ließen? Dass die Jäger und Sammler, die Hirten und Ackerbauern ihr Leben nur in einer elementaren Aneignung der Natur überhaupt führen konnten, wissen wir ja sehr gut. Doch obwohl wir genauso wissen und darüber klagen, dass die industrielle Produktionsweise die Ausbeutung und Instrumentalisierung der Natur auf vorher nicht gekannte Stufen gehoben hat, streben wir inzwischen nach einer um so klareren Trennung von beidem, nach einer Rettung der Ökologie von der Ökonomie, nach einer „Reinhaltung" der Natur. Auch im physischen Sinne sollen die „hässlichen" Fabriken von den „schönen" Landschaften abgegrenzt werden, denn die Vermischung von beiden – die Produktionsstätte oder der Verbrauchermarkt auf der „grünen Wiese", wie es so schön heißt – ist von Übel. Wir sollten uns mindestens ehrliche Rechenschaft darüber ablegen, dass hinter unserer fundamentalen Skepsis gegenüber der landschaftsverändernden Wirkung von materieller Produktion und Konsum europäische Werthorizonte und Mentalitäten stehen, über die man sehr wohl streiten kann: eine aus dem 19. Jahrhundert bewahrte Romantisierung und Idealisierung der „Natürlichkeit der Natur" einerseits; eine spezifische Wirtschaftsfremdheit politischer Ideologien und kulturellen Selbstverständnisses in der deutschen Geschichte anderseits – oder schärfer gesagt: Traditionen des populären Antikapitalismus. Wenn schon die sozialistische Utopie als Gegengewicht gegen den modernen Kapitalismus nicht mehr herhalten kann, so werden Natur und Landschaft als die neue Utopie einer ökonomiefernen Gesellschaft stilisiert.

Die amerikanische Vision ist nüchterner; sie versucht nicht zu leugnen, dass der moderne Kapitalismus als die Lebensmacht der Moderne par excellence sich auch die Landschaften unterwirft; mehr noch: dass die Landschaften zur physischen Ausdrucksform je spezifischer kapitalistischer Nutzungsinteressen werden – selbst dort, wo keine Fabriken oder Konzernzentralen stehen, sondern wo die Landschaft Zwecken der Siedlung oder gar der Erholung gewidmet ist. Auch dieses Muster hat seine historischen Wurzeln, die man bis in die Anfänge der Kolonialzeit zurückverfolgen kann. In der Plantagenökonomie des Südens war das private Profitinteresse die wichtigste Rechtfertigung, überhaupt das existentielle Risiko der Siedlung an der Peripherie der atlantische Welt auf sich zu nehmen; und für diejenigen, die später weiter nach Westen zogen, war eine Sicherung ihrer unmittelbaren materiellen Lebensgrundlage ohnehin nur durch eine Unterwerfung der lebensfeindlichen Wildnis, als die sie die „Landschaft" zuerst kennen lernten, möglich. Sogar im puritanisch geprägten Neuengland mit seinem Vorrang der Spiritualität vor der Materialität, gemeinschaftlicher vor privaten Werten sind die Besiedlung, die Gründung von Städten und die Verteilung von Land häufig als schnöde kommerzielles Unternehmen, als Projekt ehrgeiziger *developer*, wie man sie inzwischen nennen würde, vollzogen worden.

Erst recht im 19. Jahrhundert, im Zeichen des rasanten Wachstums der Großstädte und der Industrien, wurde die Natur in den USA zu einem gigantischen Treibstoffreservoir für den hungrigen Motor des Kapitalismus. Der Historiker William Cronon hat in einer faszinierenden Studie über Chicago und sein Umland gezeigt, mit welcher Radikalität und Schonungslosigkeit dabei die Landschaft kommerzialisiert, die „Natur" in kapitalistische „Ware" transformiert worden ist.[5] Ob es sich dabei um den Wald handelte, der zu Bauholz gemacht wurde; um die Getreidefelder, deren Erträge nur noch in standardisierten Qualitäten marktfähig sein konnten; oder um Lebewesen wie Rinder und Schweine, die nur noch als zerlegte und tiefgekühlte Portionen auf dem Weg zu New Yorker Konsumenten weiterexistieren konnten: Immer war die Metropole Chicago zugleich das Laboratorium, das lebendige Natur in Ökonomie verwandelte und das der agrarischen Landschaft die Kultur des Kapitalismus wie eine zweite Haut überzog. – Aber hat es das nicht genauso in Europa, in Deutschland in der Zeit der Industrialisierung und bis heute gegeben? Ja, natürlich, aber wir weigern uns gerne, das zur Kenntnis zu nehmen und glauben lieber an die Möglichkeit der Fortexistenz einer reinen und unverfälschten Natur, an die Geborgenheit in Landschaften, die Fluchtorte vor dem Kapitalismus bilden sollen. Den Amerikanern dagegen ist die Vorstellung von der durch menschliches Handeln – und was wäre dies ohne die Verfolgung privater Interessen? – umgeformten und neugeschaffenen Landschaft selber gleichsam zur „zweiten Natur" geworden.

Diesen Prämissen unterliegt sogar, auch wenn das manchmal auf den ersten Blick schwerer zu erkennen ist, die Ästhetisierung von Landschaft in den scheinbar wirtschaftsfreien, privaten Rückzugsräumen. Das galt schon für die sorgsam geplanten Villenvorstädte der weißen Mittel- und Oberklasse seit dem 19. Jahrhundert wie Olmsteds Chicagoer „Riverside", mit ihrer Suggestion einer „Anpassung" an die Landschaft, die in Wirklichkeit eine Neuschöpfung darstellte. Es gilt heute für die *Country Clubs* und Golfplätze, die der ursprünglichen Topographie und Vegetation eine ganz neue Gestalt geben, auf besonders dramatische Weise im Wüstenland des Westens, in der Umgebung von Boomstädten wie Phoenix und Las Vegas: Plötzlich bestimmen grüne Wiesen und sanft gerundete Hügel, Bachläufe und schattige Baumoasen das Bild, wo gestern noch schroffe Felslandschaft war – so lange diese Metamorphose für die hungrigen Projektentwickler ökonomischen Nutzen macht. Ganz unverstellt jedoch tritt die amerikanische Symbiose von Natur und Ökonomie, von Landschaft und *business* erst in denjenigen neuen Landschaften zutage, die ausdrücklich wirt-

---

5 William Cronon, Nature's Metropolis. Chicago and the Great West, New York 1991.

schaftlichen Zwecken gewidmet sind. Außerhalb der Landwirtschaft waren das auch in den USA lange Zeit vor allem städtische, ja großstädtische Räume: die *Central Business Districts* mit ihren Büros und Verwaltungen, und die innenstadtnahen Gürtel der industriellen Produktion mit den häufig durch Immigranten geprägten Wohnquartieren nahebei.

Doch nach dem Zweiten Weltkrieg hat sich dieses Muster mit einer für europäische Verhältnisse atemberaubenden Schnelligkeit und Gründlichkeit gewandelt. In den 50er und 60er Jahren wurden zunächst die Fabriken, zum Beispiel in der Autoindustrie von Detroit, an den Rand der Stadtregionen verlegt. Industrielle Infrastruktur, die man nicht mehr benötigte, die den neuen Anforderungen nicht mehr entsprach, wurde schlichtweg liegengelassen, um lieber an anderer Stelle ganz neu aufzubauen. Und diese neuen Orte lagen immer öfter nicht nur einige Meilen außerhalb, sondern tausende Meilen entfernt an der Westküste oder in den prosperierenden neuen Zentren des *Sunbelt* südlich des 37. Breitengrades. Die klassischen Wirtschaftslandschaften der Hochindustrialisierung verkamen innerhalb kürzester Zeit zum *Rustbelt*. Ganz neu zu beginnen, neue Räume zu erschließen statt alte Strukturen an gleicher Stelle zu erweitern und zu erneuern, das ist ein Grundzug des amerikanischen Verhältnisses von Landschaft und Ökonomie. Seine Wirkung beruht aber im Alltag der Unternehmerentscheidungen und Investitionspräferenzen nicht einfach auf schönem Idealismus, sondern auf handfesten institutionellen Regeln: An vielen Stellen prämiert das amerikanische Rechts- und Steuersystem den Neubau gegenüber der Modernisierung des Alten, wo in Europa die Vorstellung herrscht, man müsse der Bewahrung und Restaurierung des Bestehenden den Vorzug geben.

Aber der Auszug aus den Innenstädten und alten Industriezentren war nur ein erster Schritt, denn seitdem haben sich Produktion und Verwaltung, Forschung und Entwicklung der amerikanischen Wirtschaft neuartige Räume geschaffen, die etwas anderes signalisieren als nur den Neubeginn des Veralteten, verpflanzt an einen anderen Ort. *Silicon Valley* im nördlichen Kalifornien, der *Research Triangle Park* in North Carolina: das sind die Vorzeigemodelle für die neuen Übergangslandschaften ganz eigener Art, von denen man nicht mehr sagen kann, die seien städtisch oder ländlich, zentral oder peripher, offen oder verdichtet – all diese Kategorien herkömmlicher Siedlungslandschaften der Moderne haben hier ihre Trennschärfe verloren. Wir befinden uns in Parks und treffen doch keine Spaziergänger; wir sehen freien Raum und doch keinen Freiraum; wir wissen von den urbanen Dimensionen dessen, was sich hier für die Weltökonomie abspielt, aber spüren oft nur die Sterilität einer Musterhaussiedlung. Zwischen Straßen und künstlichen Seen, zwischen Waldstücken, die wie von den Planern vergessen wirken, und sauber asphaltierten Parkplätzen, zwischen strahlend grünen Wiesen und ziegelroten oder glasspiegelnden Fassaden geht jedes Gefühl für die Differenz von Stadt und Land, von Ökonomie und Natur verloren, und denkt man noch daran, kommen einem diese Trennungen unweigerlich schrecklich altmodisch vor. Längst sind es nicht mehr, wie der europäische Gelegenheitsbeobachter meinen könnte, vereinzelte Inseln der Mikroelektronik oder Biotechnologie, auf denen sich diese Landschaften etabliert haben; überall bestimmen sie inzwischen das Bild der entdichteten Verdichtungsräume. Nur sind sie vom Mietwagen aus schwer zu entdecken, denn mit ungeschultem Blick wird man unweigerlich der Illusion erliegen, die Autobahn führe durch dichte Wälder und kaum genutztes Land.

Innerhalb Europas haben die Deutschen wohl den größten Ehrgeiz darein gesetzt, vorindustrielle Landschaftsstrukturen zu bewahren und sogar bis in die postindustrielle Zeit hinüberzuretten. Anderswo auf unserem Kontinent – in Frankreich, in Italien, ja inzwischen selbst in Russland – erinnert zumal das Umland großer Städte viel eher an Amerika: im scharfen Kontrast von industriellen Brachen und neuen Unternehmungen, im sorglosen Umgang mit Fläche (in Deutschland sagt man bezeichnenderweise „Verbrauch", so als sei die Fläche, die Landschaft nach ihrer vermeintlichen Denaturierung getilgt; nicht mehr vorhanden!), in den aggressiven Ikonen der Kommerzialisierung, den *billboards* und Leuchtreklamen an der städtischen Peripherie. Im Vergleich damit kann man den Eindruck gewinnen, Deutschland – nein: die alte Bundesrepublik – habe ein Staatsziel darin gesehen, sich in ein einziges großes Landschaftsmuseum zu verwandeln.

Die amerikanischen Landschaften Deutschlands indes liegen nach der Wiedervereinigung in den neuen Bundesländern. Nähert man sich heute als Reisender dem Leipzig-Halleschen Raum, trifft man im nur noch schwer definierbaren Übergangsbereich zwischen Land und Stadt auf Straßenkreuzungsgewirr und McDonald's, auf Tankstellenschilder, die mindestens doppelt so hoch in die Luft ragen wie im Westen, auf großflächige Shopping-Center. Innenstadtfunktionen verlagern sich an die suburbane Peripherie. Man sieht hier auch, zum Beispiel in der Nähe des Flughafens Schkeuditz, das unvermittelte Nebeneinander von verlassener, sich selbst überlassener Industrie und den auf Hochglanz polierten neuen Industrie- und Gewerbeparks. Denn ganz analog zu dem, was in den USA seit langem gilt, haben die politischen Prämissen und Förderungsmechanismen des „Aufbau Ost" das Abwracken der alten Strukturen statt ihre mühevolle Rekonstruktion prämiert. Ironischerweise erinnert hier sogar die Weite der agrarischen Landschaften an die USA – ein Erbe der sozialistischen Agrarverhältnisse und nicht Resultat der Verbindung von Kapitalismus, Individualismus und offenem Raum wie in Amerika. Auch der flüchtige, der phänotypische Eindruck von den Menschen trägt manchmal zu den amerikanischen Assoziationen im neuen deutschen Osten bei: Wie in den USA, anders als in

Westdeutschland ist die Klassenzugehörigkeit, ist die Differenz zwischen *middle class* und *lower/working class*, den Menschen an Gesicht, Kleidung, Körpersprache leichter abzulesen.

Welch weichgezeichnete Idylle, welch beruhigende Trägheit strahlt dagegen die klassische Industrielandschaft Westdeutschlands: das Ruhrgebiet, immer noch aus! Über Jahre, über Jahrzehnte scheint die Landschaft hier wie eingefroren, in einem zeitlichen Niemandsland irgendwo zwischen 1870 und 1970. Man redet stets vom Strukturwandel, aber scheint sich nicht recht zu trauen, den Menschen dafür auch eine Veränderung ihres räumlichen Koordinatensystems, ihrer zwar widerborstigen und zerklüfteten, aber gewohnten und geliebten Landschaft zuzumuten. Hier ist man als Beleg für den Strukturwandel nach Kohle und Stahl immer noch stolz auf die Ansiedlung des Opel-Werkes in Bochum, obwohl das schon viele Jahrzehnte zurückliegt. Im Übrigen steht, und dazu hat auch die IBA Emscher-Park ein ganzes Stück weit beigetragen, nicht die radikale Transformation und Neuerfindung der alten Industrielandschaft auf dem Programm, sondern immer wieder ihre Musealisierung. Ob Zeche oder Eisenhütte, Abraumhalde oder Gasbehälter: als kulturelle Erinnerung wird die Landschaft festgefroren; neue, großflächige kommerzielle Nutzungen sind die Ausnahme und scheinen als verpönt zu gelten. So viel Pietät würde man in Amerika nicht gelten lassen, denn „Kultur" erschöpft sich dort nicht in Erinnerung und schöner Reminiszenz, sondern zielt auf das aktive Tun des Menschen, auf seine Aneignung auch der physischen Umwelt.

V

Das war seit dem Beginn des 20. Jahrhunderts ein einflussreiches Denkmodell der amerikanischen Sozialwissenschaften: Wo Menschen Besitz von einer Landschaft, von einem physischen Raum ergreifen, transformiert sich Geographie in soziale Verhältnisse, während zugleich die Bedingungen der Natur in dem Siedlungs- und Sozialverhalten der Menschen immer präsent und ablesbar bleiben. Was Robert Park schon 1915 in einem der Urtexte der später so genannten *Chicago School* formulierte,[6] hat als Koordinatensystem des amerikanischen Denkens seine Wirkung nicht verloren, obwohl der sozialräumliche Kontext sich denkbar radikal gewandelt hat. Für Park stand die produktionsorientierte Industriegroßstadt, das Paradigma Chicagos, ganz im Vordergrund; heute sind

---

6 Robert E. Park, The City: Suggestions for the Investigation of Human Behavior in the City Environment, in: AJS 20, 1915, 577–612.

es viel eher die dezentrierten Landschaften des Wohnens, der Freizeit und nicht zuletzt des Konsums, welche die soziale Ökologie Amerikas formen. Mindestens ebenso wichtig wie die Verlagerung der Produktionsstätten war deshalb die erfolgreiche Durchsetzung neuer Orte des Konsums nach dem Zweiten Weltkrieg, der Siegeszug der großflächigen *Shopping Centers* außerhalb der alten Stadtzentren. Anfangs gab man sich noch Mühe, sie als Imitation klein- oder mittelstädtischen Straßenlebens zu gestalten, doch spätestens mit dem Übergang zu den riesigen *Indoor Malls* war das offene Bekenntnis zu einem ganz anderen Konzept abgelegt, in dem sich soziale Beziehungen auf vielfache Weise neu arrangierten.

Die Stadtlandschaft wurde buchstäblich von außen nach innen gestülpt, einschließlich der Illusion der Natur in immer gigantischeren Pflanzenkübeln. Was vorher öffentlicher Raum gewesen war – die Straßen, die Plätze, die Bürgersteige –, stand nun in privater Verfügungsgewalt; die Entfaltungsmöglichkeiten einer *public landscape*, ohne die keine Zivilgesellschaft funktionieren kann, drohten marginalisiert zu werden. Und vor allem ging von den *Malls* ein kräftiger Sog auf die Veränderung der Landschaftsstrukturen im Ganzen aus. Immer größere Parkplätze und mehrspurige Zufahrtsstraßen, Autobahnkreuze und die endlosen Reihen der *fast food*-Restaurants bildeten das neue Ensemble der Konsumlandschaften, in deren Mitte die eigentümlich architekturlosen Einkaufszentren lagen. – Mitte? Nein, eine Mitte ist in dieser vollständig dezentrierten Landschaft nicht mehr auffindbar. Dazu hat man hierzulande den Willen nicht, oder nicht den Mut. Die derzeit wohl amerikanischste *Shopping Mall* Deutschlands, das Oberhausener „CentrO", ist politisch überhaupt nur durchsetzbar gewesen mit dem Anspruch, sich als Teil einer „Neuen Mitte" der kränkelnden Ruhrgebietsstadt zu verstehen. Bewegt man sich dort, erkennt man, wie das Experiment der Dezentrierung auf halbem Wege stecken geblieben ist.

Damit hat sich in den USA seit den 1980er Jahren auch der Stellenwert der suburbanen Landschaften, der von den Einfamilienhäusern der Mittelklasse geprägten Schlaf-Vorstädte, noch einmal gründlich gewandelt. Sie waren einmal Ausleger der Städte in das Land, Übergangszonen zwischen Zivilisation und Wildnis, in denen der Eigenheimbesitzer sich noch beim Mähen des Rasens als rodender Pionier fühlen konnte. Als „*sub-urbs*" blieben sie auf das Stadtzentrum bezogen und ihm untergeordnet. Davon kann inzwischen keine Rede mehr sein; die Bedürfnisse der Menschen zwischen Arbeit und Konsum, Bildung und Freizeit lassen sich fast allesamt in einem neuen Zwischen-Raum erfüllen, dessen Topographie, besonders im Osten der Vereinigten Staaten, aus derjenigen der *suburbs* abgeleitet ist – denn es ist die Topographie des Automobils, des *drive-in America*, der aber dennoch ganz andere Funktionen erfüllt.

Deshalb ist es auch kein Widerspruch, wenn gegenwärtig städtische Strukturen in den USA eine Renaissance zu erleben scheinen; es ist vielmehr ein Indiz für die gleiche Tendenz zu den neuen, mit europäischen Kategorien kaum zu fassenden Siedlungslandschaften. Weit entfernt von den alten *downtowns* schießen die „*edge cities*" aus dem Boden, ausgelagerte Bürostadtzentren von einer Dimension und Dynamik, gegen die vergleichbare deutsche Projekte wie die Frankfurter „Bürostadt Niederrad" nur lächerlich erscheinen. Im Westen, besonders im Südwesten, ist es die *Strip City* vom Typ Las Vegas, die einen Boom des Urbanen suggeriert und sich doch von der post-suburbanen Topographie des Nordostens fast nur durch die Geometrie unterscheidet: Das *grid pattern*, der rechte Winkel des Westens und die Kurve des Ostens scheinen hier noch einmal beweisen zu wollen, wie eng sie zusammengehören. Linearität statt Hierarchie, Netzwerk statt Zentrum sind in beiden Fällen die Grundprinzipien, in denen die egalitäre Sehnsucht Amerikas ihre definitive Form gefunden zu haben scheint.[7]

In den 30er Jahren übersetzten viele amerikanische Intellektuelle den alten Traum von einer Auflösung der Städte in neue Konzepte der Architektur und Landschaftsplanung. Frank Lloyd Wright sprach von der *disappearing city*, und Lewis Mumford suchte nach der *middle landscape*, in der sich die jeweiligen Vorzüge von Natur und Technik, von Land und Stadt miteinander verbinden ließen. Heute ist diese Vision von der *middle landscape* Realität geworden. Indem dies den Amerikanern zu Bewusstsein kommt, verstärken sich jetzt die kritischen Einwände; mancher Blick richtet sich wieder auf Europa mit seiner kompakten, Gemeinschaft verheißenden Siedlungsweise, mit seiner Landschaft, die noch klare Grenzen und Zuordnungen anerkennt.[8] Aber das riecht dann auch nach der Beschwörung vorindustrieller Dörflichkeit, und eine Chance, damit öffentliche Meinungsführerschaft zu gewinnen, gibt es nicht.

Was bleibt also als Fazit? Gibt es eine Annäherung der europäischen an die amerikanischen Landschaften, eine zunehmend gemeinsame Kultur der Landschaft im Zeitalter der Globalisierung? Vor hundert Jahren scheinen die Gemeinsamkeiten mindestens ebenso groß gewesen zu sein. Damals verglich man Berlin mit Chicago und sprach von einer geradezu amerikanischen Ausdehnung der boomenden Reichshauptstadt in den märkischen Sand hinein. Was ist davon geblieben? Frankfurt, die vielapostrophierte amerikanischste Stadt Deutschlands, ist „Mainhattan" nur mit den Hochhäusern auf einigen Hektar

---

7 Vgl. z. B. Carl Abbott, The Metropolitan Frontier, Tucson 1997, 128f.
8 Vgl. z. B. Andres Duany, Elizabeth Plater-Zyberk, Jeff Speck, Suburban Nation: The Rise of Sprawl and the Decline of the American Dream, New York 2000.

Innenstadt, aber kaum in der Stadtlandschaft, in der sozialen Topographie des Siedlungsgroßraumes. Man kann den Eindruck gewinnen, dass der Abstand im Laufe des 20. Jahrhunderts eher größer als kleiner geworden ist. Natürlich, Europa ist in die Richtung Amerikas gegangen; Elemente der amerikanischen Landschaft haben sich hier und dort niedergelassen: *drive-ins*, Vorstadtsiedlungen, Gewerbeparks. Aber sie haben die Grundmuster der europäischen Landschaft nicht verdrängen können, die nicht zuletzt mit politischen Mitteln verteidigt werden, wie die in Deutschland mit besonderer Hartnäckigkeit und quer durch alle politischen Lager betriebene Konservierung der alten Differenz von Stadt und Land, von Kultur und Natur zeigt. Die Strukturen des Raumes verändern sich langsam, wie schon Fernand Braudel wusste; von *global village* keine Spur. Amerika und Europa, das sind weiterhin zwei Kontinente, zwei Landschaften.

14 Gemeinsame Muster und nationale Pfade. Europäisch-atlantische Gesellschaften diesseits und jenseits der „Goldenen Jahre"

I

Was ist nur los mit der Einheit des „Westens" im beginnenden 21. Jahrhundert? In den aktuellen politischen Debatten und Krisenlagen mehren sich die Anzeichen dafür, dass die Selbstverständlichkeit gemeinsamen Handelns, aber auch gemeinsamer Kultur, gemeinsamen Wertebezugs der europäisch-nordatlantischen Gesellschaften, wie sie nach dem Zweiten Weltkrieg für ein rundes halbes Jahrhundert zu gelten schien, Erosionsprozessen ausgesetzt ist, die nicht nur oberflächlicher Natur sind. Ein „altes" steht gegen ein „neues" Europa; die Vereinigten Staaten von Amerika stehen gegen Europa insgesamt in einem Verhältnis von „Macht" und „Ohnmacht" (Robert Kagan); in der europäischen Politik besinnt man sich auf nationale Eigenständigkeiten, auf Traditionen des nationalstaatlichen Sicherheitsdenkens. Nicht zufällig verweisen die historischen Parallelen dieser Tage immer wieder auf Konstellationen vor etwa hundert Jahren, als das Zeitalter der Nationalstaaten und ihrer Machtpolitik vor dem Ersten Weltkrieg seinen Höhepunkt erreichte, zurück. Bundeskanzler Gerhard Schröder sprach, zum Entsetzen der meisten Historiker, von einem neuen „deutschen Weg" und betonte gleichzeitig in einem anderen Zusammenhang, nämlich dem der inneren Reformen und der Neuordnung des Wohlfahrtsstaates, das „europäische Modell" gegen ein ungenanntes anderes – das amerikanische? – bewahren zu wollen.

Man sollte die tagespolitische Rhetorik gewiss nicht überschätzen. Aber es besteht doch auffallende Einigkeit darüber, dass eine bestimmte historische Phase der europäisch-atlantischen Geschichte zu Ende geht. Auch in historischer Perspektive, auch für die Geschichtswissenschaft, für eine zeitkritisch sensible „Zeit-Geschichte" stellen sich damit neue Fragen: Fragen nach der Einheit einer „westlichen Entwicklung", die nun weniger einheitlich erscheint, als das noch in den 90er Jahren der Fall war; auch: die in geringerem Ausmaß einer säkularen und allumfassenden Tendenz zur Homogenisierung, zur Angleichung ehemals nationaler Differenzen und Eigenarten zu unterliegen scheint, als man lange Zeit glaubte. Es entstehen neue Fragen nach der historischen Persistenz und Hartnäckigkeit nationalstaatlicher und nationalgesellschaftlicher Ordnungsmodelle und Handlungshorizonte – zu einem Zeitpunkt, als manche schon über die Auflösung der Nationalstaaten spekulierten. Neue Fragen stellen sich auch nach der Verwestlichung und „Amerikanisierung", die in vielen europäischen Gesellschaften, jenseits so äußerlich auffälliger und vielzitierter Bereiche wie Konsum und Massenkultur, weniger weit gegangen zu sein scheint als man lange Zeit annahm. Jedenfalls ist die Situation unübersichtlicher geworden, der konzeptionelle Klärungsbedarf größer.

Die Geschichtswissenschaft trifft eine solche Situation nicht unvorbereitet. Zum einen hat sie in den vergangenen Jahren mit großer Vehemenz, gerade auch in Deutschland, den Ausbruch aus den herkömmlichen Mustern der nationalgeschichtlichen „Erzählung" betrieben und die Bedeutung „transnationaler Geschichte" in ganz unterschiedlichen Formen (aber jenseits des bloßen Vergleichs von Nationalgeschichten) hervorgehoben. Was Westeuropa und die USA betrifft, sind Prozesse der Amerikanisierung bzw. „Westernisierung" europäischer Gesellschaften in der Nachkriegszeit neu untersucht worden. Für den Binnenraum Europa sind gleichzeitig neue Konzeptionen einer „Europäischen Geschichte" jenseits der bloßen Addition von Nationalgeschichten entwickelt worden, mit historischer Tiefe bis in das Mittelalter und die Frühe Neuzeit zurück. Hier war freilich der Buchmarkt oft schneller als die historische Methodenreflexion.

Zum anderen hat sich die Geschichtswissenschaft in den vergangenen zehn Jahren ziemlich radikal von den „whiggistischen" Mustern einer linearen, letztlich teleologischen Fortschrittsgeschichte „des Westens" oder „der Moderne" verabschiedet. Die Anregungen dazu sind in erheblichem Umfang von der nichtwestlichen Geschichte und Sozialwissenschaft ausgegangen: von der Sozial- und Kulturanthropologie, der außereuropäischen Geschichte, den *postcolonial studies*. Die Vorstellung verschiedener Modernitäten, von *multiple modernities*, gewinnt an Plausibilität. Parallel dazu hat in den systematischen Sozialwissenschaften, vor allem in der sozialwissenschaftlichen und politischen Ökonomie, im Zusammenhang des Vordringens „institutionalistischer" Denkweisen die Kategorie der „Pfade" und der „Pfadabhängigkeit" langfristiger Entwicklungsprozesse, auch von Nationalstaaten, große Prominenz gewonnen. Nun könnte man böswillig sagen, dass dies nur eine späte Erleuchtung dessen ist, was für Historiker und Historikerinnen immer schon selbstverständlich war: nämlich dass Gegenwart durch Geschichte geprägt ist und aus den „Schienen" historischer Tradiertheit nicht einfach herausspringen kann. Und doch scheint das Konzept der *path dependency* für die Geschichte nützlich, zumal es sich in den Sozialwissenschaften häufig mit Problemfeldern wie der Geschichte des Wohlfahrtsstaates oder unterschiedlicher polit-ökonomischer „Regime" verbindet, die auch Historiker (wieder) zunehmend interessieren.

Von dieser allgemeinen Situationsanalyse ausgehend, sollen im Folgenden einige Überlegungen zur europäischen Geschichte in der zweiten Hälfte des

20. Jahrhunderts skizziert werden. Erstens geht es um ein konzeptuelles Gerüst, in dem Probleme der transnationalen, europäisch-nordatlantischen Geschichte seit 1945 diskutiert werden können: jenseits der alten Nationalgeschichte einerseits, jenseits aber auch einer „entnationalisierten", ganz auf das Assimilationsmodell setzenden „Europäischen Geschichte" andererseits. Zweitens wird versucht, eine empirische Argumentation anzudeuten, das Konzept also inhaltlich zu füllen. Der Beginn der 1970er Jahre soll dabei als eine Zäsur, als eine Art Wasserscheide der westlichen Nachkriegsgeschichte verstanden werden. Vom Ende des Zweiten Weltkriegs bis dahin überwogen Prozesse der Annäherung, der Homogenisierung nationalstaatlicher Kulturen und Institutionen. Seitdem jedoch, nicht zuletzt unter dem Druck der tiefen ökonomischen Krise seit 1973, lassen sich in vieler Hinsicht Prozesse der „Renationalisierung", um es vielleicht etwas überscharf auszudrücken, beobachten, die Rückkehr oder Wiederaufnahme nationaler „Pfade" in zentralen Bereichen der institutionellen und kulturellen Entwicklung, einschließlich der Identität und des Selbstverständnisses westlicher Gesellschaften. Dieser Umschwung bildet den historischen Hintergrund und wenigstens eine Teilerklärung für das, was wir gegenwärtig als Phänomene der Distanz und Entfremdung innerhalb des europäisch-atlantischen Westens beobachten. Dabei geht es auch darum, die Zeitgeschichte, jenseits einer im engeren Sinne politischen Zeitgeschichte, über die Schwelle der späten 60er und frühen 70er Jahre hinaus weiter an unsere Gegenwart heranzuführen.

II

Eric Hobsbawm hat in seiner Geschichte des „kurzen", von Extremen zerrissenen 20. Jahrhunderts die welthistorische Phase zwischen dem Ende des Zweiten Weltkriegs und der ersten „Ölkrise" von 1973 als die „Goldenen Jahre" dieses Jahrhunderts bezeichnet, als die glückliche und fortschrittsverwöhnte Zeit inmitten tiefer Katastrophen und Krisen.[1] Er steht mit dieser Sichtweise nicht allein. Es dürfte relativ leicht ein Konsens darüber zu erzielen sein, dass dies in der Tat historisch exzeptionelle Erfolgsjahre jedenfalls für die westlichen Gesellschaften im OECD-Raum gewesen sind: gekennzeichnet von andauernd hohen Raten des wirtschaftlichen Wachstums, von einem neuen Siegeszug der industriellen Massenproduktion zumal im Bereich der Konsumgüter, von nied-

---

1 Eric Hobsbawm, Das Zeitalter der Extreme. Weltgeschichte des 20. Jahrhunderts, München 1995.

riger Arbeitslosigkeit und nicht zuletzt einem beispiellosen Ausbau der sozialen Sicherungssysteme. Der Aufstieg der Konsumgesellschaft beförderte, was Mark Mazower die „individualistic mobilization of Europe" genannt hat.[2] Der Nationalstaat schien durch die Epoche der Kriege diskreditiert, und der wohlfahrtsstaatliche Kapitalismus schlüpfte, so könnte man es sehen, in dessen Rolle als Leitinstitution westlicher Entwicklung. Vor dem Hintergrund ökonomischer Prosperität fiel es leicht, sich auf gemeinsame Ziele zu verständigen. Der sehr dynamische Wandel von Politik und Gesellschaft vollzog sich in den 50er Jahren in vielen europäischen Gesellschaften in sehr ähnlichen Bahnen.

Ein erstes Beispiel dafür liefert die Geschichte des modernen Städtebaus und der Stadtplanung in der Nachkriegszeit. Die Wohnungsbau- und Stadterweiterungspolitik genoss in den 50er und 60er Jahren fast überall eine sehr hohe Priorität, nicht nur in den kriegszerstörten Städten Deutschlands, Englands oder der Niederlande. Migrationsbewegungen und natürliches Bevölkerungswachstum der *Baby boom generation* ließen die systematische Neugewinnung von Wohnraum zu einer vordringlichen sozialpolitischen Aufgabe werden; mindestens ebenso wichtig war der Wandel von Familienformen – die elternzentrierte Kleinfamilie wurde zur Norm wie kaum jemals zuvor oder danach – und die Erwartungen an einen gehobenen Lebensstandard, zu dem ein bestimmter technischer und sanitärer Standard des Wohnens ebenso gehörte wie die Einbindung des Wohnens in individualisierte Verkehrsströme und Erholungsräume „im Grünen".

Die buchstäblich Stein gewordene Konsequenz dieser demographischen, sozialpolitischen und kulturellen Anforderungen bildeten die vor allem seit den frühen und mittleren 50er Jahren an der Peripherie der Großstädte errichteten Stadterweiterungen in der Form von Großsiedlungen überwiegend im Geschosswohnungsbau. Das sozialpolitische Motiv der Förderung billigen Wohnraums für die Arbeiterschaft, für die untere Mittelklasse und für Migranten überschnitt sich mit der ebenfalls transnationalen Vision einer effizienten Stadt der Moderne, vorangetrieben von Architekten wie Le Corbusier. Während die Vereinigten Staaten zur selben Zeit einen ganz anderen Weg in der Expansion von Wohnraum und Siedlungslandschaft gingen: nämlich den des standardisierten Eigenheimbaus in den *suburbs*, bei der die Washingtoner Regierung der Förderung der weißen Mittelklasse die sozialpolitische Priorität gab, zeichnete sich das europäische Modell durch seinen Schwerpunkt auf dem Mietwohnungsbau für benachteiligte Schichten der Gesellschaft aus. Gleichzeitig gab der architektonische und stadtplanerische Modernismus, der bis in die frühen

---

2 Mark Mazower, Dark Continent: Europe's Twentieth Century, New York 1999, 302.

70er Jahre überall den Ton angab, die äußere Gestalt dieser neuen Lebensform vor: eine zunächst überwiegend drei- bis fünfgeschossige Riegelbauweise, die sich in geometrischer Ordnung wiederholen und auf diese Weise zum Gestaltungsprinzip ganzer Stadtteile für mehrere zehntausend Einwohner machen ließ. In den 60er Jahren erfolgte dann, wiederum in bemerkenswerter europäischer Synchronität, der Übergang zu den Hochhaussiedlungen, die seitdem, freilich in unterschiedlichem Ausmaß, die *banlieue* der europäischen Städte bestimmen.

Ein Grundmotiv dieser transnationalen Bewegung, die sich über die historische Verschiedenartigkeit von Baustilen, Lebensformen und *vernacular landscapes* hinwegsetzte, lag in der spezifischen Verbindung von Machbarkeitsglauben, technizistischer Utopie und sozialer Romantik, welche als ein kulturelles und ideenpolitisches Syndrom in der Nachkriegszeit ihren Höhepunkt erlebte. Die Welt schien planbar unter Kriterien von Rationalität und Effizienz, und das sozialpolitische Motiv schien mit der technischen Rationalität nahtlos übereinzustimmen: Der rational geplante Wohnraum war auch der sozial fortschrittliche. In letzter Zeit ist verschiedentlich herausgearbeitet worden, welche Rolle der „Utopismus" und die Planungseuphorie in der europäischen Geschichte des 20. Jahrhunderts gespielt haben – nicht erst seit 1945, sondern bereits seit den 20er und 30er Jahren, und zwar in allen Formen politischer Regime, im nationalsozialistischen Deutschland ebenso wie im sowjetkommunistischen Russland und auch in Demokratien. Man kann geradezu von einer Internationale der Planer und Sozialtechnologen sprechen, die auf eine technologische Zivilisation des sozialen Fortschritts jenseits von Geschichte und nationalen Traditionen zusteuerten. Die Idee der „Planung" selber – ob in ihrer deutschen Variante oder als französische *planification* – wurde in der Nachkriegszeit zu einem vereinheitlichenden, zu einem assimilierenden Element verschiedener europäischer Gesellschaften. Es war wohl, um ein anderes Beispiel zu nennen, auch kein Zufall, dass die sogenannten „Konvergenztheorien" einer systemneutralen technologischen Moderne in den 60er Jahren ihren Höhepunkt erreichten.

Die Wirkung dieses Grundmotivs lässt sich auch in anderen Feldern der europäischen Zeitgeschichte nachweisen, zum Beispiel in der Entwicklung des Wohlfahrtsstaates – oder des „Sozialstaates", mit dem deutschen Begriff – nach 1945. Die Erfahrung des Krieges selber, so könnte man es sehen, hatte das Bedürfnis nach sozialer Solidarität erhöht[3] (wie das schon früher in der Nachgeschichte von Kriegen der Fall war), und der ökonomische Aufschwung stellte die Ressourcen zur Verfügung, das auch institutionell und materiell umzuset-

---

3 Ebd., 300.

zen. Der amerikanische Einfluss auf den westeuropäischen Wohlfahrtskapitalismus kam hinzu; die Atlantikcharta von 1941 hatte Roosevelts Ziel des „freedom from want" zu universalisieren versucht.[4] Die Wege, die dabei beschritten wurden, sahen im Einzelnen unterschiedlich aus: vom englischen Beveridge-Plan über die französische *Sécurité sociale*, die in mancher Hinsicht eine Mittelposition zwischen Großbritannien und der Bundesrepublik markierte (sich anfangs aber ebenfalls am Beveridge-Plan orientierte), bis zu den westdeutschen Weichenstellungen zwischen 1957 (mit der Rentenversicherung) und 1961 (mit der Reform der Armenfürsorge / Sozialhilfe). Mit anderen Worten: Die „Pfadabhängigkeit" in der wohlfahrtsstaatlichen Entwicklung ging auch in dieser Phase nicht verloren. Aber anders als seit den 70er und 80er Jahren bestand ein großer, auch die politischen Lager der Konservativen und der Sozialdemokraten übergreifender Konsens über den Ausbau des Wohlfahrtsstaates, und die dabei verwendeten Instrumente glichen sich auch ein Stück weit einander an. Zumal unter den Bedingungen von ökonomischer Prosperität, Vollbeschäftigung und funktionierendem Generationenvertrag schienen die Unterschiede etwa zwischen den steuerfinanzierten Grundsicherungssystemen und den umlagefinanzierten Versicherungssystemen in den Hintergrund zu treten, auch: zwischen den auf soziale Egalisierung und Klassenneutralität angelegten Systemen einerseits (z. B. Skandinavien), den gewissermaßen „schichtungsaffirmativen" Systemen andererseits (z. B. Deutschland). Vom kommunistischen Ost- und Ostmitteleuropa abgesehen, spielten nur die autoritären Systeme an der südeuropäischen Peripherie – Spanien, Portugal und Griechenland – während dieser Zeit eine Sonderrolle.

III

Damit richtet sich der Blick auf den Übergang in die zweite Phase, die Phase der Krise und Neuausrichtung seit etwa 1973. Natürlich lässt sich die Zäsur nicht ganz einfach auf ein bestimmtes Jahr festlegen, aber über die Bedeutung der ersten „Ölkrise" von 1973/74 und des Umbruchs in der wirtschaftlichen, aber auch sozialen und kulturellen Entwicklung des Westens seitdem bildet sich in der Zeitgeschichte mittlerweile ein Konsens heraus. Insgesamt haben wir es bei

---

4 Franz-Xaver Kaufmann, Der deutsche Sozialstaat im internationalen Vergleich, in: Geschichte der Sozialpolitik in Deutschland seit 1945, Bd. 1, Baden-Baden 2001, 799–989, hier 882.

dieser Zäsur mit einer Überlappung verschiedener Faktoren zu tun, von denen die wichtigsten kurz angedeutet werden sollen.

Erstens endeten die „goldenen Jahre" in ökonomischer Hinsicht. Der Traum immerwährender Prosperität war vorbei, neue, teils unvermutete Herausforderungen an die Krisenbewältigung der politischen Systeme standen plötzlich auf der Tagesordnung: Inflation, Massenarbeitslosigkeit, in ihrem Gefolge: die Tragfähigkeit der wohlfahrtsstaatlichen Systeme, zunehmend auch angesichts demographischer Verschiebungen. Die Krise traf verschiedene europäische Staaten in den 70er Jahren in unterschiedlicher Weise. Während die Bundesrepublik sich, was das Problem der „Stagflation" anging, vergleichsweise gut behauptete, geriet Großbritannien mit zweistelligen Inflationsraten und seinen Strukturproblemen des alten industriellen Systems viel auffälliger in die Krise. Solche Unterschiede erschwerten es, eine einheitliche Antwort zu finden, und entsprechend unterschiedlich fielen die geld-, finanz- und wirtschaftspolitischen Reaktionen quer durch Europa (und Nordamerika) aus.

Zweitens verknüpfte sich die ökonomische Krise auffallend schnell mit einer tiefen kulturellen Krise und Verunsicherung: Der Glaube an die Machbarkeit und Planbarkeit der Welt, an den stetigen Fortschritt zur besseren Welt ging dem Westen weithin verloren; die „Grenzen des Wachstums", von denen der Club of Rome sprach, markierten auch die Grenze einer spezifischen Weltanschauung, die im mittleren Drittel des 20. Jahrhunderts ihren Höhepunkt erreicht hatte. Die Zeit des naiven Futurismus war zu Ende; man könnte auch sagen: Statt der „Zukunft" wurde jetzt die „Vergangenheit" zur temporalen Leitkategorie. Zivilisationskritische Bewegungen entstanden oder erneuerten sich und betonten Werte wie „Heimat" und „Identität", während der Gedanke der sozialen und zivilisatorischen „Planung" kaum irgendwo mehr eine Rolle spielte.

Drittens ist darauf hingewiesen worden, dass die sogenannte „Westernisierung" um 1970 zu einem Abschluss kam. Diese Meinung vertritt jedenfalls der maßgebliche Protagonist dieses Konzeptes, Anselm Doering-Manteuffel.[5] Die Westernisierung hatte die Bundesrepublik seit 1945/49 in den ideenpolitischen, verfassungspolitischen und sozialkulturellen „Westen" geholt, aber sie war mehr und anderes als bloße „Amerikanisierung", auch insofern, als sie sich nicht auf ein „bilaterales Projekt" zwischen den USA und Westdeutschland begrenzen lässt: Man könnte sie als vielschichtigen transnationalen Austausch- und Adaptationsprozess beschreiben, der die Amerikanisierung Frankreichs nach dem Zweiten Weltkrieg ebenso einschließt wie Assimilationsprozesse

---

5 Anselm Doering-Manteuffel, Wie westlich sind die Deutschen? Amerikanisierung und Westernisierung im 20. Jahrhundert, Göttingen 1999, 7.

innerhalb Westeuropas. Dass ein solcher Prozess jemals „zum Abschluss" käme, mag man bezweifeln und als methodischen Einwand gegen Doering-Manteuffel formulieren. Aber seine These trifft doch einen wichtigen Punkt. Seit 1970 entließ die Westernisierung ihre Kinder, die sich, unter dem Druck der Krise, nun wieder verstärkt auf ihre nationalen Traditionen oder „Pfade" besannen oder auch neue Traditionen „erfanden". Auch die europäische Amerikanisierungsdebatte der Nachkriegszeit lief in den 60er Jahren aus.[6]

Viertens schließlich wird man in diesem Zusammenhang den „Reformzeiten" der 60er und frühen 70er Jahre mehr Aufmerksamkeit widmen müssen. Sie fungierten in vielen Ländern als ein Scharnier des Übergangs von den „Goldenen Jahren" in die Zeit danach. Einerseits entwickelte sich, wenn man an den Generationenprotest denkt, an die Studentenbewegung oder die Neue Frauenbewegung, so etwas wie eine gemeinsame westliche „Bewegungskultur", ein gemeinsames Reservoir auch der symbolischen Politik und ihrer Handlungsformen. Auf der anderen Seite gerieten die reformerischen Aufbrüche – sicherlich besonders markant in der Bundesrepublik Deutschland – unter den Druck der neuen ökonomischen Situation und wurden so zu Weggabelungen, weil die Herausforderungen der „Reform" nun zunehmend unter den spezifischen Bedingungen der nationalen Ökonomie, des nationalen Arbeitsmarktes usw. definiert werden mussten.

Die Wirtschafts- und Sozialpolitik, einschließlich der wohlfahrtsstaatlichen Politik, bietet auch für diese Phase ein wichtiges Beispiel: diesmal für die differenzierenden Wirkungen der Krise auf die „Pfade" westlicher Entwicklung. Der Keynesianismus, der in verschiedenen Varianten (darunter liberale und autoritäre) im Grunde schon seit den 30er Jahren das dominierende Muster der westlichen politischen Ökonomie gebildet hatte, war als dominierendes Paradigma am Ende. An seine Stelle trat, intellektuell und ideenpolitisch gesehen, die „angebotsorientierte" Wirtschaftspolitik und ein neoliberales Gesellschaftsmodell. Politisch setzte sich diese Alternative jedoch nicht flächendeckend durch; nicht zuletzt die Bundesrepublik blieb unter dem ideologischen Mantel der „Wende" im Grunde einer abgemilderten Form des Keynesianischen Modells treu; für das sozialistische Frankreich in den 80er Jahren könnte man ähnliches zeigen. Seit der Mitte der 70er Jahre traten also innerhalb des Westens, einschließlich Nordamerikas, die verschiedenen „Varieties of Capitalism" wieder deutlicher hervor.

---

6 Vgl. Mazower, Dark Continent, 311.

Das Konzept der „Varieties of Capitalism", wie es von Peter Hall und David Soskice in die Diskussion eingeführt worden ist,[7] hat die Aufmerksamkeit der Sozialwissenschaften auf die Bedeutung institutioneller Fundamente gelenkt, die bestimmte Arrangements zwischen den Akteuren des polit-ökonomischen Systems – Regierung, Unternehmen, Gewerkschaften, Verbände usw. – in verschiedenen „Nationalökonomien" – der alte deutsche Begriff ist hier durchaus am Platz – prägen. Institutionen, Kultur, Normen erhalten ein neues Gewicht, und damit auch – von unserem Fach her gesehen – historische Traditionen z. B. der staatlichen Regulierung ökonomischen Handelns oder der staatlichen Steuerung sozialer Ungleichheit. Gegen die noch in den 90er Jahren wohl dominierende Vermutung, die Globalisierung beschleunige geradezu die Konvergenz verschiedener polit-ökonomischer und wohlfahrtsstaatlicher Systeme im Westen, haben die *Varieties*-Verfechter sehr überzeugend gezeigt, dass unterschiedliche Muster etwa im Bereich der *industrial relations* keineswegs eingeebnet worden sind. Die Deregulierung und Dezentralisierung von Arbeits- und Tarifkonflikten wie in den Vereinigten Staaten und Großbritannien wurde nicht zum allgemeinen Modell; in skandinavischen Ländern (Schweden, Dänemark) traten neue Systeme des koordinierten *industrial bargaining* an die Stelle der zentralisierten Tarifauseinandersetzungen; in Südeuropa (Italien, Spanien) ging der Trend sogar zur Zentralisierung, nicht zur Dezentralisierung der *industrial relations*.[8]

Für Historiker wird die Unterscheidung zwischen *liberal market economies* auf der einen Seite, den *coordinated market economies* auf der anderen Seite wohl noch zu grob sein, aber sie entspricht einem Trend der Forschung, verschiedene Grundmuster oder „Regime", wie es in der jüngeren Forschung über den westlichen Wohlfahrtsstaat oft heißt, zu unterscheiden und auf ihre jeweiligen historischen Wurzeln zurückzuführen. Am bekanntesten ist Gösta Esping-Andersens Unterscheidung von „drei Welten des Wohlfahrtskapitalismus" geworden, nämlich einem „liberalen" Regime, einem „korporatistischen" und einem „sozialdemokratischen".[9] In liberalen Wohlfahrtsstaaten dominiert die bedarfsgeprüfte Sozialfürsorge; universelle Transferleistungen, Sozialversicherungen sind nur gering ausgebaut; die Vereinigten Staaten, Kanada und Australien, in Europa

---

[7] Peter A. Hall u. David Soskice (Hg.), Varieties of Capitalism: The Institutional Foundations of Comparative Advantage, Oxford / New York 2001.
[8] Kathleen Thelen, Varieties of Labor Politics in the Developed Democracies, in: Hall u. Soskice (Hg.), Varieties of Capitalism, 71–103.
[9] Gösta Esping-Andersen, The Three Worlds of Welfare Capitalism, Cambridge 1990. Siehe auch: Stephan Lessenich u. Ilona Ostner (Hg.), Welten des Wohlfahrtskapitalismus. Der Sozialstaat in vergleichender Perspektive, Frankfurt 1998.

Großbritannien und die Schweiz gehören diesem Typus an. Im korporatistischen Wohlfahrtsstaat versucht der Staat, den Markt als Wohlfahrtsproduzenten zu verdrängen; zugleich dient das Wohlfahrtssystem hier der Aufrechterhaltung von Status- und Klassenunterschieden, und auch der Geschlechterdifferenz im Spannungsfeld von Arbeitsmarkt und Familie. Deutschland, Italien und Frankreich, zugleich Länder mit traditionell großem Einfluss der katholischen Kirche auf Staat und Wohlfahrtssysteme, sind die wichtigsten Repräsentanten dieses Typus. Der sozialdemokratische Typus schließlich beschreibt vor allem den skandinavischen Wohlfahrtsstaat. Er folgt einem universellen Modell der sozialen Sicherung, das sich nicht an „Mindestbedarf" oder „Statusunterschieden" orientiert, sondern soziale Egalität am Ideal einer Mittelschichtgesellschaft misst.

Alle diese Konzepte sind im Grunde, trotz ihres „institutionalistischen" und „kulturalistischen" Impulses, der sie von der mainstream-Ökonomie unterscheidet, nicht sehr historisch angelegt. Die Aufgabe für die Zeitgeschichte bestünde also darin, einerseits solche Anregungen für die vergleichende Geschichte vermehrt aufzugreifen, andererseits viel präziser nach historischen Verläufen, Ursachen, Weichenstellungen zu fragen. Liest man die neuere Literatur über Sozialpolitik, Staat und Kapitalismus unter diesem Gesichtspunkt, ergeben sich jedenfalls durchaus Anhaltspunkte für die hier vertretene These, dass die Varianten westlicher Entwicklung seit der Krise der 70er Jahre schärfer als in der Phase zuvor hervorgetreten sind. Gerade angesichts der neuen politischen und wirtschaftlichen Herausforderungen seit den 80er Jahren, bilanziert etwa Stewart Wood, haben sich die „institutional characteristics", also die nationalen Spezifika der politischen Ökonomie, als besonders „hartnäckig" erwiesen.[10]

Um das genauer zu verfolgen, müsste man sich Fallstudien vornehmen; die USA in der Reagan-Zeit würden sicher dazugehören ebenso wie Großbritannien in der Ära Thatcher. Hier hat die Forschung bereits deutlich gemacht, dass dem Thatcherismus nicht mit vordergründigen Klischees beizukommen ist. Der ökonomische Neoliberalismus bedeutete keineswegs einen Rückzug des Staates, sondern in vielen Bereichen ein Vordringen zentralstaatlicher Autorität. Ökonomische Privatisierung ging häufig Hand in Hand mit administrativer Nationalisierung.[11] Gerade dieser Trend zur „Nationalisierung" kennzeichnete die westliche Politik zumal während der 80er Jahre – nicht nur in institutioneller Hinsicht. Er entwarf auch einen kulturellen, einen ideologischen und kulturpolitischen

---

10 Stewart Wood, Business, Government, and Patterns of Labor Market Policy in Britain and the Federal Republic of Germany, in: Hall u. Soskice (Hg.), Varieties of Capitalism, 247–274, hier 247.
11 Vgl. Mazower, Dark Continent, 331–334.

„Überbau" für den jeweiligen nationalen „Pfad". Was Deutschland betrifft, ist die spezifische Ausprägung des Korporatismus und des Wohlfahrtsstaates, die schon in den 80er Jahren nie ernsthaft gefährdet war, durch den Wiedervereinigungsprozess seit 1990 noch klarer markiert worden. Eine zentrale Weichenstellung dafür war die soziale Abfederung der ostdeutschen Gesellschaft und ihrer zusammengebrochenen Ökonomie durch die Sozialversicherungssysteme. Insofern, nicht im ursprünglich befürchteten Sinne, ist Deutschland durch die Wiedervereinigung tatsächlich „nationaler" geworden.

Man könnte andere Felder der gesellschaftlichen Entwicklung unter derselben Fragestellung unter die Lupe nehmen. Wie verhält es sich zum Beispiel – eine klassische sozialhistorische Frage – mit der Entwicklung sozialer Ungleichheit in westlichen Gesellschaften im späteren 20. Jahrhundert? Es ist inzwischen empirisch unbestritten, dass die späten 70er Jahre fast überall einen Wendepunkt markierten: Der für die „Goldenen Jahre" typische Trend der relativen sozialen Egalisierung brach ab, Ungleichheit verschärfte sich wieder – als Entstehung von „neuer Armut", als „neuer Reichtum", oder im Zurückbleiben der Einkommen aus abhängiger Arbeit hinter denen aus Kapitalvermögen und Unternehmertätigkeit. Dieser Trend lässt sich überall, in den USA ebenso wie in Großbritannien und in Mitteleuropa, nachweisen. Doch gegenüber den ersten zweieinhalb Nachkriegsjahrzehnten war die Entwicklung wesentlich heterogener, nicht zuletzt deshalb, weil unterschiedliche kulturelle Ideale gesellschaftlicher Ordnung unter den Bedingungen schärfer werdender Verteilungskonflikte größere Wirkung entfalten konnten. Während die *liberal market economies* ein extremes Maß sozialer Ungleichheit verkraften und rechtfertigen konnten, versuchten Staaten wie Deutschland, an ihrem Egalitätsideal und der Vorstellung einer „Angleichung der Lebensverhältnisse" gerade auch in der Krise festzuhalten.

Ein letztes, ganz anders gelagertes Beispiel für die „Re-Nationalisierung" der europäisch-atlantischen Geschichte seit den 70er Jahren betrifft fundamentale kulturelle Horizonte: nämlich die unverkennbare Bedeutung, welche Historisierung und Geschichtspolitik seit dieser Zeit in den westlichen Gesellschaften zu spielen begannen. Am Ausgang der utopischen Moderne vollzog sich ein tiefer Einschnitt in der „Temporalität", der kulturellen Zeitorientierung westlicher Gesellschaften: von der „Zukunft" zur „Vergangenheit" als temporaler Leitkategorie. „Historisierung" wurde zu einem Trend, der sich in sehr vielen Bereichen nachweisen lässt, nicht zuletzt in der Architektur und im Städtebau. Die Besinnung auf das historische „Erbe", und damit auf je spezifische, räumlich und kulturell abgegrenzte Identitäten trat an die Stelle des großflächigen, traditionsbrechenden Utopismus der früheren Jahrzehnte. Das mussten keine nationalen Identitäten sein, doch zumal in den 80er Jahren gewann die öffentliche Geschichtspolitik in Europa und den USA ihre Bedeutung nicht zuletzt aus der kritischen Reflexion auf die Nationalgeschichte.

In sehr vielen Ländern äußerte sich das in teils heftigen Konflikten um die Vermittlung der eigenen Geschichte in Geschichtsbüchern, Museen und Ausstellungen. Das neuartige Insistieren auf nationaler Macht und nationalem Gedächtnis nahm dabei ganz unterschiedliche Formen an: Die Verbindung von ökonomischer Stärke und militärischer Macht stand in den USA im Vordergrund; in Großbritannien diente der Falklandkrieg zur Mobilisierung nationalimperialer Gefühle, ganz anderen Strategien folgte die monumentalistische nationale Kulturpolitik Frankreichs unter Mitterand. Die deutsche Geschichtspolitik der Ära Kohl ist wieder ein eigenes Kapitel. Ein Grundmotiv war all diesen Bewegungen jedoch gemeinsam: Es ging um die Selbstvergewisserung und Wiederaneignung nationaler Geschichte und Identität nach einer Phase der Entgrenzung und Assimilierung nationalstaatlicher Kulturen. Insofern repräsentiert dieser Prozess der Historisierung nicht nur einen Sonderfall der gestiegenen Bedeutung nationaler Pfade in der westlichen Geschichte. Er bildete in vieler Hinsicht seine kulturelle Grundierung, sein mentalitätsgeschichtliches Fundament.

IV

Man müsste dieses Interpretationsmodell genauer überprüfen und weitere Beispiele aus der Wirtschafts- und Sozialgeschichte, aus der Politik- und Kulturgeschichte heranziehen. Die Geschichte von Migrationen, die Geschichte europäischer Gesellschaften als Einwanderergesellschaften in der Nachkriegszeit wäre ein solches Feld, auf dem sich das Verhältnis europäischer Muster und nationaler Pfade besonders instruktiv studieren ließe. – In ganz anderer Richtung könnte man fragen, wie sich die Geschichte Osteuropas seit dem Zweiten Weltkrieg in dieses Muster einfügt. Die Parallelität von Amerikanisierungs- und Sowjetisierungsprozessen, die wechselseitige Verflochtenheit von „West" und „Ost" ist in letzter Zeit nicht nur für die Geschichte der beiden deutschen Staaten aufgezeigt worden. Ganz unbestritten stellte die weltwirtschaftliche Zäsur von 1973 auch eine Herausforderung für die realsozialistischen Gesellschaften dar, und ganz unverkennbar zeigte sich der Osten nicht unberührt von den großen kulturellen Trends des Westens: Den hier beschriebenen Umbruch vom Utopismus zur Historisierung wird man auch in sozialistischen Staaten nachweisen können.

Überhaupt empfehlen sich weitere Differenzierungen in räumlicher und zeitlicher Hinsicht. Wie ordnet sich die südeuropäische Peripherie des Westens in das hier beschriebene Entwicklungsmodell ein; gab es hier eine Phasenverschiebung; holten die ehemaligen Diktaturen nicht in den 80er Jahren den „Westernisierungs"-Prozess nach und ließen ihren „nationalen Pfad" eher hinter sich? Wie ist die europäische Entwicklung seit 1992, wie ist das Europa von Maastricht und der Währungsunion in dieser Fluchtlinie zu beurteilen? Gibt es seitdem nicht eine neue Phase der gegenseitigen Annäherung europäischer Gesellschaften, Ökonomien, Rechtssysteme und Institutionen? Und schließlich: Bildet sich auf diesem Wege doch eine gemeinsame europäische Form der Modernität heraus, die sich jedoch – anders als bis in die 70er Jahre – von der US-amerikanischen Form der *modernity* immer schärfer unterscheidet? Auch dafür ließen sich Belege verfolgen, etwa in der Auseinanderentwicklung von amerikanischer Religiosität und europäischer Säkularität in den letzten Jahrzehnten. Nicht nur in der „postkolonialen" Perspektive, von Asien oder Afrika aus, wird Europa deshalb zur „Provinz", sondern auch innerhalb der westlichen Geschichte selber.[12]

---

12 Vgl. Dipesh Chakrabarty, Provincializing Europe: Postcolonial Thought and Historical Difference, Princeton 2000.

15 Transatlantic Ambivalences: Germany and the United States Since the 1980s

I

Whether America and Europe, the United States and Germany represent societies of basically the same, or rather a fundamentally different type, has been a standard trope of transatlantic discourse ever since the establishment of European settlements in North America. The question has driven political and cultural conflicts for centuries, but also framed scholarly narratives in history and social sciences. After the defeat of the Nazi Empire, the postwar constellation, at least for the Federal Republic, clearly tilted towards a pattern of approximation. West Germans, with not entirely altruistic help from their new allies, began to strive for a Westernization of their country, in institutions as well as in the "minds and hearts" of the people. And anyway, this was the "American century" in which the magnetism of everything stars-and-striped exerted its power far beyond a cultural reversal of the German *Sonderweg*. Around 1980, the by now consolidated Federal Republic was often ironically referred to as America's 51st state. A decade later, with the collapse of communism and German reunification, the country's trajectory over half a century seemed to terminate in a shared Western identity: The "long road to the West" was over.[1] A new era of globalization accelerated the loss of national and regional identities and focused the world even more on the American model, especially so under the auspices of a new reign of markets under a "neoliberal" regime conceived in the Reagan era United States. And indeed, it is easy to argue that in many ways, Western European and North American societies today are, if not siblings, then close cousins who cultivate, in Peter Baldwin's phrase, "the narcissism of minor differences".[2]

On the other hand, there are numerous indications for a major transatlantic estrangement over the past two or three decades. On a conceptual level, the

---

1 Heinrich August Winkler, Der lange Weg nach Westen, 2 vols. (Munich, 2000).
2 Peter Baldwin, The Narcissism of Minor Differences: How America and Europe Are Alike. An Essay in Numbers (New York, 2009). – For transatlantic comparisons in historical perspective, cf. Christof Mauch and Kiran Klaus Patel (eds.), The United States and Germany during the Twentieth Century: Competition and Convergence (New York, 2010); a more comprehensive German edition: Mauch/Patel (eds.), Wettlauf um die Moderne: Die USA und Deutschland 1890 bis heute (Munich, 2008).

notion of "multiple modernities", introduced by scholars such as Shmuel N. Eisenstadt,[3] has deepened the appreciation not only for sustained cultural divergence between the "West" and emerging non-Western modernities, but also within what previously appeared as a homogeneous West that only seemed to allow aberrations from its standard model. More important, the development of both American and European societies is no longer described as a fundamental postwar continuity, leading from 1945 straight into the present condition. From the 1970s and 1980s onwards, both the United States and Germany have taken a turn, and historians have begun to tell stories about fundamental caesuras. For America, the "conservative turn" that was offically marked by Ronald Reagan's election to the presidency in November 1980 is at the heart of this shift – a shift whose implications reach far beyond politics and indeed did not even originate there.[4] For Western European societies, and the Federal Republic (pre- and post-1990) in particular, historians have been debating a fundamental socio-cultural turn that originated in the economic crisis of the early 1970s, a shift from optimism and security to a sense of permanent crisis, and often even doom especially in the face of mounting environmental problems.[5]

Obviously, the causes of the respective shifts are often the same or closely related; and historians on both shores of the Atlantic use slightly different concepts for larger transnational trends. And yet there are signs for a deeper cultural rupture that may be described as the Americanization of America, and the Europeanization of Europe. In the image of many, even educated Germans today, the United States is close to being a Third World country, inhabited by a few plutocrats and a majority of people who live off three McJobs and are housed in shabby wooden shacks. Especially from a European point of view, it often seems that the United States is the one that has, quite abruptly and dramatically in many respects, changed directions, has given up on its own promises with which it once lured Western Europe into its auratic realm. At the same time, an article in the New York Times, on the occasion of Chancellor

---

[3] Shmuel N. Eisenstadt (ed.), Multiple Modernities (New Brunswick, N.J., 2002); idem, Comparative Civilizations and Multiple Modernities, 2 vols. (Leiden, 2003).
[4] Cf. William C. Berman, America's Right Turn: From Nixon to Bush (Baltimore, 1994); Sean Wilentz, The Age of Reagan: A History, 1974–2008 (New York, 2008).
[5] Cf. Anselm Doering-Manteuffel and Lutz Raphael, Nach dem Boom: Perspektiven auf die Zeitgeschichte seit 1970 (Göttingen, 2008); Konrad H. Jarausch (ed.), Das Ende der Zuversicht? Die siebziger Jahre als Geschichte (Göttingen, 2008); Niall Ferguson et al. (eds.), The Shock of the Global: The 1970s in Perspective (Cambridge, Mass., 2010). – For an excellent history of Europe from the late 1980s, see Andreas Wirsching, Der Preis der Freiheit: Geschichte Europas in unserer Zeit (Munich, 2012).

Angela Merkel's visit to the U.S. in June 2011, prompted Americans to look closely and possibly learn from Germany's recent economic and educational efforts, yet was quick to reassure its readers that the U.S. should not strive to become Germany. "Americans remain considerably richer", they have the "innovative companies, from Wal-Mart to Apple and Twitter", their country remains "the world's immigration mecca".[6]

This essay will pursue the social and cultural cleavages that have possibly emerged between the United States and Germany since around 1980. The argument is not that both countries have embarked on entirely different trajectories. Rather, I should like to demonstrate that new transatlantic differences have emerged which are worth a closer look, and be it for the reason that American historiography often remains concentrated on a national narrative, as well as the German and European perspective tends to neglect the larger transatlantic framework. A first, brief look will be at the cultural dissonance that follows from the loss of a shared transatlantic pattern of time and chronology (II). In the main part of the paper, I will look at three aspects or areas of socio-cultural divergence between the U.S. and Germany, starting with political culture (III), moving on to demography and economy (IV), and finishing with some remarks on consumption and lifestyle (V). Finally, the last section will discuss some conclusions and larger ramifications (VI).

II

Shared identities rest on shared narratives of the past, and hence on a shared framework of time and chronology that links the present to the past. For the postwar decades, there was no doubt about the shared point of reference in the transatlantic narrative. The anchor was 1945, marking the Allied victory in World War II, the fall of the Nazi Empire, and the beginning of the American transformation of much of Western Europe, with the emerging Federal Republic at its strategic core. 1945 almost defined a new calendar, a "zero hour" – not quite in the official sense of the French revolutionary calendar of 1792, but with a cultural impact at least as deep; not in the sense of severing all continuities, especially from the Nazi past, but in establishing a sense of a joint new beginning. Or maybe, on a closer look, it was the four-year period between 1945 and 1949, again with the latter date being of transatlantic, of domestic and international significance alike: with the founding of the Federal Republic and of

---

6 David Leonhardt, "The German Example", The New York Times, June 7, 2011.

NATO, the prime institutional embodiment of the new order. Sixty-seven years after 1945, that is exactly two thirds of a century, the term "postwar era" in many ways continues its singular pervasiveness. This is true for colloquial usage (where it has always been more popular, in the German term *Nachkriegszeit*, than "post-Nazi", for obvious reasons), as well as in historical scholarship, as in Tony Judts excellent synthesis.[7]

And yet the notion of a single and unified "postwar era" that stretches from the immediate aftermath of World War II into the new uncertainties of the early 21st century is progressively eroding – with more profound cultural implications today than two decades ago, when the fall of the wall and the collapse of the Soviet Empire had everyone quickly declare the "end of the postwar order". Younger generations, born and raised after 1989, are having difficulties to conceive of their present as essentially the very same "postwar times" which for their grandparents or great-grandparents referred to memories of death and destruction, *Währungsreform* and *Wirtschaftswunder*. And Americans are likely to ask, more than sarcastically: post what war? Iraq? Afghanistan? First Gulf War? Or do you mean really way back, in Vietnam?

The search is on for new caesuras and chronology markers. For a while, it seemed as if "1990" would provide a new "zero hour", especially in the transatlantic sense. German and American history were converging again in a singular way, closing the postwar, Cold War period and ushering in a new era in which unified Germany became the leading symbol of the American perseverance in its century-long pursuit for freedom and democracy in Europe. George Bush and Helmut Kohl, James Baker and Hans-Dietrich Genscher for a short while appeared as the new quadriga of an era that would count from now on, effective summer 1990. For Germany, the domestic significance of 1989/90 was more than obvious. But for the U.S., too, the claim to a new world order entailed promises of a different life at home, with the prospect of harvesting the fruits of eternal peace.

It soon became clear that this hope was in vain, but eventually one single day completely shattered the American cultural calender: September 11, 2001. The attacks on New York and Washington fundamentally disrupted the course of American history, so much that in the long run, the comparisons to Pearl Harbor that have been drawn immediately may even be an underestimation. Now Osama bin Laden is dead, and in the aftermath of the Abbottabad raid, the media have been quick to call the first decade of the 21st century the "Bin Laden

---

7 Tony Judt, Postwar: A History of Europe Since 1945 (New York, 2005).

decade".[8] But that does not mean that a bad spell has been broken, and now everything will be back to normal. The impact is far too profound, including the forces that America itself has unleashed in its "war against terror". Clearly, the American calender is gauged on 9/11, and it is before or after that date. The presumed caesura of 1990 has gone into oblivion.

But have the attacks on New York, in particular, a city so many Germans know and love, not quickly become a symbol for a new global era, and has the war against terror not also affected Europeans, in matters of foreign affairs and defense as well as in terms of domestic security? Without a doubt, but to an even larger degree, the notion of 9/11 has led into transatlantic misunderstandings, to a confusion of semantics indeed. Despite the initial declarations of "unlimited solidarity", the Germans, politicians and a wider public alike, have often failed to grasp the significance of the September 11 attacks for Americans. Even the fact that the attacks had partly been prepared and ideologically nurtured in Hamburg does not seem to irritate Germans much. And – luckily, of course – the country has not seen a devastating Al Qaeda strike of the London or Madrid magnitude. At the heart of the matter is a fundamental difference in the American and German meaning of the "war on terror". For Germans, this phrase is much rather a metaphor, like the war on aids, or cancer, or some other plagues, a major challenge to be fought with special determination. For the Americans, or at least their political and military elites, it is a real war, a major military engagement in defense of freedom, much like World War II.

The divergence in the cultures of contemporary times has become more pronounced, and more complicated, as the fall of the Wall and reunification have not retained a monopoly on the definition of a new "zero hour" in Germany. About a decade later, Berlin became the new capital of the country, and the dynamics of the *Berliner Republik* continues to exert a deep transformative impact on various aspects of German political culture and society. In domestic policies, the *Agenda 2010*, started by Chancellor Schröder in 2003, is already emerging as a true historical turning point, not just for the economic aspects of the welfare state, but in a cultural sense as well. And then, of course, there is the new calendar of European integration: the Maastricht treaty of 1992, the new world of Schengen, and not least, the story of the Euro as a common currency between triumph and deepest crisis. Indeed, for Germans as well as for Americans, the real watershed, the end of the 20th and the beginning of the 21st century in a deeper cultural sense, is around the year 2000 at least as much as it is 1989–90. However, in Germany the caesura is not about 9/11, but about the

---

8 Thomas L. Friedman, "The Bin Laden Decade", The New York Times, May 31, 2011.

cumulated effects of the government's move to Berlin, the *Agenda 2010* complex, and a new phase of European integration. Much of this, at the same time, has made America more distant to Germans in a quite obvious, and practical everyday sense. When I first came to the United States in 1986, it was just a longer flight than going to Madrid or Rome; you needed a passport and foreign currency in any case. Today, it is about the difference between staying domestic, and entering a strangely foreign world, its gates guarded by the angels of Homeland Security.

III

Politics and political culture: At first glance, this may seem an obvious point for transatlantic parallelism, even while it fits the thesis of a significant shift about three decades ago. Around 1980, the social democratic age, and the Keynesian age at the same time, seemed to have come to an end across the North Atlantic, with the possible exceptions of Mitterand's socialist France and Felipe Gonzalez's democratic Spain just after the transition from dictatorship. Margaret Thatcher's sweep in Britain had led the way in 1979; Ronald Reagan followed suit in November 1980, while in Bonn, opposition leader Helmut Kohl started to realize that he only had to wait patiently until the Social-Liberal Coalition would break up in disagreement over fiscal austerity and nuclear policies.

After taking office in October 1982, the new Chancellor proclaimed a "spiritual-moral turnaround", following a broad trend of neoconservative *Zeitgeist*. From today's vantage point, it is even more striking how closely this ideological and policy frame fit with a larger economic transformation that we now refer to by terms such as neoliberalism, globalization, and the new capitalism. However, it soon turned out that the Kohl government's interest was not in the formation of a new ideological right, but much rather in the prolongation of the consensus-and-continuity pattern that had started to characterize the Federal Republic from about 1960. Seven years later, the fall of the Wall and German unification changed the political landscape, and certainly not in a conservative direction; again ten years later, the politics of the *Berliner Republik* placed a new emphasis on pragmatic politics and political centrism. Not so in the United States. Therefore, instead of a shared trajectory of a conservative turn since about 1980, what we really observe today is a wide gap between the centrist, de-ideologized political culture of Germany, and a massive political polarization, and ideological fixation, in the United States.

It is easy to argue the latter point, although the exact mechanisms are far from clear and will occupy generations of later historians. On the one hand, it has become evident that the "Reagan Revolution", including the transformation of the Republican party, did not start with the California governor's running for President, and was not some sort of "hijacking" by the Chicago School of economists plus Pentagon hardliners about the Cold War. Much of the new conservative movement started grass-roots, often with women at the kitchen table, and reached back into the mid-1960s, thus betraying a simplified notion of "backlash" against the New Left of the 60s.[9] Demographic and social transformations factor in, such as the shift to the Sunbelt South, and the acceleration of the "White Flight" to the suburbs. From a European point of view, it is also easy to overestimate the coherence and continuity of "the" new American Right. The libertarian and states' rights appeal of current "Tea Party" conservatism would have been hard to conceive in the climate of moderate evangelicalism plus monetarism of the 1980s, and there are perhaps as much differences as similarities in comparison with recent French or Italian populism. Still, part of those changes may be described as a radicalization of conservatism, making it more ideological, more clear-cut, and also more populist. After all, the leading neoconservatives of the 1980s were highly regarded intellectuals, many of them converts from the Left. Still, what sometimes seems to be difficult to grasp for Europeans, and for Nazi-traumatized Germans in particular, is that this kind of conservative movement is deeply rooted in democratic culture rather than leaning towards proto-Fascism, as is often the case in European right-wing populisms.

The change, however, is not just about one side of the political spectrum. It has often been said that in the past decades, the American party system, although on the surface still identical with the one that came into being in the late 1850s, has truly been reinvented during the last quarter of the 20th century. Into the postwar era, the Republican Party was under firm control of a Northeastern elite (which also means: an elite with a transatlantic outlook), while conservative Democrats continued to control the South as they had done since after Reconstruction. The sectional division between North and South intersected with ideological lines; and even beyond that, there were liberal Republicans as naturally as there were conservative Democrats. At the beginning of the 21st century, as a rule of thumb, every single Republican is to the right of every single Democrat. The recent 2010 midterm elections have again highlighted this process of realignment, and brought it to a certain conclusion in Southern states such as Alabama and North Carolina where for the first time since after Reconstruction, Republicans are in control of both legislative chambers. Yet they did not return

---

9 Lisa McGirr, Suburban Warriors: The Origins of the New American Right (Princeton, 2001).

as reform-minded carpetbaggers, but foremost as voices of white tradition and resistance against liberal modernity.

Hence, the transformation of political cultures runs much deeper than the visible tip of the iceberg in parties and elections, deep down to the micro-level of society. In Germany, political parties of either orientation have witnessed the decline of their former "milieus", their socio-cultural embeddedness that made them the "natural" choice of a large majority of voters, since the 1970s, resulting in a rapid transformation, if not erosion, in less than a generation. What seemed "eternal" strongholds of one party have all but vanished, with very few exceptions. While the SPD cannot command 70 percent of the Duisburg vote in the Ruhrgebiet any more, the CDU has lost its equally firm grip on the Paderborn Catholic countryside in Westphalia. Political landscapes, overall, appear blurred and more diffuse. In the United States, however, beyond many "battleground" states and Congressional Districts, the map of Republican-Red and Democrat-Blue has come to distinguish two clearly separated parts of the country, and huge majorities for either the Republicans or the Democrats, in the order of 70 or 80 percent, are not uncommon.

Berlin, with its specific blend of social structures and cultural traditions, certainly has a penchant for leftist rather than conservative politics. And yet, a mayoral election in Berlin, or Frankfurt, or Hamburg, is never effectively reduced to a competition within the SPD about the position of mayor, as has been the case in Chicago's Democratic competition for the mayoral election of 2011. While this is not completely new, what is different today is the clarity with which urban and rural areas identify themselves as Democratic cities, and Republican countryside. Indeed, if one looks at an election results map for the House of Representatives, or similar maps for the state level elections, for 2010, one may wonder how the Democrats still manage to be competitive in a largely red-dyed country. They have the tiny chunks of territory that represent the populous inner cities and core urban areas, especially along the two Oceanic coastlines, while the "heartland" has turned into a political metaphor for evangelical-Republican conservatism.

Another way of looking at the polarization of political culture in America, vis-a-vis a much more centrist consensus in Germany, is by way of contentious issues. Abortion provides a case in point: Before 1989, the Federal Republic had already established some kind of pacifying compromise. After reunification, this settlement was expanded and reaffirmed, taking into account the differing legal and cultural traditions of the GDR. The compromise has proven politically stable since then, as it is not the subject of constant ideological attacks on an everyday basis, in a recourse to a fundamentalist position of either "life" or "female self-determination". Hence, it has contributed enormously to a pacification and "centrification" of the political climate, and also provided much-needed security in this ambiguous matter. In the meantime, the issue is still contentious and unresolved in the United States, and still refers back to the 1973 Supreme Court decision in *Roe v. Wade* – as though Germans would still argue about the § 218 decision of the *Bundesverfassungsgericht* in February 1975.[10]

Have Germans not always sought to evade conflicts, and preferred compromise? And yet, West German political culture up to the 1970s was different, much more ideological and contentious than it has become since then; much more like America is today, indeed. The ideological frontlines of the 19th and early 20th centuries reverberated into the time of Socialdemocratic-Liberal Coalition of Willy Brandt and Helmut Schmidt. In many ways, the 1970s marked a final climax of a domestic Cold War in which the Left was used to accusing the CDU/CSU as almost Krypto-Fascist – as visible in Franz Josef Strauß's bid for the chancellorship in 1980 – while the SPD was allegedly proto-Communist, leading to the self-proclaimed defense of "freedom" against the "socialism" of the Schmidt government. That is quite the level of political "reasoning" that has been assumed by America three decades later.

Since then, all major (and even most minor) political parties in the Federal Republic have moved to the center. If a pendulum swing in one clear direction has been observed at all over the past two decades, it did not refer to a conservative trend, but rather to a general shift to the left, which might, upon closer looking, refer to two different aspects: either to a newly-won predominance of the "left camp" versus the *bürgerliches Lager*, largely as a result of the successes of the *Linkspartei* in East and West, and of the continuing expansion of the Green party; or to a more general shift in the political coordinates, meaning that the center of gravity of German political culture has shifted to the left, including a more left-leaning, or at least: much less conservative, CDU. Indeed, the transformation of the CDU under the leadership of Angela Merkel since 2000 is nothing less than remarkable, especially when compared with American politics. The party has shed almost every remnant of old-style conservatism, without quite reinventing a vigorous new conservatism, be it American or European-populist style.

At the same time, however, the SPD, and even more the Greens, have not become more leftist, but have moved to the center as well: the SPD in its, admittedly highly contentious, transformation under Chancellor Schröder and his *Agenda 2010* of welfare reform, the Greens under the leadership of Joschka

---

10 Cf. David J. Garrow, Liberty and Sexuality: The Right to Privacy and the Making of Roe v. Wade (New York, 1994).

Fischer, the pacifist turned "warmonger" of 1999, and in a deeper sense with the discovery of its *bürgerlich* roots and middle-class appeal that has led to "Black-Green" coalitions and made a truly centrist, common-sense liberal Green state governor of Baden-Württemberg such as Winfried Kretschmann possible. Indeed, Republicans in the U.S. would praise him for his determination in trying to stop a high-speed rail project: Fundamental coordinates in the notion of "state", "liberty", and "progress" are hardly shared in both countries any more.

The rise of the Green Party since 1980 has, of course, contributed significantly to this development, and at the same time is but an indicator of deeper cultural sentiments. In a closer analysis, one would have to compare the place of environmentalism in both countries: with regard to the political system; with regard to the cultural outlook of educated middle classes who have emerged as prime constituents of this milieu in America as well as in Germany; or with regard to the wider resonance of ideas about sustainability. With that conspicious term of current political discourse alone, the difference is obvious, and much more profound than on the surface of the party system: While sustainability and the *Bewahrung der Schöpfung* (preservation of creation) have been appropriated as a conservative idea in Germany even beyond the environmentalist cause proper – namely, in fiscal and in social policies – American conservatives (or the Republican party, for that matter) have yet to discover that their cry for controlling the debt may very well go along with an appreciation of environmental sustainability, instead of believing in a hoax of climate change and a conspiracy of leftist scientists with the "mainstream" media. Also, the role of religion, and of Christian political engagement, is almost the opposite, with German Protestants and Catholics overall promoting the liberal-leftist cause of environmentalism and sustainability that American evangelical Christians would abhor.

IV

The idea of sustainability has not only become increasingly, and often inflationary, popular in Germany in the past ten years. It has also been tied to the idea of generational transition, and therefore to demographic issues, in a much more intimate way than in the 1970s, in the starting phases of the "limits to growth" consciousness, immediately after the publication of the Club of Rome report. And in fact, demography has played an enormous role in the complex syndrome of public debates about the future prospects of the country, about redefining the welfare state, about education and employment. Sometimes the tone has been slightly alarmist, as in many publications of the Bielefeld demographer

Herwig Birg,[11] but as is often the case, this kind of sensationalist thrill may have been necessary to bring a somewhat dry and statistical issue to wider attention. Indeed, one would be hard pressed today to find a reasonably educated German who is not aware of the fact that the population of their country is no longer growing, but stagnant at best, and that the population pyramid has been turned on its head in a mere fifty years, since the crest of the (West) German baby boom in the early 1960s. Life expectancy has risen, and continues to go up, while the German birth rate is one of the lowest in Europe (and the world).

For understandable reasons, it is mostly Asian countries that have figured as counterpoint in German public discourse to the bleak prospects of a population that is both aging and shrinking, namely India and China. One of the earliest literary reflections on the demographic problem, Günter Grass's novel "Kopfgeburten oder Die Deutschen sterben aus", dates from 1980 and provides a vivid contrast with Grass's own travel experiences to a Kalkutta that seemed bursting with young people.[12] Therefore, the contrast between old and young countries, demographic growth and contraction is often rendered as one between the West and emerging economies in Asia. Germans are far less aware that the demographic structure of the United States resembles those countries much more than the presumably Western pattern. Effectively, The United States and Germany have become fundamentally different in their basic patterns of population and society, and one need not be a demographic "determinist" to claim that the consequences of this divergence can hardly be exaggerated. They span from economics to culture, from the welfare state to education, from consumption to attitudes towards energy and environment.

America had surpassed the German Empire in total population already in the 1870s, shortly after the Civil War and the *Reichsgründung*. In 1945, at the classical zero point of German-American relations, the U.S. was about twice as populous as what was left of Germany. Three decades ago, when Reagan took office, the combined population of West and East Germany stood at roughly 78 million, while the Census had counted 226 million Americans. The most recent Census of 2010 gave a total of 309 million population in the United States, and counting. Had Germany grown by the same rate over the past three decades, its population would now roughly be 107 million. For a counterfactual moment, one might try to imagine the political agenda and public debates possibly following from this: Where would 25 million people live? Housing programs are

---

11 Herwig Birg, Die demographische Zeitenwende: Der Bevölkerungsrückgang in Deutschland und Europa (Munich, 2003).
12 Günter Grass, Kopfgeburten oder Die Deutschen sterben aus (Neuwied, 1980).

needed, and new settlements overflow the old urban fringes and countrysides. Where have 85 million more Americans, added in the span of just over one generation, settled? Germans are often shaking their heads in a mix of arrogance and utter disbelief at the sight of endless new housing developments in Dallas or Phoenix because they have become unable to grasp the sheer physical immediacy of rapid population growth.[13]

Part of this growth has always been, and continues to be, immigration-induced, but the U.S. also has a significantly higher birth rate, leading to a natural increase of the population, and at the same time preventing its society from the kind of rapid aging that Germany is witnessing now. In fact, the different shape of the population pyramids amounts to the more consequential fact, compared with population totals and growth rates. As a rule of thumb, the German share of population above 65 (at about 20 percent) is about the same as the American under 15 (at about 12–13 percent), and vice versa. Those are not just tiny percentage points, but huge differences. Germany has as many elderly people as America has kids, and as few kids as America has senior citizens. The fact that the United States is a much younger society is not only immediately visible on the streets and in everyday life, but also in public infrastructures. Scores of newly-built elementary, middle and high schools have sprung up in America and constitute an important part of the new post-suburban vernacular landscape. In Germany, the construction of new schools has almost entirely ceased, with few exceptions, after the mid-1980s.

Those differences spell out not only in different attitudes towards the future, but in hard economic realities, especially in the welfare state. The German effort at readjusting its welfare programs in the past decade may be understood, to a significant degree, as a political response to the ever-more pressing economic realities of demography. Who's going to pay the old-age pensions, especially under the German system of generational *Umlagefinanzierung*? Why are health care costs exploding, even beyond the effects of technical and pharmaceutical progress? How can we afford to send workers into retirement before 65, often at age 60? On the other hand, it has been relatively easy for the United States to put off those questions much longer, and the country and its political elites do not seem well-prepared for effectively addressing them. Looking back to the German experience, it may indeed take a while, because in the Federal Republic, the discussion started in the 1980s, and it took many years for the pioneers of a new paradigm until they were eventually taken seriously.

---

13 Cf. Joel Kotkin, The Next Hundred Million: America in 2050 (New York, 2010).

As difficult as it is for Germans to appreciate the demographic patterns of the U.S., Americans in turn fail to acknowledge the demographic foundations of much of Germany's current economic policies. Over the past three years, the Obama administration has been challenging Chancellor Merkel about the politics of austerity, summoning the Germans to spend more, both in a Keynesian pattern of governmental deficit-spending, and in facilitating private consumption. What American often fail to realize is that the "new" German austerity is not the same that the world was used to, and Americans in particular, under the monetarist paradigm of the late 1970s and 80s. In the first decade of the 21st century, it is predominantly nurtured by concerns of fiscal "sustainability" that are rooted in demographic facts and future prospects. It is about the idea of not overburdening the next generations – meager as they are in numbers. And perhaps most important, this new austerity is not a "conservative" recipe against which Obama would push for a more "social democratic" agenda. It has much rather been built on a broad consensus, especially during the time of the second Grand Coalition of 2005–9, but reaching still wider and including, in particular, the Greens. The ramifications of those two paradigms extend into many other aspects of economy and society, and are reflected, in particular, in the stark contrast between the consumer-driven American model of economic growth, and the German preference for a manufacturing and industrial base. And again, they also significantly influence the way both societies conceive of themselves, and of their prospects for the future.

The past three decades often figure, as I have indicated above, as the age of "neoliberalism". But to apply this label to the American and German trajectory since the 1980s obscures tremendous differences within a larger trend that has undoubtedly, for better or for worse, transformed the world. If one was to stick with that term at all, one should rather speak about deeply diverging types of neoliberalism. The American type still very closely resembles the original model of the post-Keynesian turn a generation ago: fiscal austerity, pro-business attitudes and policies, low taxes, and little government interference, not just in economy and business, but in society as well, in terms of social protection and welfare. Politically, it remains tied to the conservative side of the political spectrum, and the Obama years have even affirmed this clear division in a conspicuous way, with the political agenda of the Democratic administration as well as with the Republican response and radicalization.

In Germany, however, a different pattern of neoliberalism has emerged, and its origins are not only with the *Agenda 2010*, but with the differences of Kohl's approach to Reagan's in the 1980s. Since then, indeed, a growing consensus has been built, despite a wide variety of "colors" in the Federal governments: from the last years of "Red-Green" to a Grand Coalition, then to the "Black-Yellow" rule of 2009–13, and back to a Grand Coalition again. This pattern of neoliberalism includes fiscal austerity, yet is much more moderate in terms of taxes, and much more prone to government interference, again from business to society. The core difference may be expressed as between the *laisser-faire*-neoliberalism of the U.S., and an "engineering neoliberalism" of Germany. The intervention and engineering approach is particularly visible in the field of the welfare state and social policies. American conservatives would abhor the approaches in social intervention, in transgressing the boundary between the public and the private sphere, that have been advocated by Schröder's Agenda-SPD and von der Leyen's welfare-CDU alike. Again, this is not simply a matter of rational choice in politics, of opting for one or the other: The pattern of the two neoliberalisms is deeply anchored in demo-economic structures, as well as in diverging worldviews and political cultures; also, without a doubt, in long-standing traditions of welfare and state intervention.

V

To observers from both shores of the Atlantic, differences often appear most obvious in the material foundations of society, in the tangible and visible patterns of settlement, lifestyle, and consumption. Starting in the 1950s, America has transformed its vernacular landscape[14] in a way that by now renders its pattern of modernity dissimilar from Europe (not Germany alone) not just by degree, but in principle. Indeed, in a global perspective it would be possible to distinguish three types of societies according to the way they organize their habitats: the European type, built on the tradition of city and country, with moderately dense cities; the East Asian model, emphasizing rapid urbanization in settlements of extremely high density, in contrast to which even the late-19th century crowding of the Berlin *Mietskasernen* pales; and the North American pattern of dissolving the city in a process of suburbanization, with low-density settlements and, to an increasing degree, the virtual absence of a classical urban core. This process did not start in the 1980s, of course, but in the immediate postwar era, fostered by the availability of land and new methods in the construction and selling of homes; shaped by private automobility and, not least, complicated chains of racial migration and succession.

---

14 Cf. John Brinckerhoff Jackson, A Sense of Place, A Sense of Time (New Haven, 1994); idem, Landscape in Sight: Looking at America (New Haven, 1997); see also: John R. Stilgoe, Common Landscape of America, 1580–1845 (New Haven, 1982).

However, it is important to remember that in early decades after World War II, this reconfiguration of the American landscape correctly went by the name of "suburbanization":[15] Families who could afford to do so moved out of crowded inner-city apartments and into a nice, though not excessively individual, home on the urban fringe. Yet the larger organization of life continued to be centered on the central city, especially on the urban opportunities for employment. The suburb, hence, was truly a "sub-urb", a place dependent on the core city and its "centrality", as the influential concept by the German urban geographer Walter Christaller had put it in 1933.[16] Shopping was one of the first major "functions" of the core that moved to the periphery and into the new indoor shopping malls, a concept that, ironically, benefitted from European social ideas as in the case of Victor Gruen, a German leftist emigré to the United States for whom the suburban shopping mall epitomized the kind of social reform he was looking for.[17] In the late 1960s and 1970s, political tensions and conflicts accelerated the flight of the white middle class from inner city neighborhoods: the spectre of African American dominance, urban riots, and issues over "busing" as an instrument of affirmative action that the white middle class disliked.[18]

Much of the development since then has been a gradual process, but it may be fair to say that the 1980s marked a tipping-point after which the meaning of suburbanization had changed to what it stands for today. It was only in the 1980s that the central city, the "urb" to the "sub", became utterly superfluous for the pursuit of the "American way of life". Office and service jobs shifted to "suburban" locations, to office parks and strip developments; sometimes even in a new pattern of semi-dense and high-rise concentration that is often going by the name of "edge city", with Tysons Corner in Northern Virginia as the often-cited, paradigmatic example.[19] For a decade or two now, even the low-paid service jobs have moved to those new landscapes, nourishing a problem that in the beginnings of suburbanization was hardly conceivable: How do poor people who still live in the inner cities get to their jobs – as office cleaners, as chain restaurant clerks, at a dry cleaner – with limited access to cars? Not accidentally,

---

15 Cf. Kenneth T. Jackson, Crabgrass Frontier: The Suburbanization of the United States (New York, 1985).
16 Cf. Walter Christaller, Die zentralen Orte in Süddeutschland (Jena, 1933).
17 M. Jeffrey Hardwick, Mall Maker: Victor Gruen, Architect of an American Dream (Philadelphia, 2010).
18 Cf., e.g., Ronald P. Formisano, Boston Against Busing: Race, Class, and Ethnicity in the 1960s and 1970s (Chapel Hill, 1991); Kevin M. Kruse, White Flight: Atlanta and the Making of Modern Conservatism (Princeton, 2005).
19 Joel Garreau, Edge Cities: Life on the New Frontier (New York, 1991).

the 1980s have also seen the birth of a counter-trend, of efforts at re-concentration, of re-building walkable and centralized cities or neighborhoods, sometimes under the conceptual flag of a "New Urbanism".[20] And in the past two decades, new settlements and subdivisions have become more compact again and lot sizes typically smaller, especially in the desert West, conditioned by the price and availability of water and other utilities. The recent recession since 2008, and the housing market crash in particular, have dealt a blow to many new developments; structural limitations are certain to follow, especially in the federal support of mortgages. But in the long run, it is unlikely that the overall pattern will dramatically change, as the larger population trends to the South and West, and into the metropolitan areas, will continue.

For a while, it looked as though Germany (and other European societies) might follow the U.S. type of a post-suburban transformation, but all the changes in the past three decades have not principally shattered a different model of everyday organization of life fundamentally. The 1980s and 1990s have seen a boom in suburban developments of single-family homes; in the latter decade driven by effects of German reunification in a twofold way: East Germans moved from their prefabricated *Plattenbau* apartments, or their crumbling pre-war housing, into new rowhouse developments at the fringes of Leipzig and other cities. At the same time, West Germany witnessed a significant increase in population through migration from East Germany and Eastern Europe that had to be provided for in the housing market. Big Box stores have become familiar to Germans, too, especially as they go to IKEA, or a home improvement store. The classical suburban shopping mall, however, has, with a few exceptions, never taken hold in Germany.

If at all, it has rather been re-transplanted over the past two decades to the downtown areas. This cultural retranslation may best be studied in the center of Berlin, from the *Potsdamer Platz Arcaden* to the *Alexa* shopping center. Why would you want to have a major retail complex in a congested area, difficult to reach by car, many Americans would wonder? Employment, especially in the tertiary sector, has overwhelmingly remained situated in the German urban cores; and it is almost inconceivable that any branch of public administration would move to an "edge" location. The few German attempts at building edge city office developments distinctly breathe the spirit of the 1970s and 80s, when they were first conceived and built, such as Frankfurt-Niederrad or Hamburg's City-Nord. Recently, the demographic situation of an aging population has fed a

---

20 Cf. Andres Duany et al., Suburban Nation: The Rise of Sprawl and the Decline of the American Dream (New York, 2000).

discourse about pushing (elderly) people back from their suburban homes into the cities, where they would have easy access to basic provisions from groceries to medical services and culture, independent from cars that they may no longer be able to drive.

To be sure, the issue is not one of simplistic contrasts, but offers challenging complications and apparent paradoxes. While the American landscape, on the one hand, has largely dissolved the notion of the classical city, transforming it into what German geographer Lutz Holzner has termed a "Stadtland",[21] it has preserved the cultural difference between the urban and the rural in a much more pronounced way. The cultural gap between the sprawling metropolitan areas and the left-behind rural zones has not closed in the past two or three decades, and possibly quite the contrary is true: More than in the first postwar decades, this gap represents cultural cleavages between the well-to-do versus the impoverished, the educated versus the uneducated, the fervently-evangelical versus the moderately or the no-longer religious, and as we have seen already, between conservative and liberal. Germany, on the other hand, in the mainstream of European culture has preserved the classical centrality of the city, and in that sense the typical city-country difference, while at the same time much more effectively "urbanizing" the countryside than has been the case in the U.S.[22] Upon closer looking, an interesting East-West difference has emerged within Germany after reunification: While rural areas in the former GDR in some ways resemble their counterparts in America, villages and small towns in the West, and in the southern *Länder* Baden-Württemberg and Bavaria in particular, have turned into places of affluence, with unemployment rates typically significantly lower than in Munich, Stuttgart, or Nürnberg.

It would also be fascinating to dig deeper into the social and cultural implications of consumption, in which the American pattern today resembles more the Germany of fifty or a hundred years ago than of today. Back then, you could tell the social class and political affiliation from where people shopped for their groceries: either with the conservative merchant embodied by Oskar Matzerath's father in Günter Grass's novel "Blechtrommel" (and Mario Adorf in the

---

21 Lutz Holzner, Stadtland USA: Die Kulturlandschaft des American Way of Life (Gotha, 1996).
22 Cf. Paul Nolte, "Jenseits der Urbanisierung? Überlegungen zur deutschen Stadtgeschichte seit 1945", in: Friedrich Lenger / Klaus Tenfelde (eds.), Die europäische Stadt im 20. Jahrhundert (Cologne, 2006), 477–492; idem, "Urban Landscapes: The American and German Experience after 1945", in: Freia Hardt (ed.), Mapping the World: New Perspectives in the Humanities and Social Sciences (Tübingen, 2004), 47–64.

movie), or with the *Konsum*, the labor movement's cooperative stores.[23] The German "discount" retailer *Aldi* today certainly is about social class, to a degree, but most probably not about politics in the same way that *Walmart* in America has come to be affiliated with a Republican-leaning culture.[24]

VI

Of course, the reservoir of possible topics has not been exhausted with these brief sketches. Further topics that merit closer examination include the divergence in the cultures of justice, and in the respective roles of the military; both being linked in the larger perspective of the place of violence in modern democracies. Incidentally, a major bifurcation in the cultures of justice and the penal system does support the chronological argument about a transatlantic bifurcation that has been advanced in this paper: Because clearly since 1980, the number, and share, of incarcerated people – young black males, in the first place – has skyrocketed in the United States and three decades later not only marks a deviation from European penal culture, but rather a global *Sonderweg*.

During the same period of time, America has become a much more military society – not necessarily militaristic, though – by way of its new, post-Cold wars and the matter-of-fact style in which military service is part of society and everyday culture. Europe, and Germany, in particular, have witnessed a singular period of demilitarization over the past three decades, from the height of the "Second Cold War" around 1980 into the massive downsizing of the *Bundeswehr*, and the effective abolition of the draft. Public attention often has focused more on Germany's return to the theaters of war after a long period of abstention, most notably with the commitments on the Balkans and in Afghanistan. But the virtual disappearance of the domestic presence of everything military is at least equally striking. Germany's armed forces of today only exist behind curtains, or beyond the nation's borders; it would be quite common not to encounter a serviceman in uniform, or a military vehicle, over weeks or even months of living in the historic bastion of domestic militarism. Of course, this transatlantic divergence partly rests upon transatlantic co-operation: Germans

---

[23] Cf., e.g, Michael Prinz, Brot und Dividende: Konsumvereine in Deutschland und England vor 1914 (Göttingen, 1996).
[24] Cf. Bethany Moreton, To Serve God and Wal-Mart: The Making of Christian Free Enterprise (New York, 2009).

hardly suffer the sounds of low-level flight operations any more because German air force pilots do their training in Arizona.[25]

A more extensive treatment of the problem would also have to concede that, obviously, not everything became more different. Several of the most significant trends in global change over the past three decades have run parallel, starting with the digital and communications revolution of the past three decades. Even in the realm of value and society, a singular battleground of cultural politics in America, the overall direction has often been the same. It would, indeed, be difficult to tell whether America or Germany is more progressive, or more liberal, in issues of sexual politics. And both societies have faced an enormous challenge to their previous postwar identities through new waves of immigration or, in the case of Germany, the recognition of older ones. Despite an ongoing transformation of its former identity of ethnic homogeneity, Germany arguably still is more conservative, and more reluctant to embrace the notion of a multi-cultural society. The United States as a whole is not too far from the tipping point of becoming a majority-minority society, which has already happened in several metropolitan regions and some states, including California. Hence, most Americans would hardly understand what was meant as a negative utopian vision in Thilo Sarrazin's controversial book "Deutschland schafft sich ab": Duisburg being "taken over" by a majority of Turkish-origin population.[26] Why, that's the constant, ever-shifting reality of New York! Still, the birth of this new society has not come in U.S. without heavy pains, including jeremiads about the utter destruction of national identity, either.[27]

A recent assessment of the past three decades by the eminent intellectual historian Daniel Rodgers has tried to capture their spirit in the title "Age of Fracture".[28] Although it is difficult to think of historical periods in which things have not, in a process of constant change, broken apart and multiplied, the title seems apt in comparison not only with the preceding postwar decades, from 1945 into the 1970s, but also in a transatlantic perspective. Certainly, many of the most important trends of fracture so shrewdly analyzed by Rodgers denote global developments, or at least larger Western ones, starting, of course, with the profound cultural breakdown of the centrality of the Western mind itself, as it was shattered and decentered in its own former integrity

---

25 For a larger perspective on this, cf. James J. Sheehan, Where Have All the Soldiers Gone: The Transformation of Modern Europe (Boston, 2008).
26 Cf. Thilo Sarrazin, Deutschland schafft sich ab: Wie wir unser Land auf's Spiel setzen (Munich, 2010).
27 Cf., e.g, Arthur M. Schlesinger, Jr., The Disuniting of America (New York, 1992).
28 Daniel T. Rodgers, Age of Fracture (Cambridge, Mass., 2011).

(through poststructuralism) as well as in its position vis-a-vis non-Western cultures (through postcolonialism).

But still, one would be hard pressed to develop a narrative of Germany – or even Europe, for that matter – covering the period since roughly 1980 under that headline. In a fundamental political sense, things came together; integration was the order of the day, in the German unification process (including its societal underpinnings) as well as in the overcoming of the European Iron Curtain and the accession of East Central Europe to the EU. Political culture? Fragmentation certainly elsewhere in Europe, but not so in Germany, because the pluralization of the party system, as we have seen, does not speak so much about fragmentation but rather about de-ideologization and the emergence of a new centrist consensus. In the realm of political economy and in what one might call the cultural politics of society (Foucault's term, of course, would be "governmentality" here), the German and European variety of "neoliberalism" has never quite put its emphasis on radical individualization. Since the early 2000s, in particular, liberal engineering was about bringing fragmented pieces together, was about homogenizing and mainstreaming, about bringing individuals to social responsibility, or to governmental accountability. Policies ranged from new models of welfare and employment to the educational reforms of the Bologna agenda, and they often involved a transgression, or at least a new definition, of boundaries between the private and the public.

The "age of fracture", therefore, is much more fitting as a statement about the United States and its loss of the postwar integration and consensus, a trend that perhaps somewhat halted in the Clinton years, but has progressed in an accelerated fashion since then. "Ill Fares the Land", this elegy and rallying cry by the late Tony Judt would have hit the nail of Germany's *Zeitgeist* on its head a decade ago, but no longer today.[29] Indeed, in many respects a reversal of traditional roles in the transatlantic relationship has occured and is further boding for the future: America, the never-failing optimist, is now a country under clouds. For the moment, at least, the United States looks more pessimistic, and its pragmatism is often giving way to ideology. Hence, it remains worthwhile to study the changing nature of transatlantic relations.

---

29 Tony Judt, Ill Fares the Land: A Treatise on Our Present Discontents (New York, 2010).

Teil IV: **Sozialgeschichte und Ideengeschichte**

16 Sozialgeschichte und Ideengeschichte. Plädoyer für eine deutsche „Intellectual History"

I

In der gegenwärtigen Diskussion über die Chancen einer neuen „Kulturgeschichte" und ihr Verhältnis zur Sozialgeschichte in Deutschland gibt es bisher, trotz des fast unübersehbar breiten, auch diffusen Spektrums der Konzepte und Aufgabenfelder von Kulturgeschichte, eine auffällige Blindstelle: Ideengeschichte, in gleich welchem Sinne, scheint weder in der Theorie noch in der Forschungspraxis einen Platz zu beanspruchen, ja überhaupt auf irgendwelches Interesse zu stoßen. Angesichts einer breiten und keineswegs neuen, sondern seit langem anhaltenden Debatte um die Möglichkeiten und Formen von *Intellectual History* und *History of Ideas* insbesondere im angloamerikanischen Raum, angesichts auch der dort etablierten empirischen Forschungstraditionen kann man es als eigenartig und erklärungsbedürftig empfinden, dass die deutsche Kultur- und Sozialgeschichte nicht wenigstens gelegentlich einmal den Blick auf solche innovativen Ansätze der Ideen-, Bewusstseins- oder Geistesgeschichte in der internationalen Geschichtswissenschaft richtet und diese auf ihren möglichen Beitrag zu einer zeitgemäßen und umfassenden Kulturgeschichte hin prüft.

Unter mittlerweile unzählbar vielen Aufsätzen und Diskussionsbeiträgen der letzten zehn bis zwölf Jahre kann man jedenfalls nicht einen einzigen eines deutschen Historikers finden, der sich ausdrücklich und länger als in ein paar flüchtigen Sätzen mit Traditionen und heutigen Chancen einer Ideengeschichte in Deutschland beschäftigte oder der auch nur versuchte, den Diskussionsstand in anderen Ländern vorzustellen und hierzulande nutzbar zu machen. Ernst Schulins Aufsatz aus dem Jahre 1979 stellt immer noch den aktuellsten Beitrag dar;[1] und dass seine Problembeschreibung, seine Analyse des prekären Status der Ideengeschichte in der deutschen Geschichtswissenschaft in vielem auch in der Mitte der 90er Jahre genauso zutrifft wie damals, unterstreicht den andauernden Stillstand seitdem, während sich andererseits die internationale Debatte über die *Intellectual History* in der Zwischenzeit weiterentwickelt hat.

---

[1] Ernst Schulin, Geistesgeschichte, Intellectual History und Histoire des Mentalités seit der Jahrhundertwende, in: ders., Traditionskritik und Rekonstruktionsversuch, Göttingen 1979, 144–162.

Längst vor den Auseinandersetzungen um Erfahrungs- und Kulturgeschichte, nämlich seit ihrem Durchbruch in den frühen 70er Jahren, ist die Beziehung der deutschen Sozialgeschichte zur Ideengeschichte ein „Unverhältnis" gewesen, und es war insofern nur konsequent, wenn etwa in den durchaus repräsentativen, bilanzierenden Bänden über „Sozialgeschichte in Deutschland" ein Aufsatz über „Sozialgeschichte und Ideengeschichte" wie selbstverständlich fehlte.² Ideengeschichte in Deutschland gibt es nicht mehr. Sie fehlt nicht nur im Zusammenhang von Sozial- oder Kulturgeschichte; es gibt sie nicht einmal als isolierte Randdisziplin und auch nicht, als politische Ideengeschichte, innerhalb der Politikgeschichte, gleichviel, ob diese sich als „moderne" Politikgeschichte begreift oder nicht.³ Einen verlegerischen Sammelpunkt wie die vorzügliche englisch-amerikanische Reihe „Ideas in Context" sucht man vergebens.⁴ Und die Enthistorisierung und „Entidealisierung" der Politikwissenschaft schon seit den 1950er und 1960er Jahren hat ihrerseits dazu beigetragen, dass politische Ideengeschichte auch innerhalb dieser Nachbardisziplin der Geschichtswissenschaft eine marginale und nicht gerade von methodischen Innovationen bestimmte Existenz führt.⁵ Dennoch wirkt aus dieser Richtung eine Tradition nach, die manchen in Deutschland bis heute „Ideengeschichte" zuerst oder ausschließlich mit der Geschichte *politischer* Ideen assoziieren lässt, was als Angebot für Sozialhistoriker wiederum nicht sonderlich attraktiv klingt.

Was die Sozialgeschichte angeht, hat sie in den letzten zwanzig Jahren sicherlich häufig ein unterschwelliges Ressentiment gegen die Ideengeschichte (oder gegen eine bestimmte Form von ihr) mitgeschleppt oder ist implizit dem

---

2 Vgl. Wolfgang Schieder u. Volker Sellin (Hg.), Sozialgeschichte in Deutschland. Entwicklungen und Perspektiven im internationalen Zusammenhang, 4 Bde., Göttingen 1986/1987; vgl. hier bes. die Grundsatzbeiträge im ersten Band über „Die Sozialgeschichte innerhalb der Geschichtswissenschaft".
3 Theodor Schieders seinerzeitige Warnung vor einer Vernachlässigung der politischen Ideengeschichte bildete, im Rückblick gesehen, zugleich eines ihrer letzten Lebenszeichen: Theodor Schieder, Politische Ideengeschichte, in: HZ 212 1971, 615–622; vgl. auch ders., Politische Ideengeschichte und Historiographie, in: GWU 5 1954, 362–373.
4 Bei Cambridge University Press, hg. v. Richard Rorty, J.B. Schneewind, Quentin Skinner und Wolf Lepenies.
5 So bewegt sich etwa „Pipers Handbuch der politischen Ideen" in sehr konventionellen Bahnen. – Wenn selbst ein Nestor der deutschen politischen Ideengeschichte wie Walter Euchner anlässlich der Übersetzung von Aufsätzen J.G.A. Pococks diesem in typisch deutschem Provinzialismus vorwirft, nicht durch Marx und Max Weber geschult zu sein und fehlende „Realanalysen" einklagt, wirft dies ein sehr bezeichnendes Licht auf die Disziplin. (Vgl. Walter Euchner, Die gegenwärtige bürgerliche Gesellschaft und die „andere Bürgergesellschaft", in: PVS 34, 1993, 695–699.) – Eine Ausnahme bilden in neuerer Zeit die Arbeiten von Herfried Münkler, die hier aber nicht weiter diskutiert werden können.

Mythos einer angeblichen früheren Dominanz der Ideengeschichte innerhalb der deutschen Geschichtswissenschaft gefolgt; sie hat sich manchmal von ihr distanziert, öfters sie verdrängt, aber sie nicht eigentlich bekämpft: Eine scharf artikulierte Opposition wie in Eckart Kehrs 1965 zuerst veröffentlichten Angriffen gegen die Meinecke-Schule[6] ist von der damals jüngeren Generation nicht ausgegangen, im Gegenteil: In den programmatischen Aufsätzen der „Historischen Sozialwissenschaft" fehlt fast nie der Hinweis auf das „Defizit", „dass zeitgemäße ‚Intellectual History', auch im Sinne einer Sozialgeschichte der Ideen, und moderne politische Ideengeschichte kaum betrieben werden";[7] auf das „Desiderat" einer „Sozialgeschichte der großen (!) Ideen und Ideengebäude"[8] – in dieser Formulierung scheint allerdings eine etwas altertümliche Vorstellung von Ideengeschichte mitzuschwingen – und auf die unbestreitbare Tatsache, dass die „Reaktion ... gegen die älteren ideengeschichtlichen Methoden im Bereich der politischen Geschichte" in Deutschland sehr weit getrieben worden sei, ohne den Ausgleich einer neuen Bewusstseins- oder Mentalitätsgeschichte bereitgestellt zu haben.[9]

Diese Appelle sind aber folgenlos geblieben, weil der Denkansatz der deutschen Sozialgeschichte mit ihren typischen frühen Schwerpunkten auf einer ökonomischen Politikgeschichte und einer politischen Sozialgeschichte, die auf Institutionen oder soziale Gruppen fokussierte, weniger gegen eine ideengeschichtliche Betrachtungsweise stand als mit ihr inkompatibel schien und ihrer anscheinend überhaupt nicht bedurfte. Im Hintergrund schwangen aber unleugbar implizite Vorwürfe mit: die vermeintliche Gefahr einer zu sehr „einfühlenden", mit den Zeitgenossen sympathisierenden „historistischen" Perspektive, die im Zeichen der Profilierung einer „Geschichtswissenschaft jenseits des Historismus" (Wolfgang J. Mommsen) als überholt galt; oder der damit verwandte Vorwurf mangelnder „Ideologiekritik", dessen ceterum censeo einer Rückführung von Ideen auf materielle Interessenkonstellationen die Ideengeschichte nur als „Sozialgeschichte der Ideen" in einem ganz bestimmten Sinne gelten lassen wollte.

---

6 Vgl. Eckart Kehr, Neuere deutsche Geschichtsschreibung (ca. 1930), in: ders., Der Primat der Innenpolitik, hg. v. Hans-Ulrich Wehler, Frankfurt 1976³, 254–267 (hier bes. 260–265).
7 Hans-Ulrich Wehler, Geschichtswissenschaft heute, in: Jürgen Habermas (Hg.), Stichworte zur ‚geistigen Situation der Zeit', Frankfurt 1979, Bd. 2, 709–753, hier 745.
8 Jürgen Kocka, Sozialgeschichte in der Bundesrepublik: Entwicklungen seit Mitte der 70er Jahre, in: ders., Sozialgeschichte, Göttingen 1986², 132–376, hier 176.
9 Wolfgang J. Mommsen, Gegenwärtige Tendenzen in der Geschichtsschreibung der Bundesrepublik, in: GG 7, 1981, 149–188, hier 172. – Vgl. ähnlich Lothar Gall, Europa auf dem Weg in die Moderne 1850–1890, München 1984, 126.

Im wissenschaftsgeschichtlichen Rückblick ist das nicht zuletzt als ein Generationsphänomen während des sich ja nicht widerstandslos vollziehenden „Paradigmawechsels" zur Sozialgeschichte in der Bundesrepublik erklärbar – obwohl sich in anderen Ländern die Durchsetzung der Sozialgeschichte weniger stark gegen ideen- und bewusstseinsgeschichtliche Ansätze und zum Teil sogar mit ihnen vollzogen hat. Aber in einer Zeit, in der die Sozialgeschichte, um in der Kuhnschen Terminologie zu bleiben, selber zur „Normalwissenschaft" geworden ist, ist die Fortdauer dieser alten Abgrenzungen erst recht nicht mehr sinnvoll. Die tiefgreifenden Veränderungen der Sozialgeschichte in den vergangenen zehn Jahren haben zudem die Schwächen einer vorrangig von sozialökonomischen Strukturen und Prozessen ausgehenden Sichtweise auf die Gesellschaft überwunden, und die neuen Strömungen in der Kulturgeschichte und historischen Anthropologie haben methodisch wie empirisch ganz wesentliche Anknüpfungspunkte auch für eine erneuerte Ideengeschichte bereitgestellt.

Gegenüber sozialen Strukturen wird soziales Handeln wichtiger genommen, und zwar insbesondere hinsichtlich seiner Steuerung durch „Erfahrung", durch individuelle und kollektive Wahrnehmungs- und Deutungsmuster.[10] In der Geschichte sozialer Gruppen gewinnt die „subjektive" Dimension etwa im Zusammenhang der Frage nach der „Selbstwahrnehmung" an Bedeutung und ergänzt die ökonomische Perspektive auf Klassenbildungsprozesse durch einen Blick auf soziales Selbstverständnis und sprachlich vermittelte Gemeinschaftsbeziehungen.[11] Und es ist erkennbar geworden, dass die alte Verbindung von Historismus und Politikgeschichte, genauer: Staatengeschichte, selber ein historisches Phänomen gewesen ist, so dass auch eine Sozialgeschichte diesseits des Historismus möglich ist und die Forderung nach einer neuen „Hermeneutik" in der Kultur- und Sozialgeschichte erhoben werden kann.[12] Das alles braucht hier nur angedeutet zu werden: Es handelt sich um vieldiskutierte Tendenzen nicht nur innerhalb der deutschen Geschichtswissenschaft, die der Ideengeschichte und zumal ihrer Verbindung mit der Sozialgeschichte neue Chancen geben können und das anderswo auch schon getan haben.

---

10 Vgl. z. B. Jürgen Kocka, Sozialgeschichte zwischen Strukturgeschichte und Erfahrungsgeschichte, in: Schieder u. Sellin (Hg.), Sozialgeschichte in Deutschland, I, 67–88.
11 Darauf wird unten (IV.) ausführlicher zurückgekommen.
12 Siehe Ute Daniel, Quo vadis, Sozialgeschichte? Kleines Plädoyer für eine hermeneutische Wende, in: Winfried Schulze (Hg.), Sozialgeschichte, Alltagsgeschichte, Mikro-Historie, Göttingen 1994, 54–64. – Für den Versuch, auch eine neue Geschichtswissenschaft „diesseits" des Historismus zu begründen, sind die Arbeiten von Jörn Rüsen von besonderer Bedeutung gewesen, vgl. hier nur: Für eine erneuerte Historik. Studien zur Theorie der Geschichtswissenschaft, Stuttgart 1976.

Kaum allerdings in Deutschland. Vielleicht wegen ihrer Wurzeln in der „Alltagsgeschichte"-Bewegung der frühen 1980er Jahre, die manchmal bewusst Distanz zur professionellen Historie und ihren methodischen und theoretischen Ansprüchen suchte;[13] vielleicht wegen einer überzogenen Reaktion auf die vergleichsweise starke systematisch-sozialwissenschaftliche Prägung der deutschen Sozialgeschichte;[14] vielleicht auch aus Unbehagen gegenüber der wiederum im internationalen Vergleich in der Tat besonders starken Orientierung der Sozialgeschichte (als „politische Sozialgeschichte") auf staatlich-politische Prozesse und Erklärungsprobleme: Die neue Kultur- und Erfahrungsgeschichte hat in Deutschland bisher keine Verbindung zur Ideengeschichte gefunden und vielmehr selber implizite Vorurteile gegen diese gehegt. Der emphatische Blick auf die „kleinen Leute" grenzte sich nicht nur von den Taten, sondern auch von den Ideen der „großen Männer" ab; die Leidenserfahrung der historischen „Verlierer" wurde nicht nur dem Handeln und der Organisation, sondern auch den Ideologien der politisch-sozialen Bewegungen, vom Liberalismus bis zum Sozialismus, scharf kontrastiert. Ideengeschichte gehörte dann vielleicht zur Erforschung der Kultur der „Elite", aber nicht der des „Volkes".

Es ist leicht erkennbar, dass die Kulturgeschichte damit einem ebenso altmodischen Bild von Ideengeschichte folgt wie andere Bereiche der Geschichtswissenschaft und sich außerdem, das ist noch wichtiger, mit dieser falschen Dichotomisierung von Erfahrung einerseits, Ideen und Ideologien andererseits selber unnötige Beschränkungen auferlegt, die dann, zusammen mit der häufig fehlenden Bereitschaft zu klarer Begrifflichkeit und theoretischer Reflexion, den berechtigten Anlass für die bekannte Kritik an ihr bieten. Hier könnte Ideengeschichte ein Korrektiv bilden und eine Brücke schlagen, indem sie die analytische Dimension einer erfahrungs- und bewusstseinsgeschichtlichen Sozialgeschichte vertieft. In eine solche Richtung haben vor einiger Zeit schon einmal die Überlegungen Thomas Nipperdeys zur „anthropologischen Dimension in der Geschichtswissenschaft" gewiesen, in denen er Handeln und Verhalten des Menschen als Gegenstand der Sozialgeschichte aufwerten, die traditionelle Geistesgeschichte aus ihrer Beschränkung auf „hochstilisierte Formen ... der Weltauslegung" von Eliten befreien, und so gleichsam aus zwei Richtungen

---

13 Vgl. Hans-Ulrich Wehler, Neoromantik und Pseudorealismus in der neuen „Alltagsgeschichte", in: ders., Preußen ist wieder chic ..., Frankfurt 1983, 99–106; ders., Alltagsgeschichte: Königsweg zu neuen Ufern oder Irrgarten der Illusionen?, in: ders., Aus der Geschichte lernen?, München 1988, 130–151; Klaus Tenfelde, Schwierigkeiten mit dem Alltag, in: GG 10, 1984, 376–394.
14 So etwa ausdrücklich bei Hans Medick, „Missionare im Ruderboot"? Ethnologische Erkenntnisweisen als Herausforderung an die Sozialgeschichte, in: GG 10, 1984, 295–319.

eine „Sozialgeschichte der Ideen, eine Geschichte der Massen- und Gruppenkultur" ermöglichen wollte.[15]

Nipperdey hat dieses Programm nur in Umrissen skizziert und noch weniger systematisch eingelöst, aber sein Entwurf unterstreicht, dass die Wendung zum Subjektiven nicht mit einer Abkehr von analytischen Begriffen, theoretischer Reflexion und der Analyse von historischen Strukturen verbunden sein muss: Insofern kann eine zeitgemäße *Intellectual History* – von ihrer Eigenberechtigung einmal abgesehen – zu einer umfassenden Erfahrungsgeschichte der Gesellschaft, einschließlich ihrer „Eliten" und historischen „Gewinner", führen und zugleich die Theoretisierung – oder bescheidener gesagt: das Niveau der intellektuellen Reflexion – in der Kulturgeschichte entscheidend erhöhen. Anders gewendet: Mit ihrer Veränderung in Richtung auf Kulturgeschichte und historische Anthropologie bedarf die Sozialgeschichte der Ideengeschichte noch stärker als zuvor, wenn sie ihrem umfassenden Gegenstand auch weiterhin gerecht werden und nicht in die Unverbindlichkeit einer Alltagsgeschichte abgleiten will.

II

Blickt man noch etwas weiter zurück auf die Entwicklung moderner Geschichtswissenschaft seit dem 19. Jahrhundert und beschränkt sich dabei nicht auf Deutschland allein, ergibt sich erst recht keine Rechtfertigung für die Konfrontation, für ein Konkurrenzverhältnis von Sozialgeschichte und Ideengeschichte. Es ist oft betont worden, dass sich beide lange Zeit gegenüber der politischen Staaten- und Ereignisgeschichte in einer gemeinsamen Außenseiterstellung befanden und auch beide mit den Reform- und Innovationsbewegungen in der internationalen Geschichtswissenschaft in den Jahrzehnten um 1900 gemeinsam ihren Aufstieg begannen.[16] Beide interessierten sich gegenüber den vorherrschenden Paradigmen eher für Strukturen und für die „longue durée" als für Ereignisse, beide strebten danach, den Kreis der historischen

---

15 Thomas Nipperdey, Die anthropologische Dimension der Geschichtswissenschaft, in: ders., Gesellschaft, Kultur, Theorie, Göttingen 1976, 33–58 (die Zitate 44, 52); jetzt wieder in: ders., Kann Geschichte objektiv sein? Historische Essays, hg. v. Paul Nolte, München 2013, 25–61. – Vgl. zu diesem Programm Nipperdeys als möglichem konkurrierenden Paradigma zur „Historischen Sozialwissenschaft" Wolfgang J. Mommsen, Die vielen Gesichter der Clio. Zum Tode Thomas Nipperdeys, in: GG 19, 1993, 408–423, hier 422.

16 Vgl. z. B. John Higham, The Rise of American Intellectual History, in: AHR 56, 1951, 453–471; Felix Gilbert, Intellectual History: Its Aims and Methods, in: Daedalus 100, 1971, 80–97; Schulin, Geistesgeschichte, bes. 146.

Akteure über Politik und Diplomatie hinaus zu erweitern; und übrigens damals schon konnte der Begriff der „Kultur", der materielle Daseinsbedingungen ebenso wie ideelle Konfigurationen des Denkens und der Gesinnung umfasste, eine Klammer zwischen beiden bilden.[17]

Am einflussreichsten – bis heute – ist dieses Bündnis in der französischen *Annales*-Schule geworden, in der sich seit den 1920er Jahren die Geschichte räumlicher, wirtschaftlicher und gesellschaftlicher Strukturen auf untrennbare Weise mit der Erforschung kollektiven Verhaltens und Denkens in der Mentalitätsgeschichte verknüpft hat. Die Vorzüge der Mentalitätsgeschichte haben ihre Bedeutung für das Profil einer modernen Ideengeschichte bis heute behalten: die Betonung kollektiver statt individueller Einstellungen und Denkformen; der Hinweis auf das unausgesprochene und unbewusste „Alltagsdenken" jenseits intellektuell verdichteter und sprachlich elaborierter Äußerungen; die anthropologisch beeinflusste Frage nach den Strukturen des Denkens, die über die Analyse von Denkinhalten hinausreicht.[18] Damit ist die Mentalitätsgeschichte, besonders seit den späten 1970er Jahren, auf großes Interesse innerhalb der deutschen Geschichtswissenschaft gestoßen – zweifellos ist sie die hierzulande mit Abstand am intensivsten rezipierte Richtung ideen- oder bewusstseinsgeschichtlicher Forschung irgendeines anderen Landes.

Aber die deutsche Rezeption hat sich weithin auf immer neue Anläufe zur Bestandsaufnahme und programmatischen Selbstvergewisserung beschränkt;[19] empirische Arbeiten sind im Bereich des Mittelalters und der Frühen Neuzeit ebenso selten geblieben wie in der Neuesten Geschichte. Und gerade für das 19. und 20. Jahrhundert treten die Grenzen und Defizite der Mentalitätsgeschichte, die sie von einer Geschichte der Ideen trennen, deutlich hervor: Die Konzentration auf das Kollektive und „Unbewusste" versperrt den Blick auf die Überschneidungszonen und wechselseitigen Einflüsse zwischen individuell zure-

---

17 Das ist in den kulturgeschichtlichen Konzeptionen der deutschen Geisteswissenschaften um 1900 sehr deutlich (vgl. zuletzt Friedrich Jaeger, Bürgerliche Modernisierungskrise und historische Sinnbildung. Kulturgeschichte bei Droysen, Burckhardt und Max Weber, Göttingen 1994); noch stärker aber in der französischen Soziologie und Kulturanthropologie des frühen 20. Jahrhunderts.
18 Vgl. Peter Burke, Stärken und Schwächen der Mentalitätengeschichte, in: Ulrich Raulff (Hg.), Mentalitäten-Geschichte, Berlin 1987, 127–145, hier 127.
19 Vgl. etwa Rolf Reichardt, „Histoire des mentalités". Eine neue Dimension der Sozialgeschichte am Beispiel des französischen Ancien Régime, in: IASL 3, 1978, 130–166; Volker Sellin, Mentalität und Mentalitätsgeschichte, in: HZ 241, 1985, 555–598; ders., Mentalitäten in der Sozialgeschichte, in: Schieder u. ders. (Hg.), Sozialgeschichte in Deutschland, Bd. III, Göttingen 1987, 101–121; Hagen Schulze, Mentalitätsgeschichte – Chancen und Grenzen eines Paradigmas der französischen Geschichtswissenschaft, in: GWU 36, 1985, 247–270.

chenbaren Ideen und gesellschaftlichem Gruppenbewusstsein; die Vernachlässigung der Sprache blendet nicht nur eine wesentliche (nicht die einzige) Form der Konstituierung von Ideen zu stark aus, sondern führt auch, ganz pragmatisch gesehen, zu erheblichen Quellen- und Beweisführungsproblemen; die Betonung von „Tiefenstruktur" und *longue durée* erschwert die Erfassung und Erklärung historischen Wandels und erfordert, wenn man den Mentalitätsbegriff nicht unmäßig aufbläht und dadurch entwertet, im Grunde ein zweites Konzept, das „vor-mentalitätsmäßige" Ideen, Ideologien und Bewusstseinsmuster zu erfassen vermag. Den politisch-sozialen Ideologien des 18. und 19. Jahrhunderts etwa, vom Republikanismus bis zum Sozialismus, konnte die Mentalitätsgeschichte bisher nicht zufällig in keiner Weise gerecht werden.

In Deutschland ist die Entwicklung von Sozialgeschichte und Ideengeschichte seit dem späten 19. Jahrhundert anders verlaufen als in Frankreich; anders auch als in den USA, auf die gleich noch zurückgekommen wird. Obwohl entsprechende theoretische Ansätze innerhalb der „Kulturwissenschaft" um 1900 vorhanden waren, verbündeten sich die beiden Außenseiter innerhalb des engeren disziplinären Rahmens der Geschichtswissenschaft wesentlich weniger als zumal in Frankreich. Die Kulturgeschichte etwa bei Lamprecht entwickelte nicht das Profil einer kulturgeschichtlich begründeten Ideengeschichte; sie grenzte sich von der rankeanisch „vergeistigten" Tradition der Politik- und Staatengeschichte – obwohl diese selber tatsächlich nur selten Geistes- oder Ideengeschichte betrieb – eher ab; und die wichtigste Tradition der deutschen Ideengeschichte, die im Werk Friedrich Meineckes und seiner Schüler entstand, verblieb unleugbar in einer Randstellung der damaligen Historikerzunft, war aber andererseits, nicht zuletzt in ihrer Beschränkung auf die *politische* Ideengeschichte, nach Herkunft und Selbstverständnis doch eng in den *mainstream* der deutschen Historiographie verflochten, was in Meineckes „Idee der Staatsräson in der neueren Geschichte", die die vergeistigte Staatengeschichte in eine Geistesgeschichte des Staates wendet, exemplarisch zum Ausdruck kam.[20]

---

20 Friedrich Meinecke, Die Idee der Staatsräson in der neueren Geschichte (1924), München 1957 (= Werke, Bd. I). Zu Meinecke vgl. hier nur Ernst Schulin, Friedrich Meinecke, in: Hans-Ulrich Wehler (Hg.), Deutsche Historiker, Bd. I, Göttingen 1971, 39–57. – Eine ausführliche historiographische Würdigung der Ideengeschichte Meineckes und seiner Schüler und ihrer Wirkungsgeschichte zwischen spätem Kaiserreich und Republik, Emigration und früher Bundesrepublik gibt es bisher nicht; sie wäre ein dringendes Desiderat im Hinblick auf das Selbstverständnis einer erneuerten Ideengeschichte in Deutschland und auch als Gegenstück zu der in letzter Zeit intensivierten Beschäftigung mit den Anfängen der Sozialgeschichte in Deutschland wichtig (vgl. hier nur: Willi Oberkrome, Volksgeschichte. Methodische Innovation und

Wenn man nach eigenständigen und zugleich heute noch weiterführenden Traditionen von Ideengeschichte in Deutschland sucht, wird man an Meineckes Methode der von sozialen Kontexten abstrahierenden „Gipfelwanderung" durch die „großen Denker" der Politik kaum mehr anknüpfen können – aber andererseits behält auch eine solche Form der politischen Geistes- und Ideengeschichte weiterhin ihre prinzipielle Berechtigung: Sie wäre dann etwa genauso wichtig, aber auch genauso randständig, wie bestimmte Formen der quantifizierenden Sozial- und Wirtschaftsgeschichte es sind. Sieht man einmal von den zeitgebundenen und individuellen Stileigentümlichkeiten ab, ist Meineckes „Idee der Staatsräson" ja einem der brillantesten und einflussreichsten Werke der neueren angloamerikanischen *Intellectual History* erstaunlich ähnlich: nämlich Pococks Studie über den „Machiavellian Moment",[21] und das ist wiederum kein Zufall, sondern über das direkte Bindeglied der in die USA emigrierten Meinecke-Schüler, hier vor allem Hans Baron und Felix Gilbert mit ihren Studien zur politischen Theorie und zum politisch-sozialen Selbstverständnis der Renaissance, vermittelt.

Zumal das Interesse an Felix Gilberts Arbeiten hat in der letzten Zeit, kurz nach seinem Tode im Februar 1991, eine kleine Wiederbelebung in Deutschland erfahren, die aber, jedenfalls bis jetzt, eher publizistisch-verlegerisch als durch genuine fachinterne Forschungsinteressen abgestützt zu sein scheint.[22] Von den Schülern Meineckes hat Hans Rosenberg am konsequentesten versucht, die Ideengeschichte seines Lehrers im Sinne einer „Sozialgeschichte der Ideen" zur Sozialgeschichte hin zu öffnen und zu erweitern, doch ist Rosenberg bekanntlich nicht in erster Linie unter diesem Gesichtspunkt für die westdeutsche Geschichtswissenschaft in der Umbruchphase der 60er und 70er Jahre zu so großer Bedeutung aufgestiegen.[23] Der starke und langdauernde Einfluss der emigrierten

---

völkische Ideologisierung in der deutschen Geschichtswissenschaft 1918–1945, Göttingen 1993).

21 J.G.A. Pocock, The Machiavellian Moment: Florentine Political Thought and the Atlantic Republican Tradition, Princeton 1975. Auf Pococks Werk und theoretischen Ansatz wird in Abschnitt III noch zurückgekommen.

22 Vgl. die Neuausgabe von Aufsätzen Gilberts: Felix Gilbert, Guicciardini, Machiavelli und die Geschichtsschreibung der italienischen Renaissance, Berlin 1991; sowie ders., Geschichte: Politik oder Kultur? Rückblick auf einen klassischen Konflikt, Frankfurt 1990. – Siehe dazu auch: Gustav Seibt, Der letzte Zeuge. Zum Tode von Felix Gilbert, in: FAZ, 20.2.1991, 31. – An Hans Baron hat – bisher ohne großen Widerhall – Herfried Münkler erinnert: Wege zur Zivilgesellschaft. Zur politischen Aktualität der Forschungen Hans Barons, in FAZ, 3.4.1991, N3.

23 Trotz der sehr verdienstvollen Neuausgabe seiner frühen Aufsätze zur Ideengeschichte des frühen 19. Jahrhunderts: Hans Rosenberg, Politische Denkströmungen im deutschen Vormärz, Göttingen 1972.

Schüler Meineckes in der amerikanischen Geschichtswissenschaft aber unterstreicht die Bedeutung des politischen Bruches von 1933 für das Verschwinden einer deutschen Ideengeschichte und spricht für ihre Entwicklungsfähigkeit, für ihre eigene Kraft zur Überwindung der heute mit Recht kritisierten Unzulänglichkeiten in dem ideengeschichtlichen Ansatz Meineckes.

Es ist bezeichnend für die damalige wissenschaftsgeschichtliche Konstellation in Deutschland – wiederum im Vergleich zu Frankreich und den USA –, dass es in den ersten zwei bis drei Jahrzehnten des 20. Jahrhunderts trotz teilweise enger persönlicher Beziehungen zu keiner gegenseitigen Befruchtung der politischen Ideengeschichte Meineckes mit jenem sozialwissenschaftlichen Denkansatz gekommen ist, der zunächst mit Max Weber und dann etwa auch mit Ernst Troeltsch nach dem Zusammenhang von religiös bestimmten „Weltbildern" und säkularen Prozessen wirtschaftlicher und gesellschaftlicher Entwicklung, nach der Scharnierfunktion von „Wirtschaftsgesinnungen" und „Soziallehren" gefragt hat.[24] Trotz der eminent historischen Ausrichtung dieser Untersuchungen schien der Blick auf kollektive Weltbilder von Kirchenmitgliedern, Religionen oder ganzen historisch-sozialen Kulturzonen mit dem individualisierenden Zugriff der Ideengeschichte nicht vereinbar und, vielleicht noch wichtiger, die Untersuchung von *politischen* Ideen mit der Analyse *wirtschaftlicher und sozialer* Gesinnungen nicht kompatibel zu sein, obwohl Webers Konzept der (Wirtschafts-) „Gesinnung" durchaus auf einen mittleren Grund zwischen der kollektiv-unbewussten *longue durée* der Mentalitäten und bewusstem und individuellem „geistigen Handeln" abzielte: Beides bezieht er denn ja auch in der „Protestantischen Ethik" mit ein, und dieser breite, künstliche Gräben überbrückende Begriff der „Gesinnung" – ob als wirtschaftliche, soziale oder politische Gesinnung – birgt insofern große Chancen für eine offene Ideengeschichte, zumal Weber dieses Konzept auf flexible Weise in strukturelle Kontexte der „Realgeschichte" eingebunden hat.[25] – Aber jedenfalls in Deutschland

---

24 Vgl. Max Weber, Die Protestantische Ethik und der Geist des Kapitalismus; ders., Die Wirtschaftsethik der Weltreligionen, in: ders., Gesammelte Aufsätze zur Religionssoziologie, 3 Bde., Tübingen 1920–1921; Ernst Troeltsch, Die Soziallehren der christlichen Kirchen und Gruppen, Tübingen 1922/ND Aalen 1965. – Trotz der nicht überschaubaren Literatur über die „Protestantismusthese" fehlt eine eingehende Auseinandersetzung mit diesem Teil des Weberschen Werkes unter dem Aspekt seines Potentials für eine wirtschafts- und sozialgeschichtlich eingebundene Ideengeschichte. Als Versuch, Webers Konzept der „Wirtschaftsgesinnung" an einem konkreten Beispiel heuristisch anzuwenden, vgl. Rudolf Jaworski, Handel und Gewerbe im Nationalitätenkampf. Studien zur Wirtschaftsgesinnung der Polen in der Provinz Posen (1871–1914), Göttingen 1986.
25 Vgl. auch Max Weber, Die Wirtschaftsethik der Weltreligionen. Einleitung, in: ders., Gesammelte Aufsätze zur Religionssoziologie, Bd. I, Tübingen 1988⁹, bes. 252.

hat der Ansatz Webers und Troeltschs in der Geschichtswissenschaft keine Schule gemacht, weder vor 1933 noch nach 1945, und der weitgehende Abbruch der Tradition historischer Makrosoziologie nach dem Zweiten Weltkrieg (zumal einer ideenorientierten) hat verhindert, dass entsprechende Anregungen aus den systematischen Sozialwissenschaften in den 60er und 70er Jahren in die sich formierende Historische Sozialwissenschaft einströmten.

In dieser Zeit ist vielmehr die „Begriffsgeschichte" zum, wenn man so will, ideengeschichtlichen *alter ego* der Sozialgeschichte geworden und zugleich zur einzigen Form, in der Ideen- oder Bewusstseinsgeschichte in irgendeinem Sinn in Deutschland in den vergangenen zwei bis drei Jahrzehnten in einem kohärenten methodischen, theoretischen und teilweise auch institutionellen Zusammenhang betrieben worden ist.[26] Die bedeutendste Innovation der Begriffsgeschichte und ihr wichtigster Beitrag zu einer deutschen Ideengeschichte lag in der „Entdeckung" der Sprache – im Zusammenhang mit dem ersten *linguistic turn* der späten 60er und 70er Jahre – als einer eigenständigen Kategorie historischer Wirklichkeit und zugleich als Reflex sozialer Strukturen. Indem die sprachlichen Äußerungen von Menschen als sprachliches Handeln ernstgenommen wurden, verfügte man nicht nur über einen neuen, reflektierten Zugang zur Sozialgeschichte, sondern zugleich über einen Schlüssel zur Geschichte von Ideologie und politisch-sozialem Bewusstsein. Genau besehen aber hat die Begriffsgeschichte, wie sie vor allem in dem Lexikon „Geschichtliche Grundbegriffe" ihre Ausprägung und empirische Einlösung gefunden hat, die Schwelle zur Ideengeschichte nie überschritten.[27] Das lag zum einen daran, dass die weitgehende Beschränkung auf die „Höhenkammliteratur" in den Lexikonartikeln das Problem der kollektiven Einstellungen und der „alltäglichen"

---

26 Für eine umfassende Auseinandersetzung mit der Begriffsgeschichte ist hier nicht der Platz, es geht lediglich um einige Überlegungen hinsichtlich ihres möglichen Beitrags zu einer erneuerten Ideengeschichte. – Vgl. allg. v.a. Melvin Richter, Zur Rekonstruktion der Geschichte der Politischen Sprachen: Pocock, Skinner und die „Geschichtlichen Grundbegriffe", in: Hans Erich Bödeker u. Ernst Hinrichs (Hg.), Alteuropa – Ancien Régime – Frühe Neuzeit, Stuttgart-Bad Cannstatt 1991, 134–74; ders., Begriffsgeschichte and the History of Ideas, in: JHI 48, 1987, 247–63; H. Berding, Begriffsgeschichte und Sozialgeschichte, in: HZ 223, 1976, 98–110; und natürlich: Reinhart Koselleck, Einleitung, in: Otto Brunner u. a. (Hg.), Geschichtliche Grundbegriffe, Bd. 1, Stuttgart 1972, XIII–XXVII; ders., Begriffsgeschichte und Sozialgeschichte, in: ders., Vergangene Zukunft, Frankfurt 1979, 107–29; ders., Sozialgeschichte und Begriffsgeschichte, in: Schieder u. Sellin (Hg.), Sozialgeschichte in Deutschland, Bd. I, 89–109.
27 Das gilt nicht für Arbeiten von einigen Schülern Kosellecks, die dann aber bezeichnenderweise auch den theoretischen Rahmen der Begriffsgeschichte weit hinter sich gelassen haben. Vgl. z. B. Lucian Hölscher, Weltgericht oder Revolution. Protestantische und sozialistische Zukunftsvorstellungen im deutschen Kaiserreich, Stuttgart 1989.

Begriffsverwendung ungelöst ließ. Zum anderen, und diese Kritik rührt anders als das Quellenproblem an das Selbstverständnis der Begriffsgeschichte, blockierte die isolierte Abhandlung einzelner „Begriffe" die Rekonstruktion von ideellen wie von sozialen Zusammenhängen; zu einer Analyse von „Diskursen" und spezifischen, begriffsübergreifenden *languages* politisch-sozialen Denkens konnte die Begriffsgeschichte deshalb nicht finden.[28]

Die Ursache dafür ist, drittens und am schwersten wiegend, dass die Begriffsgeschichte aufgrund ihrer Herkunft nie Bewusstseinsgeschichte sein wollte: Sie entstand aus methodologischen und forschungspraktischen Fragen der Sozialgeschichte vor allem vormoderner Gesellschaften,[29] und sie blieb dabei, Begriffe auf Theorie einerseits, auf soziale Strukturen andererseits zurück zu beziehen: Begriffsgeschichte, so hat es Reinhart Koselleck mehrfach entwickelt, zielt einerseits auf die Grundlagen von Geschichtstheorie, indem sie die „Konvergenz von Begriff und Geschichte" zum Thema macht; sie zielt andererseits „auf Sachgeschichte" im Sinne einer politisch-sozialen Strukturgeschichte und ist insofern „kein Selbstzweck".[30] Begriffe sind ihr Indikator für soziale Strukturen – aber nicht für soziales Bewusstsein, für Ideologien, für Gesinnungen.[31] Das Festhalten an einer Dichotomie von „Sprache" und „Wirklichkeit" und die Reduktion der Letzteren auf „Realstrukturen" blockierte die Einsicht, dass die Sprache zuallererst Ideen und soziales Bewusstsein konstituiert und transportiert und damit eine ideelle Wirklichkeit jenseits der Sachstrukturen zum Ausdruck bringt, deren Untersuchung genauso gut „Selbstzweck" sein kann wie die Untersuchung ökonomischer Klassenverhältnisse. In dieser Beschränkung lebt das Ausgangsproblem Otto Brunners fort; sie ist aber wohl auch als ein Reflex der Verteidigungsstellung der Begriffsgeschichte im Schatten des machtvollen Aufstiegs der Sozialgeschichte, der zu dienen die eigene Existenz legitimierte, und angesichts des Fehlens anderer ideengeschichtlicher Denkansätze, zu verstehen. Eine Befreiung der Begriffsgeschichte aus dieser selbstgewählten und vor dem Hintergrund sprachgeschichtlicher Forschungsansätze in anderen

---

28 Das gilt v.a. im Vergleich mit entsprechenden angloamerikanischen Ansätzen, auf die gleich unter III. zurückgekommen wird. – Vgl. Richter, Zur Rekonstruktion, 170.
29 Vgl. insbes. Otto Brunner, Das Problem einer europäischen Sozialgeschichte, in: ders., Neue Wege der Verfassungs- und Sozialgeschichte, Göttingen 1968², 80–102.
30 Koselleck, Begriffsgeschichte und Sozialgeschichte, 121, 124.
31 Das gilt auch für die neuere sprachanalytische Erweiterung, die Koselleck der Begriffsgeschichte im Zuge des „zweiten linguistic turn" der späten 80er Jahre gegeben hat; vgl. ders., Sozialgeschichte und Begriffsgeschichte; ders., Sprachwandel und Ereignisgeschichte, in: Merkur 43, 1989, 657–673.

Ländern nicht mehr nachvollziehbaren Begrenzung auf Theorie und Sachgeschichte könnte der Ideengeschichte aber nach wie vor wichtige Impulse geben.

Aus der Terminologie dieses Programms sollte man übrigens kein Dogma machen: Ideengeschichte ist ein etablierter, bündiger und flexibler Begriff, dem der Vorzug gegenüber der unhandlichen „Bewusstseinsgeschichte", der metaphysischen Aura von „Geistesgeschichte" oder der auf Dauer unmöglichen Übernahme von *Intellectual History* gegeben werden sollte. Dass damit nicht das Programm Meineckes gemeint ist, muss hoffentlich schon bald nicht mehr eigens betont werden – die Sozial- oder die Wirtschaftsgeschichte haben sich ja auch nicht umbenannt, weil sie nicht mehr den Fragestellungen und Themen der Jahrhundertwende folgen.

III

Ziehen wir eine kurze Zwischenbilanz: Die Voraussetzungen für einen Neuanfang in der Ideengeschichte sind nicht ungünstig, blickt man auf die derzeitige historiographische Konstellation, auf verfügbare Traditionen der deutschen Geschichtswissenschaft und Sozialwissenschaft und auf die bisher schon erfolgte Rezeption bewusstseinsgeschichtlicher Ansätze aus anderen Ländern, vor allem der französischen Mentalitätsgeschichte. Geht man von diesen Voraussetzungen, von den jeweiligen Vorzügen und Grenzen dieser Traditionen aus, müsste das Profil einer solchen Ideengeschichte den folgenden Anforderungen entsprechen können: Erstens, die Untersuchung von ökonomischen und soziokulturellen Ideen, Zielvorstellungen und „Gesinnungen" tritt neben die Analyse politischer Ideen und Ideologien. Zweitens, der Sprache als Ausdrucksmedium von sozialem Bewusstsein im weitesten Sinne wird ein hoher Stellenwert eingeräumt; sie reicht über Begriffe hinaus und wird im sozialen Kontext, aber nicht im unmittelbaren Kurzschluss auf soziale Strukturen hin, gedeutet.

Drittens, während im Gegensatz zur älteren deutschen Ideengeschichte gesellschaftliches Bewusstsein, über das Denken einer kleinen Elite hinaus, ihren Gegenstand bildet, beschränkt sie sich nicht auf kollektive Bewusstseinsstrukturen im Sinne der Mentalitätsgeschichte: Die Untersuchung intellektueller Weltentwürfe von Individuen oder kleineren Gruppen muss ihren Platz in der Ideengeschichte haben (ganz so, wie der führende Wirtschaftsbürger Gegenstand der Sozialgeschichte ist), aber sie muss in doppelter Weise im sozialen Kontext betrieben werden: einerseits im Kontext der sozialökonomischen Strukturen und Bedingungen – das führt etwa auf das hin, was man unter einer „Sozialgeschichte der Ideen" verstehen kann. Andererseits steht sie im Kontext von Ideen, Denken und Bewusstsein größerer sozialer Gruppen und der Gesellschaft insgesamt – und gerade die Frage nach dieser Verbindung ist in Deutschland bisher wenig üblich, und war in der Mentalitätsgeschichte ebenso wie in der Kulturanthropologie mit ihrer Fixierung auf Volk und Unterschichten kaum vorgesehen.

Viertens schließlich, und auch dies markiert ein besonderes Defizit der bisherigen deutschen Diskussion: Ideologien und „Attitüden" (Nipperdey), ideelle Interessen und kollektive Zielvorstellungen auch „diesseits" der „Tiefenstruktur" von Mentalitäten sollten in den Vordergrund rücken und die manchmal heuristisch sinnvolle, aber zur Disziplin- und Gegenstandsabgrenzung unhaltbar gewordene Scheidung zwischen Idee und Ideologie auf der einen Seite, Mentalität und kollektivem Bewusstsein auf der anderen aufgegeben werden.[32] Was die Umsetzung dieses Profils angeht, sind bestimmte Richtungen der angloamerikanischen *Intellectual History* bisher theoretisch wie empirisch am weitesten gekommen, in Deutschland aber bisher so gut wie gar nicht rezipiert worden. Auf sie soll deshalb zunächst ein etwas genauerer Blick geworfen werden, bevor Fragestellungen und Sachprobleme einer möglichen neuen Ideengeschichte weiter konkretisiert werden.

Dabei muss sogleich betont werden, dass es sich bei der amerikanischen *Intellectual History* nie um ein monolithisches und konsistentes Programm gehandelt hat, schon gar nicht um eine bestimmte „Schule", deren Methoden und Ergebnisse man als fertig geschnürtes Paket übernehmen könnte. Vielmehr handelt es sich um ein Bündel sehr unterschiedlicher Ansätze, die auch ein unterschiedliches Verhältnis zur Sozialgeschichte und überhaupt zur „allgemeinen Geschichte" entwickelt haben.[33] Inzwischen haben sich, historiographisch gesehen, sehr unterschiedliche „Schichten" der amerikanischen *Intellectual History* überlagert, aber es bleibt, gerade im Unterschied zu Deutschland, weiterhin positiv spürbar, dass sie sich in einer entscheidenden Phase nach der Jahrhundertwende nicht unabhängig von der Sozialgeschichte oder in Opposition zu ihr, sondern mit dieser gemeinsam in Abgrenzung zur traditionellen Politikgeschichte entwickelt hat: nämlich in der Geschichtsschreibung der „Progressives",

---

32 Und damit die merkwürdige und spezifisch deutsche normative Konnotation dieser Trennlinie, nach der Ideen und Ideologien altmodisch und elitär, Mentalität und kollektives Bewusstsein dagegen „in" sind.

33 Vgl. nur z. B. das Spektrum von Positionen bei Stefan Collini u. a., What is Intellectual History?, in: History Today 35, 1985, 46–54; sowie John Higham u. Peter K. Conkin (Hg.), New Directions in American *Intellectual History*, Baltimore 1979. – Hier ist nicht der Platz, Entwicklung und Positionen der amerikanischen *Intellectual History* insgesamt zu diskutieren, so sehr ein solcher kritischer Überblick auch fehlt; dazu bedürfte es eines eigenen Beitrages.

die in den 1920er Jahren einen Höhe-, aber auch vorläufigen Schlusspunkt erreichte.[34]

Im Jahre 1940 begründete Arthur Lovejoy sein „Journal of the History of Ideas" und damit das Programm einer philosophischen Ideengeschichte, die bestimmte „unit ideas" weitgehend losgelöst von ihrem sozialen Kontext, ja überhaupt von einer im eigentlichen Sinne historischen Einbettung, verfolgte.[35] Da die Zeitschrift bis heute besteht und weiterhin dem Profil einer philosophiegeschichtlich orientierten Ideengeschichte oder Geistesgeschichte folgt, ist es wichtig zu betonen, dass ihr Einfluss auf die amerikanische Geschichtswissenschaft, namentlich auch auf die anderen, „historischen" Richtungen der *Intellectual History* immer gering gewesen ist.

Wichtiger und einflussreich bis heute wurden etwas später zwei andere Entwicklungen in den 1950er und 1960er Jahren, von denen die eine genuin amerikanisch war, die andere eher ein Import aus England. Zum einen betrieb die sogenannte *Consensus History*, zu der, ideologiekritische Vorbehalte einmal beiseitegelassen, einige der brillantesten amerikanischen Historiker des Jahrhunderts wie David Potter oder Richard Hofstadter zählten, eine, wenn man so will, pragmatisch kontextualisierte Ideengeschichte, die die Entfaltung und Wirkung zentraler Deutungsmuster, Ideen und Ideologien der amerikanischen Geschichte untersuchte und sie wie selbstverständlich zu einem Bestandteil der allgemeinen Geschichte machte. Zumal mit der weitgehenden Auflösung der jahrzehntelangen Frontstellung zwischen *Consensus-* und *Progressive*-Historiographie in den 1980er Jahren – die allerdings nie mit der Unterscheidung von Ideen- und Sozialgeschichte identisch war – hat die neue Sozial- und Kulturgeschichte vieles von den Methoden, Argumenten und Erklärungsmustern der klassischen ideengeschichtlichen *Consensus History* ganz unbefangen aufnehmen können.

Die zweite Entwicklung lag in dem von der Philosophiegeschichte und politischen Theoriegeschichte ausgehenden Versuch einer bewussten und auch sehr theoriebewussten Kontextualisierung: Politische Ideen sollten nicht mehr unhistorisch-dogmengeschichtlich, sondern im Hinblick auf Motive und Interessen ihrer Schreiber im historischen Umfeld interpretiert und damit in ihrer historischen Entwicklung erst eigentlich fassbar gemacht werden. Diese von dem „ers-

---

34 Vgl., auch zum Folgenden, Higham, Rise; ders., Intellectual History and Its Neighbors, in: ders., Writing American History, Bloomington 1970, 27–40; ders., History: Professional Scholarship in America, Baltimore 1989; Gilbert, Intellectual History; und besonders: Peter Novick, That Noble Dream. The „Objectivity Question" and the American Historical Profession, Cambridge 1988.
35 Vgl. programmatisch v.a. Arthur O. Lovejoy, Reflections on the History of Ideas, in: JHI 1, 1940, 1–23; sowie empirisch ders., The Great Chain of Being, Cambridge, Mass. 1936.

ten linguistic turn" in der Philosophie maßgeblich mitbestimmte und die Sprachanalyse deshalb in den Mittelpunkt rückende Forschungsrichtung der sogenannten „Cambridge School" ist untrennbar mit den Namen von Quentin Skinner und J.G.A. Pocock verbunden.[36] Es ist ein erklärungsbedürftiges Phänomen, dass deutsche Historiker von dieser Form der *Intellectual History* in nunmehr etwa dreißig Jahren so gut wie überhaupt keine Notiz genommen haben. Pocock und Skinner führten die Analyse von „Diskursen" in die Geschichtswissenschaft ein, längst bevor Foucault und andere französische Theoretiker zu einem Modephänomen wurden. Sie lenkten auf die Untersuchung von politischsozialen *languages* hin, von größeren, topisch geformten begrifflichen und ideologischen Zusammenhängen, die in diachroner, in räumlicher und in zeitlicher Hinsicht tradierfähig waren. Und sie vollzogen eine Wendung der Ideengeschichte zu den historischen Kontexten, die nicht in die Gefahr kam, zu einer bloßen Ideologiekritik (im Sinne einer einlinigen Rückführung auf Interessenpositionen) zu schrumpfen.[37] Nicht zuletzt, und im Unterschied zu vielen anderen Programmen auf dem Feld der Kultur-, Sprach- und Ideengeschichte: Es blieb nicht bei reinen Theorieentwürfen, sondern die empirische historische Arbeit wurde, insbesondere von Pocock selber, gleich mitgeliefert in im Einzelnen zwar umstrittenen, aber fraglos ganz brillanten und zudem ungeheuer einflussreichen Stu-

---

36 Grundlegend: Quentin Skinner, Meaning and Understanding in the History of Ideas, in: HT 8, 1969, 3–53; ders., Motives, Intentions, and the Interpretation of Texts, in: NLH 3, 1971/72, 393–408; ders., Some Problems in the Analysis of Political Thought and Action, in: Political Theory 2, 1974, 277–303; dazu vgl. Bhikhu Parekh u. R.N. Berki, The History of Political Ideas: A Critique of Q. Skinner's Methodology, in: JHI 34, 1973, 163–184; Gordon J. Schochet, Quentin Skinner's Method, in: Political Theory 2, 1974, 261–275; J.G.A. Pocock, The History of Political Thought: A Methodological Inquiry, in: Peter Laslett u. W.G. Runciman (Hg.), Philosophy, Politics, and Society, Bd. 2, Oxford 1962, 183–202; ders., Politics, Language, and Time. Essays on Political Thought and History, New York 1971; ders., Virtue, Commerce, and History. Essays on Political Thought and History, Chiefly in the Eighteeth Century, Cambridge 1985; ders., The Concept of Language and the métier d'historien: Some Considerations on Practice, in: Anthony Pagden (Hg.), The Languages of Political Theory in Early-Modern Europe, Cambridge 1987, 19–38; zuletzt ders., Political Thought and History. Essays on Theory and Method, Cambridge 2009.
37 Diese doppelte Abgrenzung ist zumal für Skinners Position ganz entscheidend: Sie richtete sich ebenso gegen die ahistorisch-textimmanente Philosophiegeschichte wie gegen die damals dominierende Position der Namier-Schule, für die Ideologie nur „cant" war. – Vgl. auch Keith Thomas, Politics as Language, in: New York Review of Books, 27.2.1986, 36–39; Richter, Zur Rekonstruktion.

dien, aus denen jene über die Tradierung des atlantischen Republikanismus in der Frühen Neuzeit – „The Machiavellian Moment" – hinausragt.[38]

Pococks Zugangsweise zur Ideengeschichte hat unbestreitbar ihre Engführungen und Blindstellen, deren eine Wurzel in einem starken antimarxistischen Affekt liegt. In einer nun schon über viele Jahre währenden Auseinandersetzung mit Pocock hat Joyce Appleby solche Schwachstellen zu benennen und in ihren eigenen Arbeiten zu überwinden versucht.[39] Einerseits hat sie – mit anderen – empirisch gezeigt, dass die thematische Orientierung auf die *politische* Ideengeschichte durch eine Einbeziehung ökonomischer und sozialer Ideen, Ideologien und Ordnungsvorstellungen erweitert werden kann.[40] Andererseits, und grundsätzlich noch wichtiger, hat sie die zu stark auf Eliten bezogene *Intellectual History* Pococks auf Bewusstseinsformen und Ideologien der Mittel- und Unterschichten ausgeweitet, und zugleich eine entschiedenere Verknüpfung der Ideengeschichte mit der „Realgeschichte" von Wirtschaft, Politik und Gesellschaft gefordert und praktiziert. „In swimming against this Marxist tide", so ihr Vorwurf gegen Pocock und Skinner, „the new historians of ideology have run the risk of creating a mirror reductionism in the implication that understanding the meaning of a statement is tantamount to understanding its social purpose and effect."[41] Ideologien können, im Sinne der Wissenssoziologie oder der Kulturanthropologie Clifford Geertz',[42] als gesellschaftlich geformte kulturelle Deutungssysteme verstanden werden.

Insofern muss, wenn die *Intellectual History* an die Sozialgeschichte stärkeren Anschluss finden soll, der „kontextualistische" Ansatz, von dem auch Pocock und Skinner ausgegangen waren, weitergetrieben und radikalisiert werden – und nicht etwa wieder weithin aufgegeben, wie es eine am Poststrukturalismus und (zweiten) „linguistic turn" orientierte Richtung versuchen

---

38 Pocock, Machiavellian Moment. Vgl. auch ders., The Ancient Constitution and the Feudal Law, Cambridge 1957.
39 Bes. wichtig: Joyce O. Appleby, Ideology and the History of Political Thought (zuerst in: Intellectual History Newsletter 1980); jetzt in: dies., Liberalism and Republicanism in the Historical Imagination, Cambridge, Mass. 1992, 124–139; vgl. überhaupt hierzu und zum Folgenden diesen Band.
40 Vgl. v.a. Joyce O. Appleby, Economic Thought and Ideology in Seventeenth-Century England, Princeton 1978; dies., Capitalism and a New Social Order: The Republican Vision of the 1790s, New York 1984.
41 Appleby, Ideology, 132.
42 Vgl. Peter Berger u. Thomas Luckmann, Die gesellschaftliche Konstruktion der Wirklichkeit, Frankfurt 1970; Clifford Geertz, Ideology as a Cultural System, in: ders., The Interpretation of Cultures, New York 1973, 193–233; vgl. Joyce O. Appleby, Introduction, in: dies, Liberalism, 1–33, hier 17ff.

möchte.⁴³ Diese auch in Amerika viel theoretischen Wind aufwirbelnde Debatte hat jedoch bezeichnenderweise auf die empirische Praxis der Geschichtswissenschaft dort bisher kaum einen erkennbaren Einfluss gehabt; und man darf aus der europäischen Perspektive nicht der Gefahr erliegen, das, was unter diesem Zeichen etwa bei LaCapra⁴⁴ ebenfalls als *Intellectual History* firmiert, mit der amerikanischen *Intellectual History* überhaupt und ihren auch forschungspraktisch erfolgreichen Varianten zu verwechseln.

IV

Für die Ideengeschichte gilt nämlich genau wie für die Kulturgeschichte oder die Gesellschaftsgeschichte: „The proof of the pie is in the eating". Es wird darauf ankommen, die günstigen Ausgangsbedingungen zu nutzen und in konkreten, empirischen Studien die Attraktivität und Erklärungskraft einer Ideengeschichte der Gesellschaft aufzuzeigen. An ihrem Beginn steht, im Unterschied zur herkömmlichen „Sozialgeschichte der Ideen", die letztlich geistige Vorstellungen auf ihre sozialökonomischen Grundlagen zurückführen wollte, eine Verschiebung und Erweiterung des Gesellschaftsbegriffes selber, wie sie sich aus wissenssoziologischen und kommunikationstheoretischen Ansätzen ergibt und wie sie auch von der neueren Kulturgeschichte schon gefordert worden ist:⁴⁵ der Abschied von der hegelianisch-marxianischen Definition der Gesellschaft als eines „Teilsystem(s) von *sozialökonomisch* vermittelten Bedürfnissen, Interessen, Abhängigkeiten, Kooperationen und Konflikten", von dem eine prägende Wirkung auf andere Teilsysteme ausgeht,⁴⁶ zugunsten eines Verständnisses von Gesellschaft, das soziale Beziehungen, ihre sprachliche Ermög-

---

43 Dagegen wendet sich überzeugend: Joyce Appleby, One Good Turn Deserves Another: Moving beyond the Linguistic; A Response to David Harlan, in: AHR 94, 1989, 1326–1332; vgl. auch David A. Hollinger, The Return of the Prodigal: The Persistence of Historical Knowing, in: ebd., 610–621. Im Zusammenhang dieser Debatte auch John E. Toews, Intellectual History after the Linguistic Turn: The Autonomy of Meaning and the Irreducibility of Experience, in: AHR 92, 1987, 879–907.
44 Vgl. z. B. Dominick LaCapra, Intellectual History and Its Ways, in: AHR 97, 1992, 425–439; u. schon ders., Rethinking Intellectual History: Texts, Contexts, Language, Ithaca 1983.
45 Vgl. Ute Daniel, „Kultur" und „Gesellschaft". Überlegungen zum Gegenstandsbereich der Sozialgeschichte, in: GG 19, 1993, 69–99, hier bes. 71.
46 Jürgen Kocka, Sozialgeschichte, Göttingen 1977, 98; Hervorhebung von mir, P.N.

lichung und Vermittlung und damit die subjektive Konstitution von Gesellschaft stärker in den Vordergrund rückt.[47]

Ideengeschichte als Sozial- oder Gesellschaftsgeschichte wird dann möglich als Geschichte des Bewusstseins einer Gesellschaft von sich selber: ihrer Politik und ihrer Wirtschaft, ihrer Kultur und ihrer Sozialstruktur; der Unterschichten und des „Volkes" ebenso wie einer theorieförmig sich artikulierenden „Elite". Sie kann sich dann wie mit einem „Zoom-Objektiv" bewegen, „back and forth from the small, close-up world of unique events and individual volition where men try to use ideas for their own particular purposes to the larger aggregate and deterministic world of cultural conventions and collective mentalities where ideas control men".[48] Eine zentrale Herausforderung an die Ideengeschichte ist es in diesem Zusammenhang, die „Regionalisierung" der sozialgeschichtlichen Forschung in den letzten beiden Jahrzehnten mit- und nachzuvollziehen: Sie darf nicht bei einer nationalen Verallgemeinerung stehenbleiben oder die quasi-nationale Gültigkeit von Ideen und Mentalitäten implizit voraussetzen, sondern muss regionalspezifische Diskurse und Wahrnehmungsmuster untersuchen, die zumal in der Frühen Neuzeit und bis über die Mitte des 19. Jahrhunderts hinaus deutlich erkennbar sind und die unterschiedlichen regionalen Erfahrungen mit Herrschaft, Sozialverfassung und wirtschaftlicher Entwicklung spiegelten.[49]

Auf der anderen Seite bleibt es aber ein legitimes Anliegen der Ideengeschichte (ebenso wie der Sozialgeschichte), trotz der gut begründeten Kritik an der simplifizierenden Suche nach dem „Nationalcharakter"[50] auch weiterhin nationalspezifische Mentalitäten, Ideologien und Topoi zu erforschen, und man braucht nur an ein so subtil argumentierendes Buch wie Leonard Kriegers „German Idea of Freedom" oder an neuere Arbeiten über nationale „Stereotypen"

---

47 Vgl. dazu ausführlicher: Paul Nolte, Gesellschaftstheorie und Gesellschaftsgeschichte. Umrisse einer Ideengeschichte der modernen Gesellschaft, in: Thomas Mergel u. Thomas Welskopp (Hg.), Gesellschaftstheorie und Geschichtswissenschaft, München 1997, 275–299.
48 Gordon S. Wood, Intellectual History and the Social Sciences, in: Higham u. Conkin (Hg.), New Directions, 27–41, hier 37. Vgl. auch Laurence Veysey, Intellectual History and the New Social History, in: ebd., 3–26.
49 Vgl. wegweisend Rudolf Boch, Grenzenloses Wachstum? Das rheinische Wirtschaftsbürgertum und seine Industrialisierungsdebatte 1814–1857, Göttingen 1991; siehe auch Paul Nolte, Gemeindebürgertum und Liberalismus in Baden 1800–1850. Tradition – Radikalismus – Republik, Göttingen 1994, bes. Kap. III.
50 Vgl. als Kritik an Verallgemeinerungen wie „the meaning of America", „American thought" u. ä. in der amerikanischen „Intellectual History": Veysey, Intellectual History, bes. 6, 21f.

zu denken, um Vorurteile gegenüber dieser Art der Fragestellung abzulegen.[51] Die Ausdifferenzierung nationsspezifischer, tendenziell klassenübergreifender Deutungsmuster in der Frühen Neuzeit, ihr Höhepunkt im 19. Jahrhundert und ihre allmähliche Desintegration seitdem müsste sogar ein Hauptthema der Ideengeschichte sein.

Wenn Ideengeschichte auf diese Weise als ein unverzichtbarer Bestandteil einer Gesellschaftsgeschichte verstanden wird, kann man sie zu deren wichtigsten Dimensionen oder „Achsen" in Verbindung setzen. Daraus ergeben sich die folgenden drei Beispiele als Vorschläge für die konkrete Forschungspraxis einer neuen Ideengeschichte:

Erstens: Ideen und Politik: Eine politische Ideengeschichte, von deren Traditionen in der deutschen Geschichtswissenschaft ja schon die Rede war, wird auch in Zukunft eine wichtige Rolle spielen müssen, aber in anderer Form und unter Verzicht auf jene dominierende Stellung, die bis heute oftmals in der Gleichsetzung der politischen Ideengeschichte mit Ideengeschichte überhaupt nachwirkt. Es gibt auch keinen Grund, warum sie sich auf den vielzitierten „Höhenkamm" der Machiavelli, Rousseau und Kant beschränken sollte. Das „Volk", die Mittel- und Unterschichten entwickelten und transformierten gleichfalls politisches Bewusstsein, politische Vorstellungen, politische Ideologien. Es wäre verkürzt, diese nur im Rahmen einer populären Erfahrungsgeschichte zu thematisieren, weil dann einerseits die Gefahr besteht, genuine Politisierung in den unpolitischen „Eigensinn" der kleinen Leute umzudeuten und diese so politisch ein zweites Mal zu entmündigen,[52] und weil andererseits der empirische Zusammenhang des politischen Denkens in unterschiedlichen sozialen Schichten abgeschnitten wird. Die politischen Ideen eines Machiavelli, Rousseau oder Kant diffundierten ja in das Bildungsbürgertum, in andere Mittelschichtgruppen, und teilweise bis in die Unterschichten hinein, wo sie eigenen Erfahrungen adaptiert wurden. Das im Einzelnen zu verfolgen, müsste die Aufgabe einer Ideengeschichte der Politik – oder besser: des Politischen – sein. Das vorn schon erwähnte Konzept der politischen Sprachen, der „languages" und ihrer Kontinuität in politisch-sozialen

---

51 Leonard Krieger, The German Idea of Freedom. History of a Political Tradition, Chicago 1957. Zur Stereotypenforschung vgl. z. B. Jürgen Link u. Wulf Wülfing (Hg.), Nationale Mythen und Symbole in der zweiten Hälfte des 19. Jahrhunderts, Stuttgart 1991; sowie auch Michael Jeismann, Das Vaterland der Feinde. Studien zum nationalen Feindbegriff und Selbstverständnis in Deutschland und Frankreich 1792–1918, Stuttgart 1992.
52 Diese Tendenz ist z. B. in manchen neueren Interpretationen des frühen Liberalismus unübersehbar; vgl. etwa Jürgen Hannig, Vom Eigensinn der Freiheitsbäume. Frühliberale Bewegung und Volkskultur zur Zeit des Hambacher Festes 1832, in: Richard van Dülmen (Hg.), Arbeit, Frömmigkeit und Eigensinn, Frankfurt 1990, 171–213.

Bewegungen hat sich dafür in der angloamerikanischen Forschung besonders bewährt und könnte in Deutschland in einem neuen Blick etwa auf die einflussreichen Ideologien des 19. Jahrhunderts entscheidend weiterführen, auf Liberalismus und Republikanismus, auf den Nationalismus, und nicht zuletzt auf Konservativismus und Sozialismus, bei denen die Lücken der Forschung derzeit besonders groß zu sein scheinen.

Zweitens: Ideen und Wirtschaft: Eine der besonders interessanten und intellektuell anregenden Entwicklungen in der internationalen Geschichtswissenschaft der letzten Zeit kann man in dem Versuch beobachten, Ideengeschichte und Wirtschaftsgeschichte einander anzunähern: die Wirtschaftsgeschichte zu „entmaterialisieren", nach Begriffen und Leitvorstellungen zu fragen, die wirtschaftliches Handeln in der Geschichte geprägt haben, die „Wirtschaftsgesinnung", um noch einmal den Max Weberschen Begriff zu verwenden, bestimmter sozialer Gruppen zu untersuchen. Neben Weber kann ein solcher Ansatz – eher in den Fragen als in den Antworten – an die Arbeiten Albert Hirschmans zur intellektuellen Genese von Kapitalismus und Marktgesellschaft anknüpfen;[53] wie überhaupt auf diese Weise längerfristige und allgemeinere Prozesse, in denen die Industrielle Revolution, lange Zeit das Lieblingskind der modernen Wirtschaftsgeschichte, zeitlich und sachlich nur einen Teilvorgang bildet, wieder stärker in den Blick kommen: Wie setzte sich ein profitorientiertes Denken durch; wie wurden die moralischen Barrieren überwunden, die lange Zeit vor Handel, Unternehmung und wirtschaftlichem Erfolg standen; in welchem Zusammenhang stand der Umbruch der Wirtschaftsgesinnung zu Revolution und politischem Liberalismus, stand, pointiert gesagt, der Kapitalismus zur Republik?

Die „Kultur des Marktes",[54] um es mit dem Titel eines neuen Sammelbandes noch allgemeiner zu sagen, steht im Mittelpunkt dieser Forschungsrichtung, die in Deutschland noch zu wenig rezipiert worden ist und zu selten betrieben wird – vielleicht auch wegen einer Scheu gegenüber wirtschaftsgeschichtlichen Themen, wegen einer „spezifischen Wirtschaftsfremdheit" in den deutschen Varianten der neuen Kulturgeschichte. Wichtige Ansätze, die auszubauen wären, finden sich in den von der Begriffsgeschichte ausgehenden Forschungen von Johannes Burkhardt,[55] in neueren Arbeiten von Rolf Peter Sieferle und Dieter

---

53 Vgl. Albert O. Hirschman, Leidenschaften und Interessen. Politische Begründungen des Kapitalismus vor seinem Sieg, Frankfurt 1980; ders., Rival Views of Market Society and Other Recent Essays, New York 1986.
54 Vgl. Thomas L. Haskell u. Richard F. Teichgraeber III (Hg.), The Culture of the Market. Historical Essays, Cambridge 1993.
55 Vgl. Johannes Burkhardt, Das Verhaltensleitbild „Produktivität" und seine historisch-anthropologische Voraussetzung, in: Saeculum 25, 1984, 277–289; ders., Der Umbruch der

Groh[56] und insbesondere in den Büchern von Keith Tribe, die den Versuch einer „intellectual history" der deutschen Nationalökonomie unternehmen.[57]

Überhaupt hat sich, das sei nur am Rande erwähnt, die Wissenschaftsgeschichte in den letzten Jahren in eine Richtung entwickelt, die als vorzüglicher Ansatzpunkt für eine neue Ideengeschichte dienen kann: weg von der Organisations- und Institutionengeschichte, weg vor allem von einer im Grunde unhistorischen Dogmengeschichte, und hin zu einer in den sozialen und politischen Kontext eingebetteten Geschichte wissenschaftlicher Denkmuster und Bewusstseinsformen – das gilt nicht nur für die Nationalökonomie, sondern vor allem auch für die Sozialwissenschaft und Soziologie.[58] Aber eine Ideengeschichte der Wirtschaft darf bei der wissenschaftsgeschichtlichen Perspektive nicht stehenbleiben, sondern muss die Entwicklung des ökonomischen Denkens von Intellektuellen mit der Wirtschaftsgesinnung größerer Gruppen verknüpfen. Bahnbrechend und befreiend für eine solche Konzeptualisierung ökonomischer Mentalität und ökonomischen Verhaltens wirkte E. P. Thompsons Vorstellung von der „moral economy" der Unterschichten;[59] die Wirtschaftsmentalität von Mittel- und Oberschichten, gerade der wirtschaftlich „aktiven" Gruppen des Handwerks, des Handels und der Industrie, ist dagegen ein noch längst nicht hinreichend erschlossenes Feld. Rudolf Bochs Studie über die Industrialisierungskonzeptionen des rheinischen Wirtschaftsbürgertums hat gezeigt, wie weit ein solcher Ansatz führen kann, wenn man die Formierung solcher „ideeller Interessen" im wirtschafts- und sozialgeschichtlichen Zusammenhang verfolgt.[60]

ökonomischen Theorie, in: August Nitschke (Hg.), Verhaltenswandel in der Industriellen Revolution, Stuttgart 1975, 57–72; ders. Art. Wirtschaft, in: Brunner u. a. (Hg.), Geschichtliche Grundbegriffe, Bd. 7, Stuttgart 1992, 511–594.
56 Vgl. Rolf P. Sieferle, Bevölkerungswachstum und Naturhaushalt. Studien zur Naturtheorie der klassischen Ökonomie, Frankfurt 1990; Dieter Groh, Anthropologische Dimensionen der Geschichte, Frankfurt 1992 (bes. Teil I: „Ökonomische Anthropologie").
57 Keith Tribe, Governing Economy. The Reformation of German Economic Discourse, 1750–1840, Cambridge 1988; ders., Strategies of Economic Order: German Economic Discourse, 1750–1950, Cambridge 1995 (erschienen in der Reihe „Ideas in Context").
58 Vgl. schon die älteren Arbeiten von Eckart Pankoke zur frühen deutschen „Socialwissenschaft"; zur Entstehung der amerikanischen Sozialwissenschaft jetzt vorbildlich und vorzüglich: Dorothy Ross, The Origins of American Social Science, New York 1991.
59 E.P. Thompson, The Moral Economy of the English Crowd in the Eighteenth Century, in: PP 50, 1971, 76–136; vgl. zur Wirkung des Konzepts jetzt auch: Manfred Gailus u. Thomas Lindenberger, Zwanzig Jahre „moralische Ökonomie". Ein sozialhistorisches Konzept ist volljährig geworden, in: GG 20, 1994, 469–477.
60 Vgl. Boch, Grenzenloses Wachstum. Hier wird im Übrigen auch empirisch sehr gut gezeigt, wie die Formierung sozialer Klassen von Ideen und „Selbstverständigungsdiskursen" maßgeblich mitbestimmt werden kann; s. dazu den folgenden Abschnitt.

Drittens: Ideen und Gesellschaft: Auch die soziale Struktur, die „Gesellschaft" im engeren Sinne, ist eine ebenso materiell fundierte wie ideell konstruierte und kommunizierte Ordnung. Von dieser Einsicht ausgehend, sind in den letzten zehn bis fünfzehn Jahren bereits verschiedene neue Wege beschritten worden, die zu einer Ideengeschichte der sozialen Ordnung führen können. Damit ist nicht die ältere „Geschichte der sozialen Ideen" gemeint, die in meist eher unhistorischem, dogmengeschichtlichen Zugriff die „großen" politisch-sozialen Entwürfe und Bewegungen zu porträtieren versuchte, sondern eine Geschichte der Wahrnehmung, Beschreibung und Selbstdefinition sozialer Gruppen oder ganzer Gesellschaften, eine Geschichte der ideellen, der sprachlichen, bewusstseinsmäßigen und ideologischen Konstituierung von Gesellschaft. Deshalb ist es kein Zufall, dass ein solches Programm in methodischer Hinsicht bisher vor allem von den verschiedenen Varianten der Begriffs-, Sprach- und Diskursgeschichte getragen worden ist. Man kann dabei einerseits, wie es etwa in der englischen Sozialgeschichte praktiziert worden ist, nach der sprachlichen Konstitution und dem sprachlich vermittelten Selbst- oder Fremdverständnis von Klassen fragen – der Arbeiterschaft, der Mittelklasse usw. –,[61] man kann andererseits nach Vorstellungen, Topoi, Ideologemen der sozialen Ordnung im Ganzen fragen, nach der sozialen Selbstbeschreibung einer Gesellschaft: Beschreibt sie sich als Stände- oder Klassengesellschaft, verstehen sich ihre Mitglieder als Individuen oder als „Masse", und wie unterscheiden sich diese vorherrschenden Selbstbeschreibungen, diese Diskurse über die soziale Ordnung, etwa in England, Frankreich und Deutschland? In welchem Verhältnis stehen diese Wahrnehmungsmuster zu dem, was man gemeinhin die „soziale Realität" nennt, zu den sozialen Strukturen? Greifen sie ihnen in die Zukunft vor, oder hängen sie in einem *cultural lag* längst überwundenen gesellschaftlichen Verhältnissen nach?[62] Und können

---

61 Hier wären etwa die Arbeiten von Gareth Stedman Jones zu nennen; vgl. neuerdings v.a. die Beiträge in Penelope J. Corfield (Hg.), Language, History, and Class, London 1991. – Sehr anregend jetzt auch: Sheila Fitzpatrick, Ascribing Class: The Construction of Social Identity in Soviet Russia, in: JMH 65, 1993, 745–770. Vgl. außerdem jetzt: Martin J. Burke, The Conundrum of Class. Public Discourse on the Social Order in America, Chicago 1995.
62 Das ist dann besonders interessant zu verfolgen, wenn diese Abstandsverhältnisse selber von den Zeitgenossen wahrgenommen und thematisiert worden sind. So ist in der westdeutschen Debatte der 50er Jahre sehr oft beklagt worden, dass die „Gesellschaftsbilder" angesichts des rapiden sozialen, ökonomischen und technischen Wandels noch zu sehr einer vergangenen Epoche anhängen würden und mit diesem Wandel nicht Schritt gehalten hätten; während auf der anderen Seite auffällig ist, wie stark die sozialen Selbstbeschreibungen in dieser Zeit von Vorgriffen auf eine noch nicht eingelöste gesellschaftliche Zukunft geprägt waren – man denke nur an die Diskussion über die Auflösung der Klassengesellschaft oder an Schelskys Konzept der „nivellierten Mittelstandsgesellschaft".

diese Wahrnehmungen und Sozialideologien gesellschaftliches und politisches Handeln so beeinflussen und steuern, dass durch sie wiederum soziale Strukturen geformt werden? Diese Fragen deuten noch einmal an, wie eng Sozialgeschichte und Ideengeschichte miteinander verknüpft sind und wie wichtig die ideengeschichtliche Ergänzung der Gesellschaftsgeschichte sein kann.

Ein kurzes Fazit: Die genannten Beispiele wollen kein bestimmtes Forschungsprogramm präjudizieren, sondern Richtungen andeuten, in die sich eine neue Ideengeschichte in Deutschland bewegen könnte. Sie zeigen, dass Ideengeschichte in dem skizzierten Sinne kein altmodisches oder esoterisches Unternehmen ist, sondern sich in neue Entwicklungen der Kultur- und Sozialgeschichte einfügt, wenn nicht sogar durch sie verlangt wird; sie zeigen aber andererseits, dass Ideengeschichte sich von anderen, bisher hierzulande überwiegend betriebenen Formen der Kultur-, Erfahrungs- oder Mentalitätsgeschichte unterscheidet und sich eigenständig profilieren kann. Sie erschließt sich eigene Gegenstände, Methoden und Interpretationen, und nicht zuletzt eröffnet sie die Chance zu neuen Anstrengungen im Hinblick auf die ansonsten etwas in Verruf geratene Theoretisierung der Geschichtswissenschaft. Deshalb könnte man mit einer Unterscheidung, die vor zwanzig Jahren für die Sozialgeschichte benutzt worden ist, sagen: Auch Ideengeschichte kann sowohl „Sektorwissenschaft" als auch „Aspektwissenschaft" sein;[63] sie kann sich durch ihren Gegenstand, aber auch durch eine bestimmte Blickrichtung auf die Geschichte insgesamt definieren.

Aber sie taugt nicht, zum neuen Super-Paradigma stilisiert zu werden. Viel wäre schon gewonnen, wenn ideengeschichtliche Elemente stärker in die „allgemeine Geschichte" eingehen und auf sie ausstrahlen würden, wenn Gesellschaftsgeschichte *auch* als Ideengeschichte betrieben werden könnte. Pragmatismus und Offenheit stehen also, bei aller Theorieorientierung, auf dem Programm einer solchen Ideengeschichte. Sie kann nicht alles, und nicht alle sollen ihrem Ruf folgen. Aber es ist an der Zeit, dass sie wieder ihren angemessenen Platz in der Vielfalt der Geschichtswissenschaft einnimmt, und davon könnten gerade auch die Sozial- und Kulturgeschichte profitieren.

---

63 Vgl. Kocka, Sozialgeschichte.

Verzeichnis der ursprünglichen Druckorte

1. Gibt es noch eine Einheit der Neueren Geschichte? Zuerst in: ZHF 24, 1997, 377–399.
2. Abschied vom 19. Jahrhundert oder Auf der Suche nach einer anderen Moderne. Zuerst in: Jürgen Osterhammel u. a. (Hg.), Wege der Gesellschaftsgeschichte, Göttingen 2006 (GG, Sonderheft 22), 103–132.
3. 1900: Das Ende des 19. und der Beginn des 20. Jahrhunderts in sozialgeschichtlicher Perspektive. Zuerst in: GWU 47, 1996, 281–300.
4. Die Machbarkeit der Welt. Technik, Gesellschaft und Politik im utopischen 20. Jahrhundert. Zuerst in: Klaus Geus (Hg.), Utopien, Zukunftsvorstellungen, Gedankenexperimente, Frankfurt 2011, 229–253.
5. Marktgesellschaft und Republik. Deutschland seit dem 17. Jahrhundert im internationalen Vergleich. Zuerst in: Manfred Hettling u. a. (Hg.), Was ist Gesellschaftsgeschichte? Positionen, Themen, Analysen, München 1991, 289–300.
6. Die Amerikanische Revolution als Bruch des gesellschaftlichen Bewusstseins. Politischer, ökonomischer und soziokultureller Mentalitätswandel von 1750 bis 1800. Zuerst in: ZHF 18, 1991, 425–460.
7. Der Markt und seine Kultur – ein neues Paradigma der amerikanischen Geschichte? Zuerst in: HZ 264, 1997, 329–360.
8. Republicanism, Liberalism, and Market Society: Party Formation and Party Ideology in Germany and the United States, c. 1825–1850: Manuskript 1997, bisher unveröffentlicht (Teilveröffentlichung in: Jürgen Heideking u. James A. Henretta (Hg.) Republicanism and Liberalism in America and the German States, 1750–1850, Cambridge/New York 2002, 187–207).
9. Bürgerideal, Gemeinde und Republik. „Klassischer Republikanismus" im frühen deutschen Liberalismus. Zuerst in: HZ 254, 1992, 609–656.
10. Verkürzte Erinnerung? 1849 und die vergessene Hälfte der deutschen Revolution: Manuskript 1999, bisher unveröffentlicht.
11. Die Beobachtung des Marktes. Überlegungen zur moralischen Ökonomie im 19. Jahrhundert: Manuskript 1999, bisher unveröffentlicht.
12. Suche nach Gemeinschaft. Amerikanische Intellektuelle und die Krise des Liberalismus in der Zwischenkriegszeit: Manuskript 1999, bisher unveröffentlicht.
13. Wildnis und Zähmung. Über amerikanische und europäische Landschaften. Zuerst in: Merkur 54, 2000 (Nr. 617/618), 806–818.
14. Gemeinsame Muster und nationale Pfade. Europäisch-atlantische Gesellschaften diesseits und jenseits der „Goldenen Jahre": Manuskript 2003, bisher unveröffentlicht.
15. Transatlantic Ambivalences: Germany and the United States Since the 1980s: Manuskript 2011, bisher unveröffentlicht.
16. Sozialgeschichte und Ideengeschichte. Plädoyer für eine deutsche „Intellectual History": Manuskript 1995, bisher unveröffentlicht.

Abkürzungsverzeichnis

AfS	Archiv für Sozialgeschichte
AHR	The American Historical Review
AJS	American Journal of Sociology
AKG	Archiv für Kulturgeschichte
APuZ	Aus Politik und Zeitgeschichte
AQ	American Quarterly
ARG	Archiv für Reformationsgeschichte
CEH	Central European History
FAZ	Frankfurter Allgemeine Zeitung
GG	Geschichte und Gesellschaft
GLA	Generallandesarchiv Karlsruhe
GWU	Geschichte in Wissenschaft und Unterricht
HT	History and Theory
HZ	Historische Zeitschrift
IASL	Internationales Archiv für Sozialgeschichte der deutschen Literatur
ILWCH	International Labor and Working-Class History
JAH	The Journal of American History
JBS	Journal of British Studies
JEH	Journal of Economic History
JER	Journal of the Early Republic
JfG	Jahrbuch für Geschichte
JHI	Journal of the History of Ideas
JIH	Journal of Interdisciplinary History
JMEH	Journal of Modern European History
JMH	Journal of Modern History
JSH	Journal of Social History
JWG	Jahrbuch für Wirtschaftsgeschichte
KVfZ	Kölner Vierteljahreshefte für Soziologie
NLH	New Literary History
NPL	Neue Politische Literatur
PP	Past and Present
PSQ	Political Science Quarterly
PVS	Politische Vierteljahresschrift
RAH	Reviews in American History
SH	Social History
VfZ	Vierteljahrshefte für Zeitgeschichte
VSWG	Vierteljahrschrift für Sozial- und Wirtschaftsgeschichte
WF	Westfälische Forschungen
WMQ	The William and Mary Quarterly, 3rd series
ZfG	Zeitschrift für Geschichtswissenschaft
ZGO	Zeitschrift für die Geschichte des Oberrheins
ZGS	Zeitschrift für die gesamte Staatswissenschaft
ZHF	Zeitschrift für Historische Forschung
ZWLG	Zeitschrift für württembergische Landesgeschichte

www.ingramcontent.com/pod-product-compliance
Lightning Source LLC
Chambersburg PA
CBHW071809230426

43670CB00013B/2399